Die Blumen des Bösen

Aku no Hana

Teil 08

Shuzo Oshimi

Les fleurs du mal

Inhalt

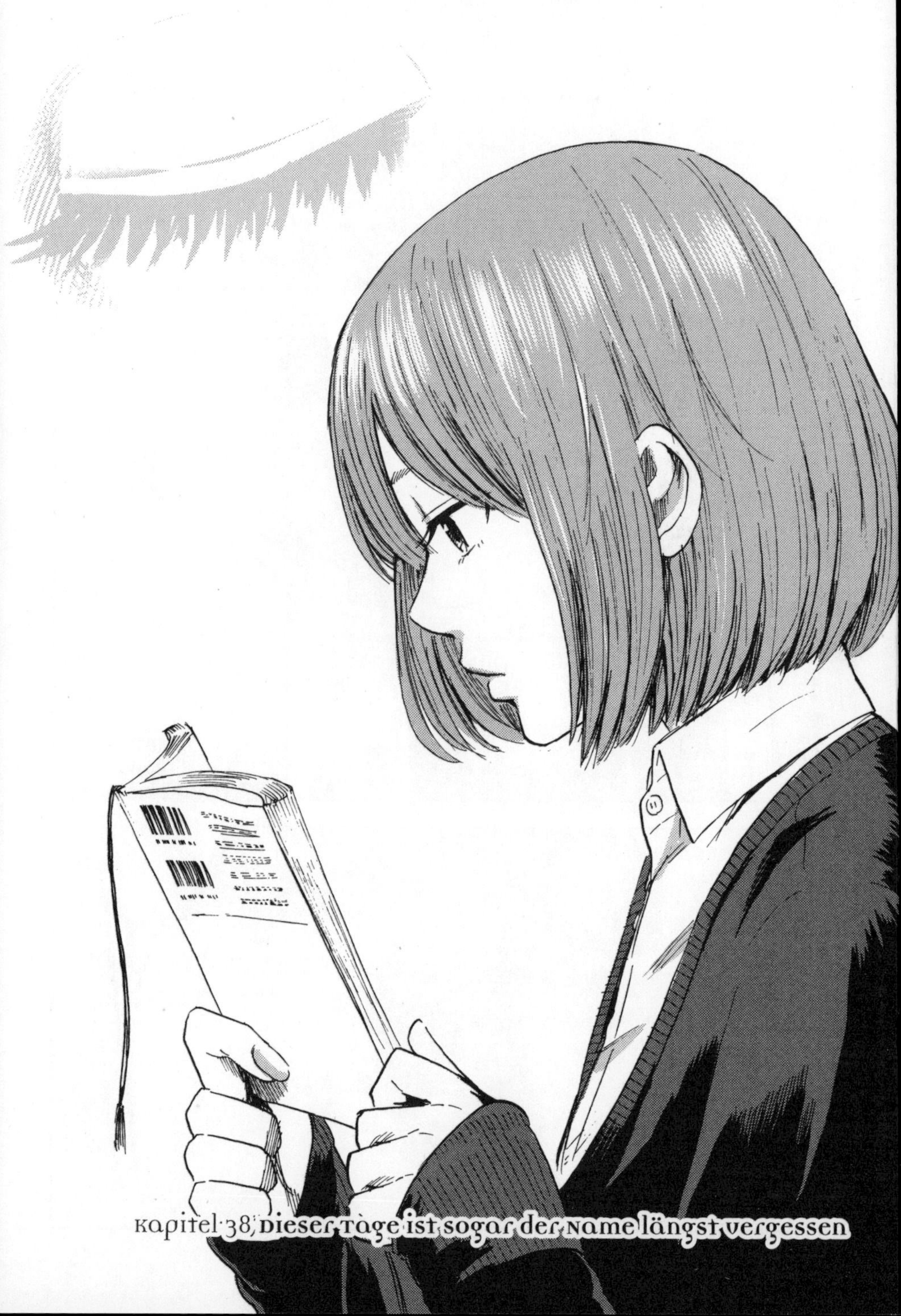

Kapitel 38: Dieser Tage ist sogar der Name längst vergessen

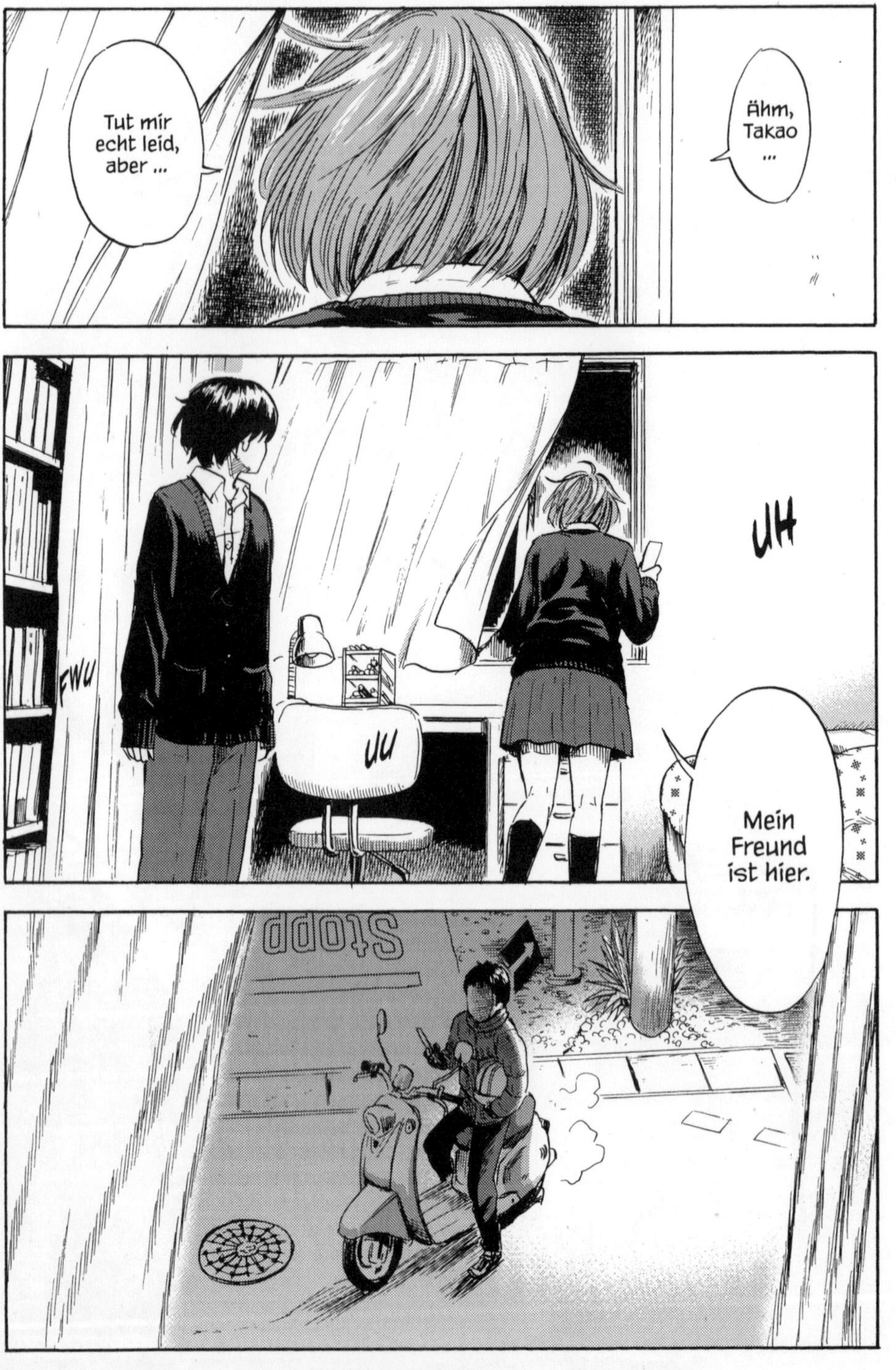
Ähm, Takao ...
Tut mir echt leid, aber ...
UH
Mein Freund ist hier.
UU
FWU
Stopp

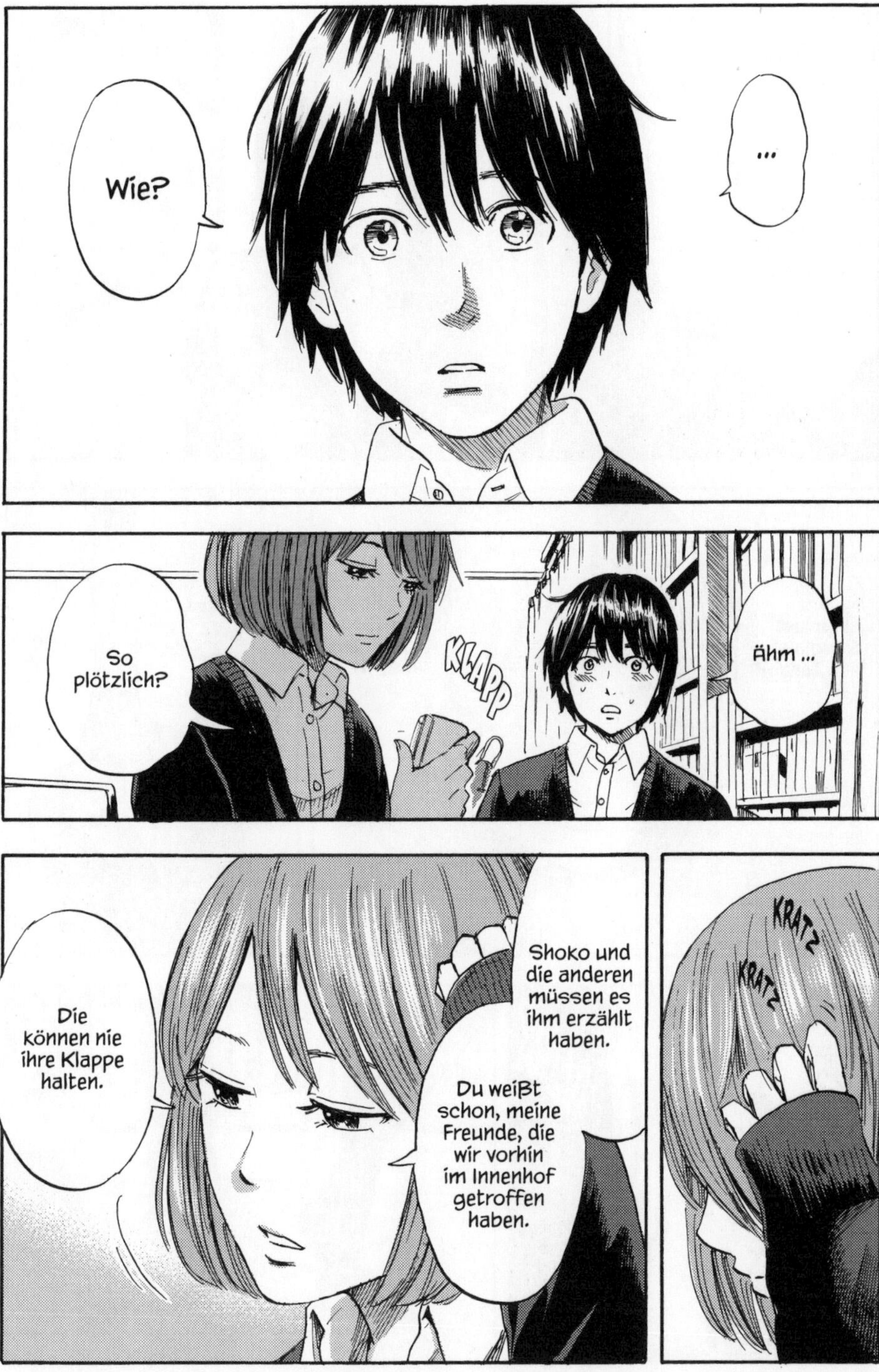
...
Wie?
Ähm ...
KLAPP
So plötzlich?
KRATZ
KRATZ
Shoko und die anderen müssen es ihm erzählt haben.
Du weißt schon, meine Freunde, die wir vorhin im Innenhof getroffen haben.
Die können nie ihre Klappe halten.

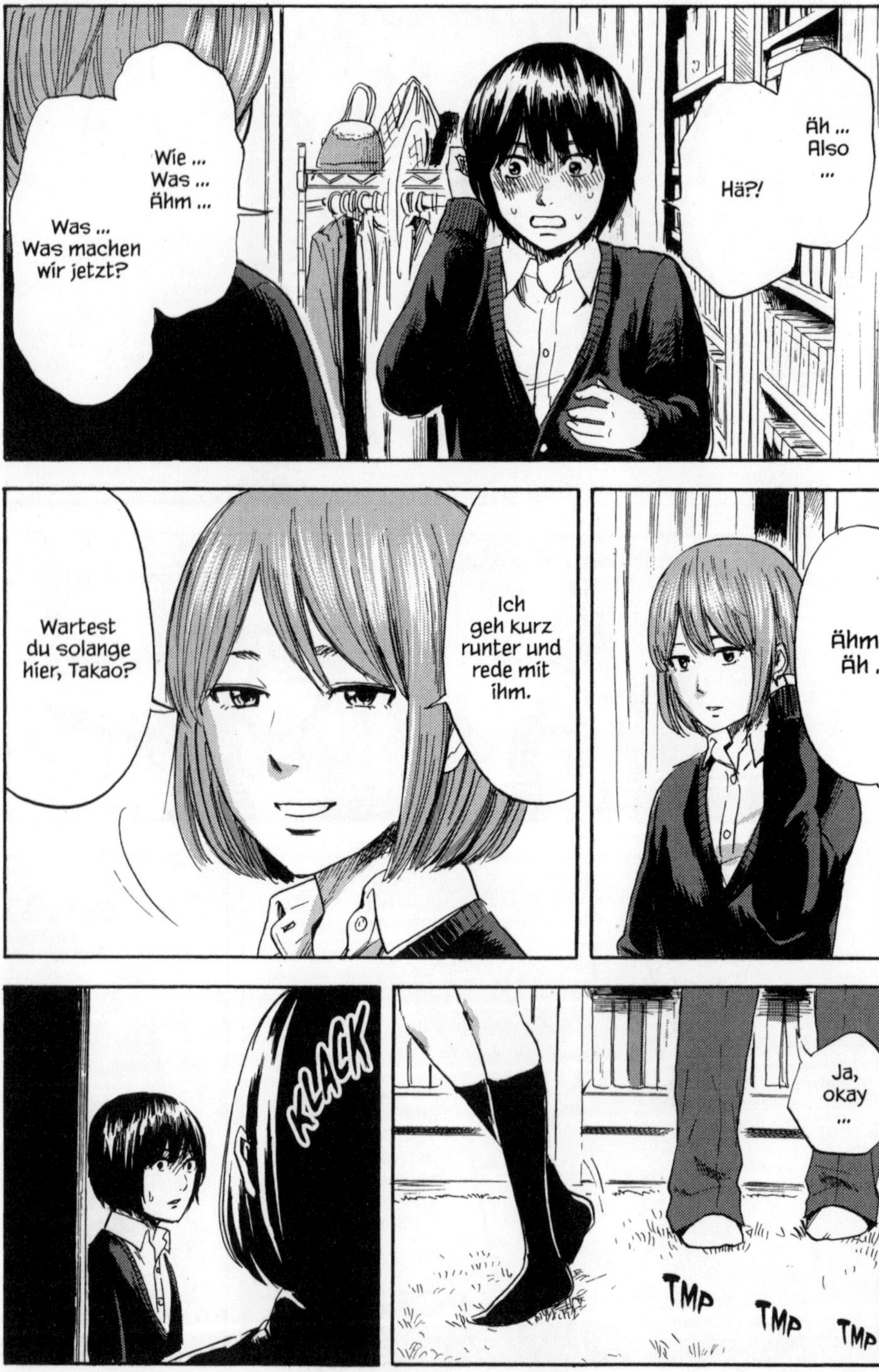

Äh ... Also ...
Hä?!
Wie ... Was ... Ähm ...
Was ... Was machen wir jetzt?
Ähm ... Äh ...
Ich geh kurz runter und rede mit ihm.
Wartest du solange hier, Takao?
Ja, okay ...
TMP
TMP
TMP
KLACK

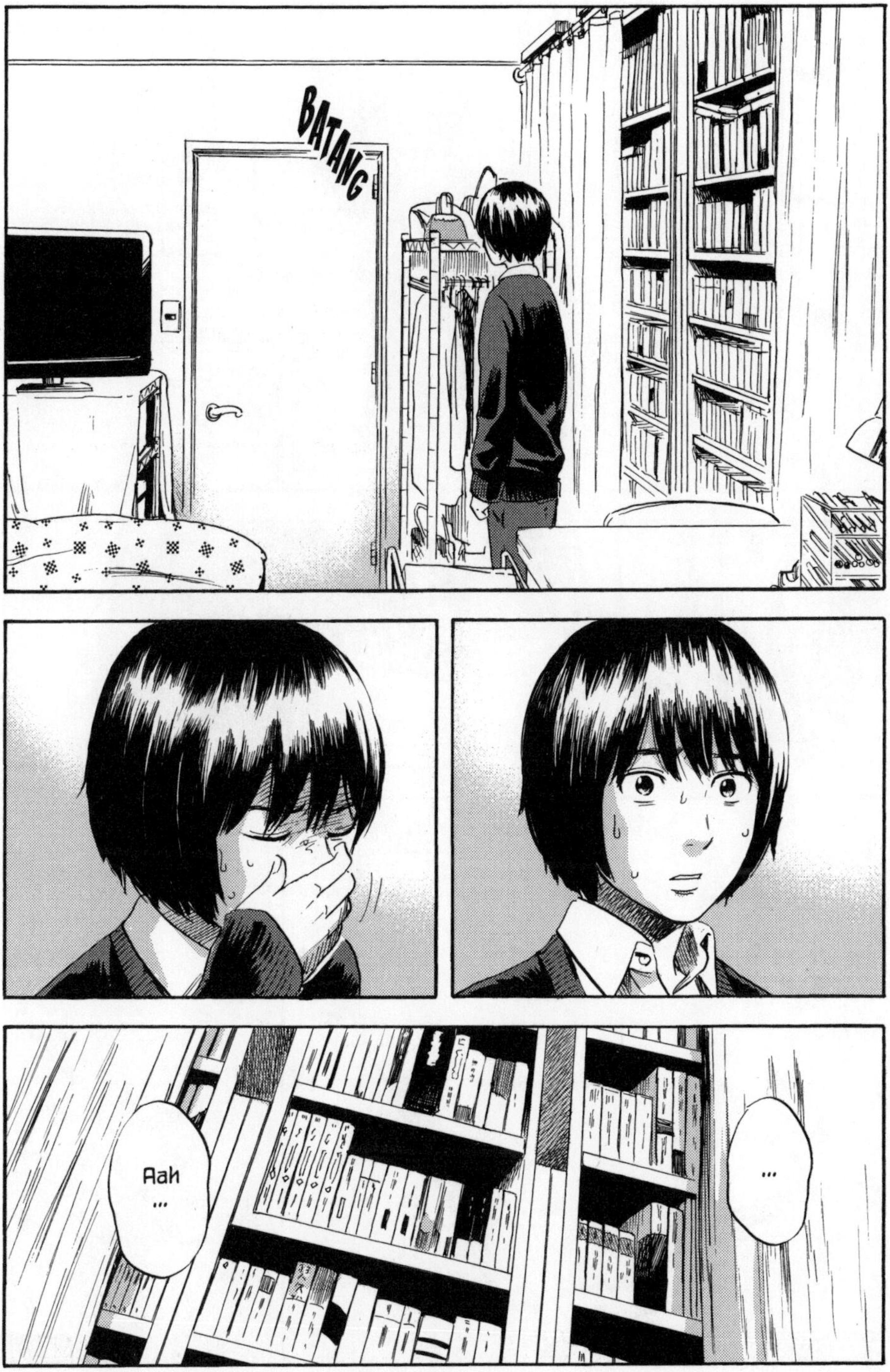
BATANG
...
Aah
...

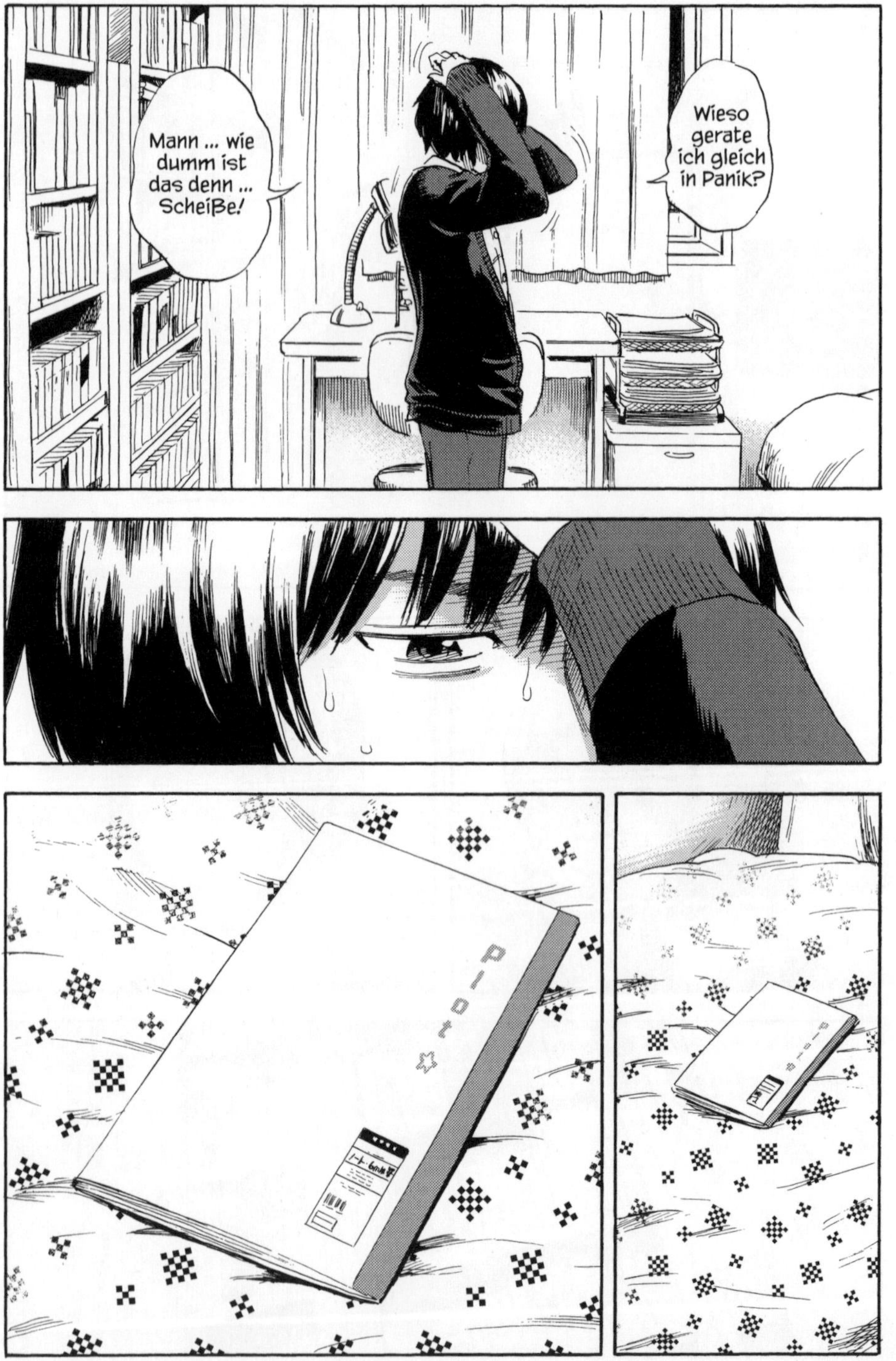
Wieso gerate ich gleich in Panik?
Mann ... wie dumm ist das denn ... Scheiße!
Pilot

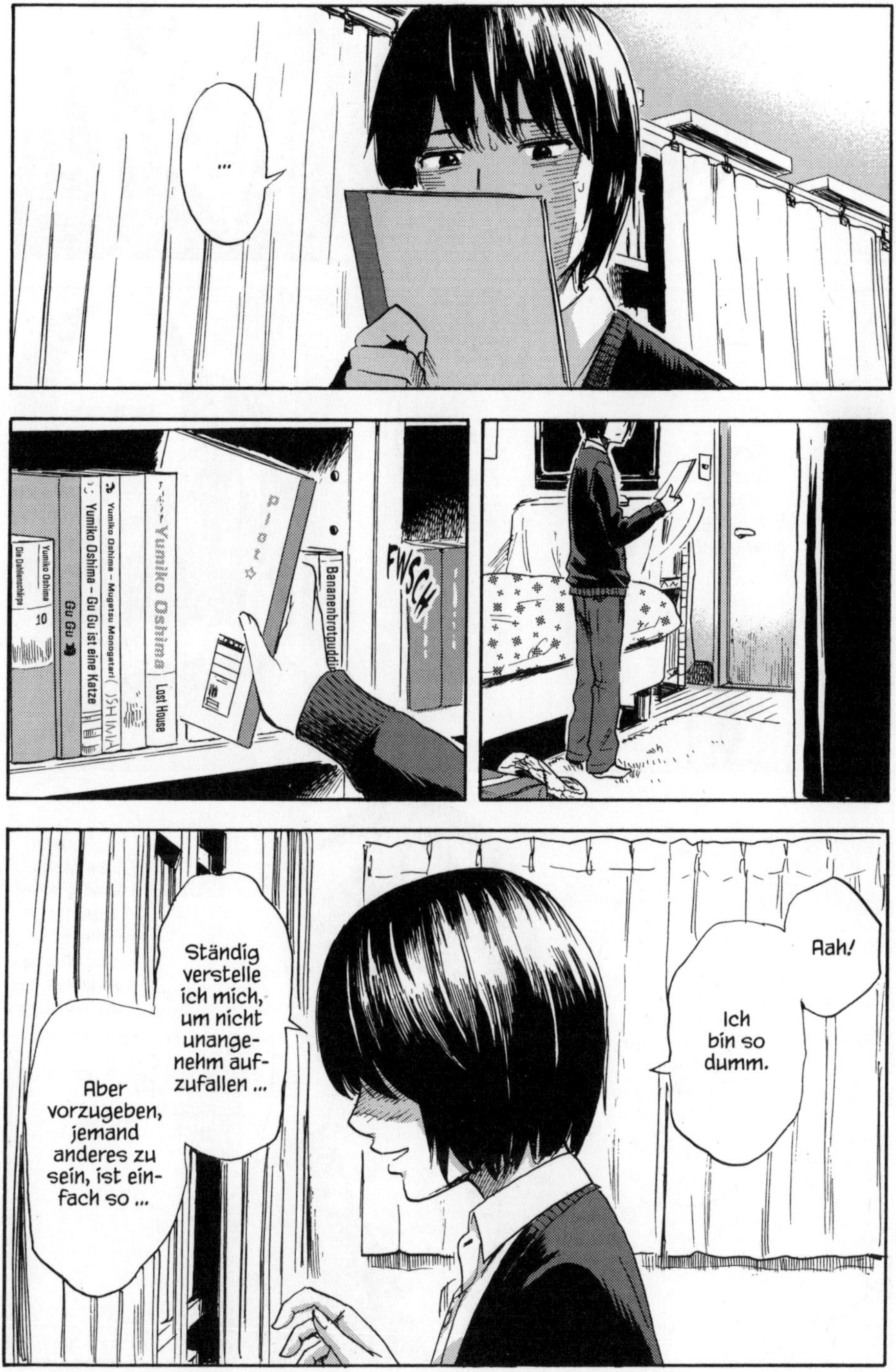
...
FWSCH
Yumiko Oshima
Lost House
Aah!
Ich bin so dumm.
Ständig verstelle ich mich, um nicht unangenehm aufzufallen ...
Aber vorzugeben, jemand anderes zu sein, ist einfach so ...

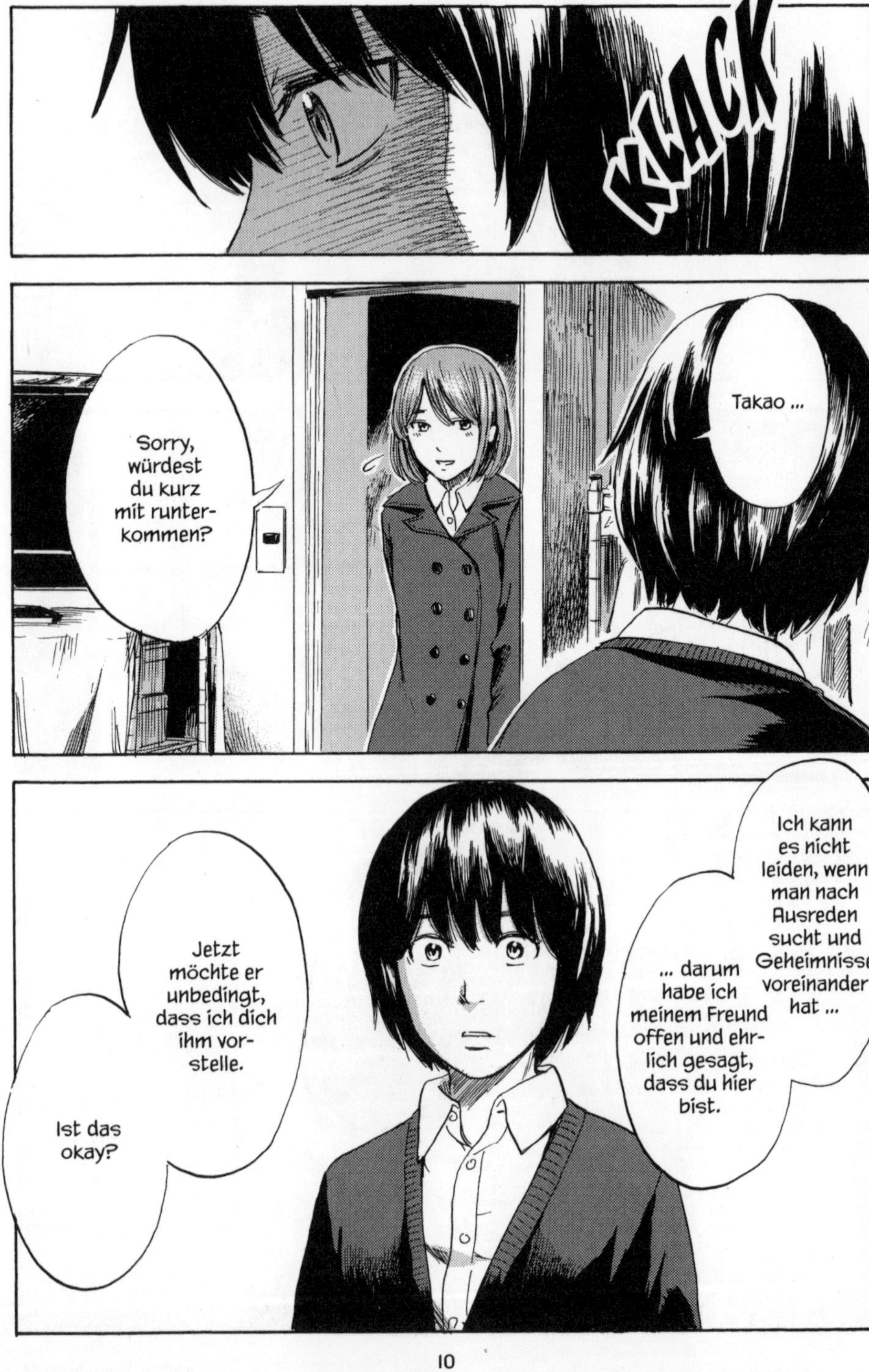
KLACK
Takao ...
Sorry, würdest du kurz mit runter-kommen?
Ich kann es nicht leiden, wenn man nach Ausreden sucht und Geheimnisse voreinander hat ...
... darum habe ich meinem Freund offen und ehrlich gesagt, dass du hier bist.
Jetzt möchte er unbedingt, dass ich dich ihm vorstelle.
Ist das okay?

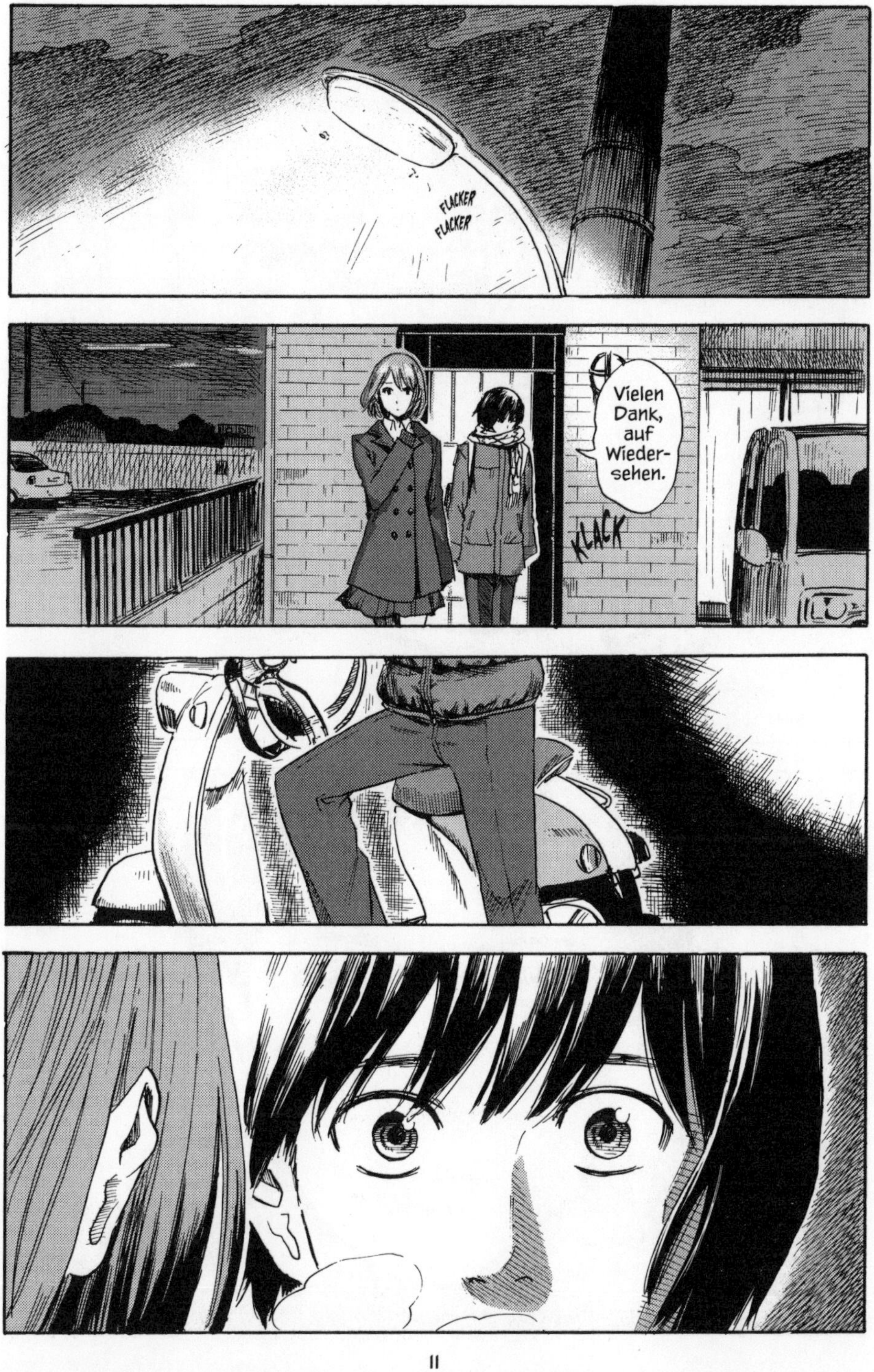
FLACKER
FLACKER
Vielen Dank, auf Wieder-sehen.
KLACK

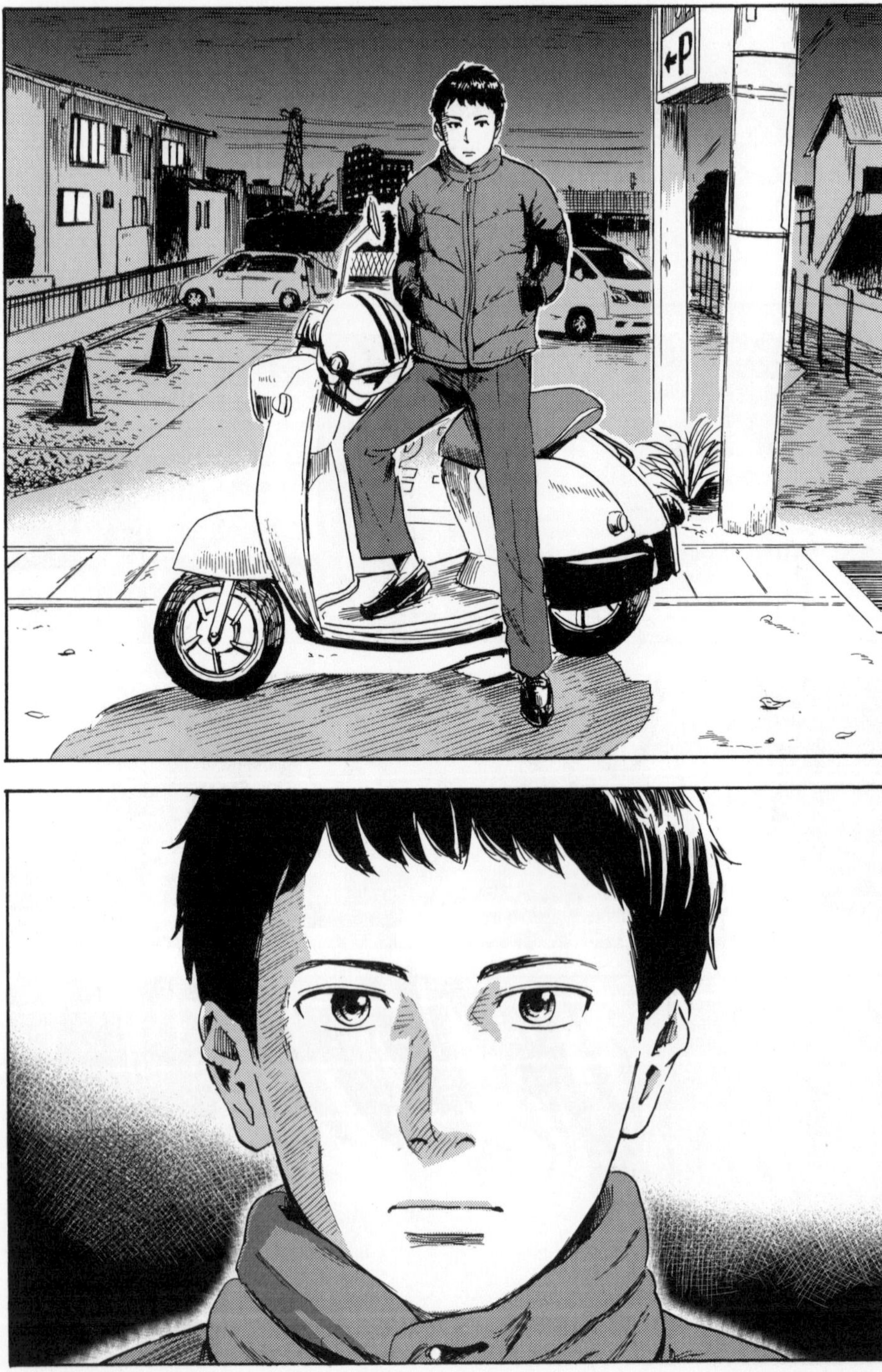
←P

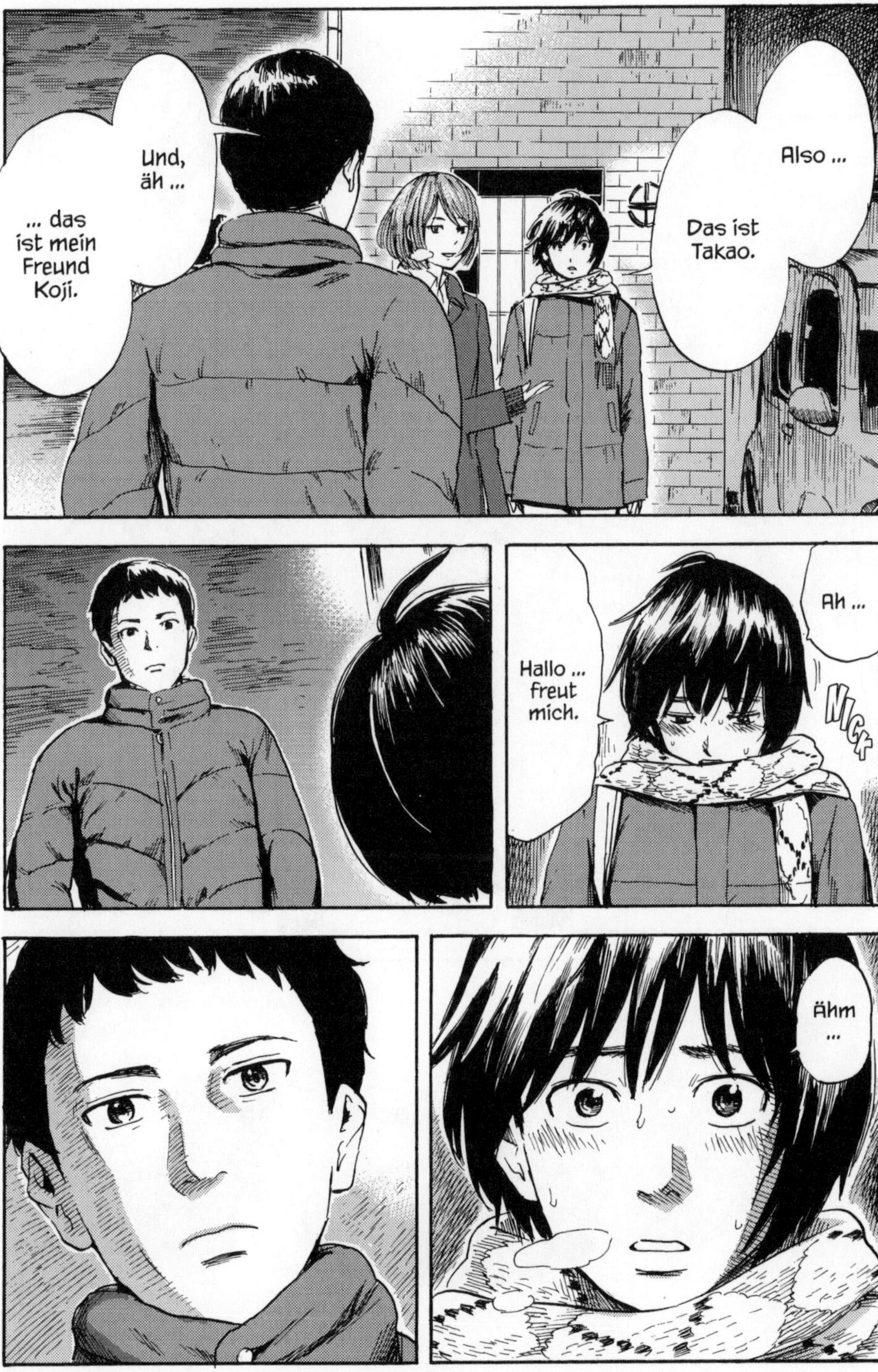
Also ...
Das ist Takao.
Und, äh ...
... das ist mein Freund Koji.
Ah ...
Hallo ... freut mich.
NICK
Ähm ...

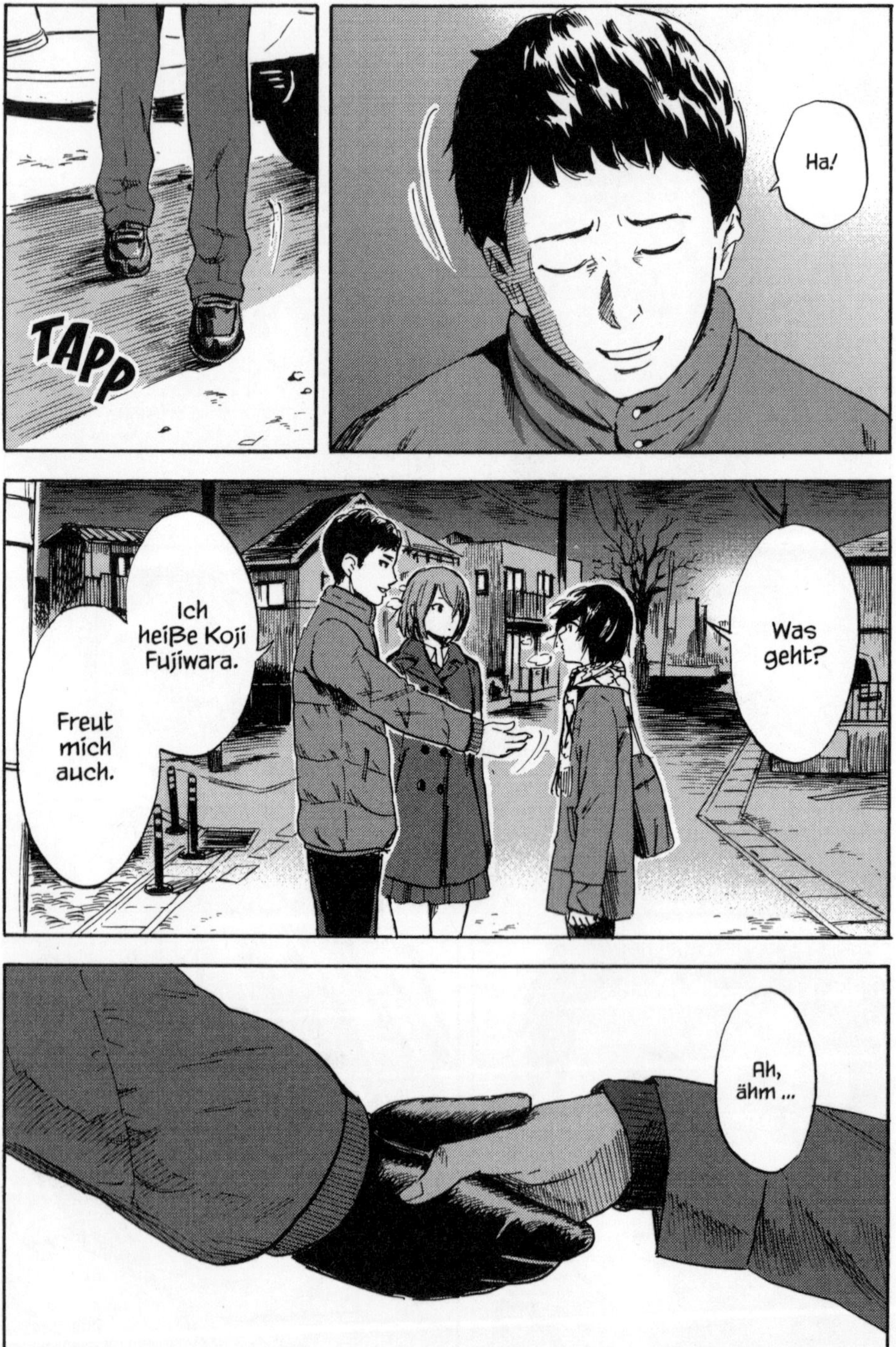
Ha!
TAPP
Was geht?
Ich heiße Koji Fujiwara.
Freut mich auch.
Ah, ähm ...

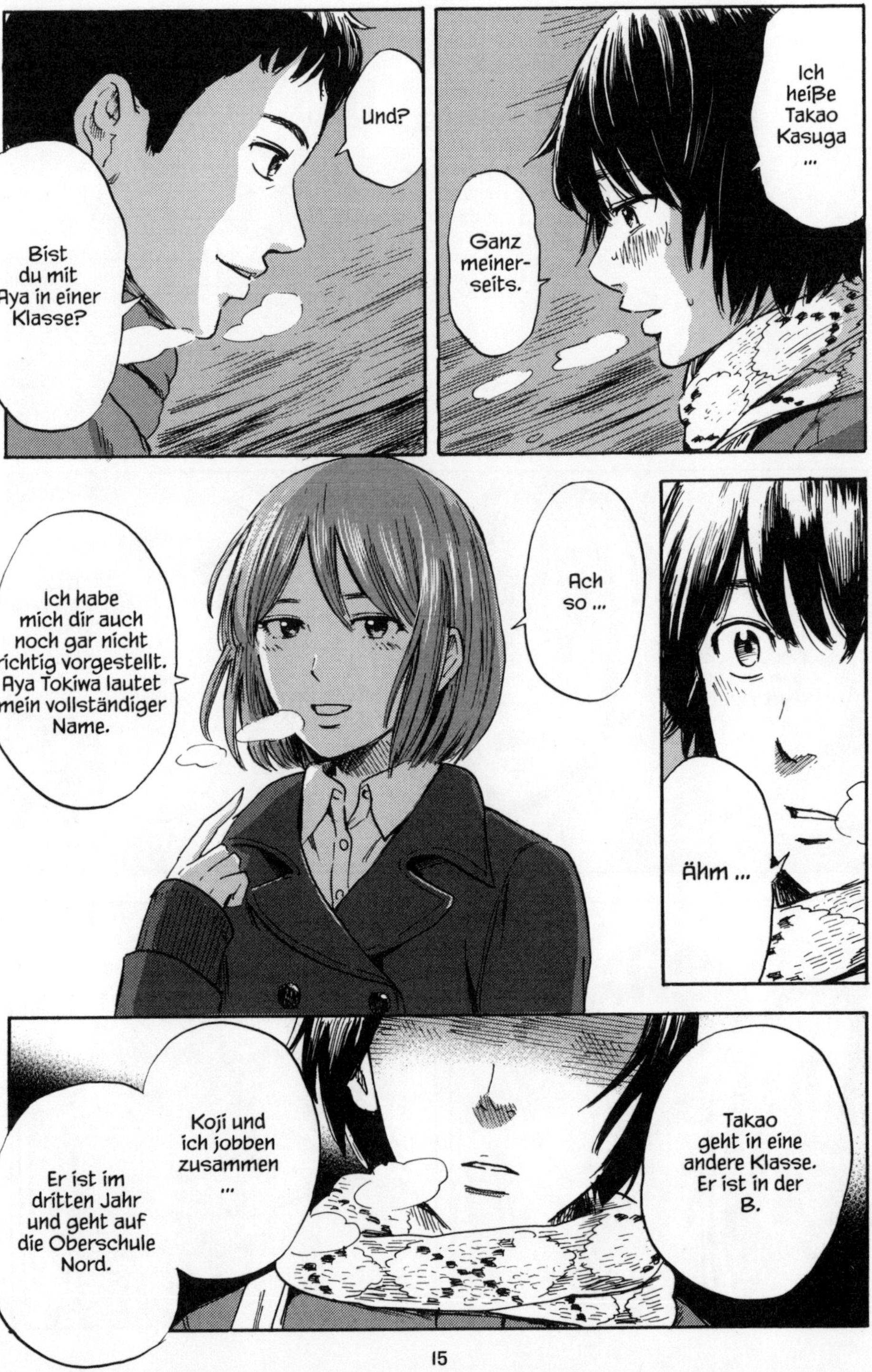
Ich heiße Takao Kasuga ...
Ganz meinerseits.
Und?
Bist du mit Aya in einer Klasse?
Ähm ...
Ach so ...
Ich habe mich dir auch noch gar nicht richtig vorgestellt. Aya Tokiwa lautet mein vollständiger Name.
Takao geht in eine andere Klasse. Er ist in der B.
Koji und ich jobben zusammen ...
Er ist im dritten Jahr und geht auf die Oberschule Nord.

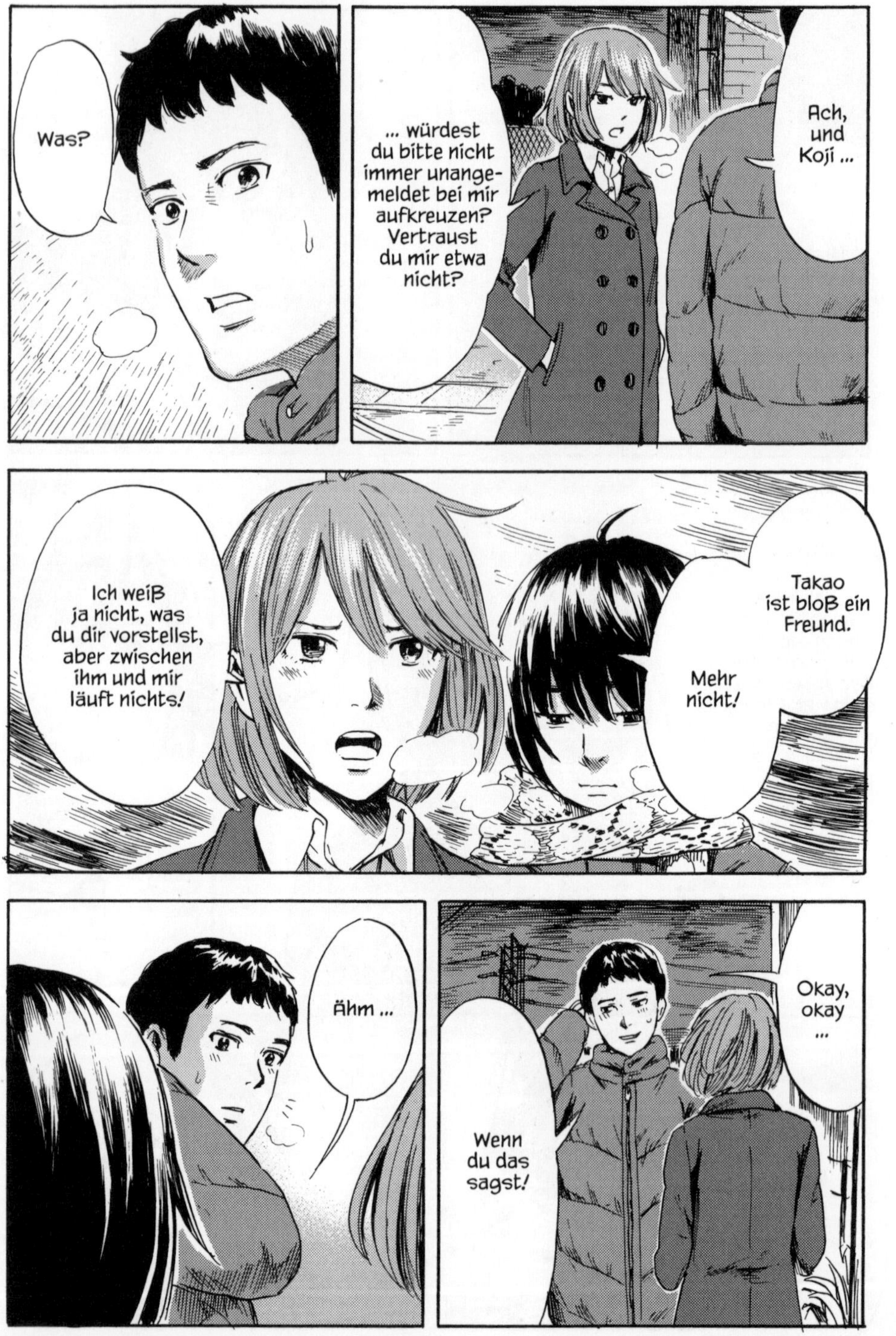
Ach, und Koji ...
... würdest du bitte nicht immer unangemeldet bei mir aufkreuzen? Vertraust du mir etwa nicht?
Was?
Takao ist bloß ein Freund.
Mehr nicht!
Ich weiß ja nicht, was du dir vorstellst, aber zwischen ihm und mir läuft nichts!
Okay, okay ...
Wenn du das sagst!
Ähm ...

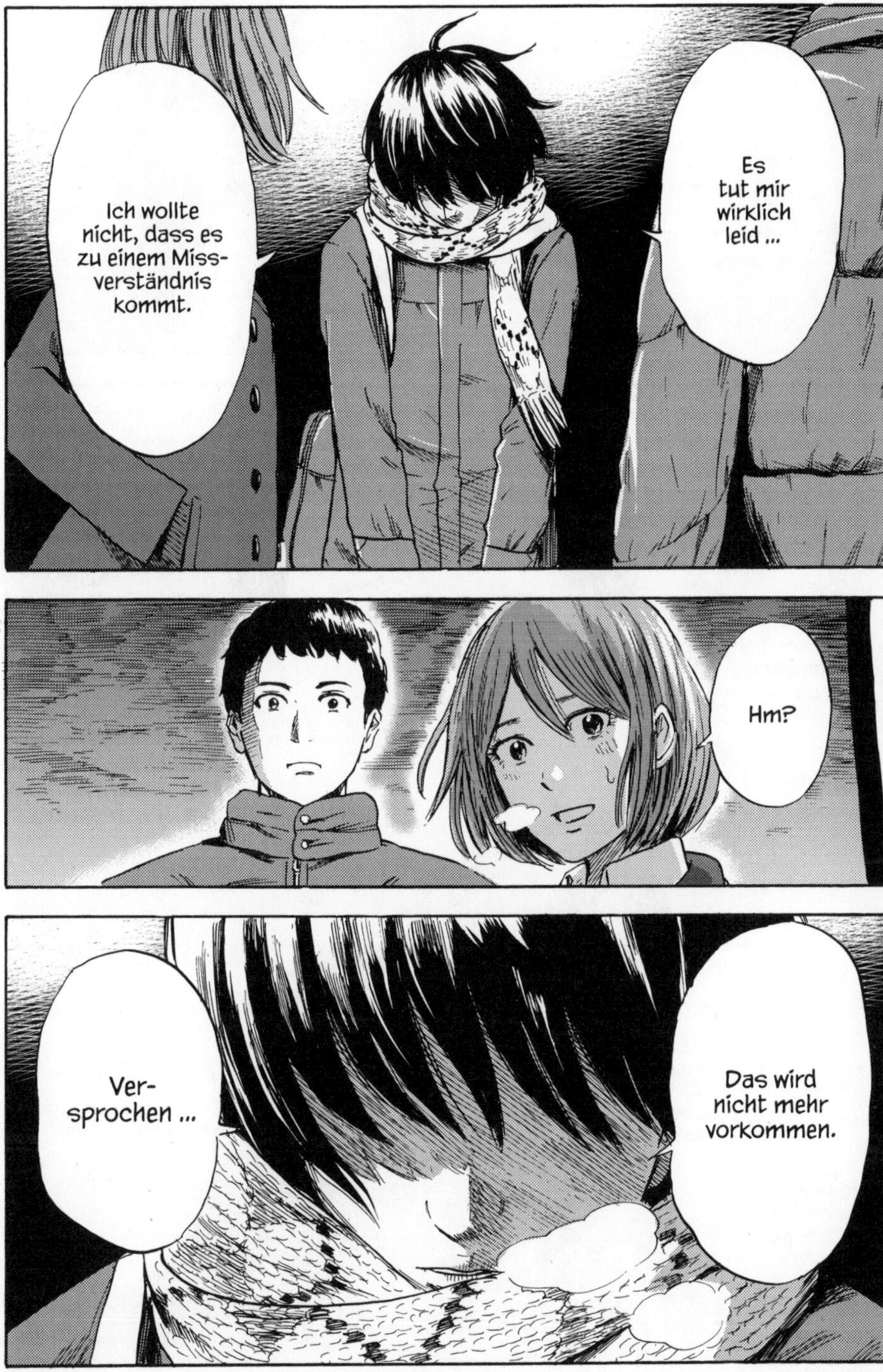
Es tut mir wirklich leid ...
Ich wollte nicht, dass es zu einem Miss-verständnis kommt.
Hm?
Das wird nicht mehr vorkommen.
Ver-sprochen ...

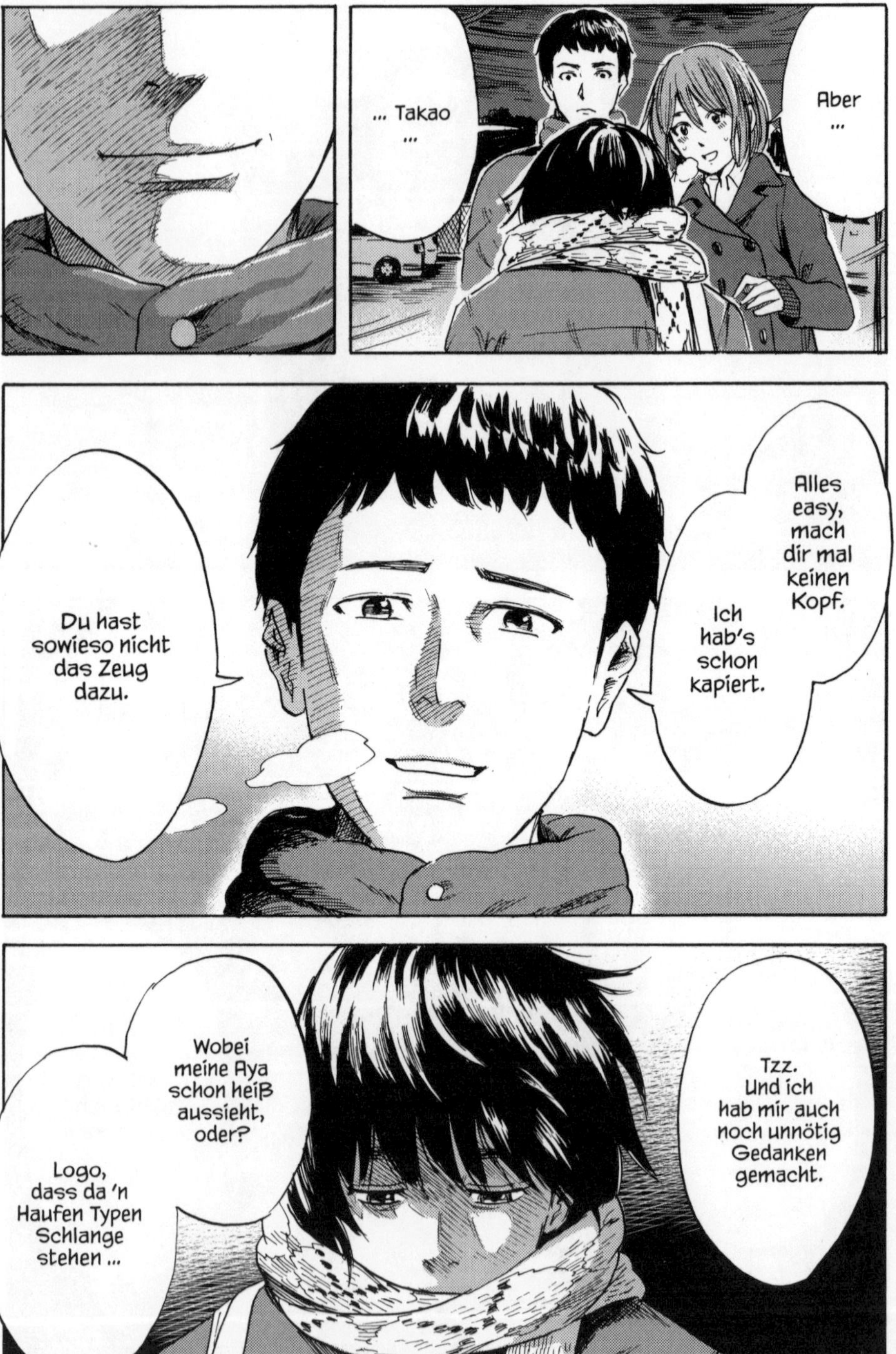
Aber ...
... Takao ...
Alles easy, mach dir mal keinen Kopf.
Ich hab's schon kapiert.
Du hast sowieso nicht das Zeug dazu.
Tzz.
Und ich hab mir auch noch unnötig Gedanken gemacht.
Wobei meine Aya schon heiß aussieht, oder?
Logo, dass da 'n Haufen Typen Schlange stehen ...

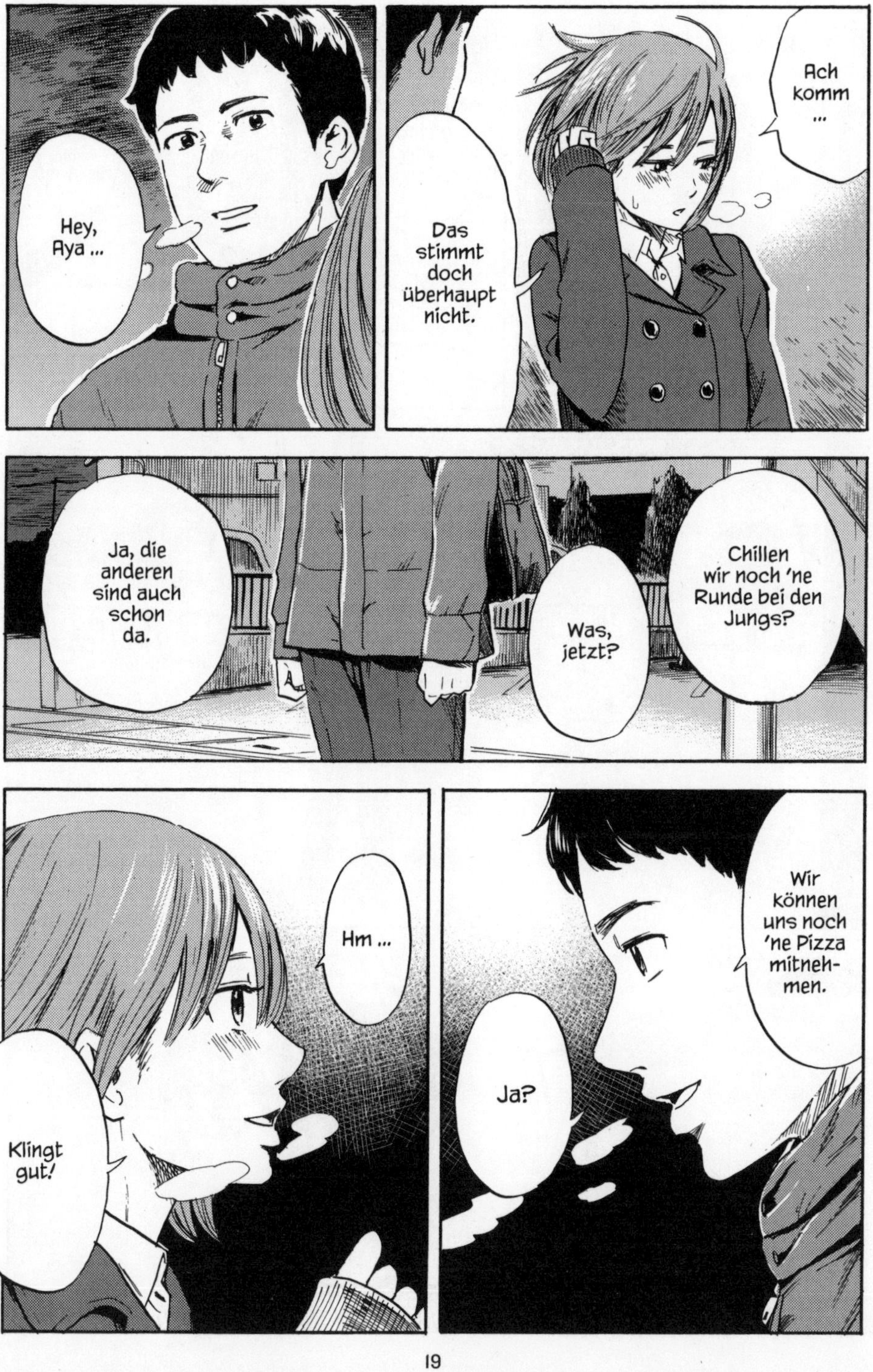
Ach komm ...
Das stimmt doch überhaupt nicht.
Hey, Aya ...
Chillen wir noch 'ne Runde bei den Jungs?
Was, jetzt?
Ja, die anderen sind auch schon da.
Wir können uns noch 'ne Pizza mitneh-men.
Ja?
Hm ...
Klingt gut!

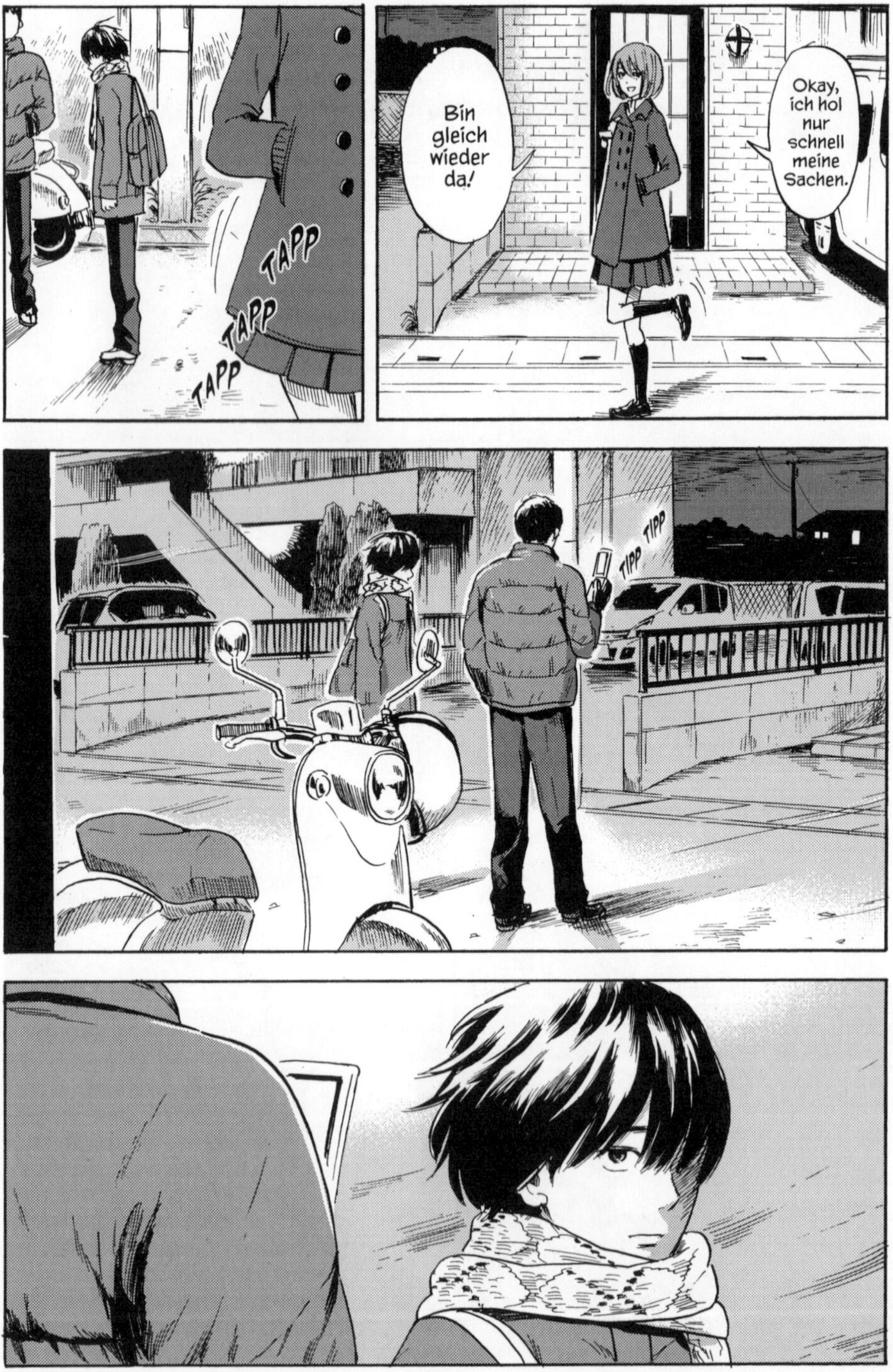
Okay, ich hol nur schnell meine Sachen.
Bin gleich wieder da!
TAPP
TAPP
TAPP
TIPP
TIPP

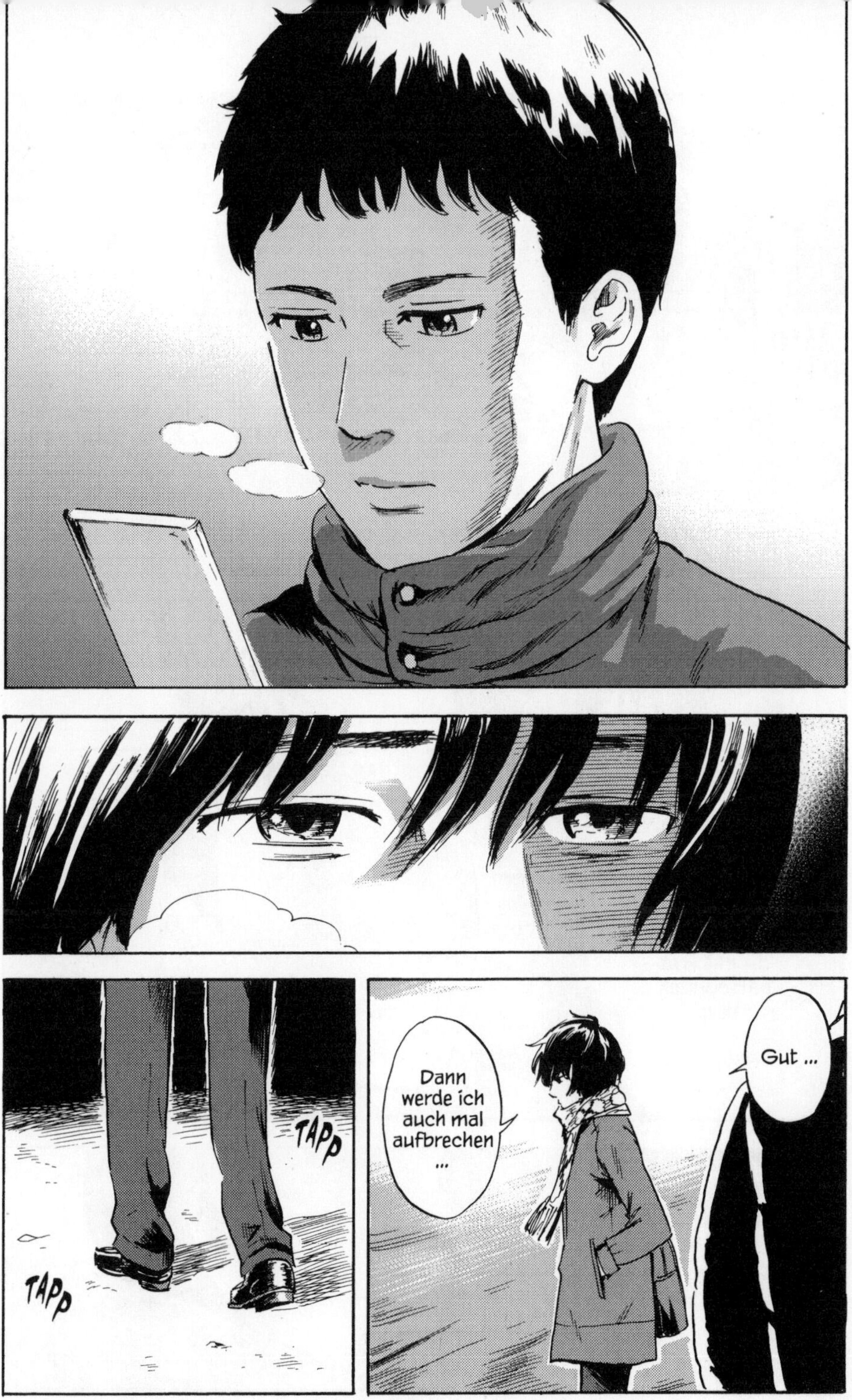
Gut ...
Dann werde ich auch mal aufbrechen ...
TAPP
TAPP

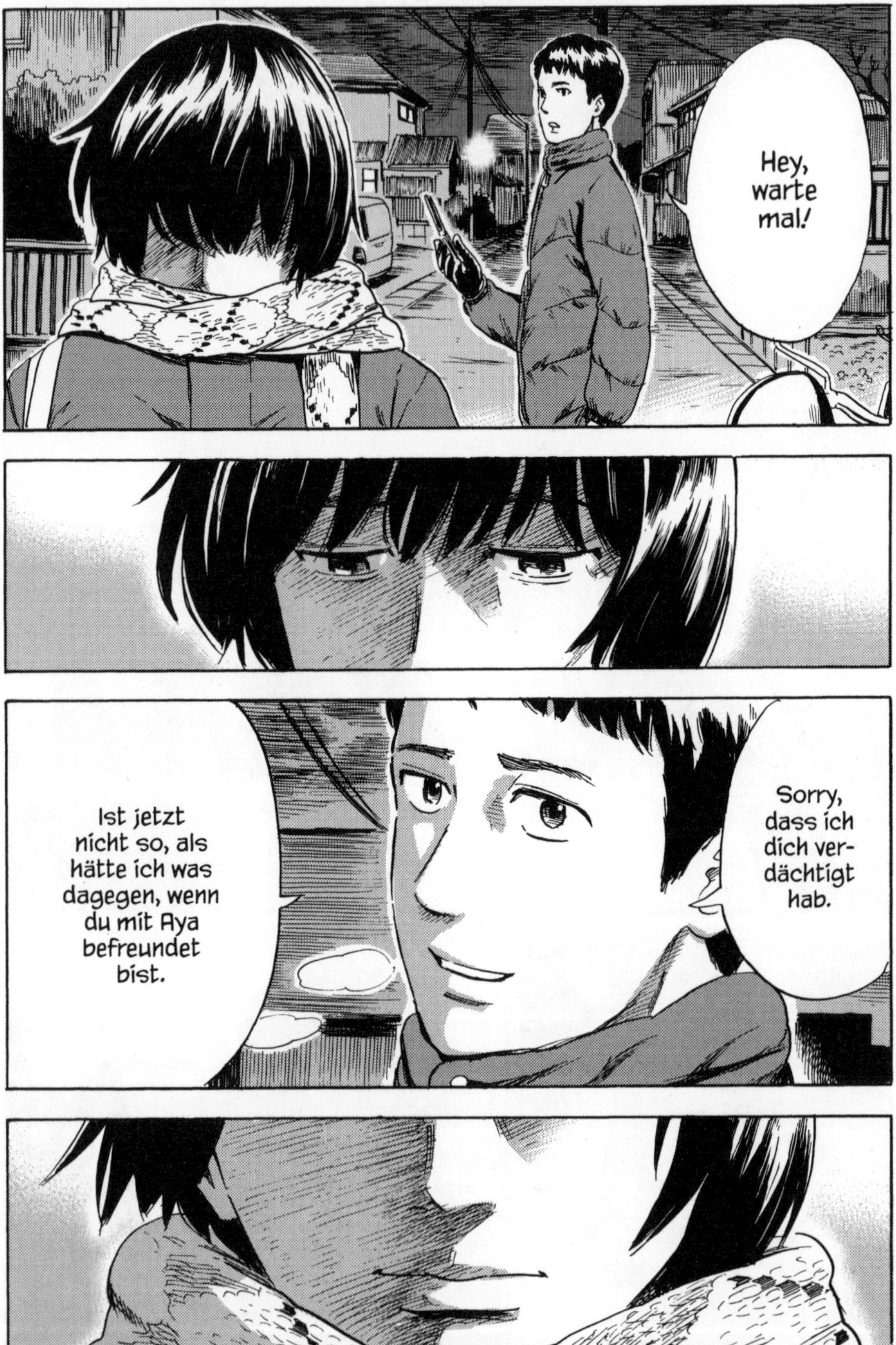
Hey, warte mal!
Sorry, dass ich dich verdächtigt hab.
Ist jetzt nicht so, als hätte ich was dagegen, wenn du mit Aya befreundet bist.

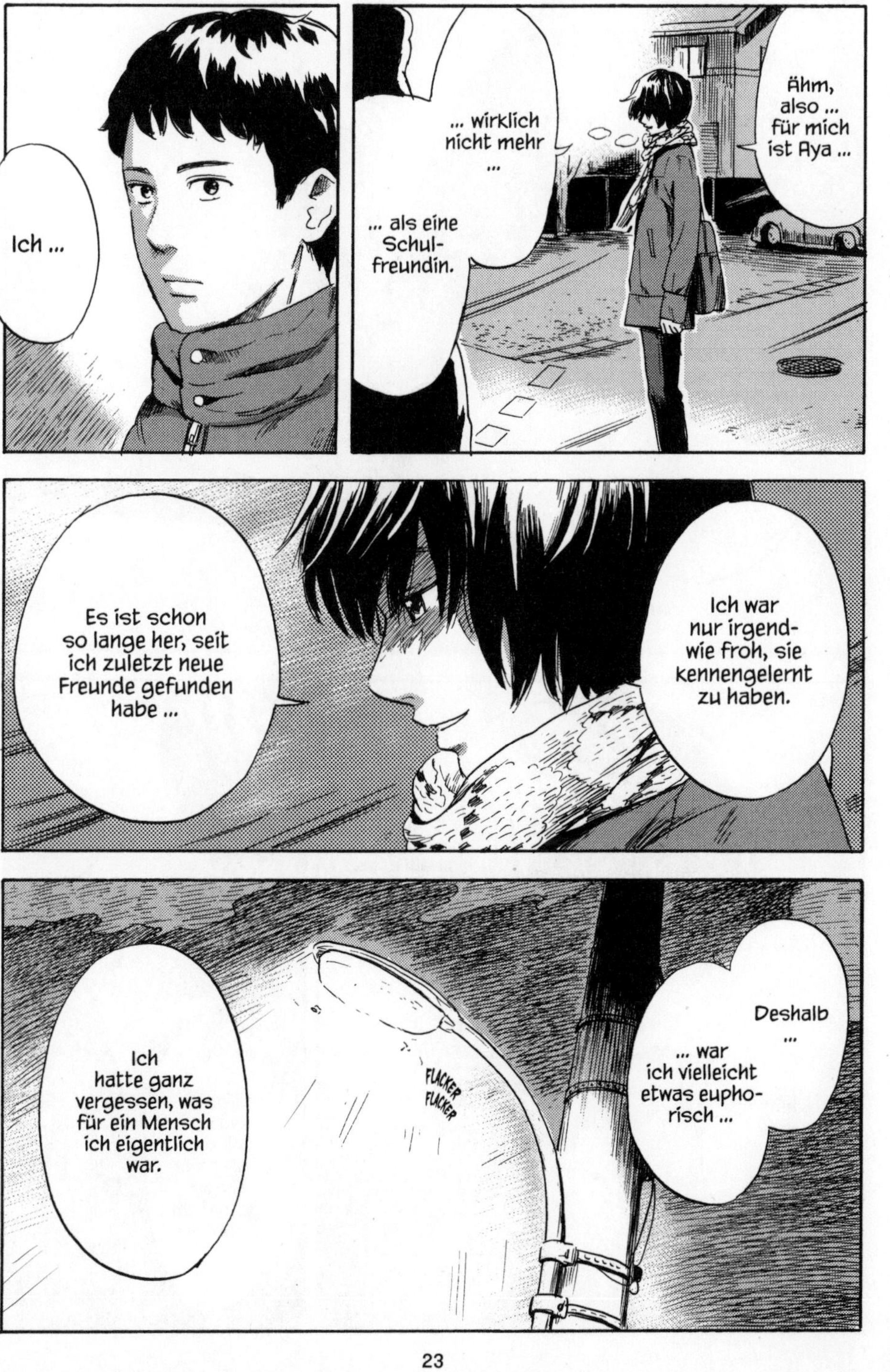
Ähm, also ... für mich ist Aya ...
... wirklich nicht mehr ...
... als eine Schulfreundin.
Ich ...
Ich war nur irgendwie froh, sie kennengelernt zu haben.
Es ist schon so lange her, seit ich zuletzt neue Freunde gefunden habe ...
Deshalb ...
... war ich vielleicht etwas euphorisch ...
FLACKER FLACKER
Ich hatte ganz vergessen, was für ein Mensch ich eigentlich war.

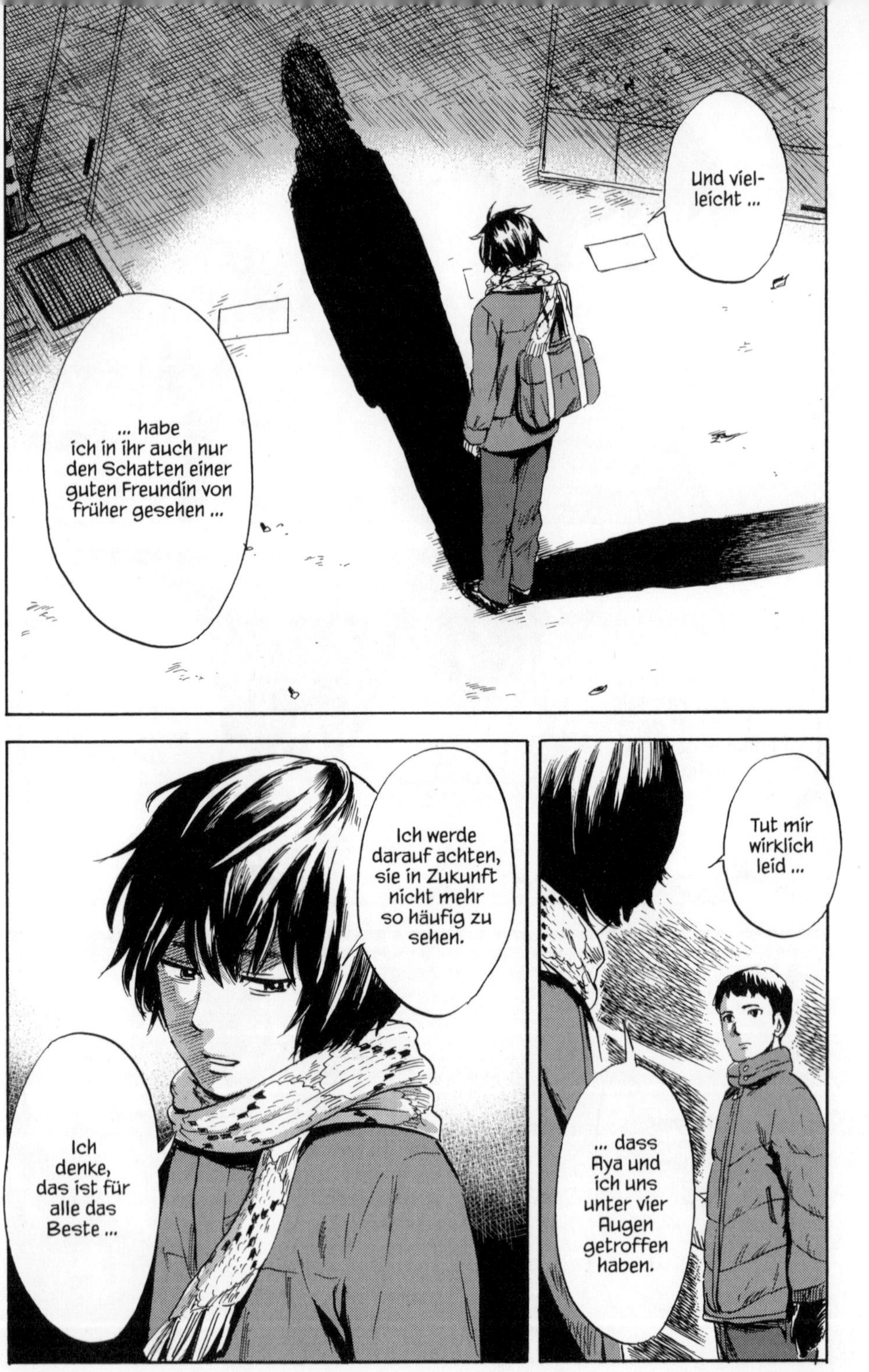
Und viel-
leicht ...
... habe ich in ihr auch nur den Schatten einer guten Freundin von früher gesehen ...
Tut mir wirklich leid ...
... dass Aya und ich uns unter vier Augen getroffen haben.
Ich werde darauf achten, sie in Zukunft nicht mehr so häufig zu sehen.
Ich denke, das ist für alle das Beste ...

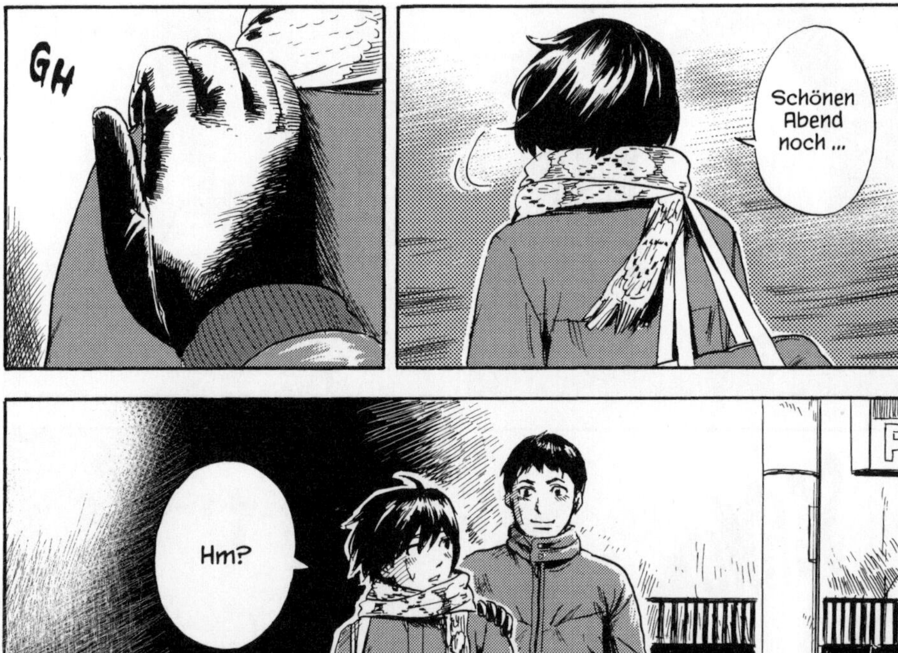
Schönen Abend noch ...
GH
Hm?
Was geht denn mit dir ab?
Du bist echt mega-strange, ha ha!!

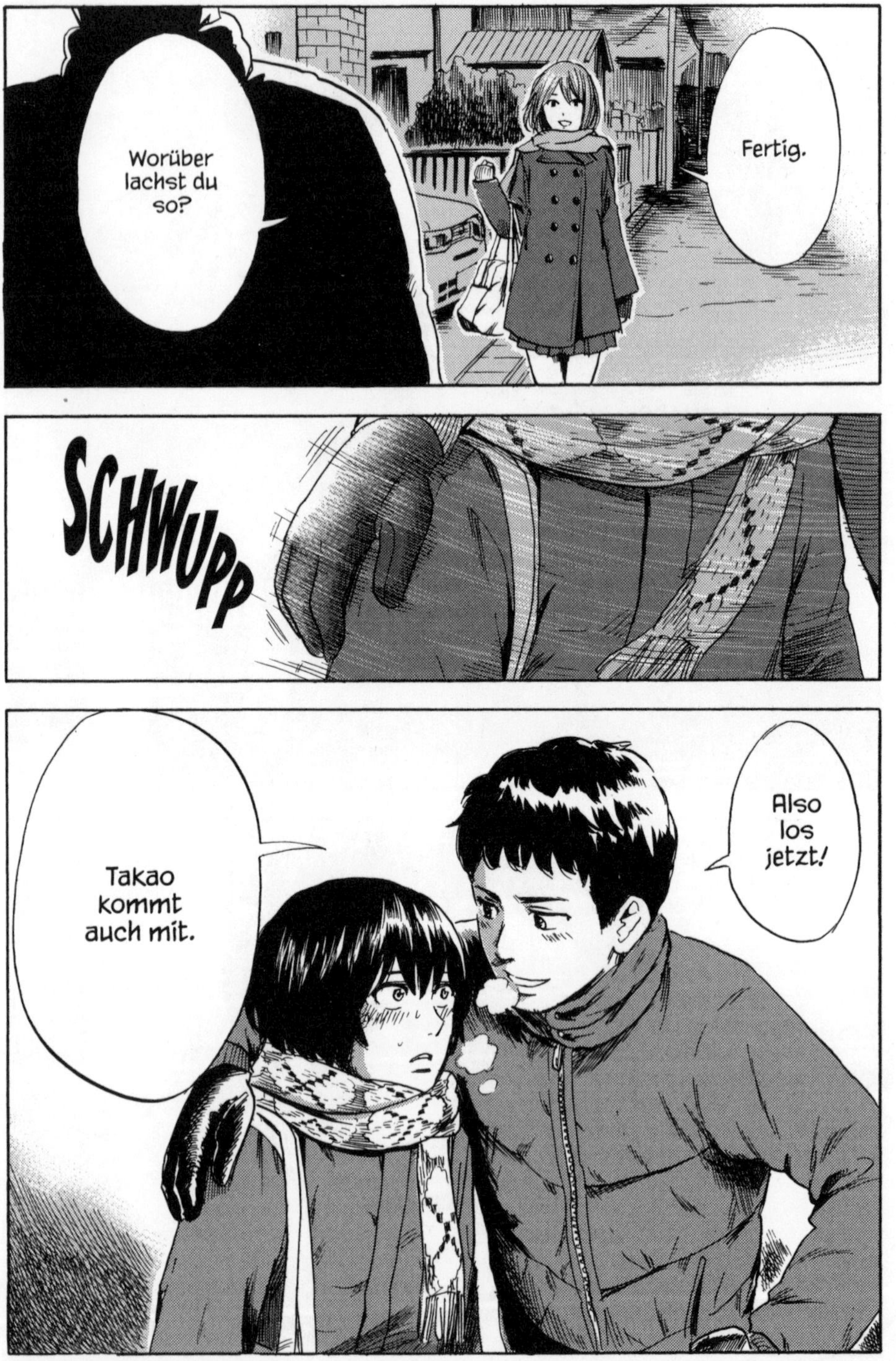
Fertig.
Worüber lachst du so?
SCHWUPP
Also los jetzt!
Takao kommt auch mit.

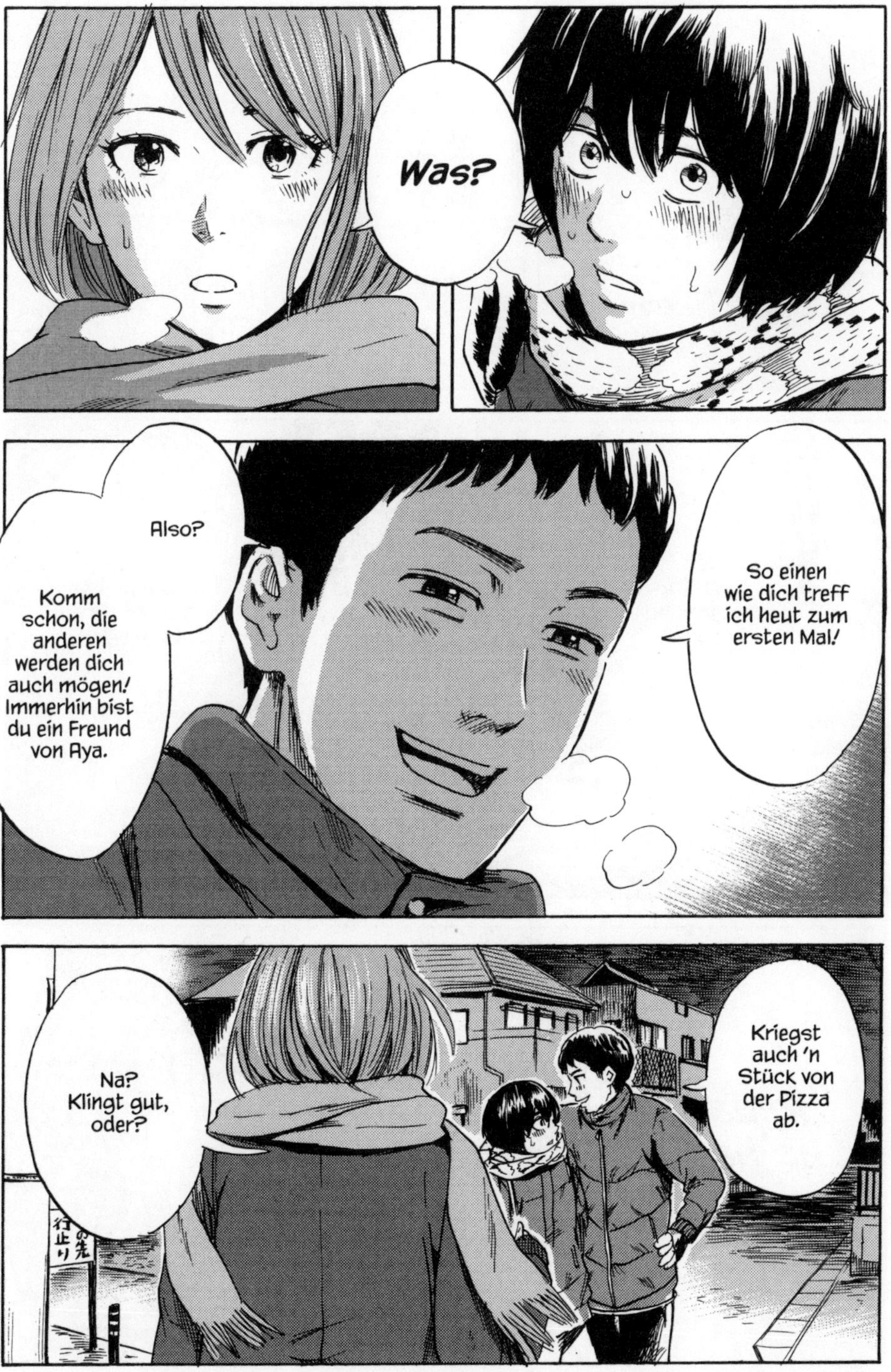
Was?
So einen wie dich treff ich heut zum ersten Mal!
Also?
Komm schon, die anderen werden dich auch mögen! Immerhin bist du ein Freund von Aya.
Kriegst auch 'n Stück von der Pizza ab.
Na? Klingt gut, oder?

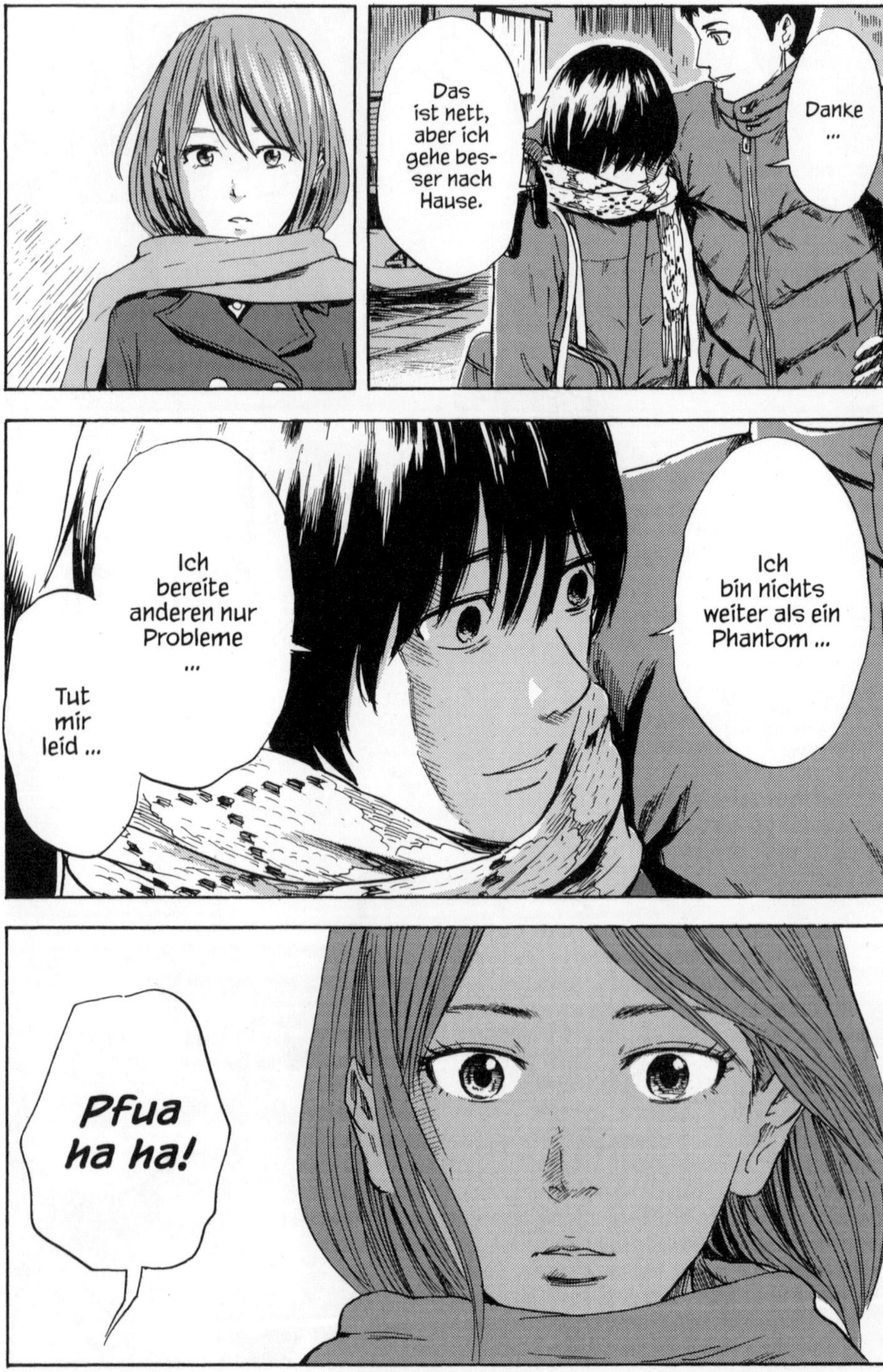
Danke ...
Das ist nett, aber ich gehe bes-ser nach Hause.
Ich bin nichts weiter als ein Phantom ...
Ich bereite anderen nur Probleme ...
Tut mir leid ...
Pfua ha ha!

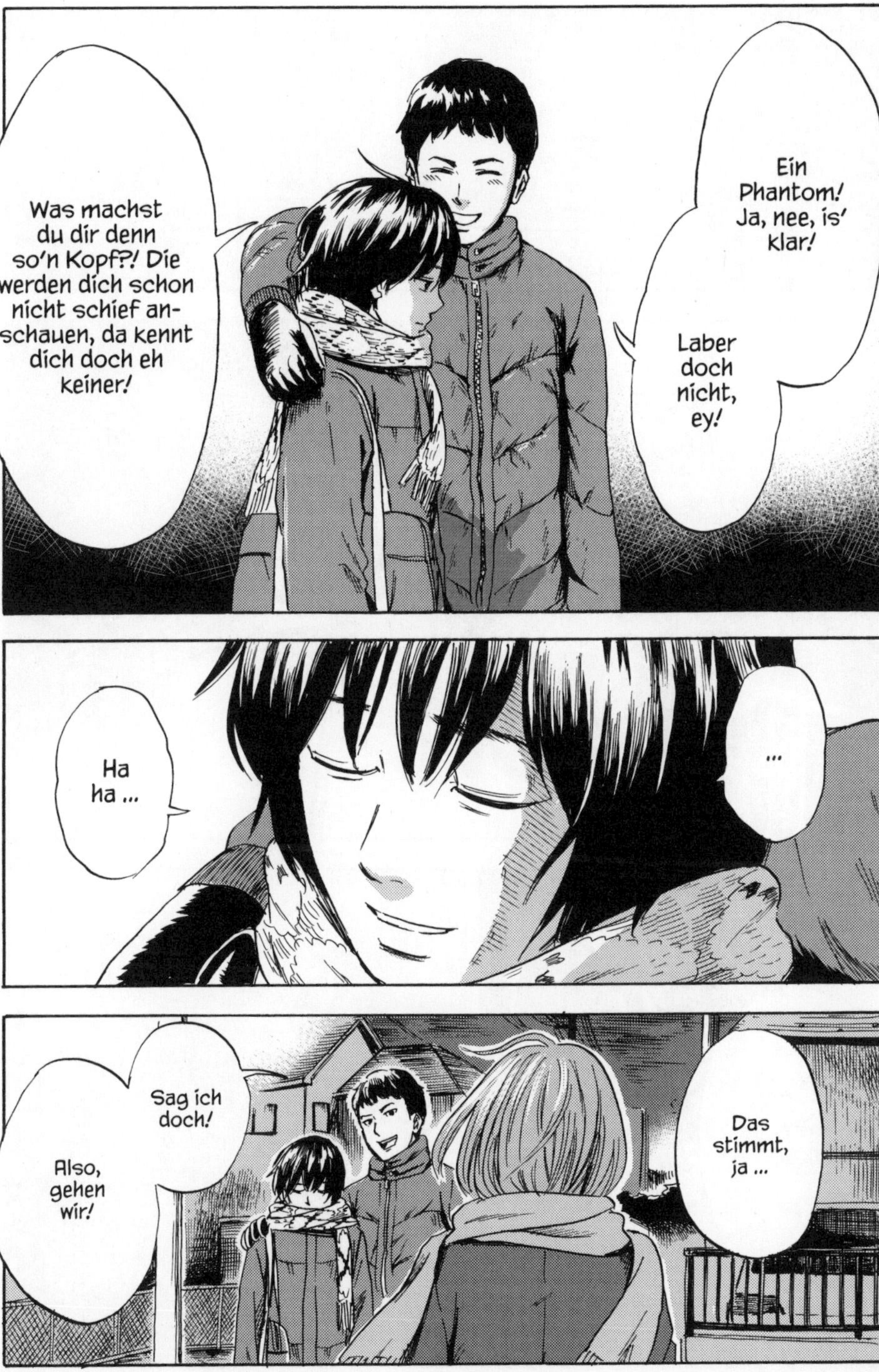
Ein Phantom! Ja, nee, is' klar!
Laber doch nicht, ey!
Was machst du dir denn so'n Kopf?! Die werden dich schon nicht schief anschauen, da kennt dich doch eh keiner!
...
Ha ha ...
Das stimmt, ja ...
Sag ich doch!
Also, gehen wir!

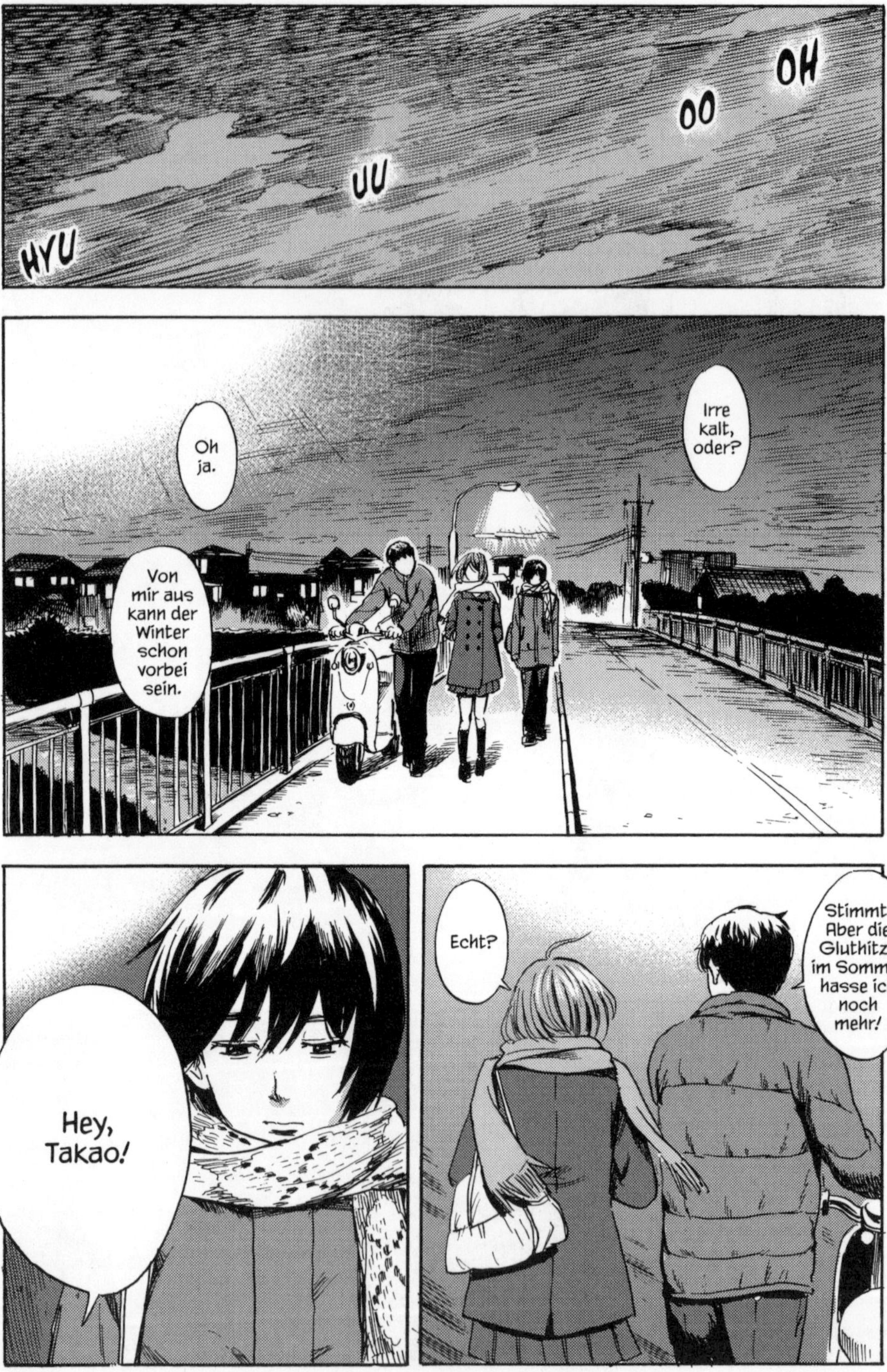
HYU
UU
OO
OH
Oh ja.
Irre kalt, oder?
Von mir aus kann der Winter schon vorbei sein.
Hey, Takao!
Echt?
Stimmt. Aber die Gluthitze im Sommer hasse ich noch mehr!

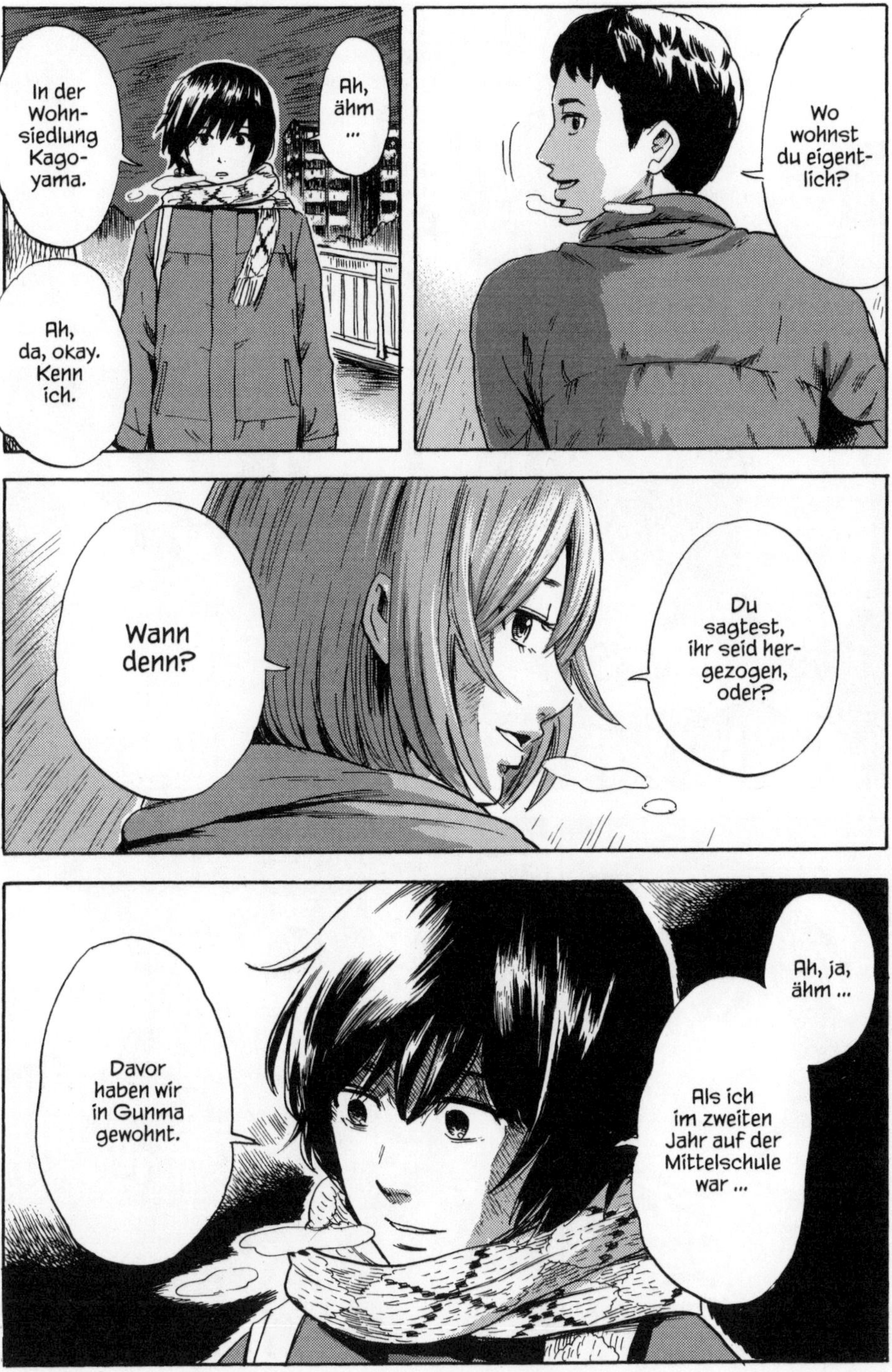
Wo wohnst du eigentlich?
Ah, ähm ...
In der Wohnsiedlung Kagoyama.
Ah, da, okay. Kenn ich.
Du sagtest, ihr seid hergezogen, oder?
Wann denn?
Ah, ja, ähm ...
Als ich im zweiten Jahr auf der Mittelschule war ...
Davor haben wir in Gunma gewohnt.

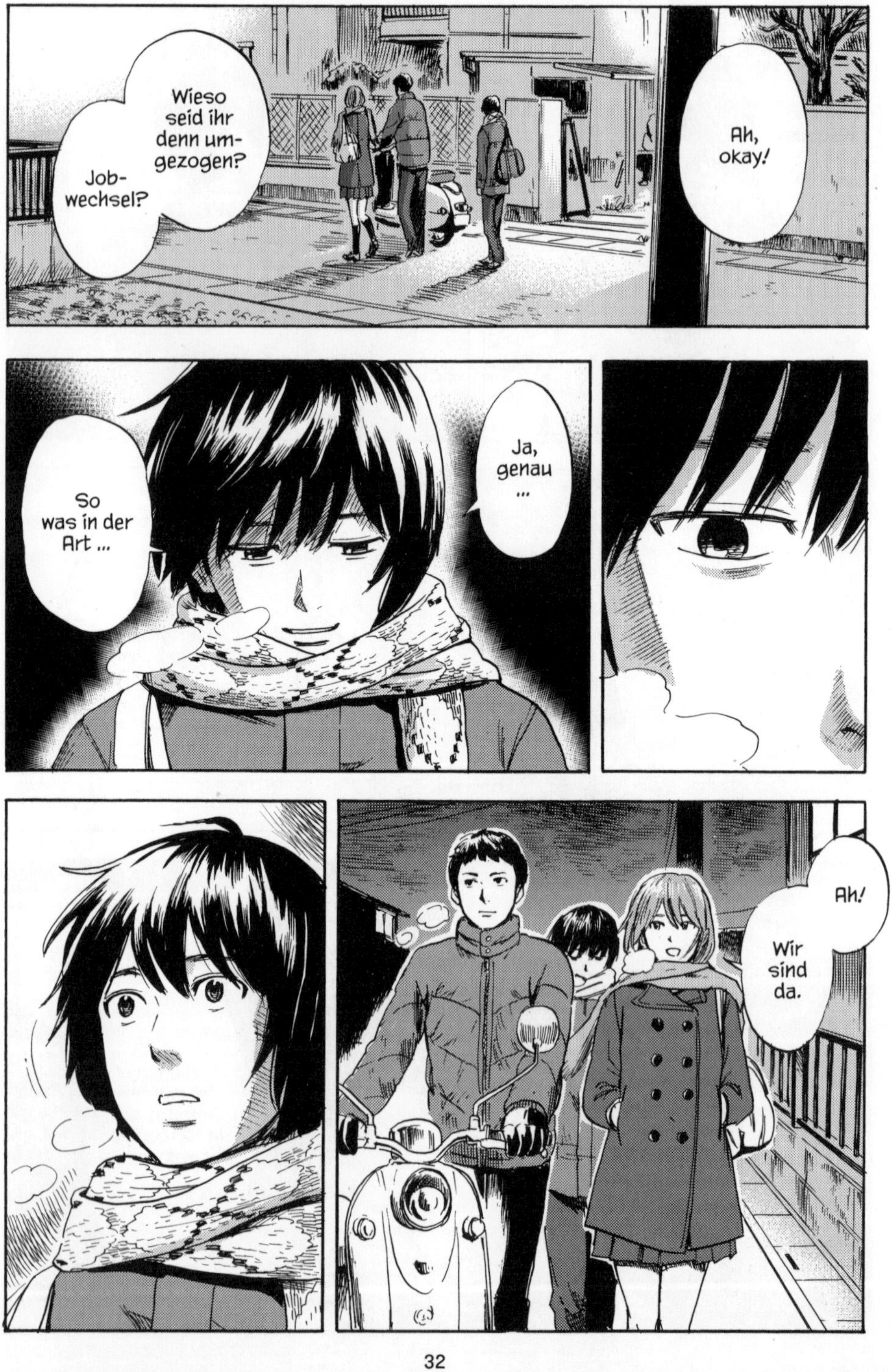
Ah, okay!
Wieso seid ihr denn umgezogen?
Job-wechsel?
Ja, genau ...
So was in der Art ...
Ah!
Wir sind da.

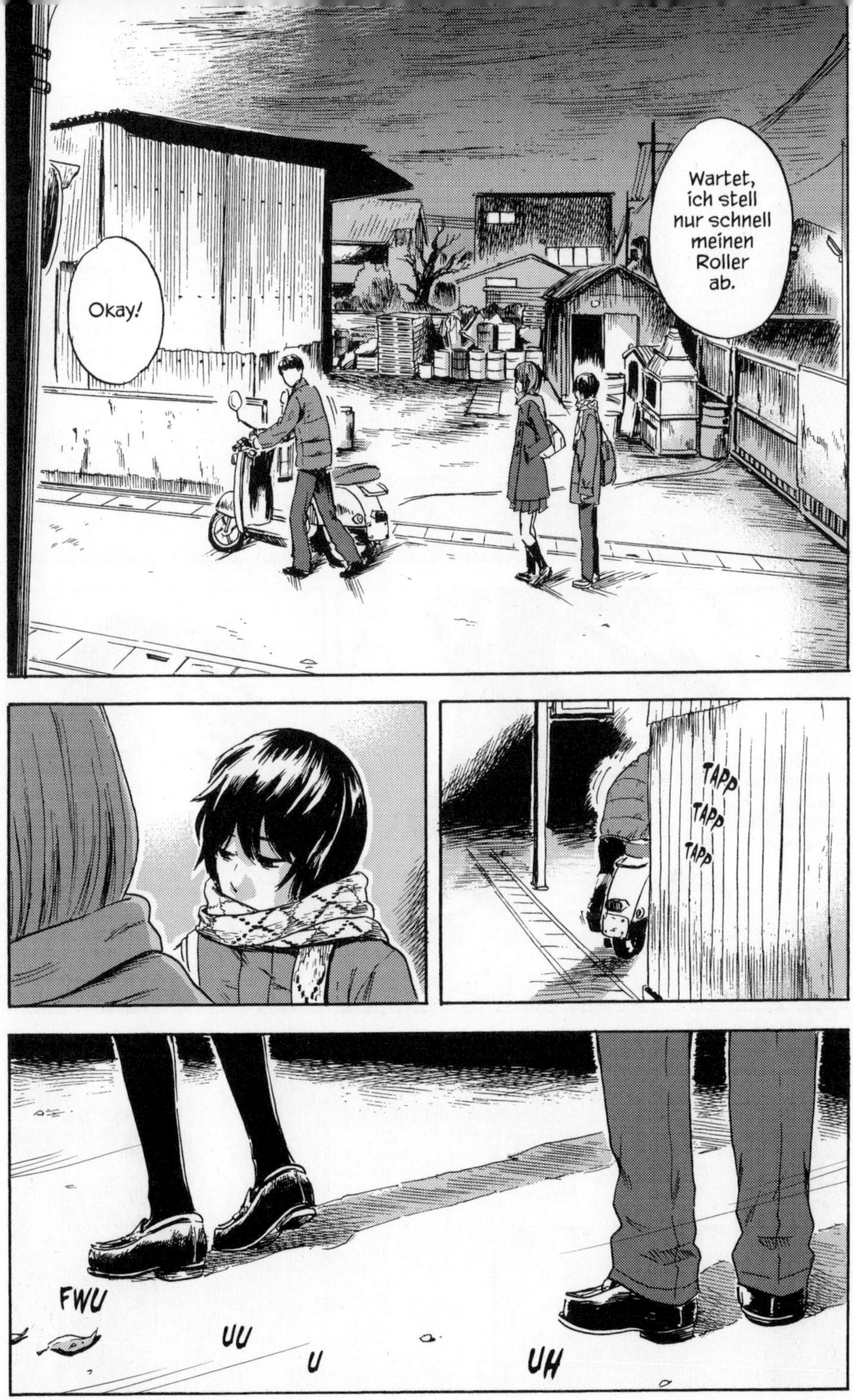
Wartet, ich stell nur schnell meinen Roller ab.
Okay!
TAPP
TAPP
TAPP
FWU
UU
U
UH

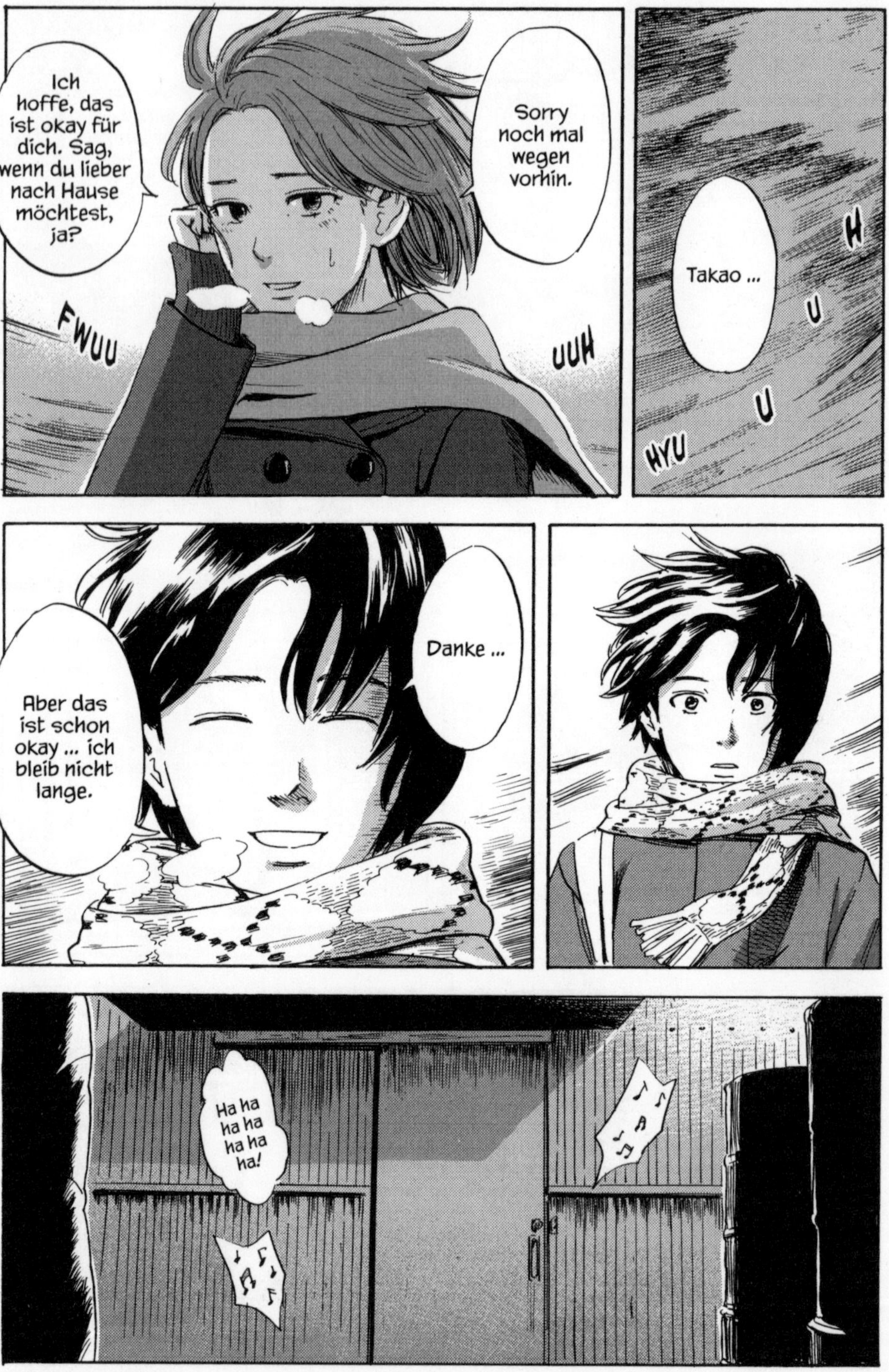
HYUUUH
Takao ...
Sorry noch mal wegen vorhin.
Ich hoffe, das ist okay für dich. Sag, wenn du lieber nach Hause möchtest, ja?
FWUUUUH
Danke ...
Aber das ist schon okay ... ich bleib nicht lange.
Ha ha ha ha ha ha ha!

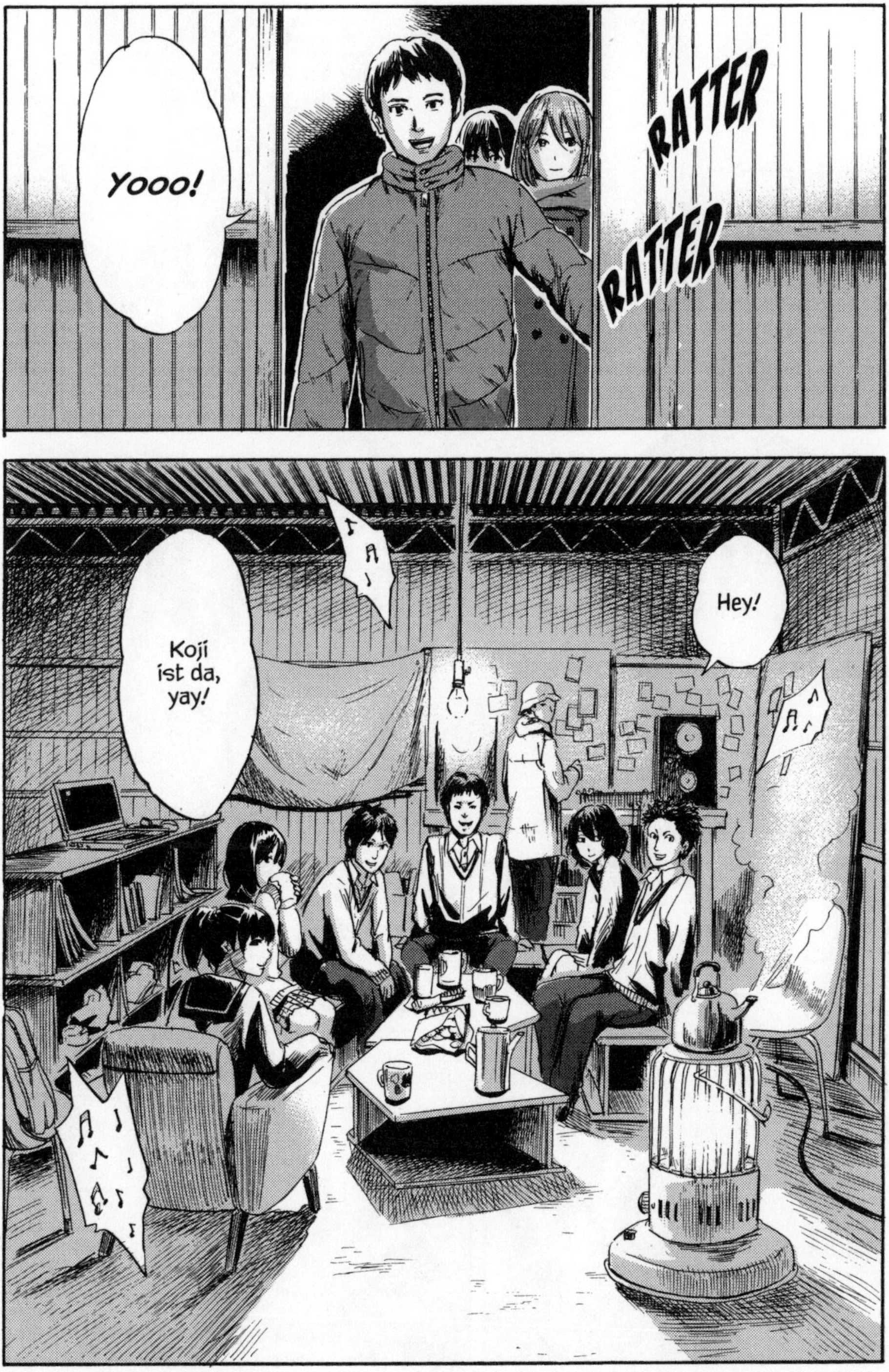
RATTER
RATTER
Yooo!
Hey!
Koji ist da, yay!

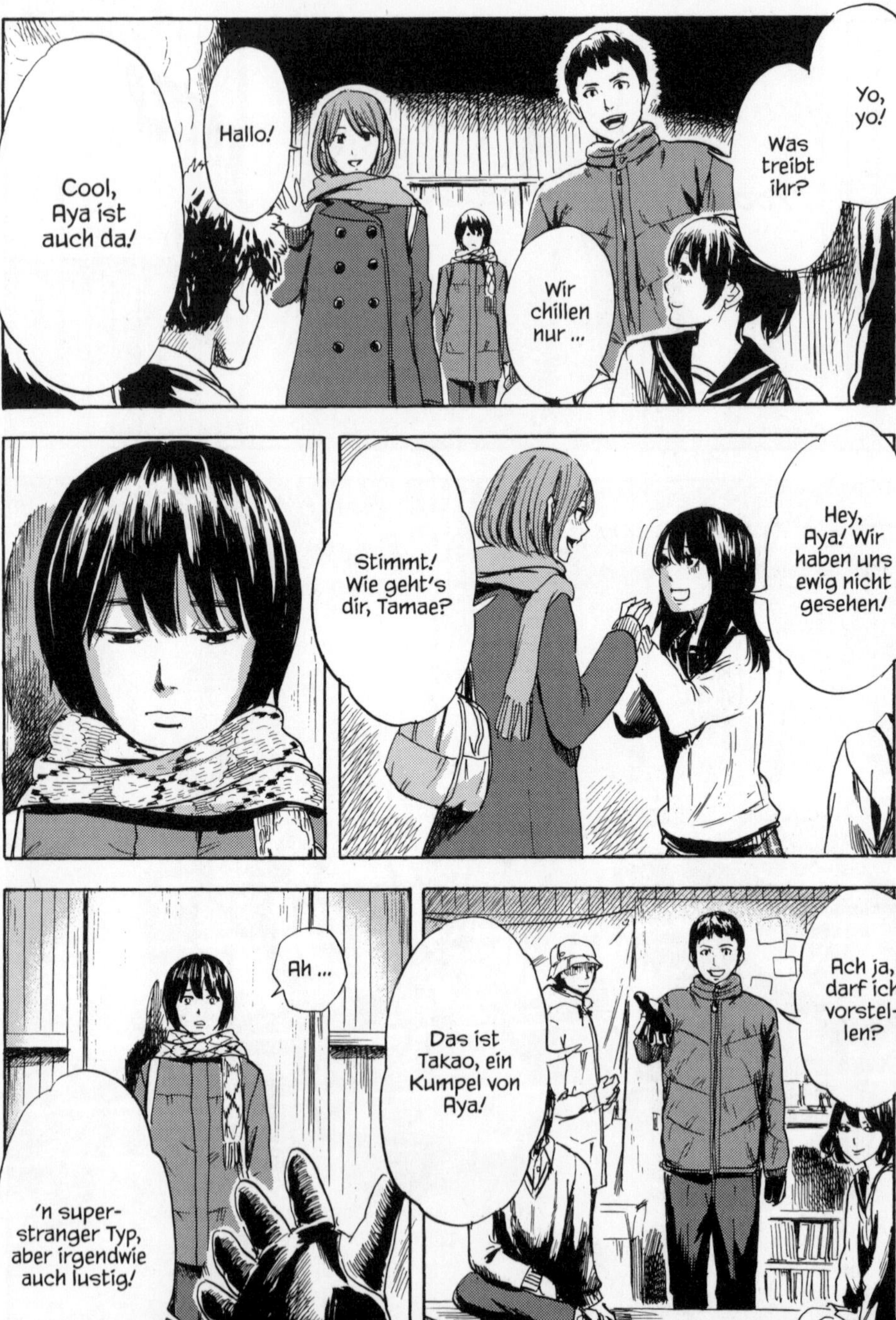
Yo, yo! Was treibt ihr?
Wir chillen nur ...
Hallo!
Cool, Aya ist auch da!
Hey, Aya! Wir haben uns ewig nicht gesehen!
Stimmt! Wie geht's dir, Tamae?
Ach ja, darf ich vorstellen?
Das ist Takao, ein Kumpel von Aya!
Ah ...
'n super-stranger Typ, aber irgendwie auch lustig!

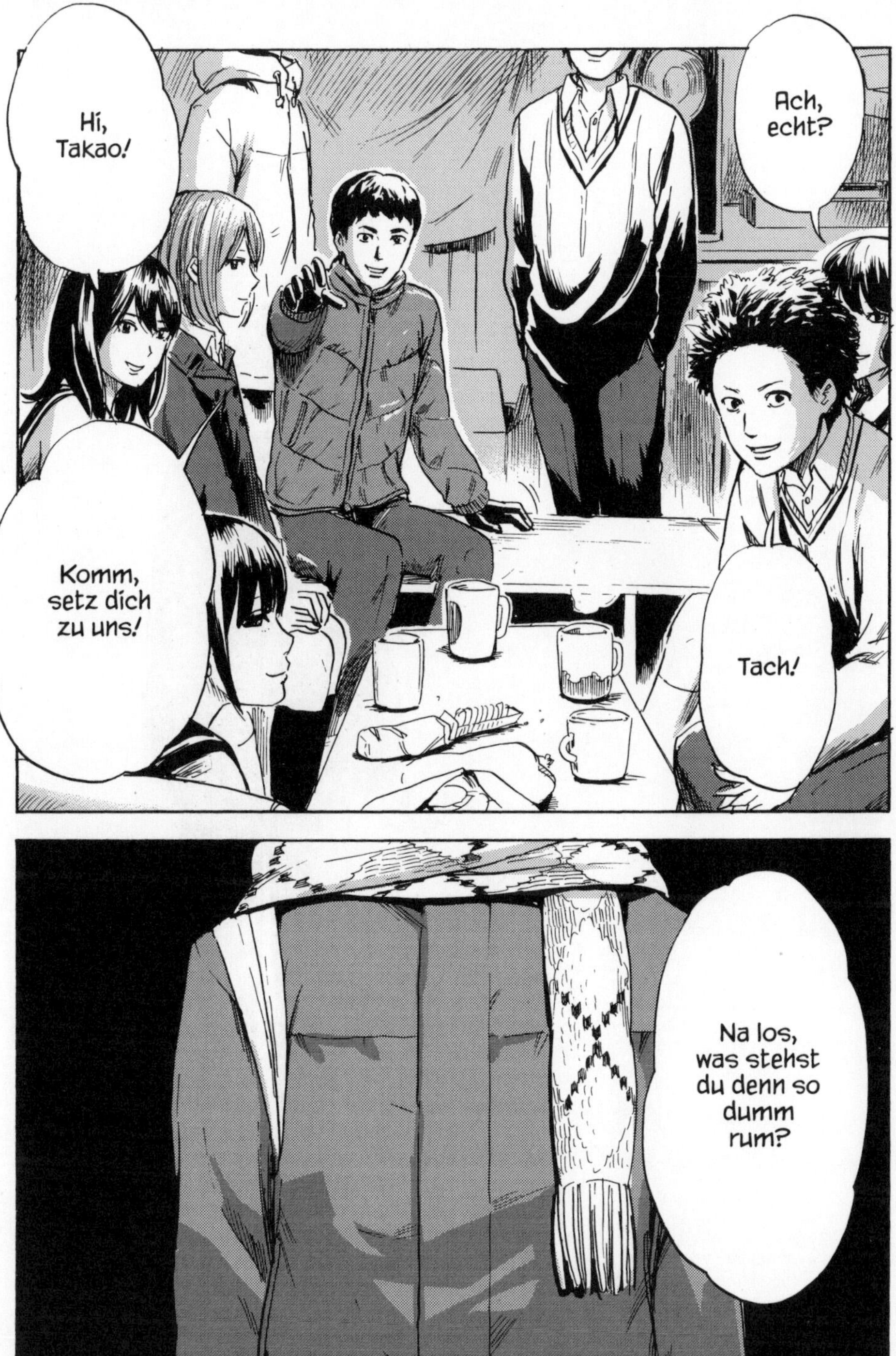
Ach, echt?
Hi, Takao!
Tach!
Komm, setz dich zu uns!
Na los, was stehst du denn so dumm rum?

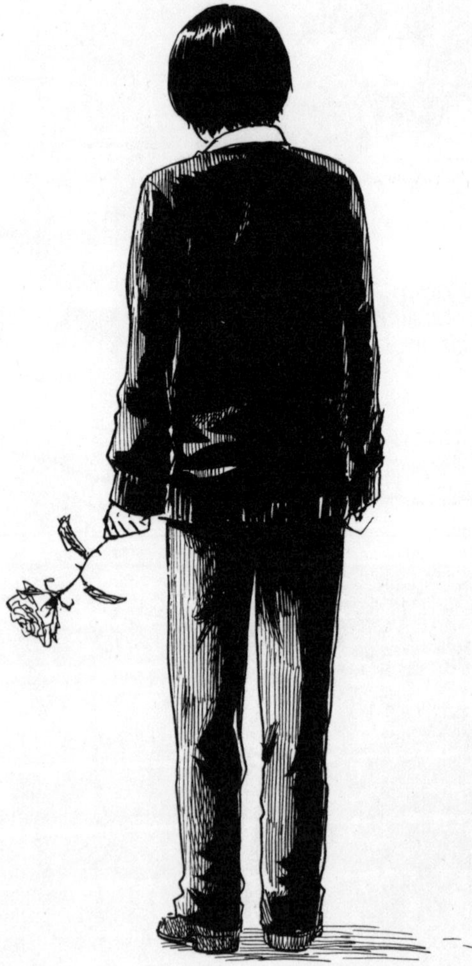

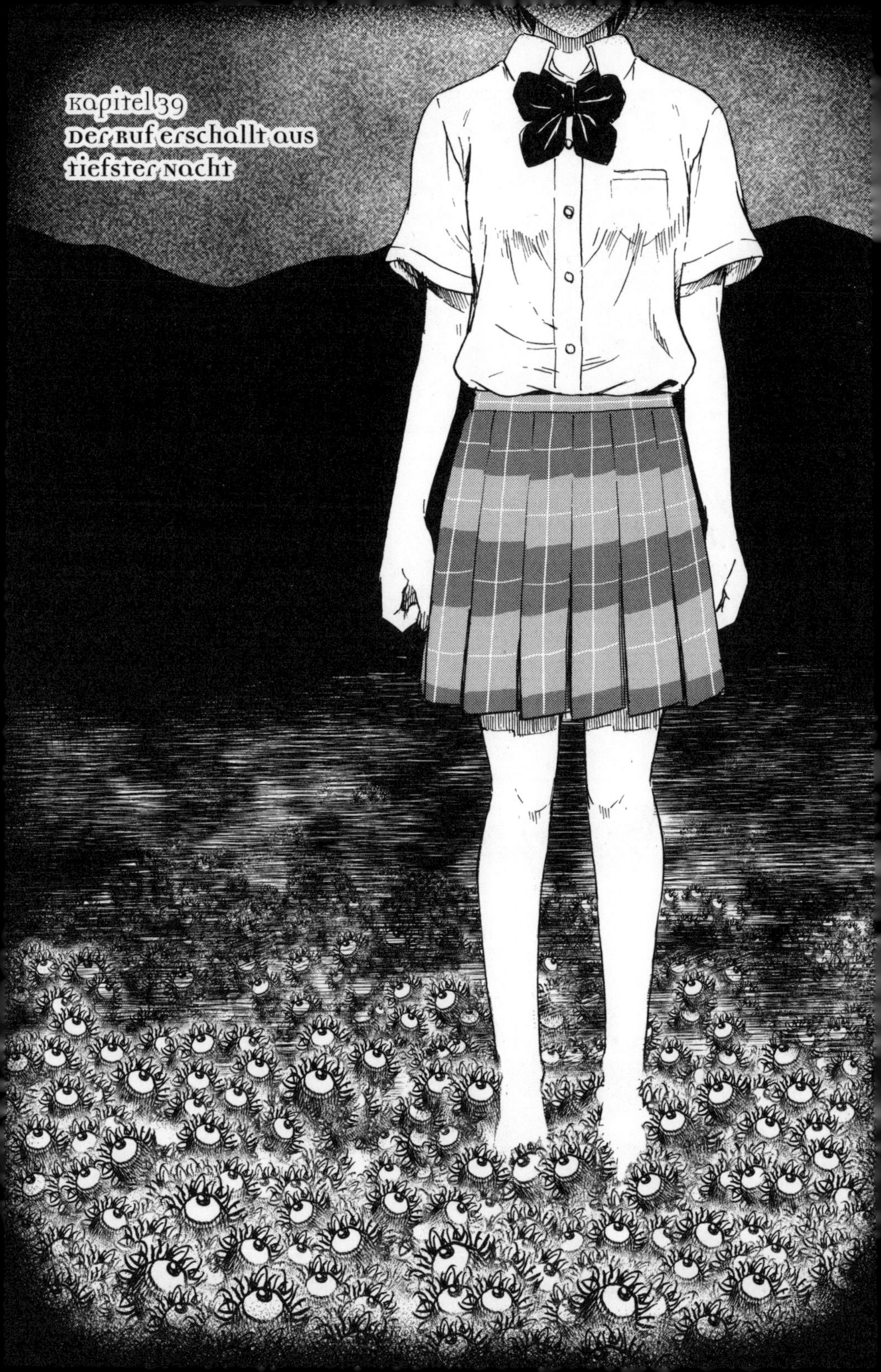
Kapitel 39
Der Ruf erschallt aus
tiefster Nacht

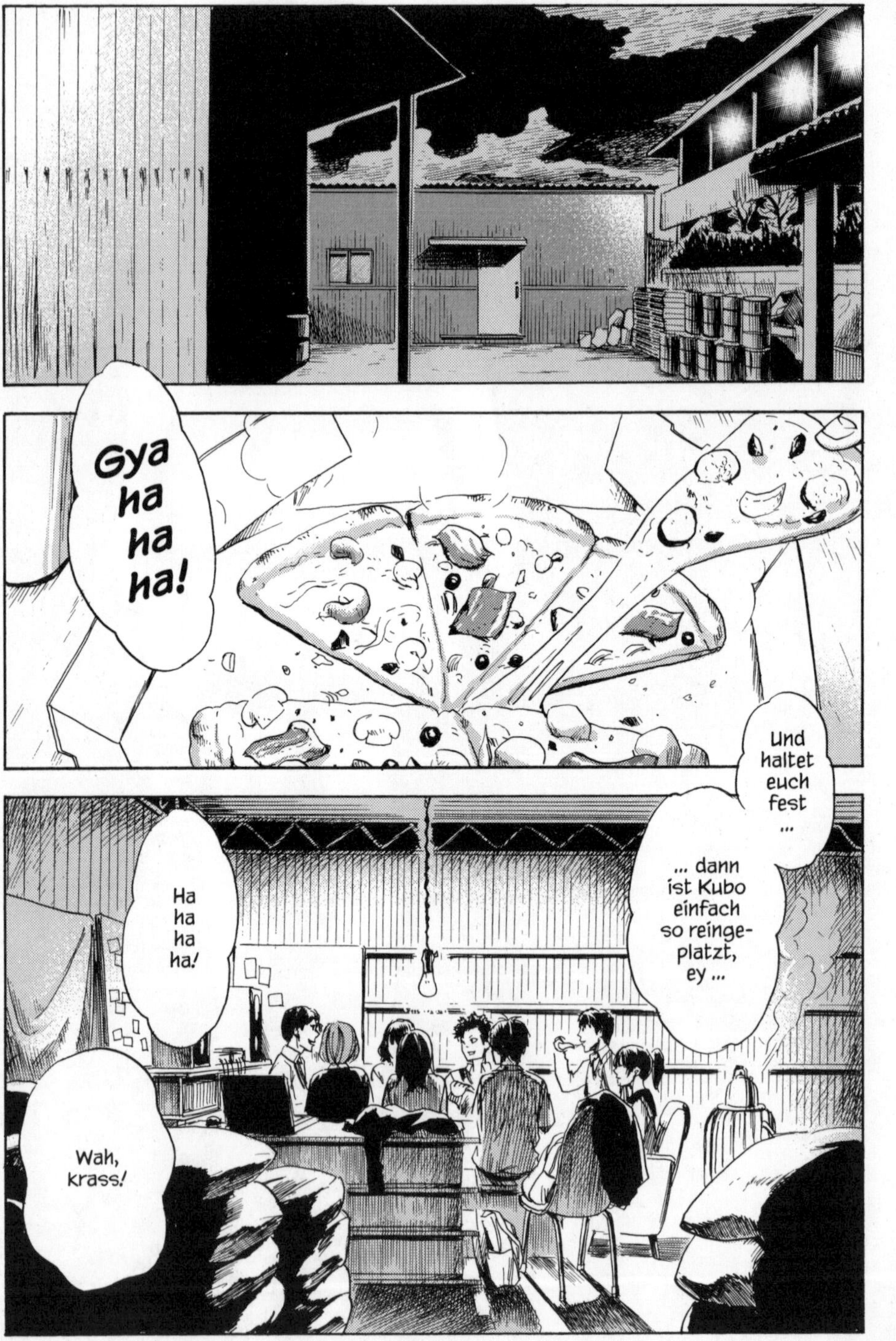
Und haltet euch fest ...
Gya ha ha ha!
... dann ist Kubo einfach so reingeplatzt, ey ...
Ha ha ha ha!
Wah, krass!

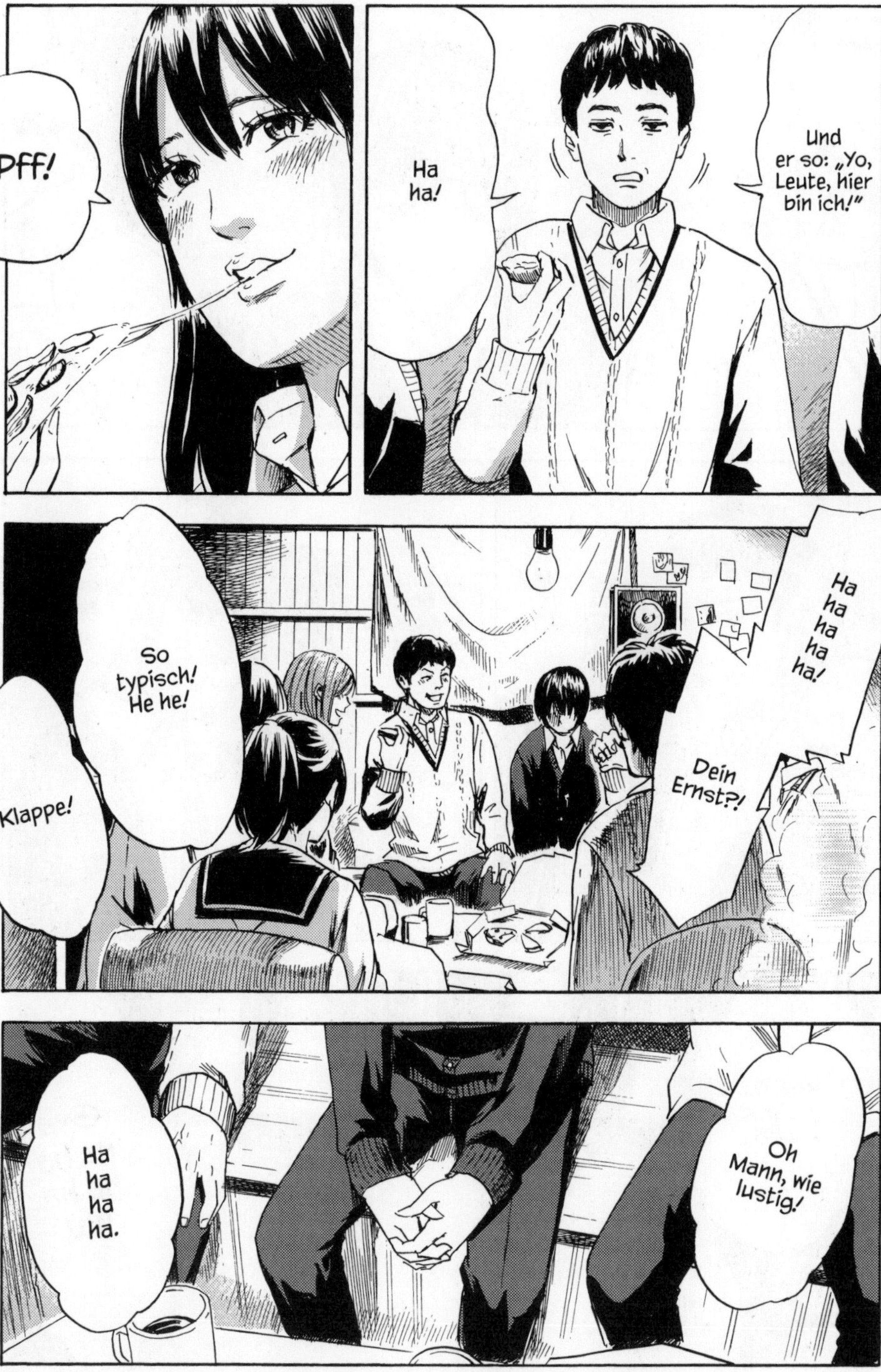
Und er so: „Yo, Leute, hier bin ich!“
Ha ha!
Pff!
Ha ha ha ha ha!
Dein Ernst?!
So typisch! He he!
Klappe!
Oh Mann, wie lustig!
Ha ha ha ha.

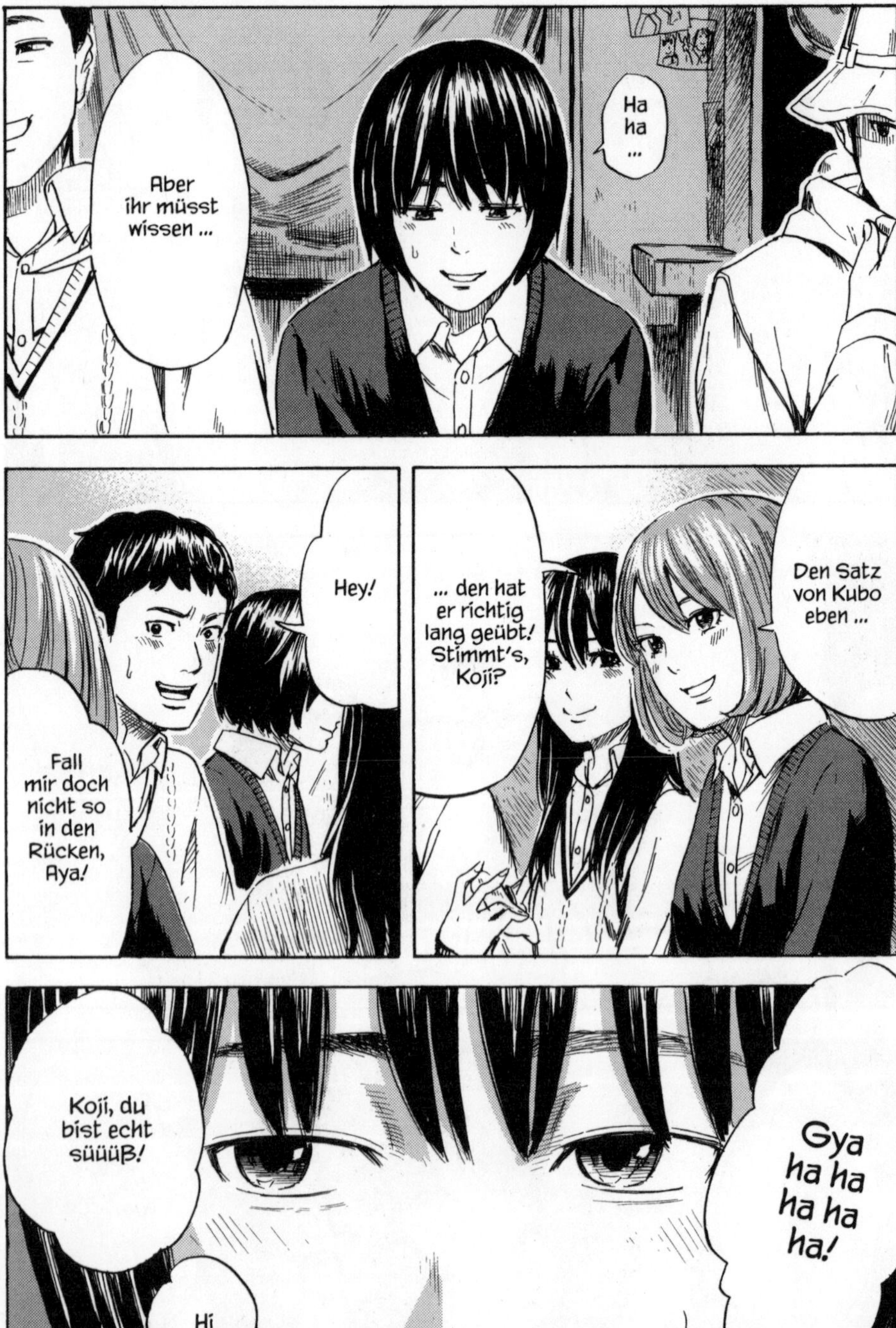
Ha ha ...
Aber ihr müsst wissen ...
Den Satz von Kubo eben ...
... den hat er richtig lang geübt! Stimmt's, Koji?
Hey!
Fall mir doch nicht so in den Rücken, Aya!
Gya ha ha ha ha ha!
Koji, du bist echt süüüß!
Hi hi hi!

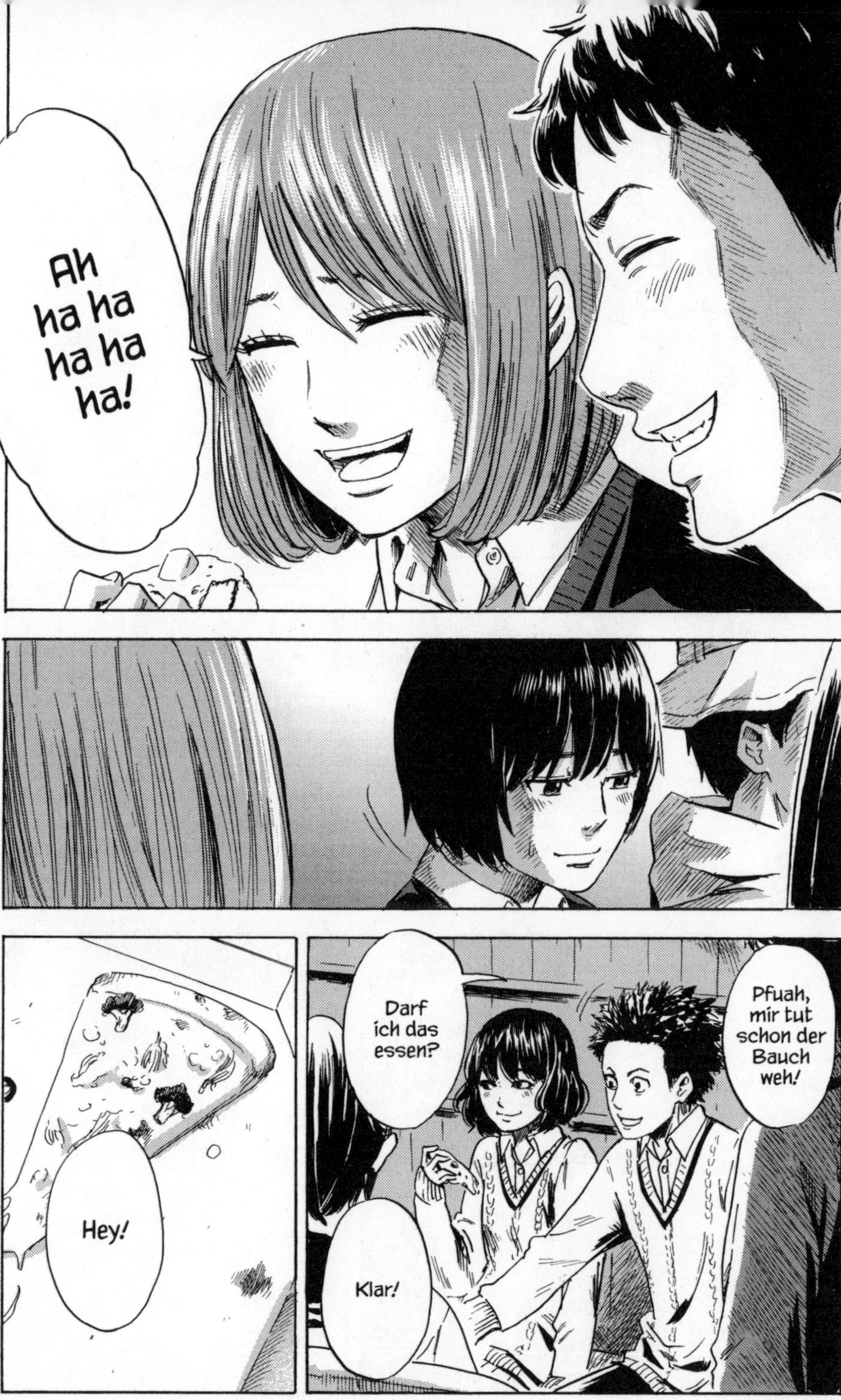
Ah ha ha ha ha ha!
Pfuah, mir tut schon der Bauch weh!
Darf ich das essen?
Klar!
Hey!

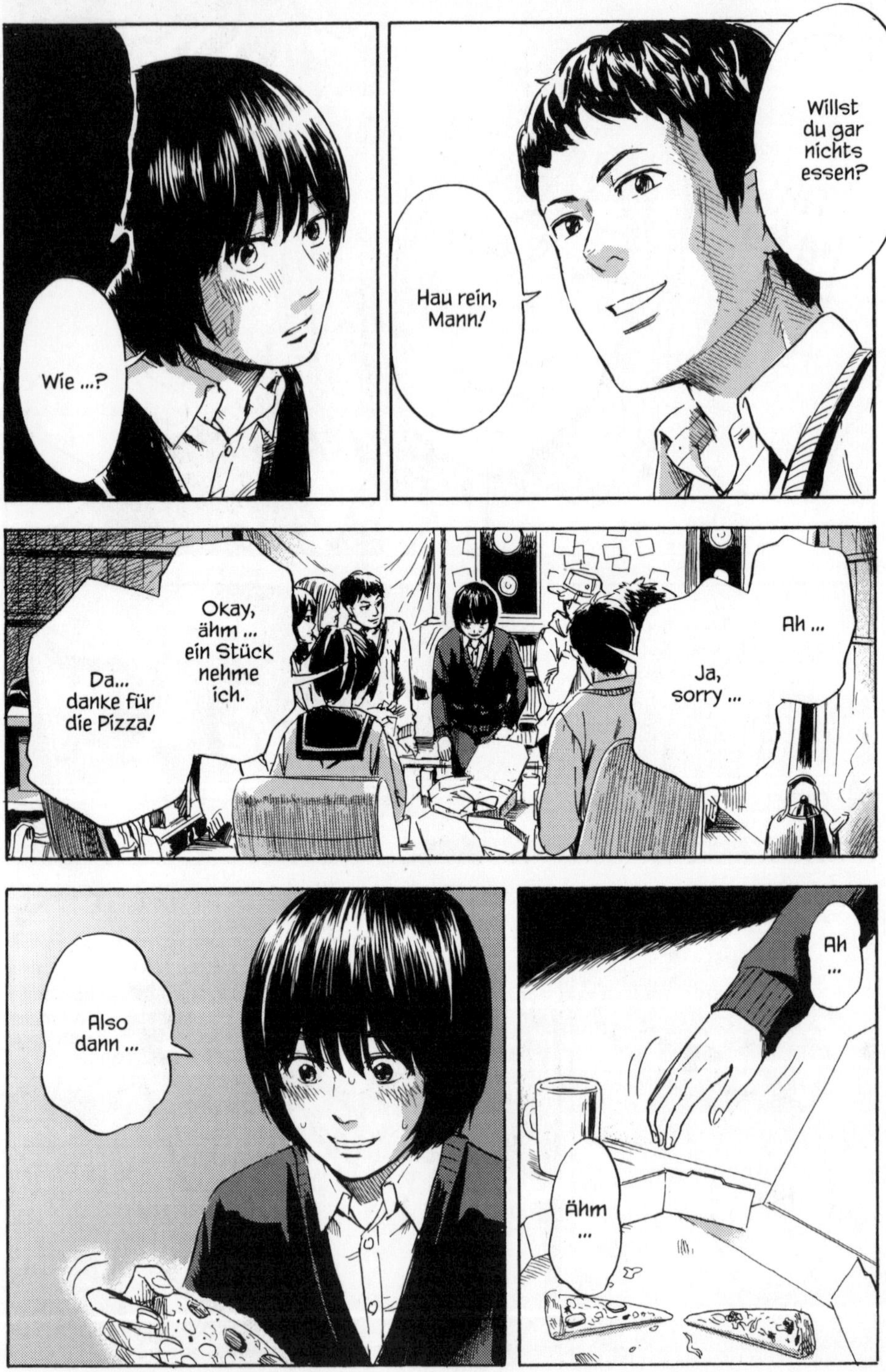
Willst du gar nichts essen?
Hau rein, Mann!
Wie ...?
Ah ...
Ja, sorry ...
Okay, ähm ... ein Stück nehme ich.
Da... danke für die Pizza!
Ah ...
Ähm ...
Also dann ...

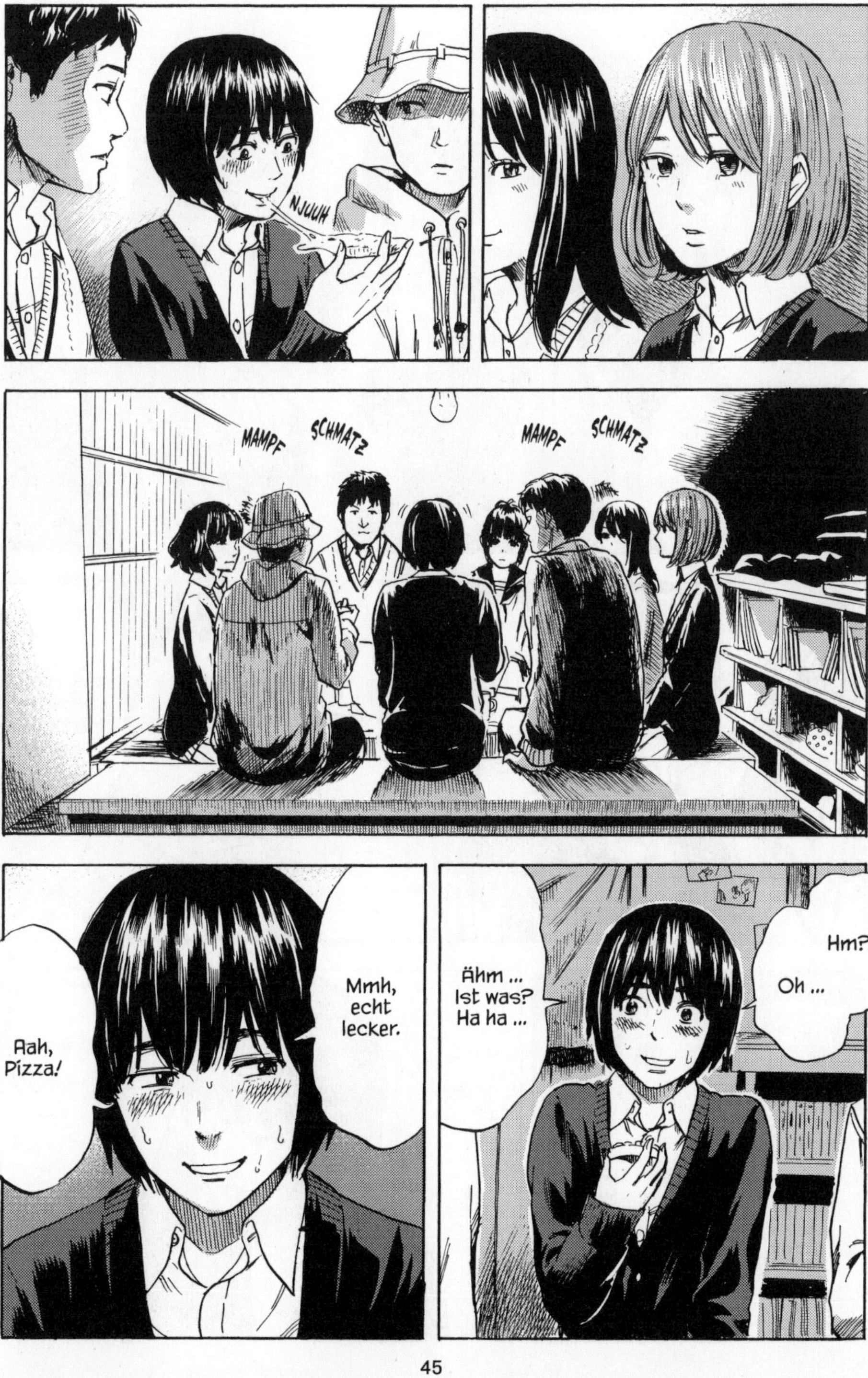
NJUUH
MAMPF
SCHMATZ
MAMPF
SCHMATZ
Hm?!
Oh ...
Ähm ... Ist was? Ha ha ...
Mmh, echt lecker.
Aah, Pizza!

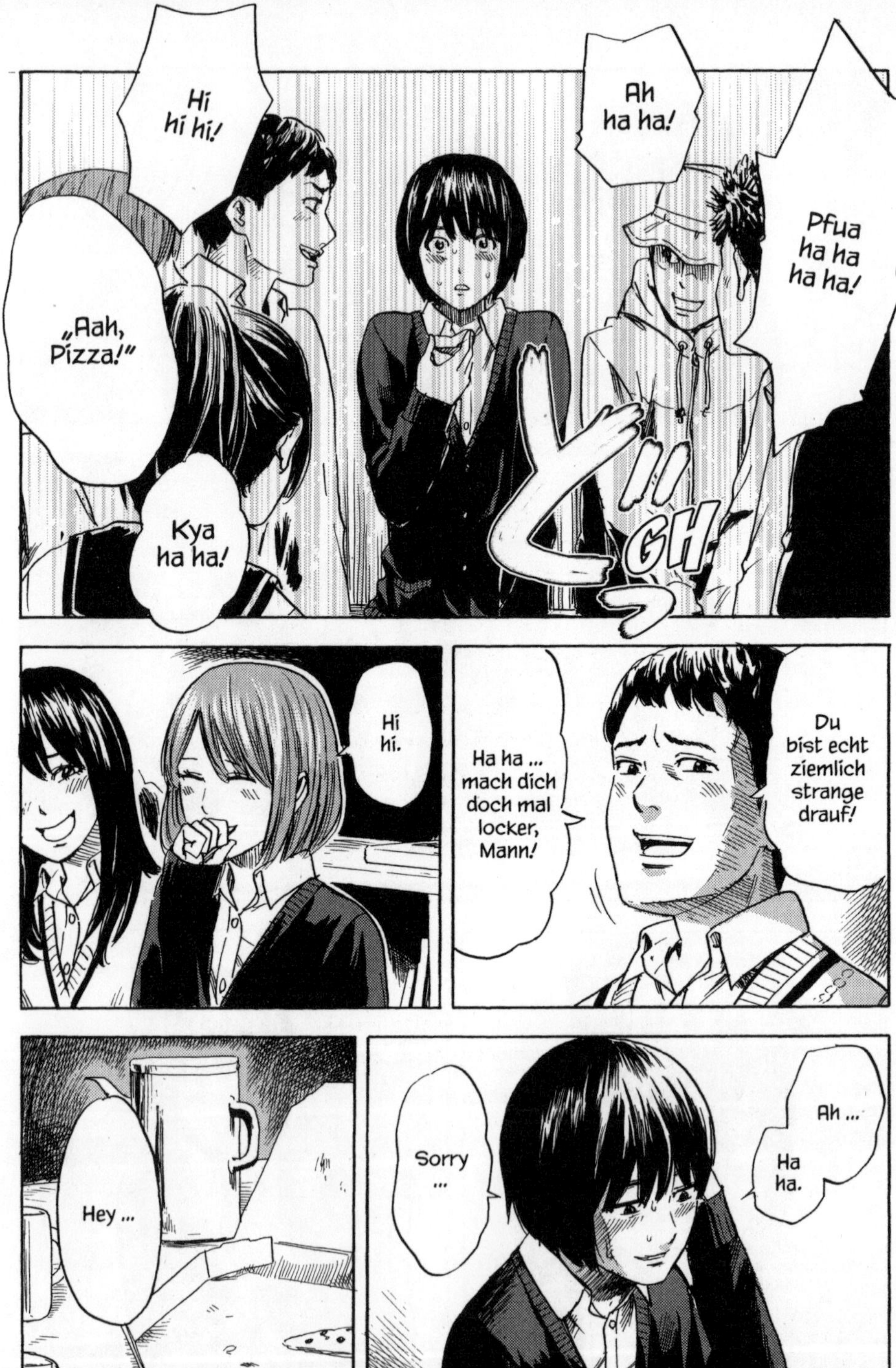
Pfua ha ha ha ha!
Ah ha ha!
Hi hi hi!
„Aah, Pizza!“
Kya ha ha!
Du bist echt ziemlich strange drauf!
Ha ha ... mach dich doch mal locker, Mann!
Hi hi.
Ah ...
Ha ha.
Sorry ...
Hey ...

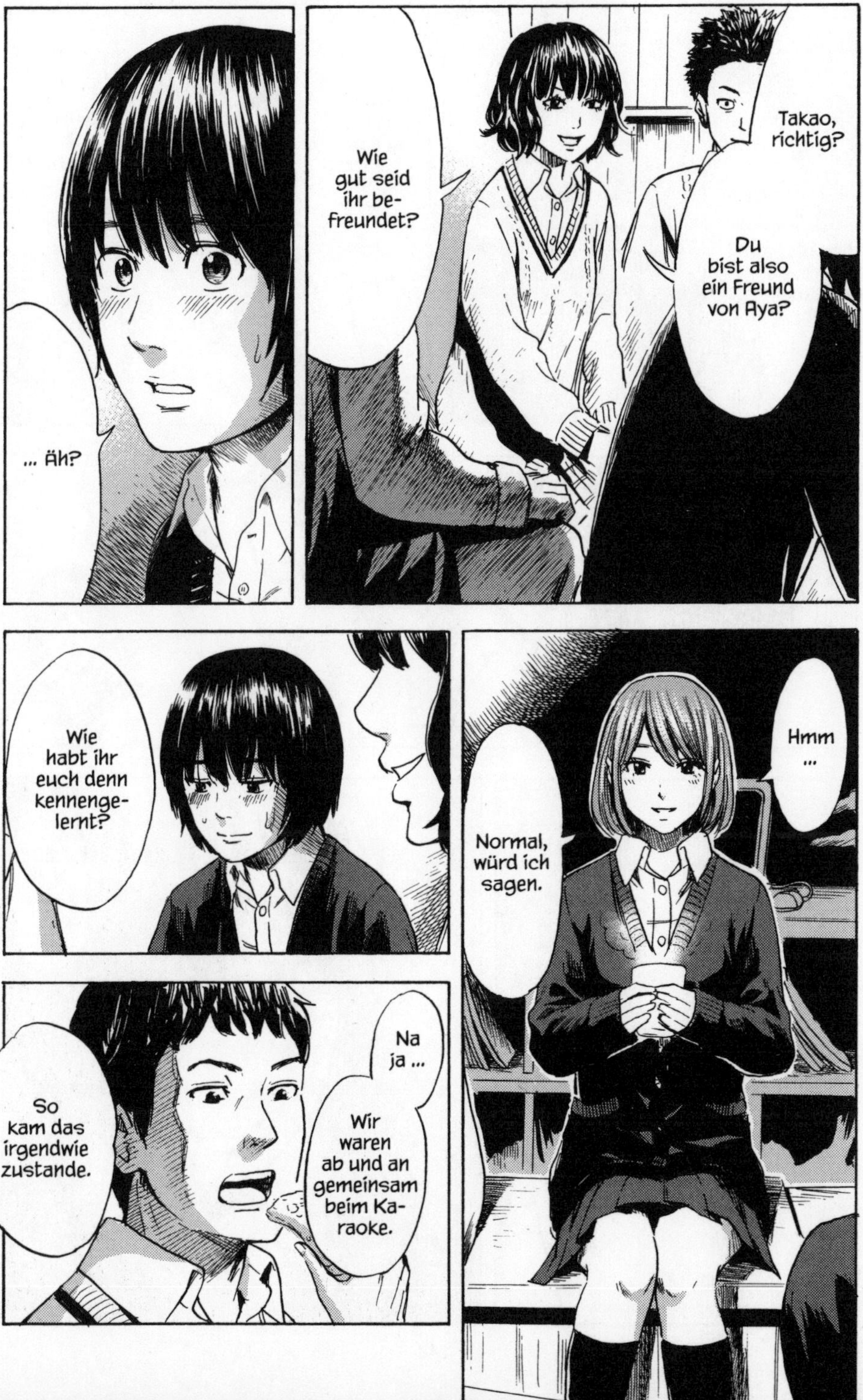
Takao, richtig?
Du bist also ein Freund von Aya?
Wie gut seid ihr befreundet?
... Äh?
Hmm ...
Normal, würd ich sagen.
Wie habt ihr euch denn kennengelernt?
Na ja ...
Wir waren ab und an gemeinsam beim Karaoke.
So kam das irgendwie zustande.

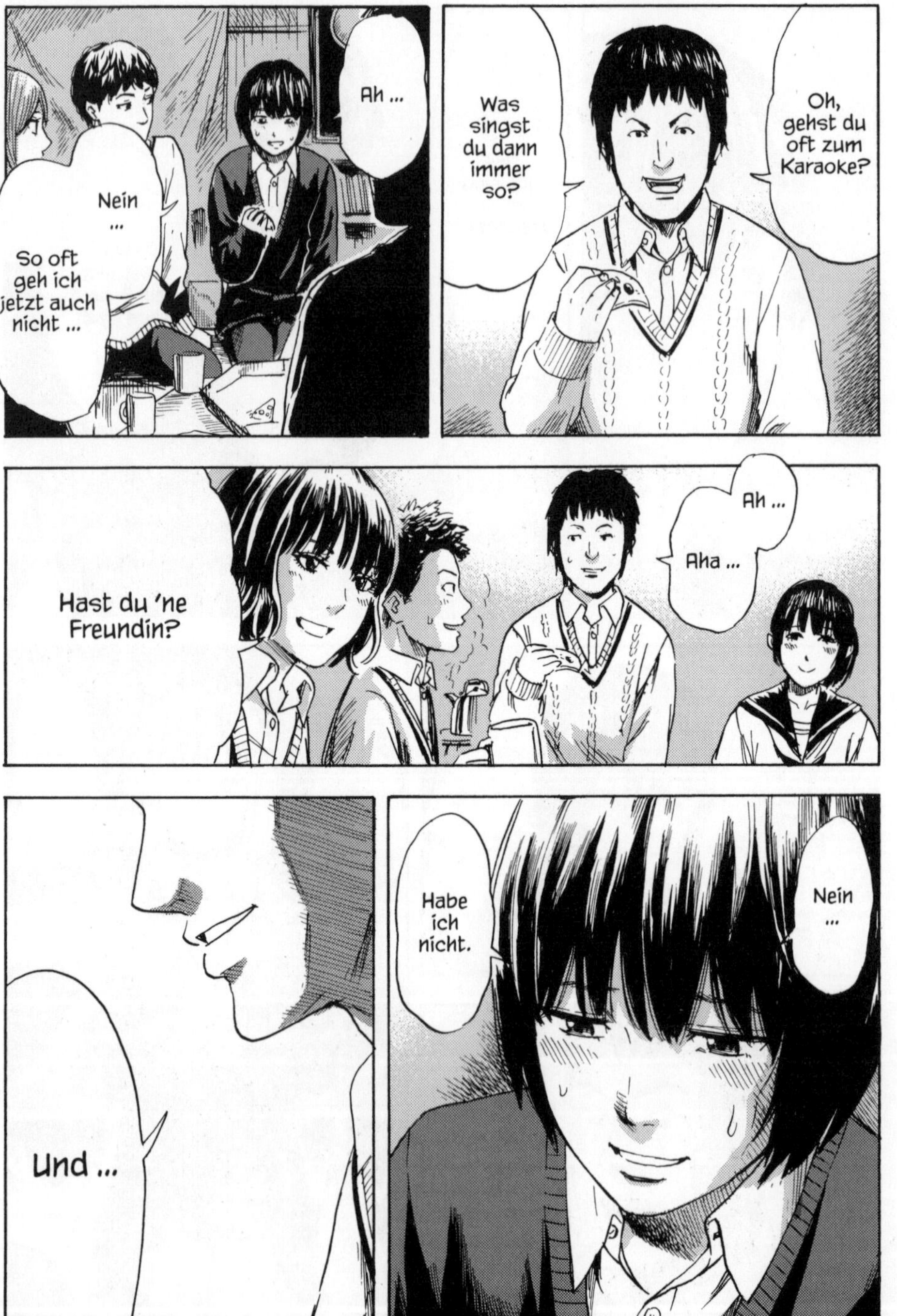
Oh, gehst du oft zum Karaoke?
Was singst du dann immer so?
Ah ...
Nein ...
So oft geh ich jetzt auch nicht ...
Ah ...
Aha ...
Hast du 'ne Freundin?
Nein ...
Habe ich nicht.
Und ...

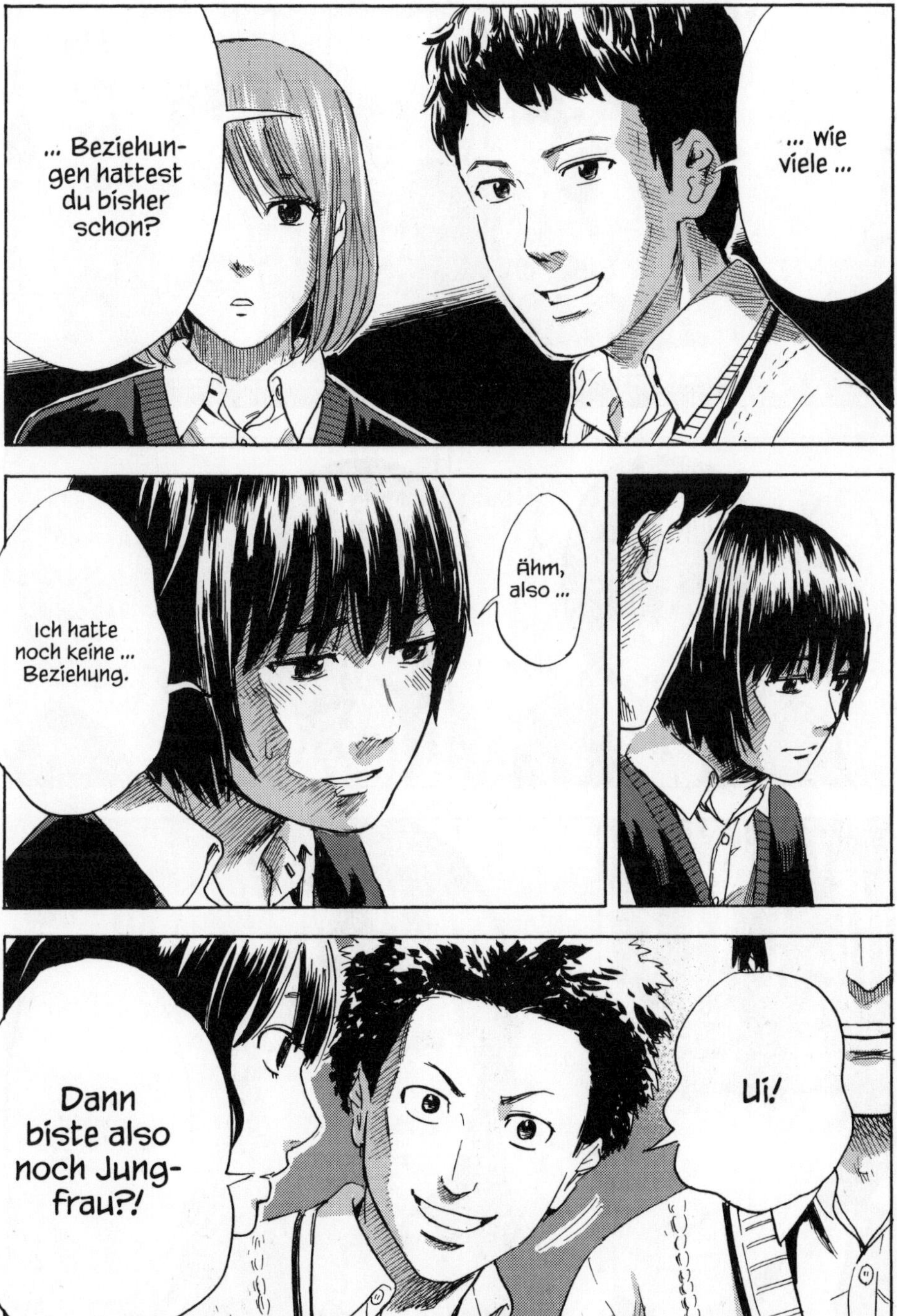
... wie viele ...
... Beziehungen hattest du bisher schon?
Ähm, also ...
Ich hatte noch keine ... Beziehung.
Ui!
Dann biste also noch Jungfrau?!

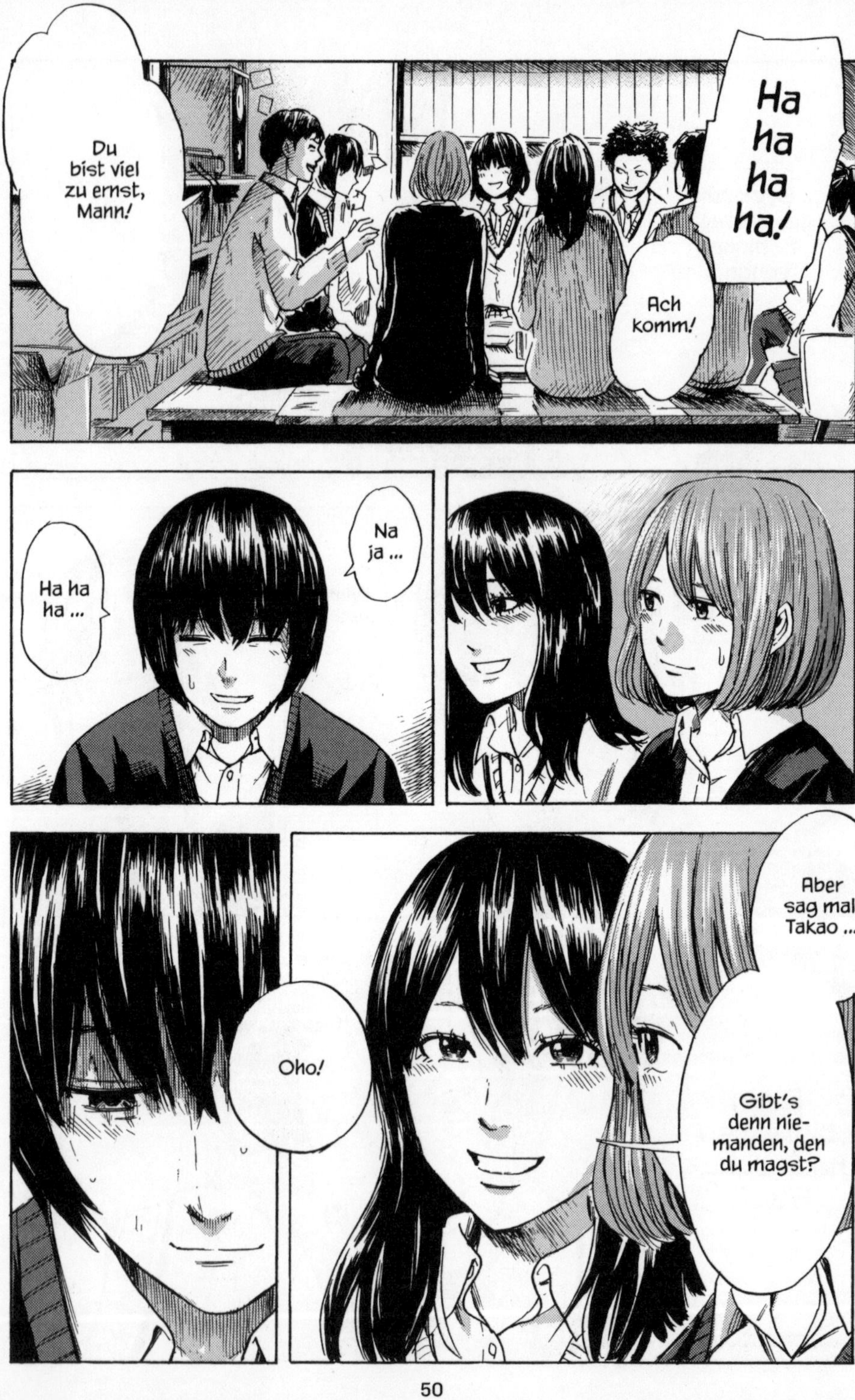
Ha ha ha ha!
Ach komm!
Du bist viel zu ernst, Mann!
Na ja ...
Ha ha ha ...
Aber sag mal, Takao ...
Gibt's denn nie-manden, den du magst?
Oho!

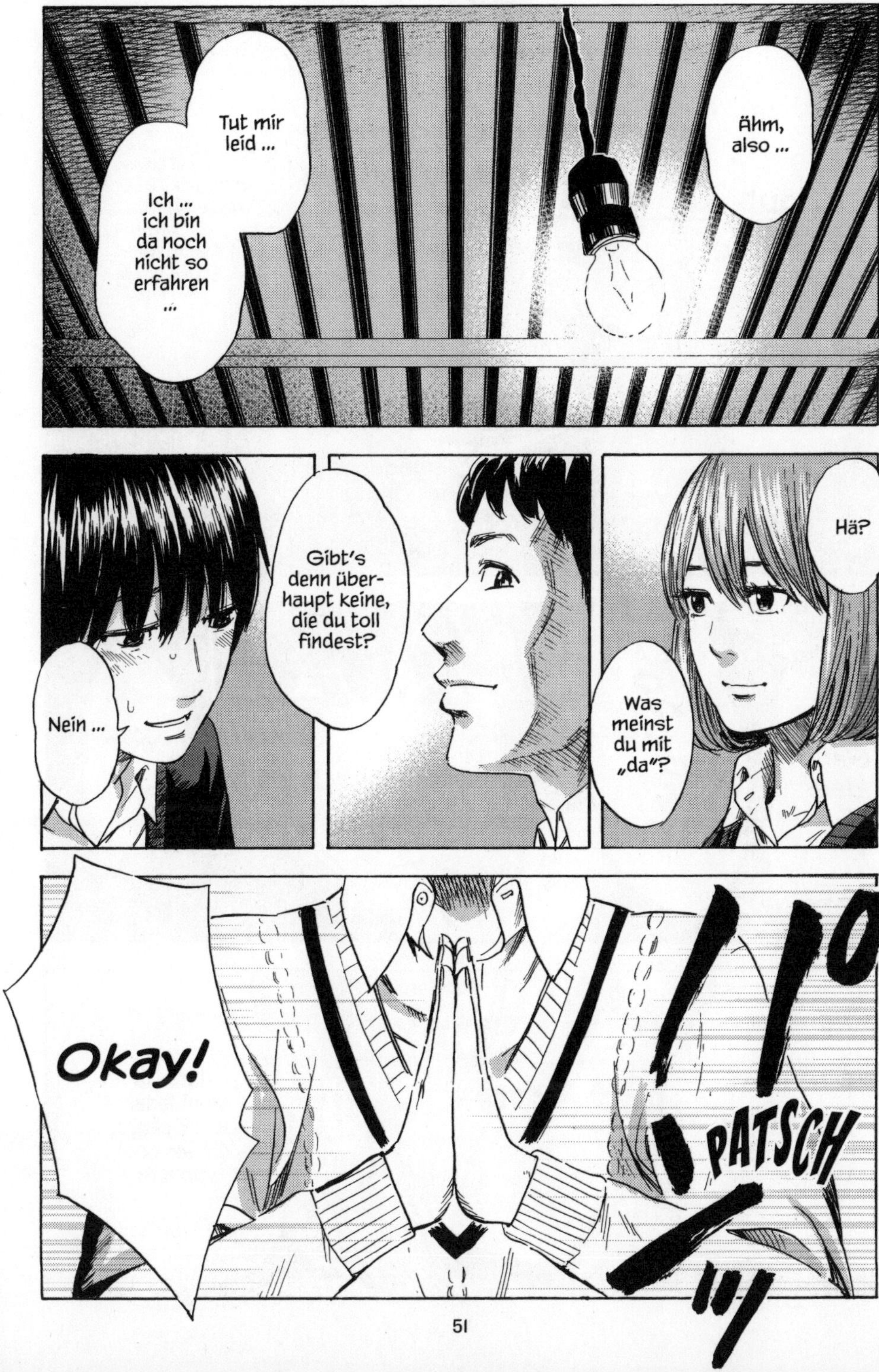
Ähm, also ...
Tut mir leid ...
Ich ... ich bin da noch nicht so erfahren ...
Hä?
Was meinst du mit „da"?
Gibt's denn überhaupt keine, die du toll findest?
Nein ...
PATSCH
Okay!

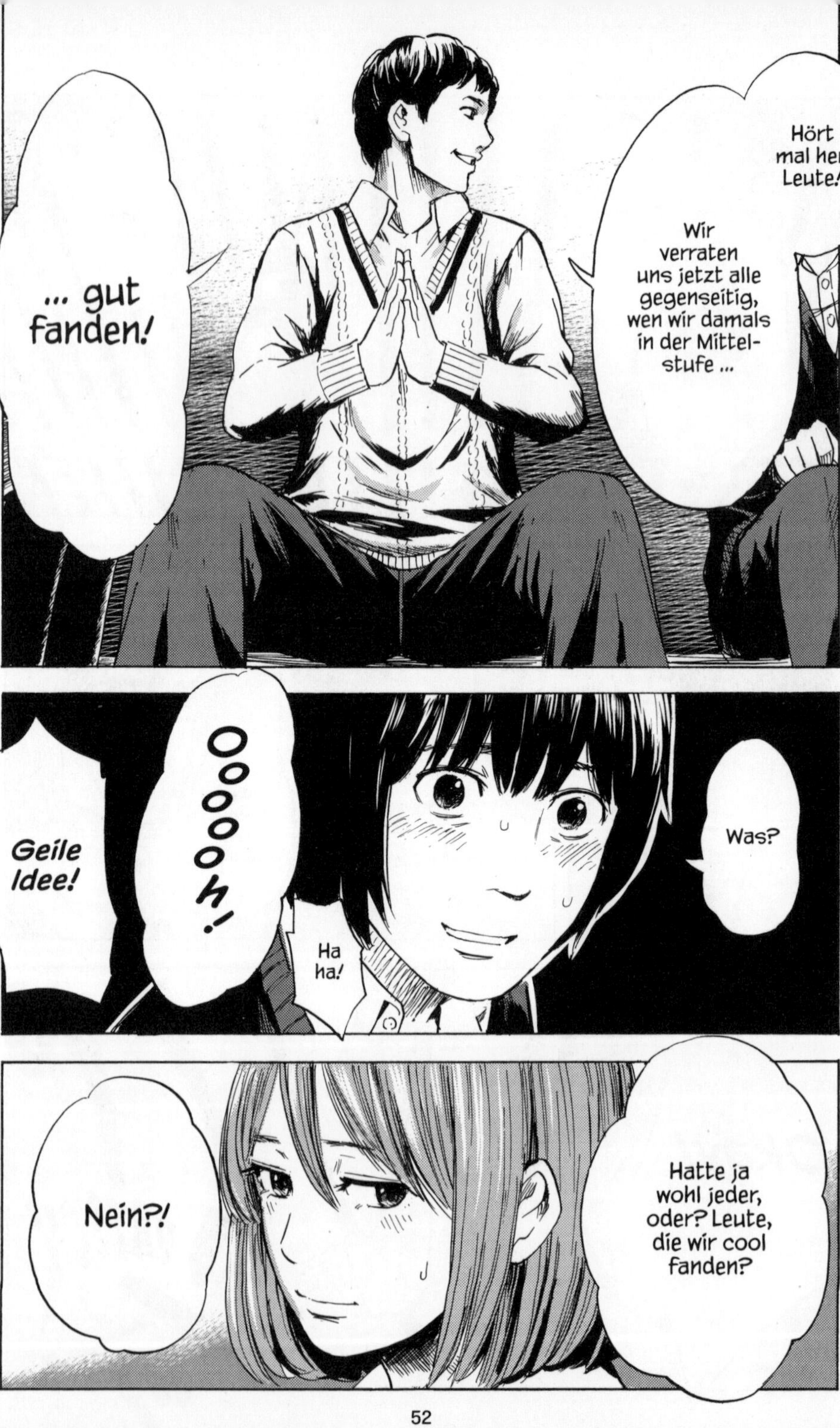
Hört mal her, Leute!
Wir verraten uns jetzt alle gegenseitig, wen wir damals in der Mittelstufe ...
... gut fanden!
Was?
Ooooooh!
Geile Idee!
Ha ha!
Hatte ja wohl jeder, oder? Leute, die wir cool fanden?
Nein?!

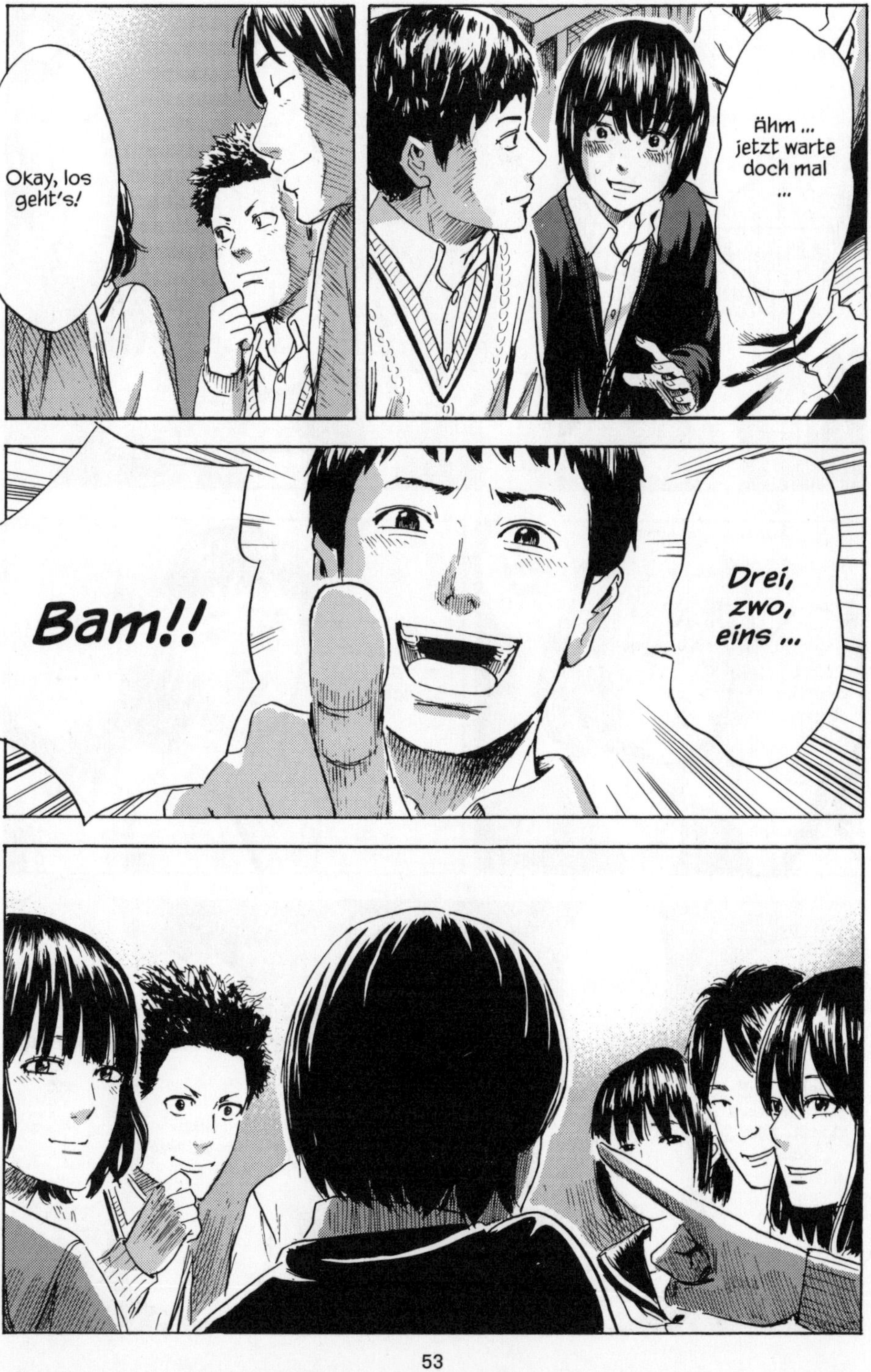
Okay, los geht's!
Ähm ... jetzt warte doch mal ...
Bam!!
Drei, zwo, eins ...

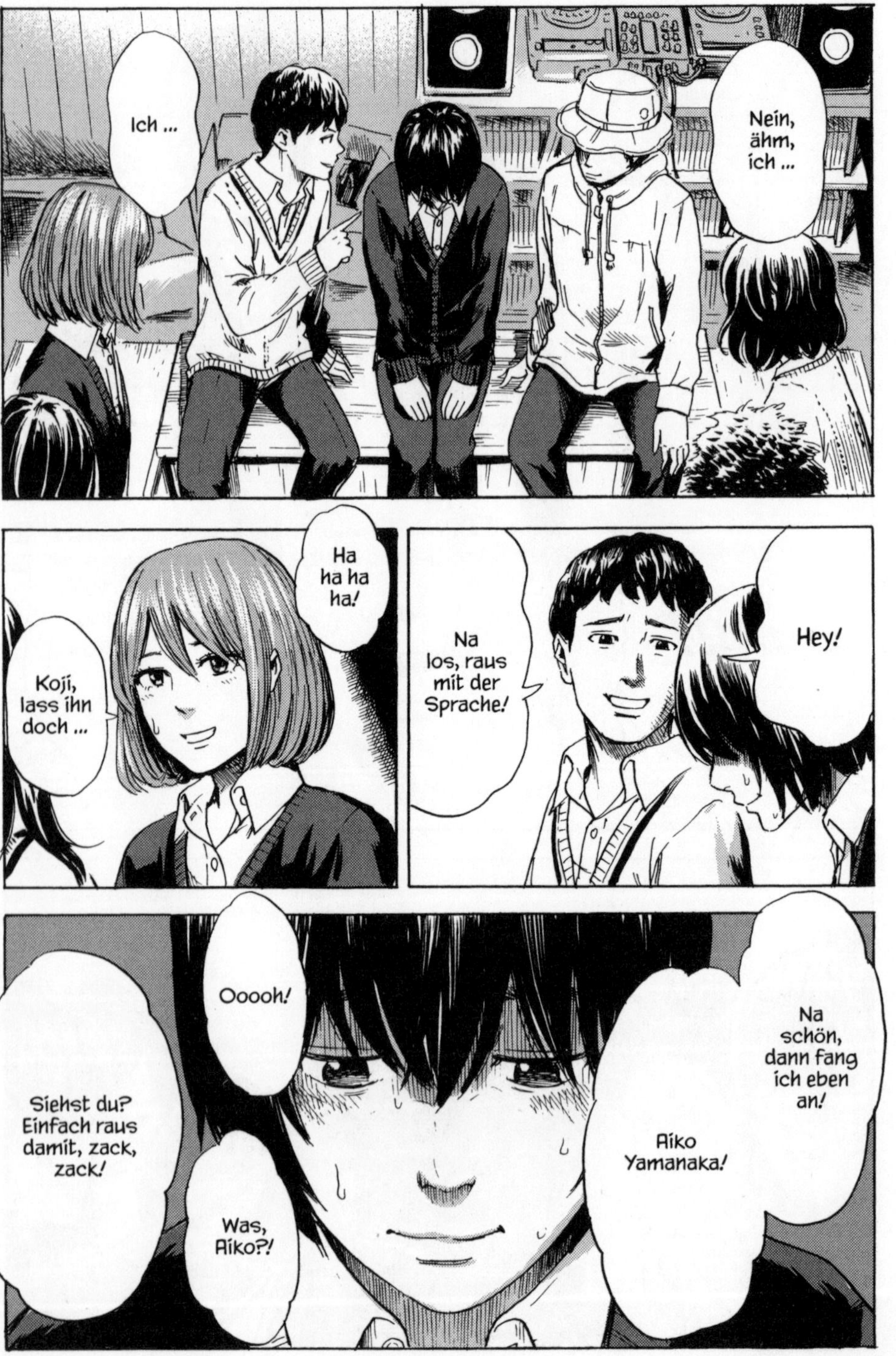
Nein, ähm, ich ...
Ich ...
Hey!
Na los, raus mit der Sprache!
Ha ha ha ha!
Koji, lass ihn doch ...
Na schön, dann fang ich eben an!
Aiko Yamanaka!
Ooooh!
Was, Aiko?!
Siehst du? Einfach raus damit, zack, zack!

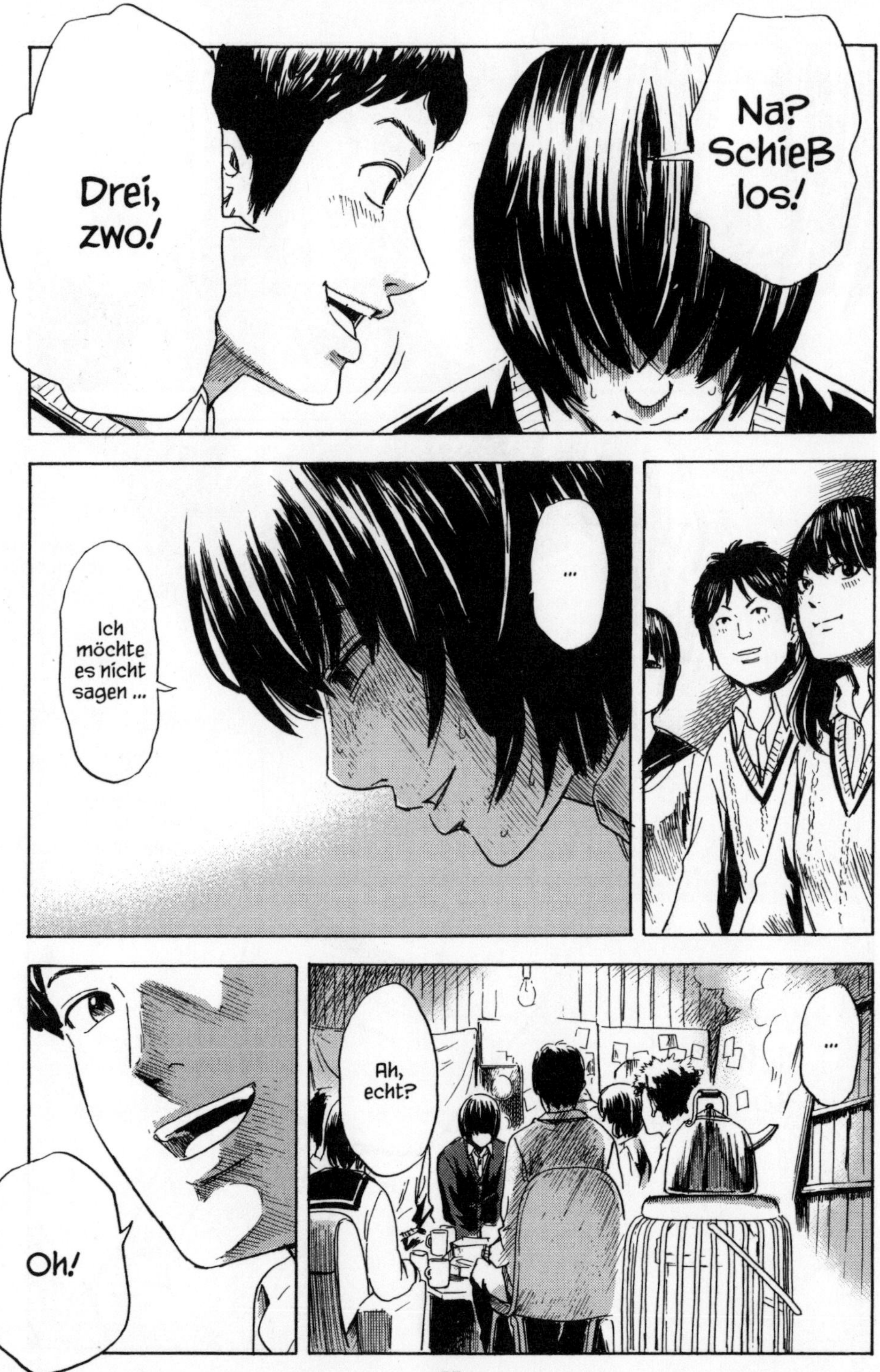
Na? Schieß los!
Drei, zwo!
...
Ich möchte es nicht sagen ...
...
Ah, echt?
Oh!

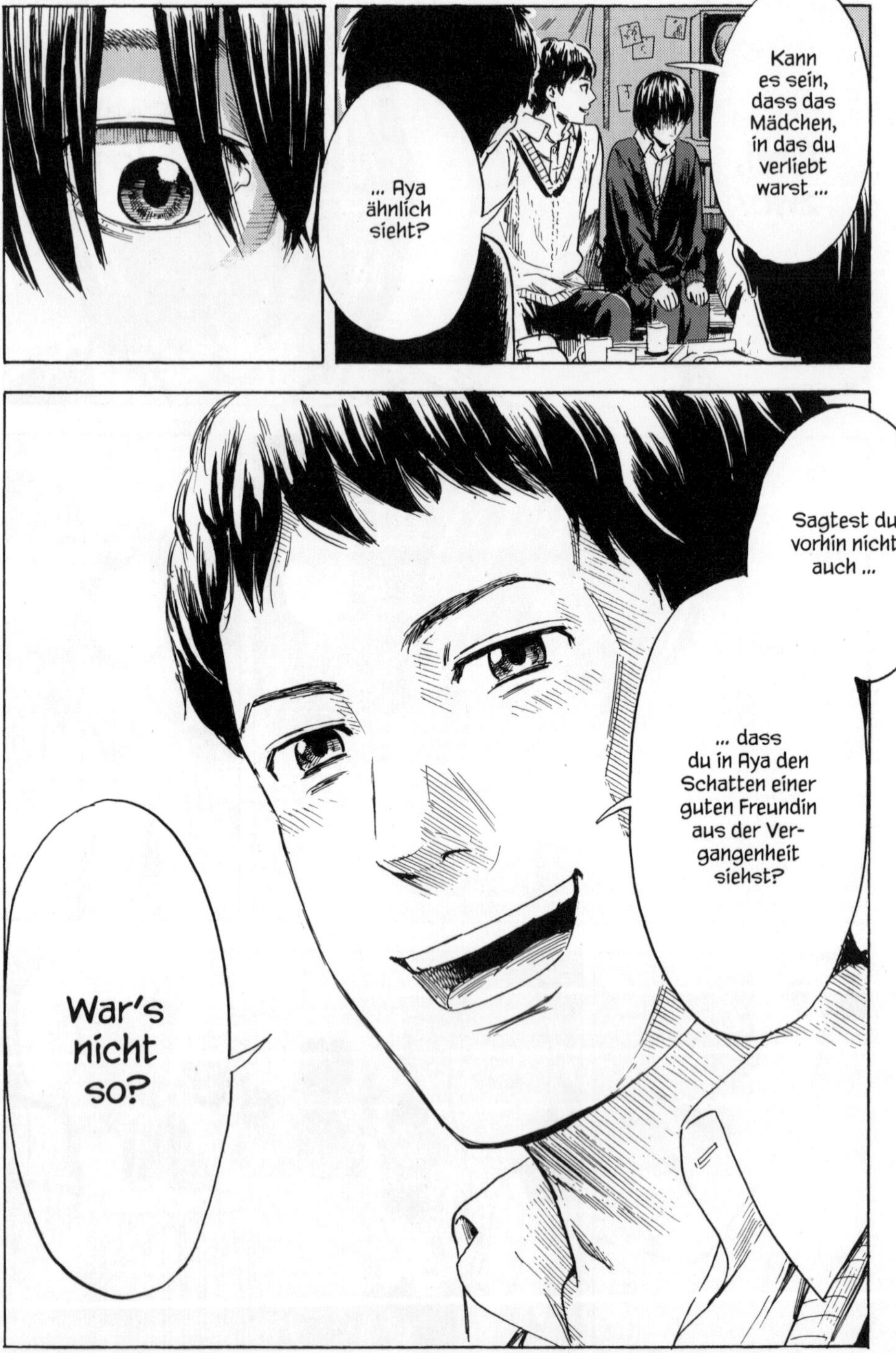
Kann es sein, dass das Mädchen, in das du verliebt warst ...
... Aya ähnlich sieht?
Sagtest du vorhin nicht auch ...
... dass du in Aya den Schatten einer guten Freundin aus der Vergangenheit siehst?
War's nicht so?

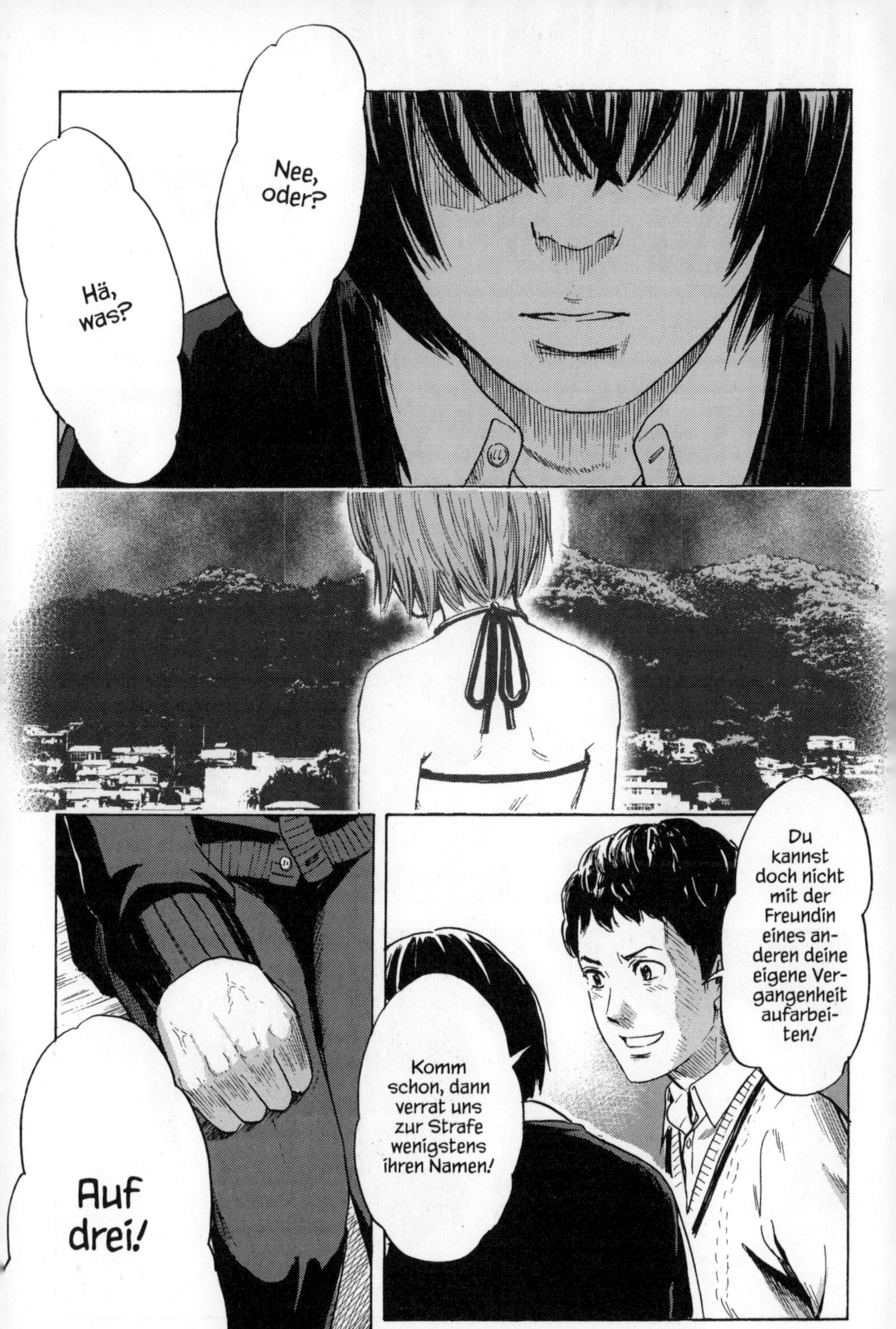
Nee, oder?
Hä, was?
Du kannst doch nicht mit der Freundin eines anderen deine eigene Vergangenheit aufarbeiten!
Komm schon, dann verrat uns zur Strafe wenigstens ihren Namen!
Auf drei!

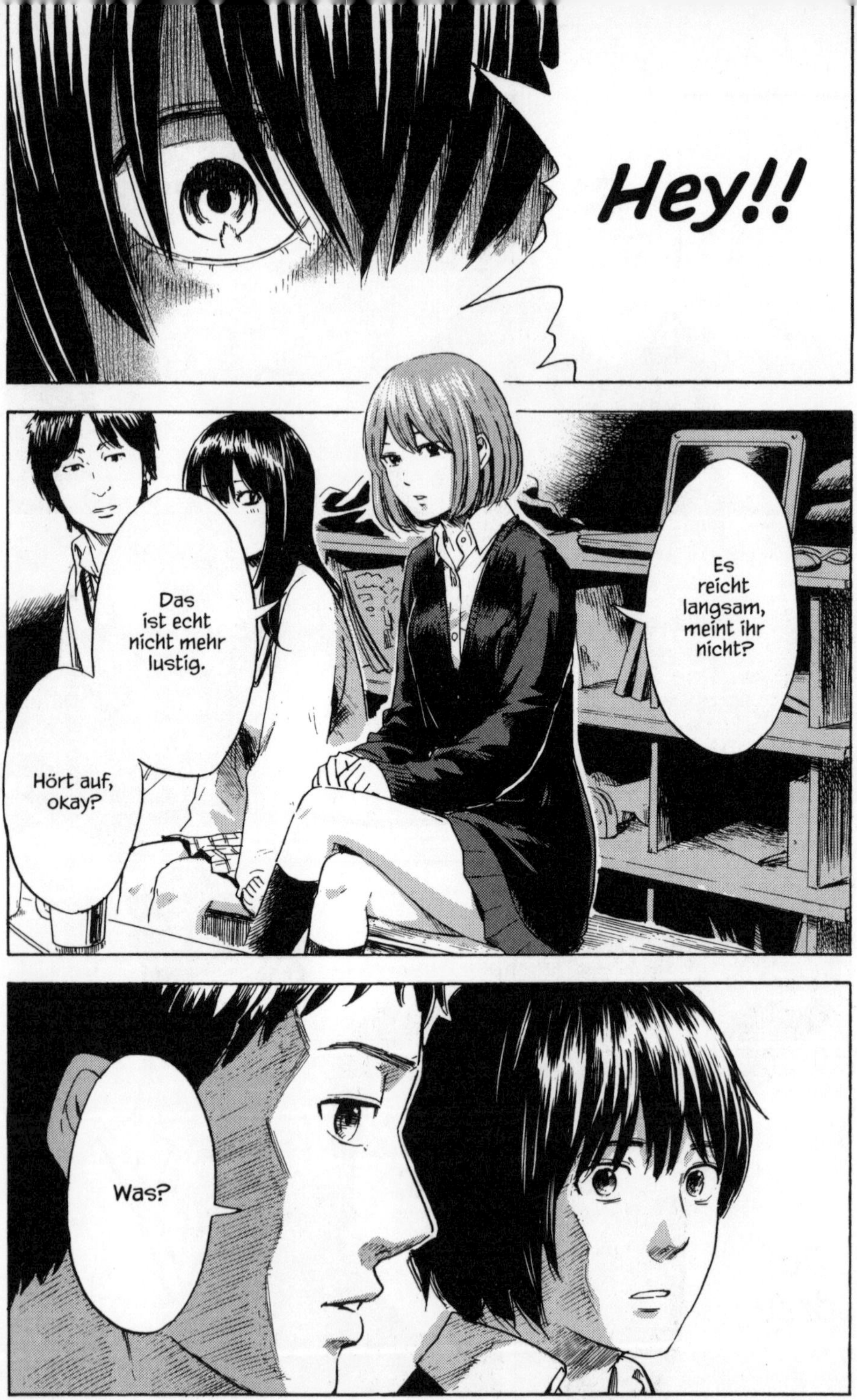
Hey!!
Es reicht langsam, meint ihr nicht?
Das ist echt nicht mehr lustig.
Hört auf, okay?
Was?

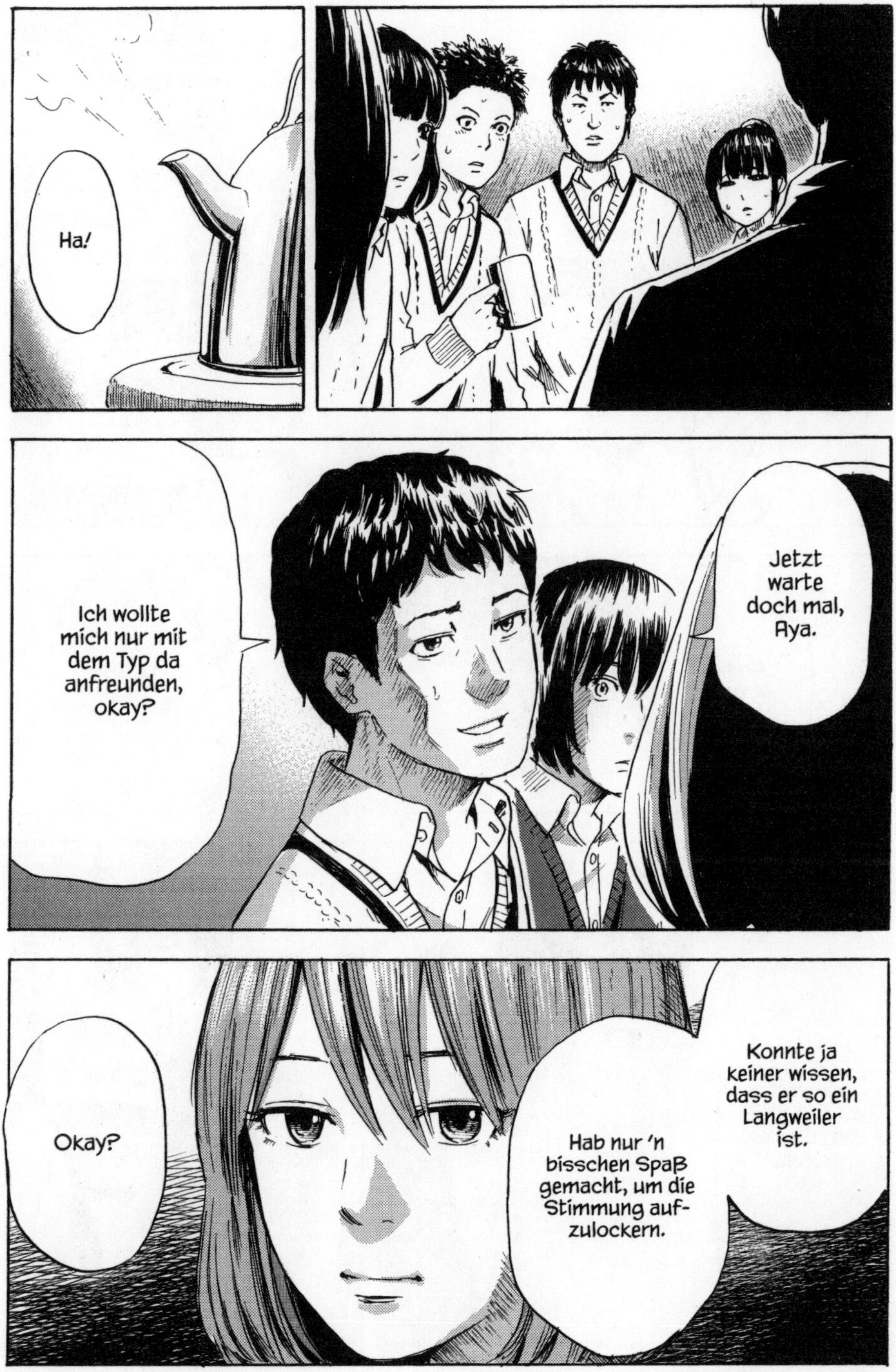
Ha!
Jetzt warte doch mal, Aya.
Ich wollte mich nur mit dem Typ da anfreunden, okay?
Konnte ja keiner wissen, dass er so ein Langweiler ist.
Hab nur 'n bisschen Spaß gemacht, um die Stimmung aufzulockern.
Okay?

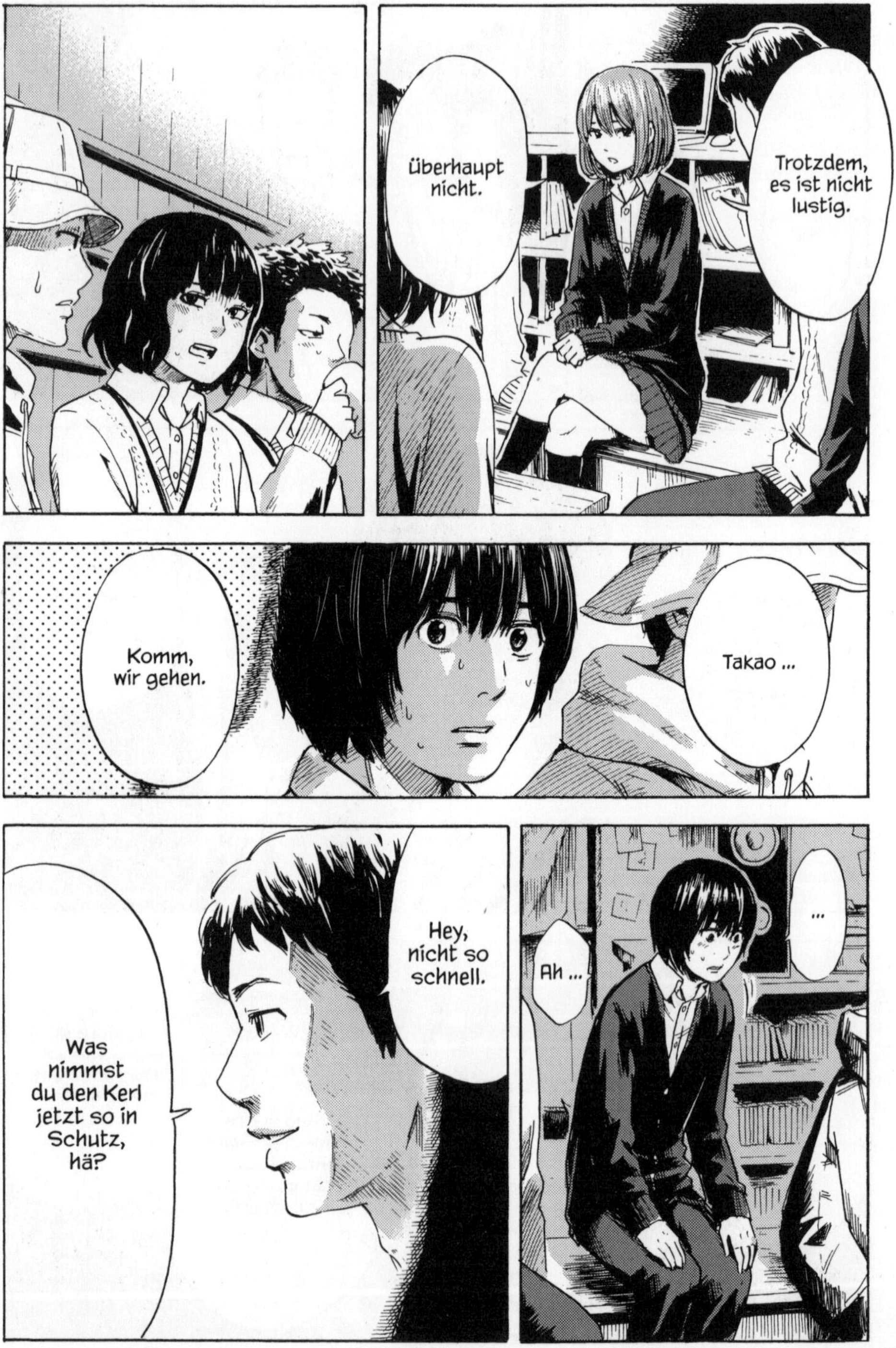
Trotzdem, es ist nicht lustig.
überhaupt nicht.
Takao ...
Komm, wir gehen.
...
Ah ...
Hey, nicht so schnell.
Was nimmst du den Kerl jetzt so in Schutz, hä?

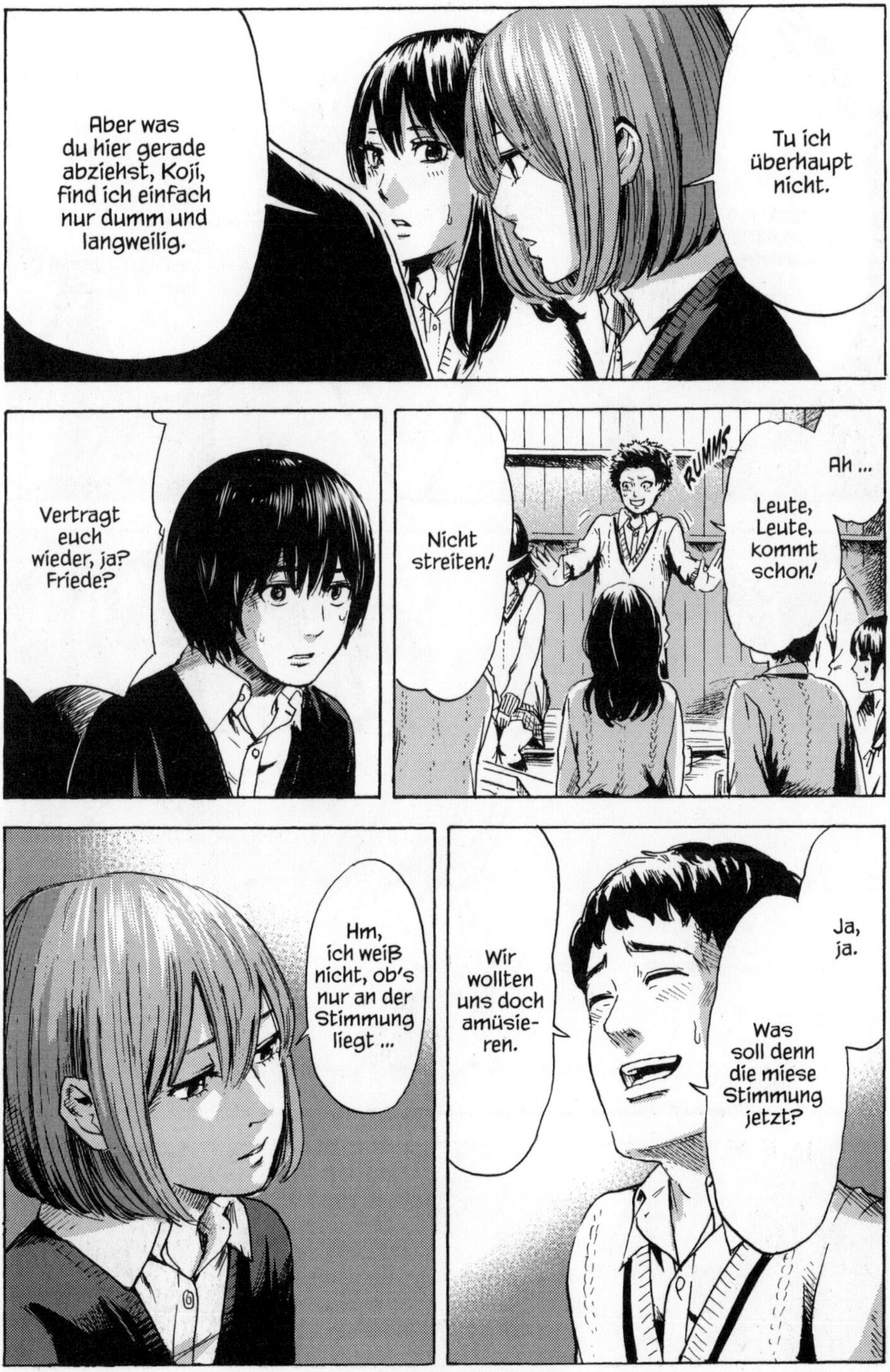
Tu ich überhaupt nicht.
Aber was du hier gerade abziehst, Koji, find ich einfach nur dumm und langweilig.
Ah ...
Leute, Leute, kommt schon!
RUMMS
Nicht streiten!
Vertragt euch wieder, ja? Friede?
Ja, ja.
Was soll denn die miese Stimmung jetzt?
Wir wollten uns doch amüsie-ren.
Hm, ich weiß nicht, ob's nur an der Stimmung liegt ...

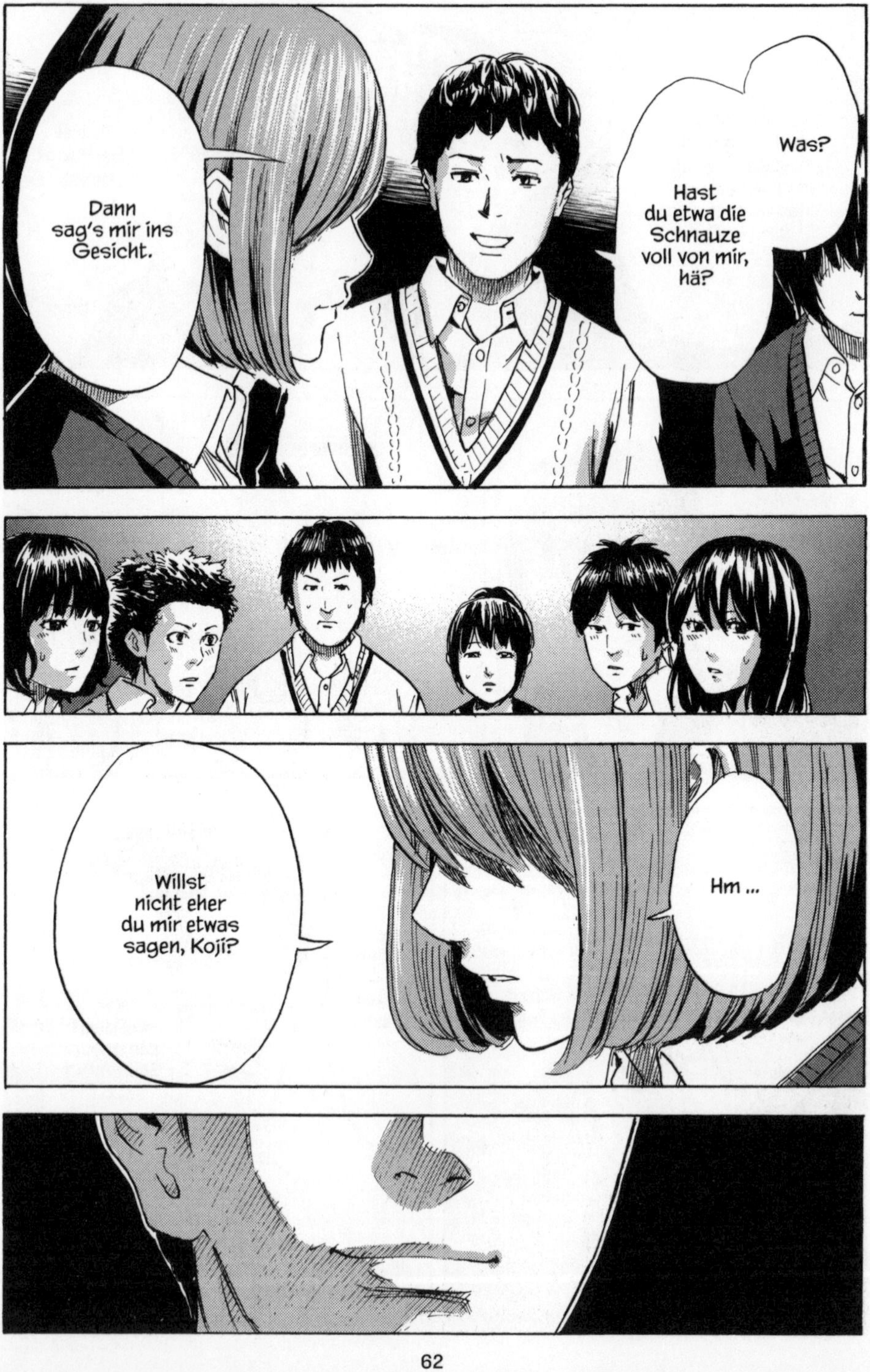
Was?
Hast du etwa die Schnauze voll von mir, hä?
Dann sag's mir ins Gesicht.
Hm ...
Willst nicht eher du mir etwas sagen, Koji?

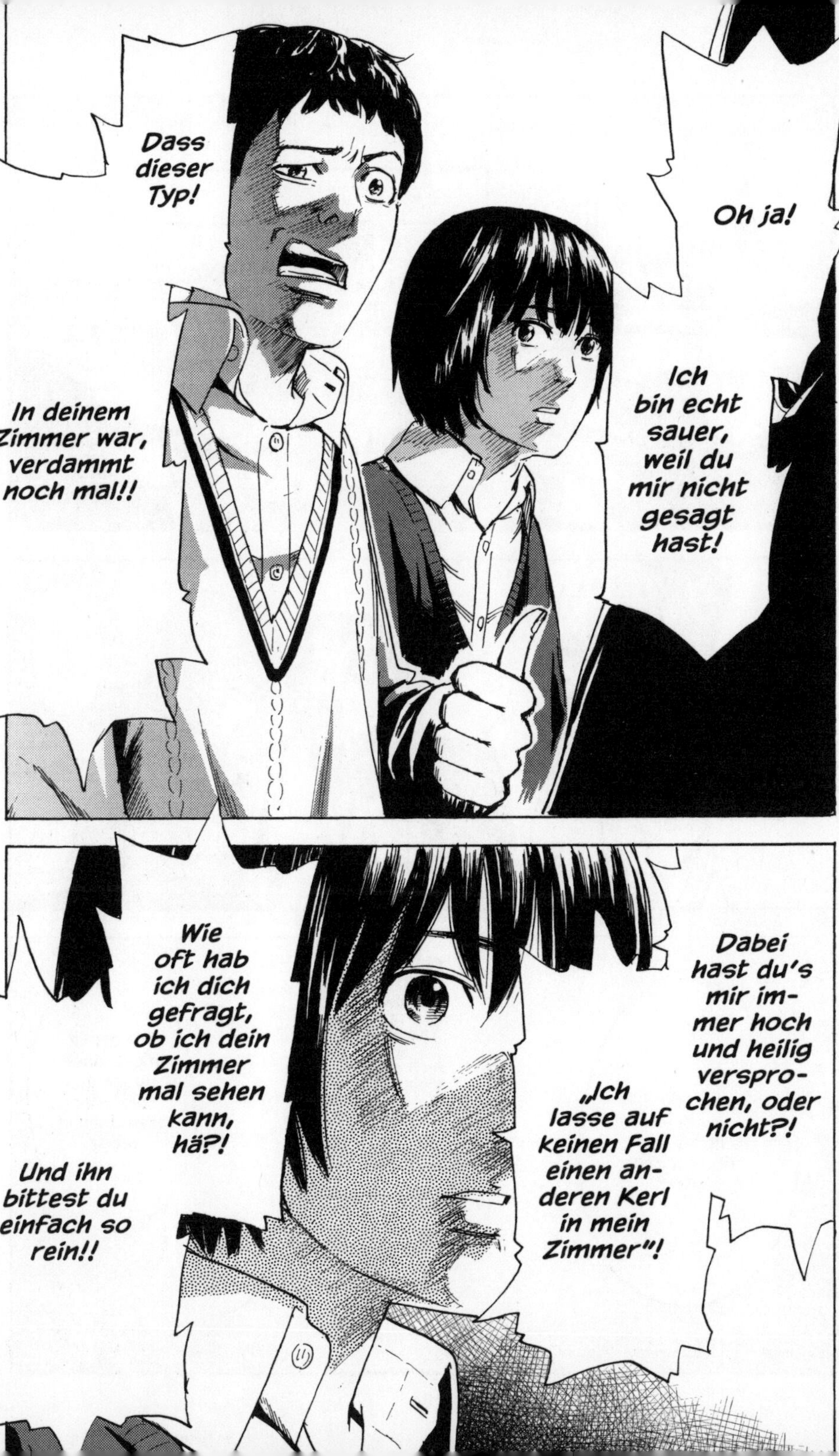
Oh ja!
Dass dieser Typ!
In deinem Zimmer war, verdammt noch mal!!
Ich bin echt sauer, weil du mir nicht gesagt hast!
Dabei hast du's mir immer hoch und heilig versprochen, oder nicht?!
„Ich lasse auf keinen Fall einen anderen Kerl in mein Zimmer"!
Wie oft hab ich dich gefragt, ob ich dein Zimmer mal sehen kann, hä?!
Und ihn bittest du einfach so rein!!

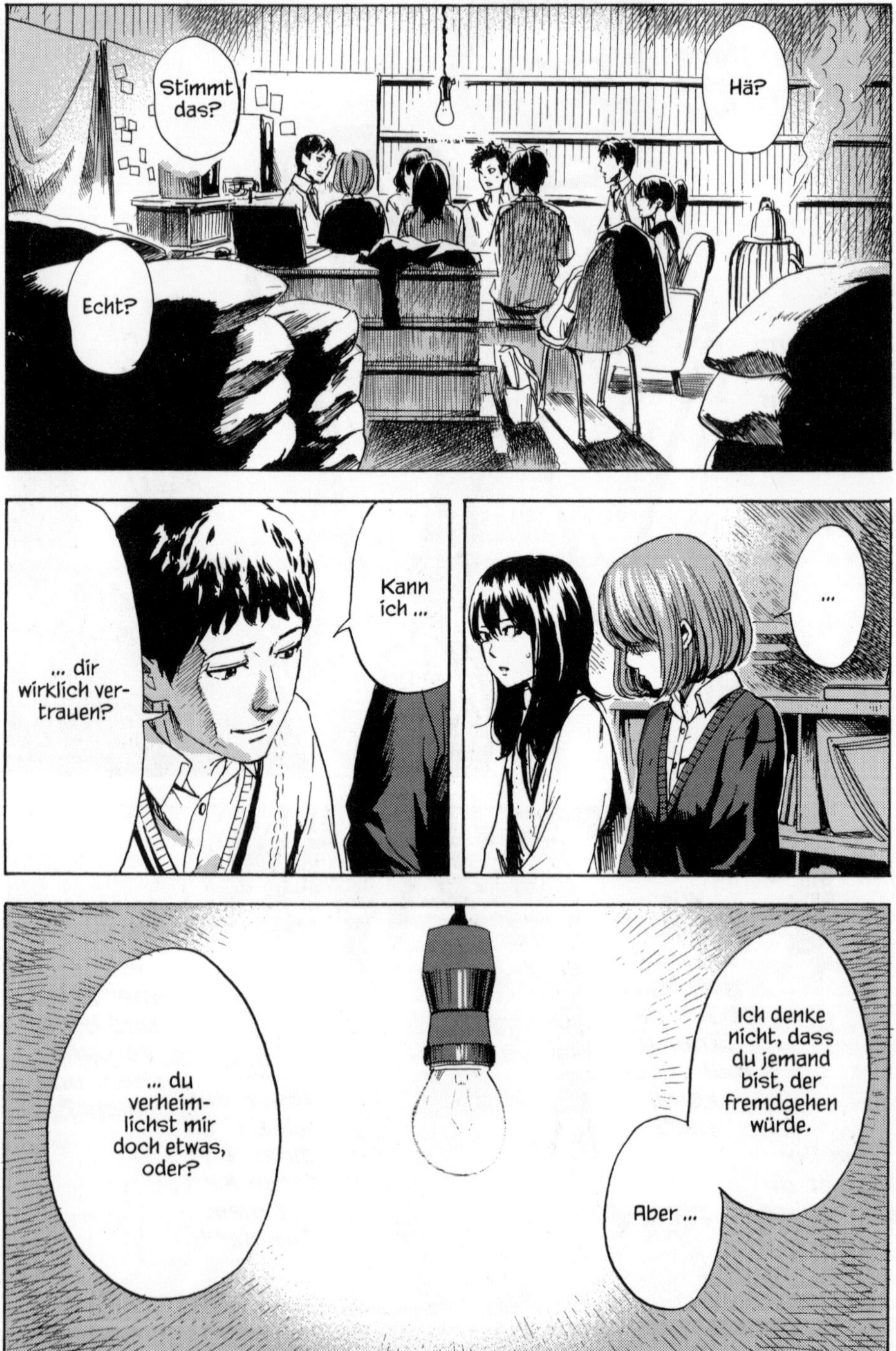

Hä?
Stimmt das?
Echt?
...
Kann ich ...
... dir wirklich vertrauen?
Ich denke nicht, dass du jemand bist, der fremdgehen würde.
Aber ...
... du verheimlichst mir doch etwas, oder?

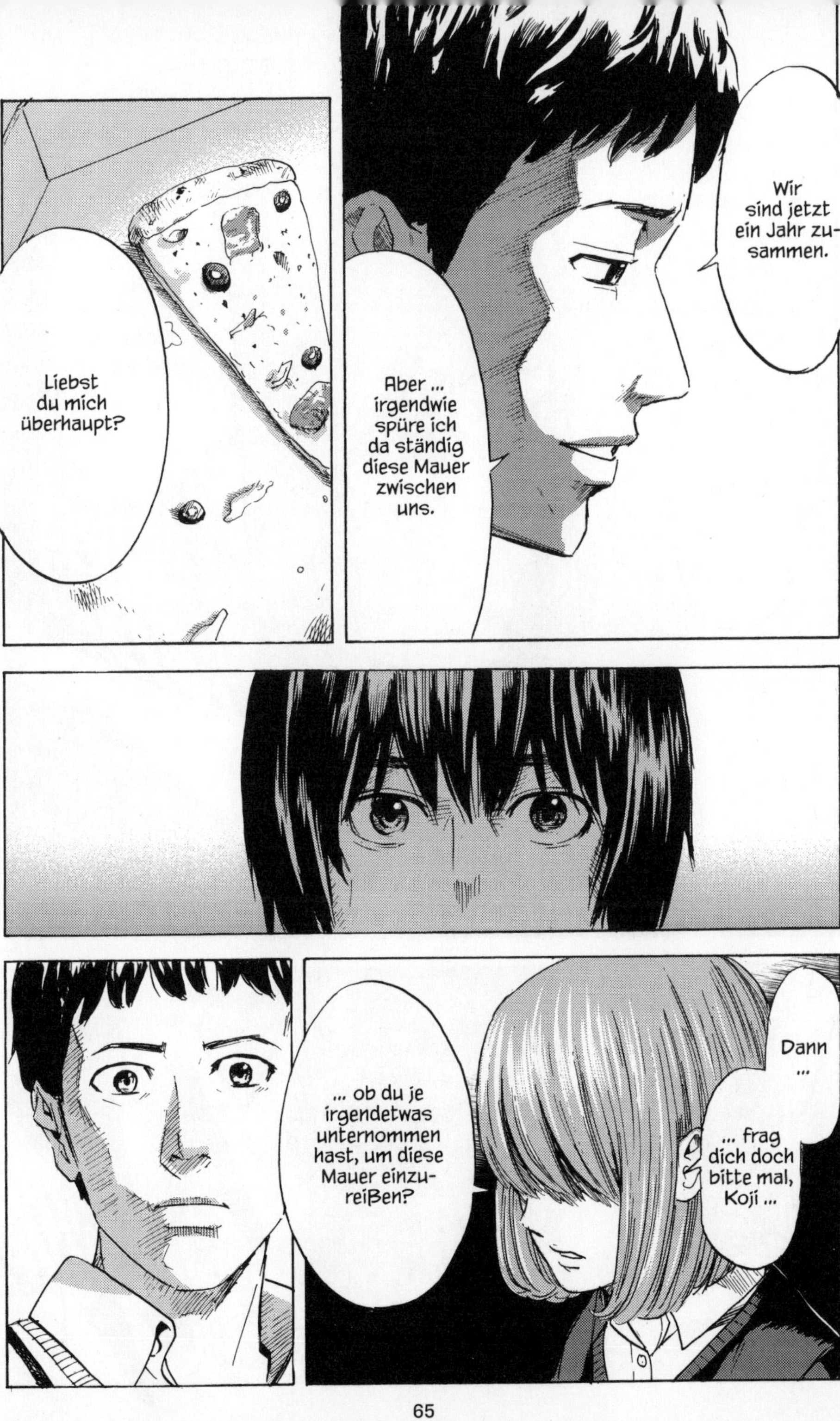
Wir sind jetzt ein Jahr zusammen.
Aber ... irgendwie spüre ich da ständig diese Mauer zwischen uns.
Liebst du mich überhaupt?
Dann ...
... frag dich doch bitte mal, Koji ...
... ob du je irgendetwas unternommen hast, um diese Mauer einzureißen?

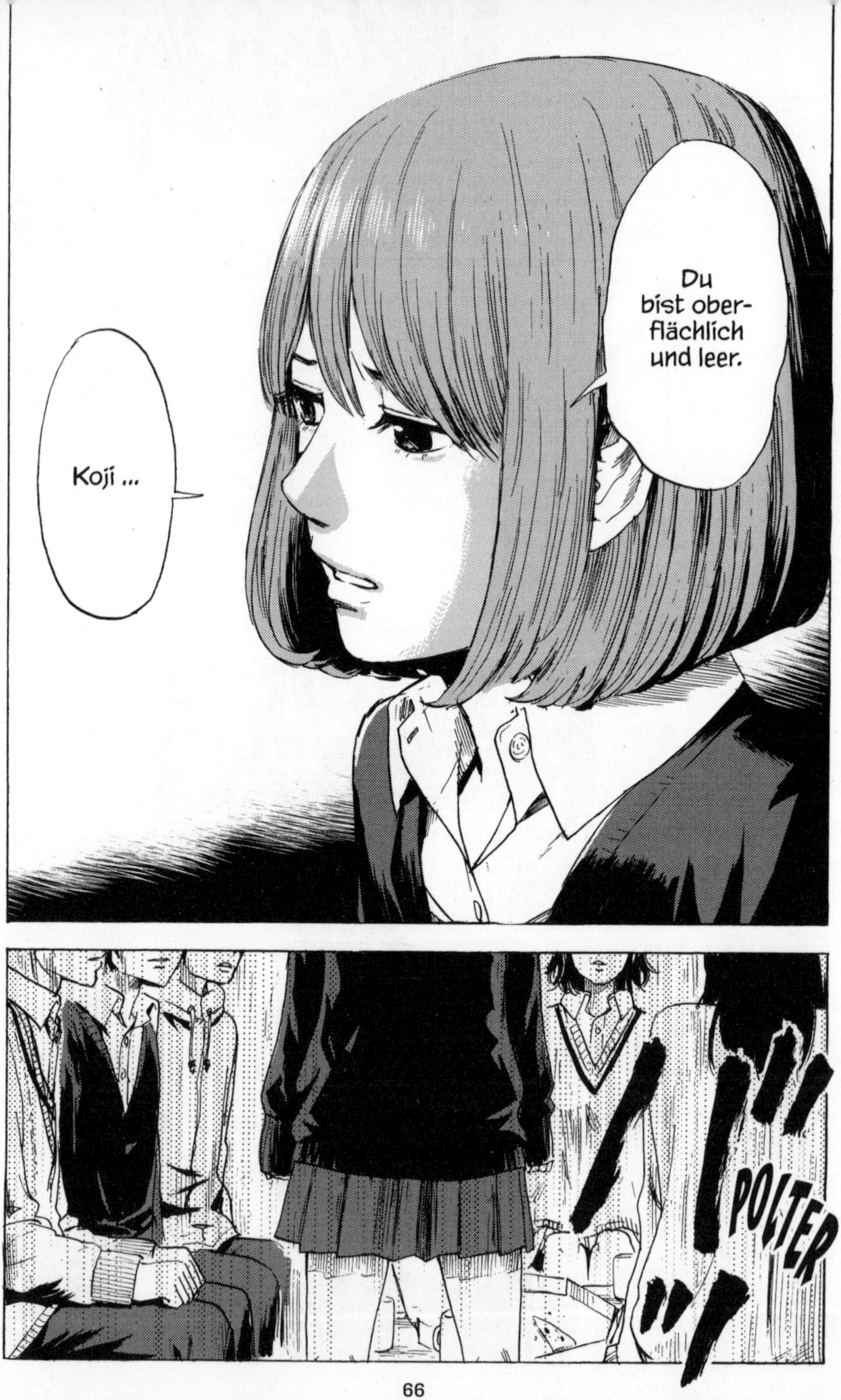
Du bist oberflächlich und leer.
Koji ...
POLTER

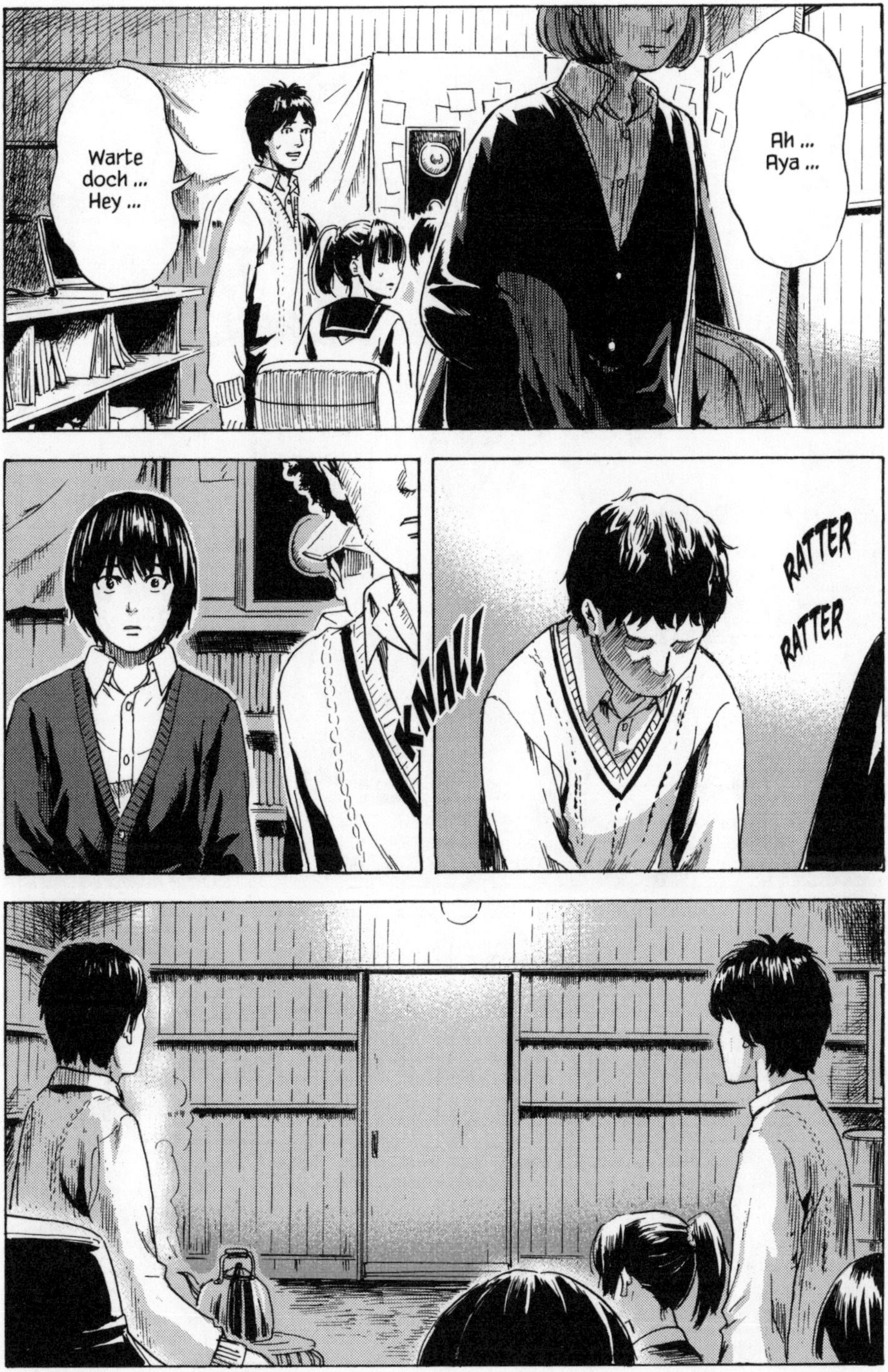
Ah ... Aya ...
Warte doch ... Hey ...
RATTER RATTER
KNALL

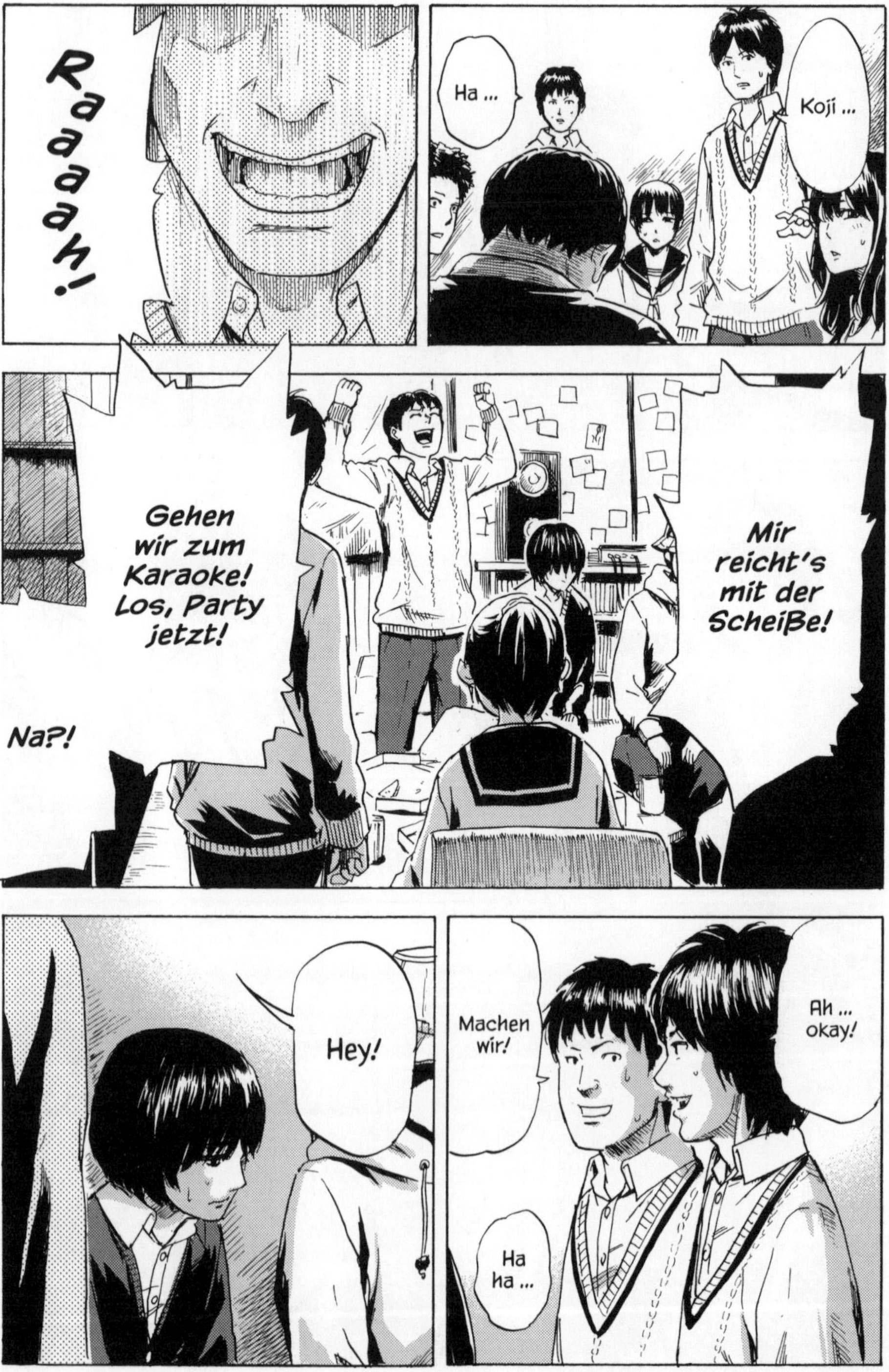
Raaaaah!
Ha ...
Koji ...
Gehen wir zum Karaoke! Los, Party jetzt!
Na?!
Mir reicht's mit der Scheiße!
Hey!
Machen wir!
Ha ha ...
Ah ... okay!

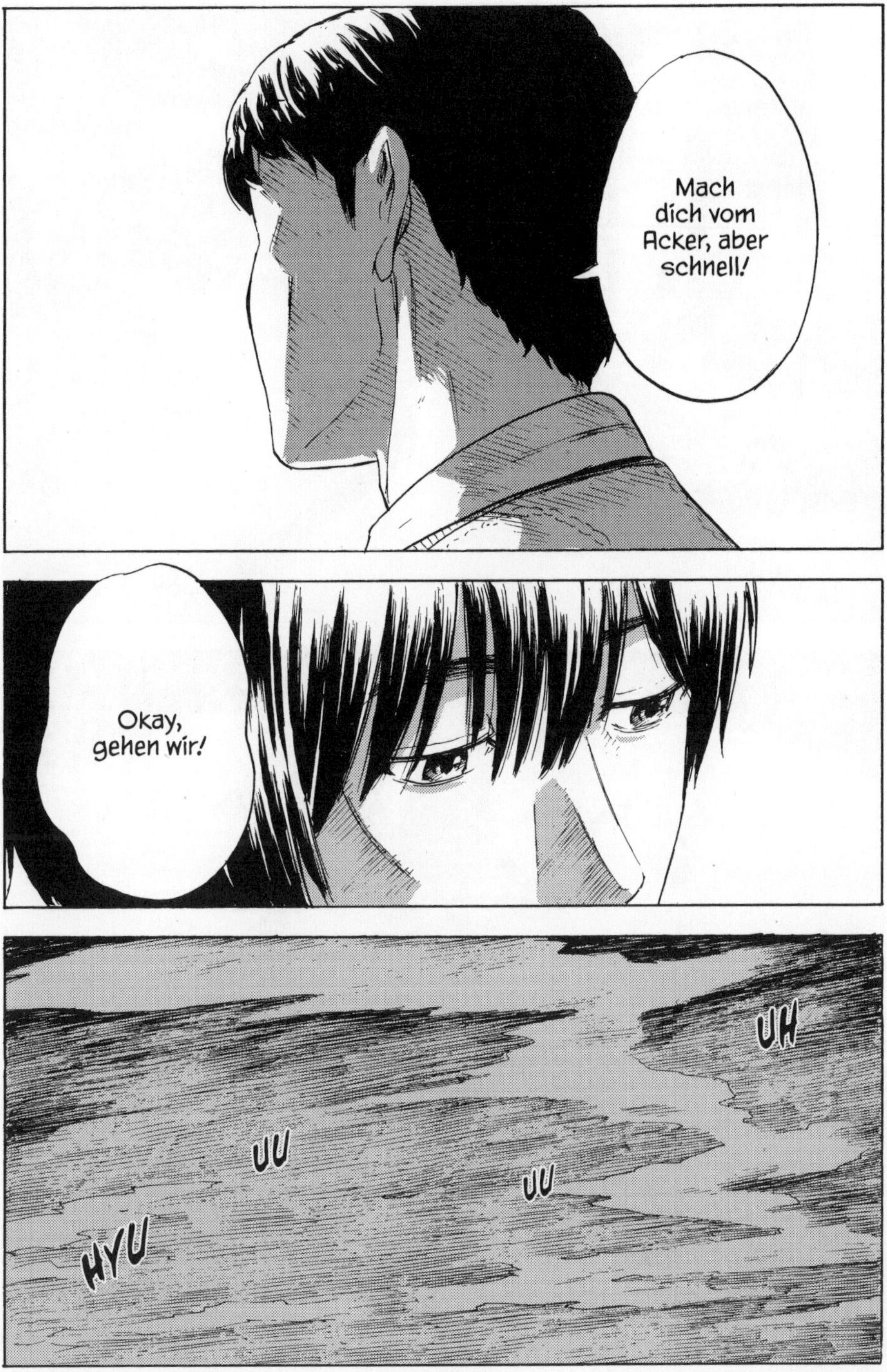
Mach dich vom Acker, aber schnell!
Okay, gehen wir!
UH
UU
UU
HYU

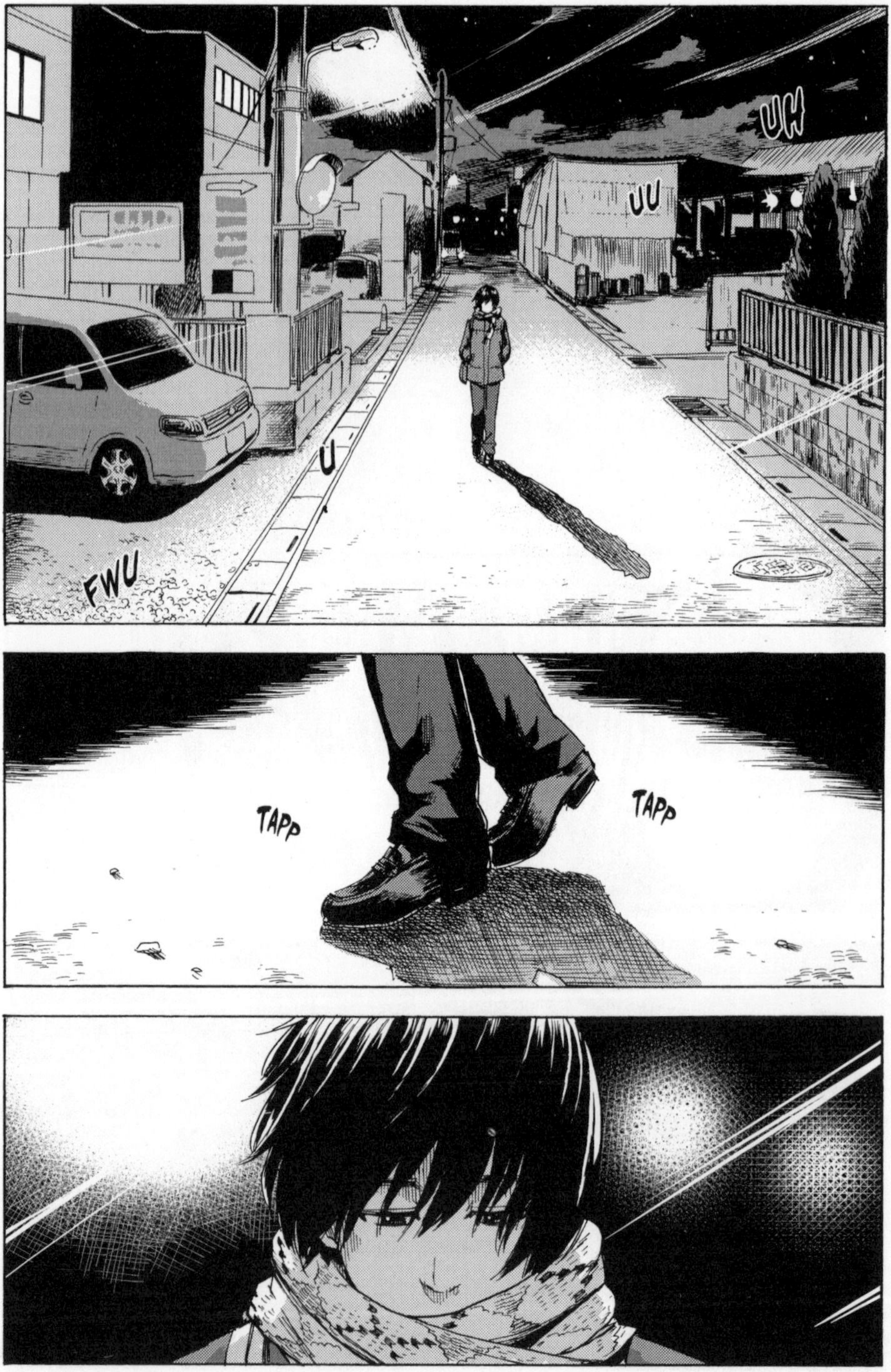
UH
UU
U
FWU
TAPP
TAPP

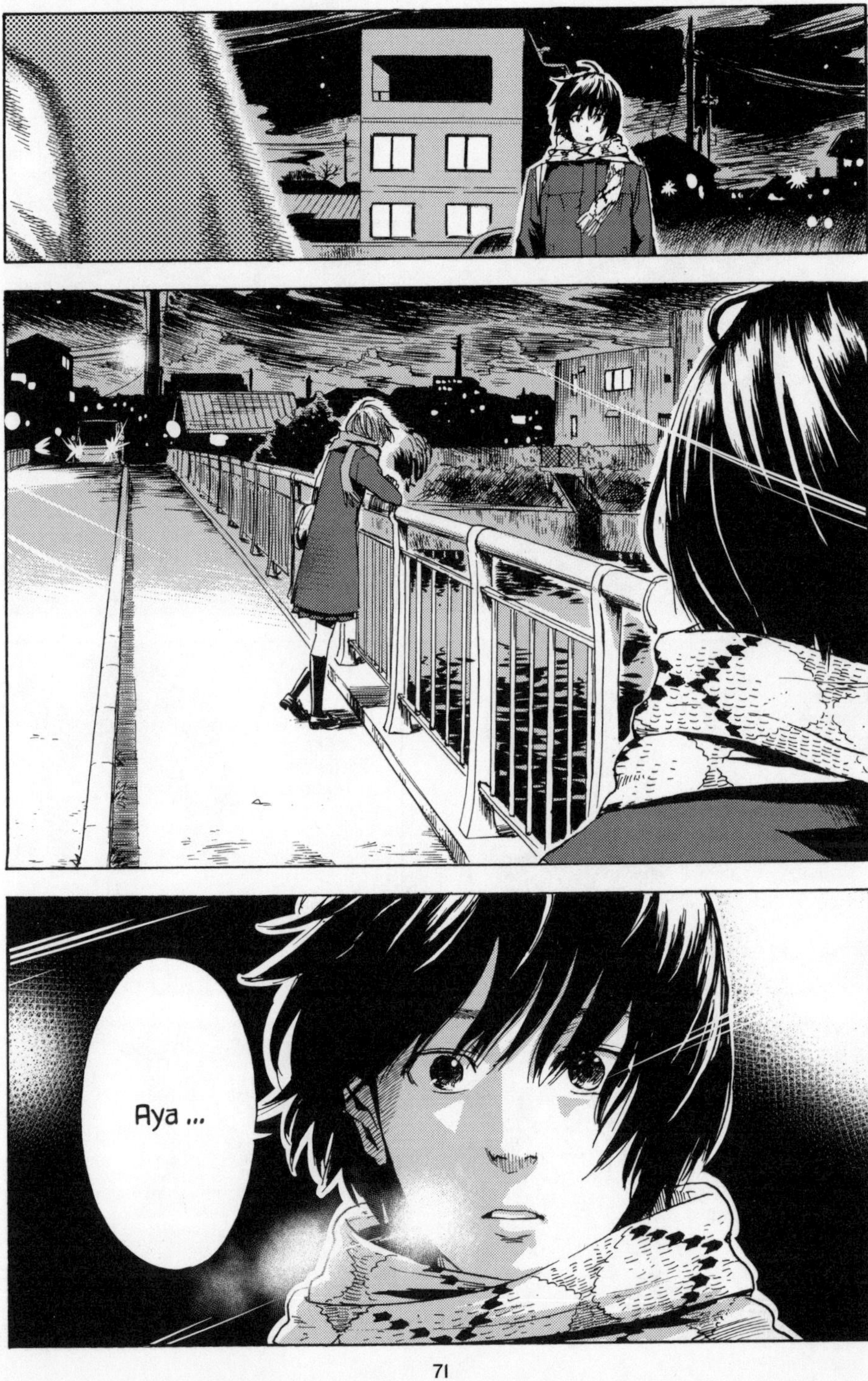
Aya ...

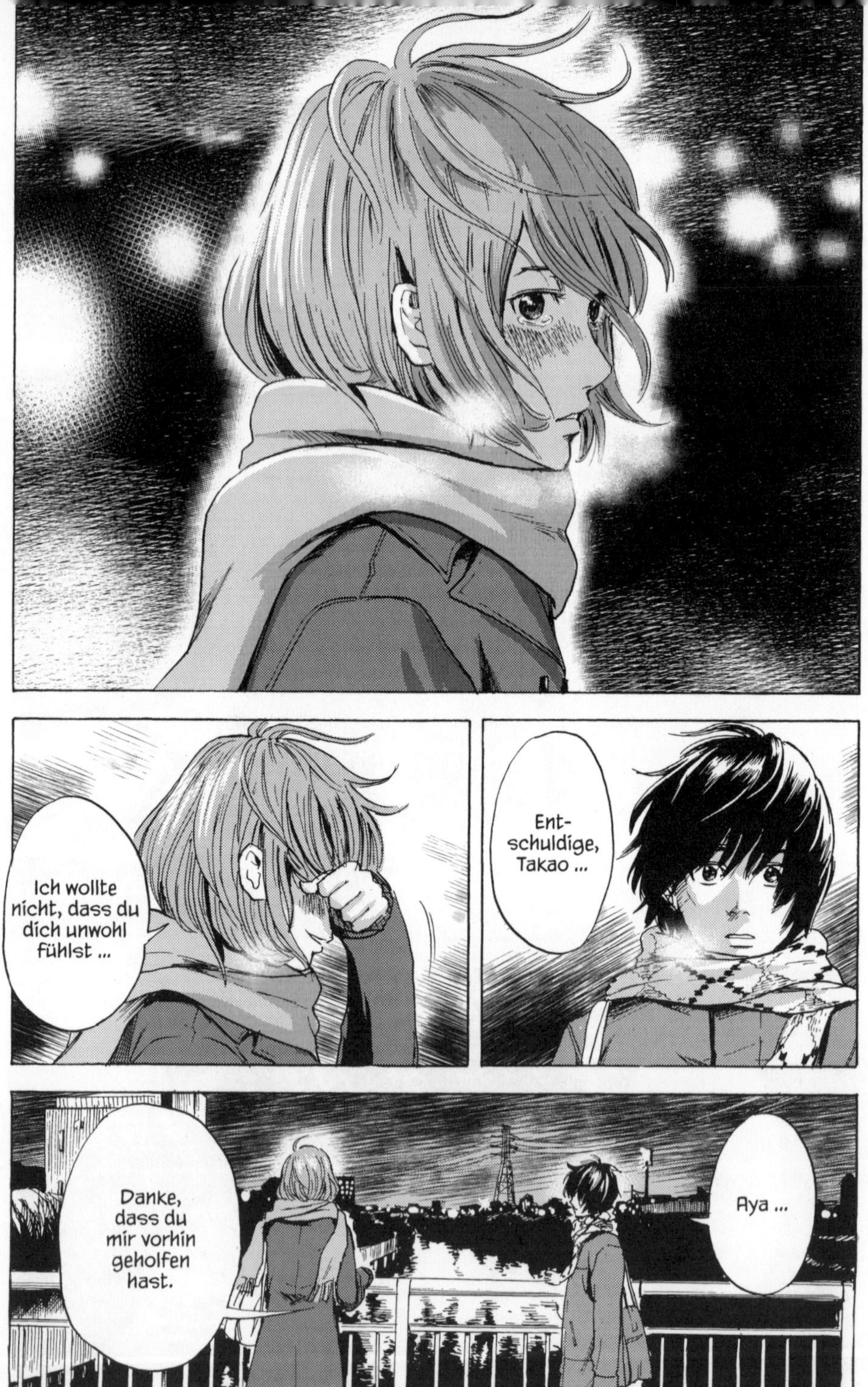
Ent-
schuldige,
Takao ...
Ich wollte
nicht, dass du
dich unwohl
fühlst ...
Aya ...
Danke,
dass du
mir vorhin
geholfen
hast.

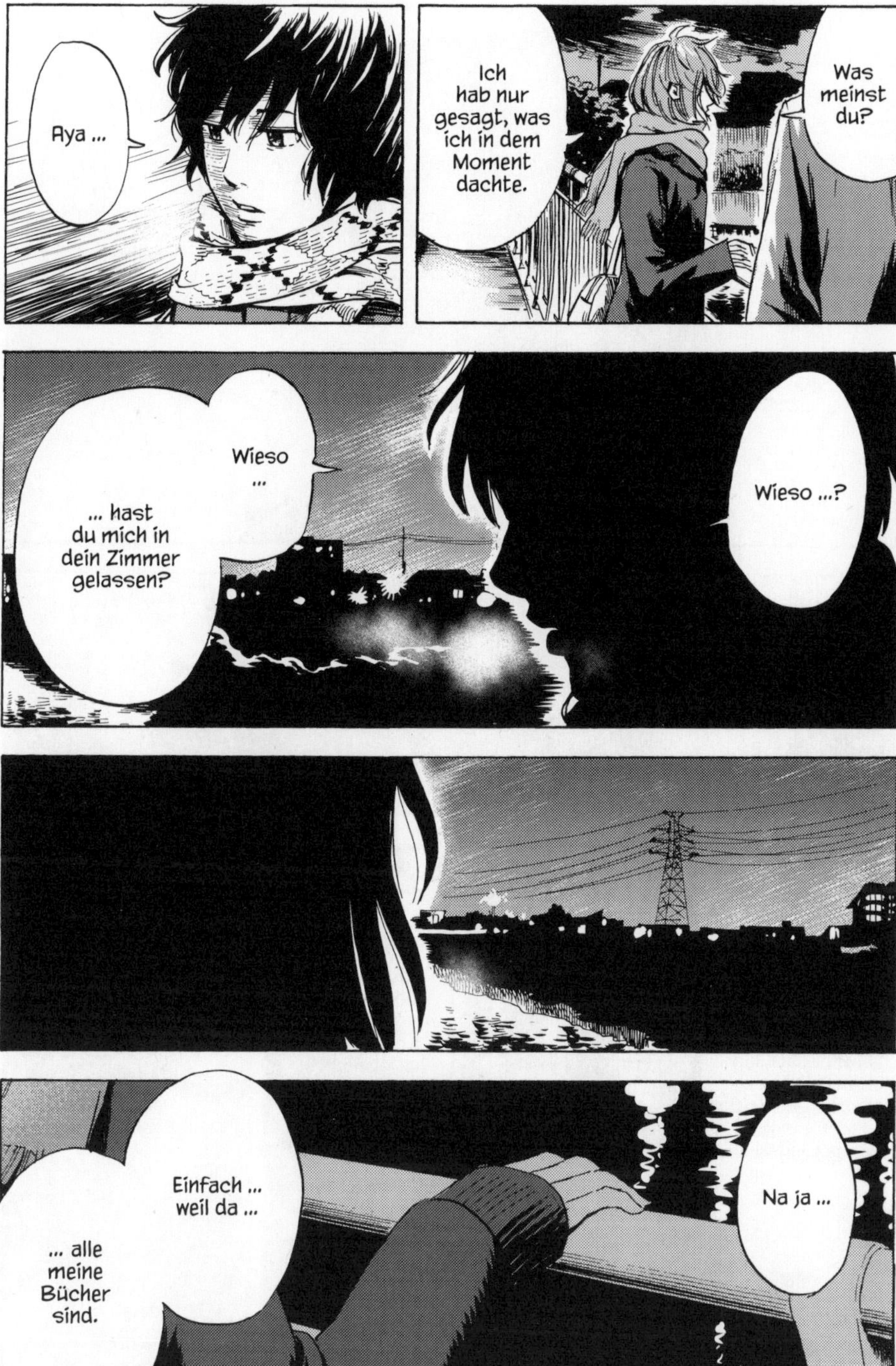
Was meinst du?
Ich hab nur gesagt, was ich in dem Moment dachte.
Aya ...
Wieso ...?
Wieso ...
... hast du mich in dein Zimmer gelassen?
Na ja ...
Einfach ... weil da ...
... alle meine Bücher sind.

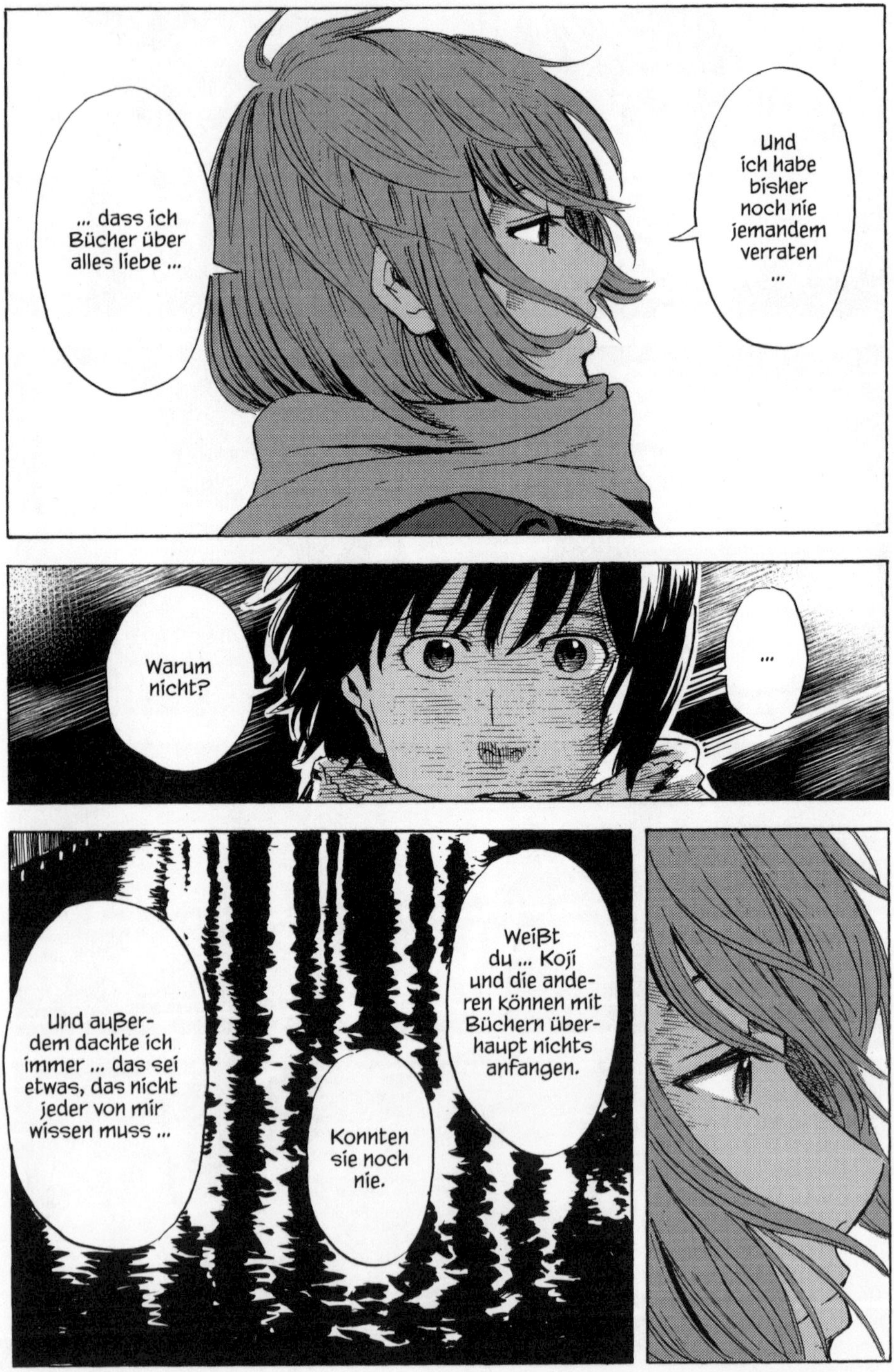
Und ich habe bisher noch nie jemandem verraten ...
... dass ich Bücher über alles liebe ...
...
Warum nicht?
Weißt du ... Koji und die anderen können mit Büchern überhaupt nichts anfangen.
Konnten sie noch nie.
Und außerdem dachte ich immer ... das sei etwas, das nicht jeder von mir wissen muss ...

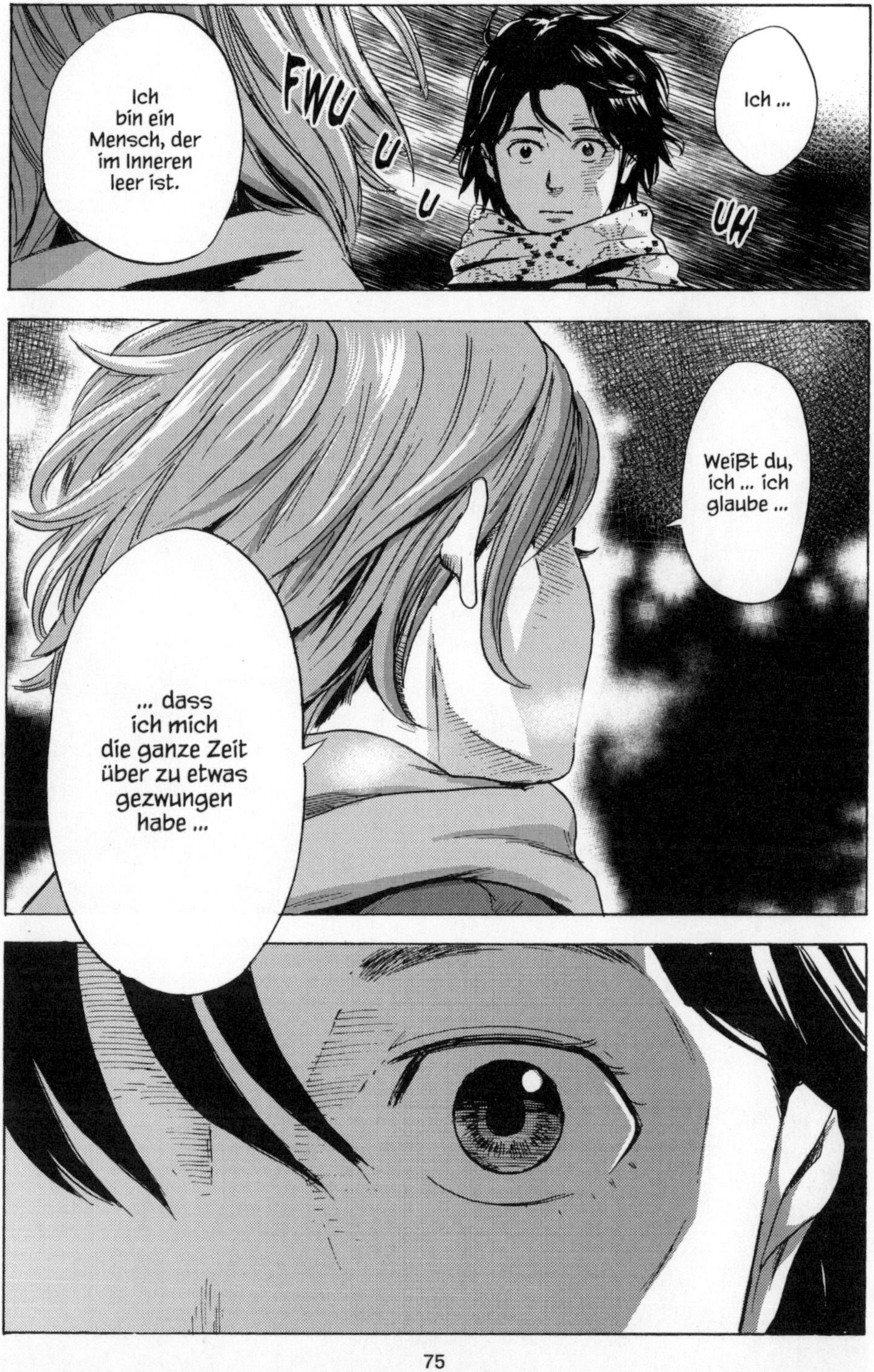

Ich ...
FWUUUUH
Ich bin ein Mensch, der im Inneren leer ist.
Weißt du, ich ... ich glaube ...
... dass ich mich die ganze Zeit über zu etwas gezwungen habe ...

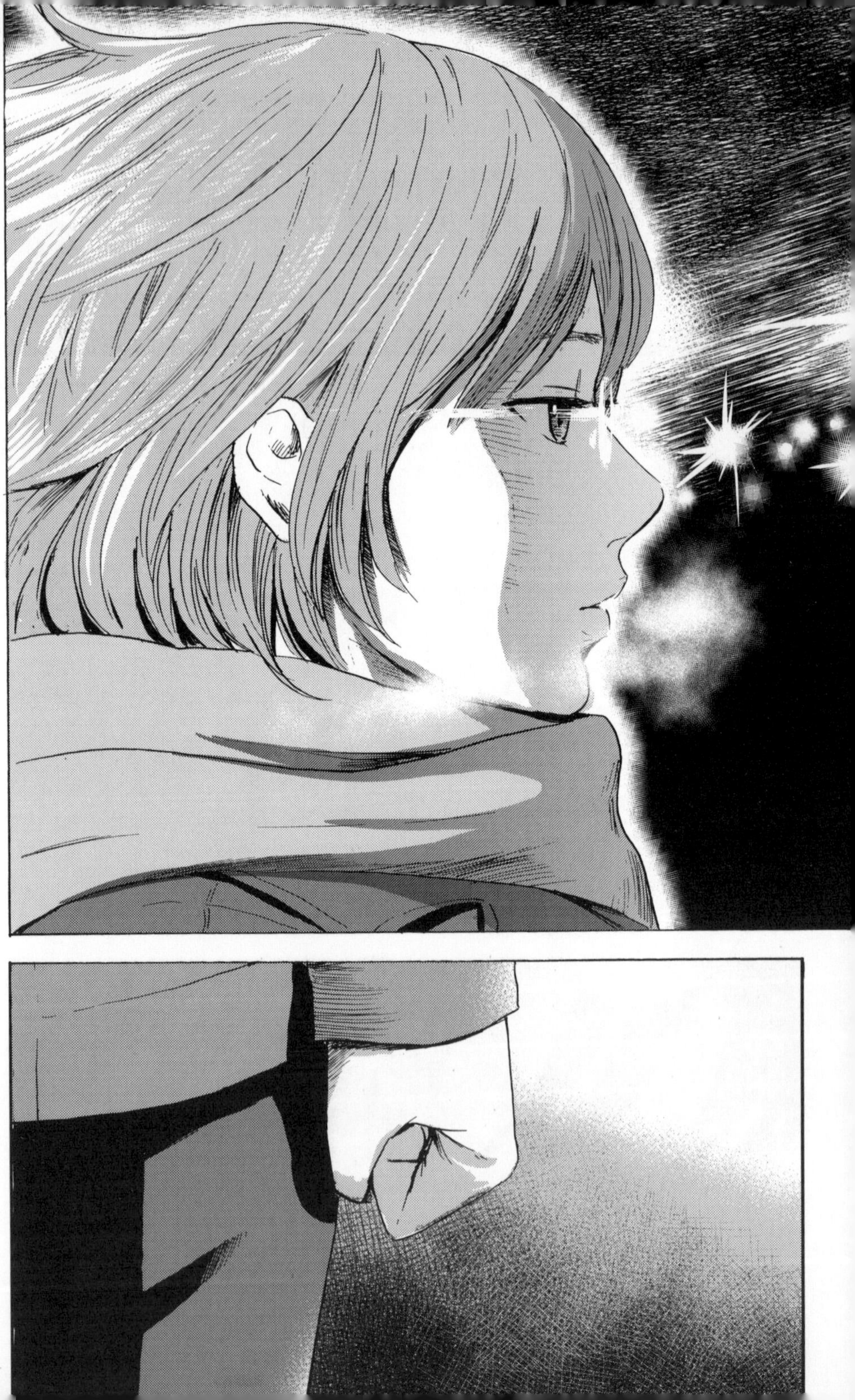

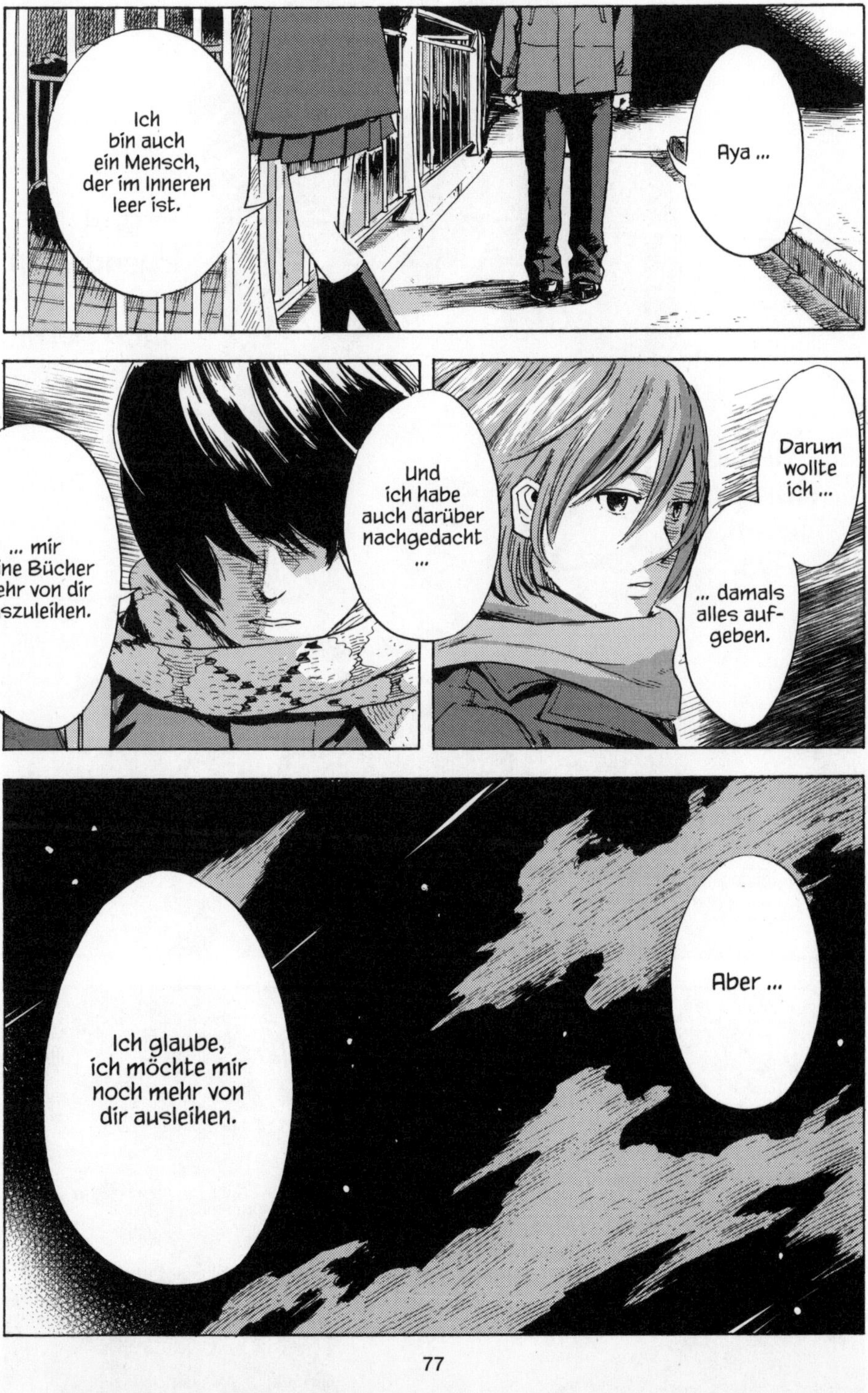
Aya ...
Ich bin auch ein Mensch, der im Inneren leer ist.
Darum wollte ich ...
... damals alles aufgeben.
Und ich habe auch darüber nachgedacht ...
... mir keine Bücher mehr von dir auszuleihen.
Aber ...
Ich glaube, ich möchte mir noch mehr von dir ausleihen.

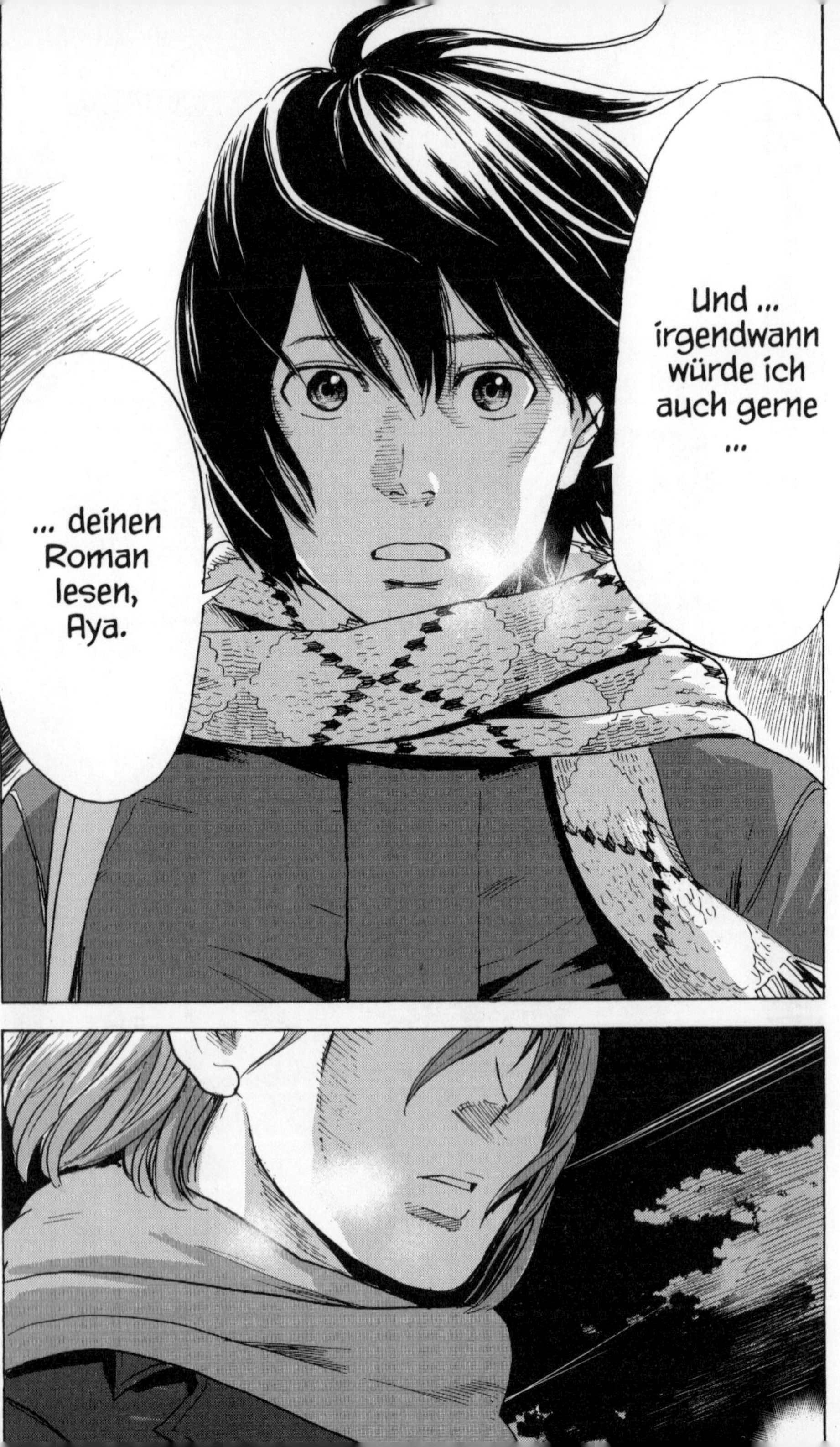
Und ... irgendwann würde ich auch gerne ...
... deinen Roman lesen, Aya.

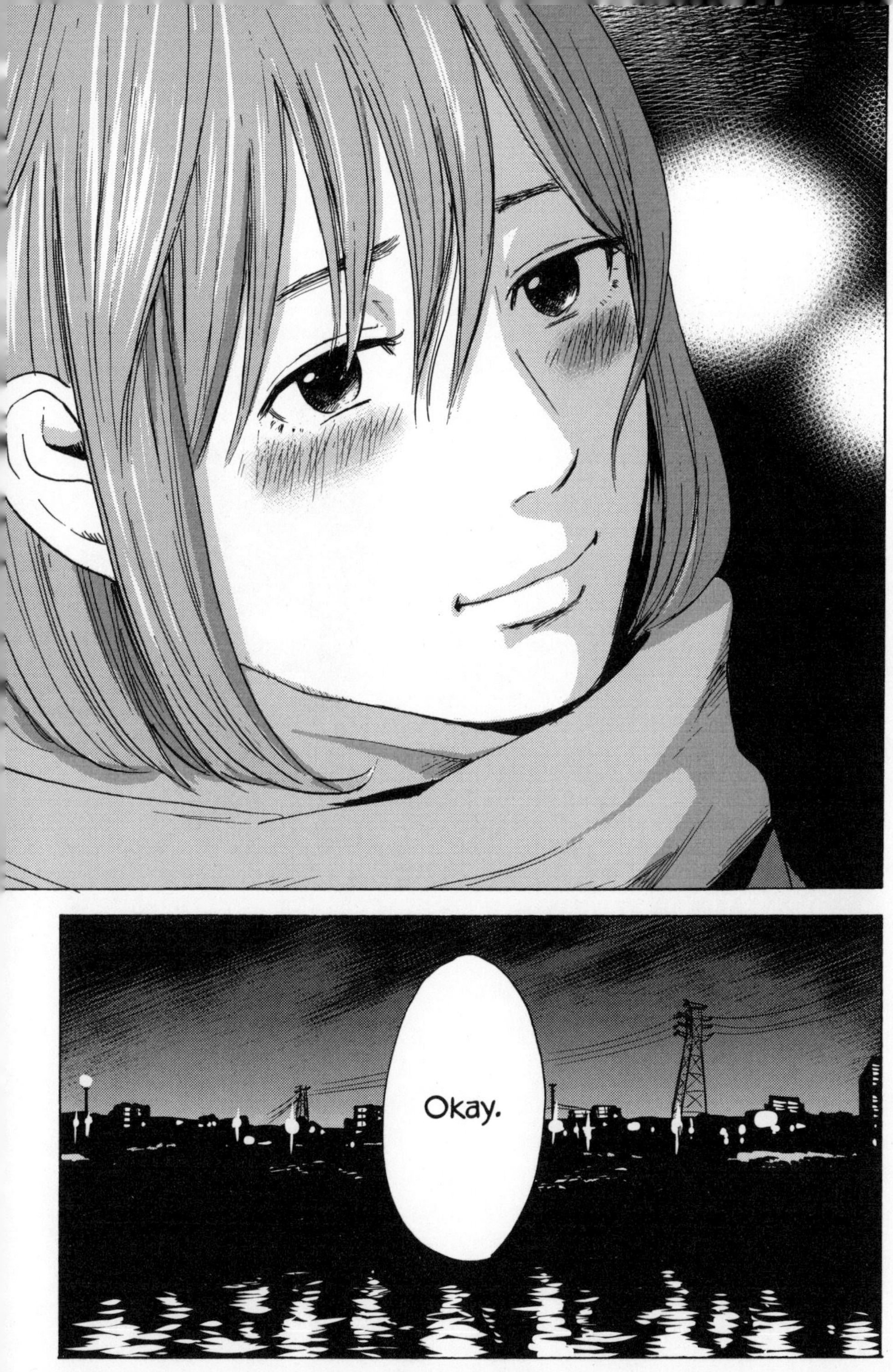
Okay.

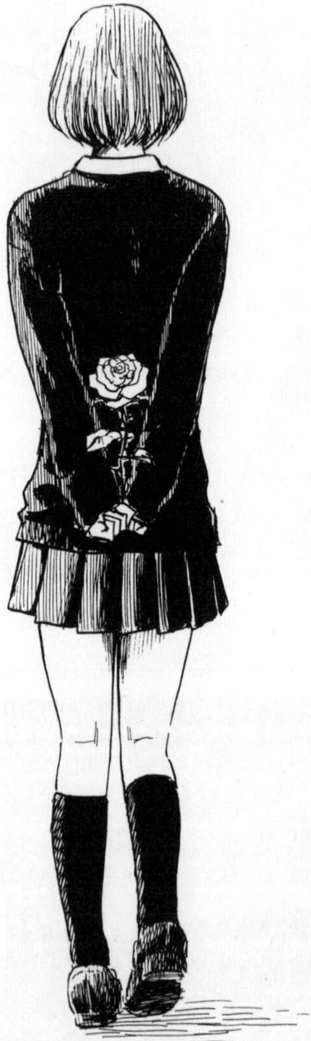

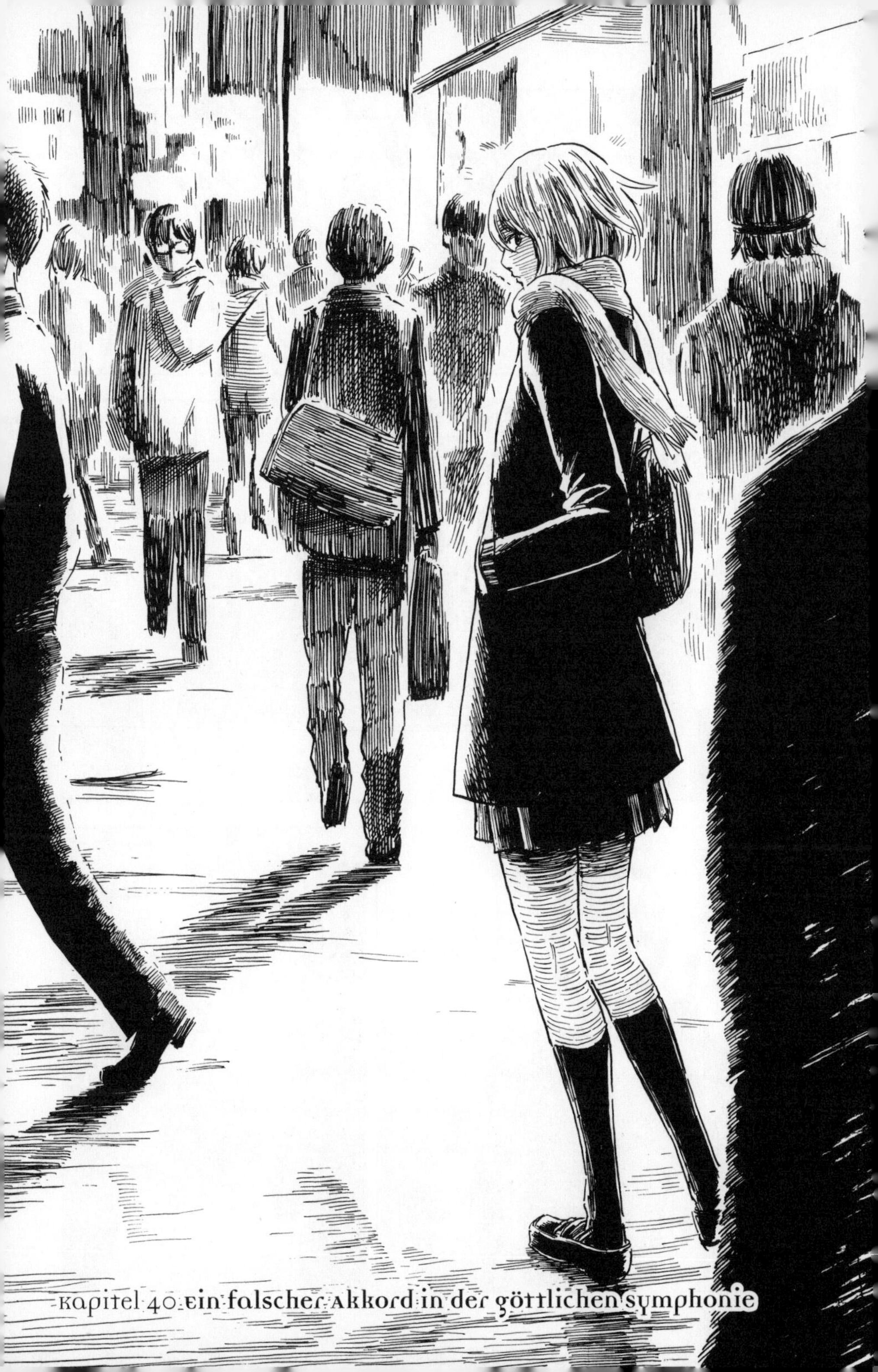

Kapitel 40 Ein falscher Akkord in der göttlichen Symphonie

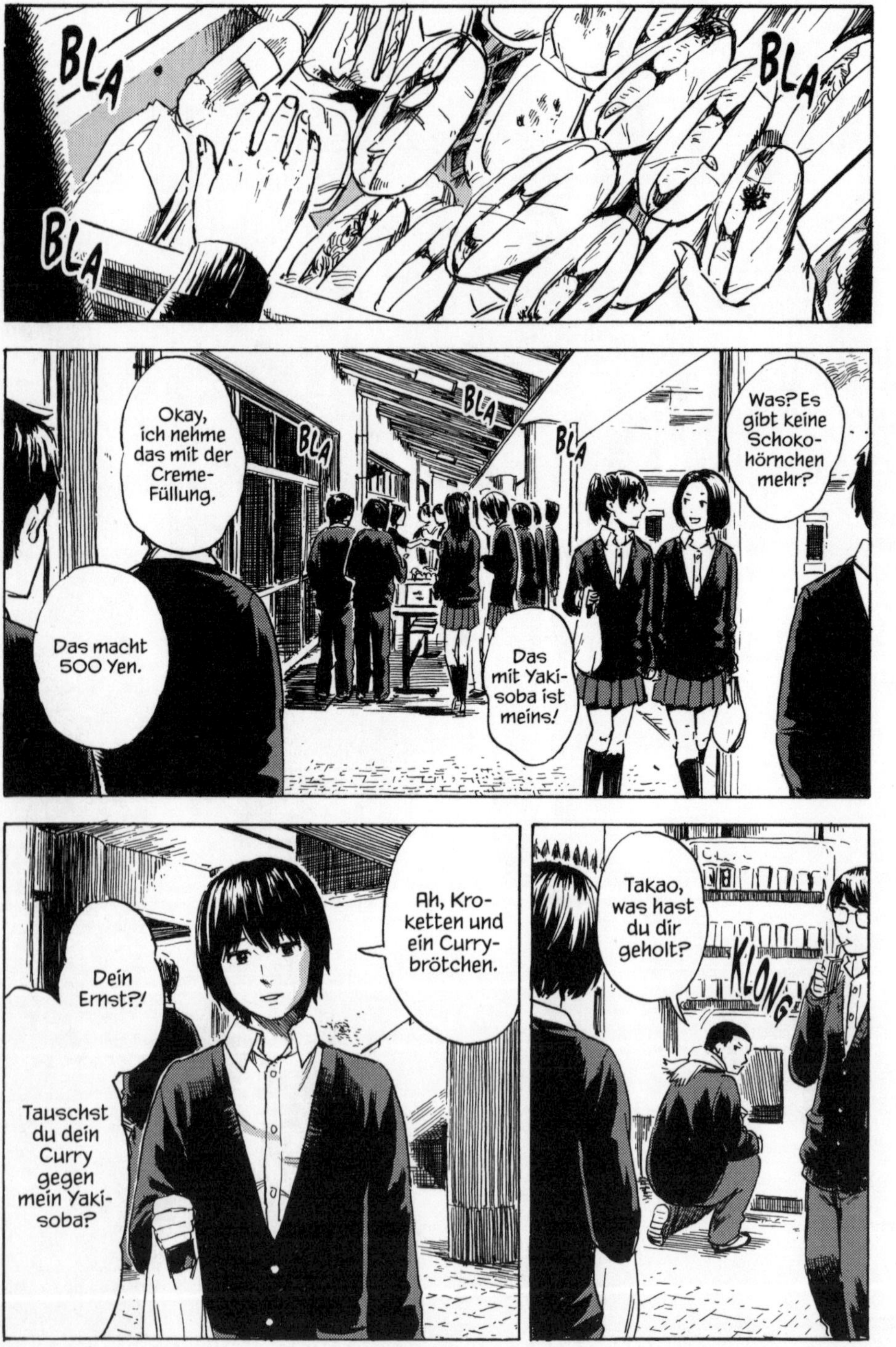
BLA
BLA
BLA
Was? Es gibt keine Schoko-hörnchen mehr?
BLA
Das mit Yaki-soba ist meins!
BLA
BLA
Okay, ich nehme das mit der Creme-Füllung.
Das macht 500 Yen.
Takao, was hast du dir geholt?
KLONG
Ah, Kro-ketten und ein Curry-brötchen.
Dein Ernst?!
Tauschst du dein Curry gegen mein Yaki-soba?

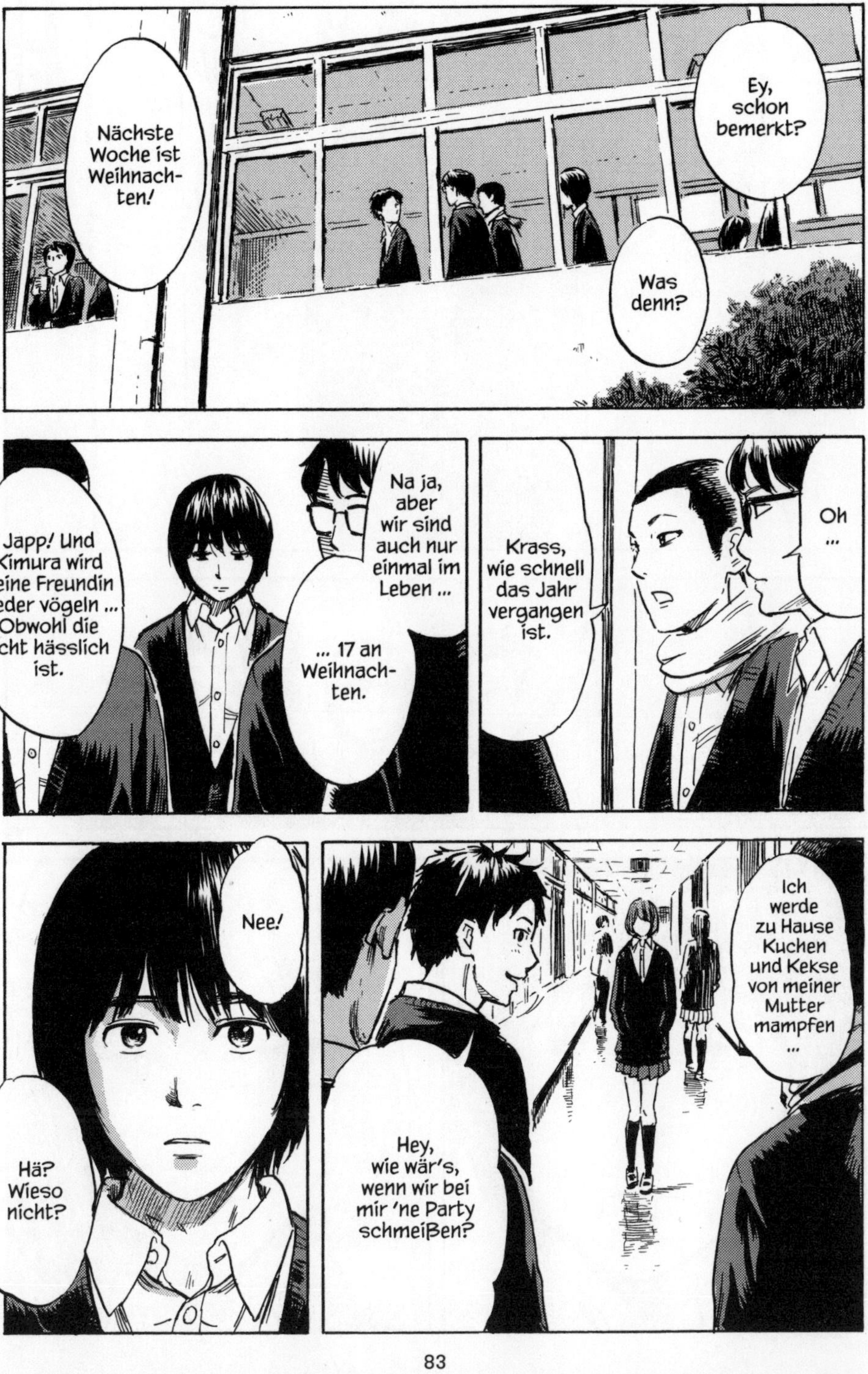
Ey, schon bemerkt?
Was denn?
Nächste Woche ist Weihnachten!
Oh ...
Krass, wie schnell das Jahr vergangen ist.
Na ja, aber wir sind auch nur einmal im Leben ...
... 17 an Weihnachten.
Japp! Und Kimura wird seine Freundin wieder vögeln ... Obwohl die echt hässlich ist.
Ich werde zu Hause Kuchen und Kekse von meiner Mutter mampfen ...
Hey, wie wär's, wenn wir bei mir 'ne Party schmeißen?
Nee!
Hä? Wieso nicht?

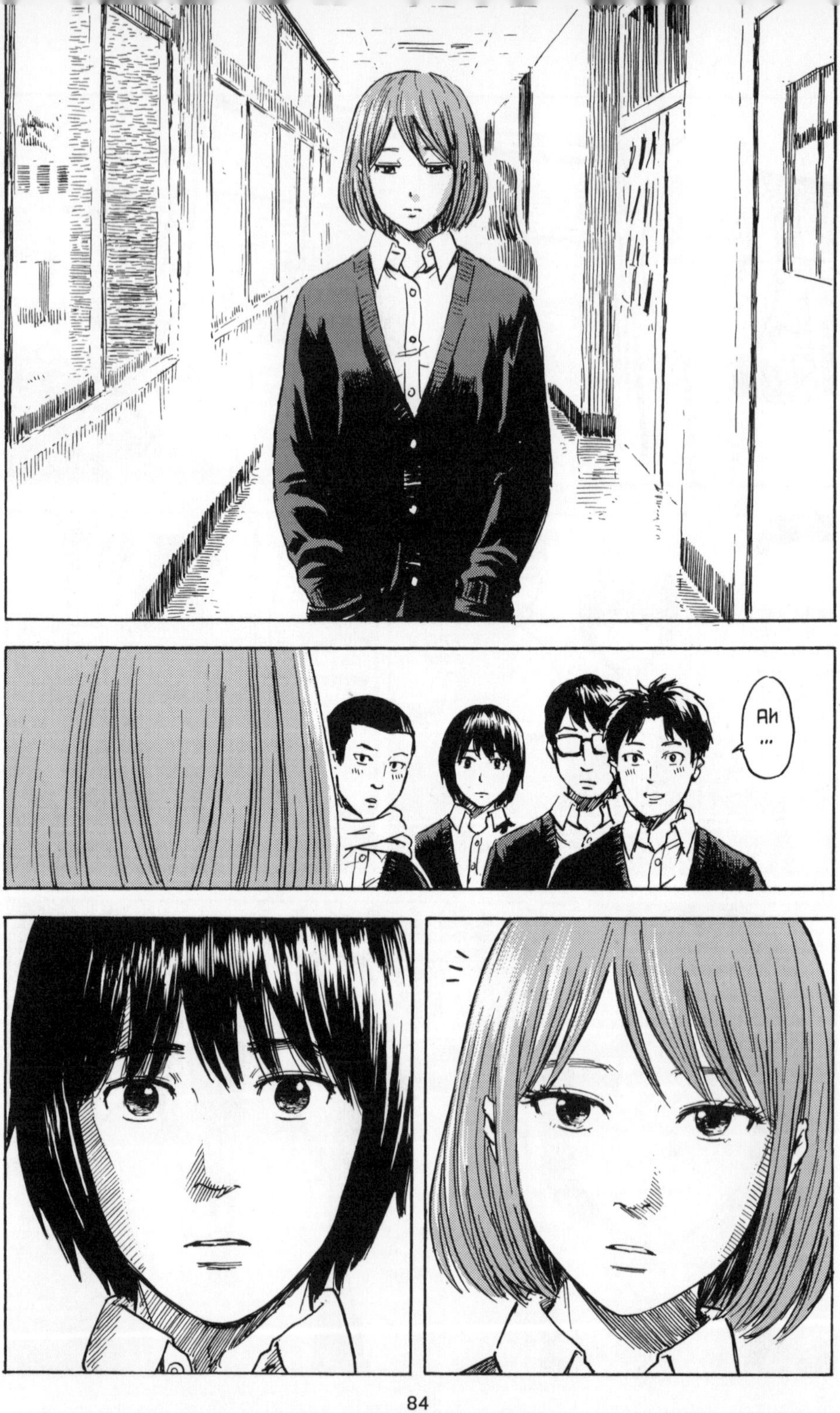
Ah
...

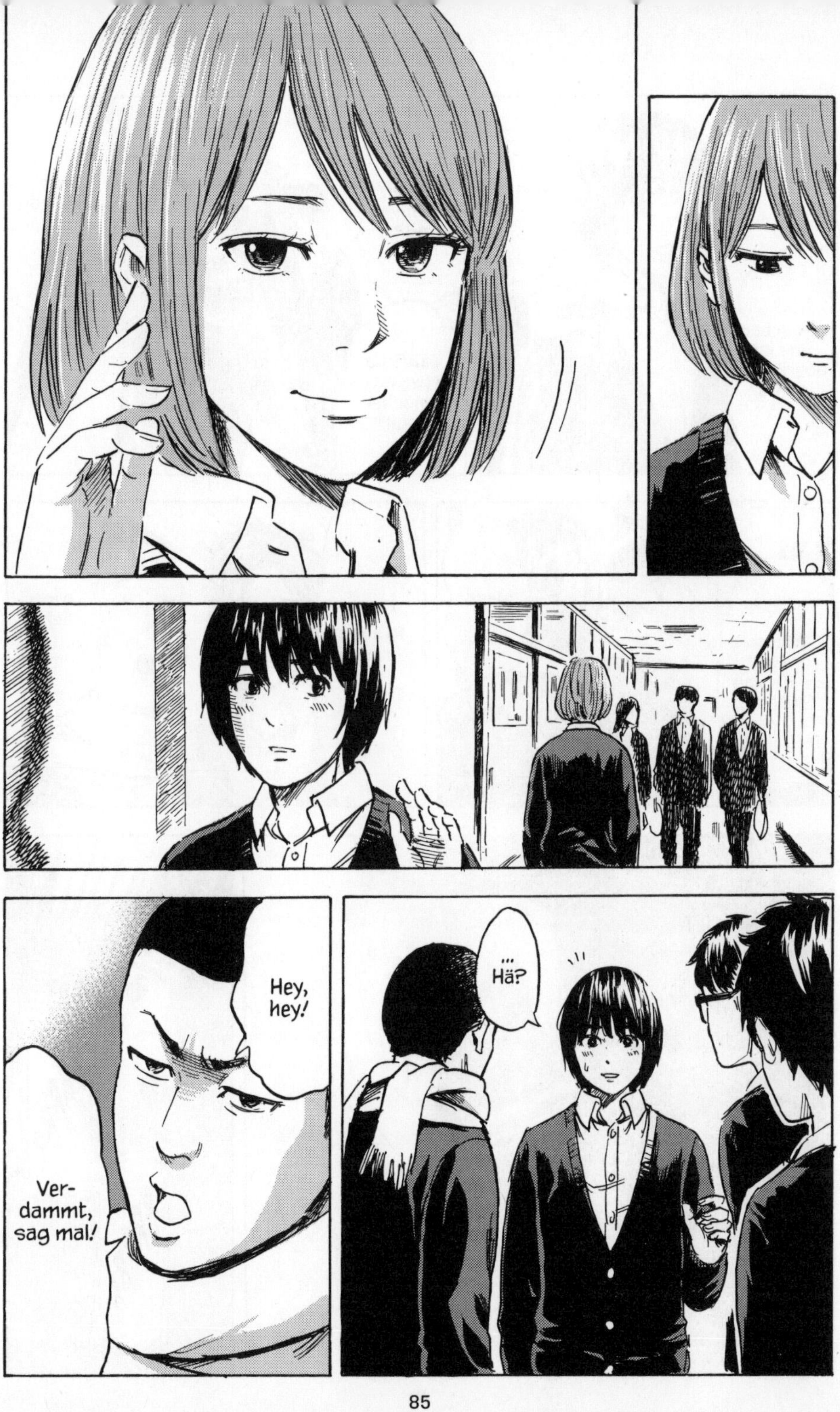
... Hä?
Hey, hey!
Ver-dammt, sag mal!

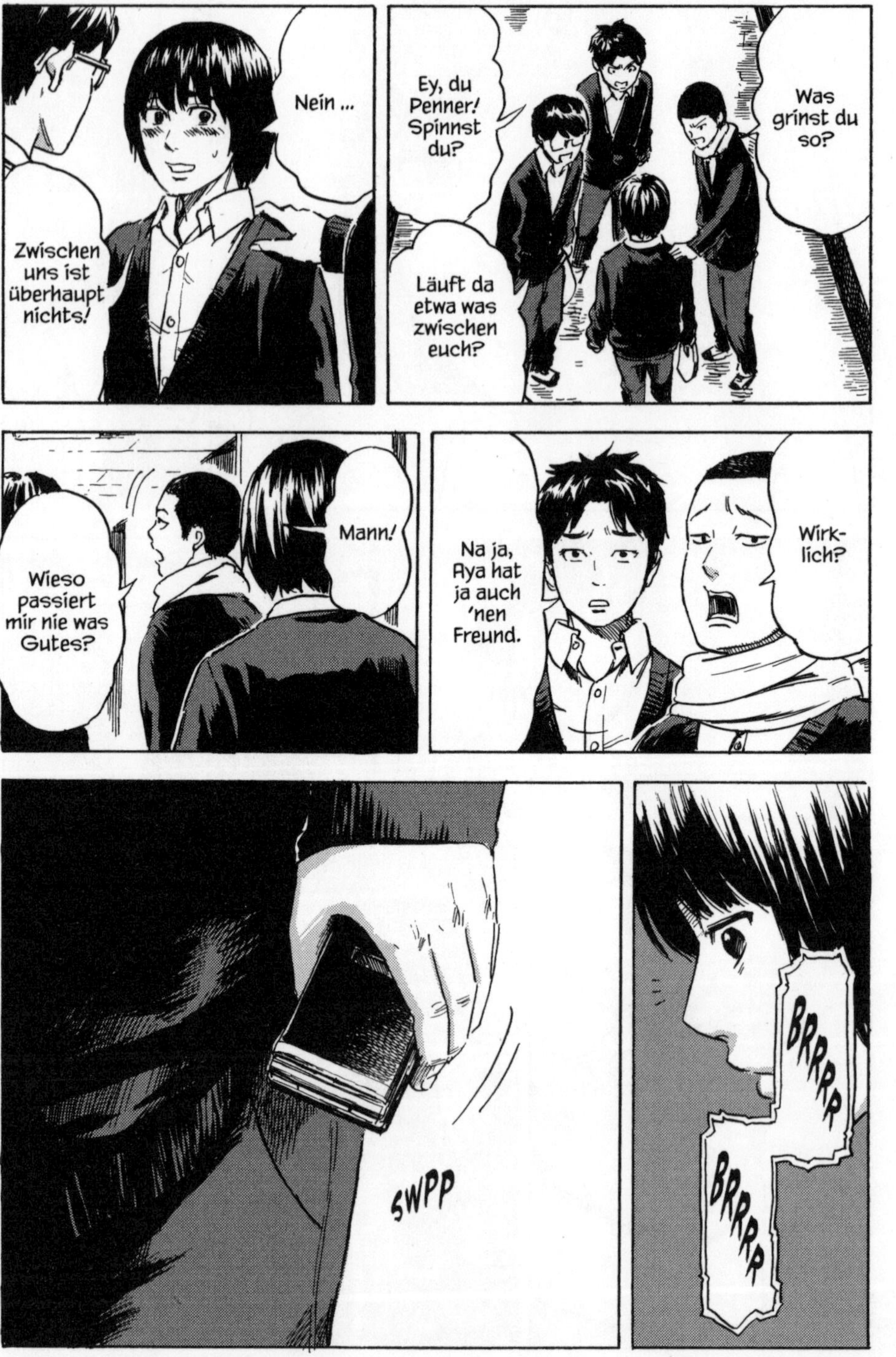
Was grinst du so?
Ey, du Penner! Spinnst du?
Läuft da etwa was zwischen euch?
Nein ...
Zwischen uns ist überhaupt nichts!
Wirk-lich?
Na ja, Aya hat ja auch 'nen Freund.
Mann!
Wieso passiert mir nie was Gutes?
BRRRRR
BRRRR
SWPP

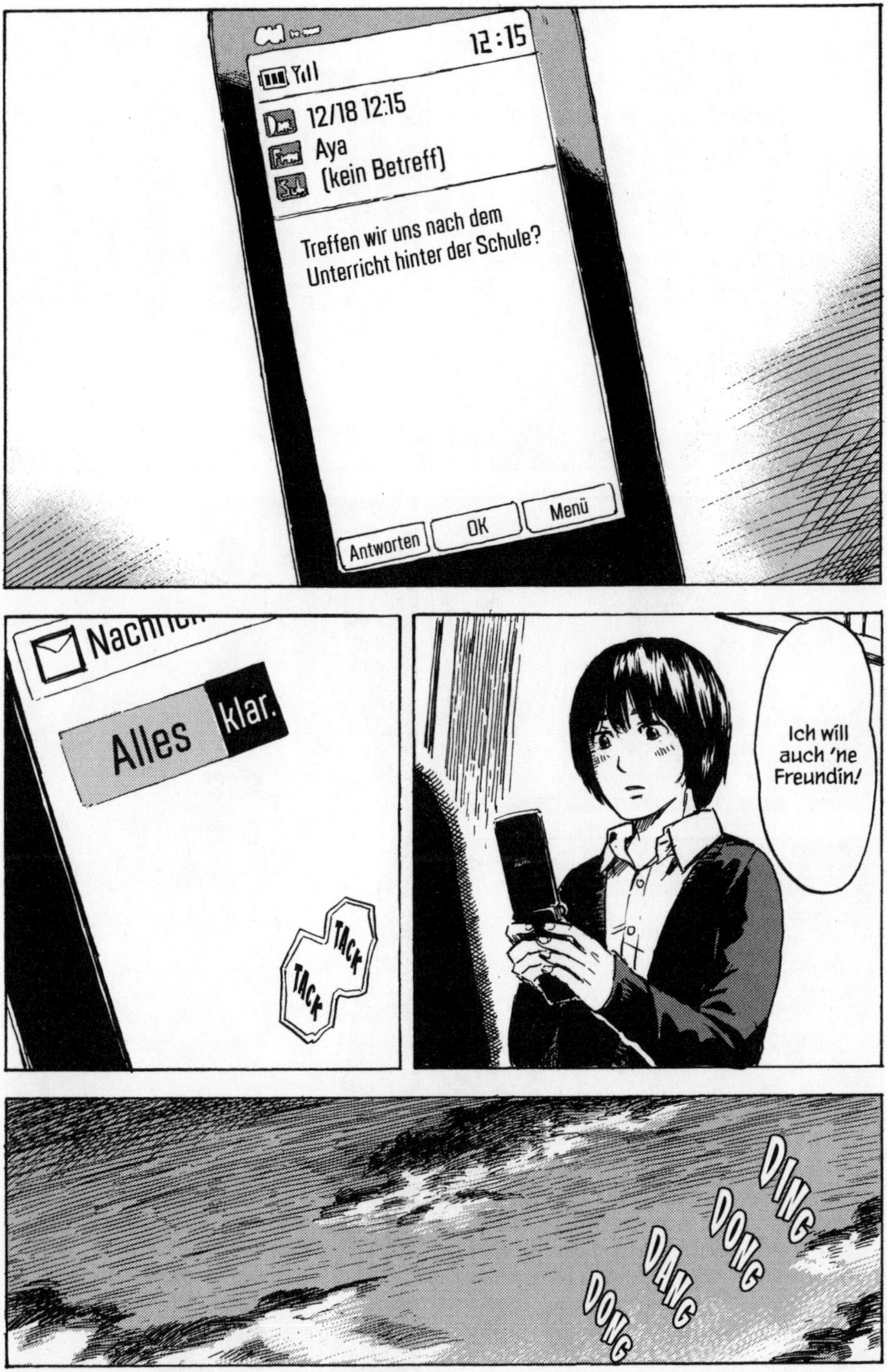

12:15
12/18 12:15
Aya
(kein Betreff)
Treffen wir uns nach dem Unterricht hinter der Schule?
Antworten
OK
Menü
Nachrich
Alles klar.
TACK TACK
Ich will auch 'ne Freundin!
DING DONG DANG DONG

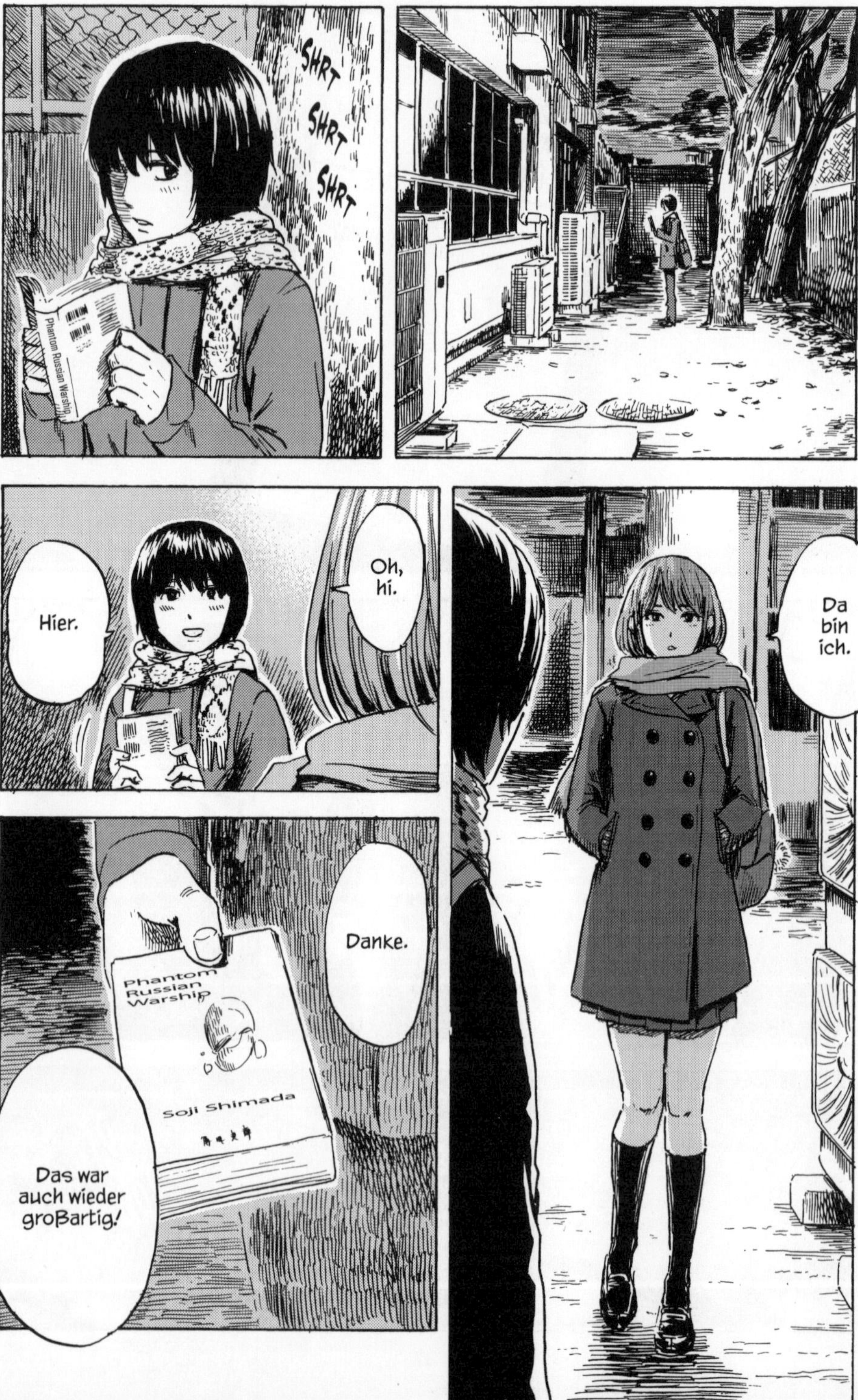

SHRT
SHRT
SHRT
Phantom Russian Warship
Da bin ich.
Oh, hi.
Hier.
Danke.
Phantom Russian Warship
Soji Shimada
Das war auch wieder großartig!

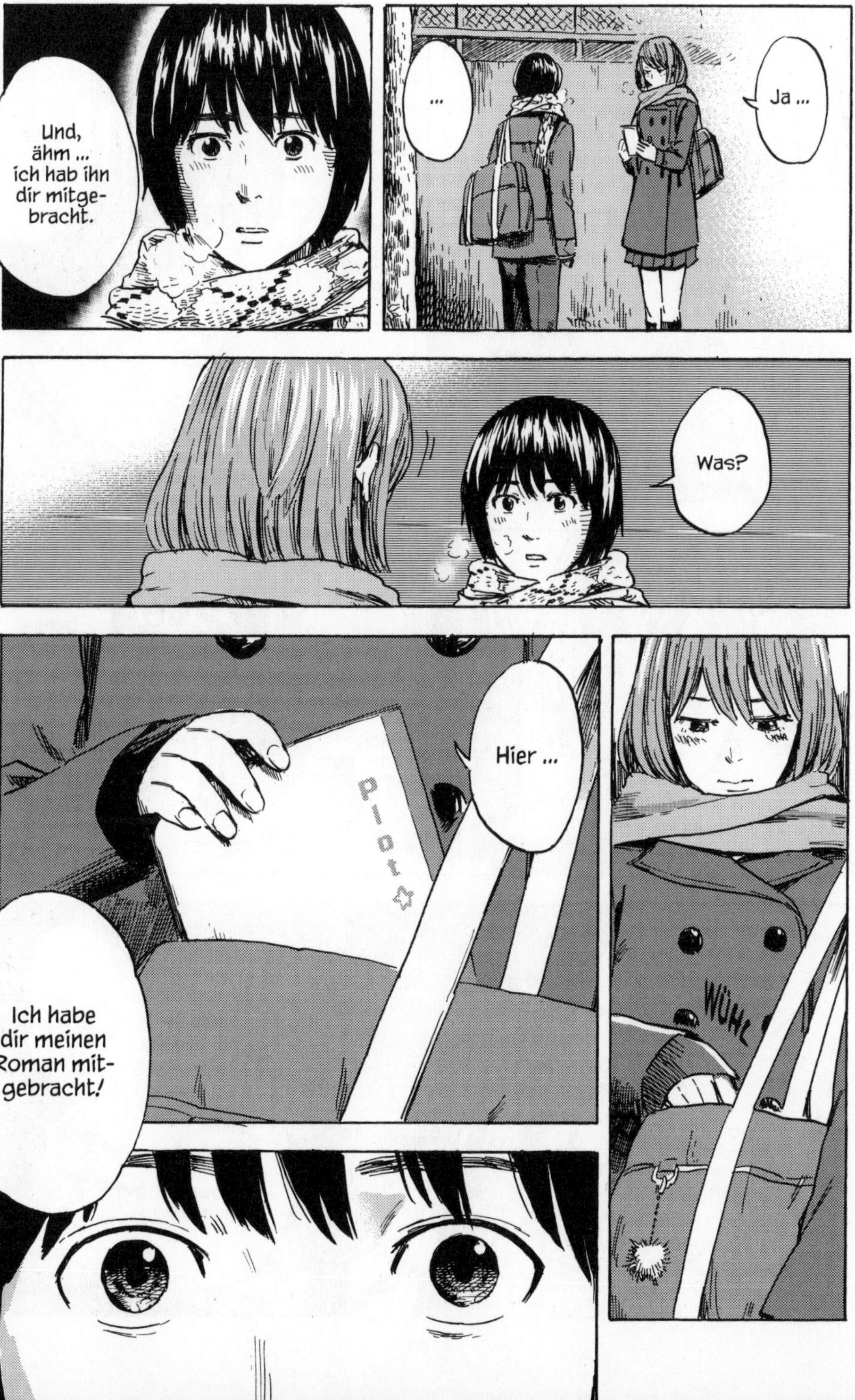
Ja ...
...
Und, ähm ... ich hab ihn dir mitgebracht.
Was?
WÜHL
Hier ...
Plot☆
Ich habe dir meinen Roman mitgebracht!

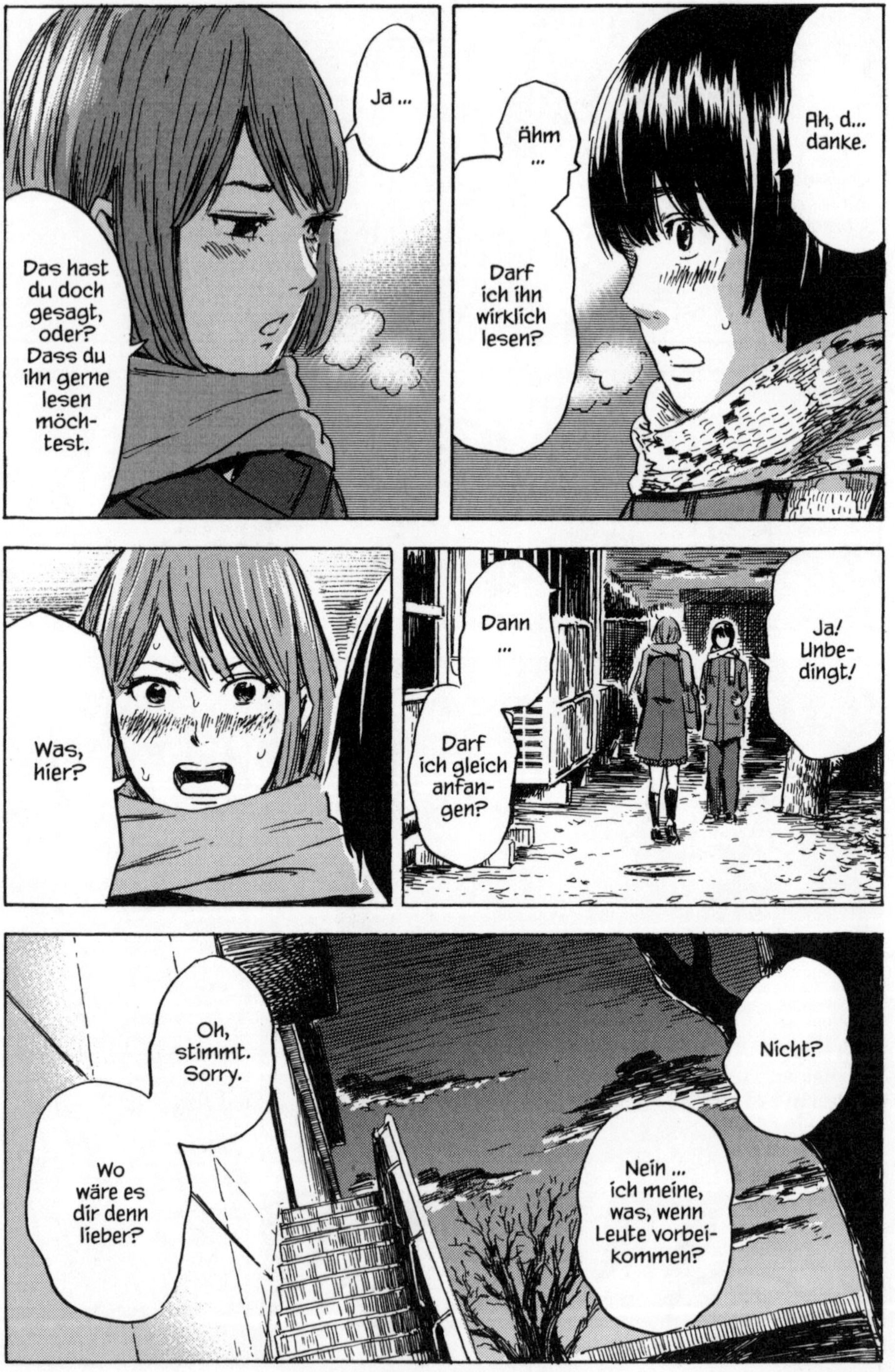

Ah, d... danke.
Ähm ...
Darf ich ihn wirklich lesen?
Ja ...
Das hast du doch gesagt, oder? Dass du ihn gerne lesen möch-test.
Ja! Unbe-dingt!
Dann ...
Darf ich gleich anfan-gen?
Was, hier?
Nicht?
Nein ... ich meine, was, wenn Leute vorbei-kommen?
Oh, stimmt. Sorry.
Wo wäre es dir denn lieber?

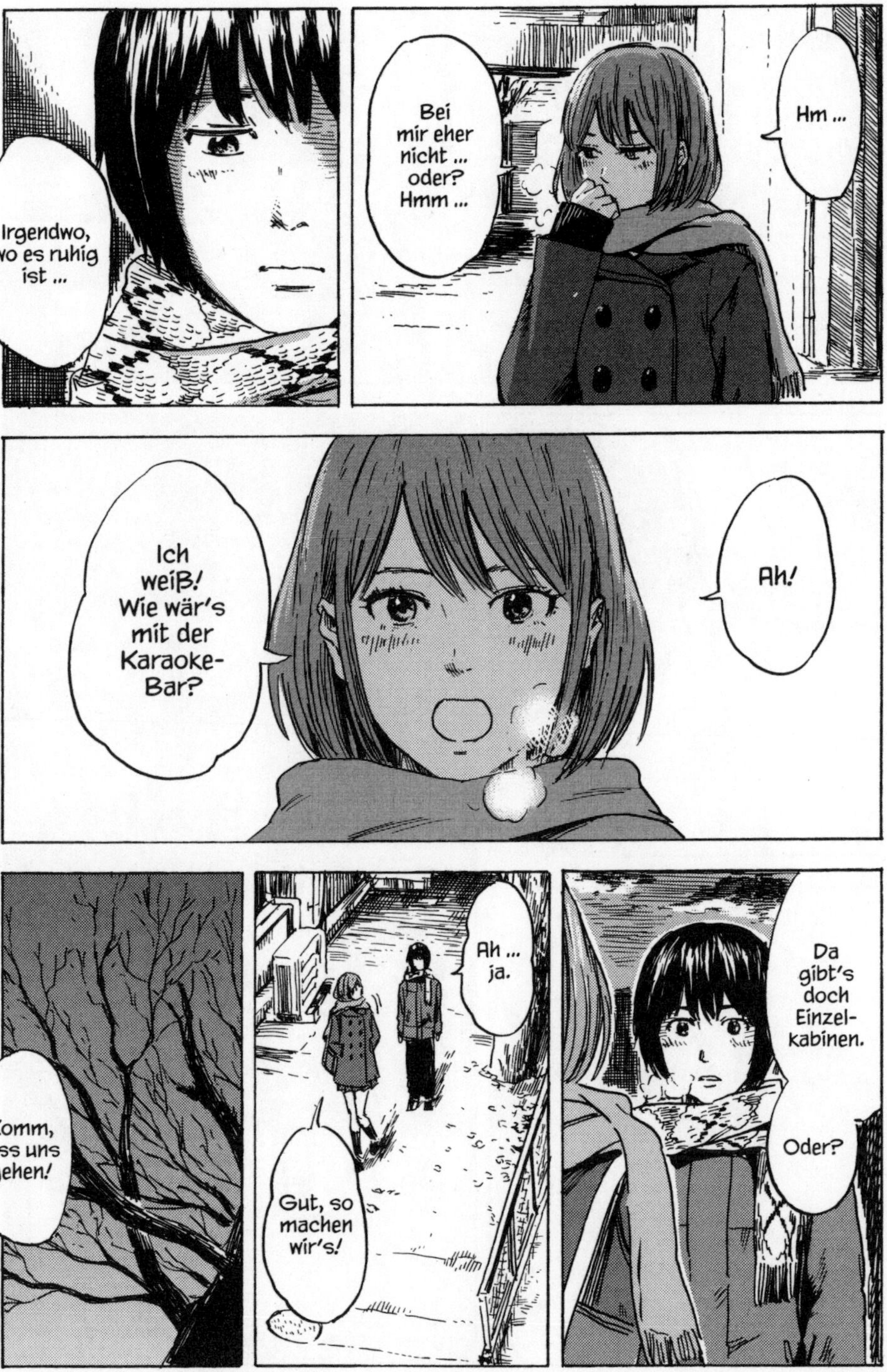
Hm ...
Bei mir eher nicht ... oder? Hmm ...
Irgendwo, wo es ruhig ist ...
Ah!
Ich weiß! Wie wär's mit der Karaoke-Bar?
Da gibt's doch Einzelkabinen.
Oder?
Ah ... ja.
Gut, so machen wir's!
Komm, lass uns gehen!

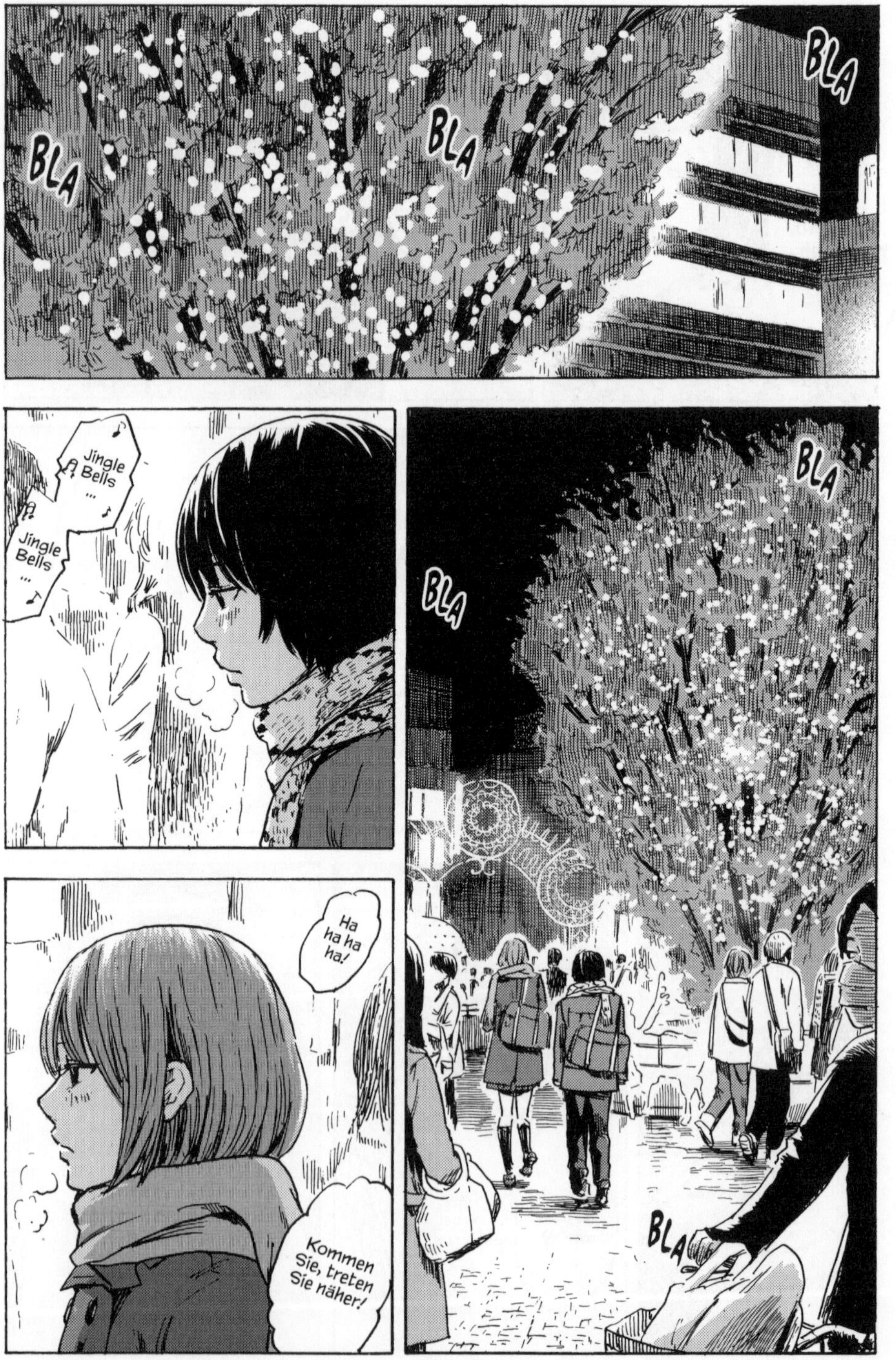
BLA
BLA
BLA
BLA
BLA
BLA
Jingle Bells …
Jingle Bells …
Ha ha ha ha!
Kommen Sie, treten Sie näher!

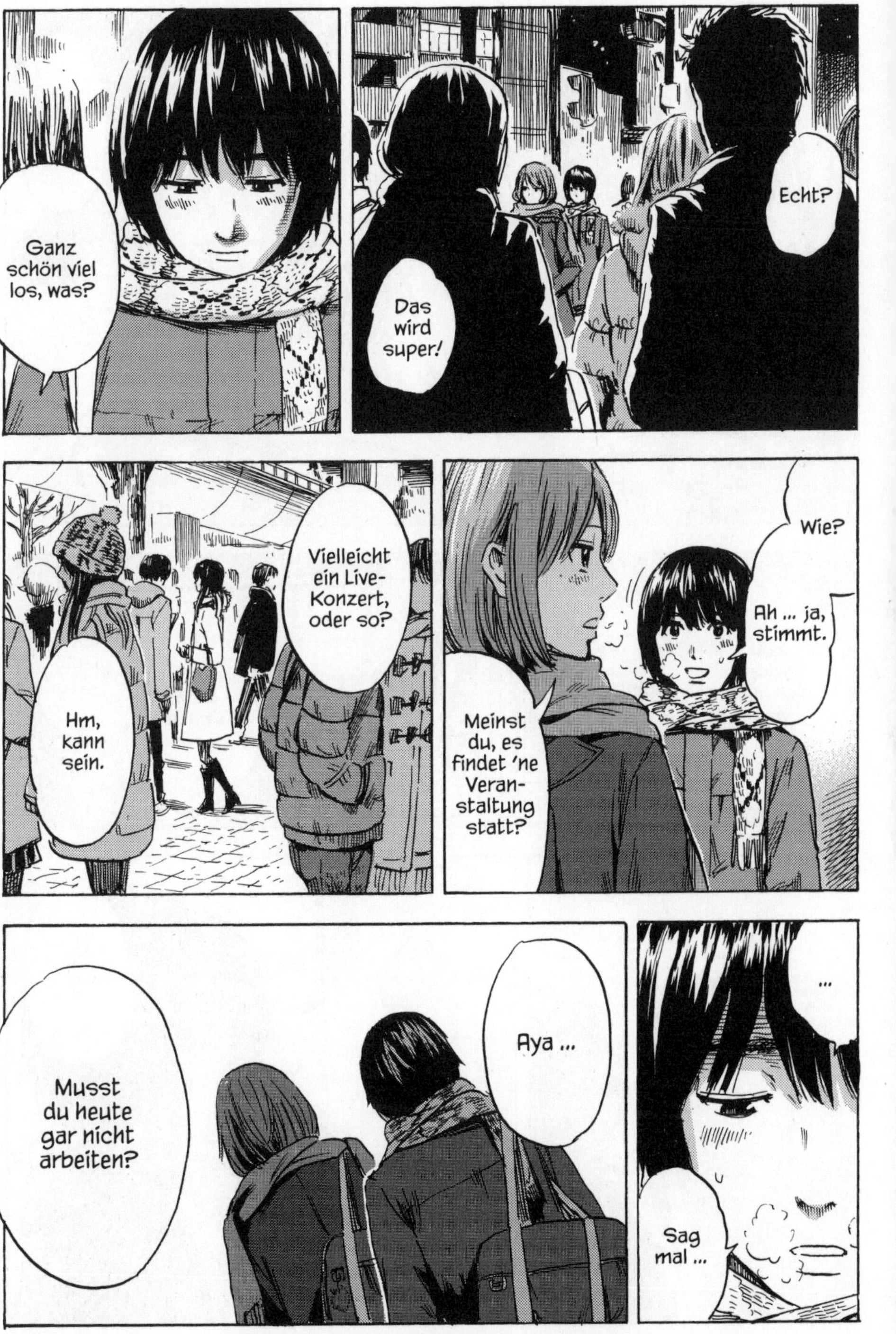

Echt?
Das wird super!
Ganz schön viel los, was?
Wie?
Ah ... ja, stimmt.
Meinst du, es findet 'ne Veranstaltung statt?
Vielleicht ein Live-Konzert, oder so?
Hm, kann sein.
...
Sag mal ...
Aya ...
Musst du heute gar nicht arbeiten?

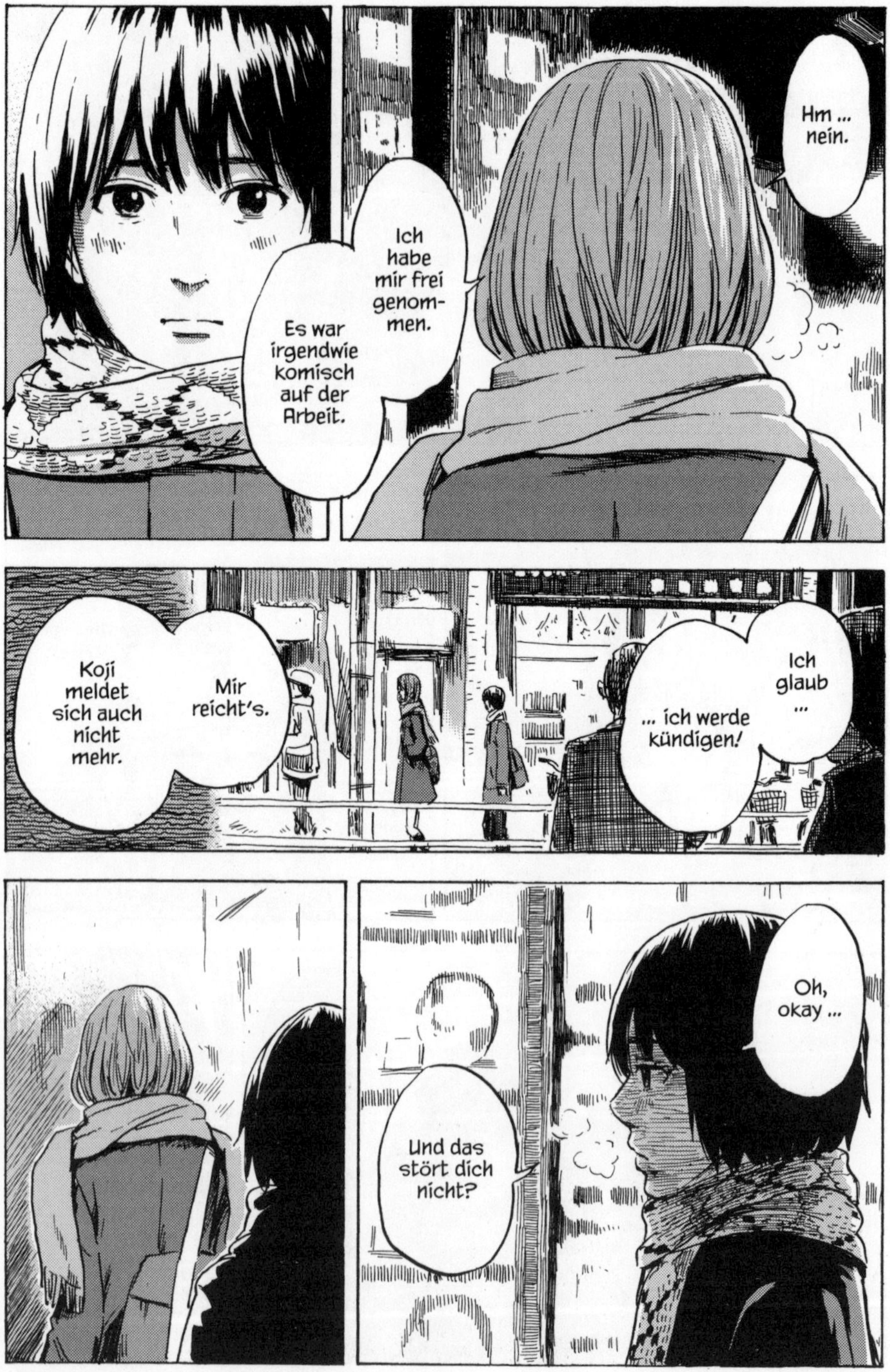
Hm ... nein.
Ich habe mir frei genommen.
Es war irgendwie komisch auf der Arbeit.
Ich glaub ...
... ich werde kündigen!
Mir reicht's.
Koji meldet sich auch nicht mehr.
Oh, okay ...
Und das stört dich nicht?

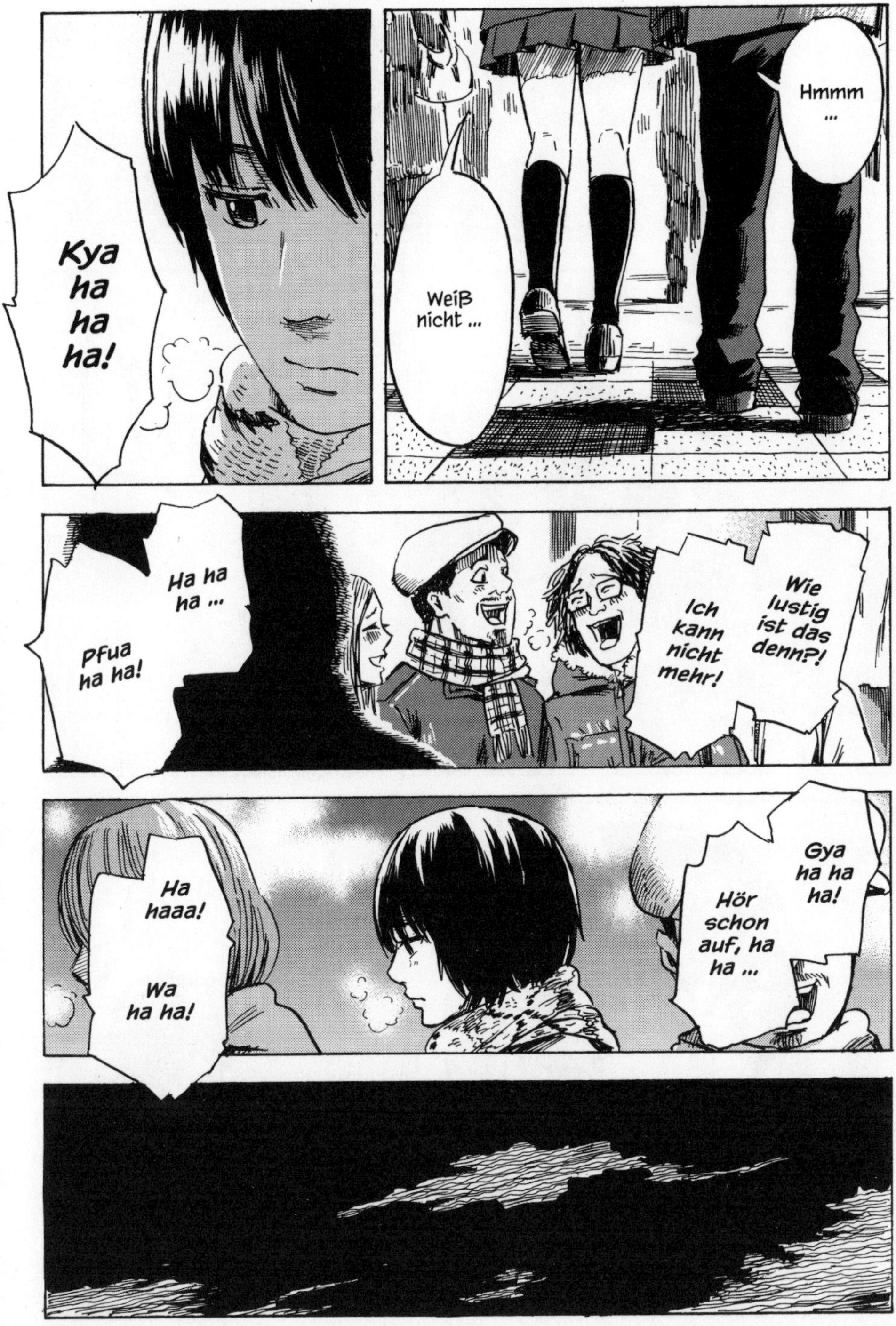
Hmmm ...
Weiß nicht ...
Kya ha ha ha!
Wie lustig ist das denn?!
Ich kann nicht mehr!
Ha ha ha ...
Pfua ha ha!
Gya ha ha ha!
Hör schon auf, ha ha ...
Ha haaa!
Wa ha ha!

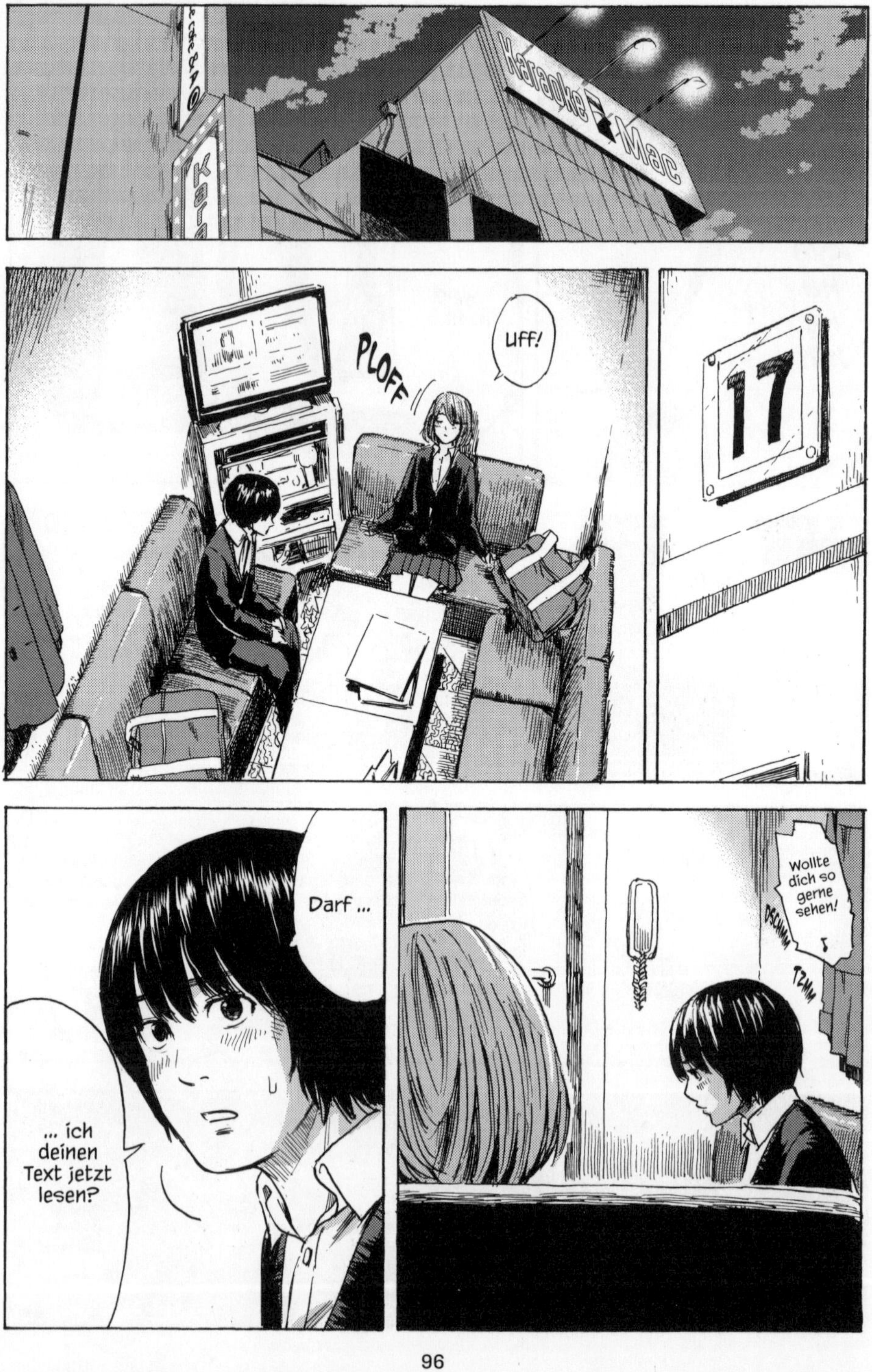
Karaoke Mac
17
PLOFF
Uff!
Wollte dich so gerne sehen!
DSCHMM
TZMM
Darf ...
... ich deinen Text jetzt lesen?

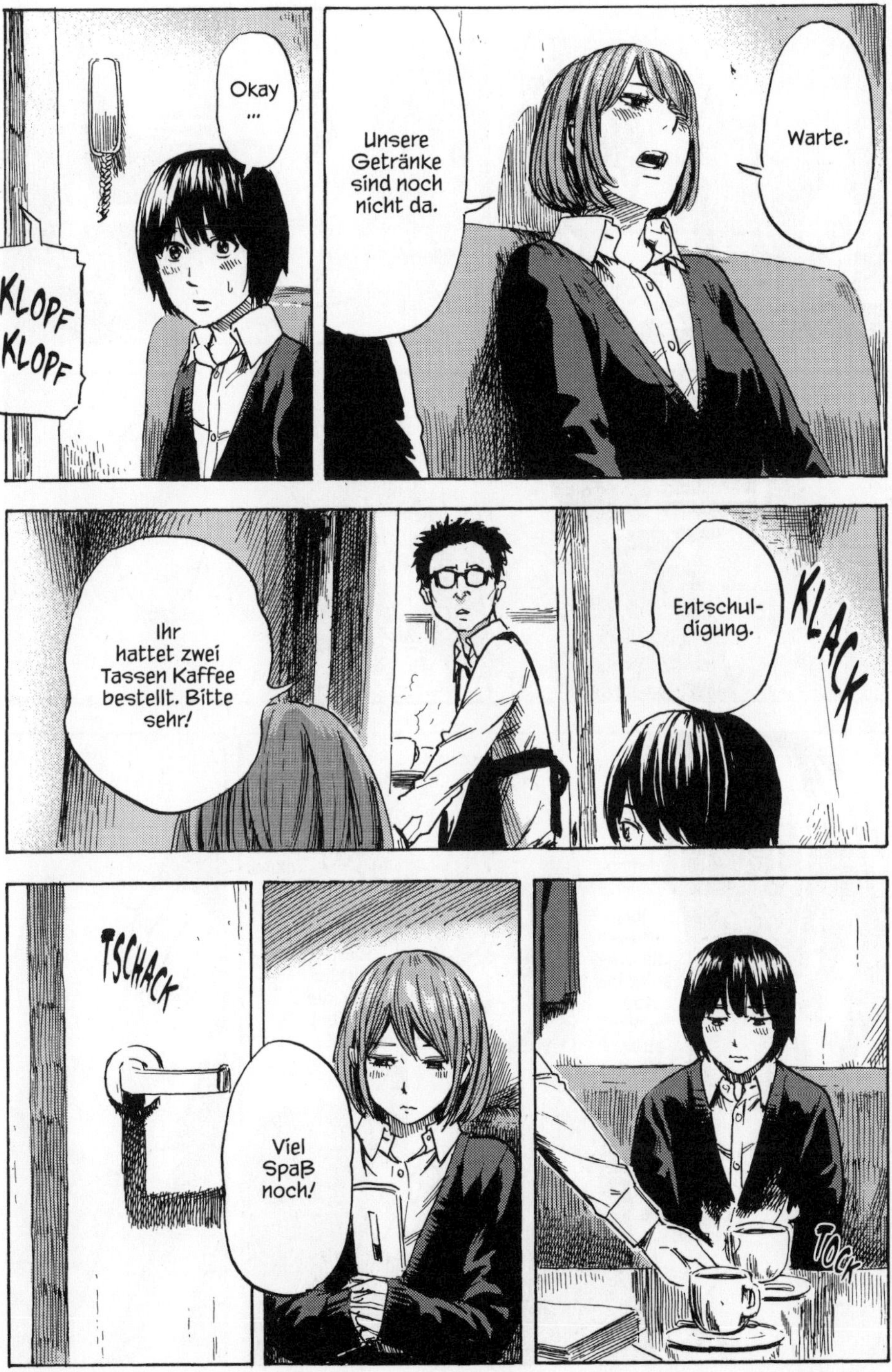
Warte.
Unsere Getränke sind noch nicht da.
Okay ...
KLOPF KLOPF
KLACK
Entschuldigung.
Ihr hattet zwei Tassen Kaffee bestellt. Bitte sehr!
TOCK
Viel Spaß noch!
TSCHACK

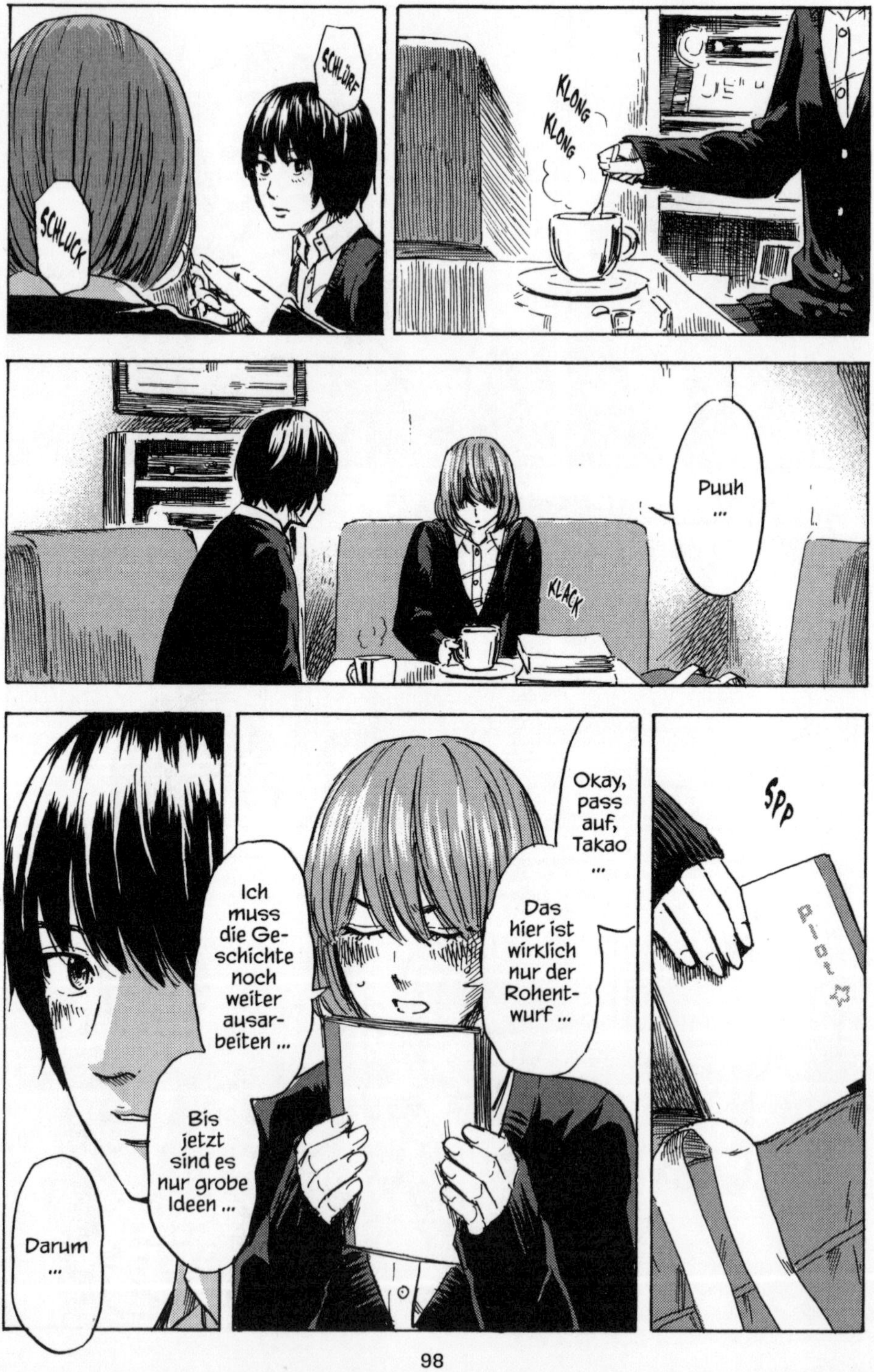

KLONG
KLONG
SCHLÜRF
SCHLUCK
Puuh ...
KLACK
SPP
Plot
Okay, pass auf, Takao ...
Das hier ist wirklich nur der Rohentwurf ...
Ich muss die Geschichte noch weiter ausarbeiten ...
Bis jetzt sind es nur grobe Ideen ...
Darum ...

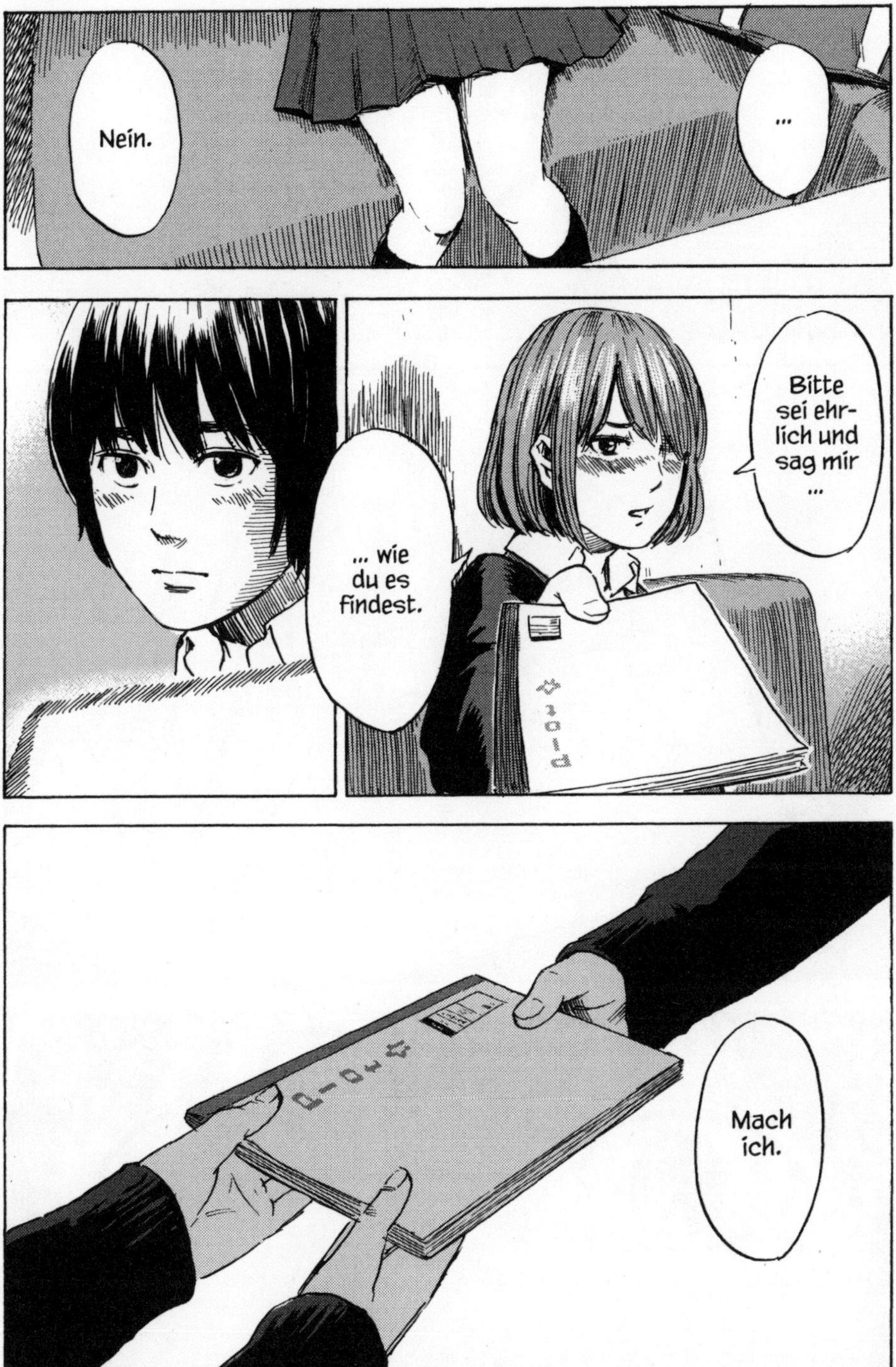
...
Nein.
Bitte sei ehrlich und sag mir ...
... wie du es findest.
Mach ich.

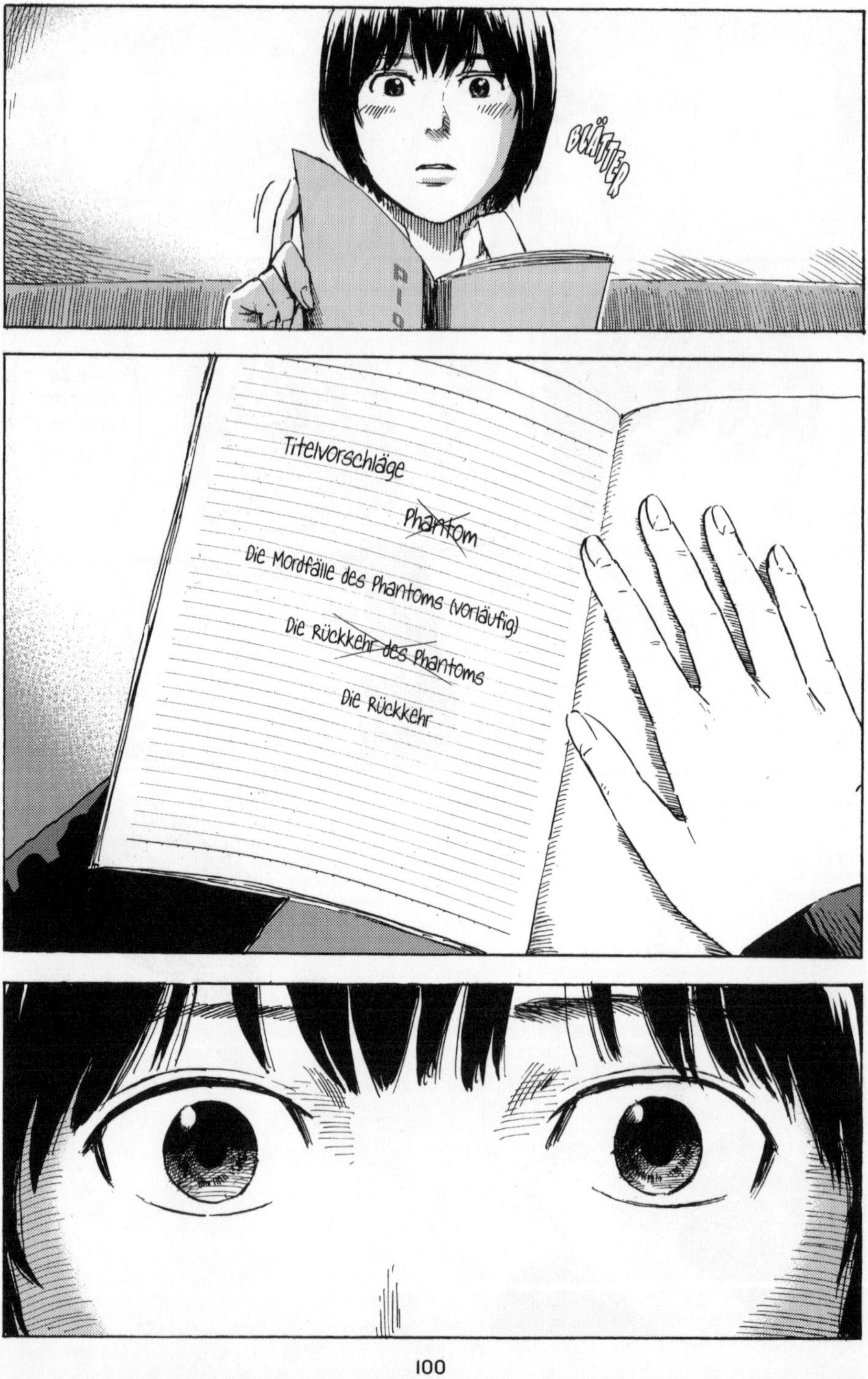

BLÄTTER
Titelvorschläge
Phantom
Die Mordfälle des Phantoms (vorläufig)
Die Rückkehr des Phantoms
Die Rückkehr

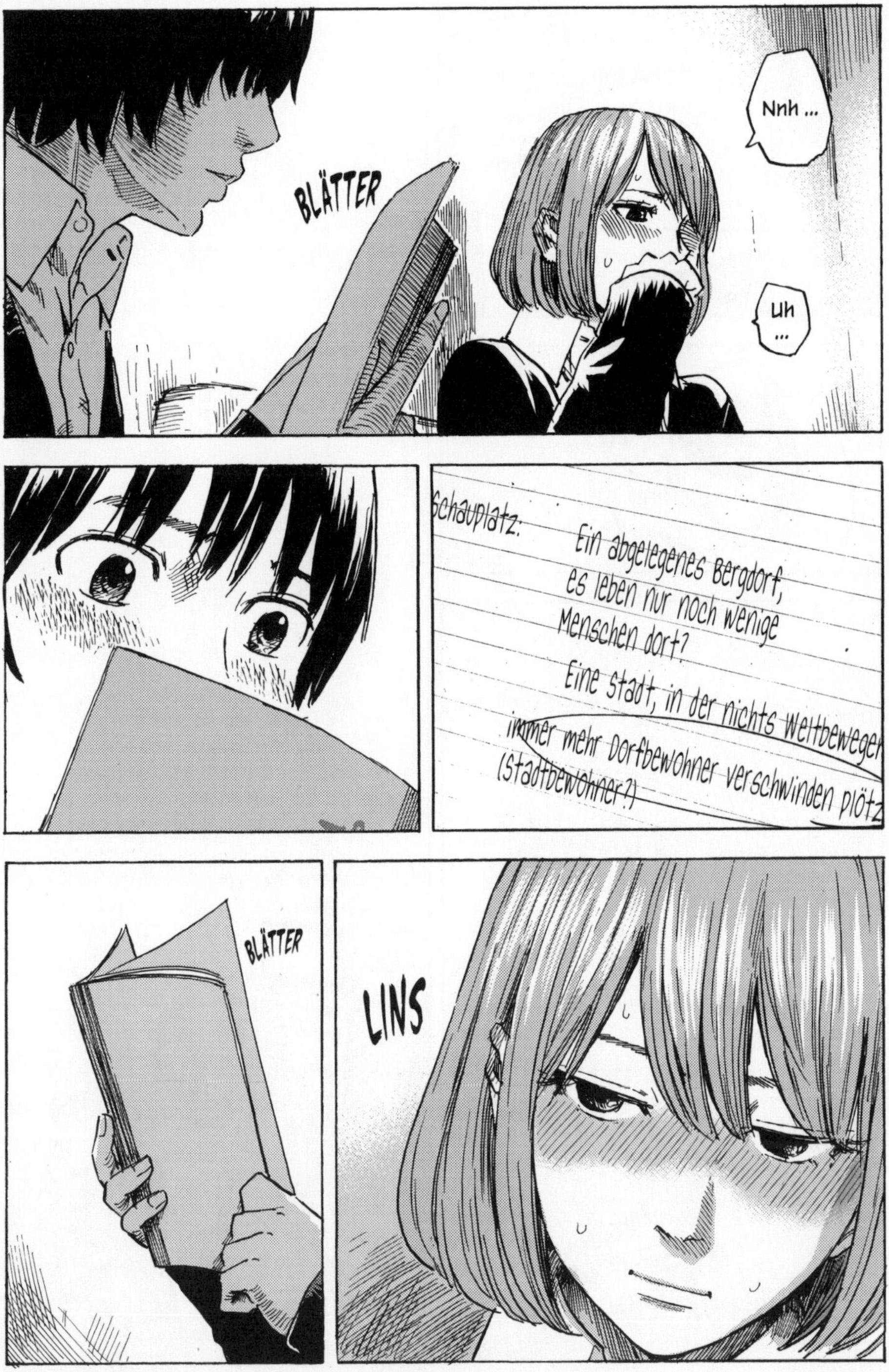
Nnh ...
Uh ...
BLÄTTER
Schauplatz:
Ein abgelegenes Bergdorf,
es leben nur noch wenige
Menschen dort?
Eine Stadt, in der nichts Weltbewege
immer mehr Dorfbewohner verschwinden plötz
(Stadtbewohner?)
LINS
BLÄTTER

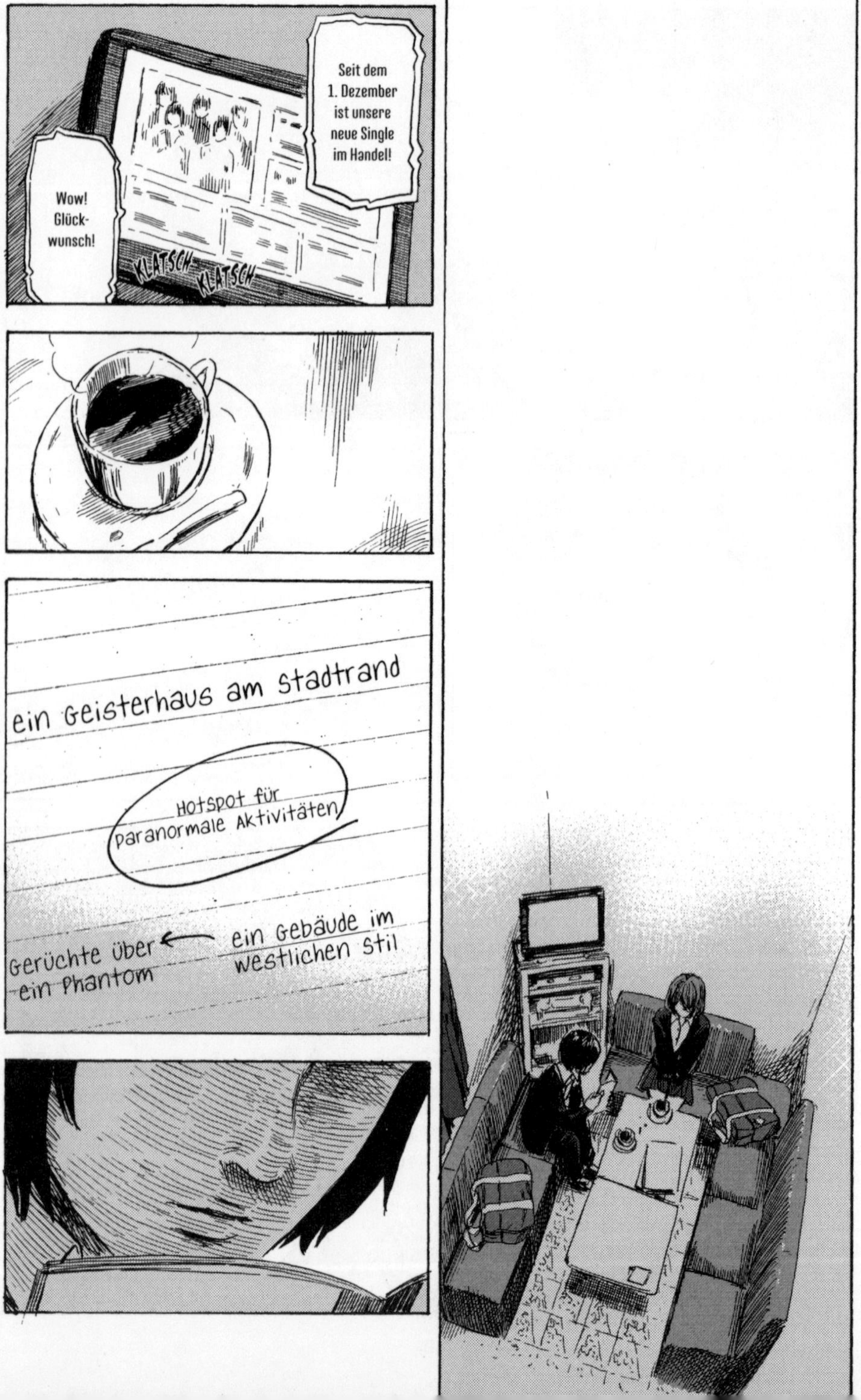
Seit dem 1. Dezember ist unsere neue Single im Handel!
Wow! Glückwunsch!
KLATSCH KLATSCH
ein Geisterhaus am Stadtrand
Hotspot für paranormale Aktivitäten
ein Gebäude im westlichen Stil
Gerüchte über ein Phantom

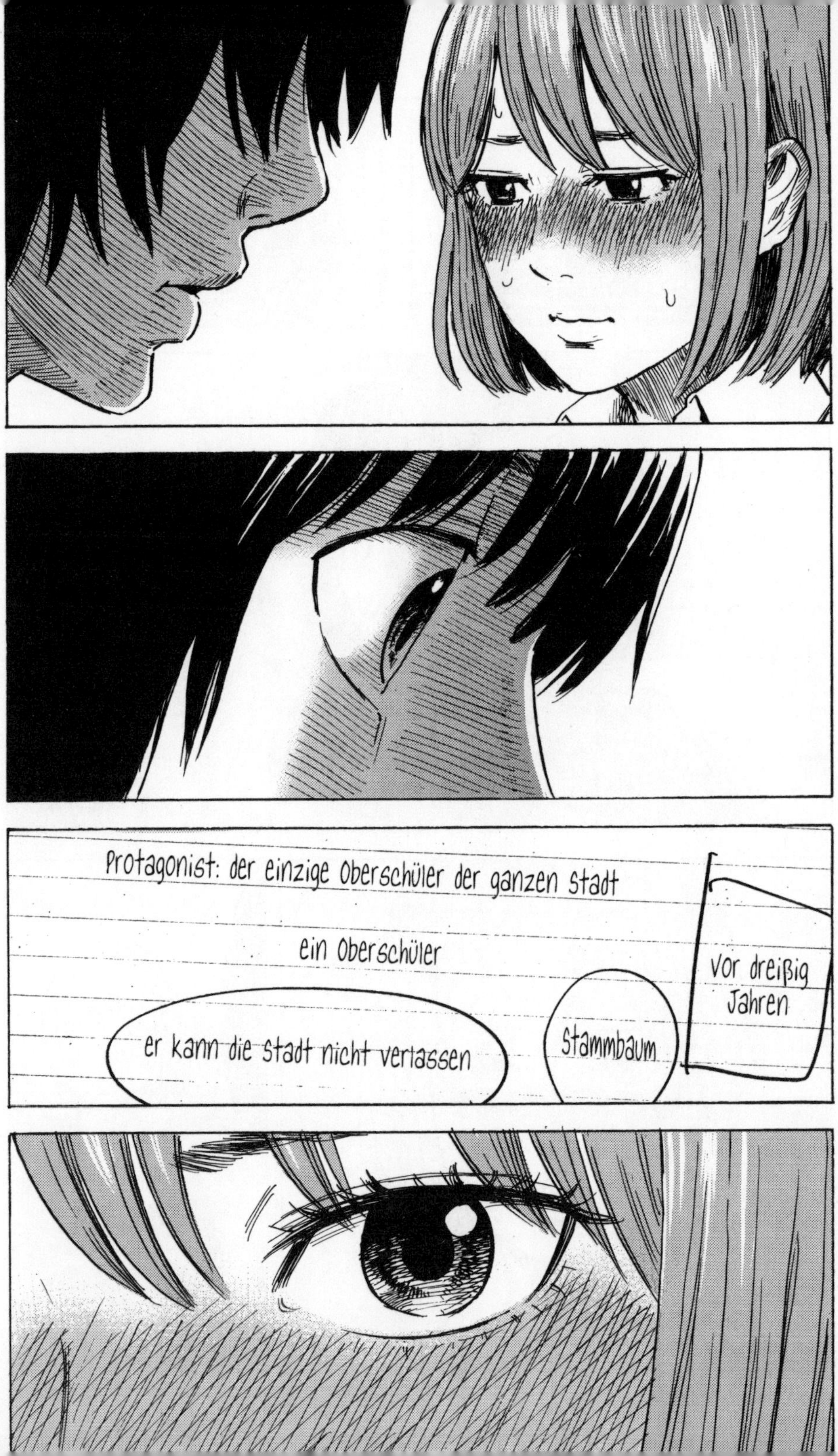

Vor dreißig Jahren
Stammbaum
Protagonist: der einzige Oberschüler der ganzen stadt
ein Oberschüler
er kann die stadt nicht verlassen

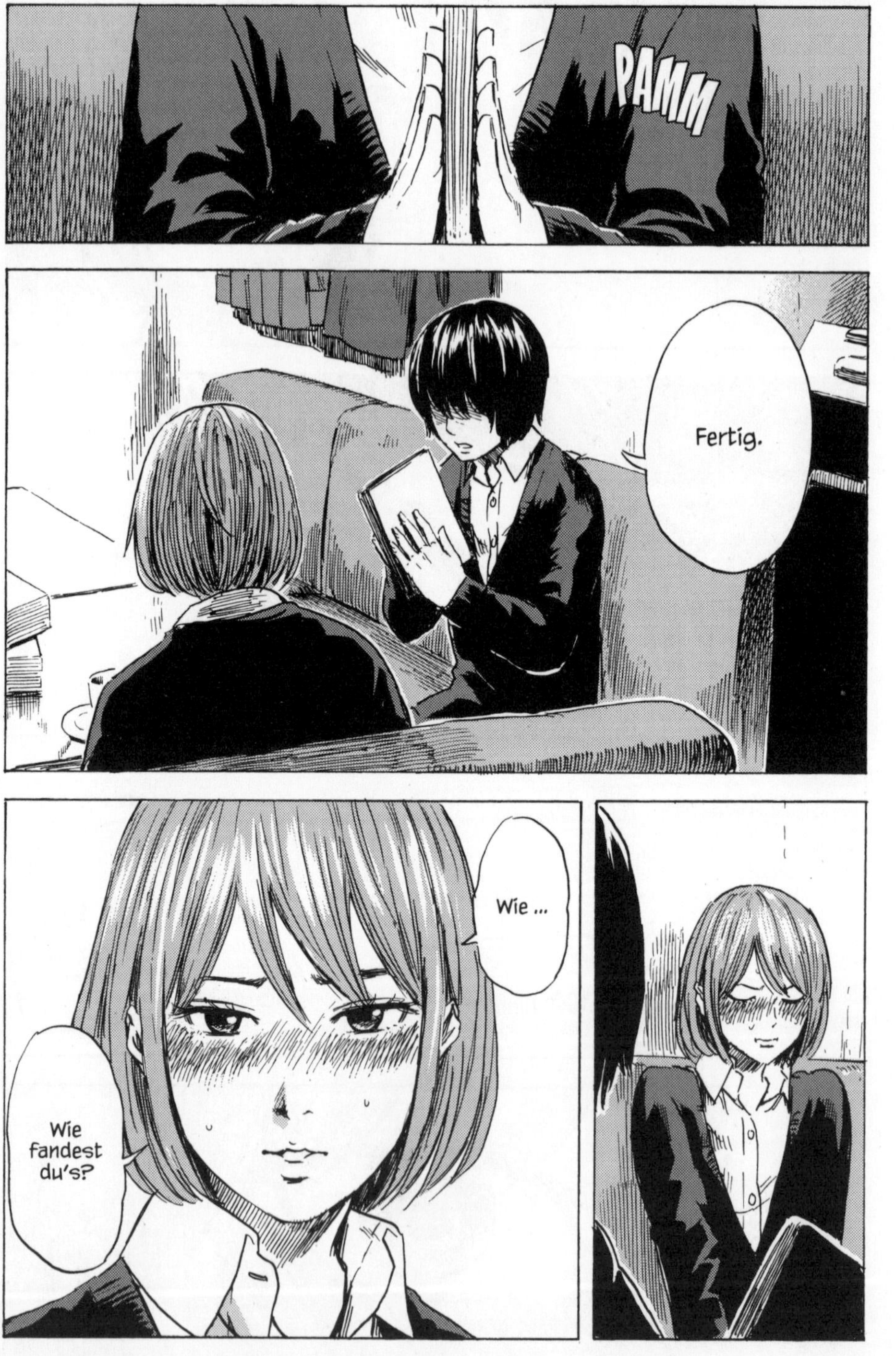
PAMM
Fertig.
Wie ...
Wie fandest du's?

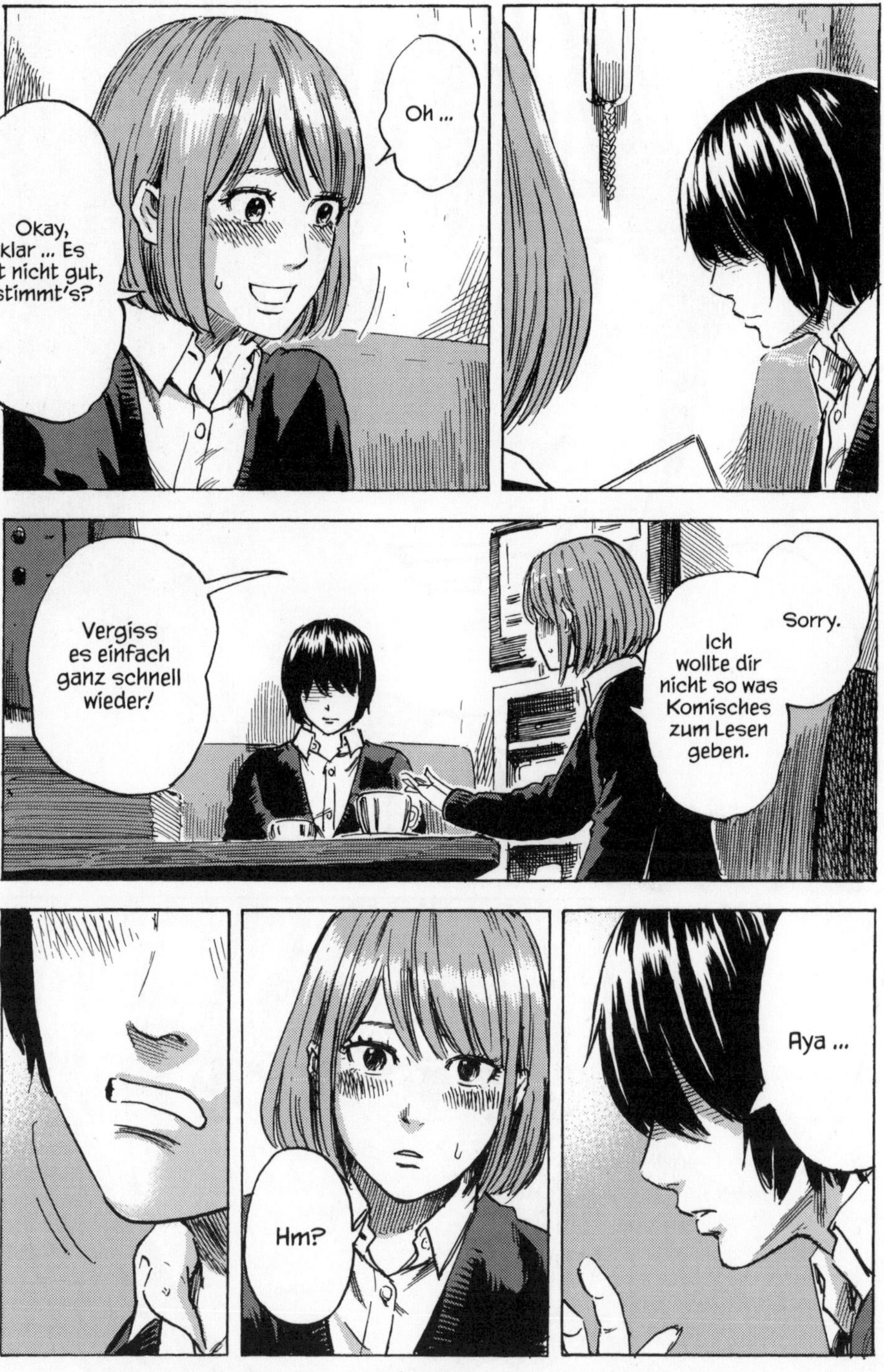
Oh ...
Okay, klar ... Es ist nicht gut, stimmt's?
Sorry.
Ich wollte dir nicht so was Komisches zum Lesen geben.
Vergiss es einfach ganz schnell wieder!
Aya ...
Hm?

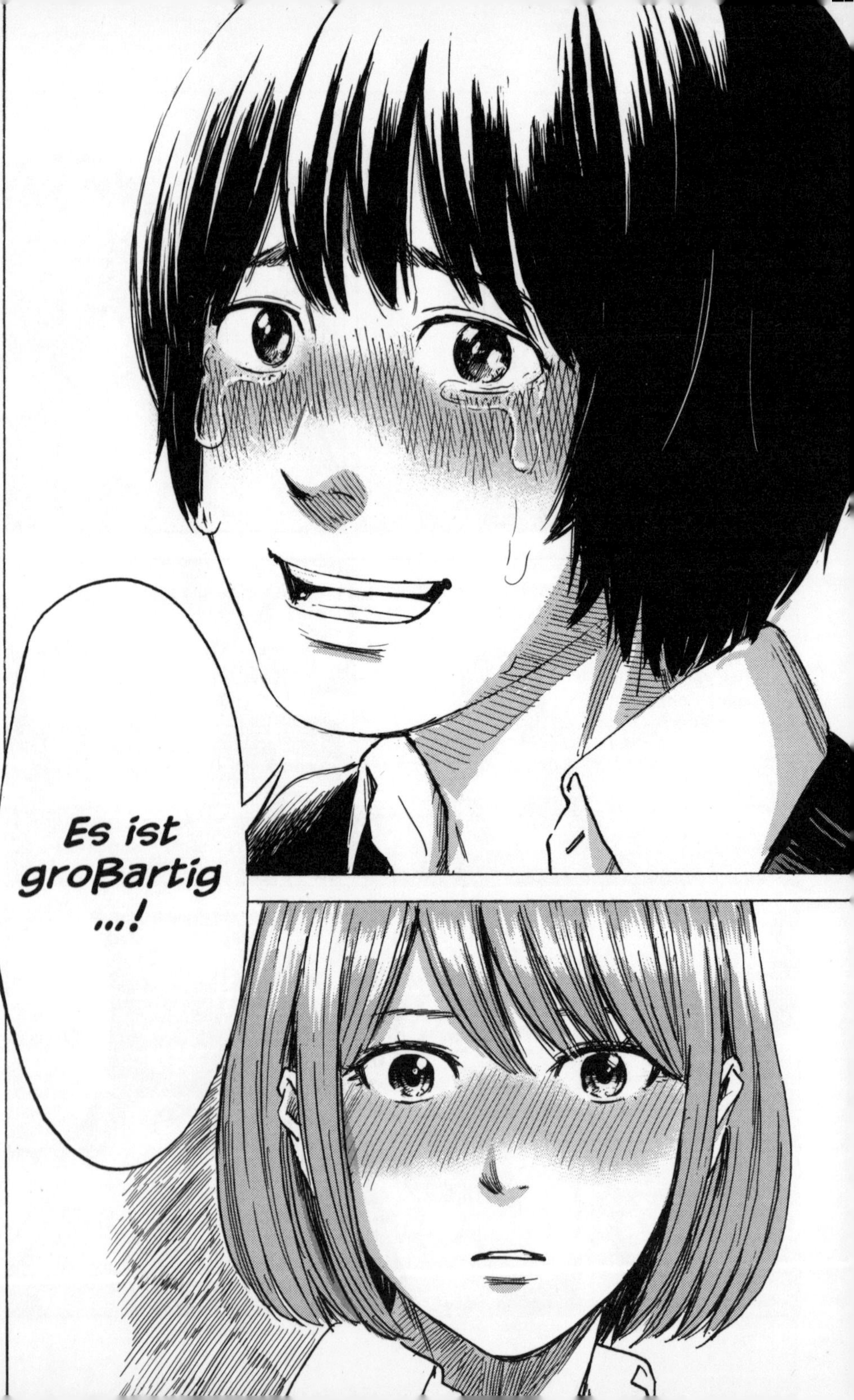
Es ist großartig ...!

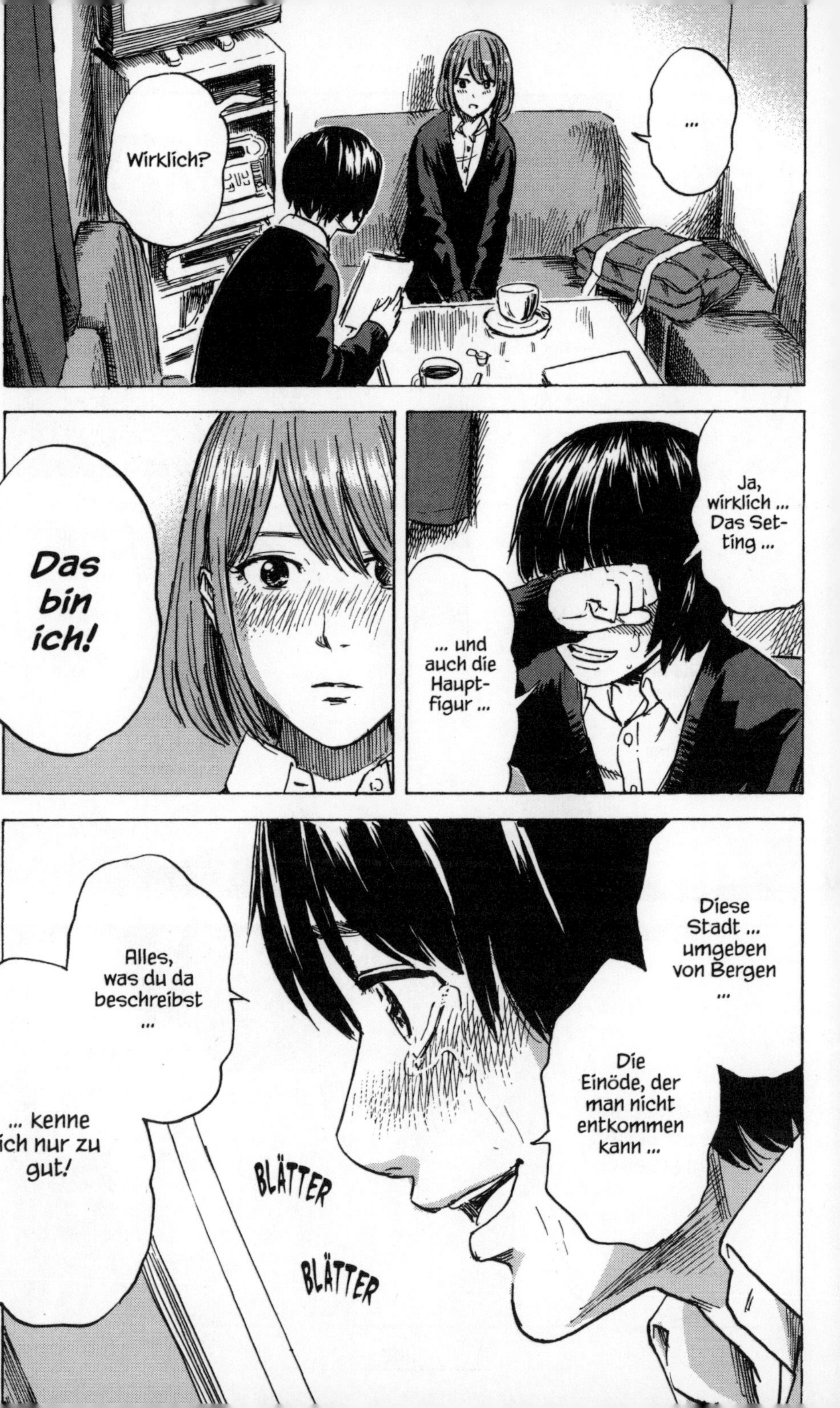
...
Wirklich?
Ja, wirklich ... Das Setting ...
... und auch die Hauptfigur ...
Das bin ich!
Diese Stadt ... umgeben von Bergen ...
Die Einöde, der man nicht entkommen kann ...
Alles, was du da beschreibst ...
... kenne ich nur zu gut!
BLÄTTER
BLÄTTER

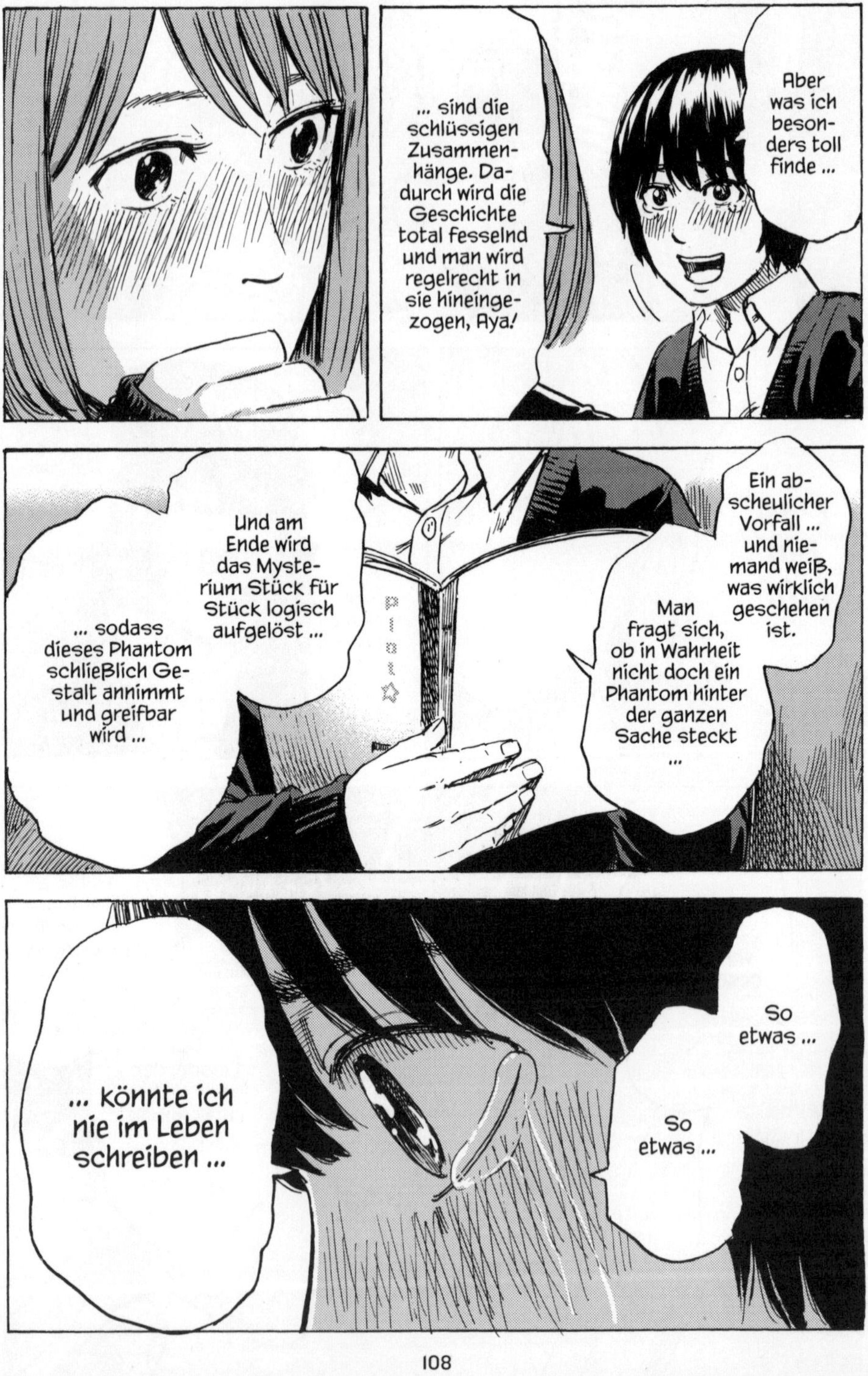
Aber was ich besonders toll finde ...
... sind die schlüssigen Zusammenhänge. Dadurch wird die Geschichte total fesselnd und man wird regelrecht in sie hineingezogen, Aya!
Ein abscheulicher Vorfall ... und niemand weiß, was wirklich geschehen ist.
Man fragt sich, ob in Wahrheit nicht doch ein Phantom hinter der ganzen Sache steckt ...
Und am Ende wird das Mysterium Stück für Stück logisch aufgelöst ...
... sodass dieses Phantom schließlich Gestalt annimmt und greifbar wird ...
So etwas ...
So etwas ...
... könnte ich nie im Leben schreiben ...

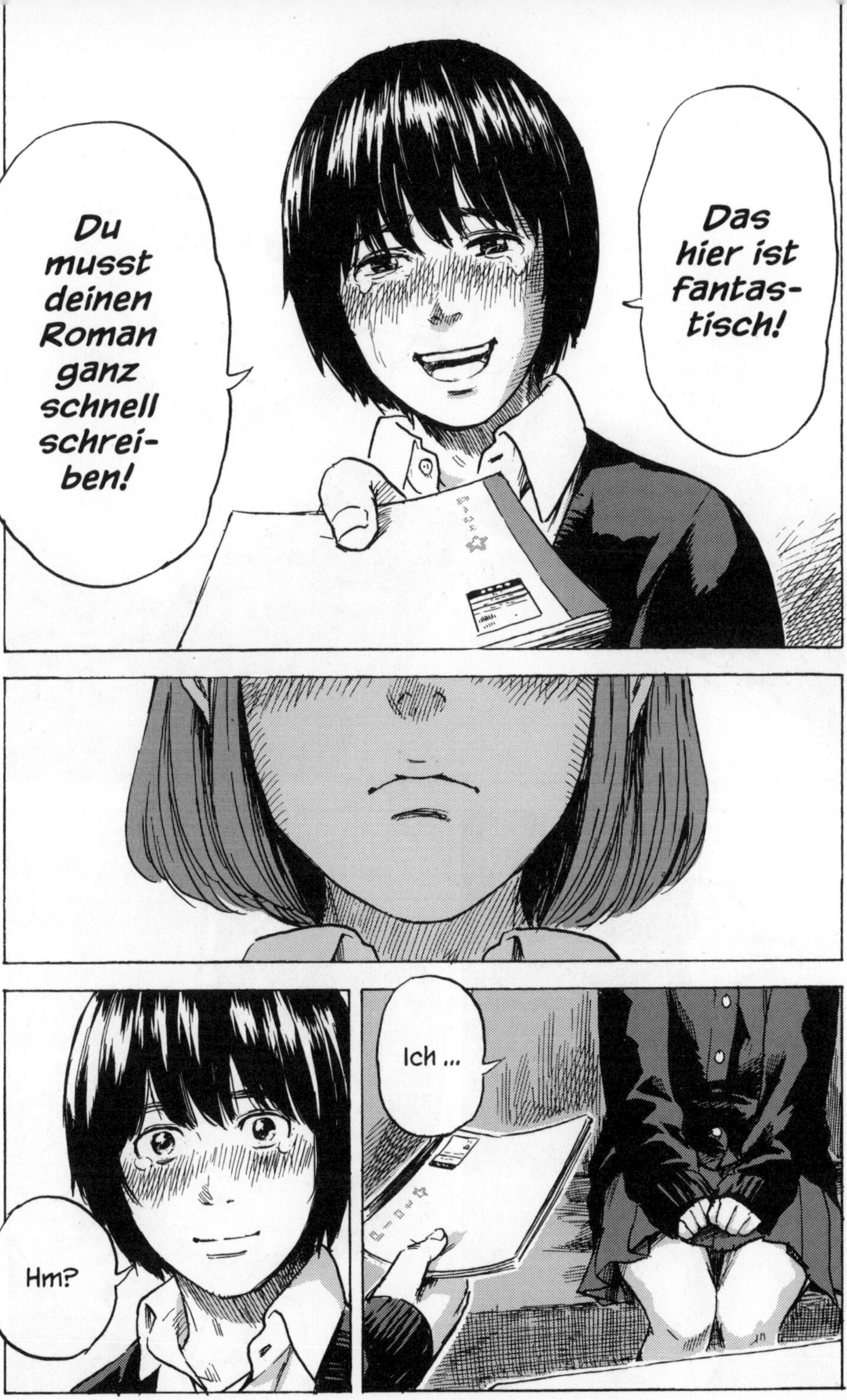
Das hier ist fantastisch!
Du musst deinen Roman ganz schnell schreiben!
Ich ...
Hm?

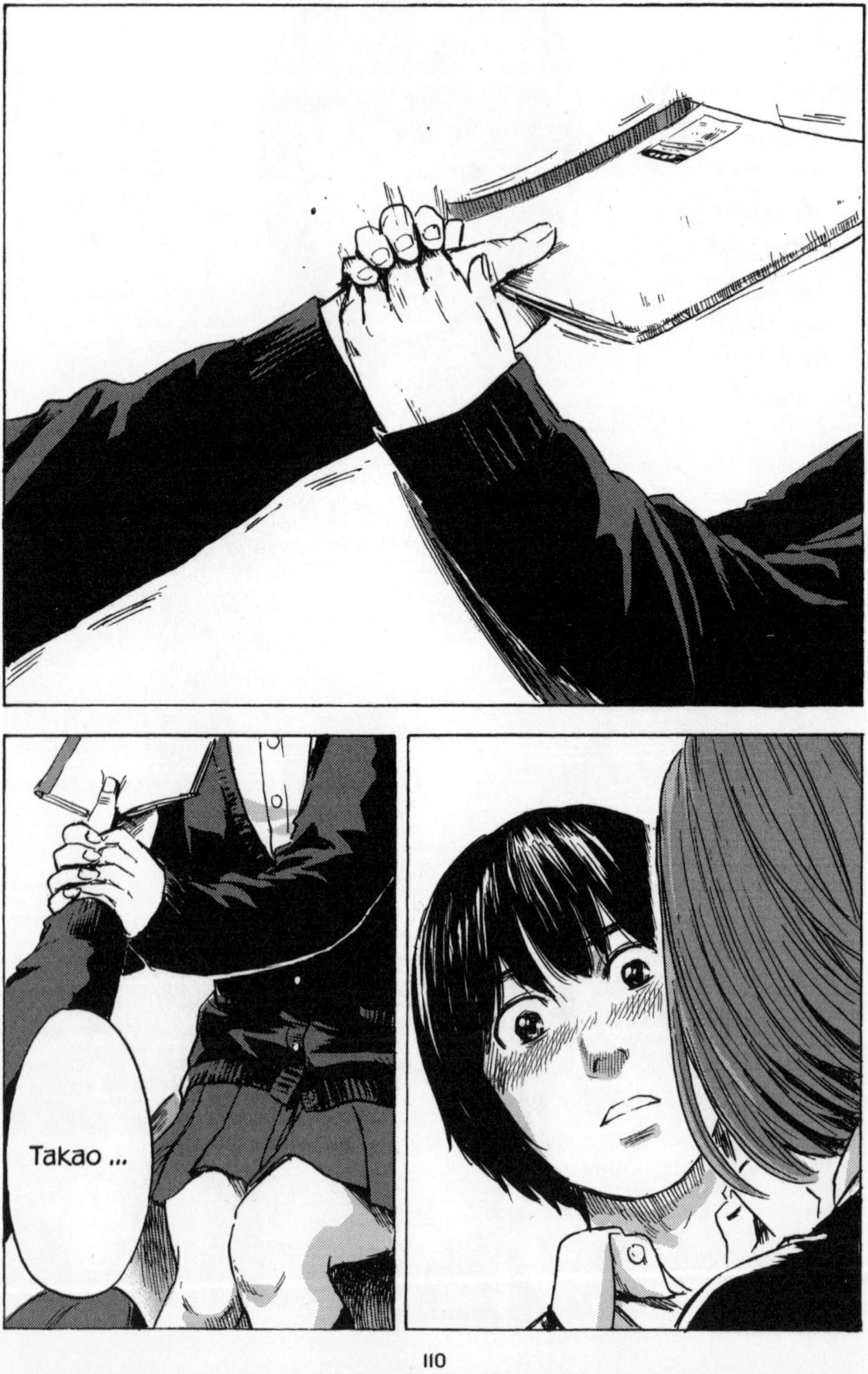
Takao ...

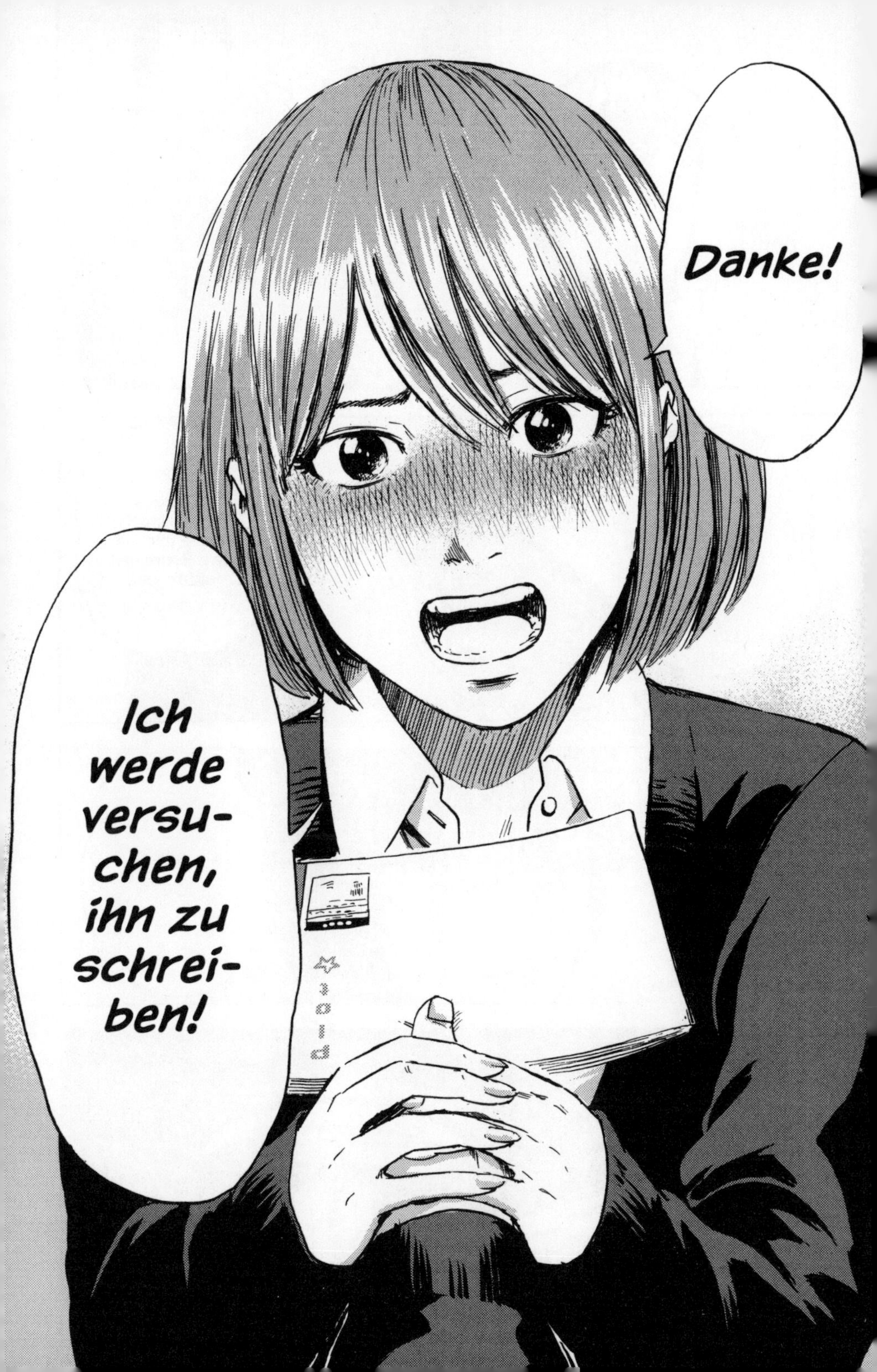
Danke!
Ich werde versuchen, ihn zu schreiben!

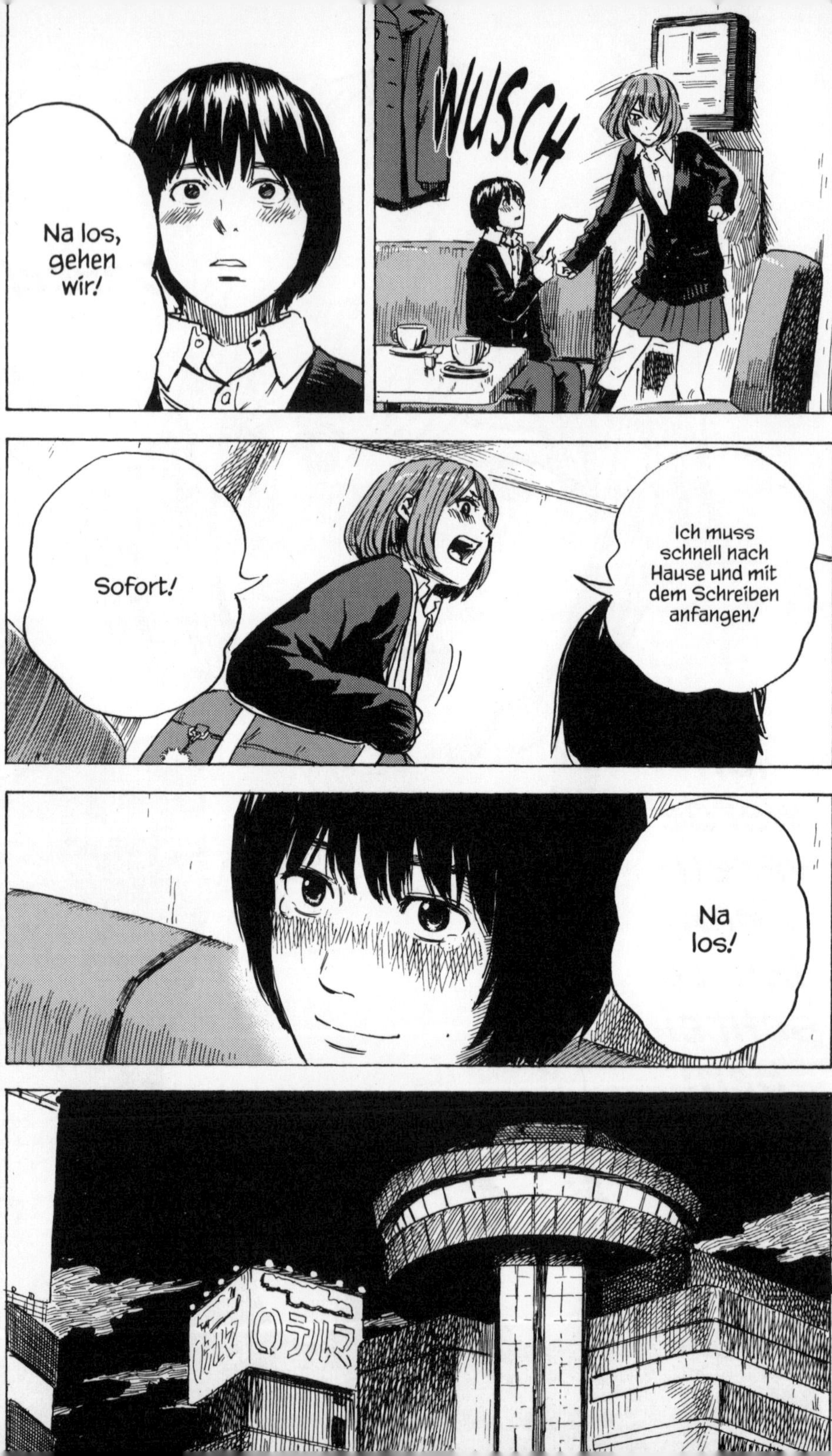
WUSCH
Na los, gehen wir!
Ich muss schnell nach Hause und mit dem Schreiben anfangen!
Sofort!
Na los!

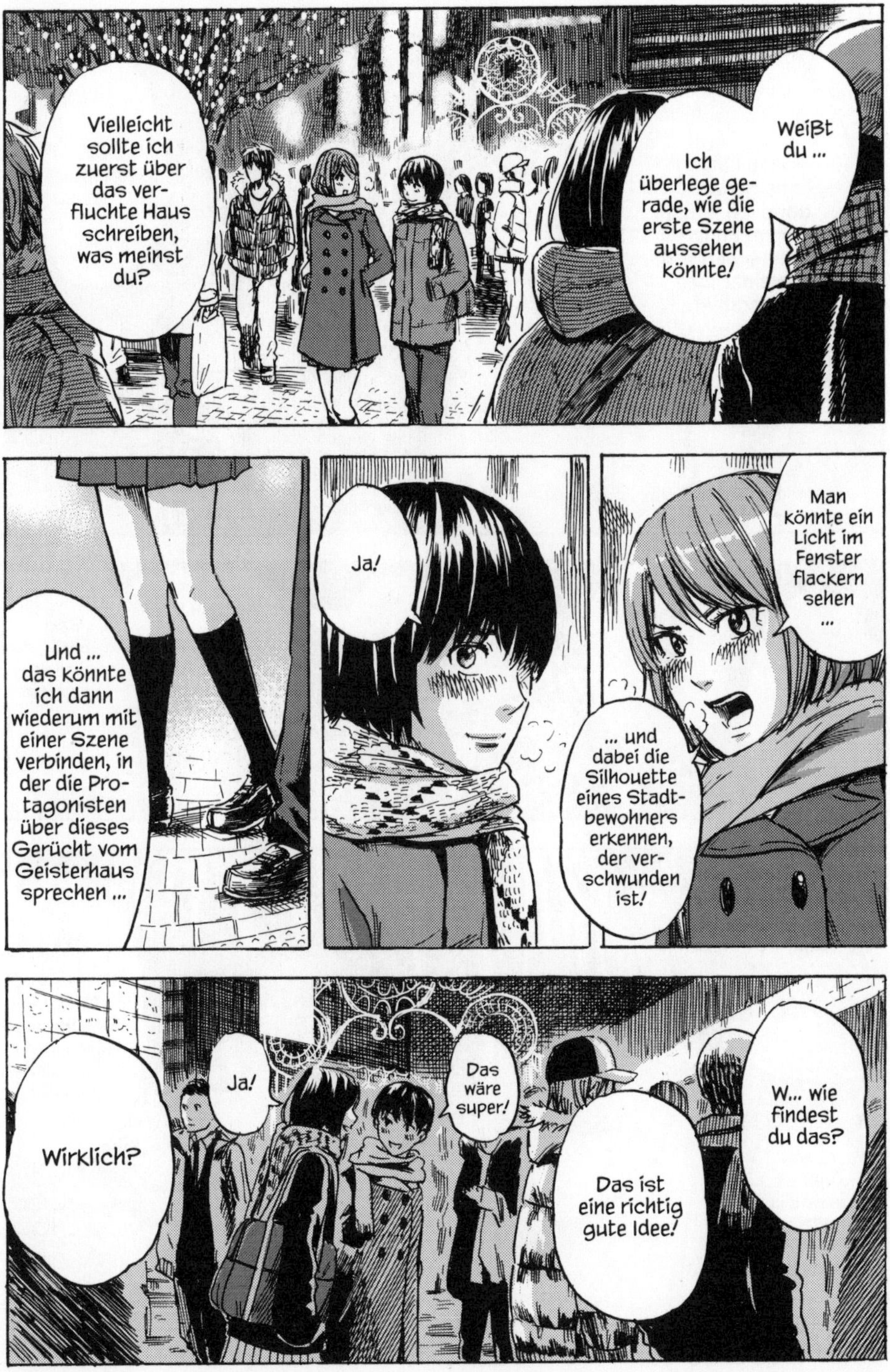
Weißt du ...
Ich überlege gerade, wie die erste Szene aussehen könnte!
Vielleicht sollte ich zuerst über das verfluchte Haus schreiben, was meinst du?
Man könnte ein Licht im Fenster flackern sehen ...
... und dabei die Silhouette eines Stadtbewohners erkennen, der verschwunden ist!
Ja!
Und ... das könnte ich dann wiederum mit einer Szene verbinden, in der die Protagonisten über dieses Gerücht vom Geisterhaus sprechen ...
W... wie findest du das?
Das ist eine richtig gute Idee!
Das wäre super!
Ja!
Wirklich?

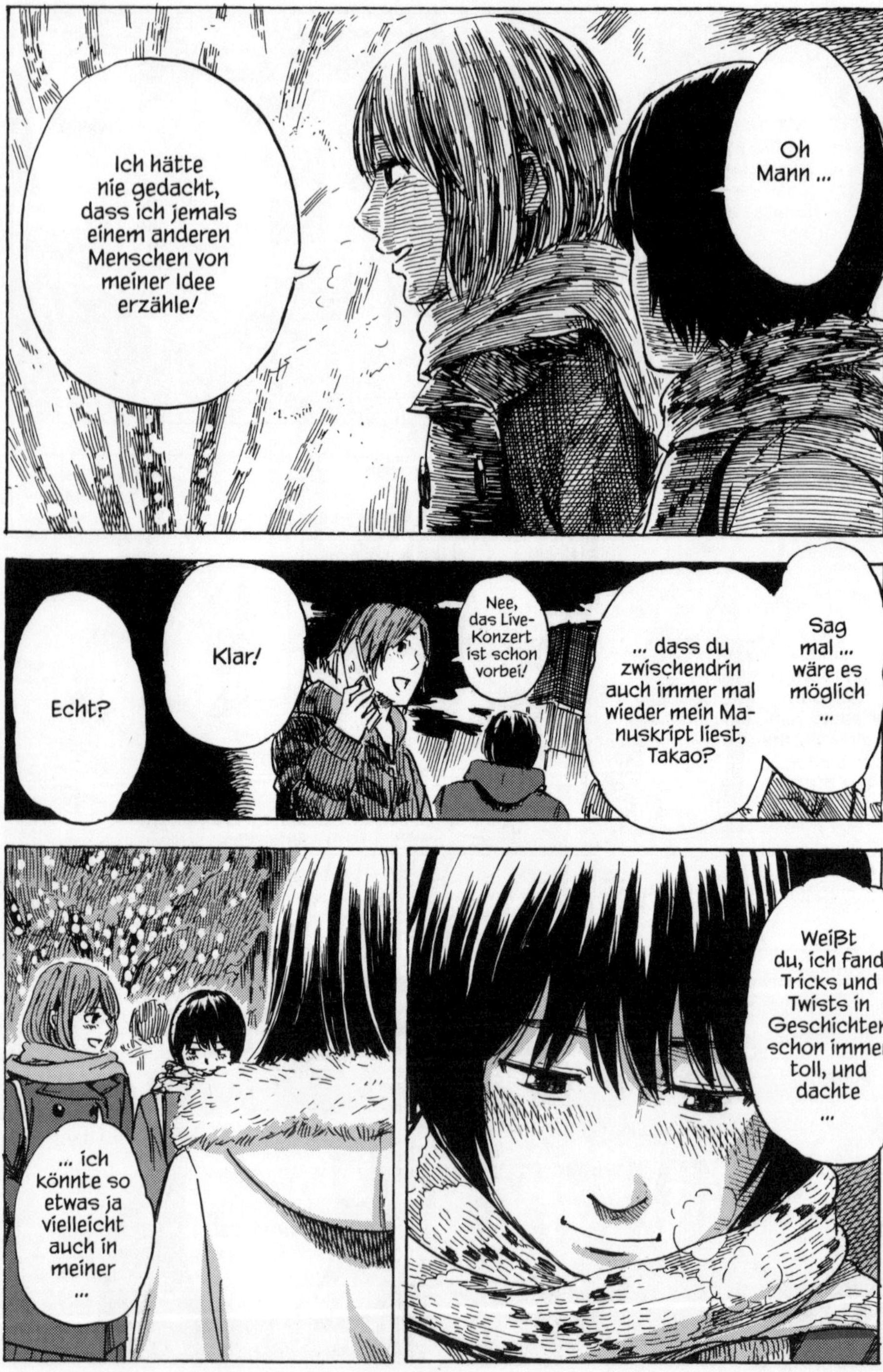
Oh Mann ...
Ich hätte nie gedacht, dass ich jemals einem anderen Menschen von meiner Idee erzähle!
Sag mal ... wäre es möglich ...
... dass du zwischendrin auch immer mal wieder mein Manuskript liest, Takao?
Nee, das Live-Konzert ist schon vorbei!
Klar!
Echt?
Weißt du, ich fand Tricks und Twists in Geschichten schon immer toll, und dachte ...
... ich könnte so etwas ja vielleicht auch in meiner ...

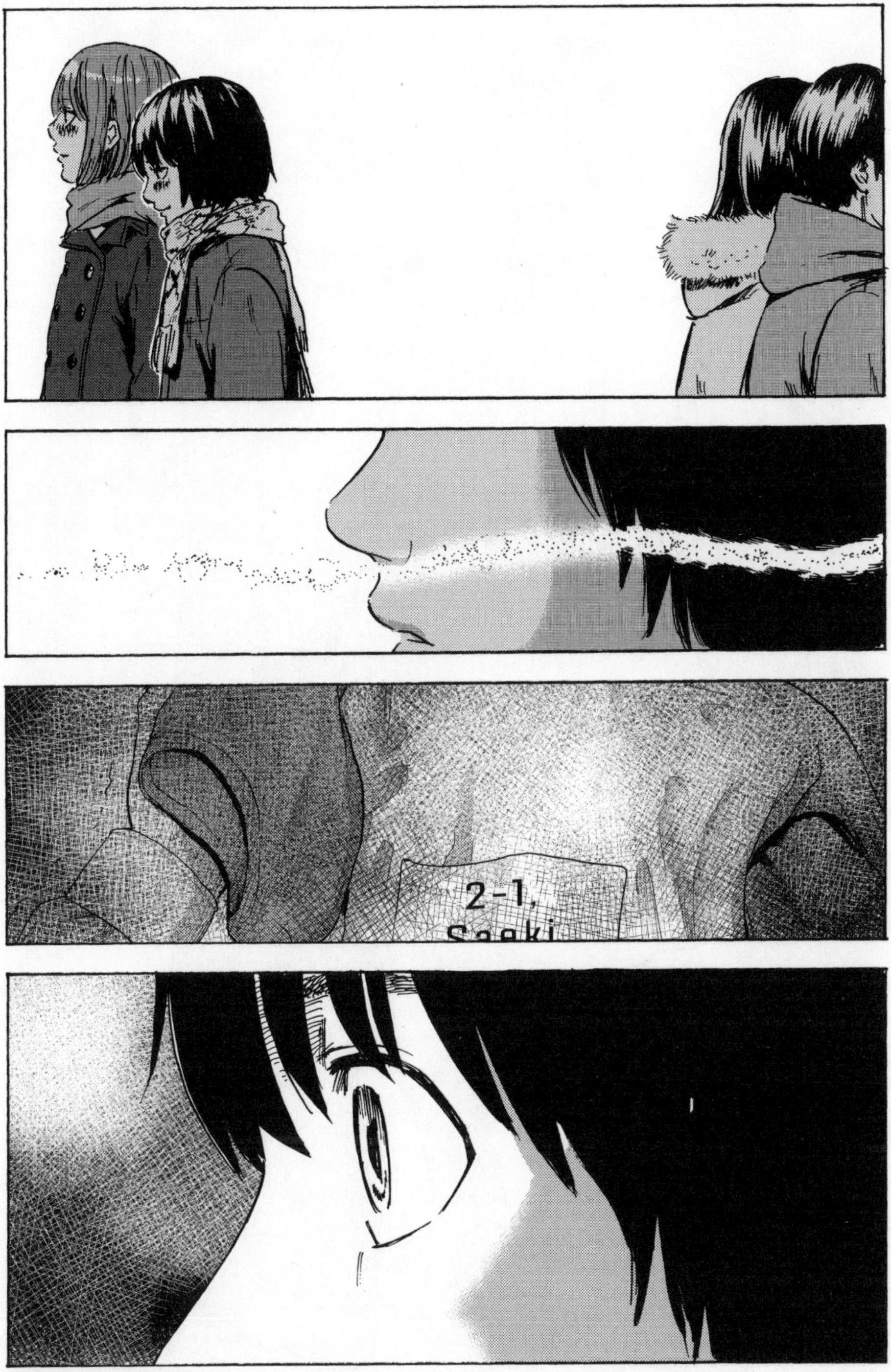
2-1,

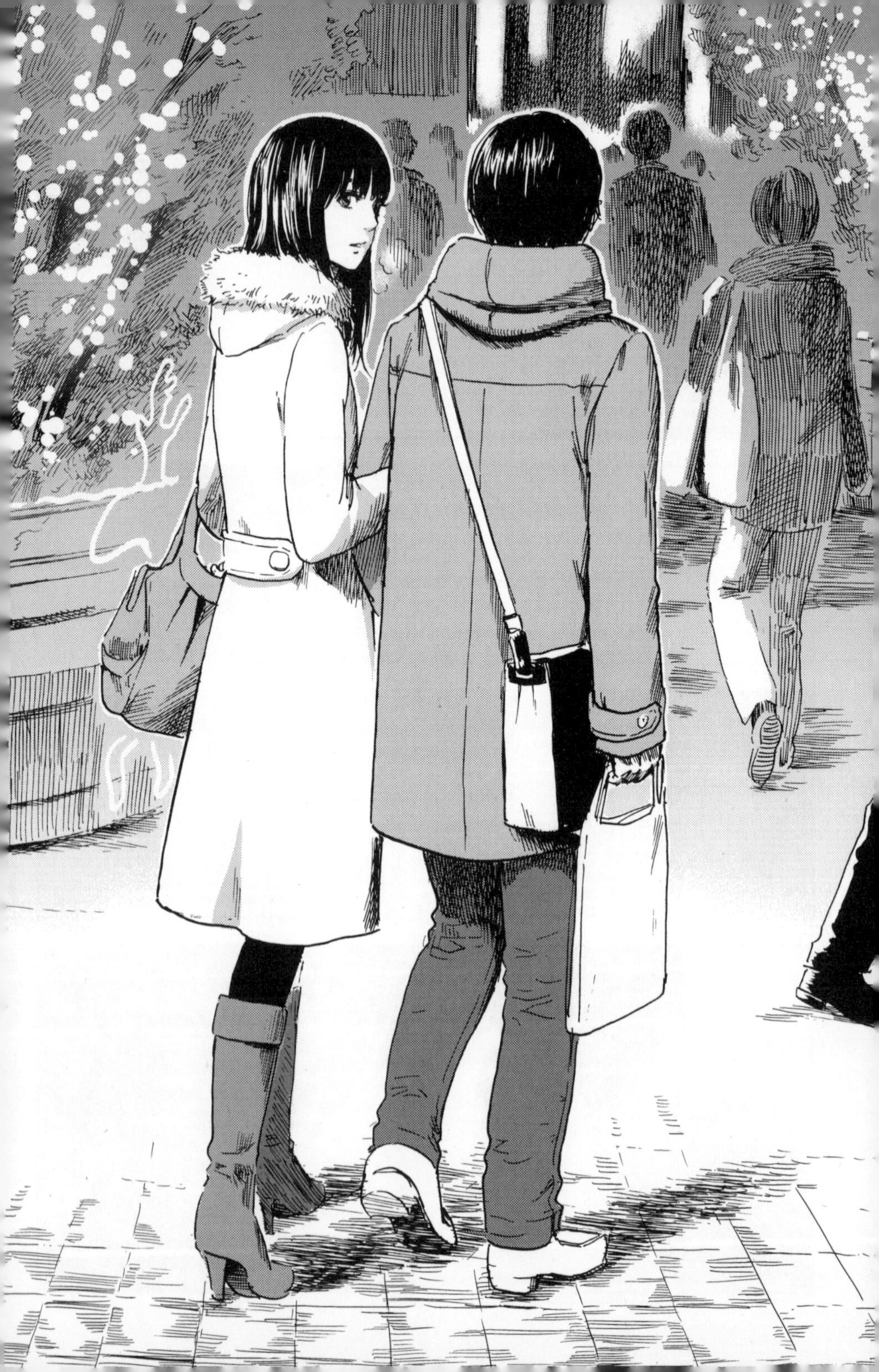

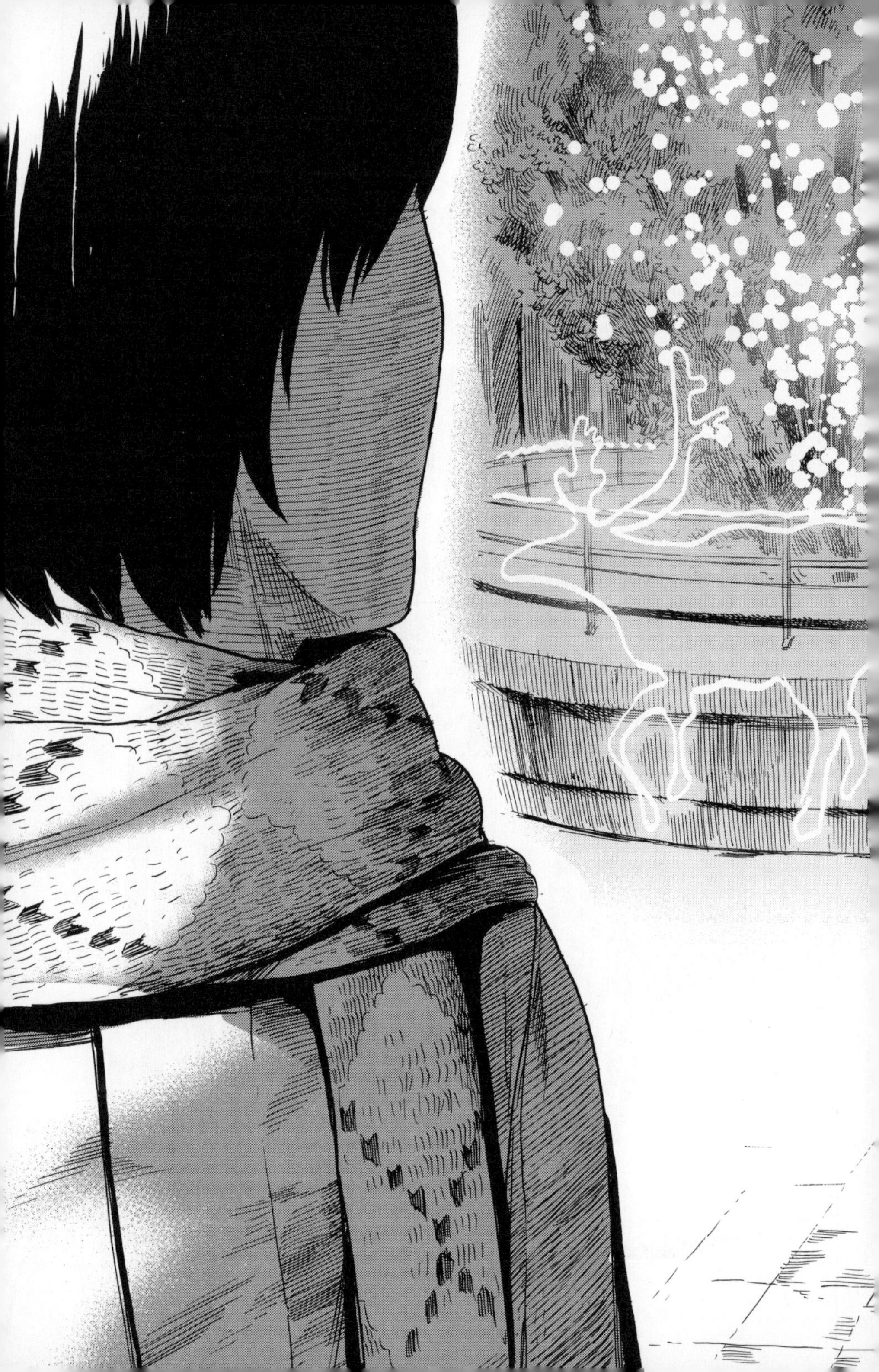

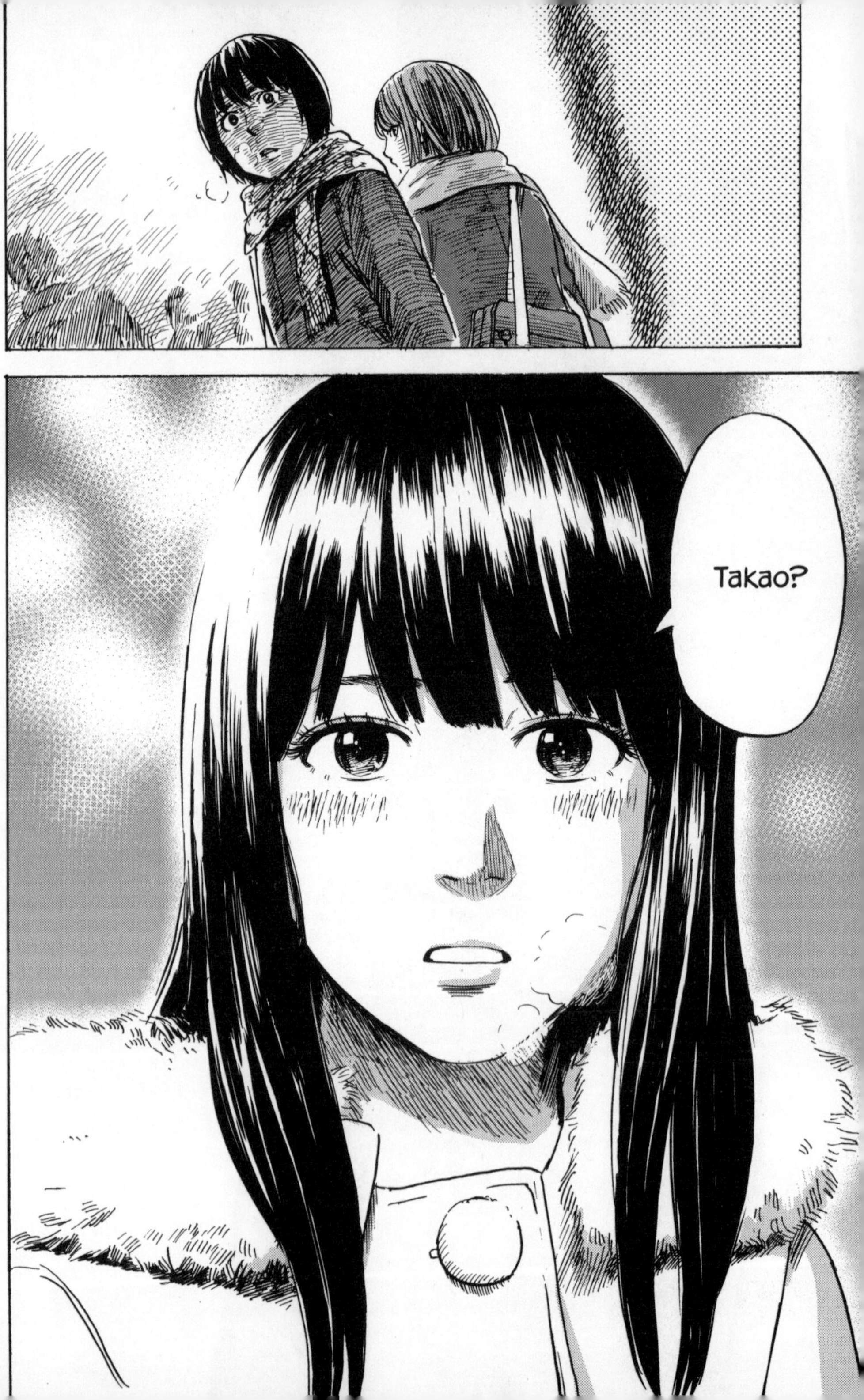
Takao?

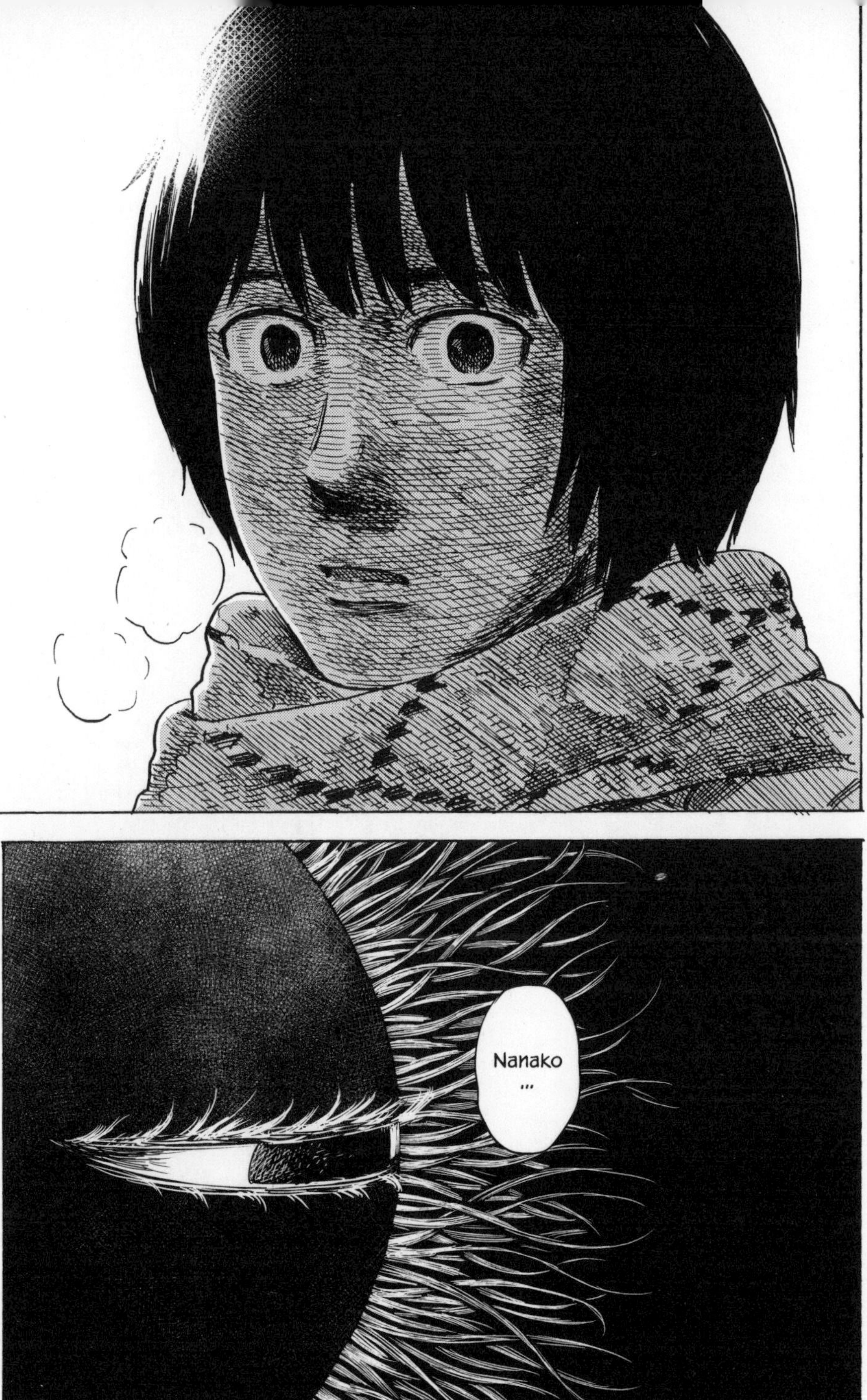
Nanako
...

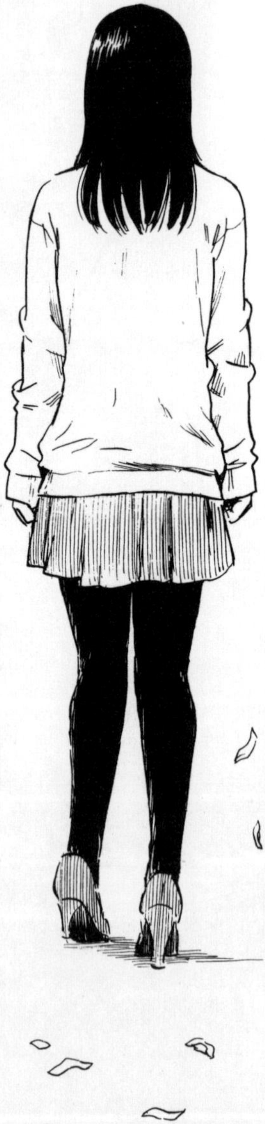

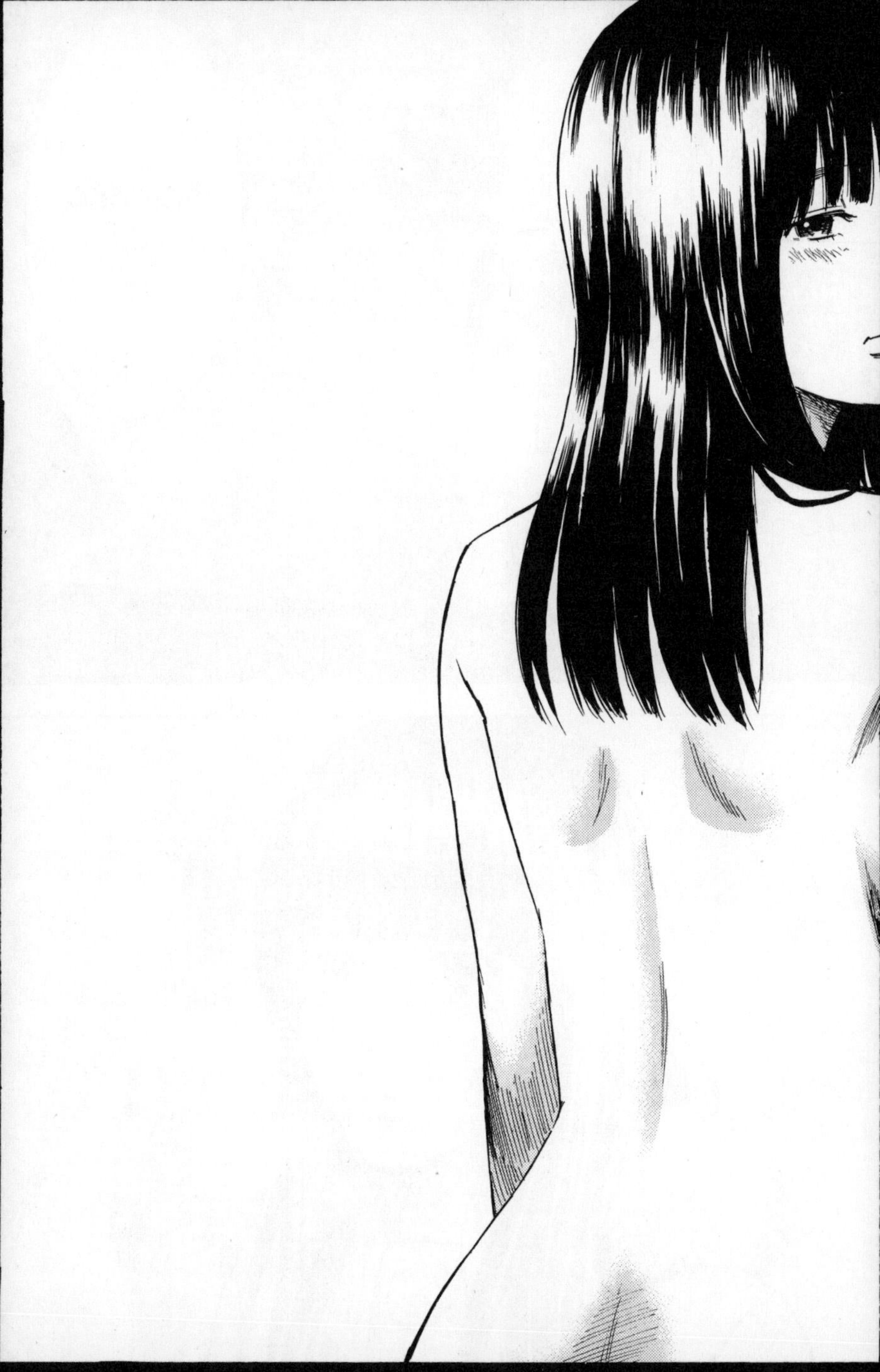

Kapitel 41 strömt Duft wie Geheimnis so zart

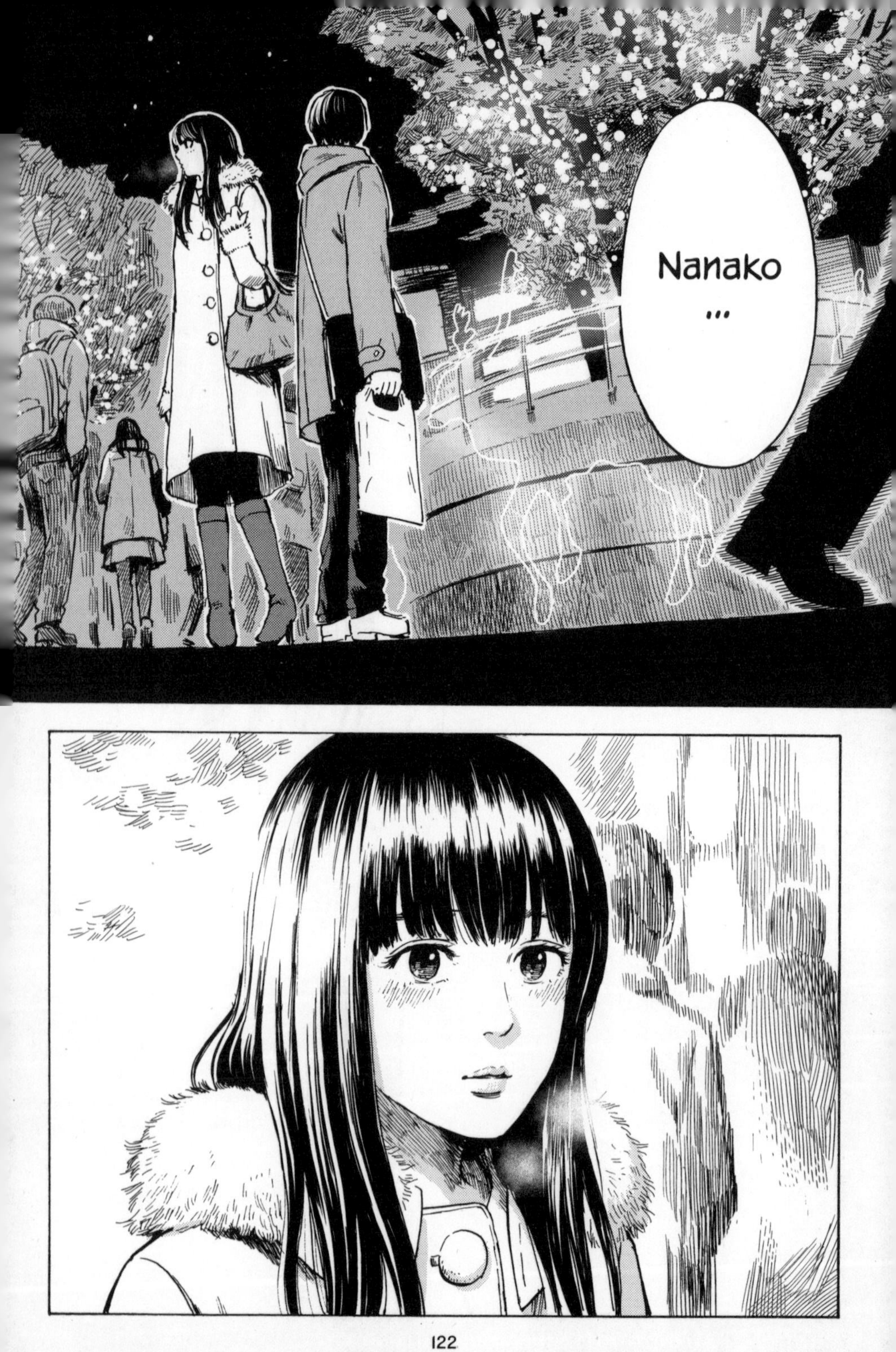
Nanako
...

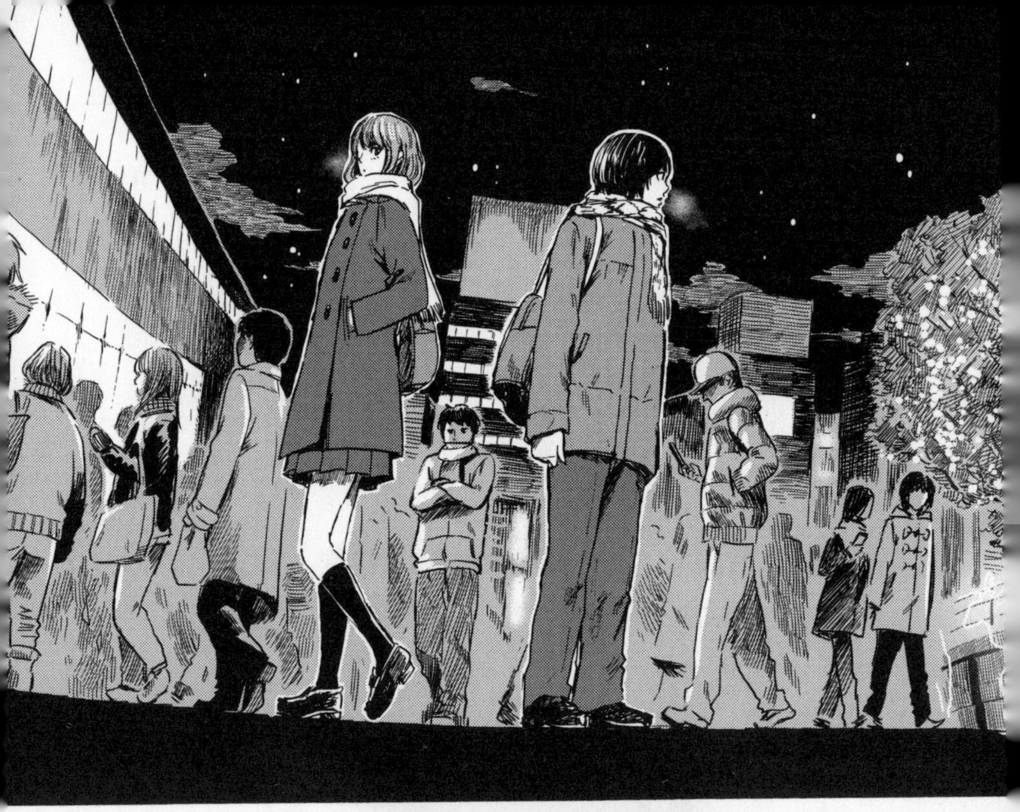

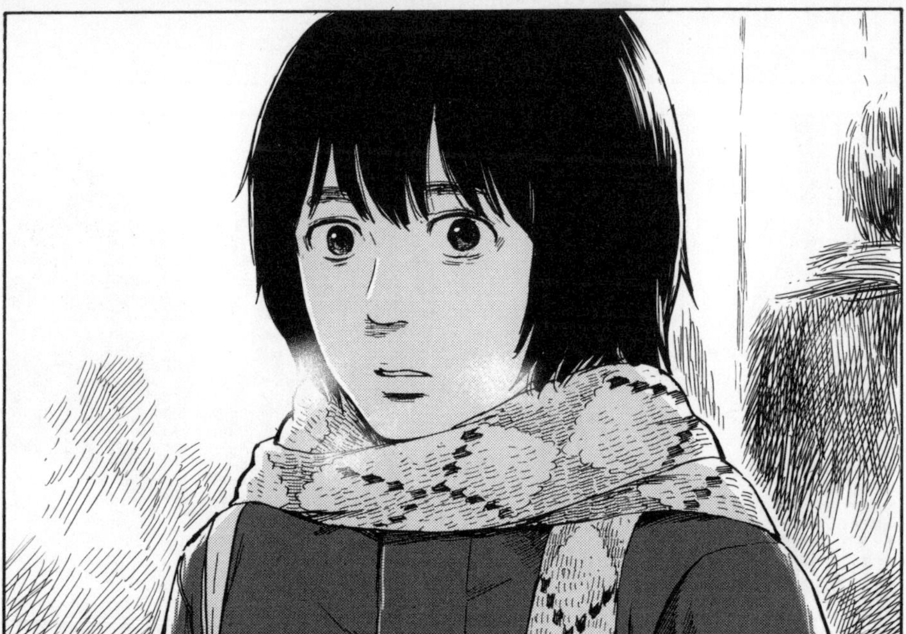

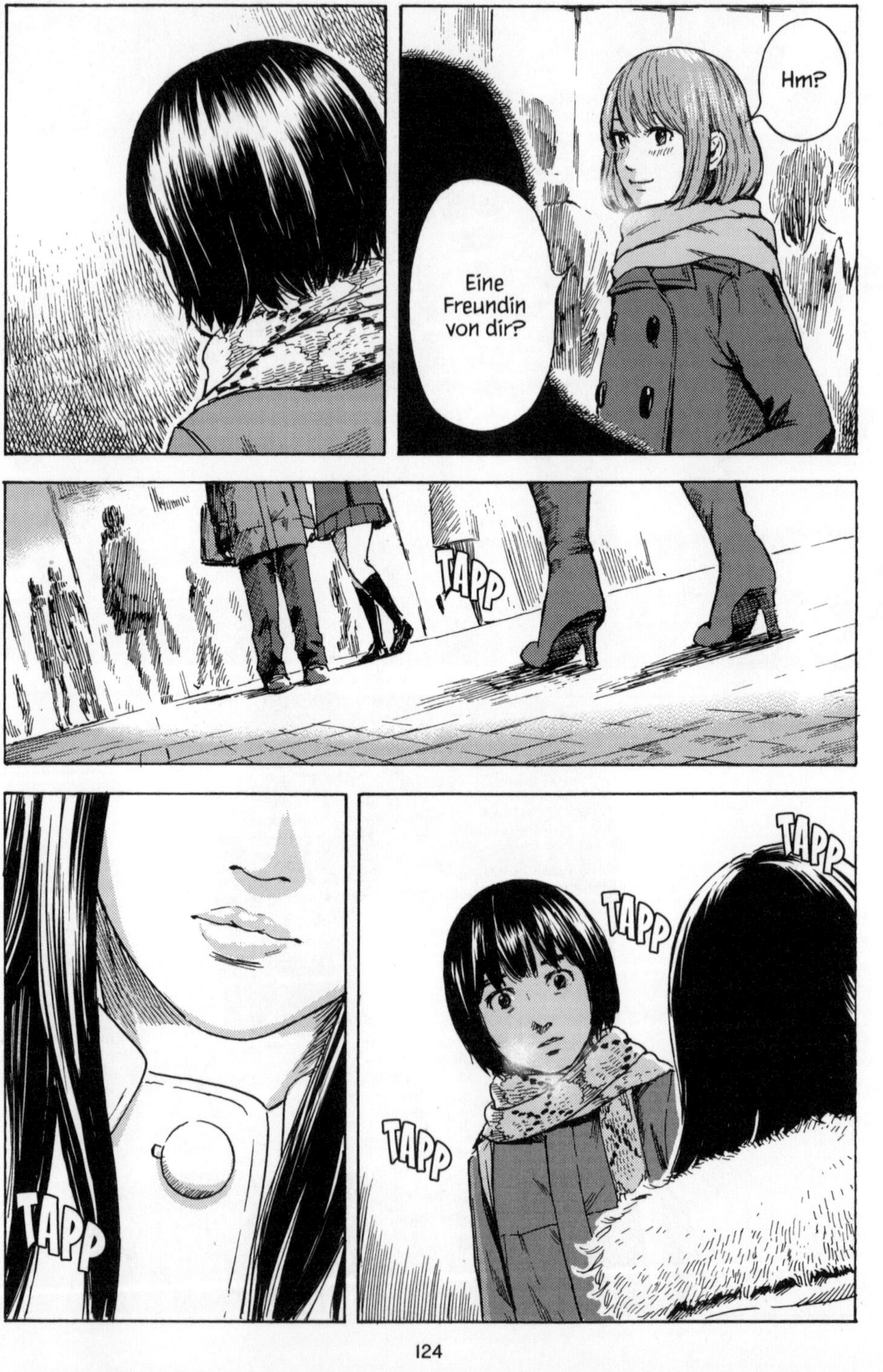
Hm?
Eine Freundin von dir?
TAPP
TAPP
TAPP
TAPP
TAPP

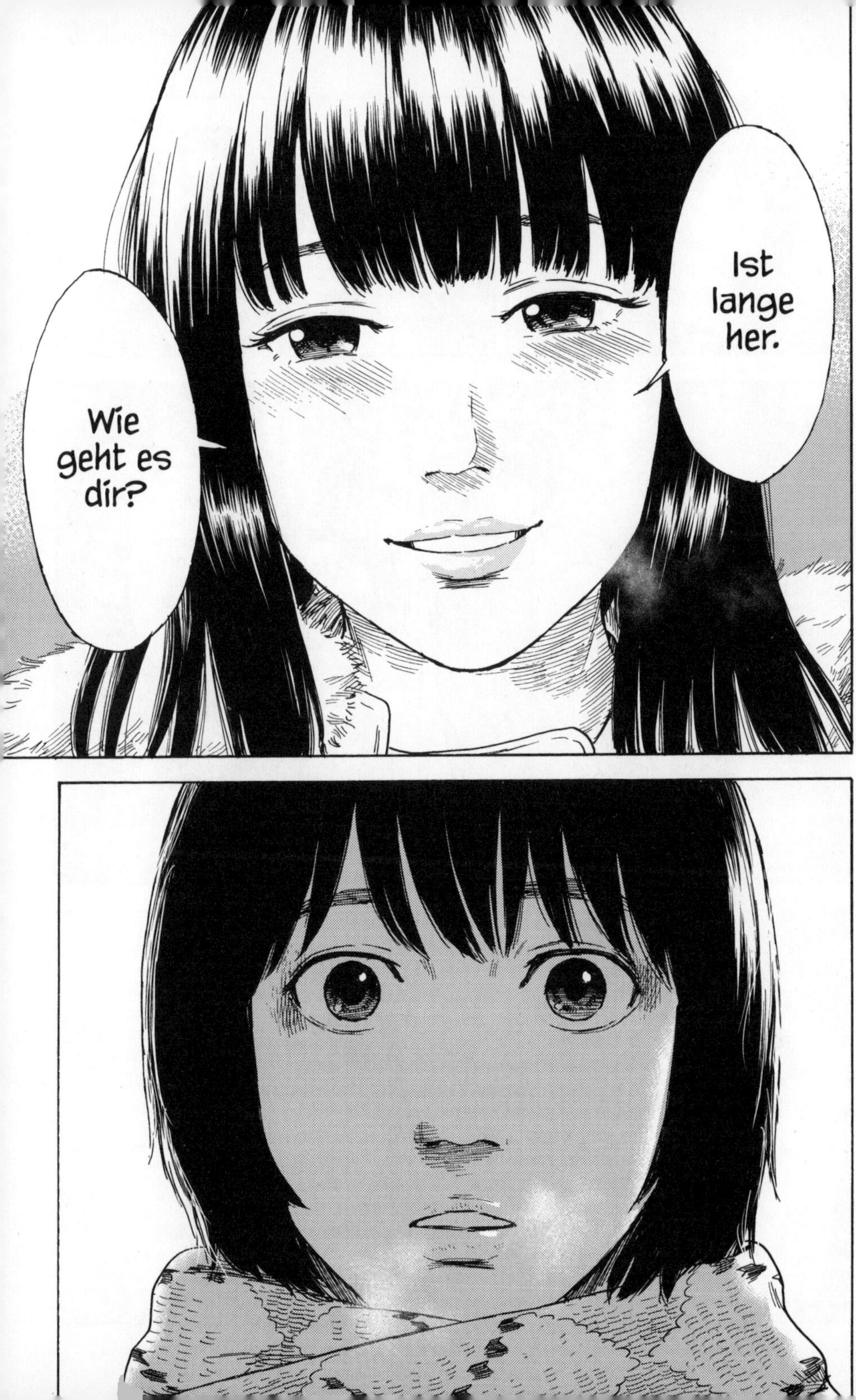
Ist lange her.
Wie geht es dir?

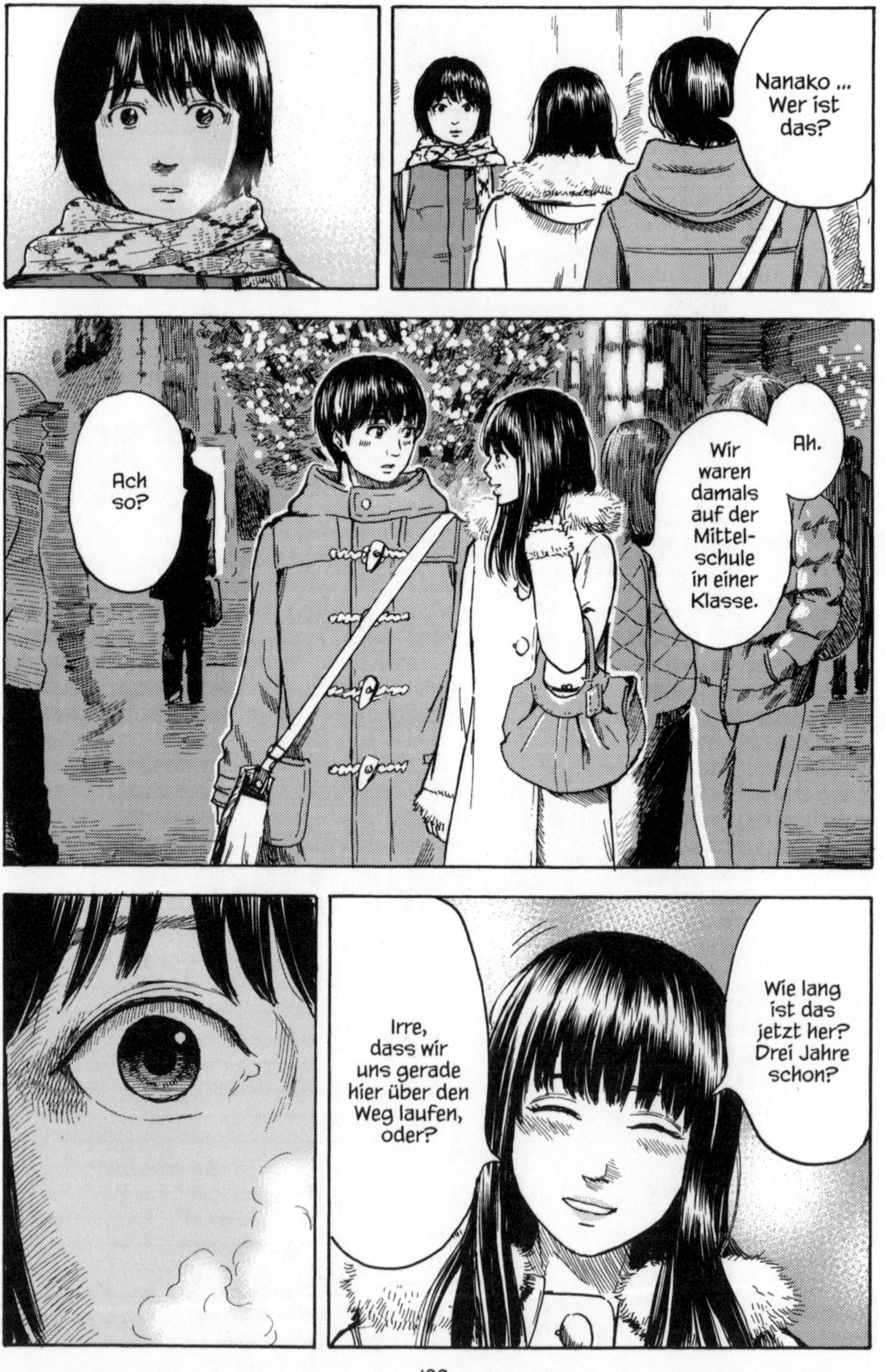
Nanako ... Wer ist das?
Ah.
Wir waren damals auf der Mittelschule in einer Klasse.
Ach so?
Wie lang ist das jetzt her? Drei Jahre schon?
Irre, dass wir uns gerade hier über den Weg laufen, oder?

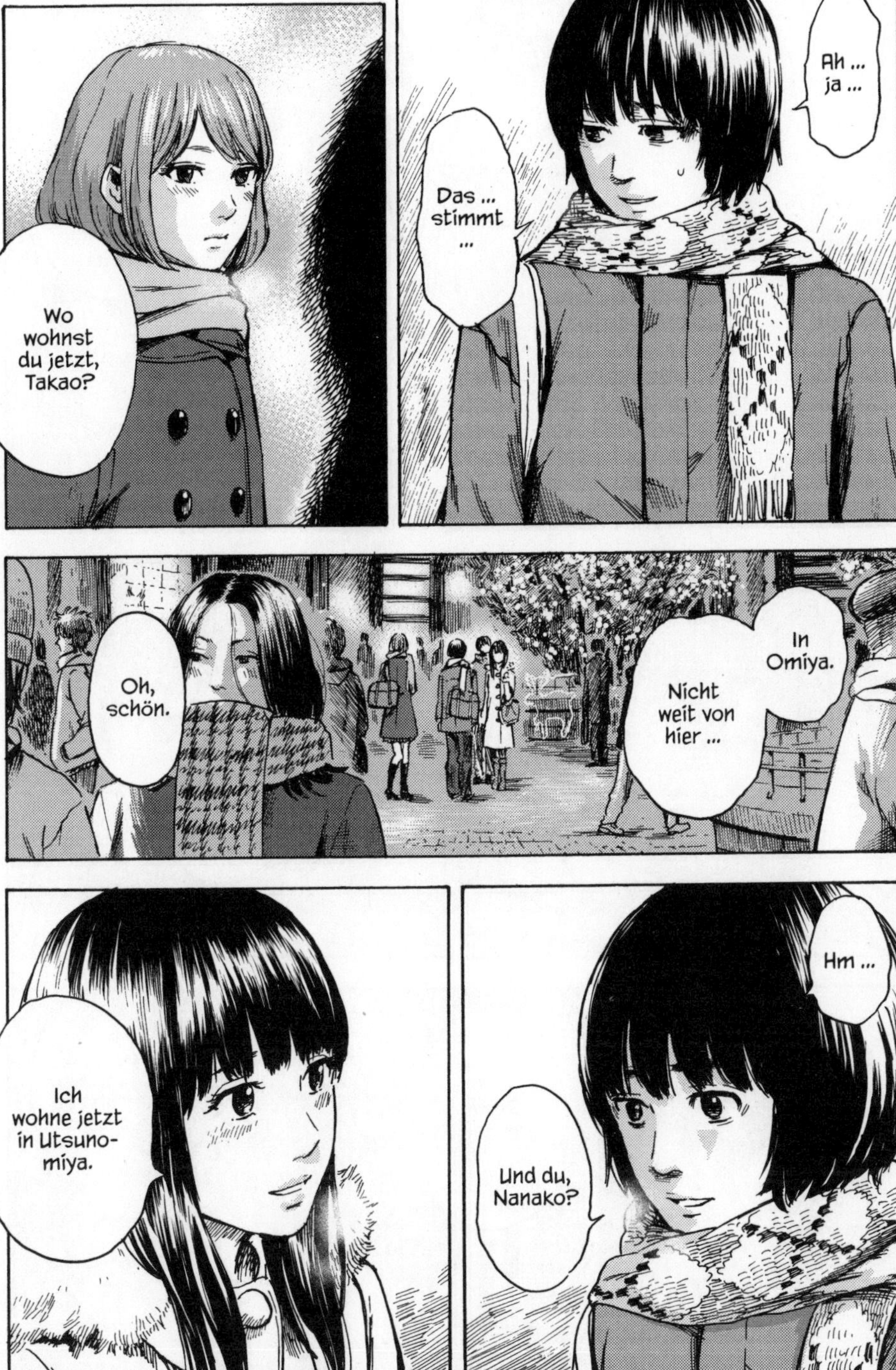
Ah ... ja ...
Das ... stimmt ...
Wo wohnst du jetzt, Takao?
In Omiya.
Nicht weit von hier ...
Oh, schön.
Hm ...
Und du, Nanako?
Ich wohne jetzt in Utsunomiya.

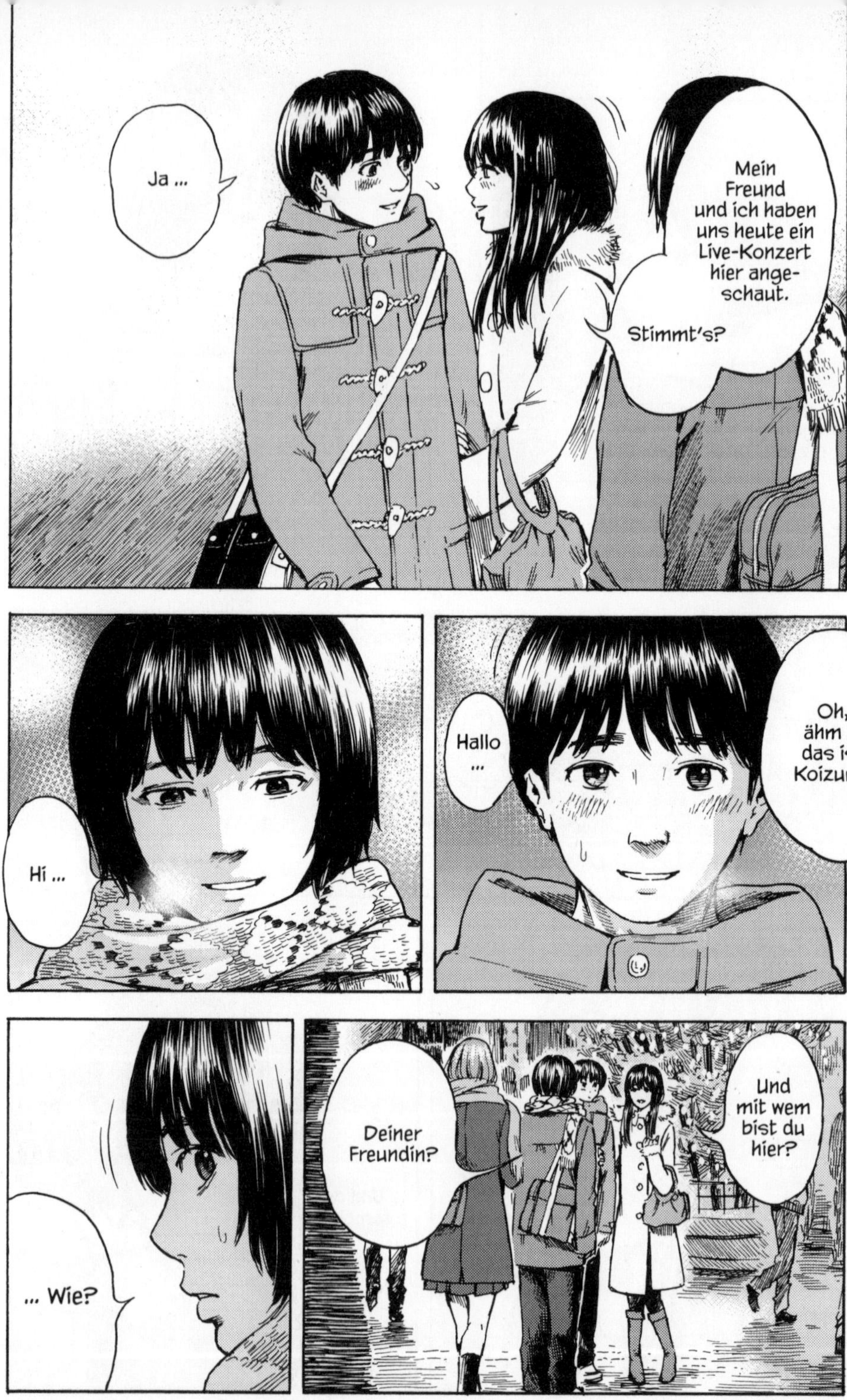
Mein Freund und ich haben uns heute ein Live-Konzert hier angeschaut.
Stimmt's?
Ja ...
Oh, ähm ... das ist Koizumi.
Hallo ...
Hi ...
Und mit wem bist du hier?
Deiner Freundin?
... Wie?

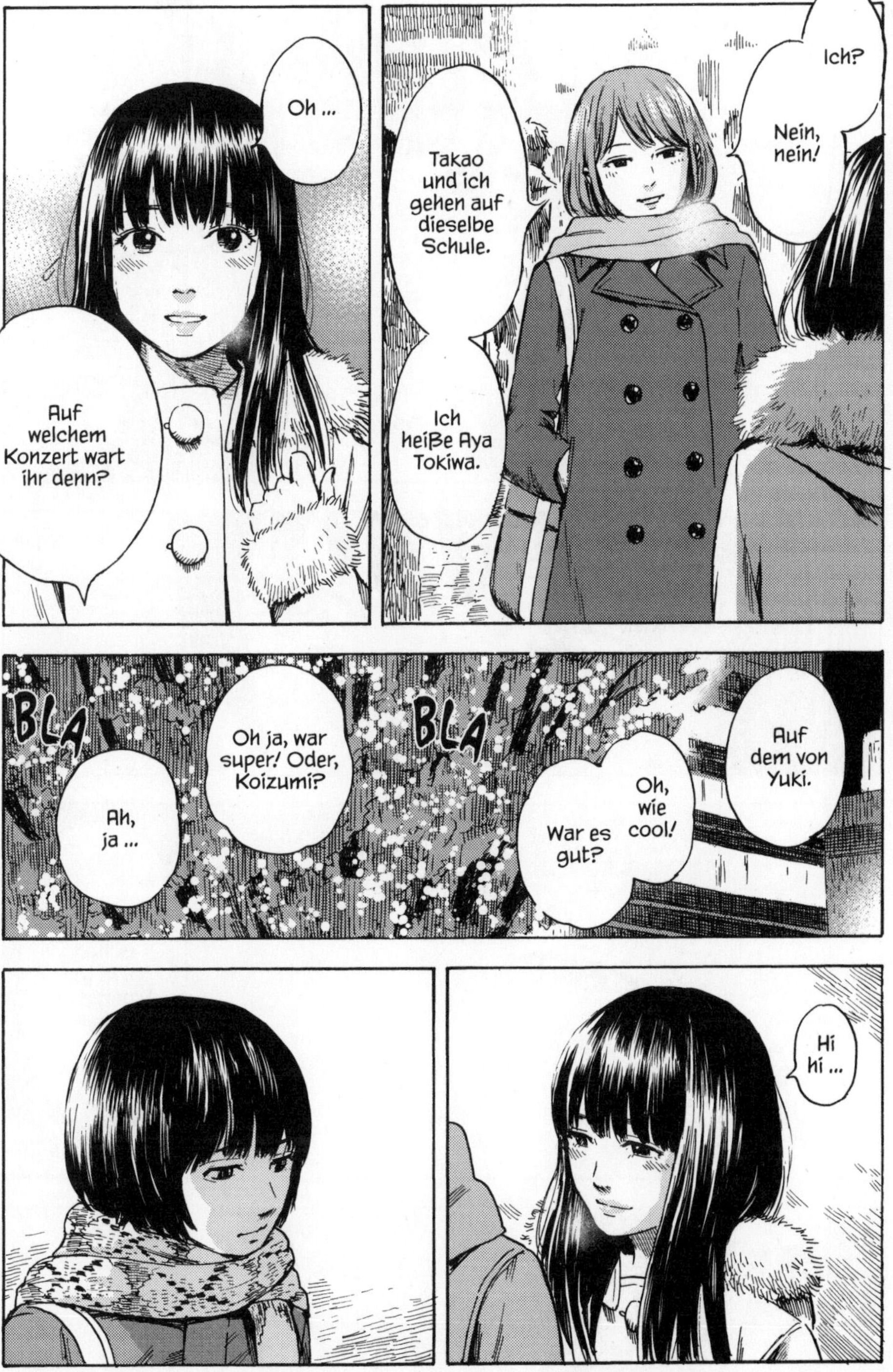
Ich?
Nein, nein!
Takao und ich gehen auf dieselbe Schule.
Ich heiße Aya Tokiwa.
Oh ...
Auf welchem Konzert wart ihr denn?
Auf dem von Yuki.
Oh, wie cool!
War es gut?
BLA
Oh ja, war super! Oder, Koizumi?
BLA
Ah, ja ...
Hi hi ...

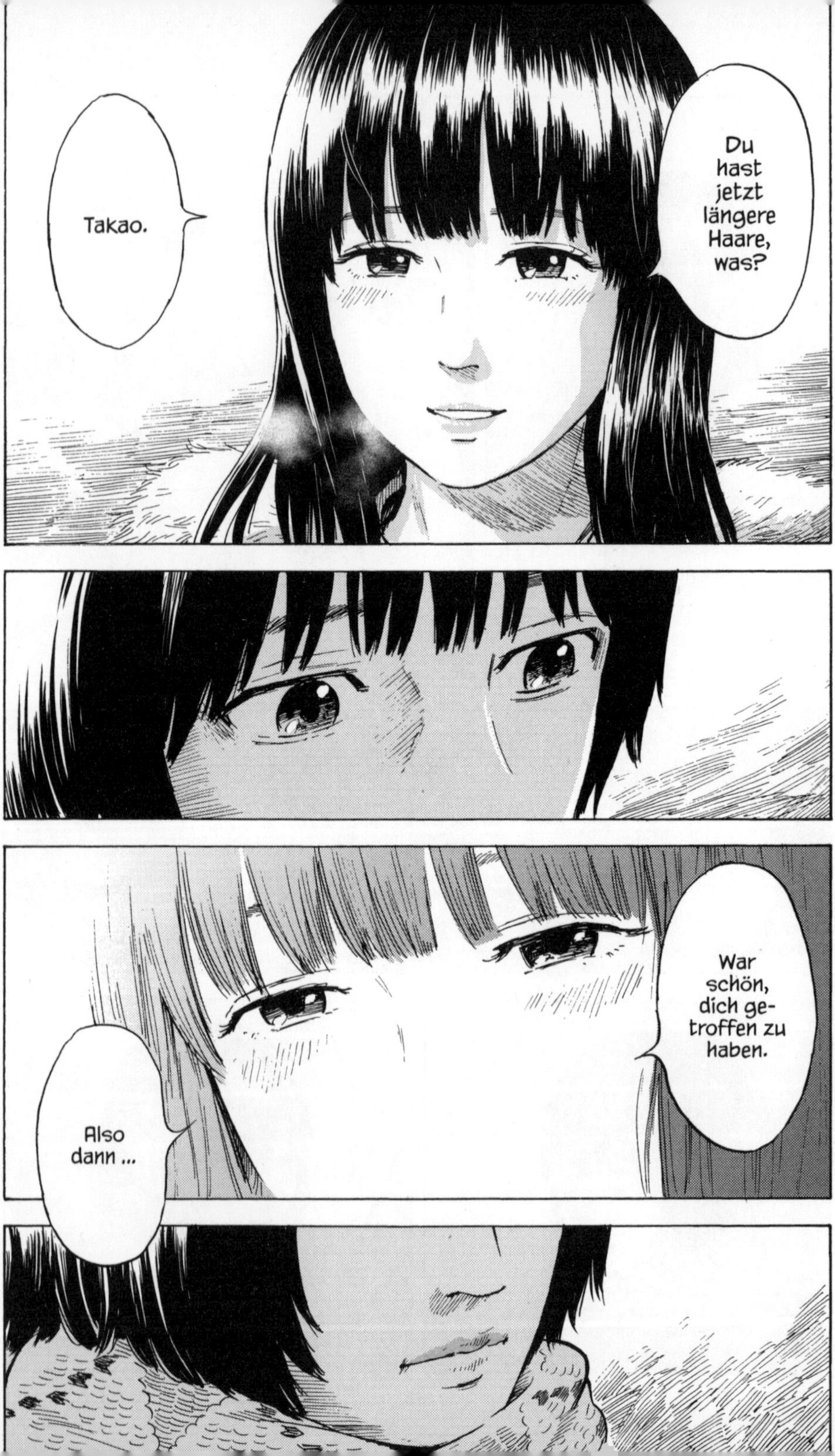
Du hast jetzt längere Haare, was?
Takao.
War schön, dich getroffen zu haben.
Also dann ...

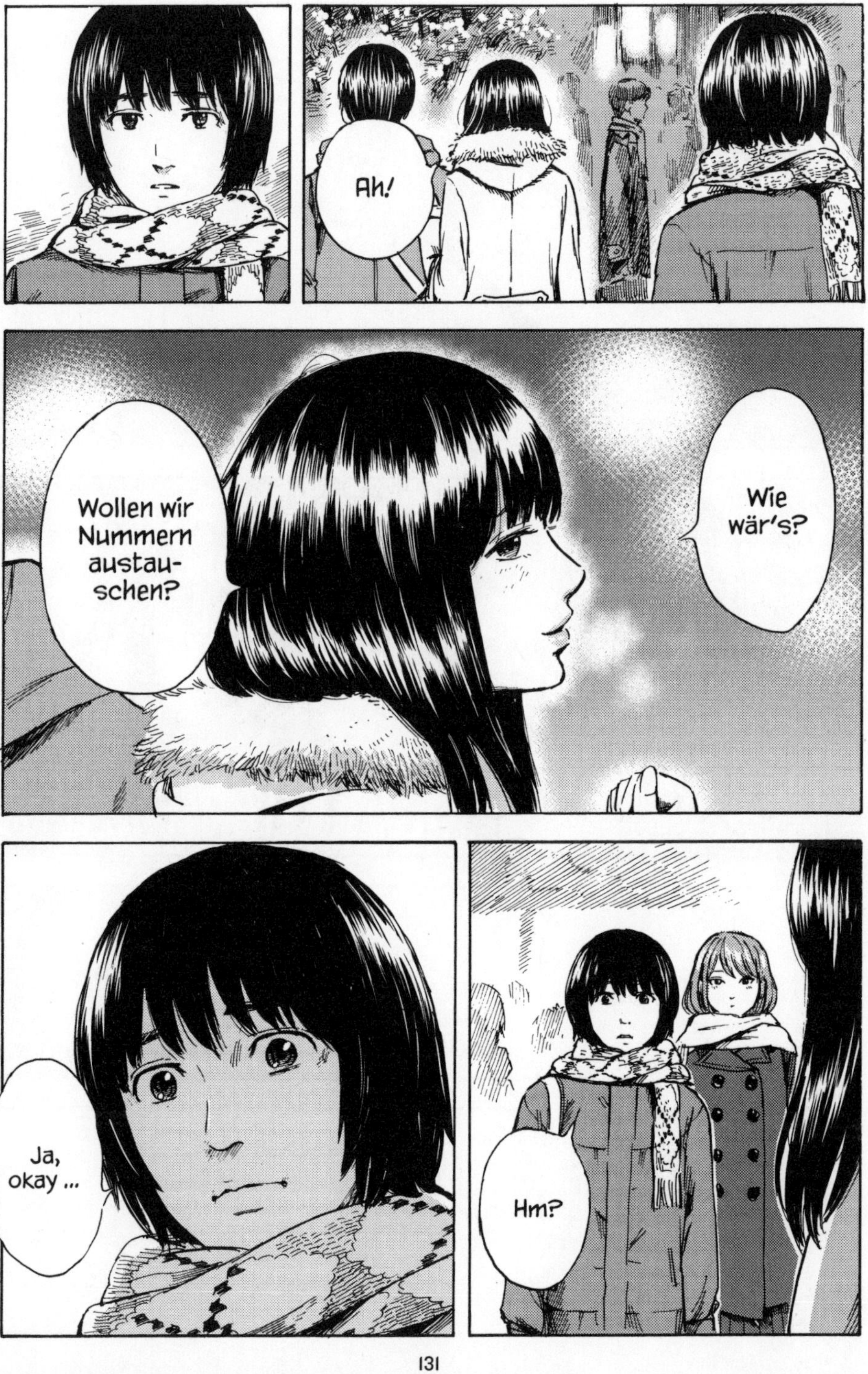
Ah!
Wie wär's?
Wollen wir Nummern austauschen?
Hm?
Ja, okay ...

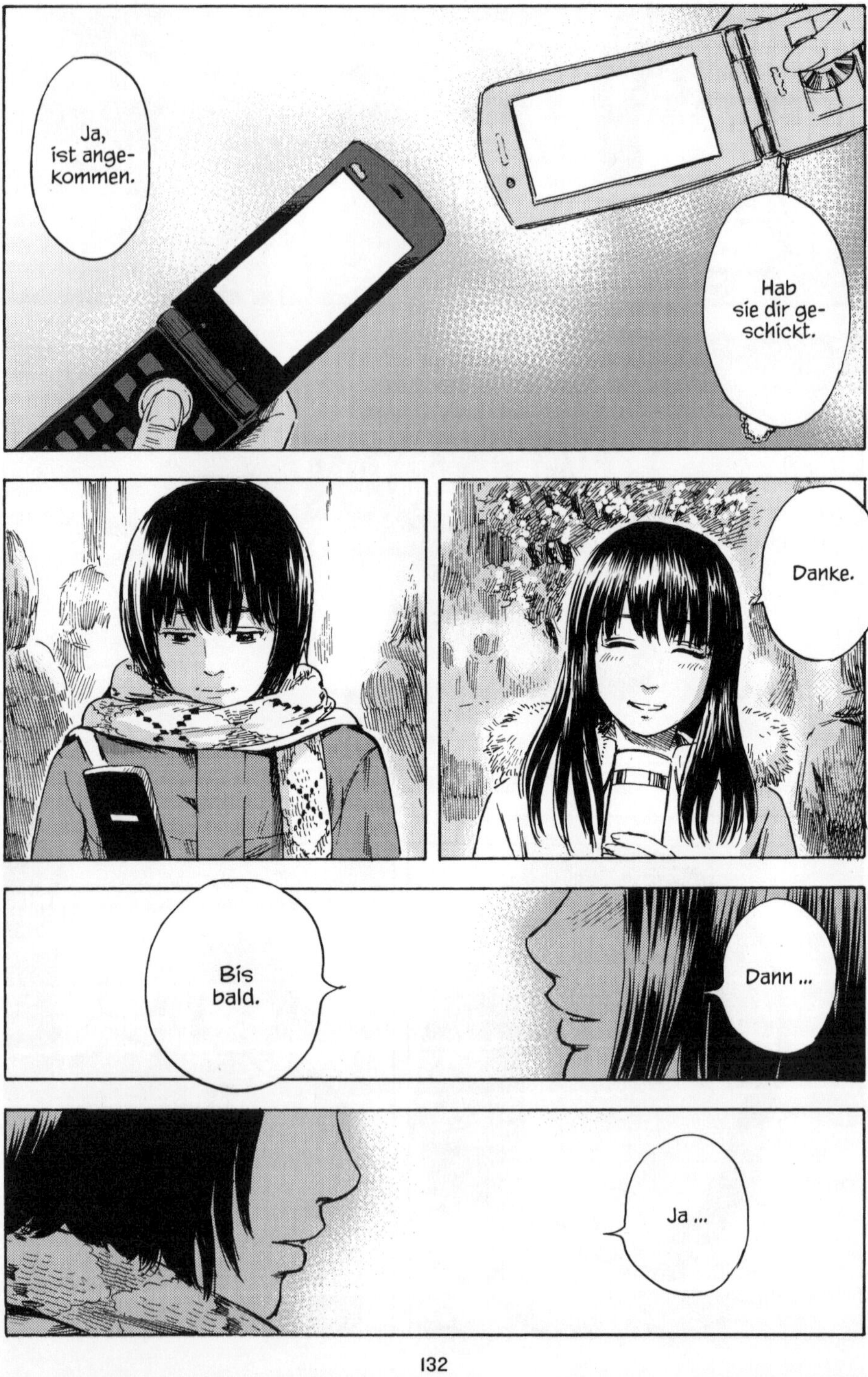
Hab sie dir geschickt.
Ja, ist angekommen.
Danke.
Dann ...
Bis bald.
Ja ...

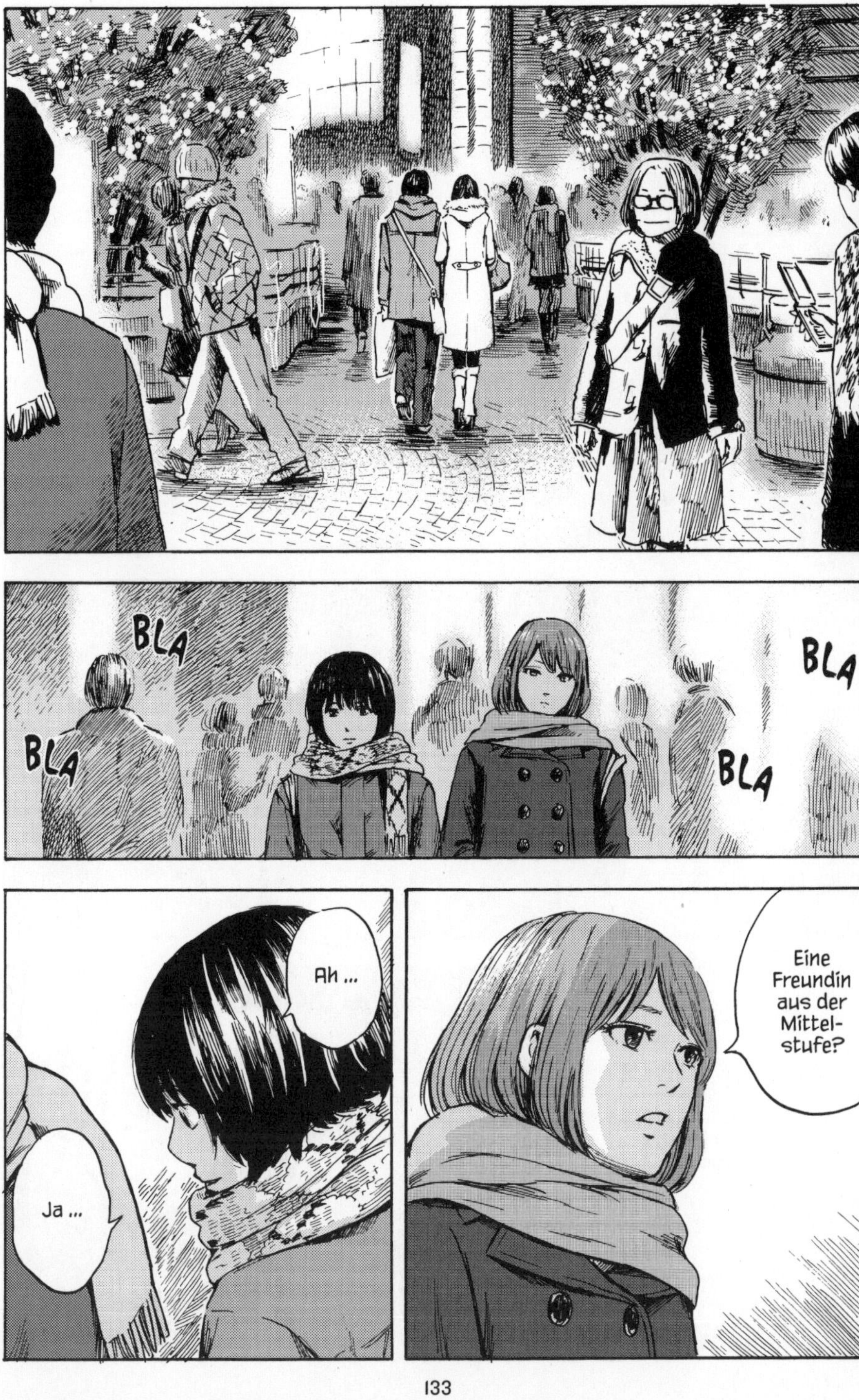
BLA
BLA
BLA
BLA
Eine Freundin aus der Mittel-stufe?
Ah ...
Ja ...

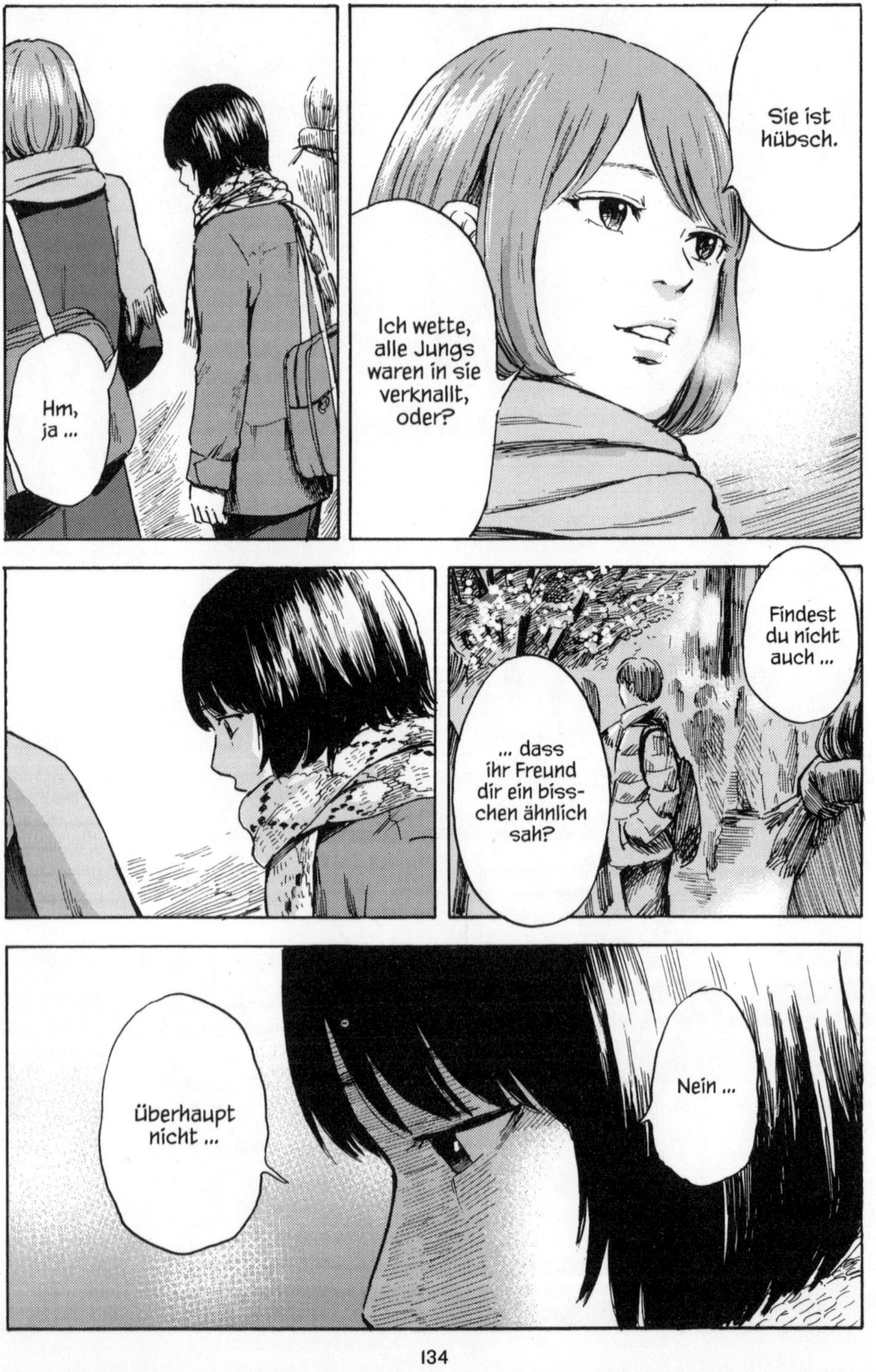
Sie ist hübsch.
Ich wette, alle Jungs waren in sie verknallt, oder?
Hm, ja ...
Findest du nicht auch ...
... dass ihr Freund dir ein bisschen ähnlich sah?
Nein ...
überhaupt nicht ...

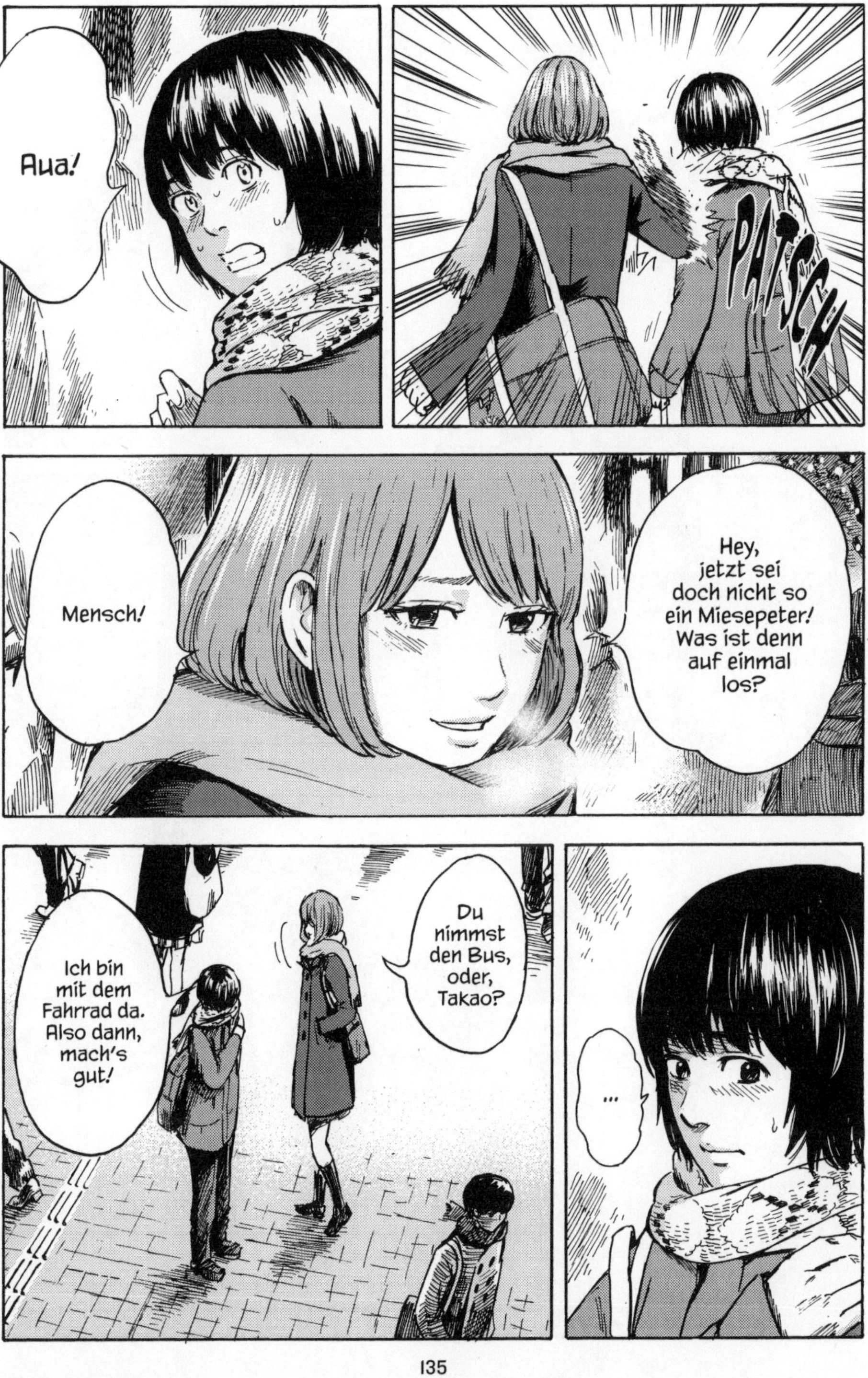
PATSCH
Aua!
Hey, jetzt sei doch nicht so ein Miesepeter! Was ist denn auf einmal los?
Mensch!
...
Du nimmst den Bus, oder, Takao?
Ich bin mit dem Fahrrad da. Also dann, mach's gut!

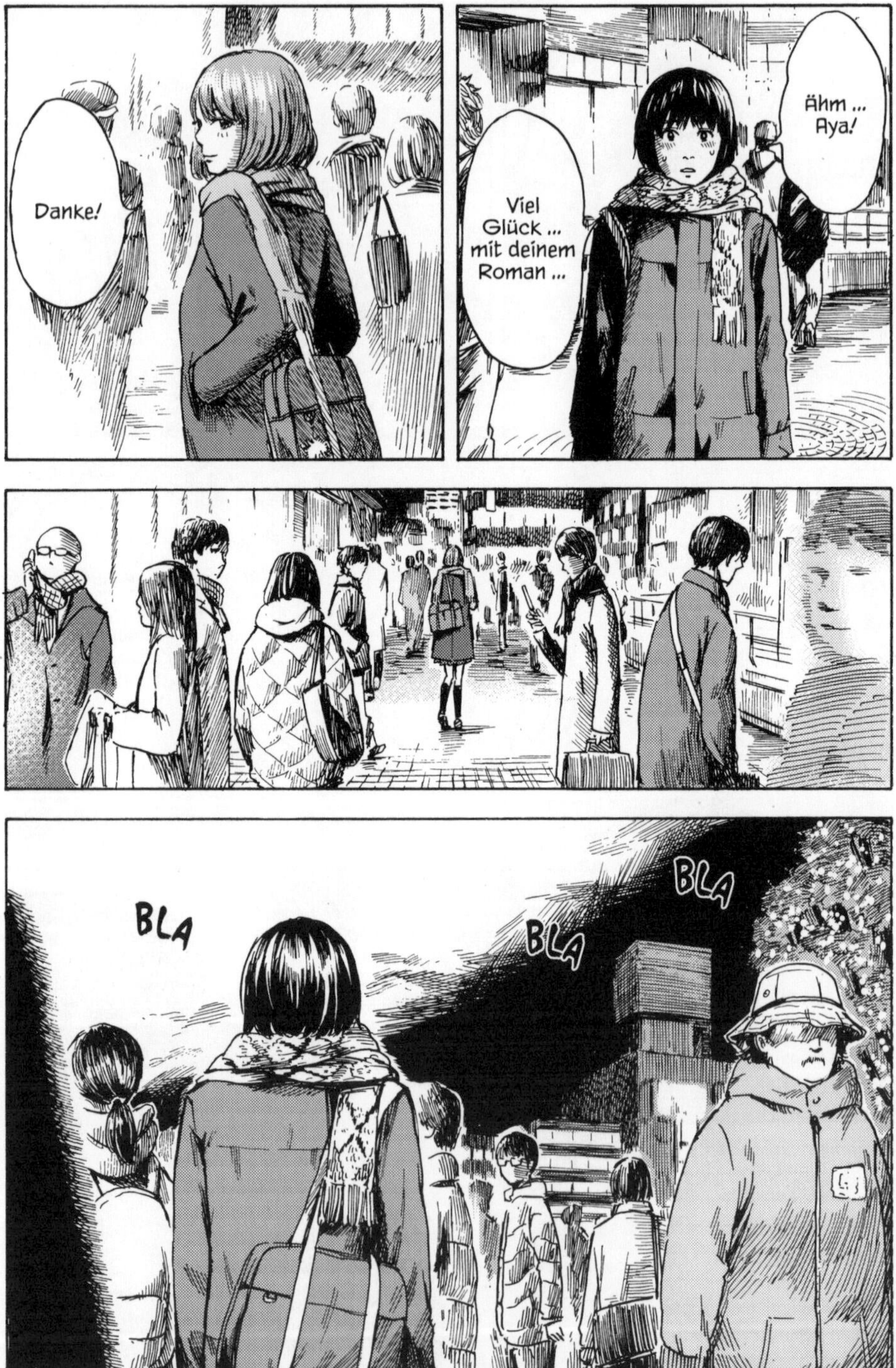
Ähm ... Aya!
Viel Glück ... mit deinem Roman ...
Danke!
BLA
BLA
BLA

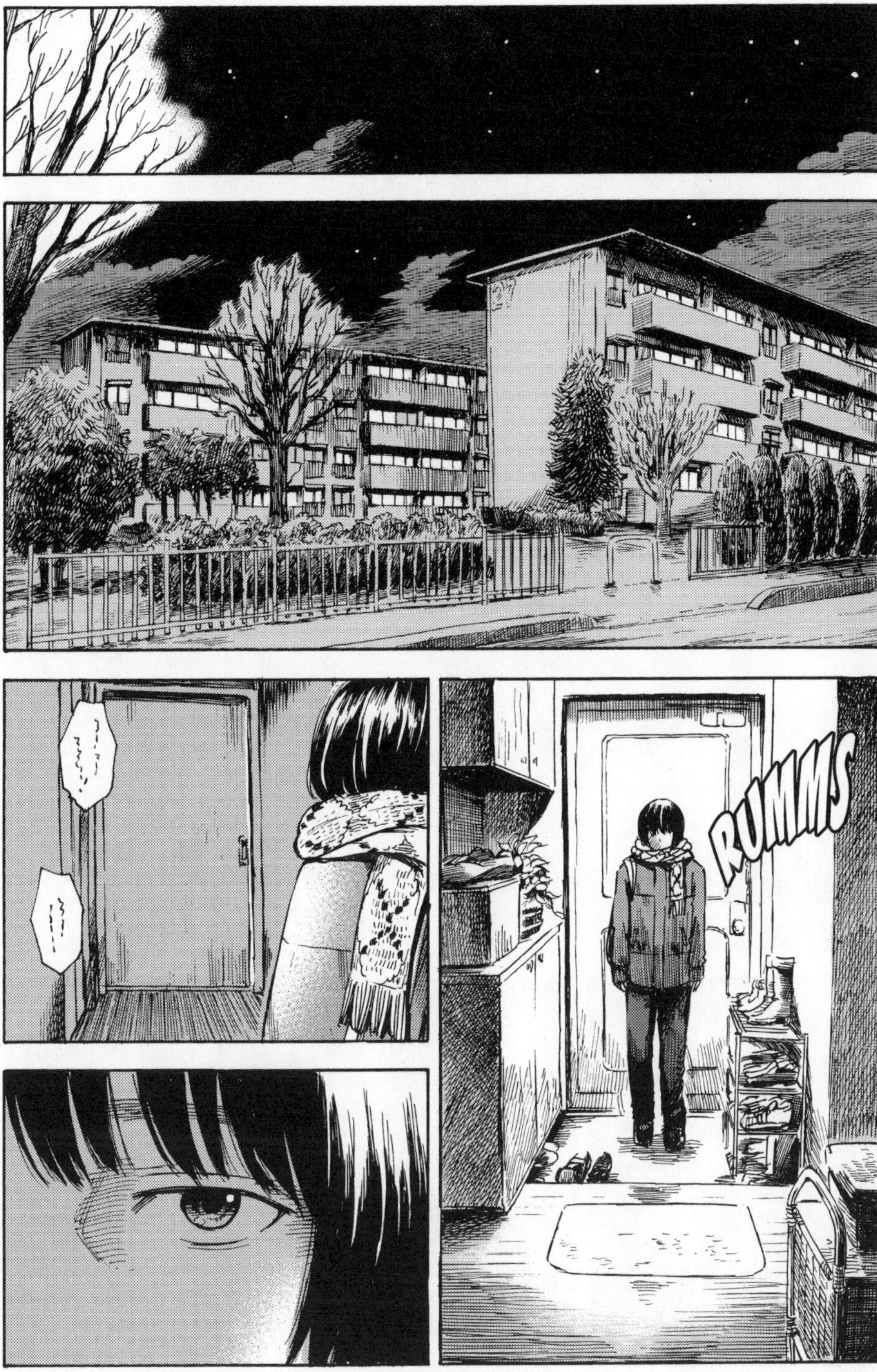
RUMMS

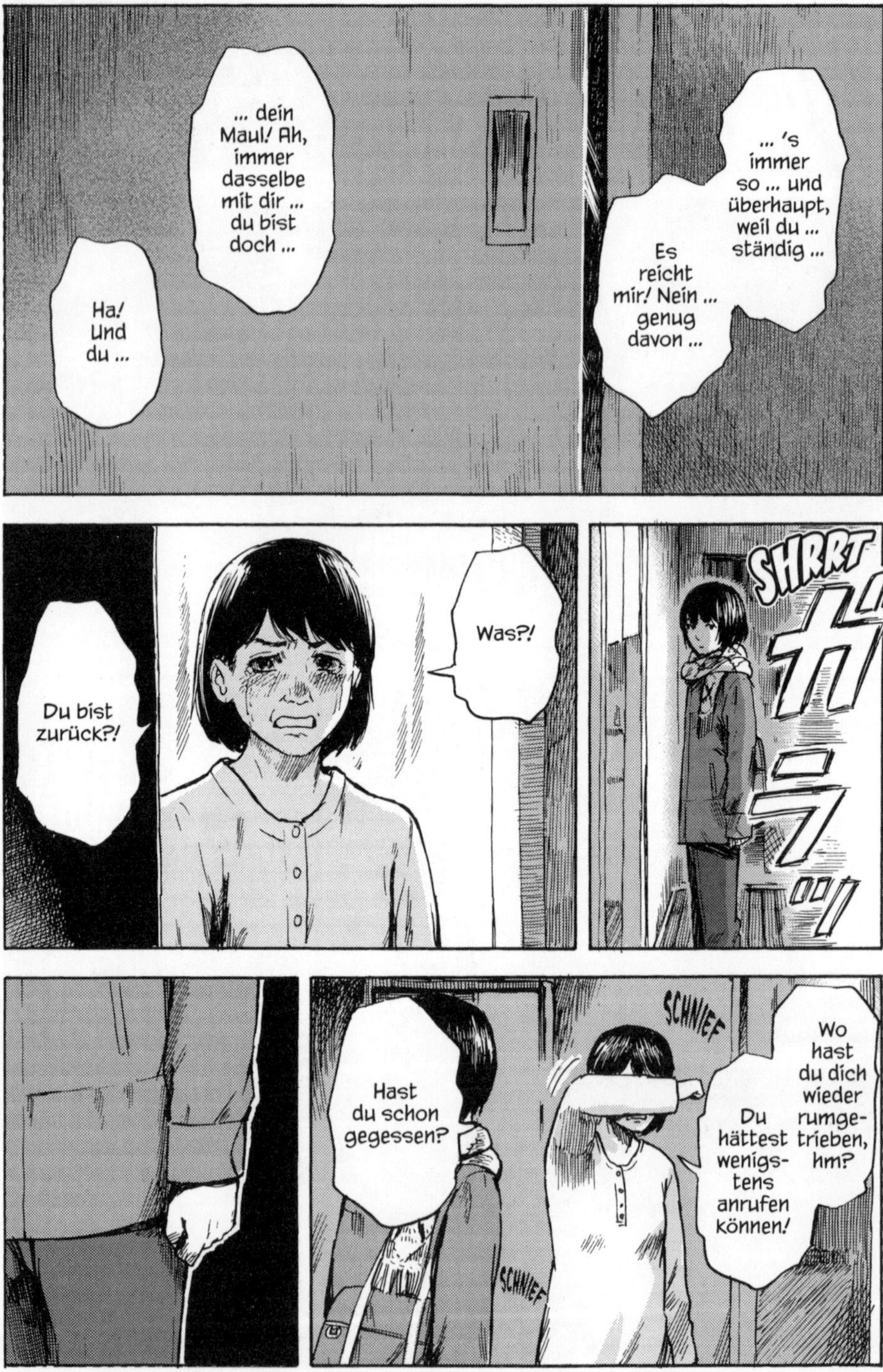

... 's immer so ... und überhaupt, weil du ... ständig ...
Es reicht mir! Nein ... genug davon ...
... dein Maul! Ah, immer dasselbe mit dir ... du bist doch ...
Ha! Und du ...
SHRRT
Was?!
Du bist zurück?!
Wo hast du dich wieder rumgetrieben, hm?
Du hättest wenigs-tens anrufen können!
SCHNIEF
SCHNIEF
Hast du schon gegessen?

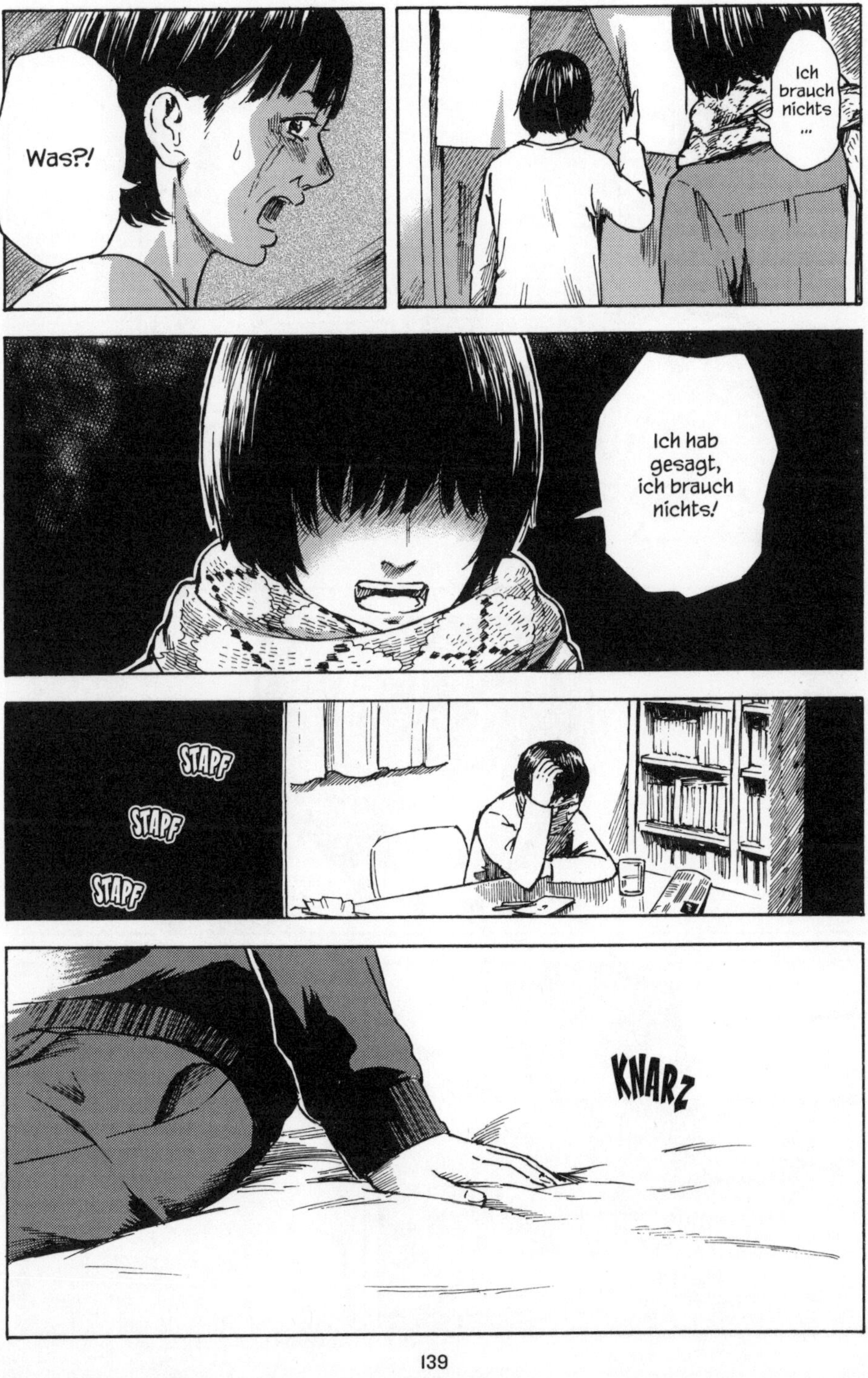
Was?!
Ich brauch nichts ...
Ich hab gesagt, ich brauch nichts!
STAPF
STAPF
STAPF
KNARZ

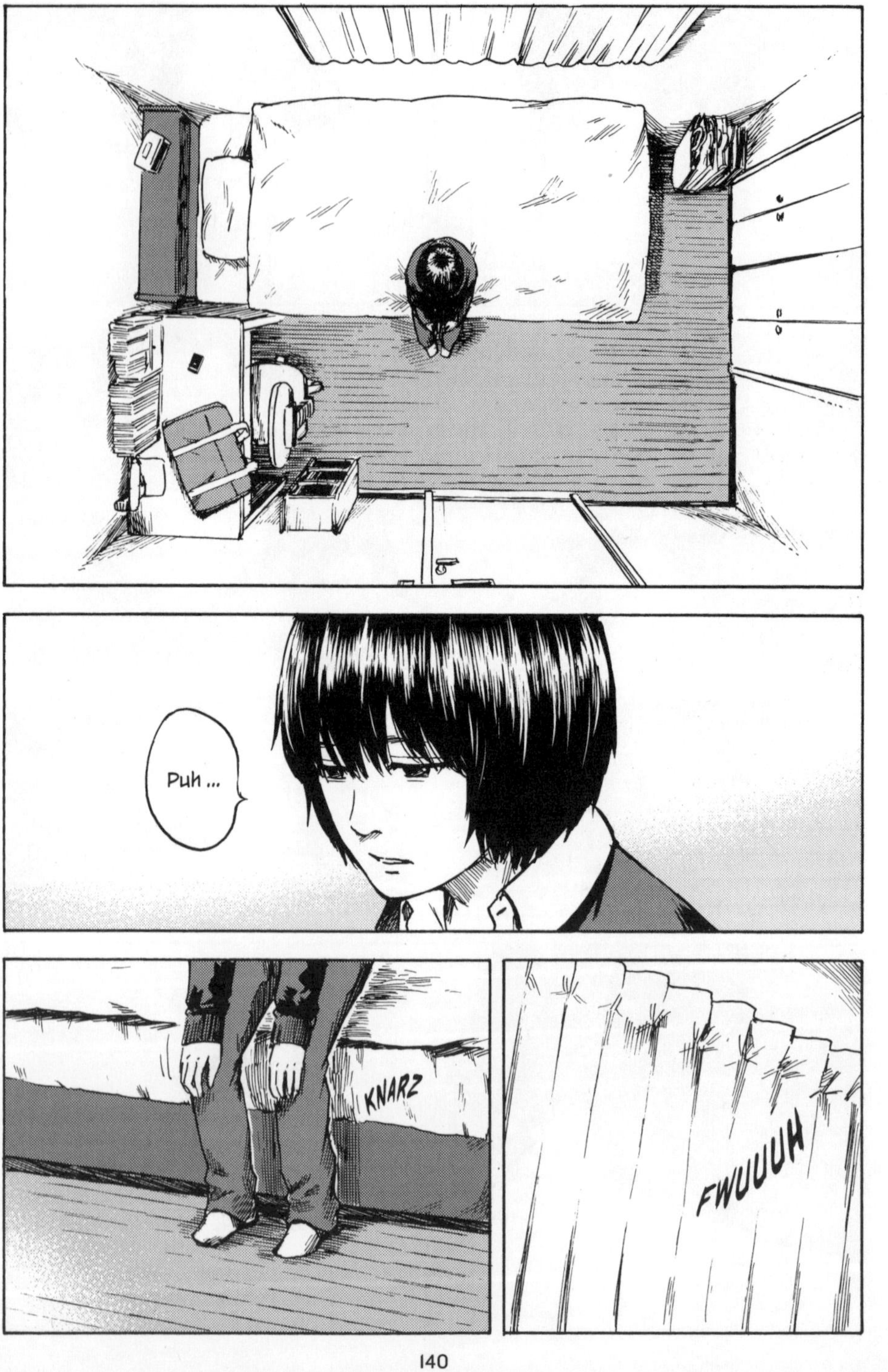
Puh ...
KNARZ
FWUUUH

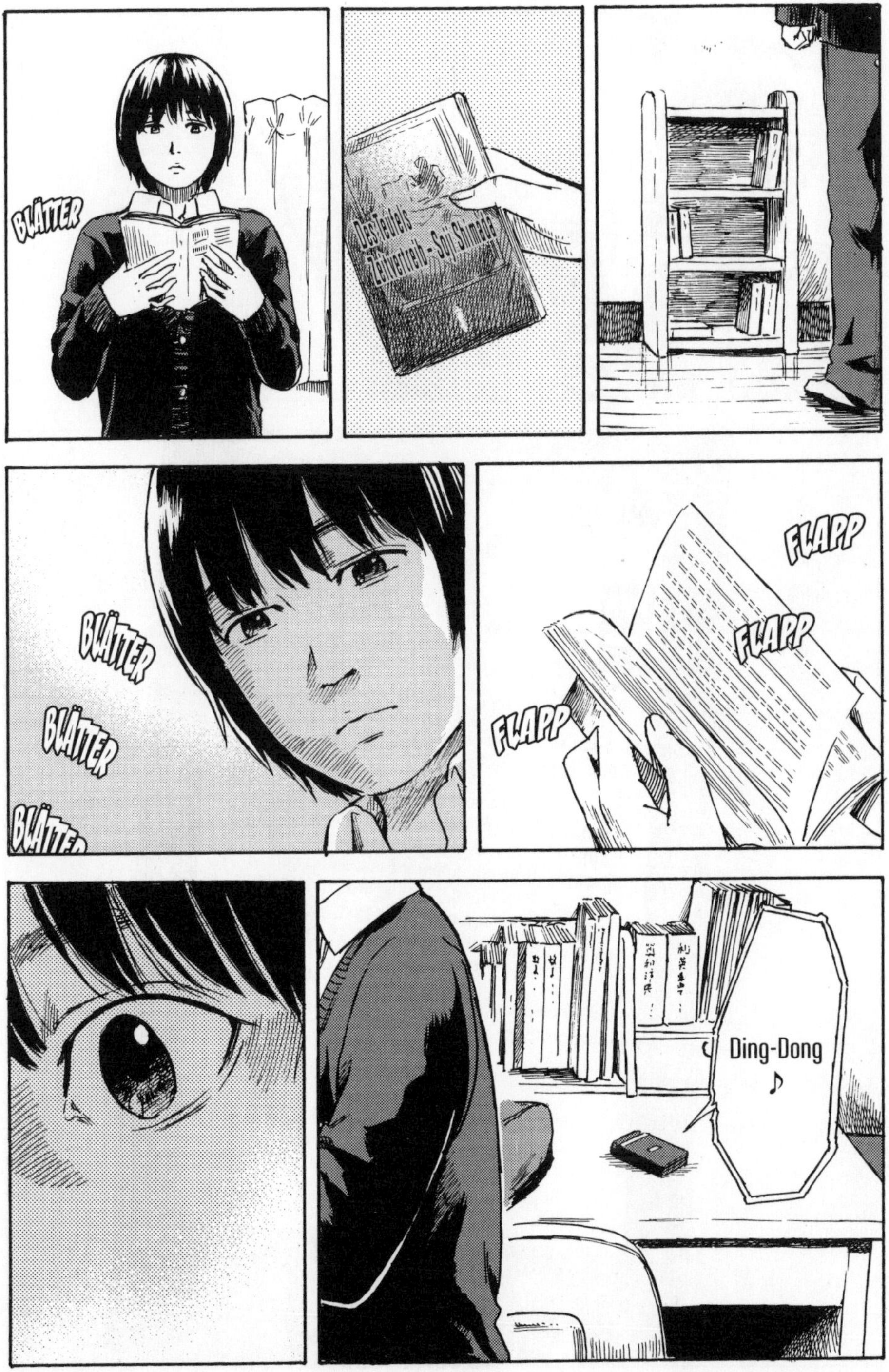
Des Teufels Zeitvertreib – Soji Shimada
BLÄTTER
FLAPP
FLAPP
FLAPP
BLÄTTER
BLÄTTER
Ding-Dong ♪

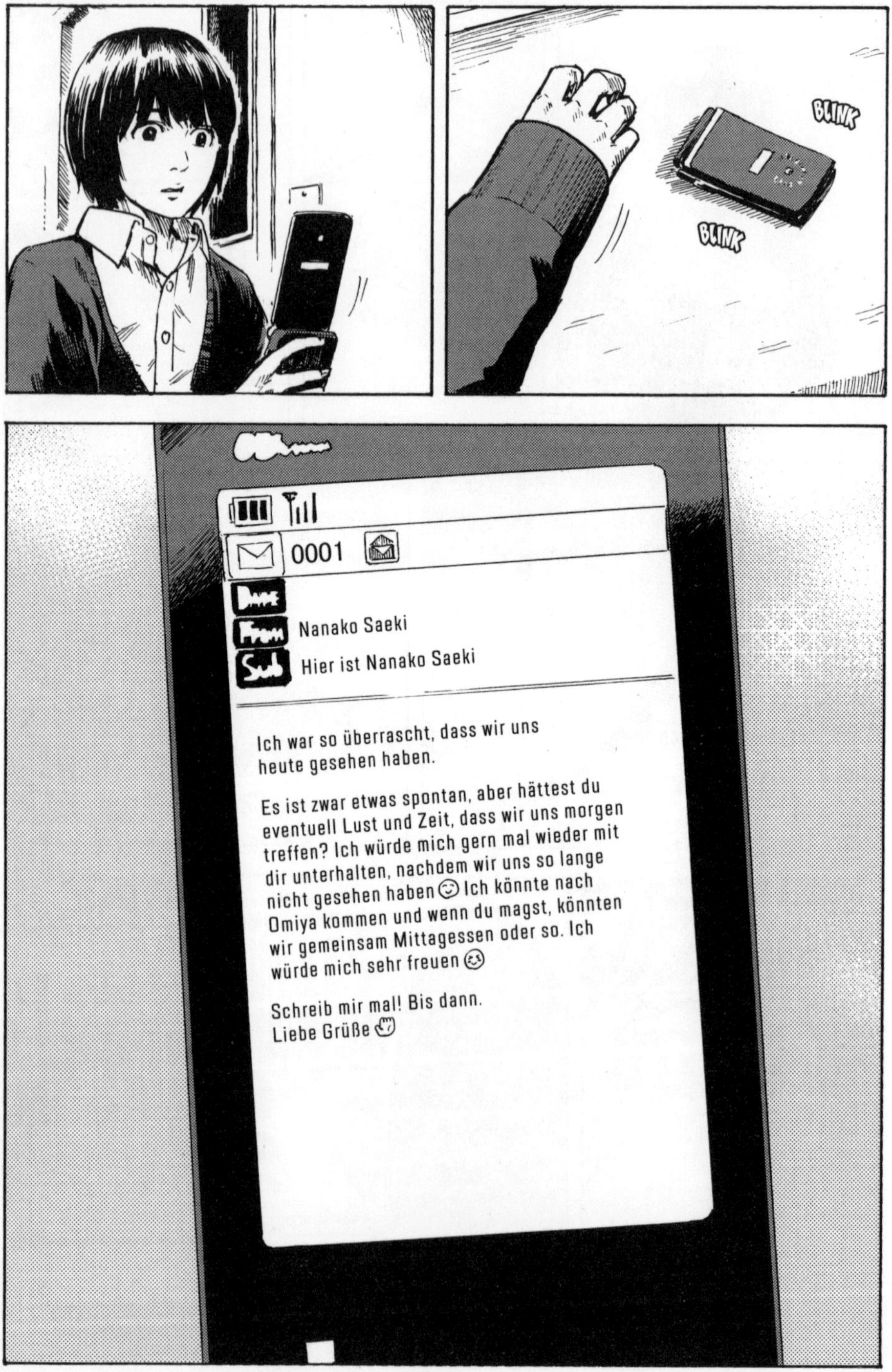
BLINK
BLINK
0001
Nanako Saeki
Hier ist Nanako Saeki
Ich war so überrascht, dass wir uns heute gesehen haben.
Es ist zwar etwas spontan, aber hättest du eventuell Lust und Zeit, dass wir uns morgen treffen? Ich würde mich gern mal wieder mit dir unterhalten, nachdem wir uns so lange nicht gesehen haben Ich könnte nach Omiya kommen und wenn du magst, könnten wir gemeinsam Mittagessen oder so. Ich würde mich sehr freuen
Schreib mir mal! Bis dann.
Liebe Grüße

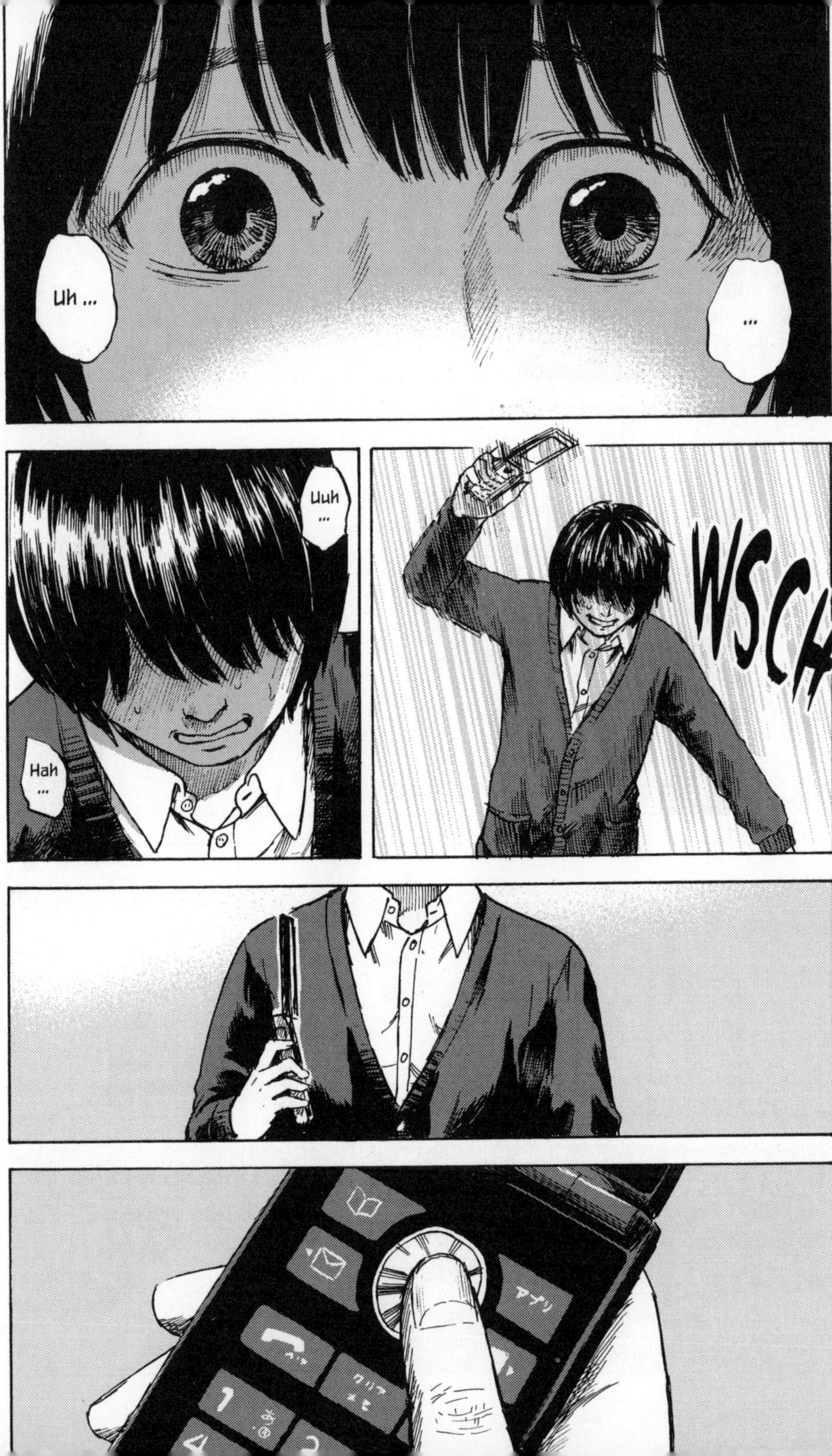

...
Uh ...
WSCH
Uuh ...
Hah ...
アプリ

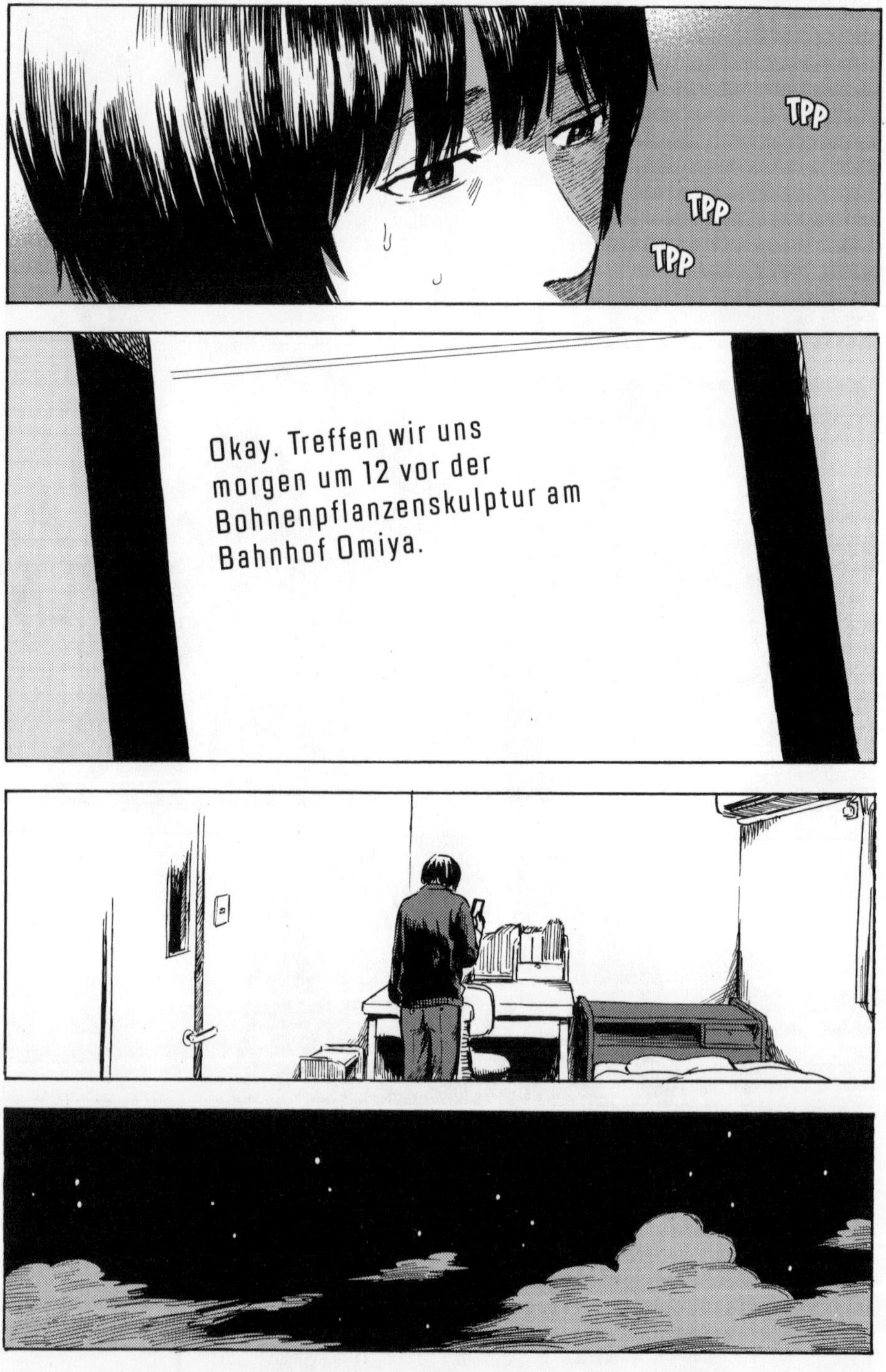
TPP
TPP
TPP
Okay. Treffen wir uns morgen um 12 vor der Bohnenpflanzenskulptur am Bahnhof Omiya.

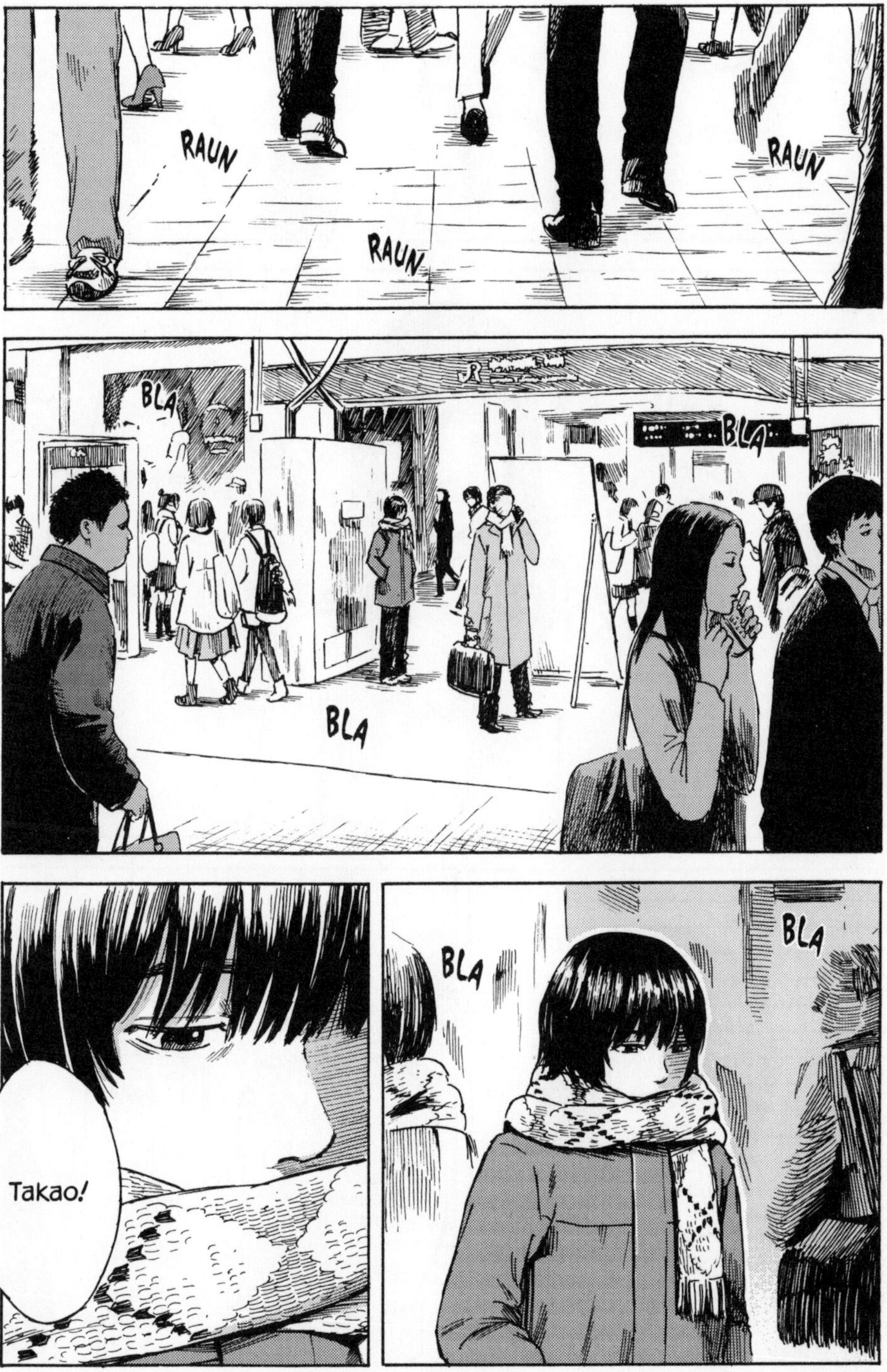
RAUN
RAUN
RAUN
BLA
BLA
BLA
BLA
BLA
Takao!

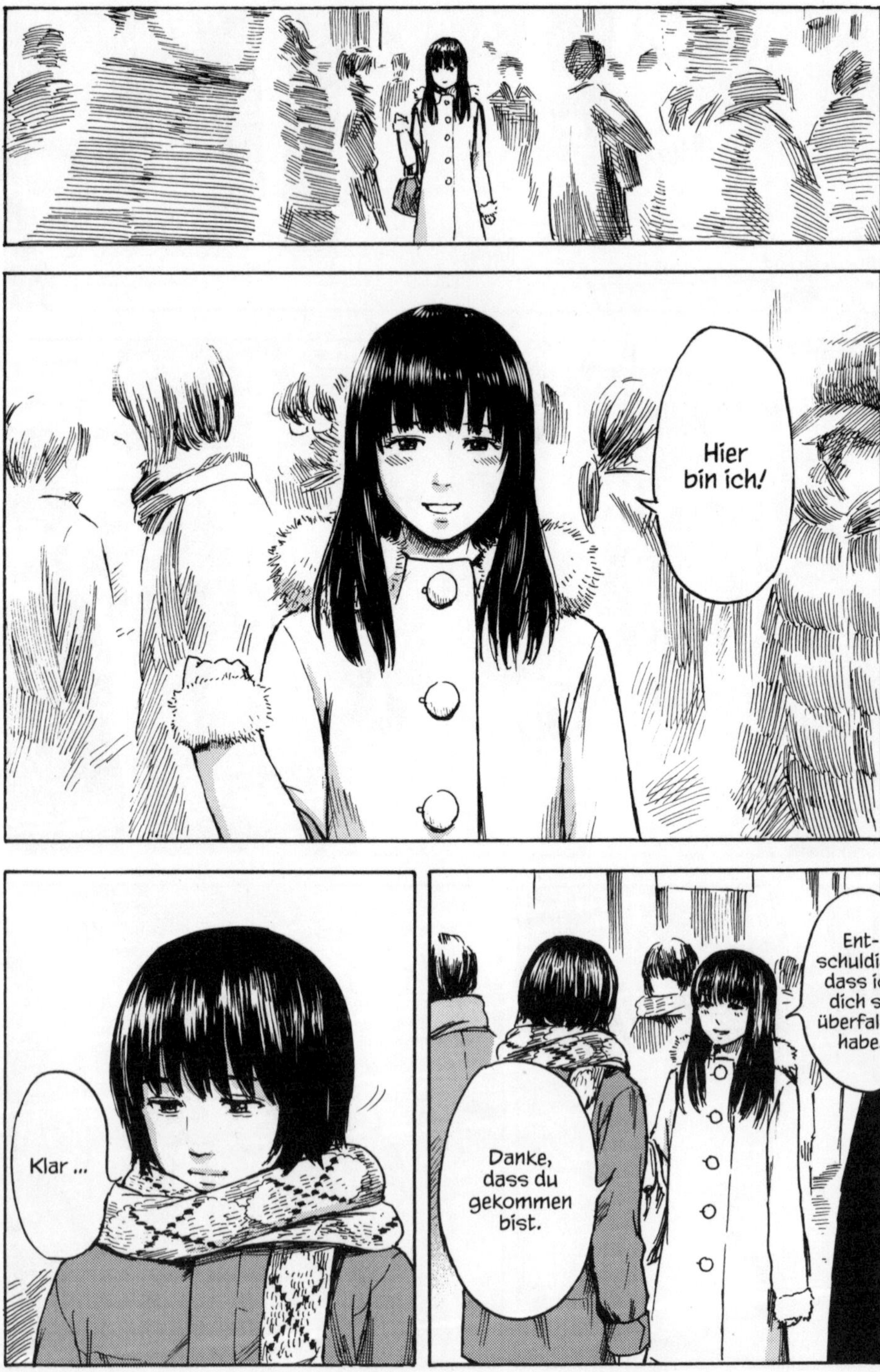
Hier bin ich!
Ent-schuldige, dass ich dich so überfallen habe.
Danke, dass du gekommen bist.
Klar ...

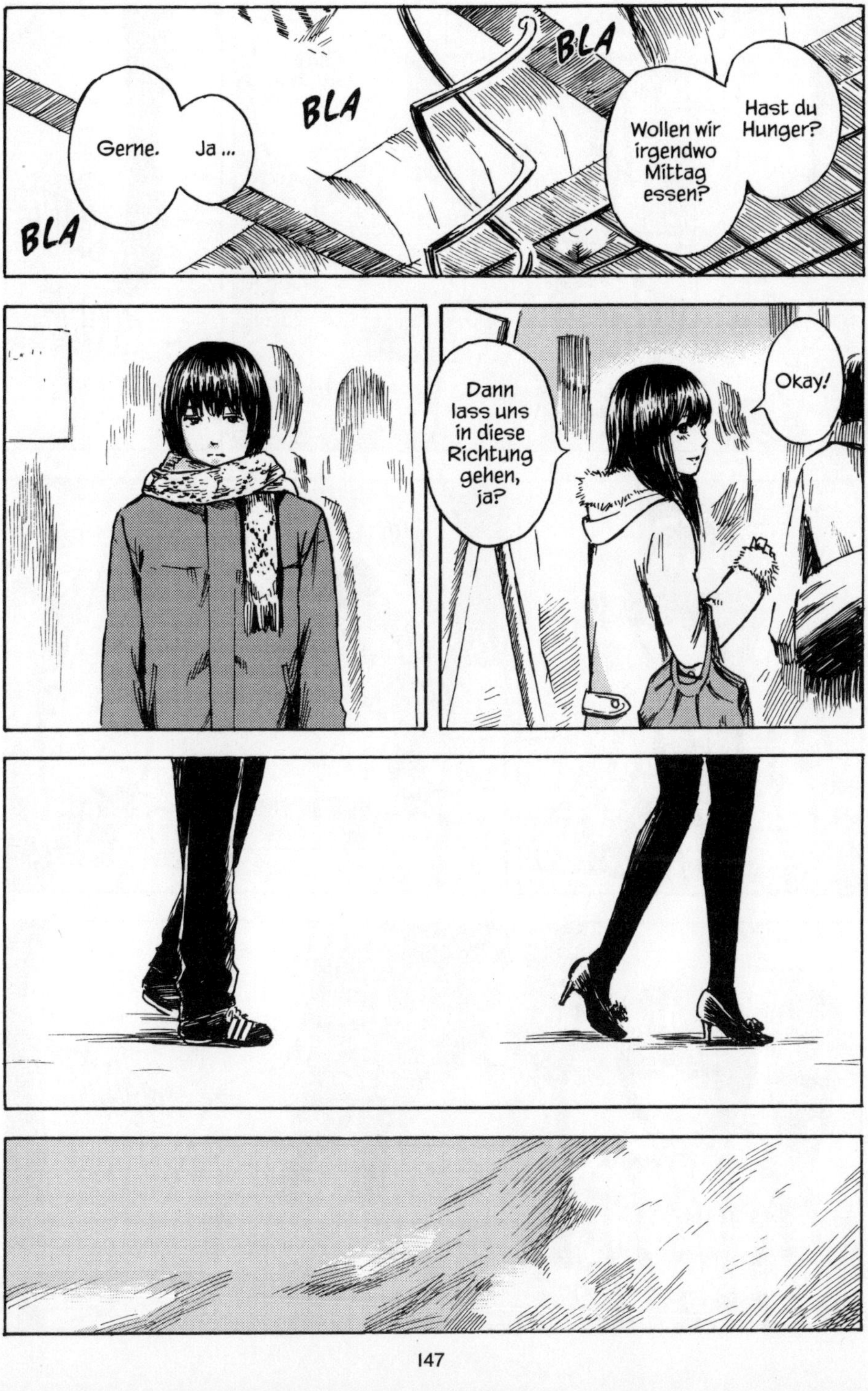
BLA
Hast du Hunger?
Wollen wir irgendwo Mittag essen?
BLA
Ja ...
Gerne.
BLA
Dann lass uns in diese Richtung gehen, ja?
Okay!

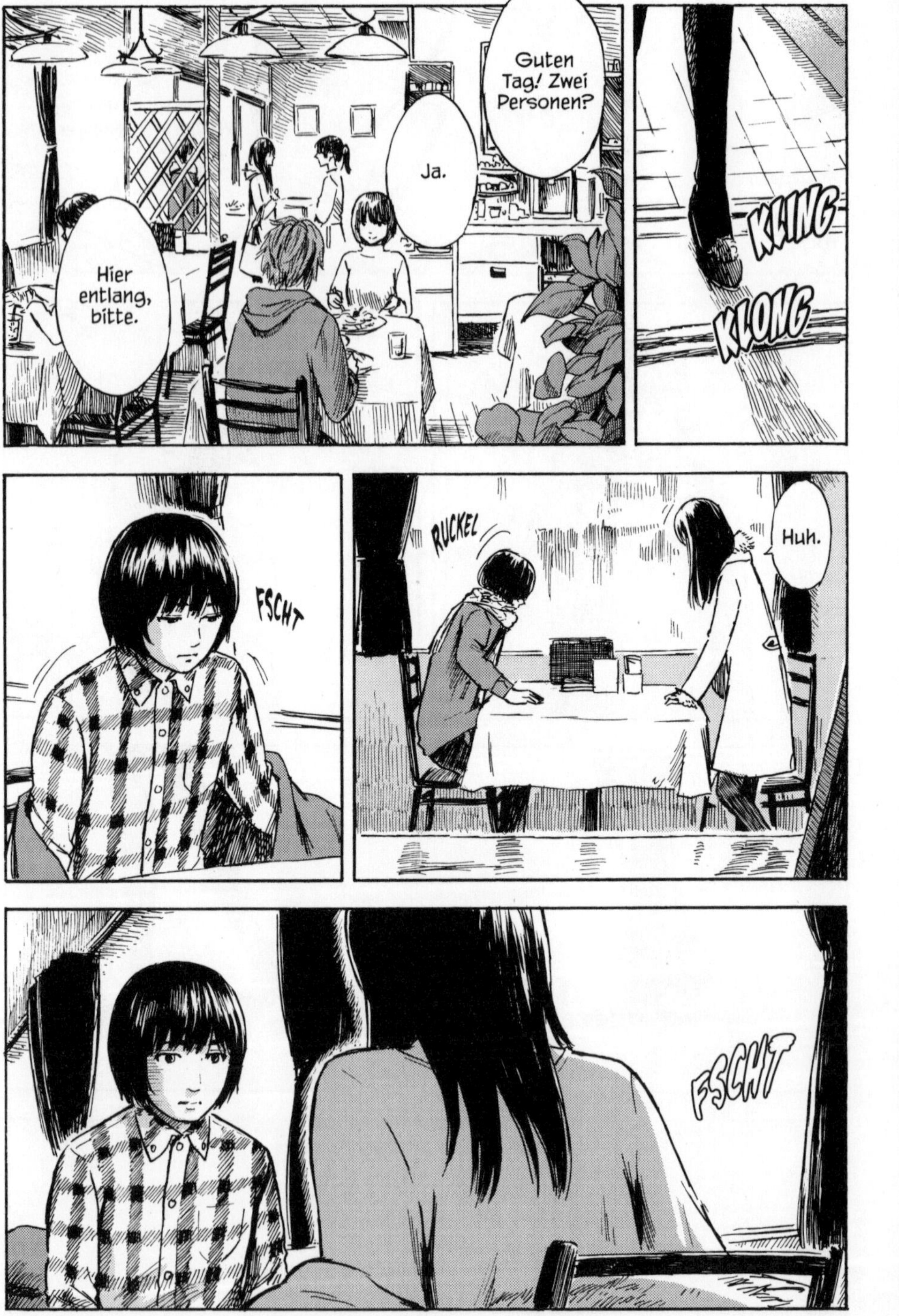
KLING
KLONG
Guten Tag! Zwei Personen?
Ja.
Hier entlang, bitte.
Huh.
RUCKEL
FSCHT
FSCHT

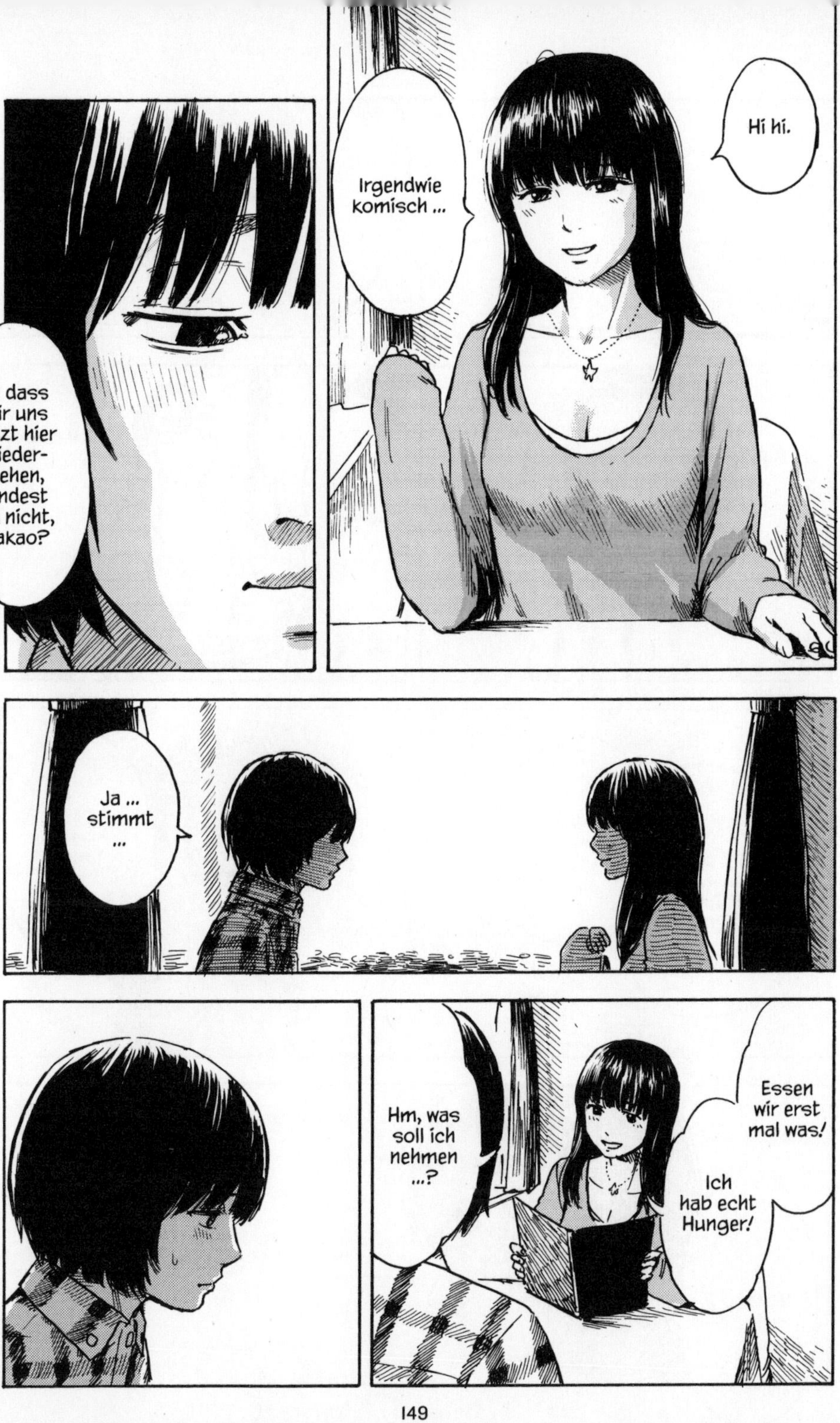
Hi hi.
Irgendwie komisch ...
... dass wir uns jetzt hier wiedersehen, findest du nicht, Takao?
Ja ... stimmt ...
Essen wir erst mal was!
Ich hab echt Hunger!
Hm, was soll ich nehmen ...?

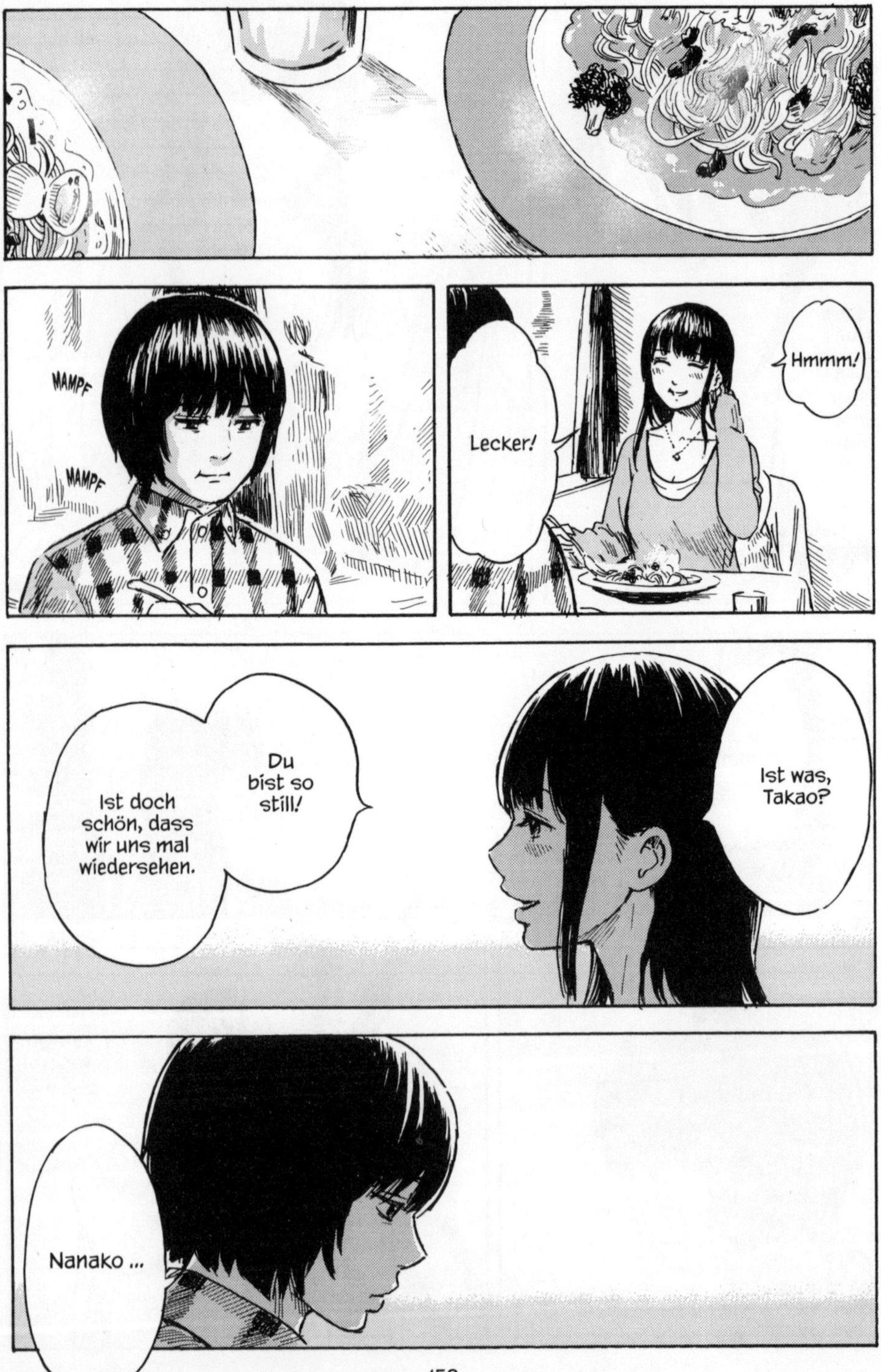
Hmmm!
Lecker!
MAMPF
MAMPF
Ist was, Takao?
Du bist so still!
Ist doch schön, dass wir uns mal wiedersehen.
Nanako ...

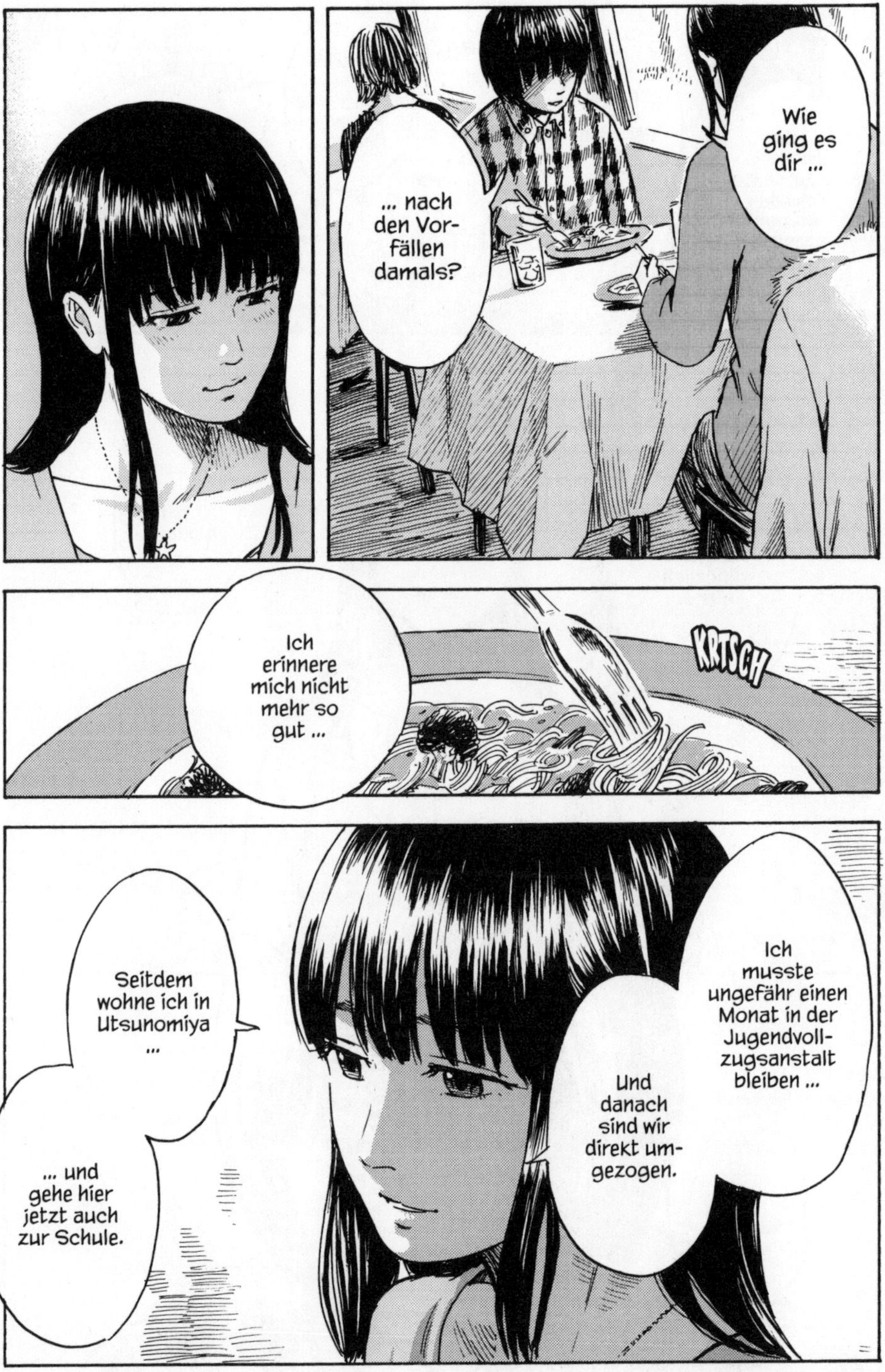
Wie ging es dir ...
... nach den Vorfällen damals?
Ich erinnere mich nicht mehr so gut ...
KRTSCH
Ich musste ungefähr einen Monat in der Jugendvollzugsanstalt bleiben ...
Und danach sind wir direkt umgezogen.
Seitdem wohne ich in Utsunomiya ...
... und gehe hier jetzt auch zur Schule.

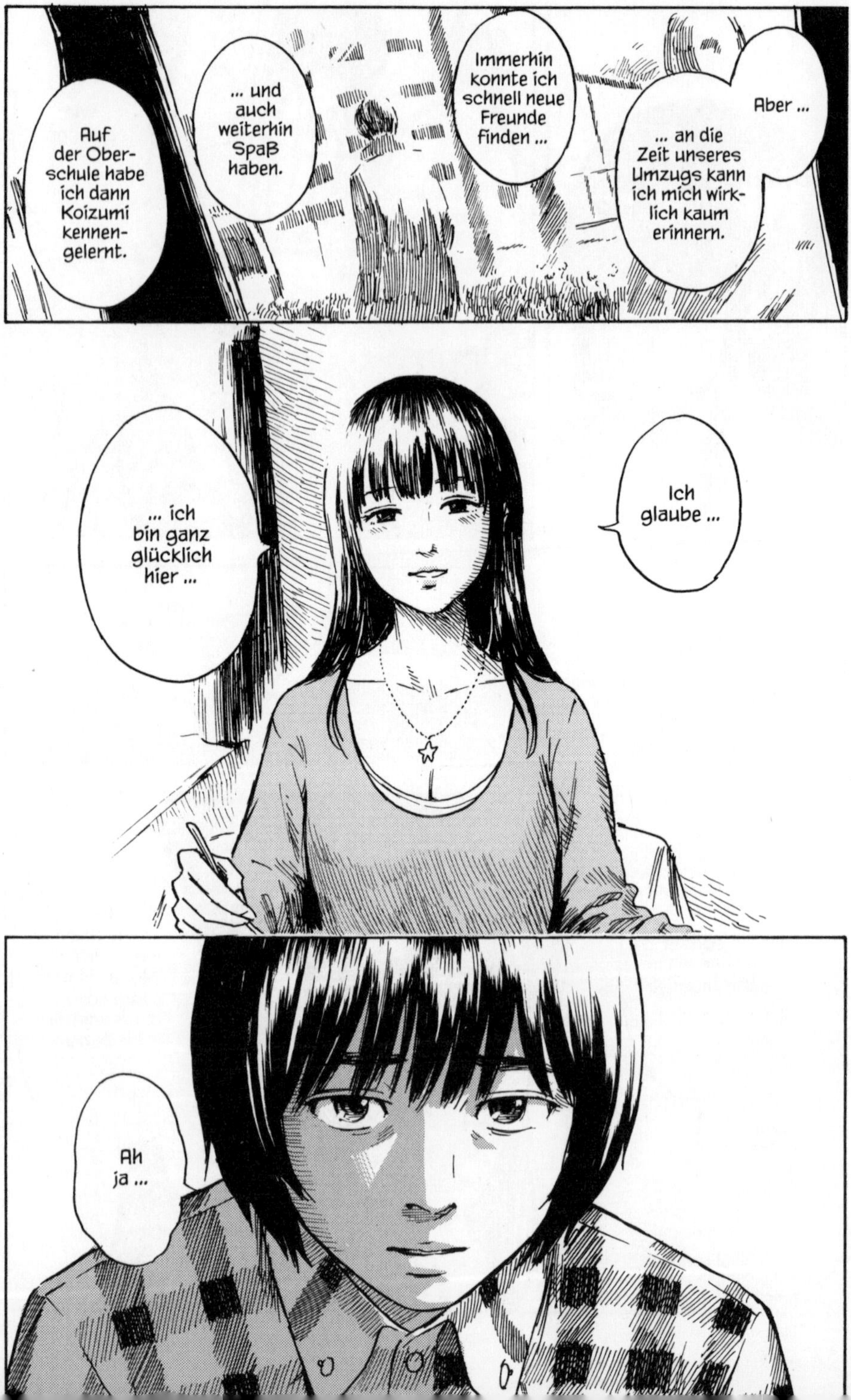
Aber ...
... an die Zeit unseres Umzugs kann ich mich wirklich kaum erinnern.
Immerhin konnte ich schnell neue Freunde finden ...
... und auch weiterhin Spaß haben.
Auf der Oberschule habe ich dann Koizumi kennengelernt.
Ich glaube ...
... ich bin ganz glücklich hier ...
Ah ja ...

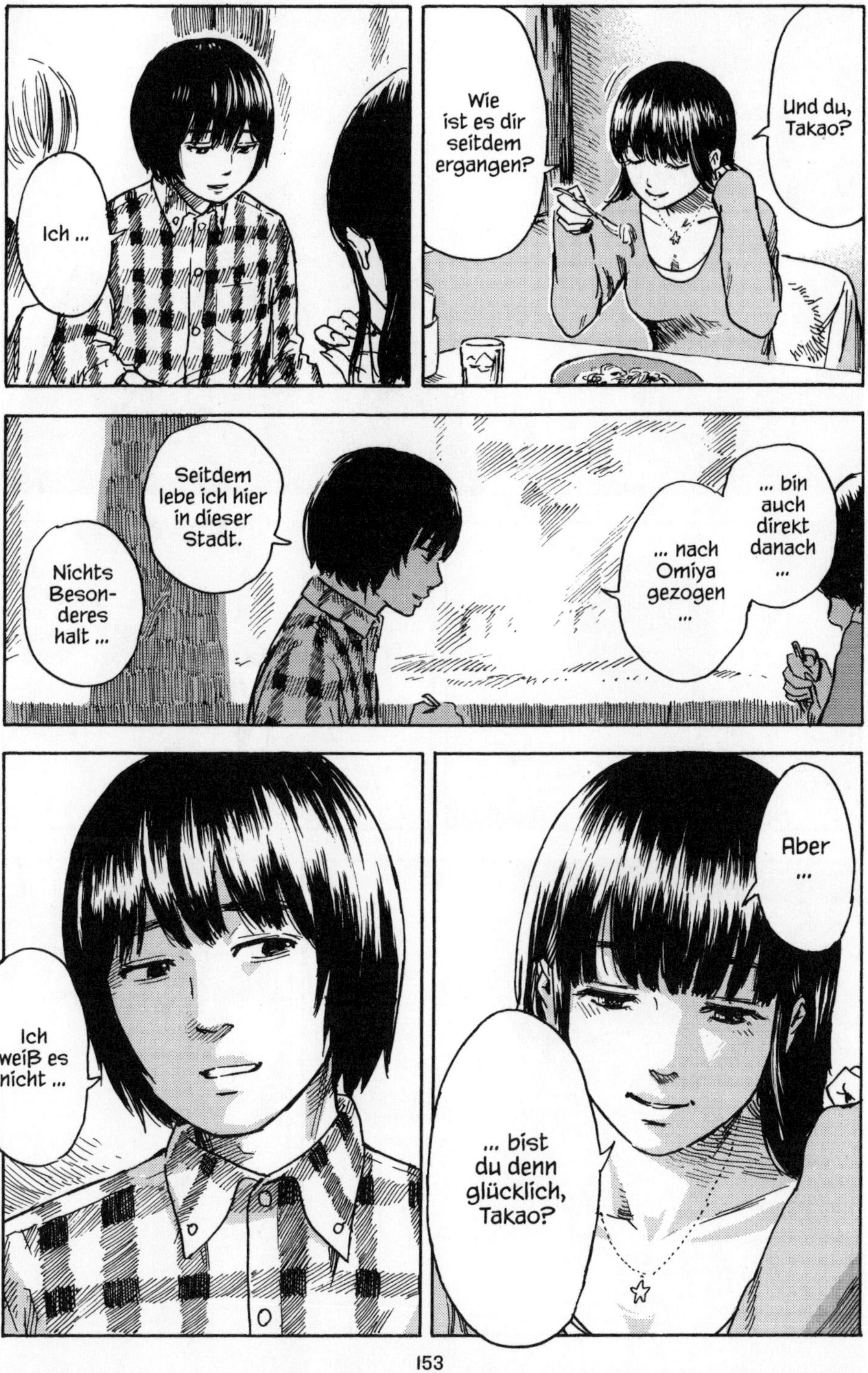
Und du, Takao?
Wie ist es dir seitdem ergangen?
Ich ...
... bin auch direkt danach ...
... nach Omiya gezogen ...
Seitdem lebe ich hier in dieser Stadt.
Nichts Besonderes halt ...
Aber ...
... bist du denn glücklich, Takao?
Ich weiß es nicht ...

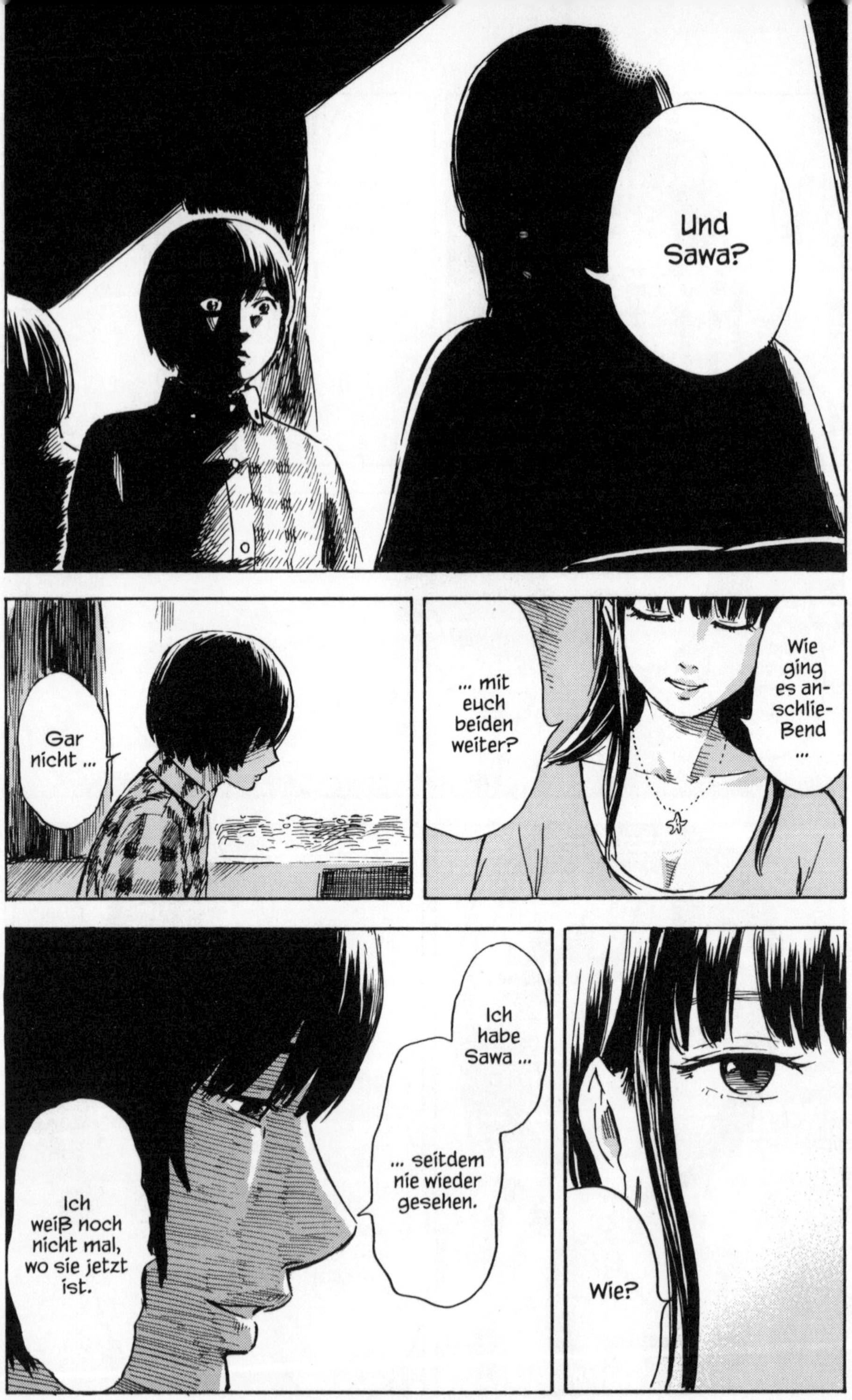
Und Sawa?
Wie ging es anschließend ...
... mit euch beiden weiter?
Gar nicht ...
Wie?
Ich habe Sawa ...
... seitdem nie wieder gesehen.
Ich weiß noch nicht mal, wo sie jetzt ist.

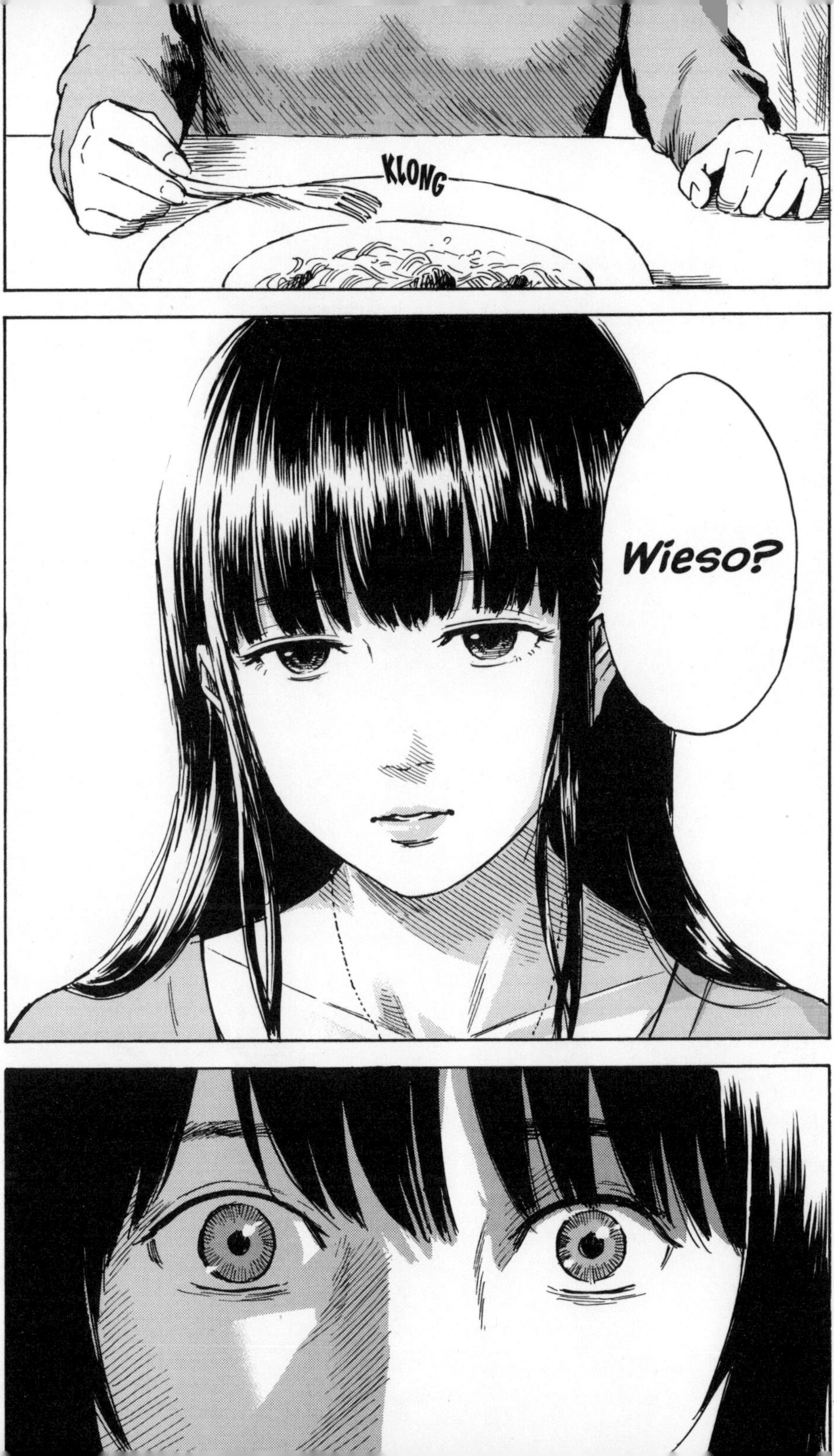
KLONG
Wieso?

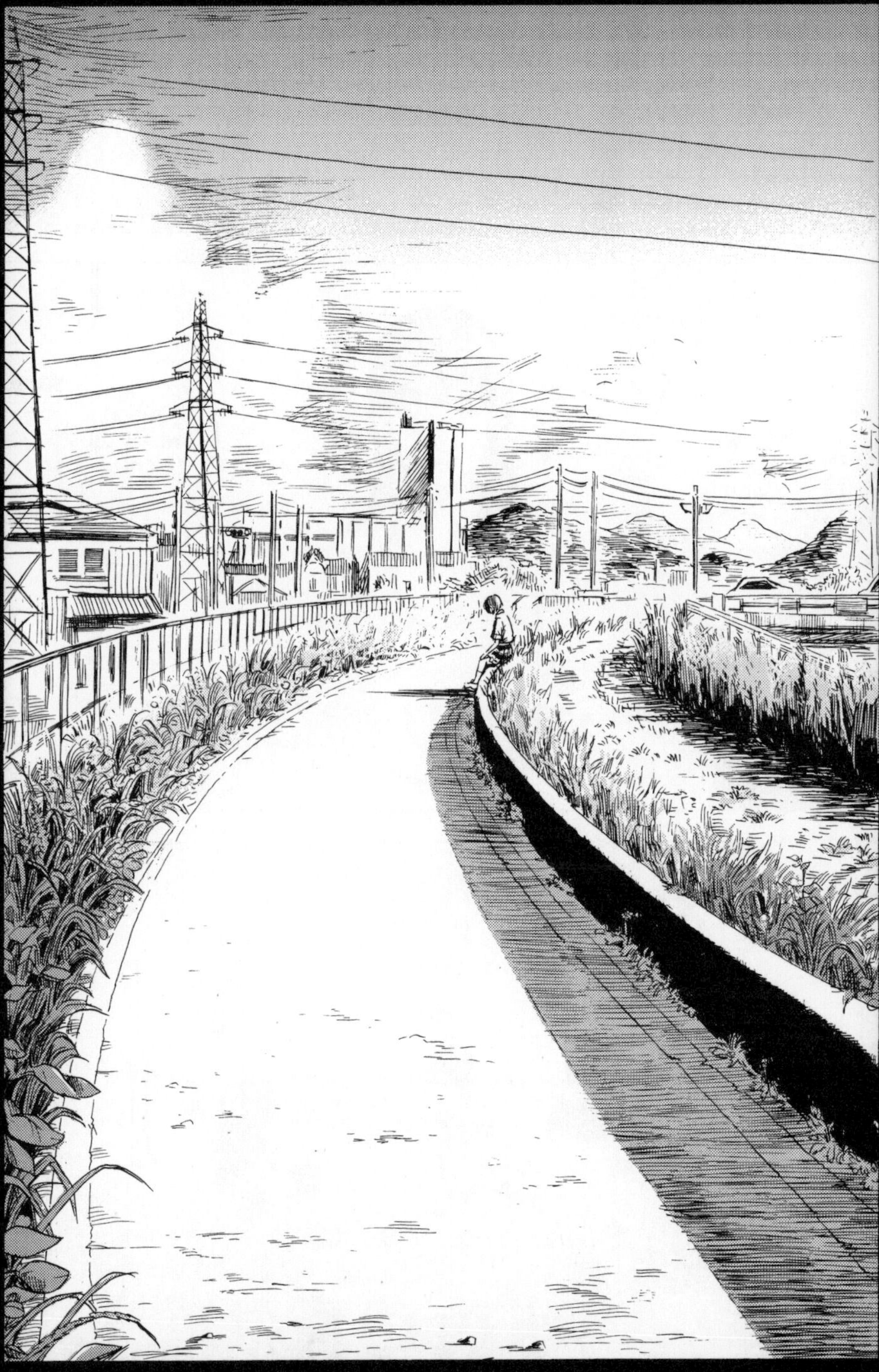

Kapitel 42 In einem Wort, ich war längst tot

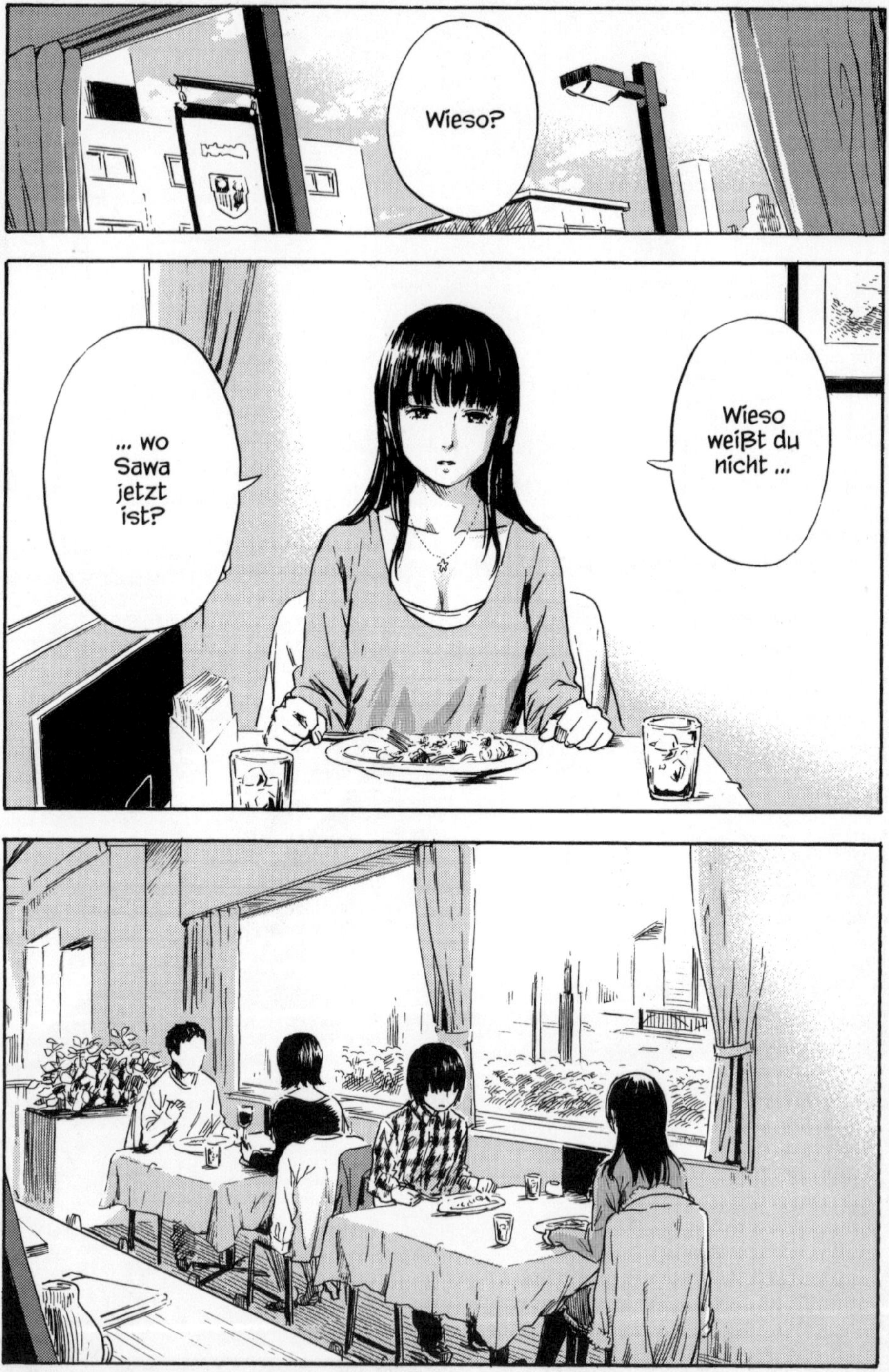
Wieso?
Wieso weißt du nicht ...
... wo Sawa jetzt ist?

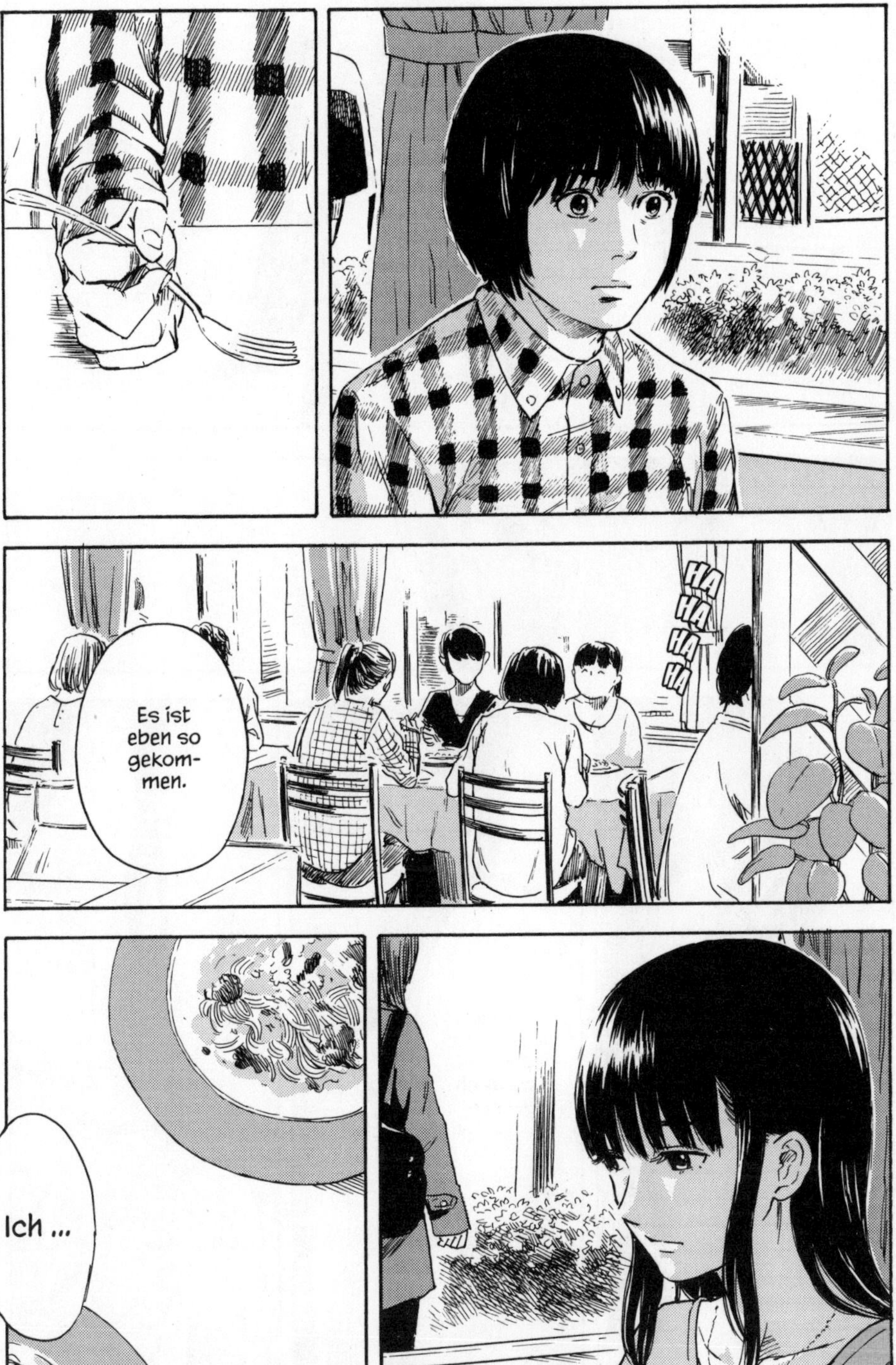
HA HA HA HA
Es ist eben so gekom-men.
Ich ...

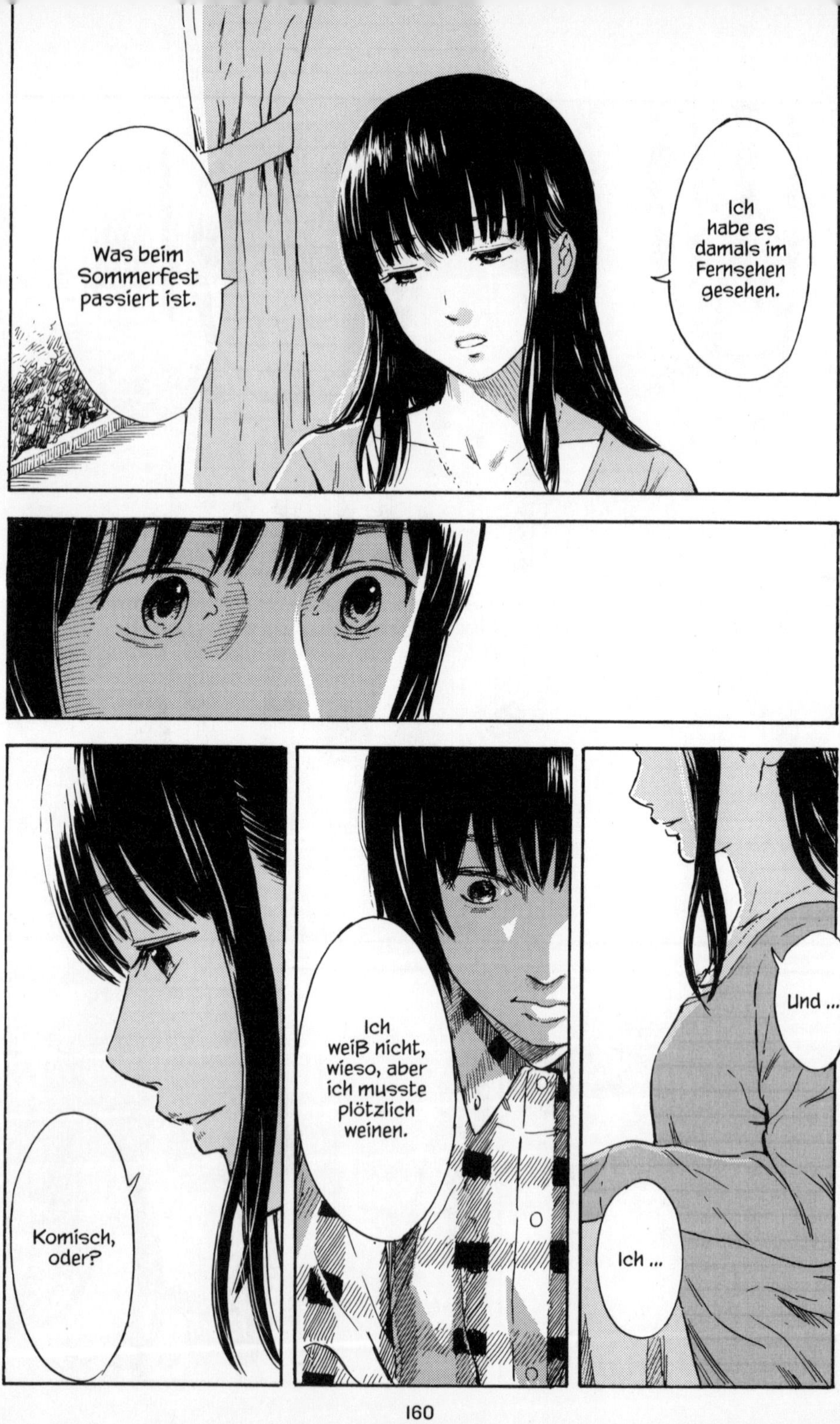
Ich habe es damals im Fernsehen gesehen.
Was beim Sommerfest passiert ist.
Und ...
Ich ...
Ich weiß nicht, wieso, aber ich musste plötzlich weinen.
Komisch, oder?

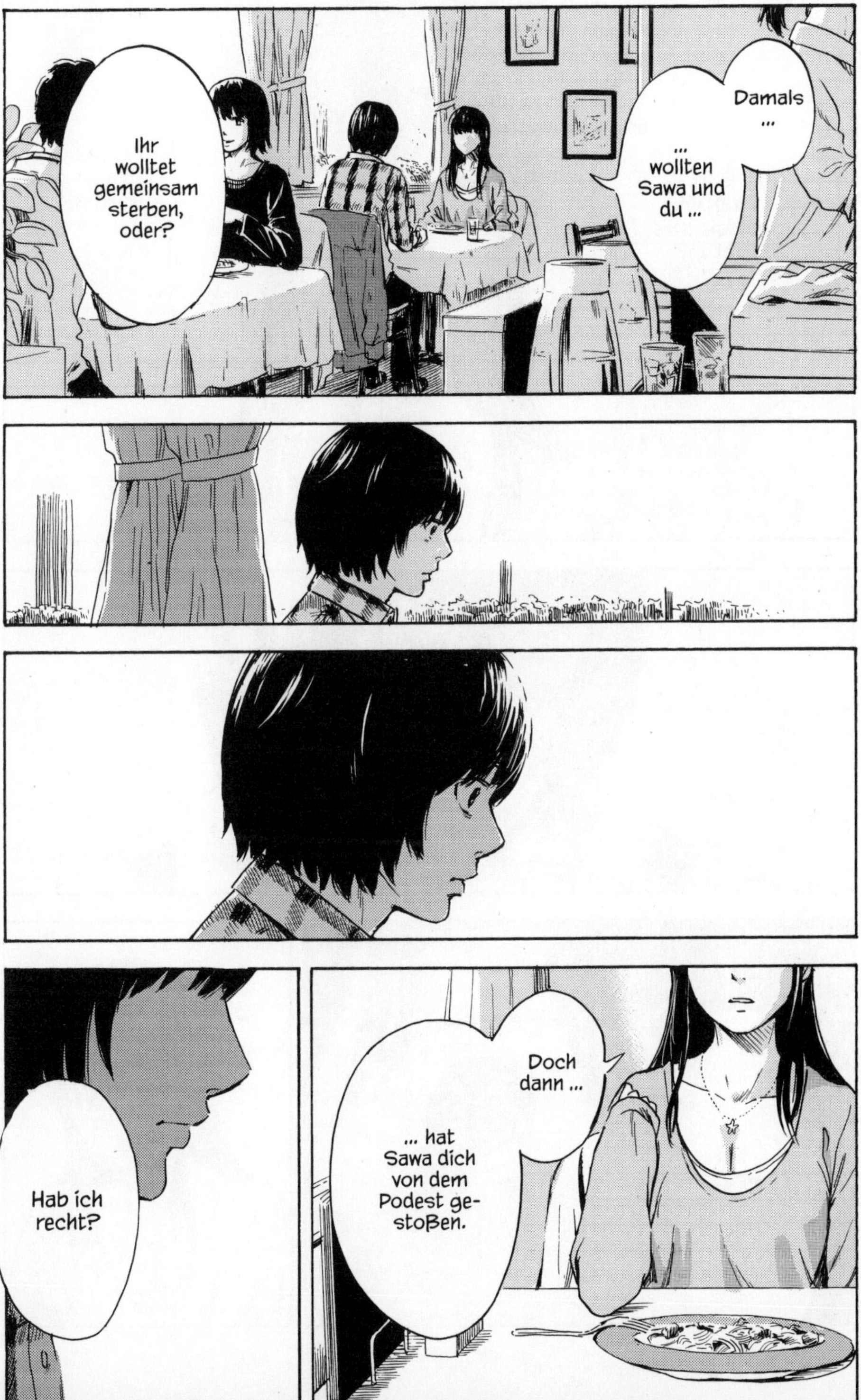
Damals ...
... wollten Sawa und du ...
Ihr wolltet gemeinsam sterben, oder?
Doch dann ...
... hat Sawa dich von dem Podest gestoßen.
Hab ich recht?

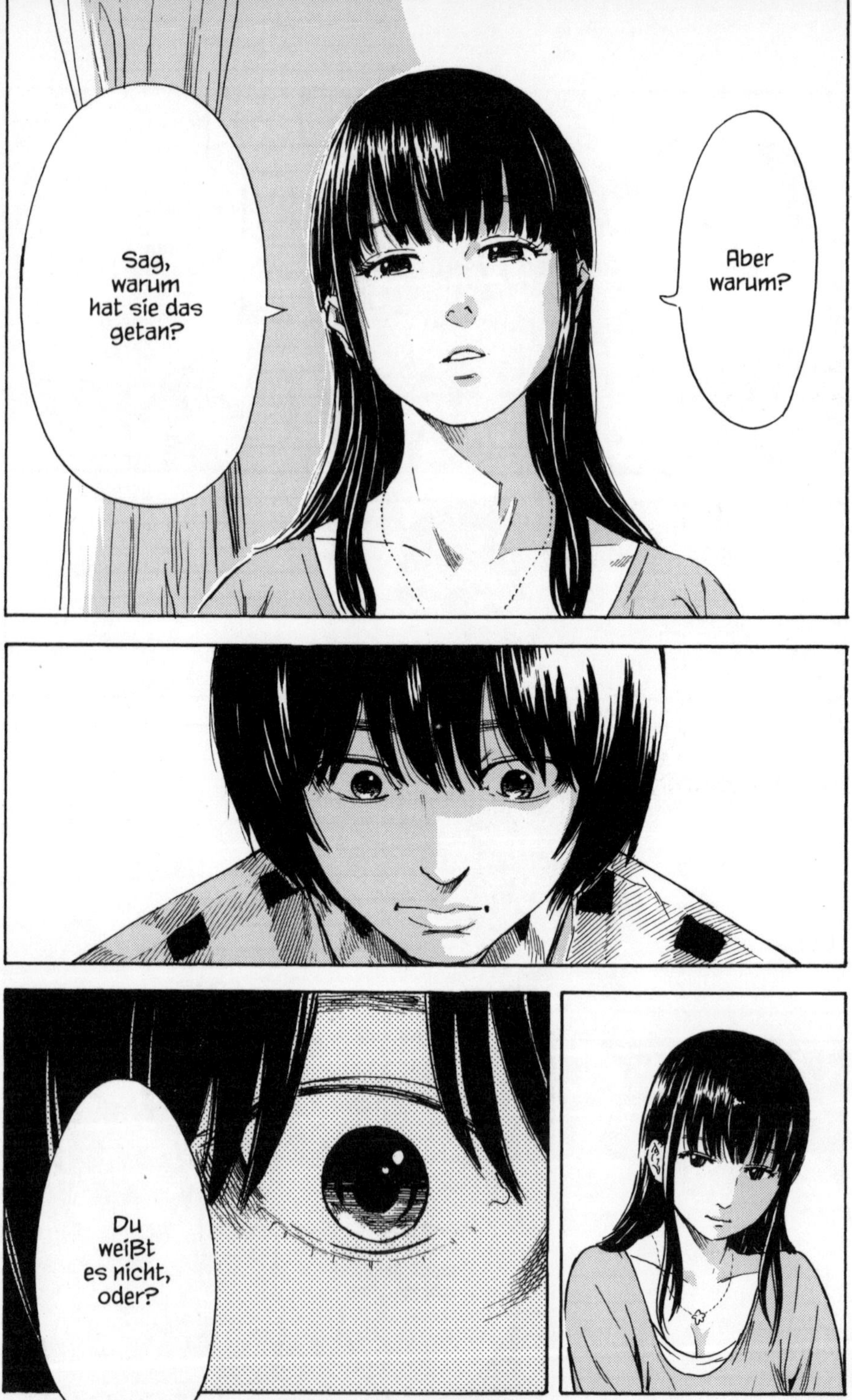
Aber warum?
Sag, warum hat sie das getan?
Du weißt es nicht, oder?

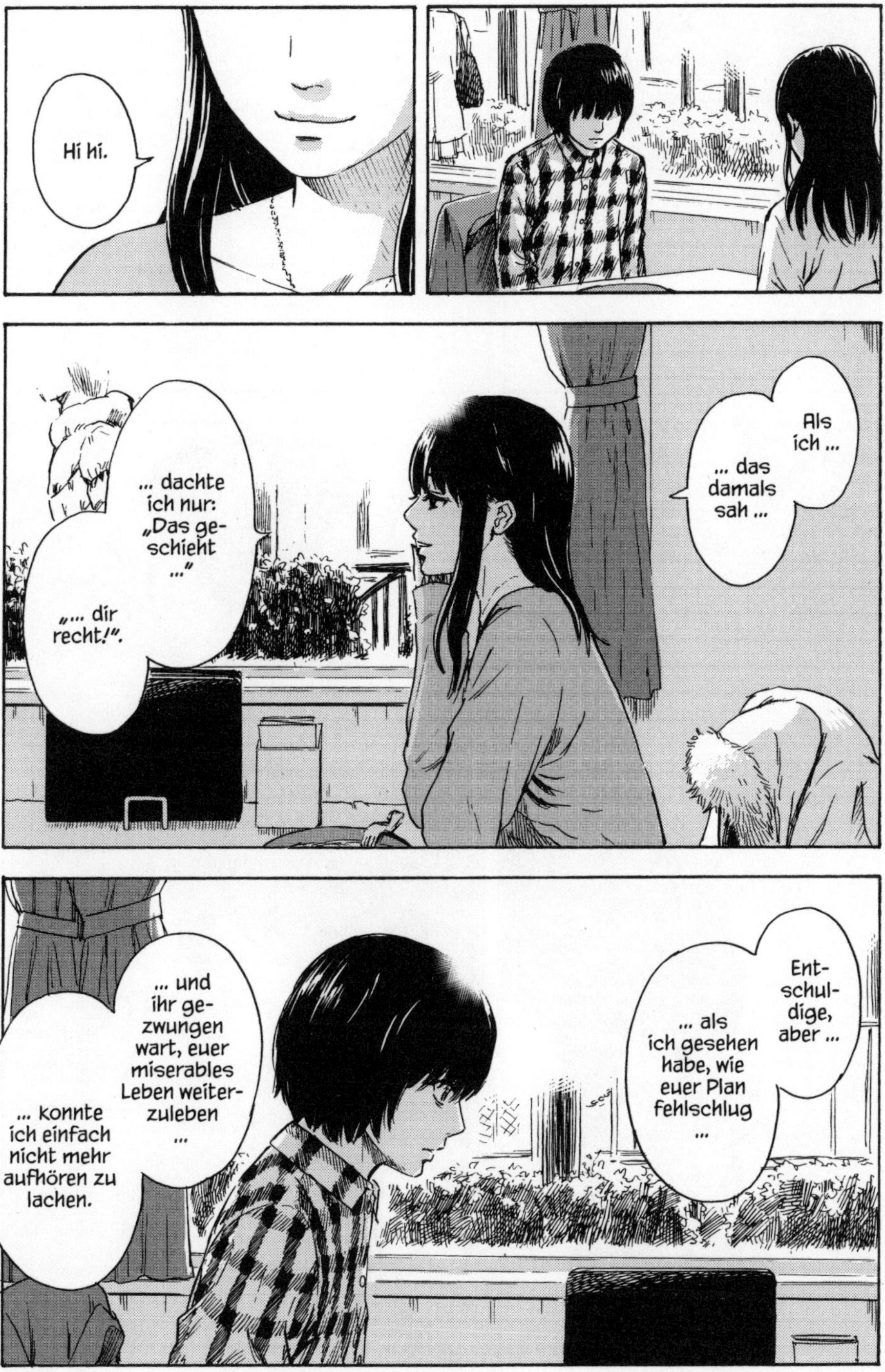
Hi hi.
Als ich ...
... das damals sah ...
... dachte ich nur: „Das geschieht ...“
„... dir recht!“.
Entschuldige, aber ...
... als ich gesehen habe, wie euer Plan fehlschlug ...
... und ihr gezwungen wart, euer miserables Leben weiterzuleben ...
... konnte ich einfach nicht mehr aufhören zu lachen.

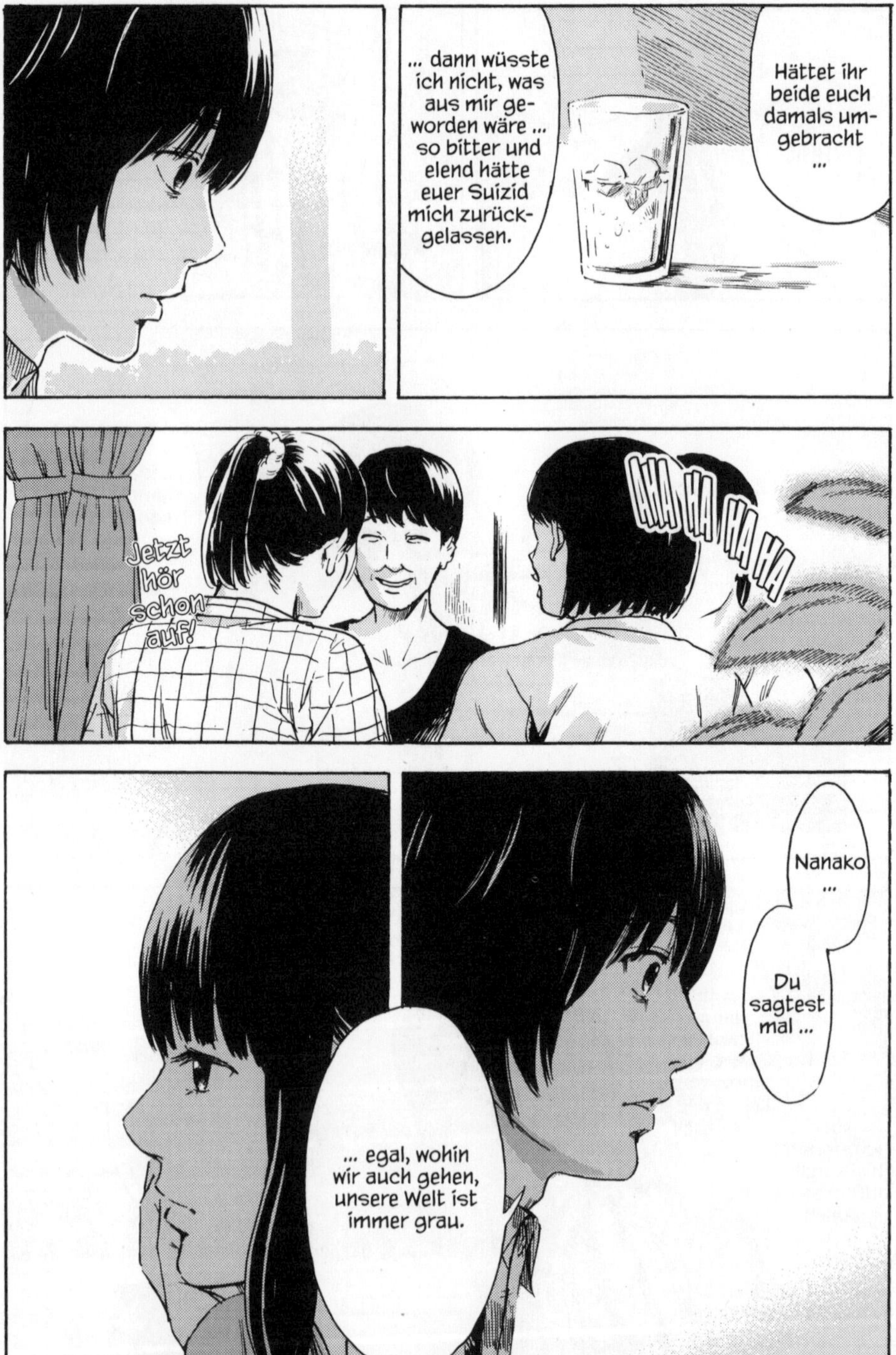
Hättet ihr beide euch damals umgebracht ...
... dann wüsste ich nicht, was aus mir geworden wäre ... so bitter und elend hätte euer Suizid mich zurückgelassen.
AHA HA HA HA
Jetzt hör schon auf!
Nanako ...
Du sagtest mal ...
... egal, wohin wir auch gehen, unsere Welt ist immer grau.

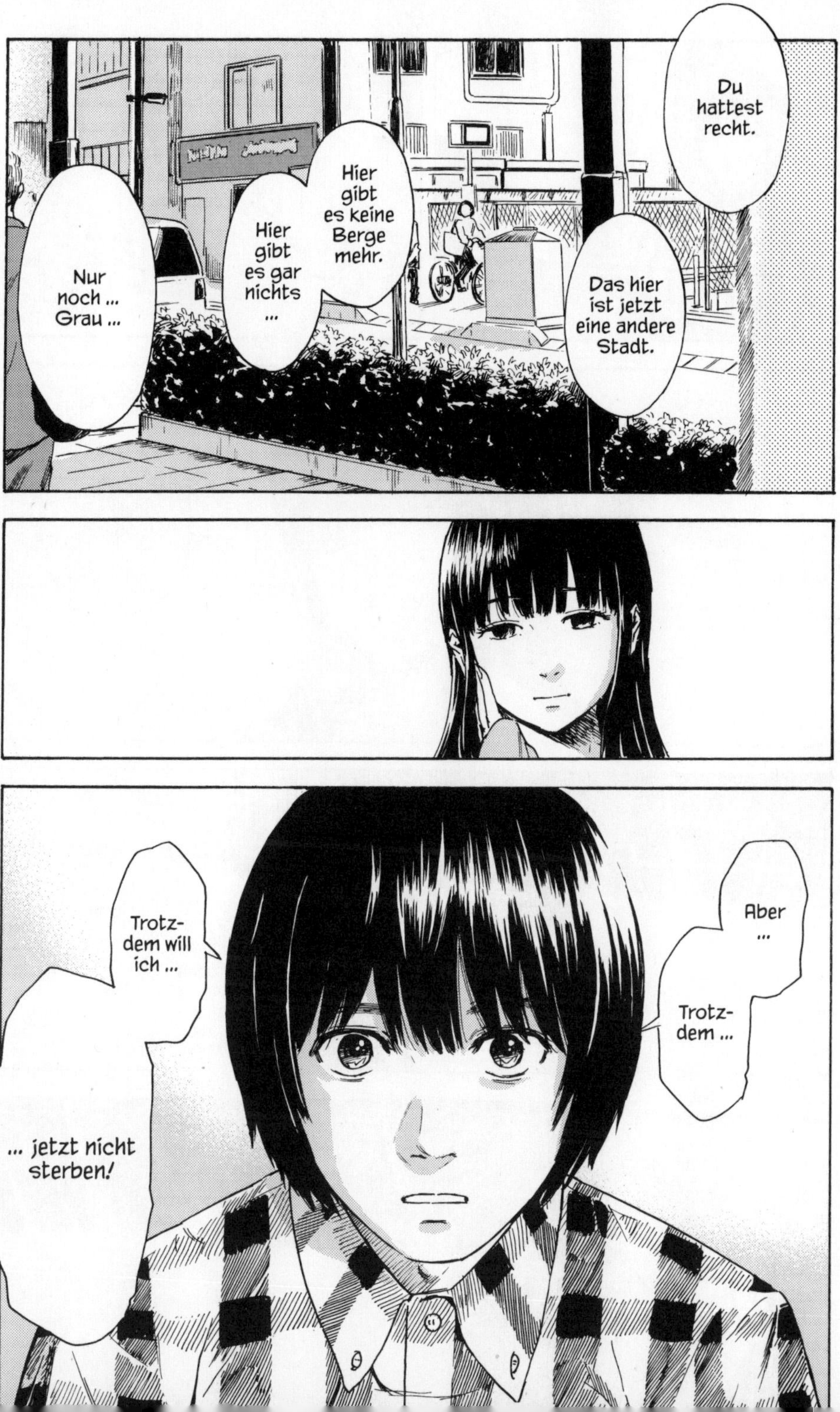
Du hattest recht.
Das hier ist jetzt eine andere Stadt.
Hier gibt es keine Berge mehr.
Hier gibt es gar nichts ...
Nur noch ... Grau ...
Aber ...
Trotzdem ...
Trotzdem will ich ...
... jetzt nicht sterben!

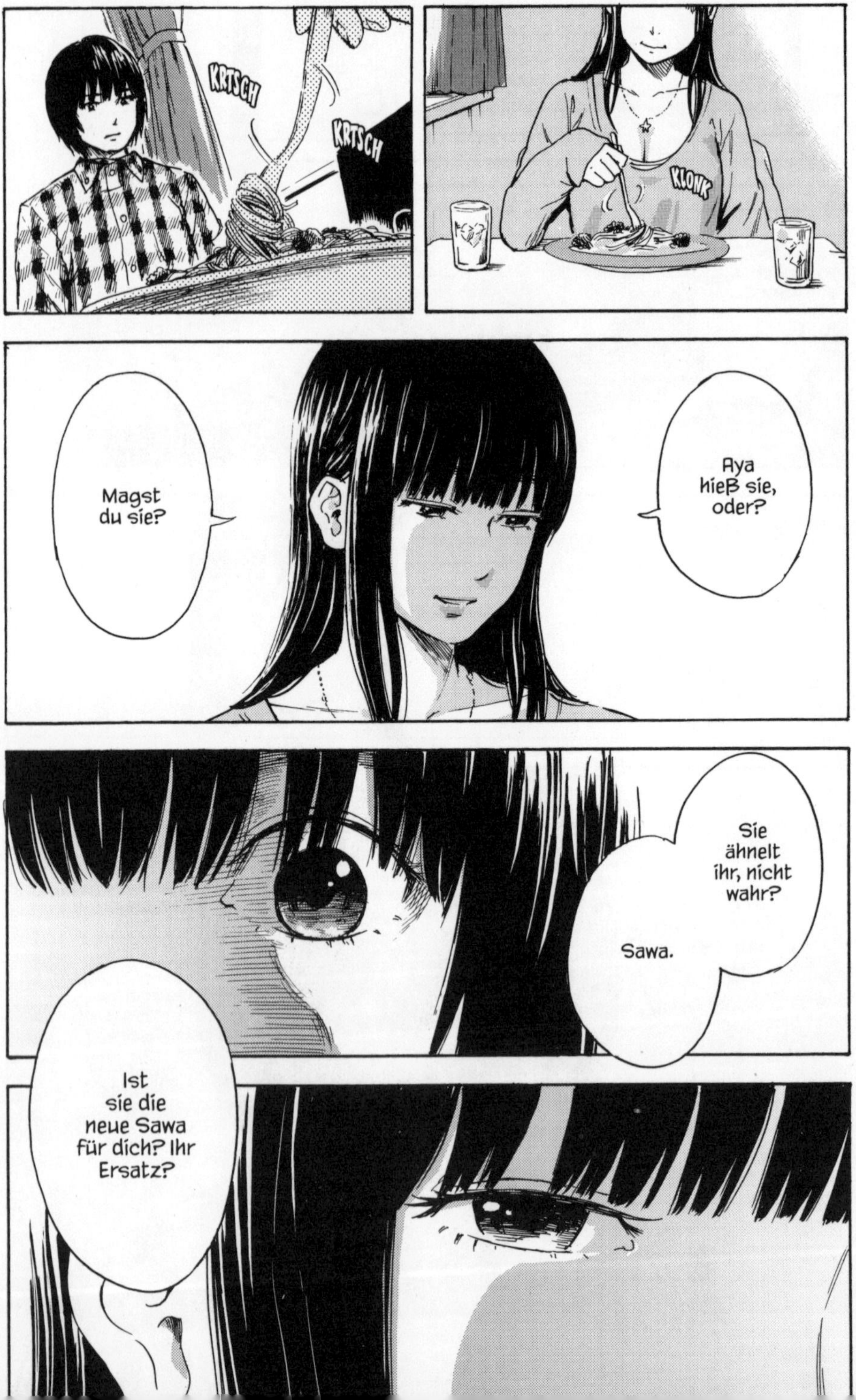
KLONK
KRTSCH
KRTSCH
Aya hieß sie, oder?
Magst du sie?
Sie ähnelt ihr, nicht wahr?
Sawa.
Ist sie die neue Sawa für dich? Ihr Ersatz?

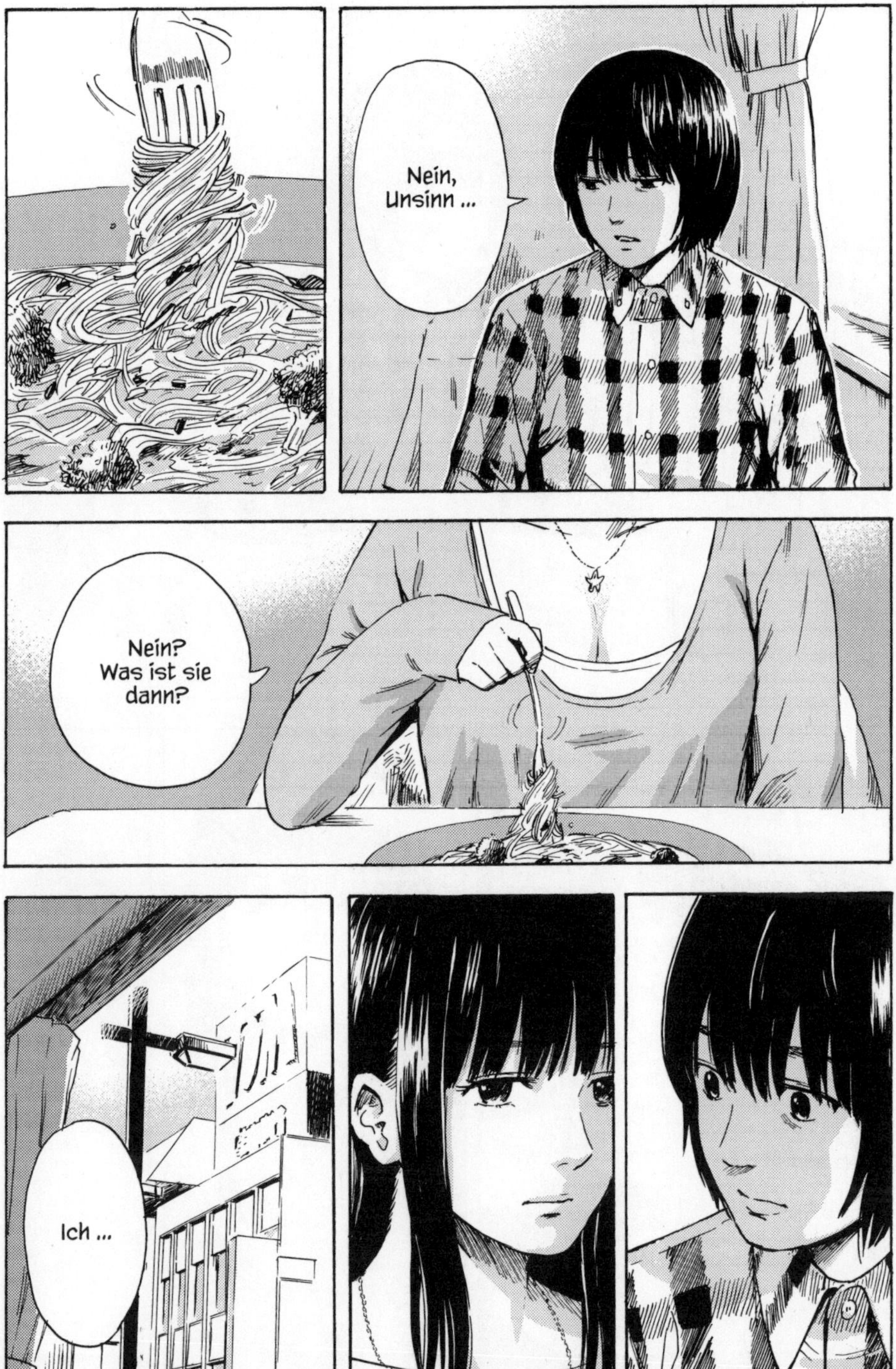

Nein,
Unsinn ...
Nein?
Was ist sie
dann?
Ich ...

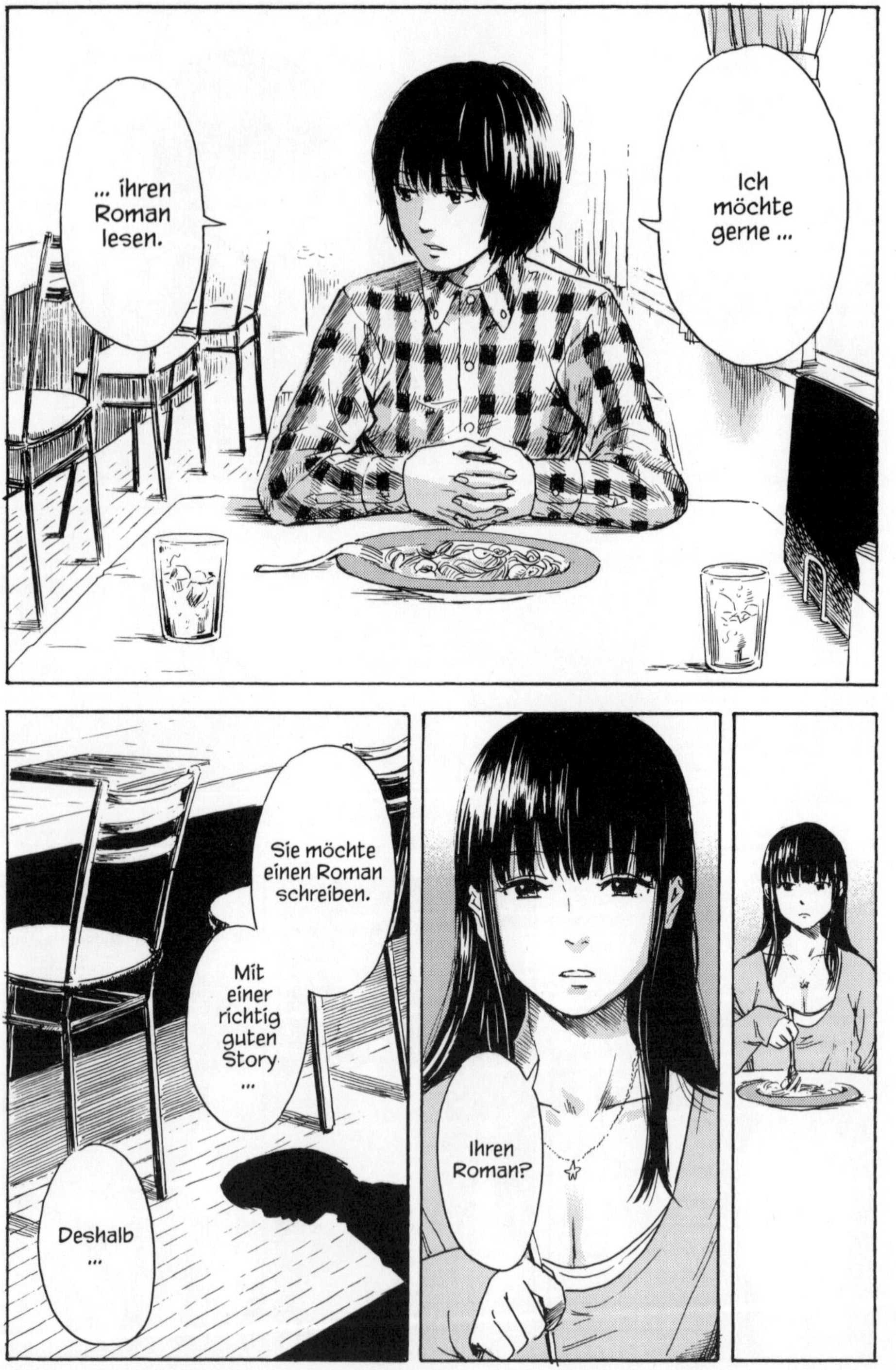
Ich möchte gerne ...
... ihren Roman lesen.
Ihren Roman?
Sie möchte einen Roman schreiben.
Mit einer richtig guten Story ...
Deshalb ...

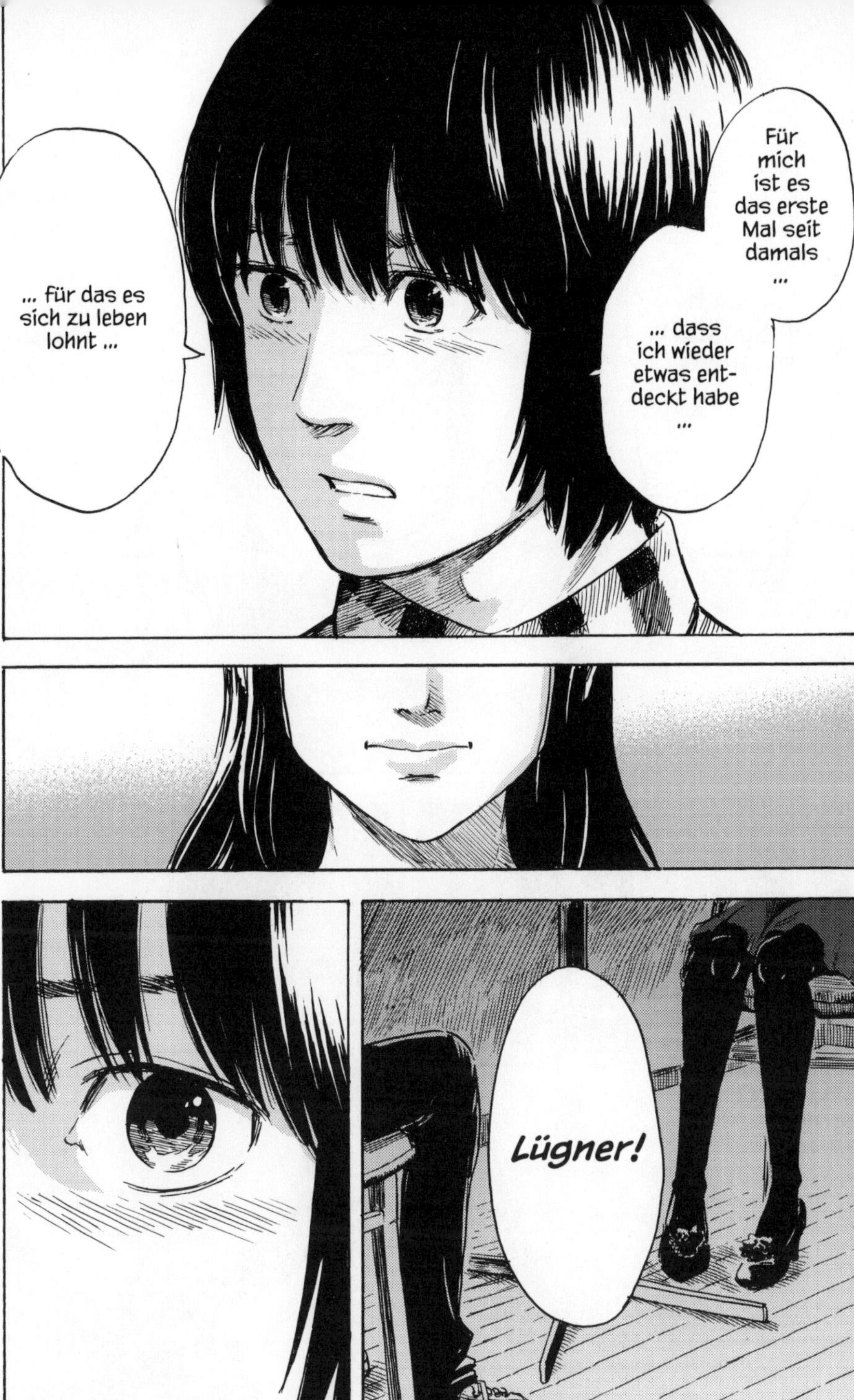
Für mich ist es das erste Mal seit damals ...
... dass ich wieder etwas entdeckt habe ...
... für das es sich zu leben lohnt ...
Lügner!

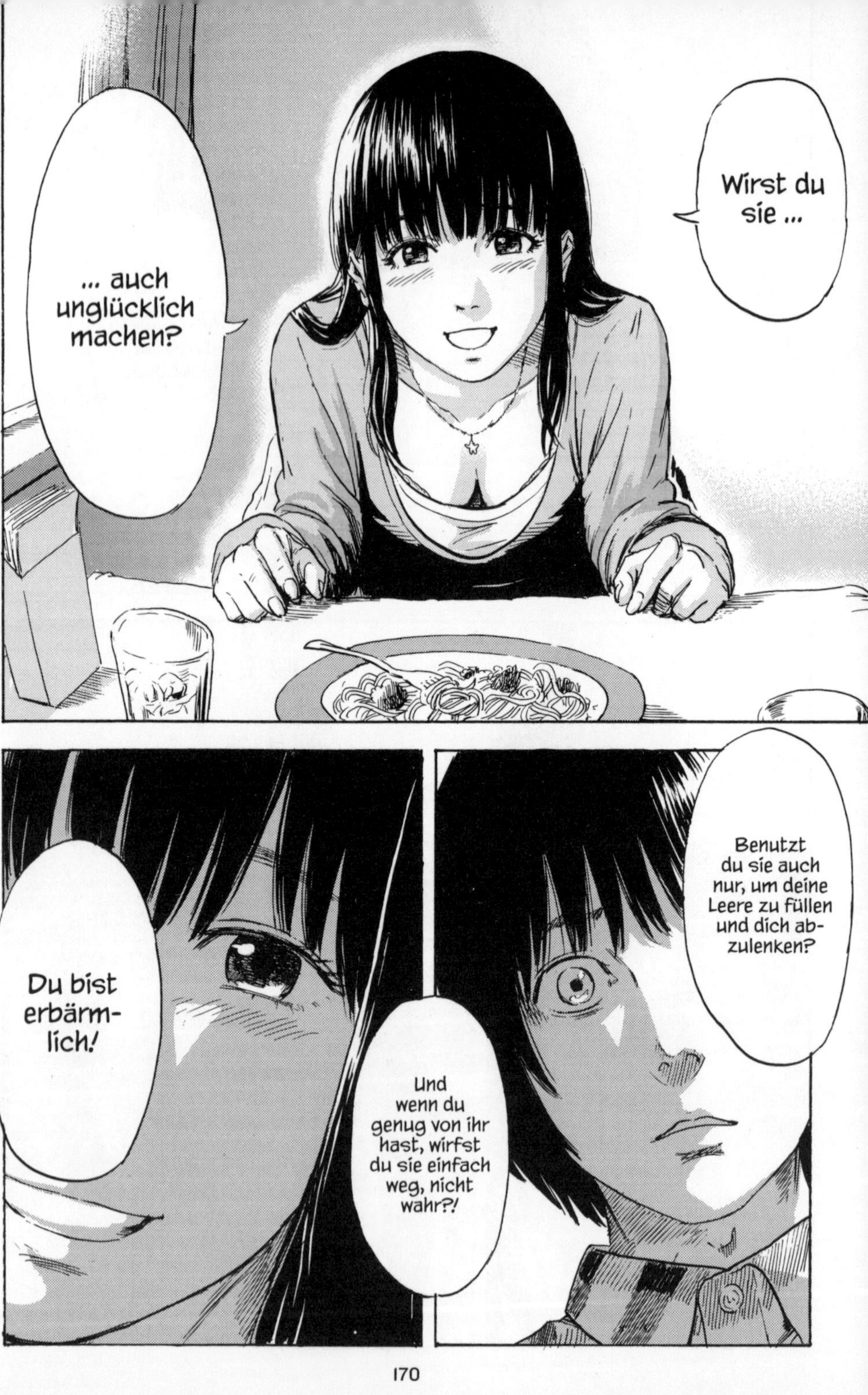
Wirst du sie ...
... auch unglücklich machen?
Benutzt du sie auch nur, um deine Leere zu füllen und dich abzulenken?
Und wenn du genug von ihr hast, wirfst du sie einfach weg, nicht wahr?!
Du bist erbärmlich!

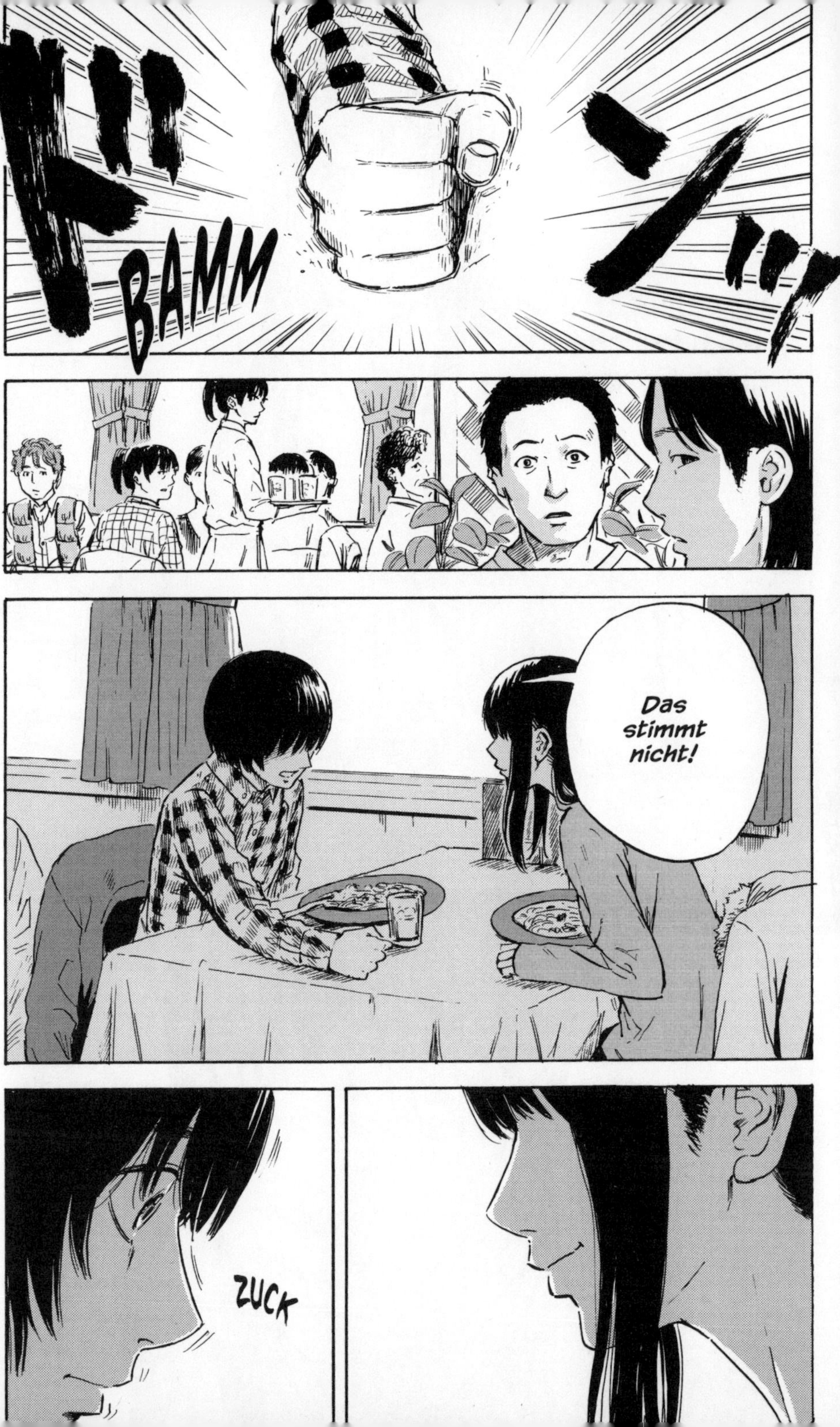
BAMM
Das stimmt nicht!
ZUCK

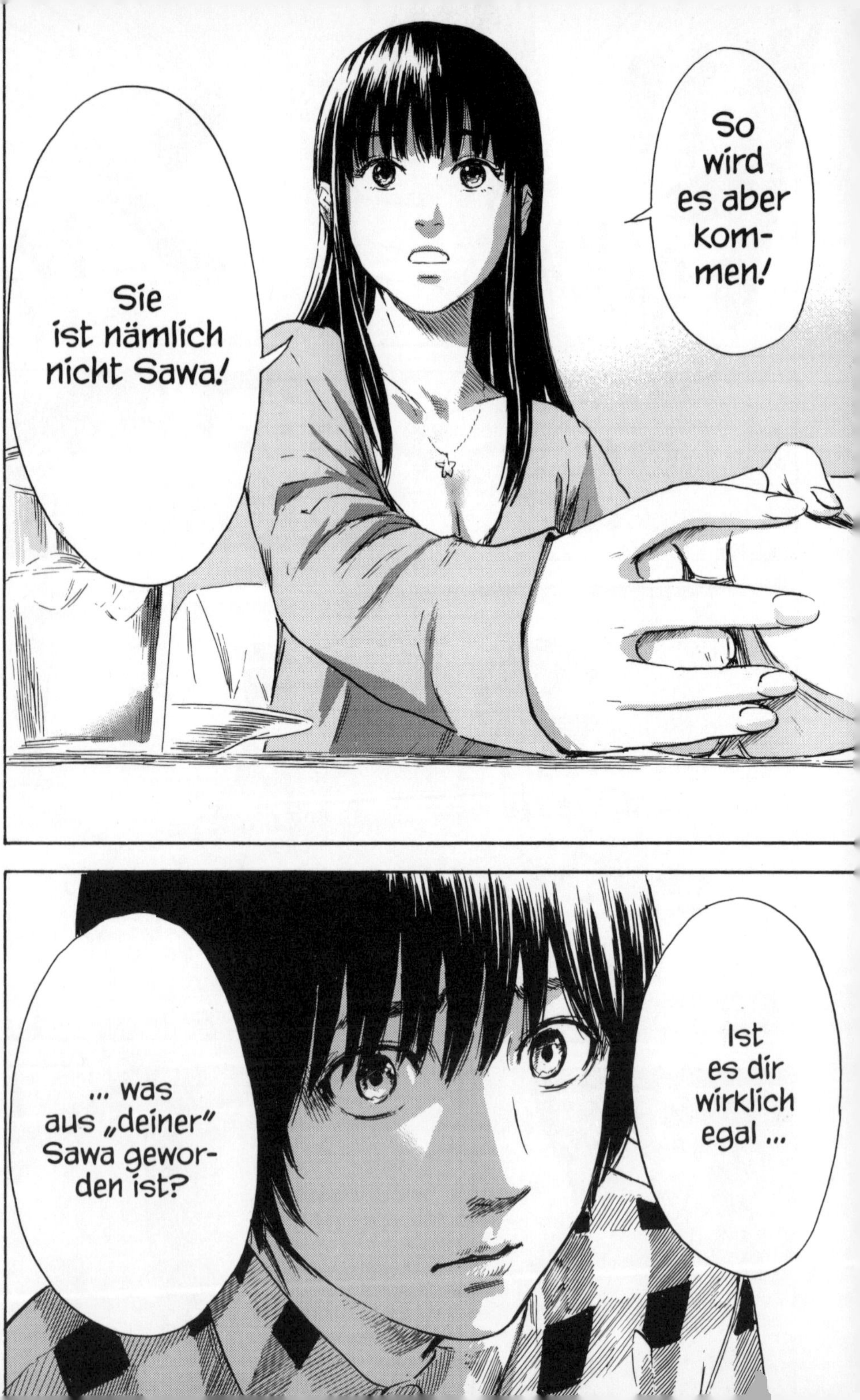

So wird es aber kommen!
Sie ist nämlich nicht Sawa!
Ist es dir wirklich egal ...
... was aus „deiner" Sawa geworden ist?

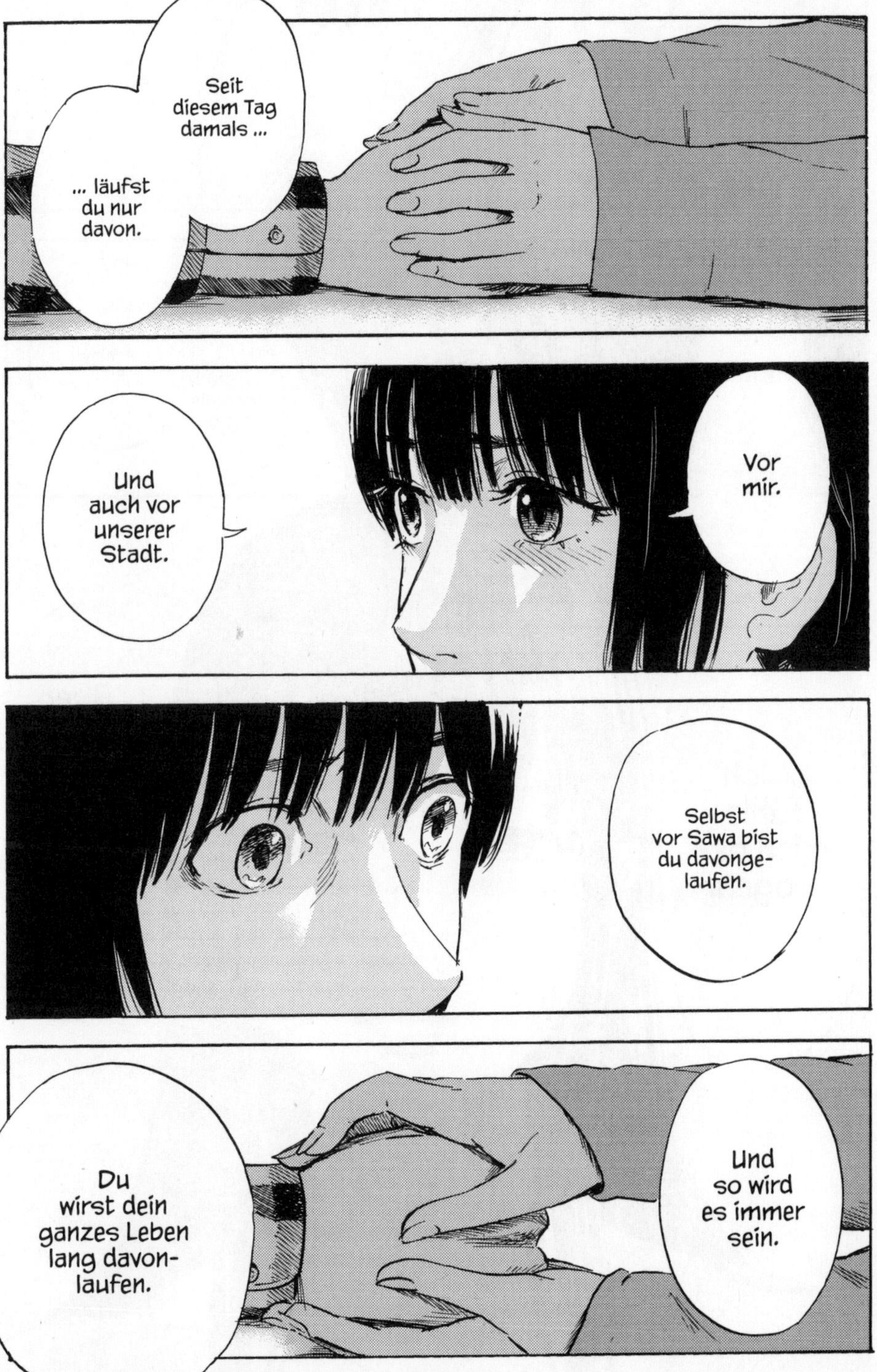
Seit diesem Tag damals ...
... läufst du nur davon.
Vor mir.
Und auch vor unserer Stadt.
Selbst vor Sawa bist du davongelaufen.
Und so wird es immer sein.
Du wirst dein ganzes Leben lang davonlaufen.

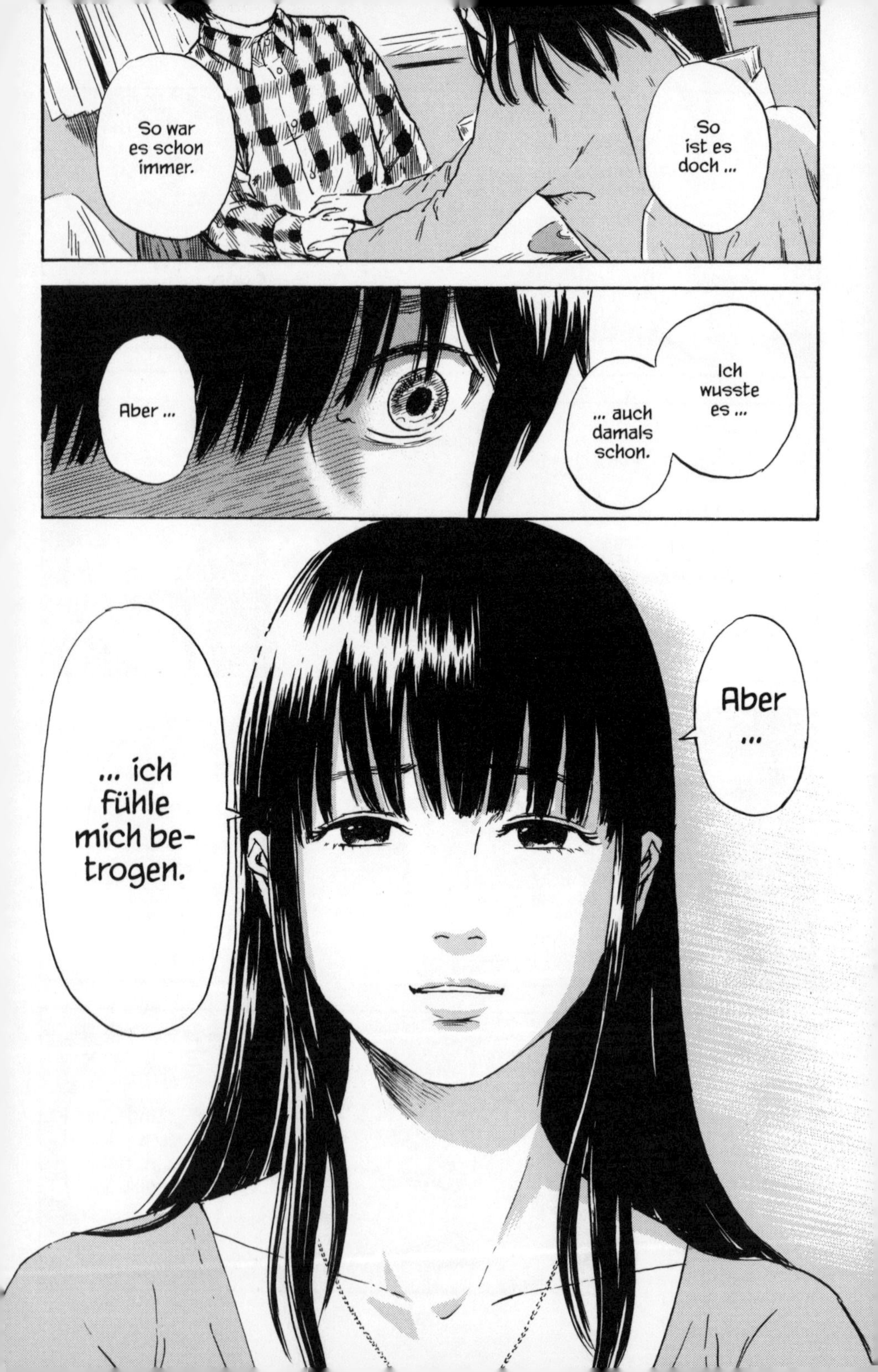

So ist es doch ...
So war es schon immer.
Ich wusste es ...
... auch damals schon.
Aber ...
Aber ...
... ich fühle mich be-trogen.

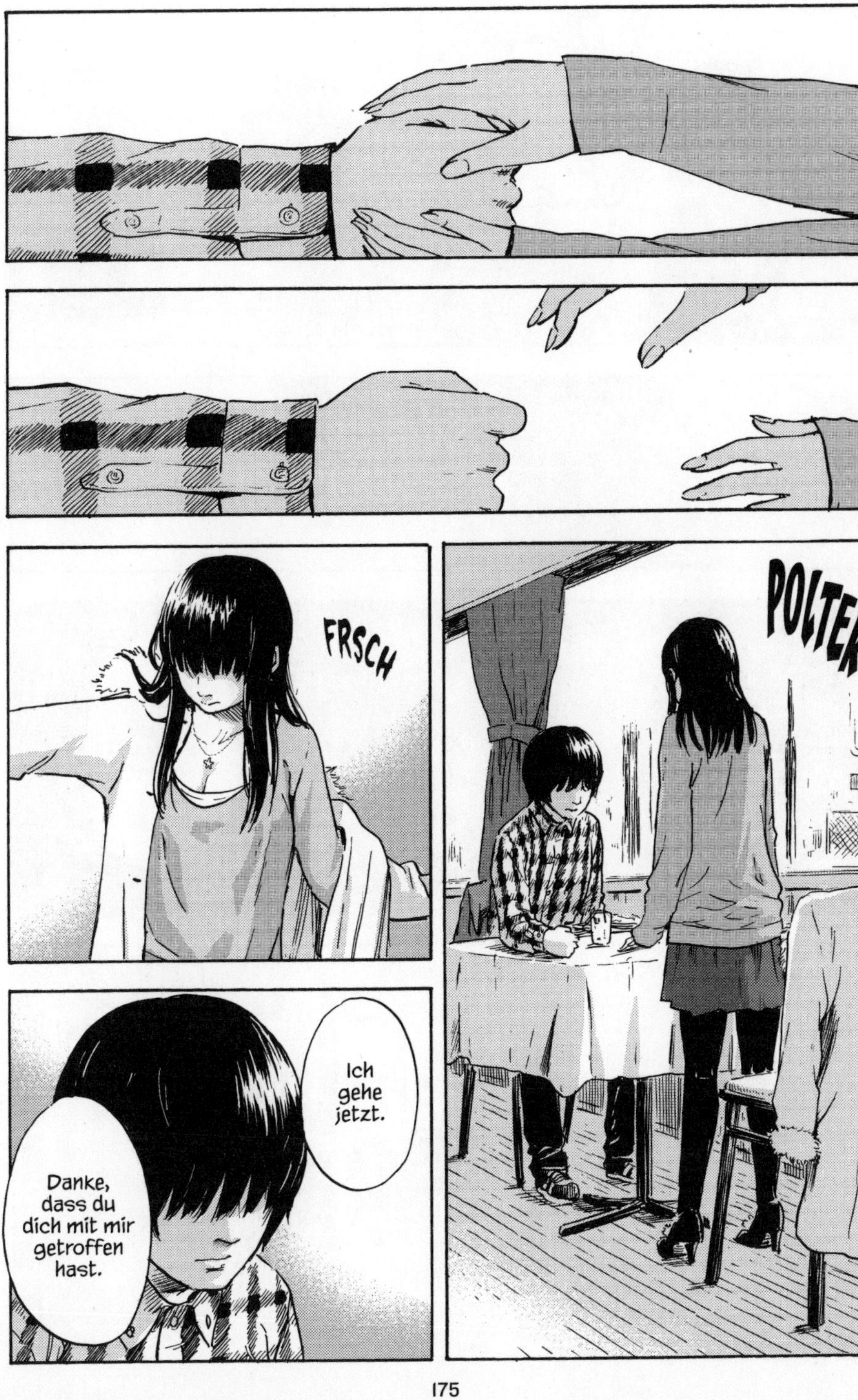
POLTER
FRSCH
Ich gehe jetzt.
Danke, dass du dich mit mir getroffen hast.

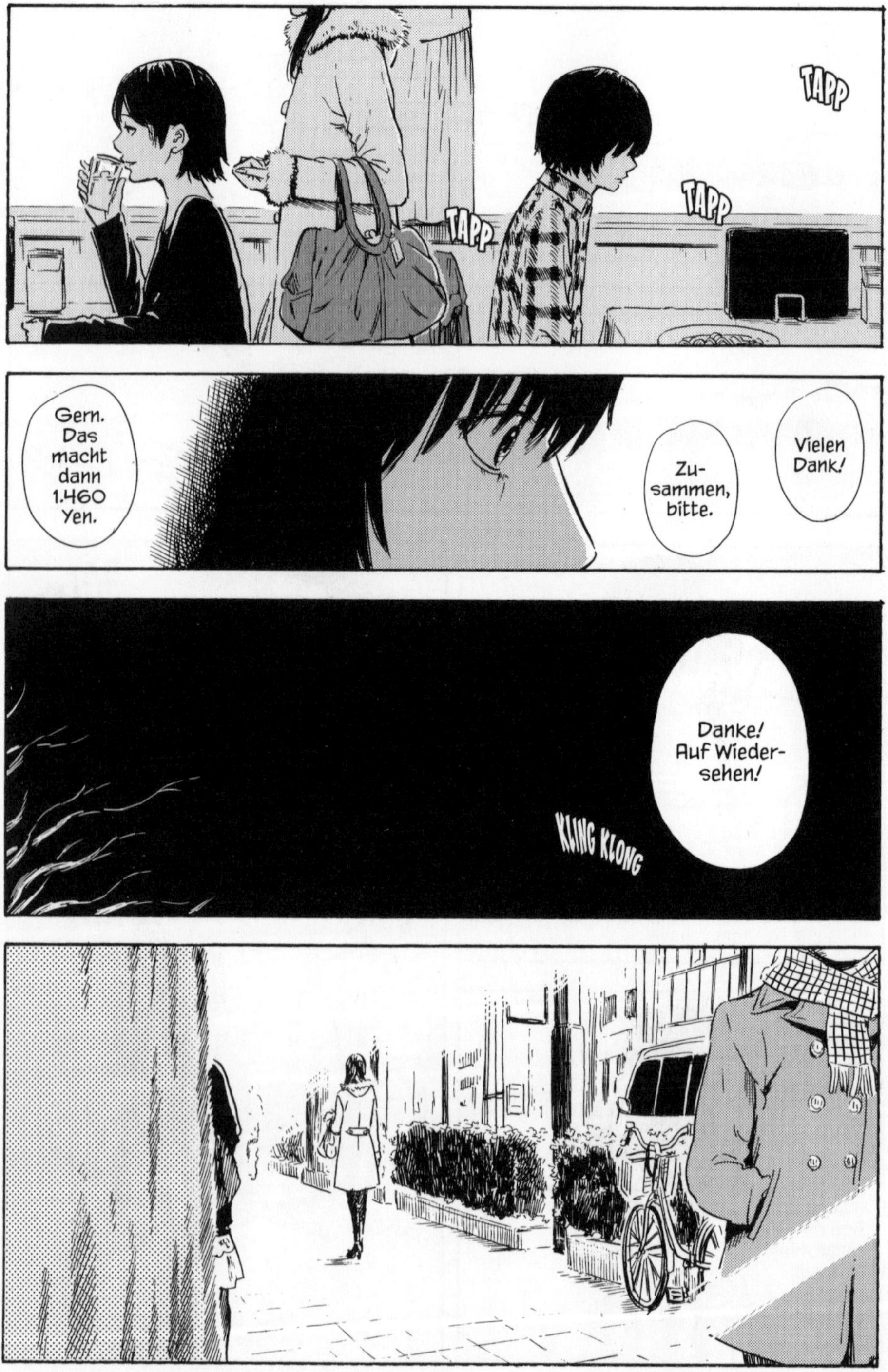
TAPP
TAPP
TAPP
Vielen Dank!
Zu-
sammen,
bitte.
Gern.
Das
macht
dann
1.460
Yen.
Danke!
Auf Wieder-
sehen!
KLING KLONG

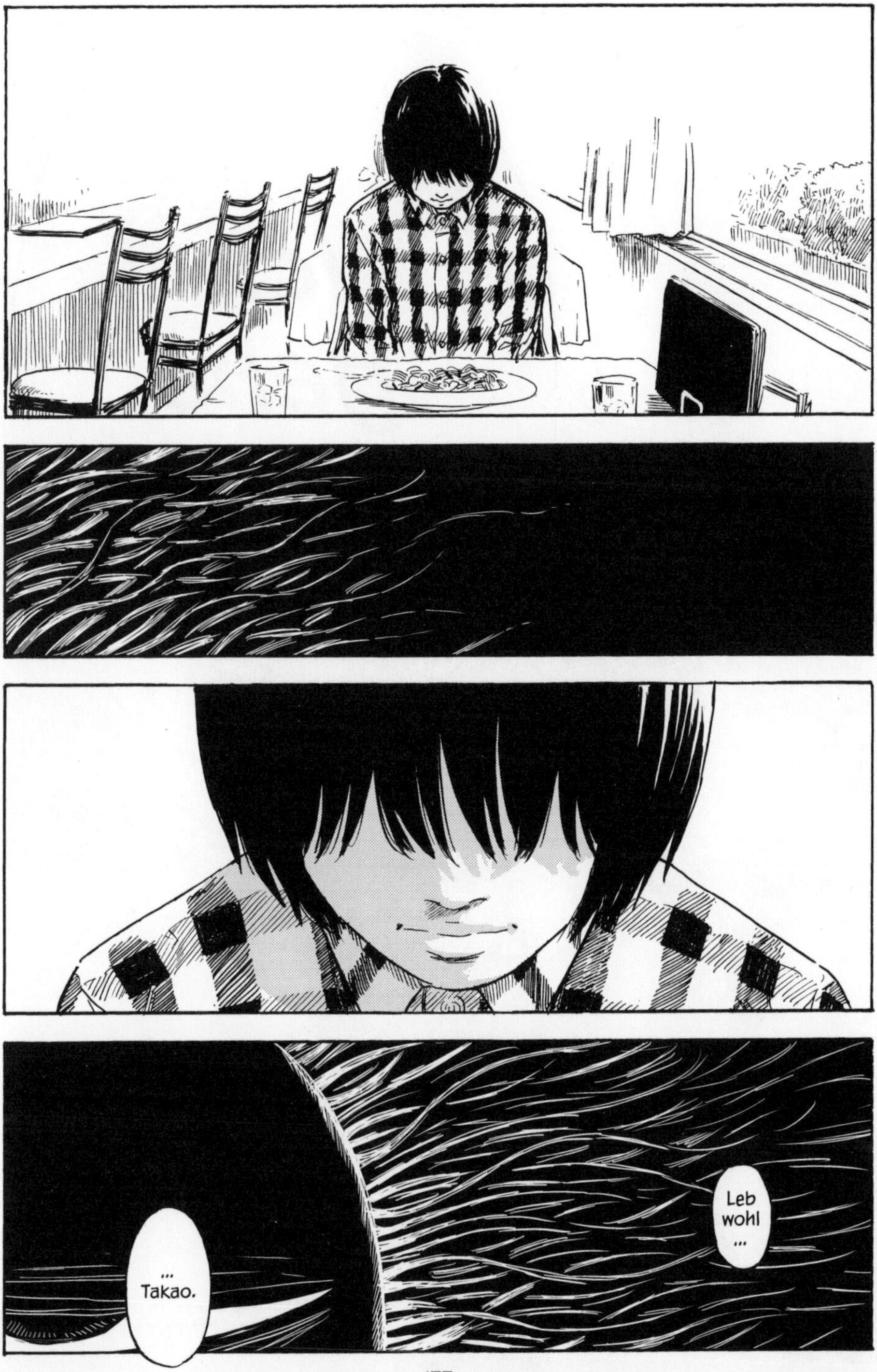
Leb wohl ...
... Takao.

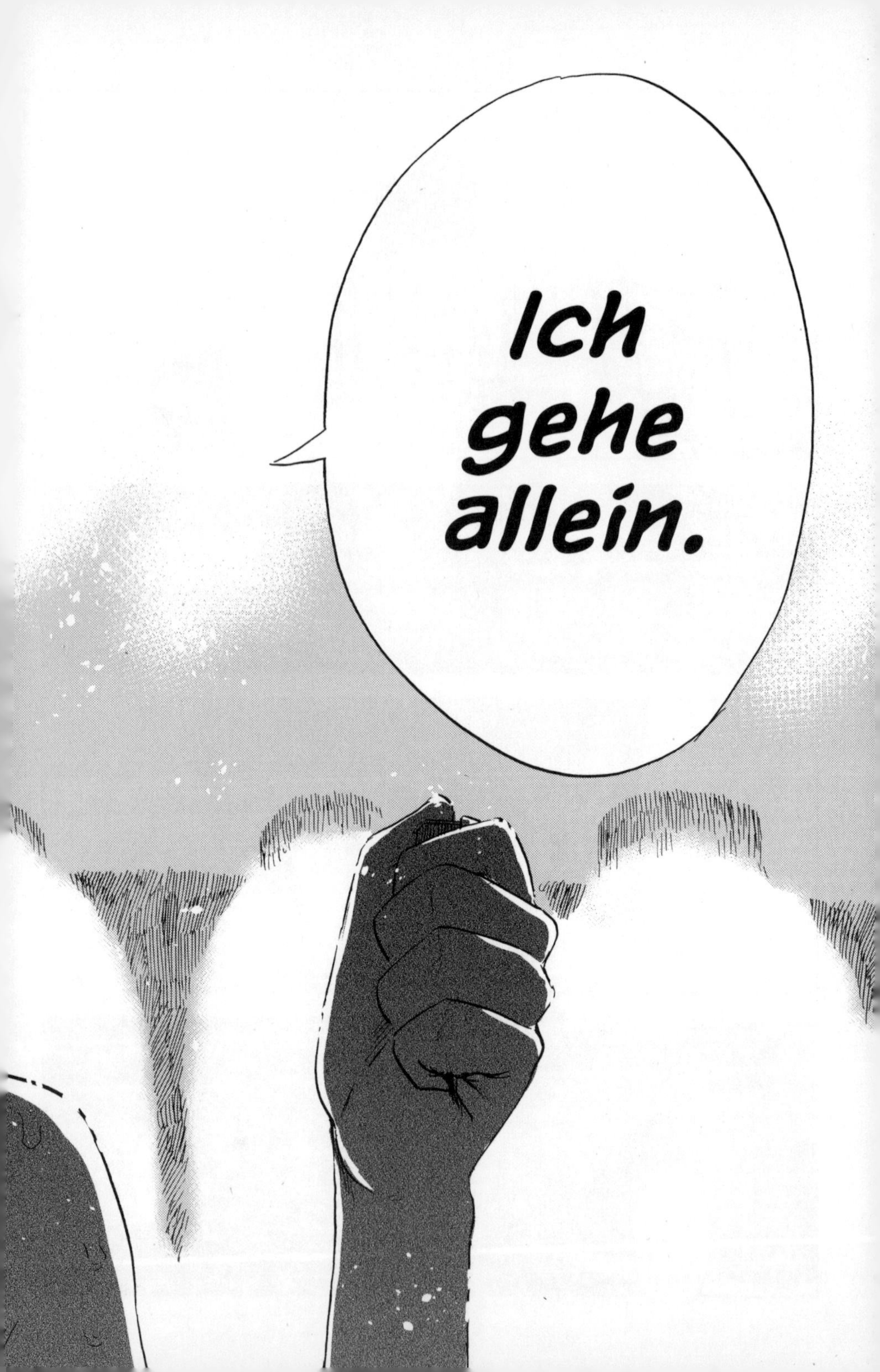
Ich gehe allein.

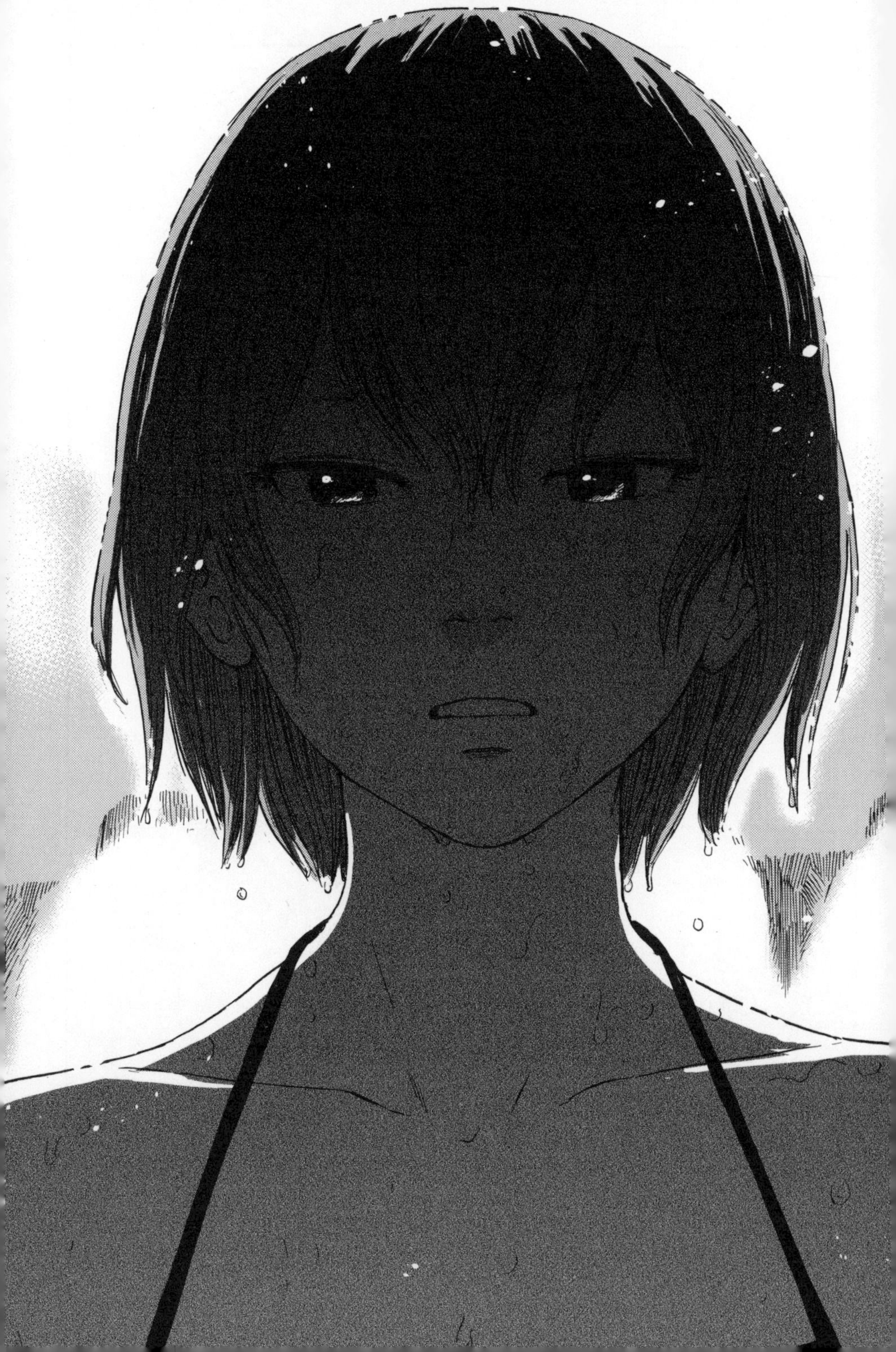

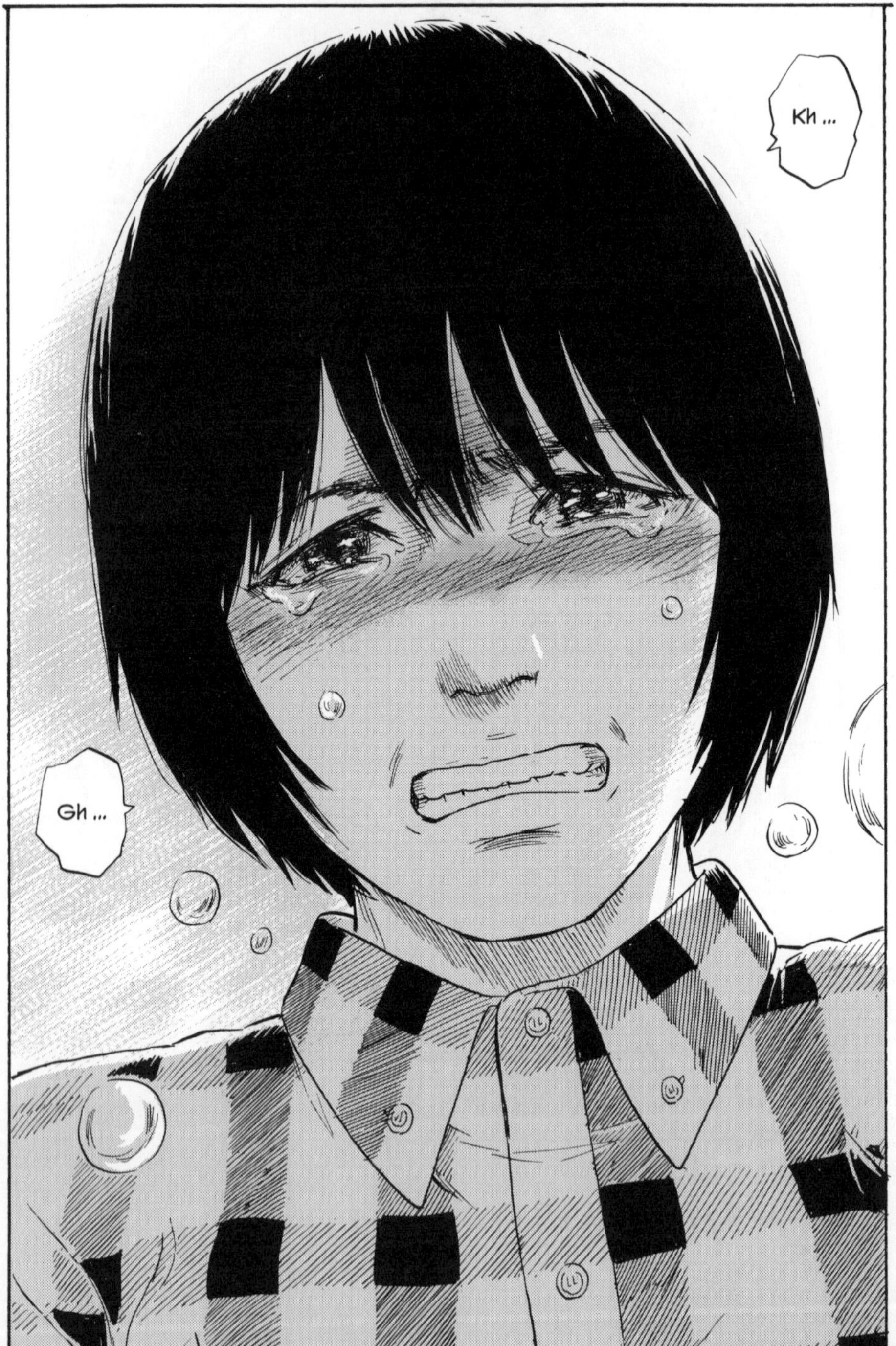
Kh ...
Gh ...

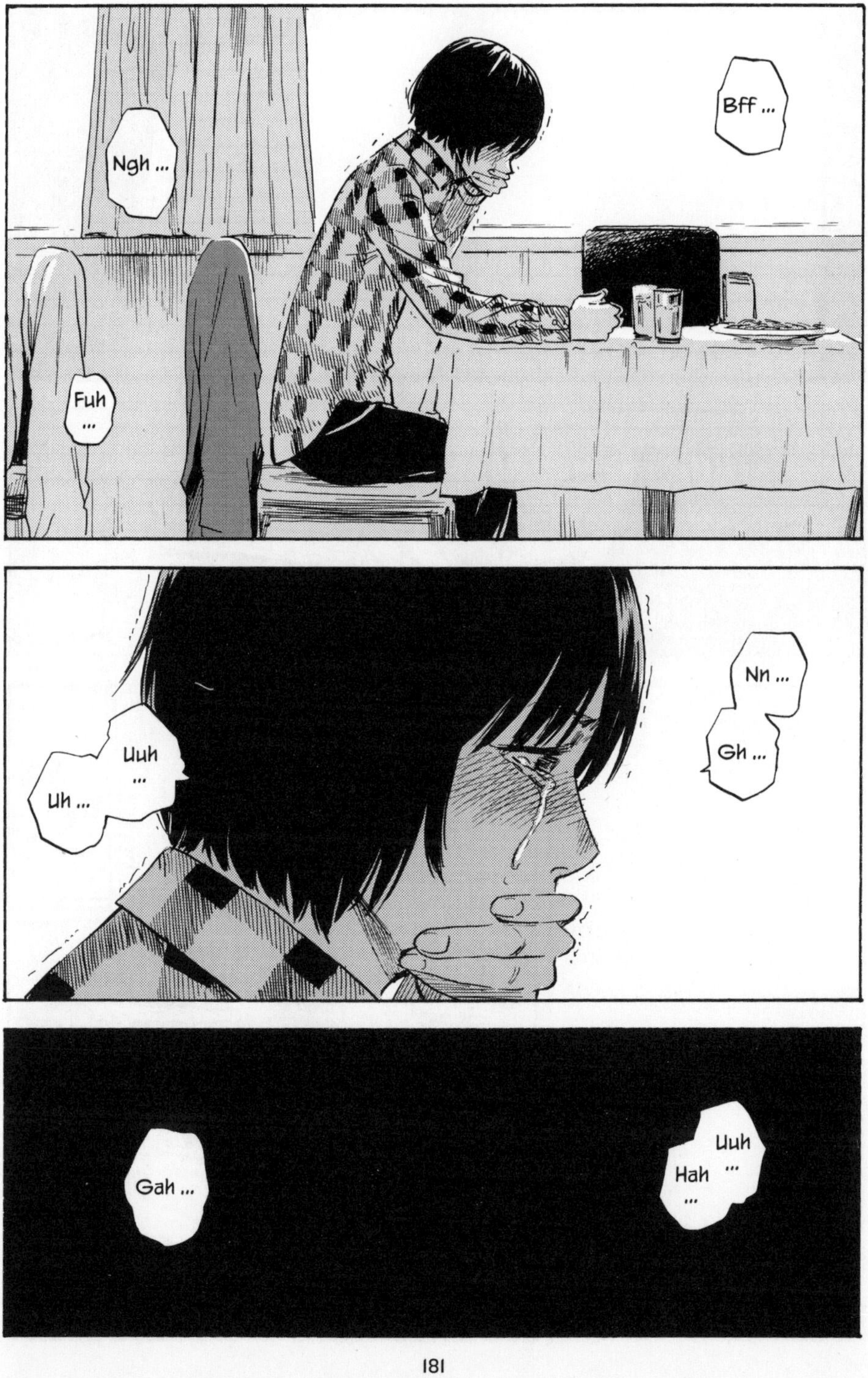
Bff ...
Ngh ...
Fuh ...
Nn ...
Gh ...
Uuh ...
Uh ...
Uuh ...
Hah ...
Gah ...

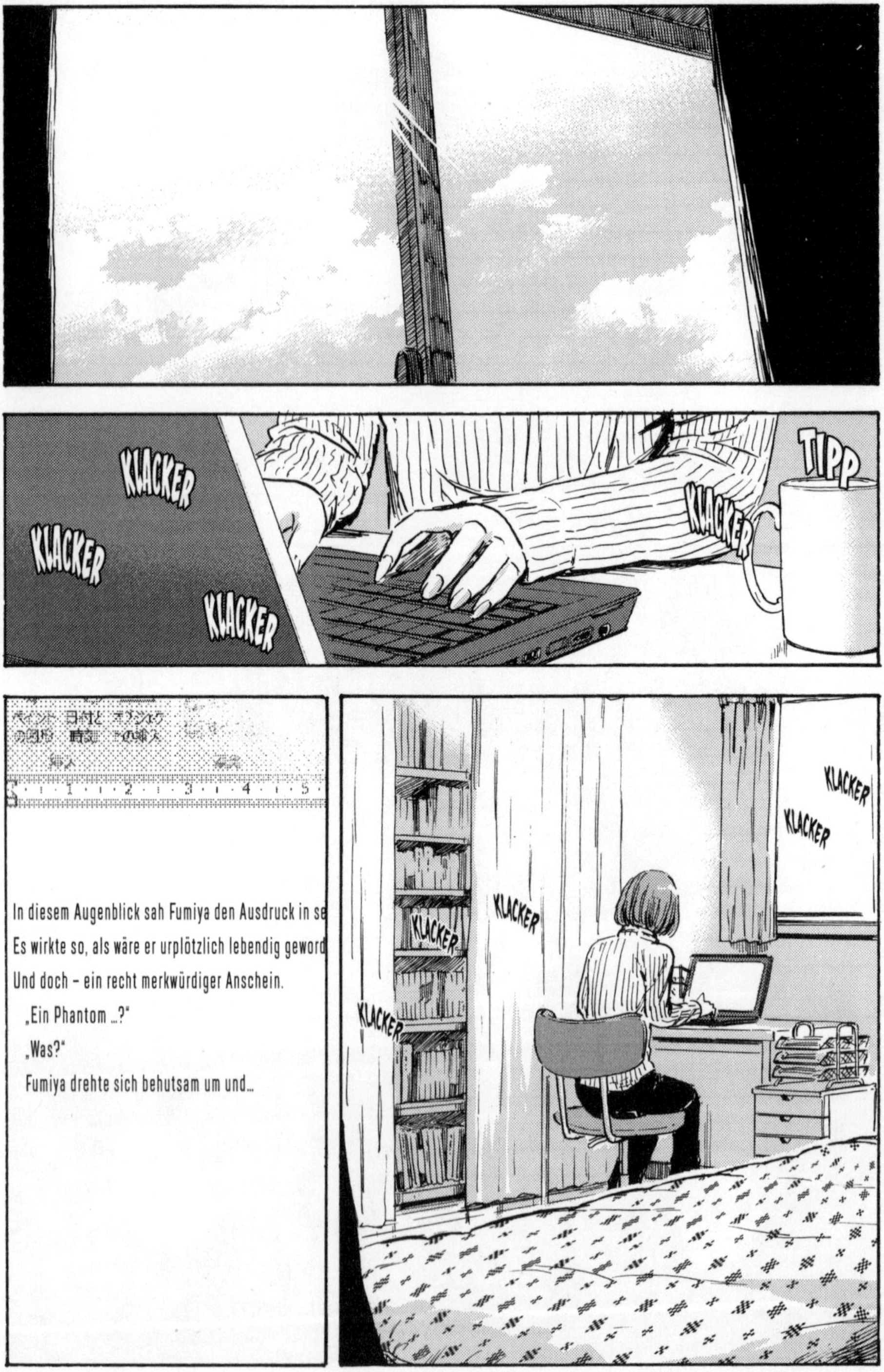
TIPP
KLACKER
KLACKER
KLACKER
KLACKER
KLACKER
KLACKER
KLACKER
KLACKER
KLACKER
In diesem Augenblick sah Fumiya den Ausdruck in se
Es wirkte so, als wäre er urplötzlich lebendig geword
Und doch – ein recht merkwürdiger Anschein.
„Ein Phantom …?“
„Was?“
Fumiya drehte sich behutsam um und…

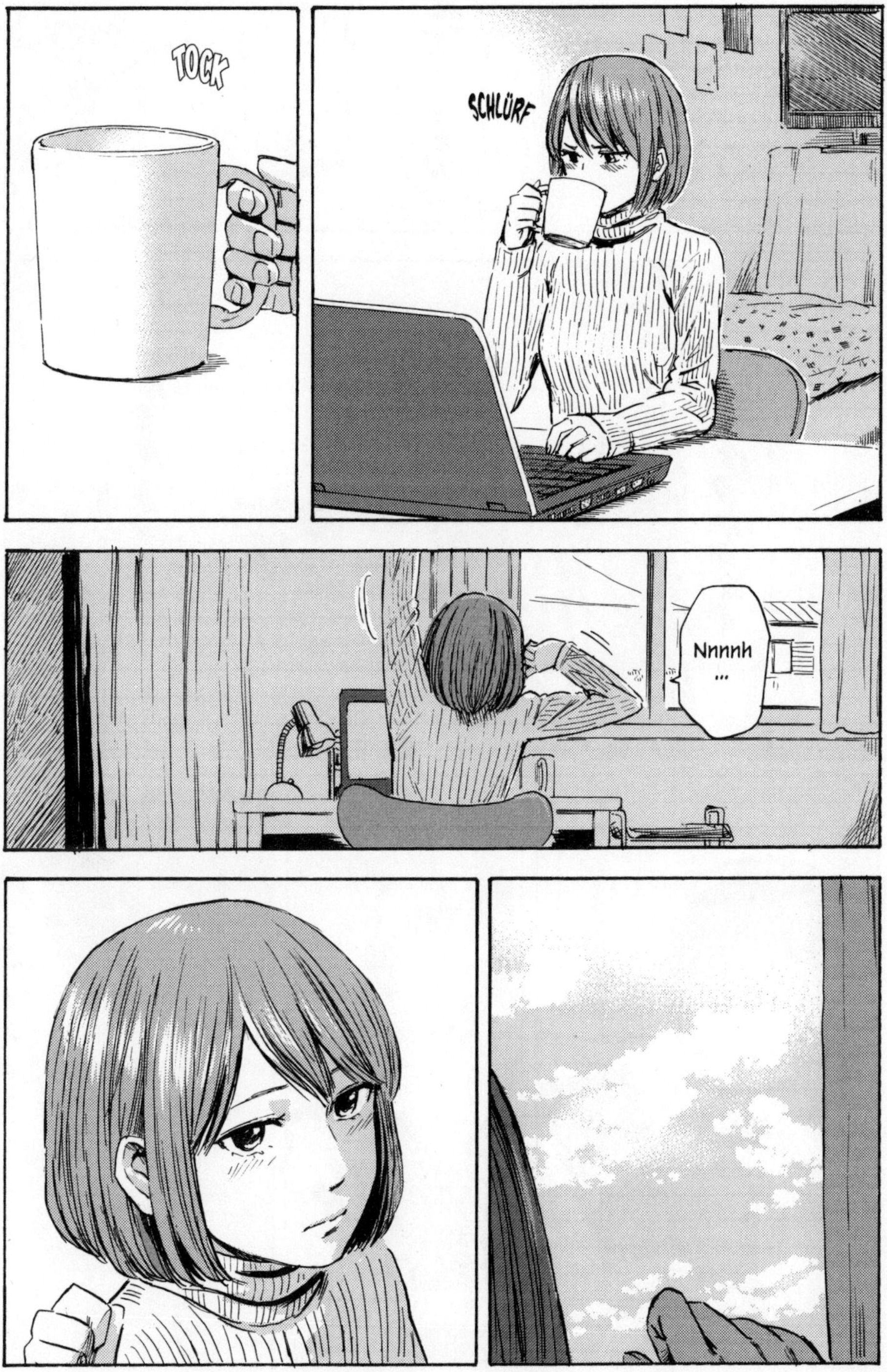
TOCK
SCHLÜRF
Nnnnh
...

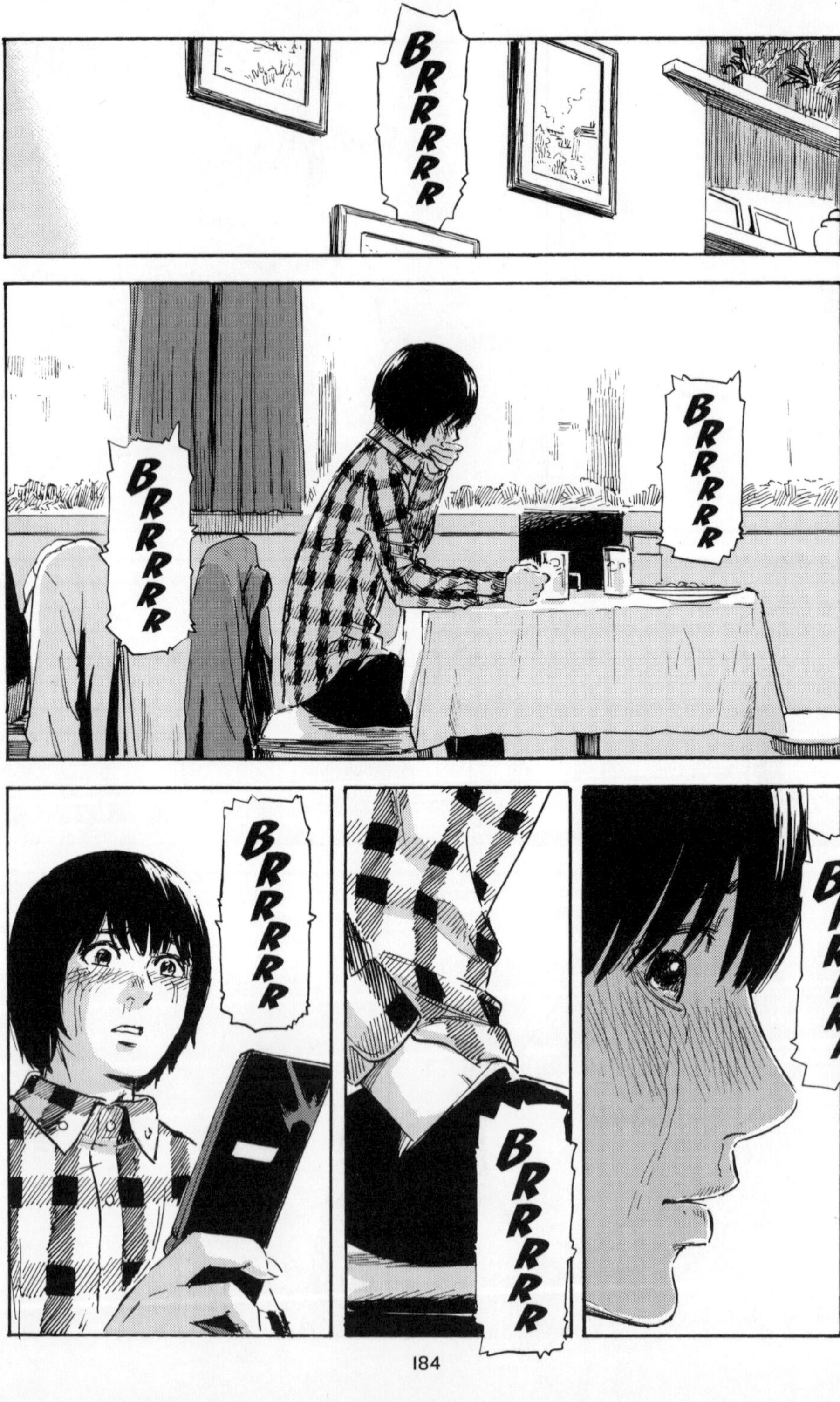
BRRRRR
BRRRRR
BRRRRR
BRRRRR
BRRRRR
BRRRRR

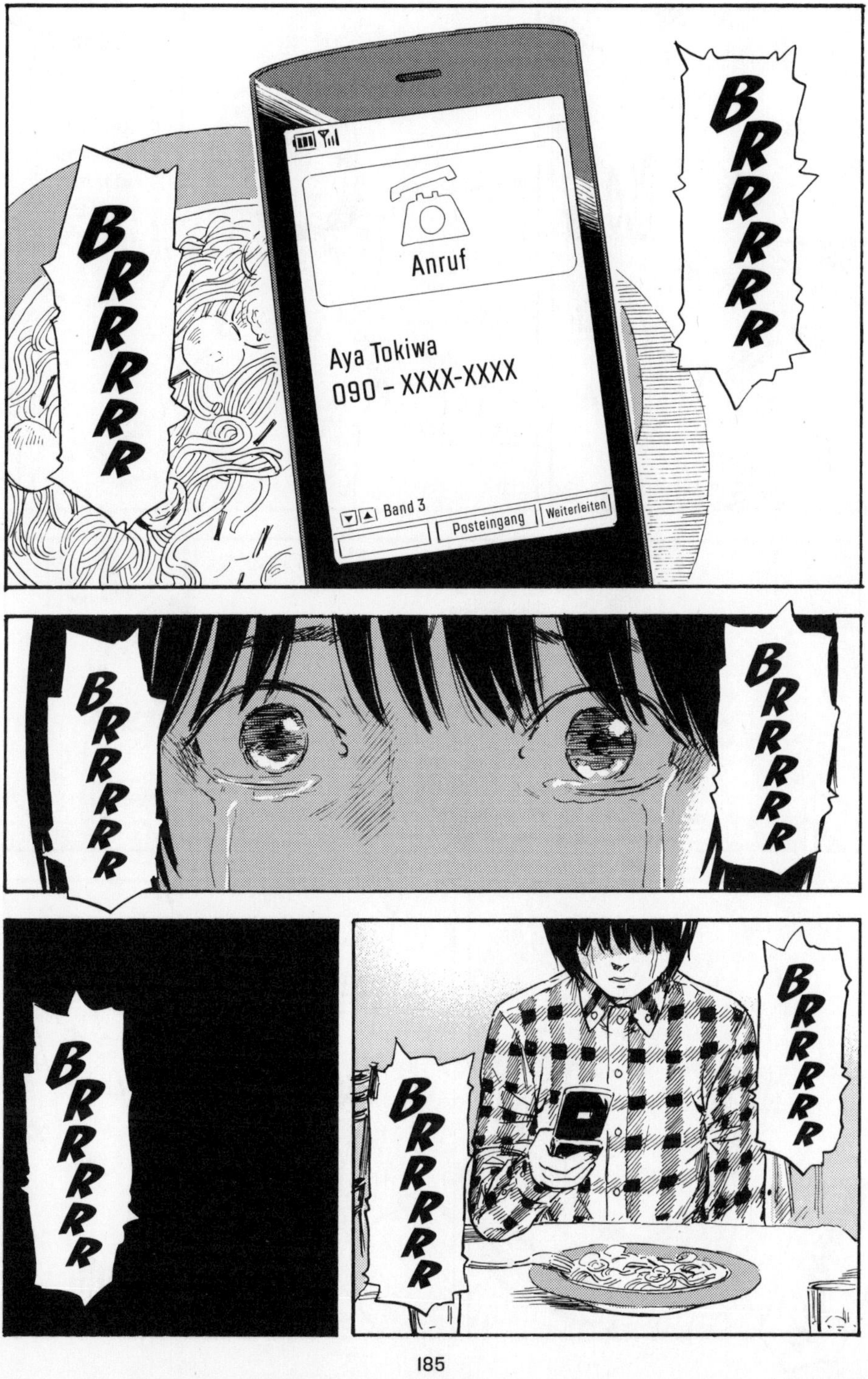
BRRRRRR
Anruf
Aya Tokiwa
090 – XXXX-XXXX
Band 3
Posteingang
Weiterleiten
BRRRRRR
BRRRRRRR
BRRRRRRR
BRRRRRR
BRRRRRR
BRRRRRR

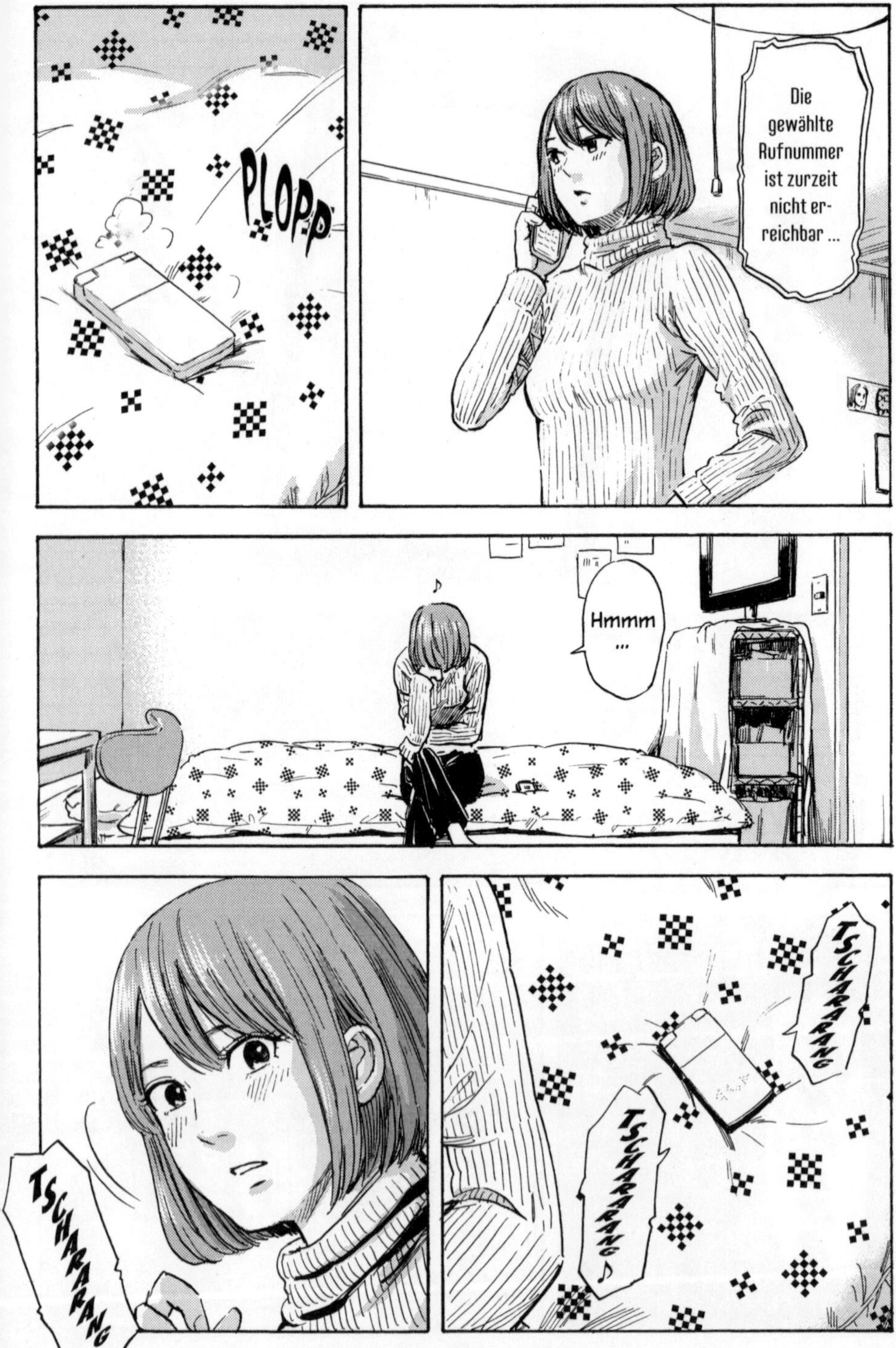

Die gewählte Rufnummer ist zurzeit nicht erreichbar ...
PLOPP
Hmmm ...
TSCHARARANG
TSCHARARANG ♪
TSCHARARANG

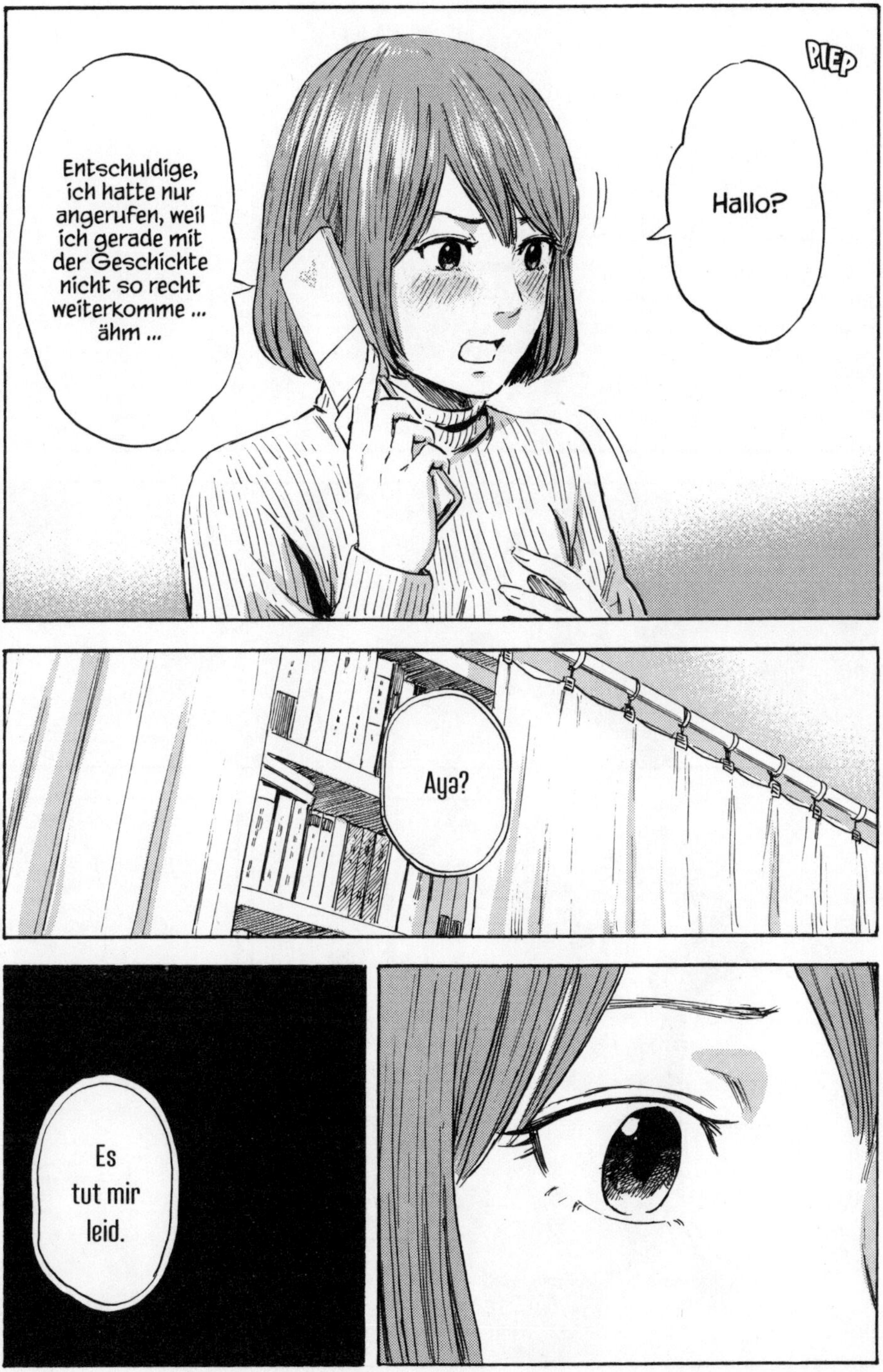
PIEP
Hallo?
Entschuldige, ich hatte nur angerufen, weil ich gerade mit der Geschichte nicht so recht weiterkomme ... ähm ...
Aya?
Es tut mir leid.

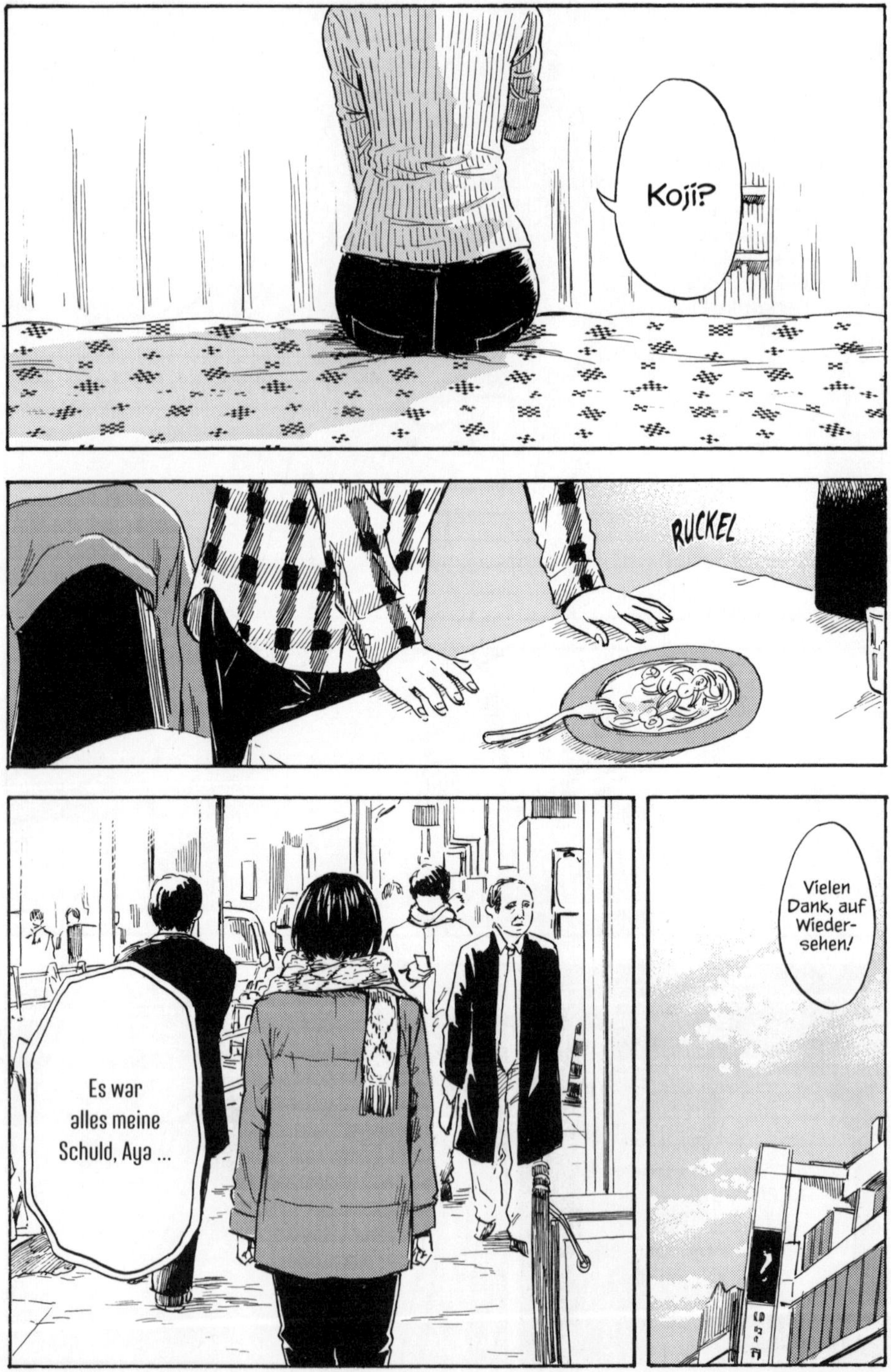
Koji?
RUCKEL
Vielen Dank, auf Wieder-sehen!
Es war alles meine Schuld, Aya ...

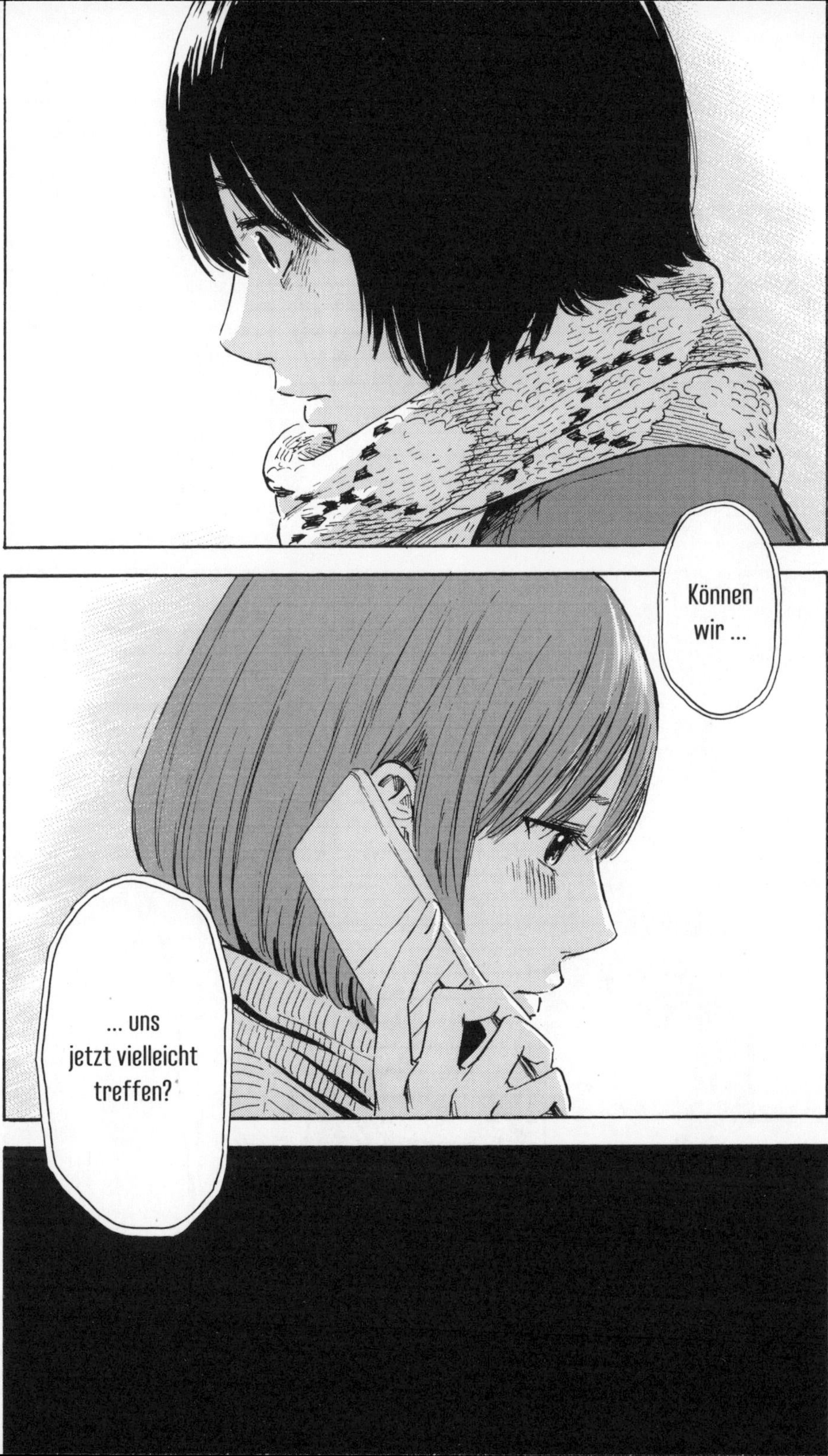
Können wir ...
... uns jetzt vielleicht treffen?

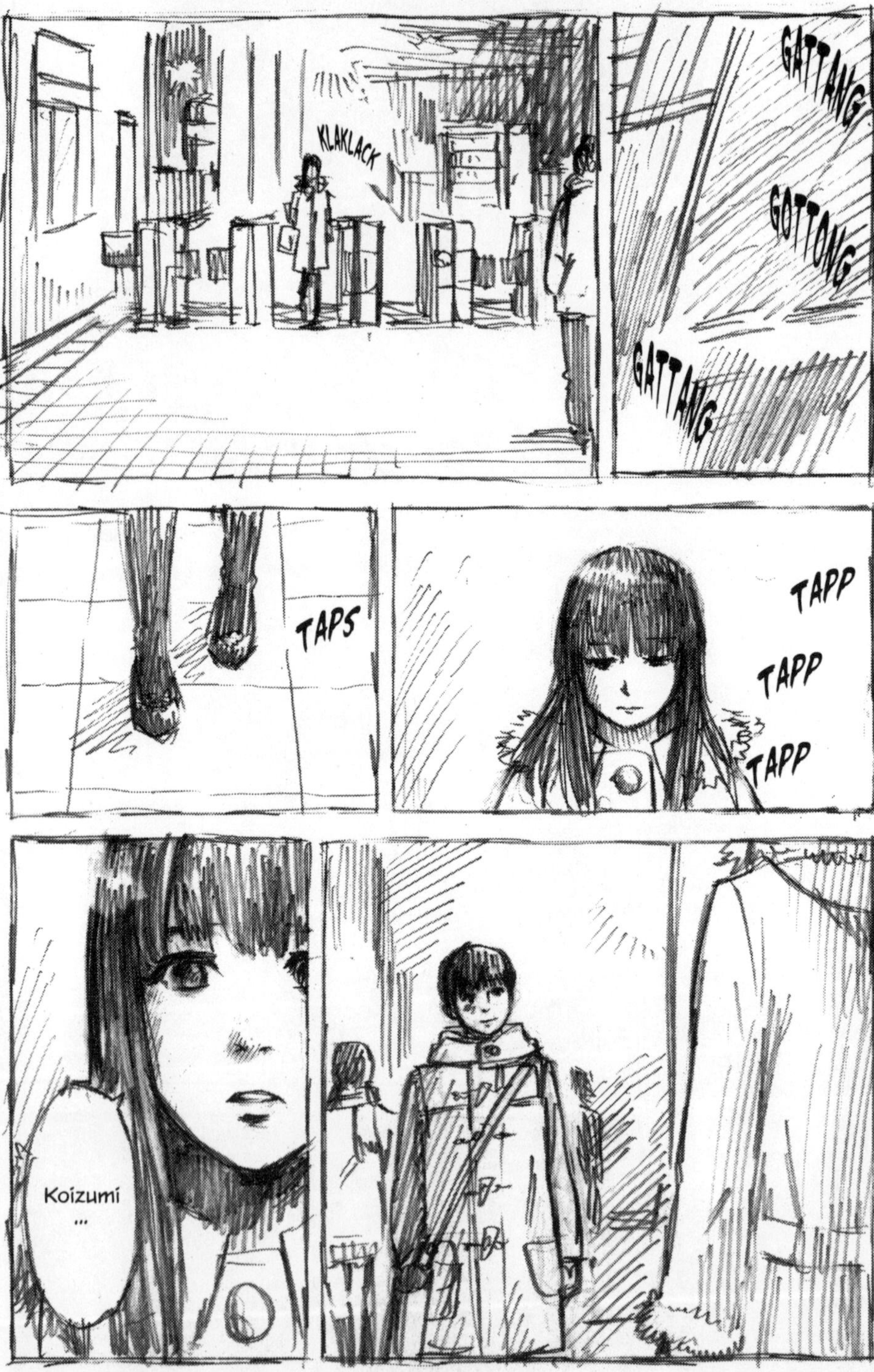
GATTANG
GOTTONG
GATTANG
KLAKLACK
TAPP
TAPP
TAPP
TAPS
Koizumi ...

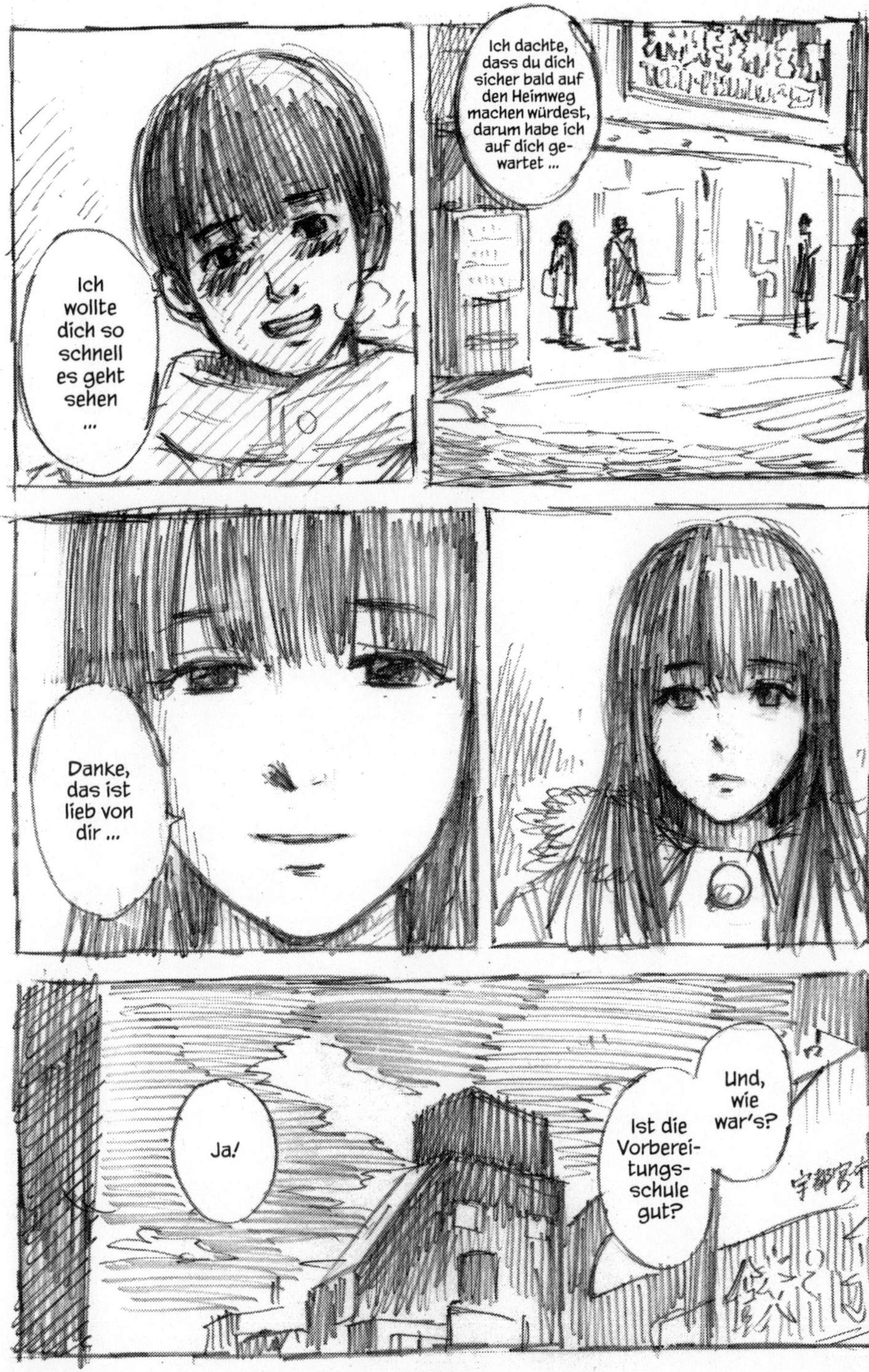
Ich dachte, dass du dich sicher bald auf den Heimweg machen würdest, darum habe ich auf dich gewartet ...
Ich wollte dich so schnell es geht sehen ...
Danke, das ist lieb von dir ...
Und, wie war's?
Ist die Vorbereitungsschule gut?
Ja!

Die Blumen des Bösen

Aku no Hana

Teil 09

Shuzo Oshimi

Les fleurs du mal

Inhalt

Teil 09

Kapitel 43 Dein Spiegel ist's, deine Seele

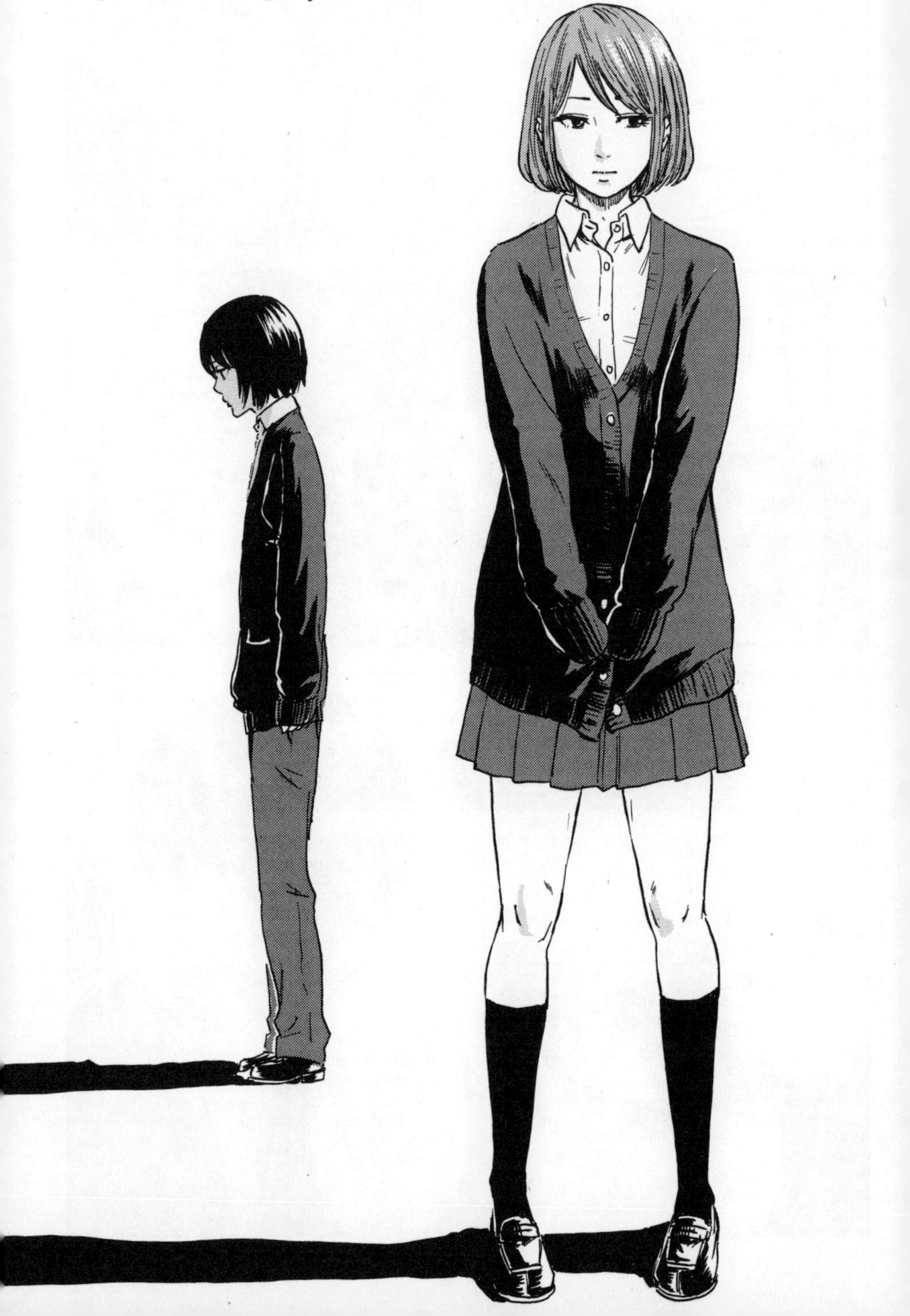

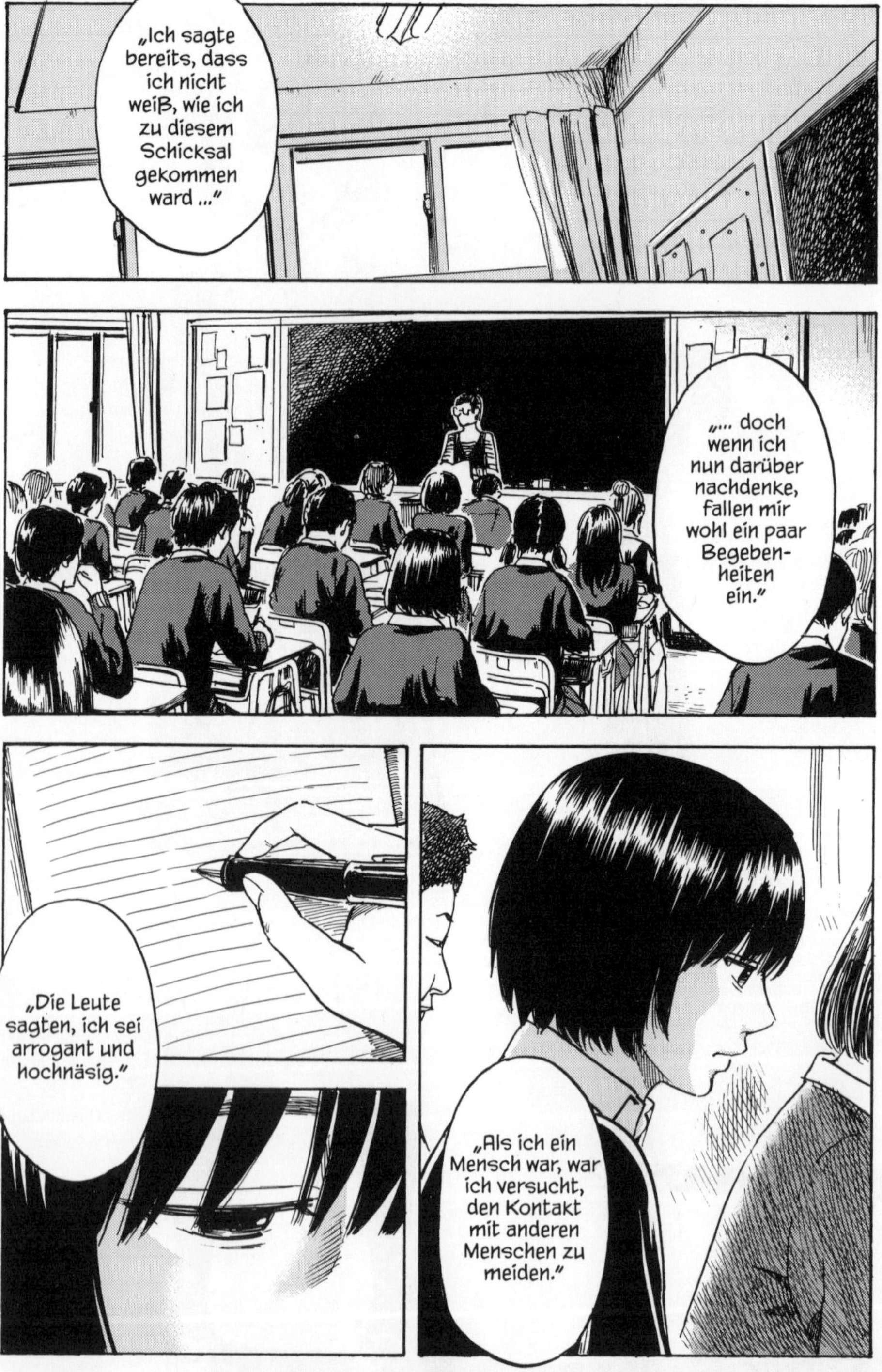
„Ich sagte bereits, dass ich nicht weiß, wie ich zu diesem Schicksal gekommen ward …"
„… doch wenn ich nun darüber nachdenke, fallen mir wohl ein paar Begeben-heiten ein."
„Als ich ein Mensch war, war ich versucht, den Kontakt mit anderen Menschen zu meiden."
„Die Leute sagten, ich sei arrogant und hochnäsig."

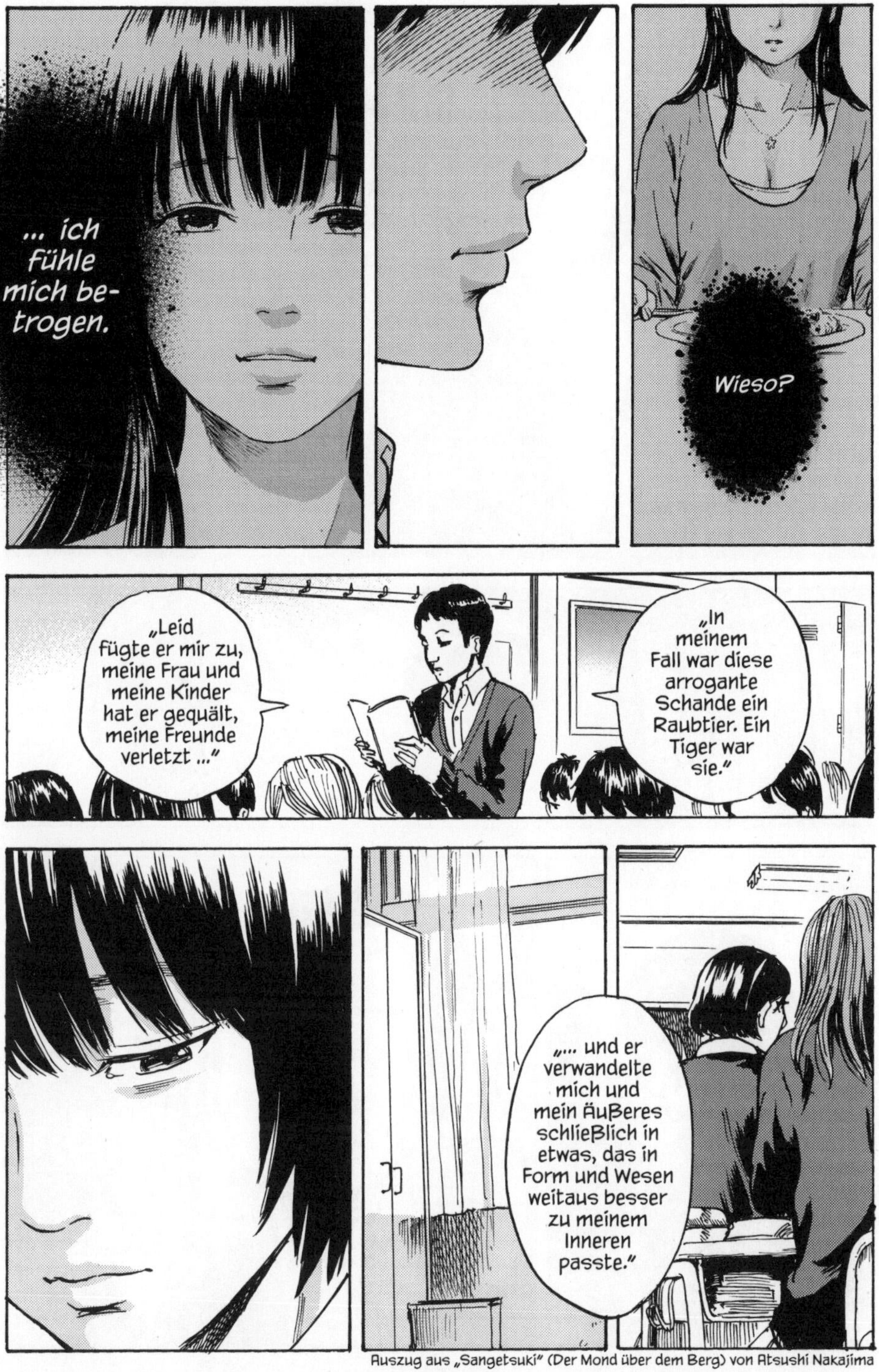

Auszug aus „Sangetsuki" (Der Mond über dem Berg) von Atsushi Nakajima

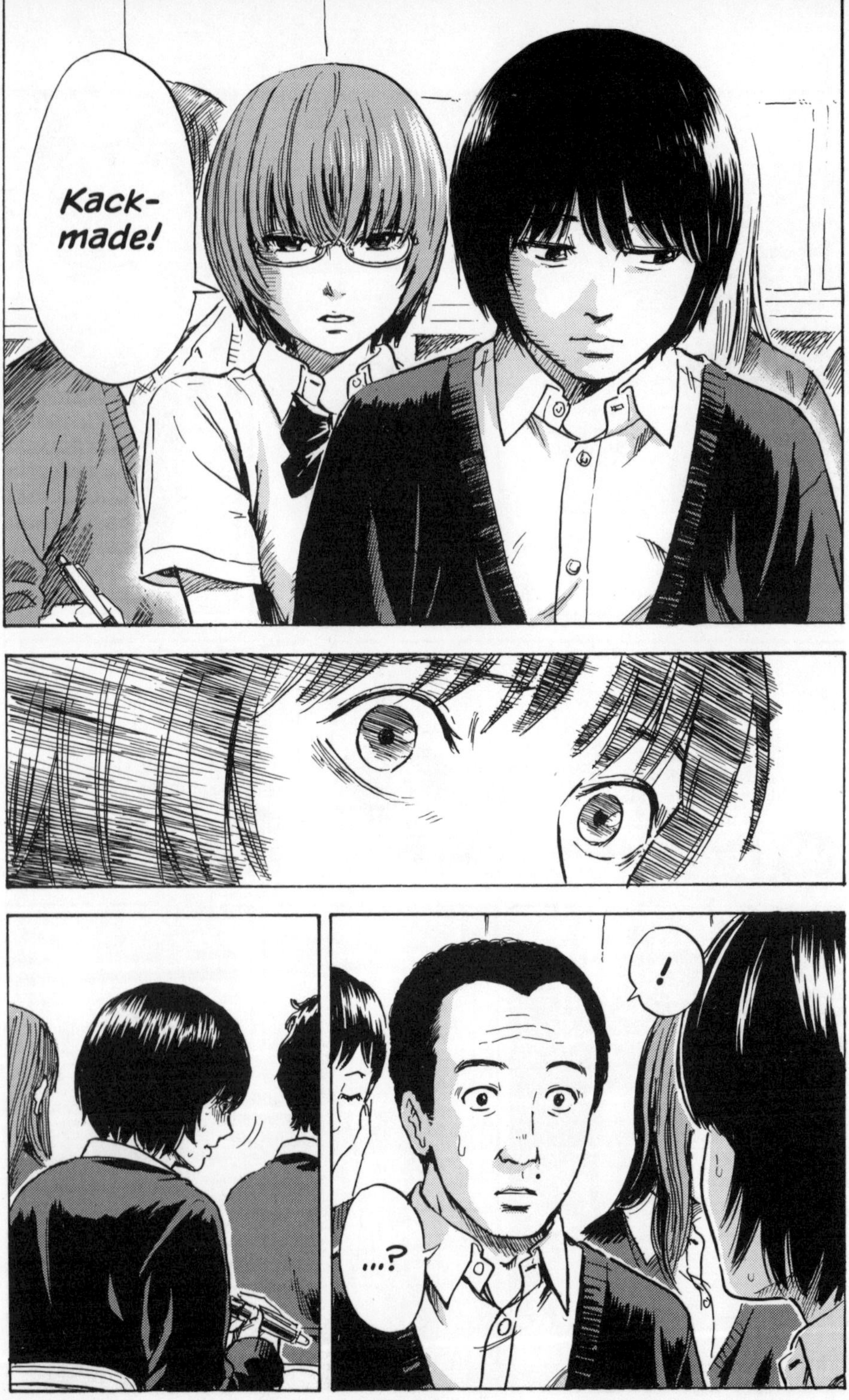
Kack-
made!
!
...?

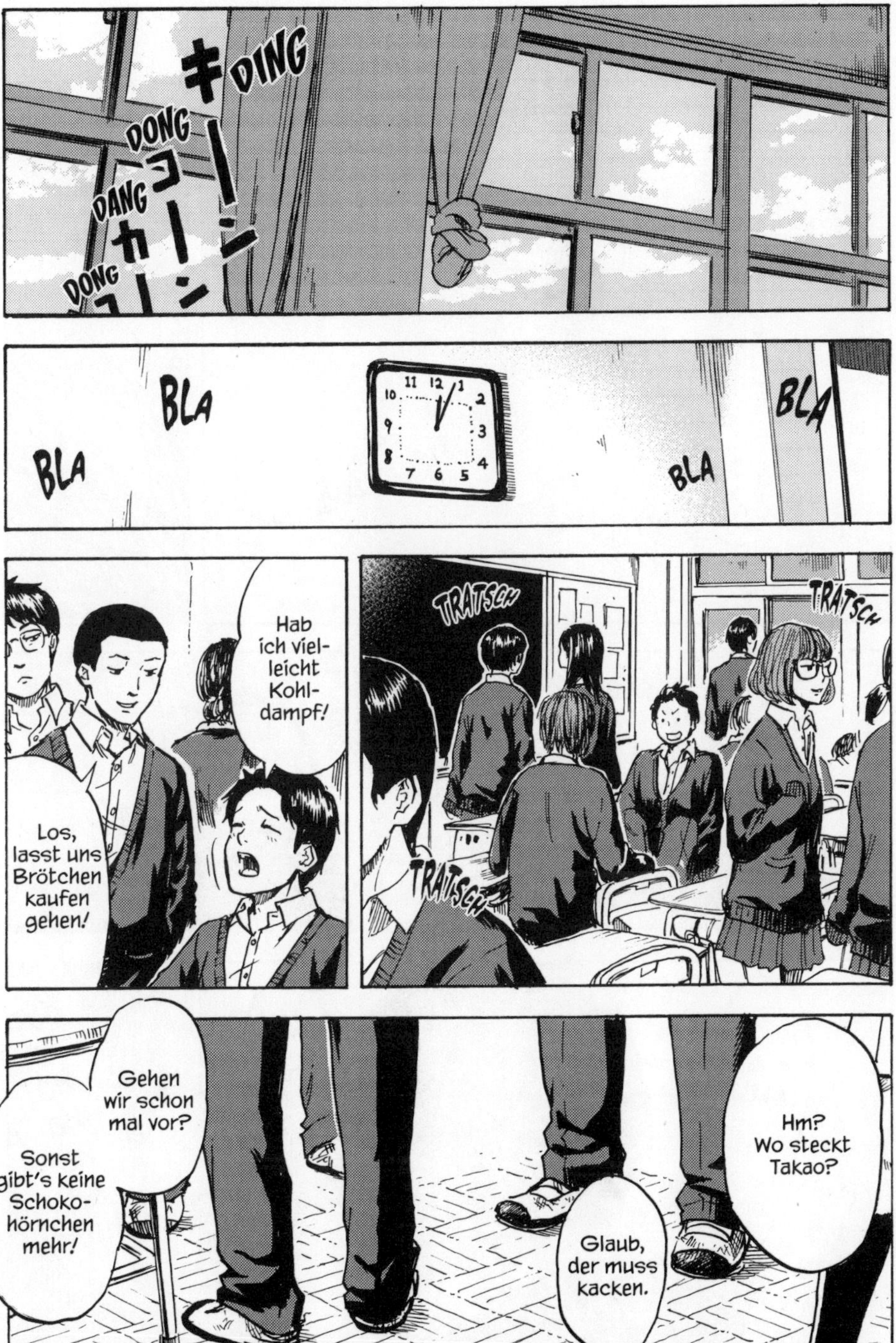
DING
DONG
DANG
DONG
BLA
BLA
BLA
BLA
TRATSCH
TRATSCH
TRATSCH
Hab ich vielleicht Kohldampf!
Los, lasst uns Brötchen kaufen gehen!
Hm? Wo steckt Takao?
Glaub, der muss kacken.
Gehen wir schon mal vor?
Sonst gibt's keine Schokohörnchen mehr!

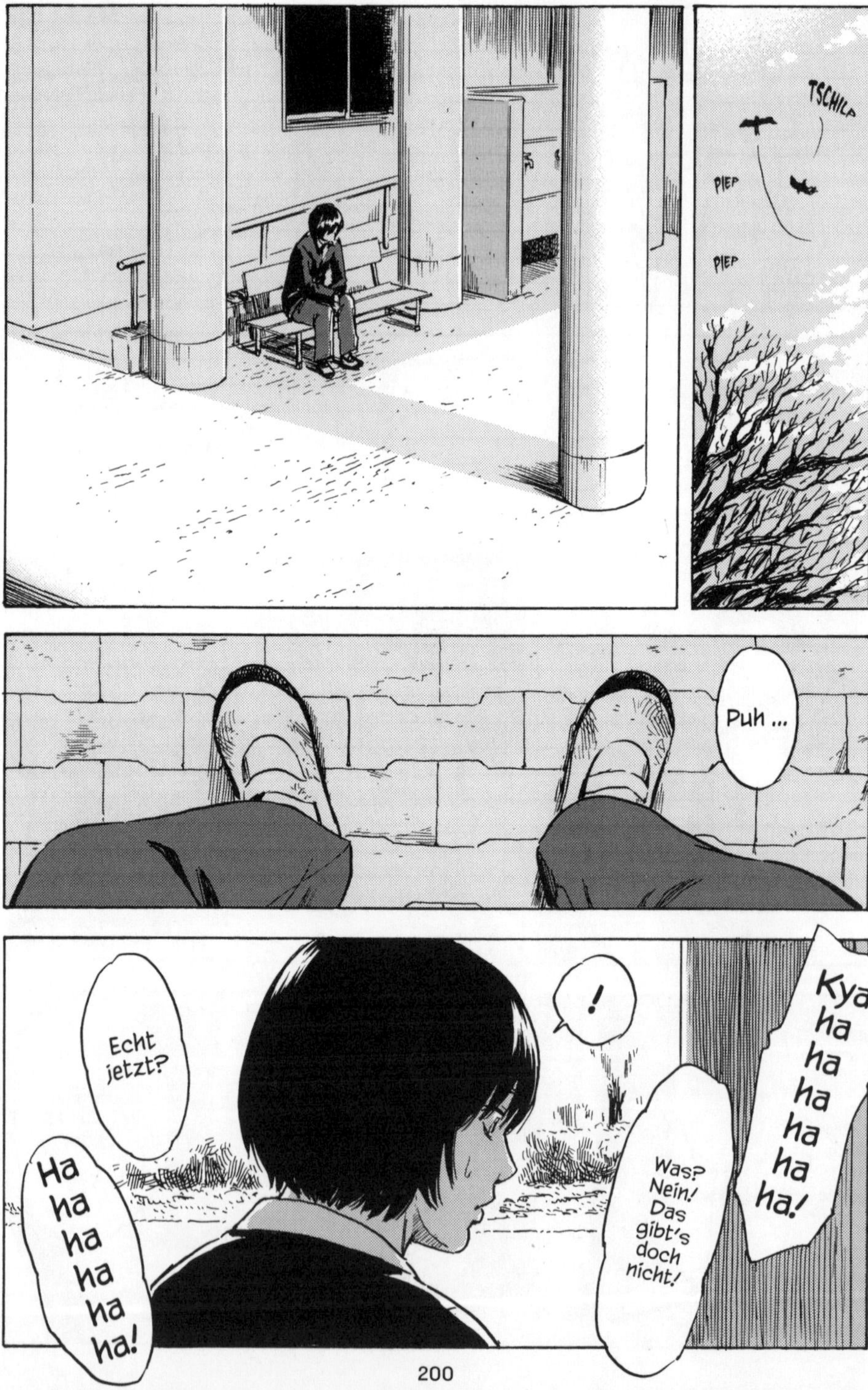
TSCHILP
PIEP
PIEP
Puh ...
Kya ha ha ha ha ha ha!
Was? Nein! Das gibt's doch nicht!
!
Echt jetzt?
Ha ha ha ha ha ha!

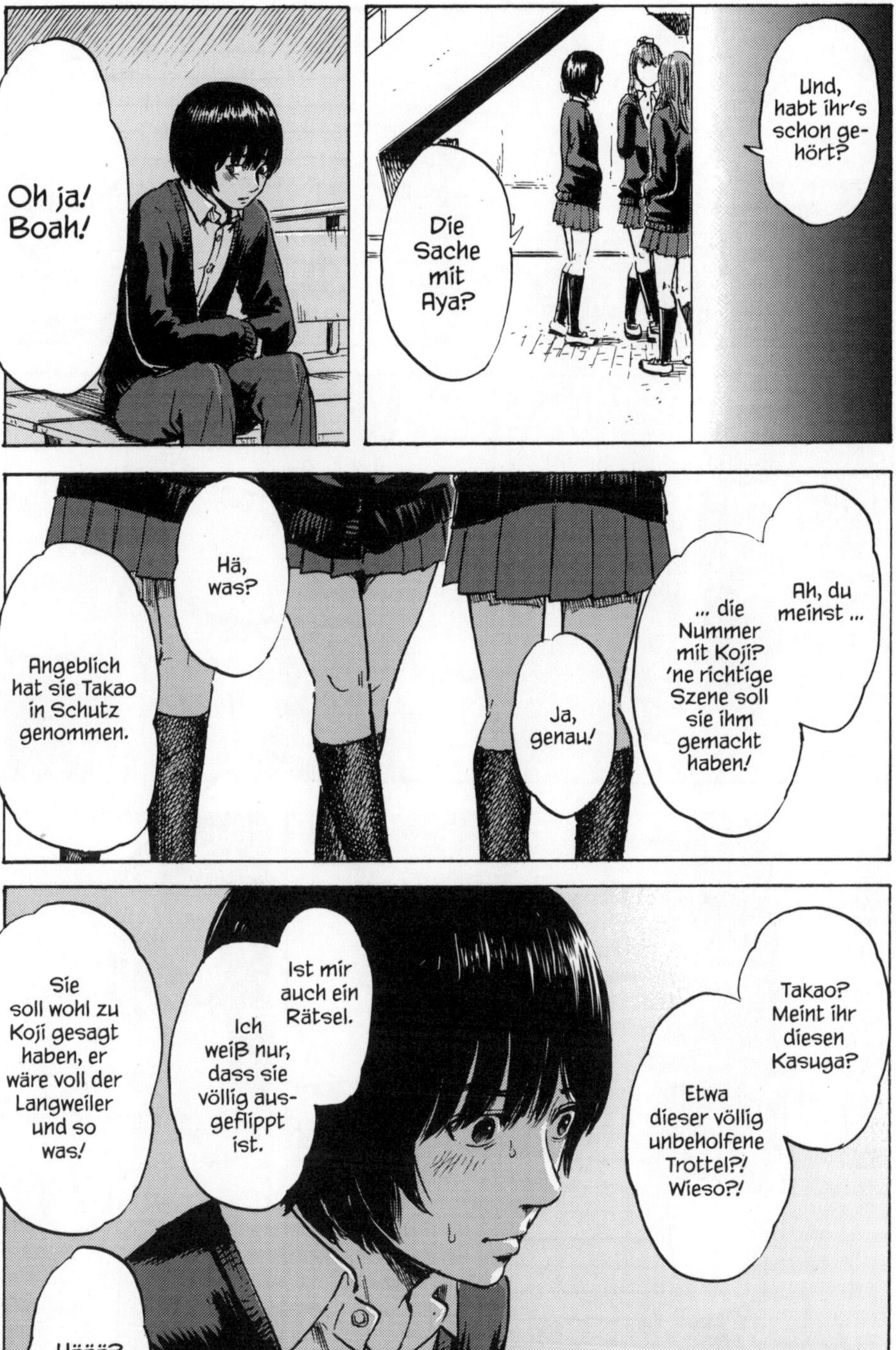
Und, habt ihr's schon gehört?
Die Sache mit Aya?
Oh ja! Boah!
Ah, du meinst ...
... die Nummer mit Koji? 'ne richtige Szene soll sie ihm gemacht haben!
Ja, genau!
Hä, was?
Angeblich hat sie Takao in Schutz genommen.
Takao? Meint ihr diesen Kasuga?
Etwa dieser völlig unbeholfene Trottel?! Wieso?!
Ist mir auch ein Rätsel.
Ich weiß nur, dass sie völlig ausgeflippt ist.
Sie soll wohl zu Koji gesagt haben, er wäre voll der Langweiler und so was!
Häää?

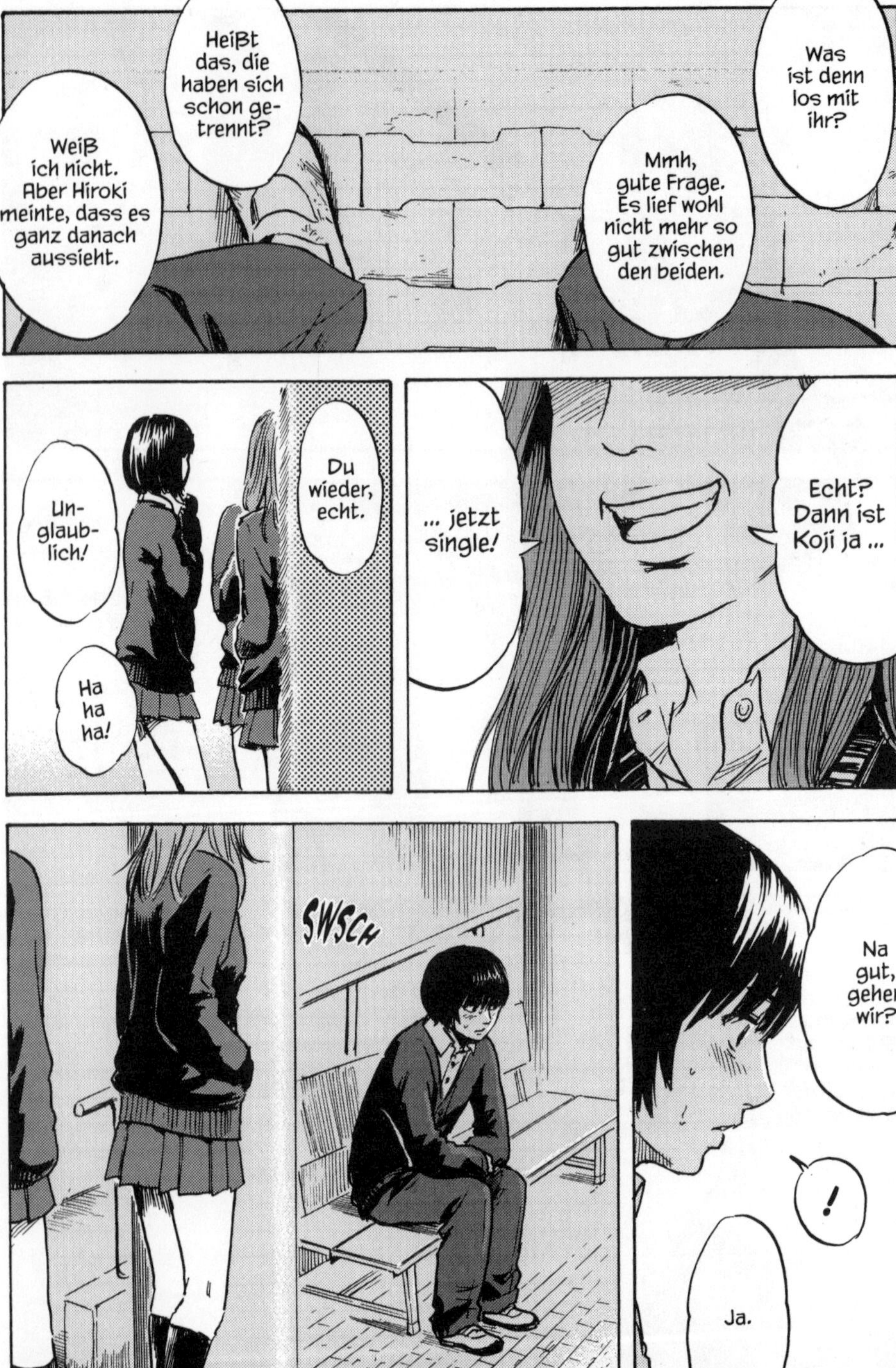
Was ist denn los mit ihr?
Mmh, gute Frage. Es lief wohl nicht mehr so gut zwischen den beiden.
Heißt das, die haben sich schon getrennt?
Weiß ich nicht. Aber Hiroki meinte, dass es ganz danach aussieht.
Echt? Dann ist Koji ja ...
... jetzt single!
Du wieder, echt.
Unglaub-lich!
Ha ha ha!
Na gut, gehen wir?
!
Ja.
SWSCH

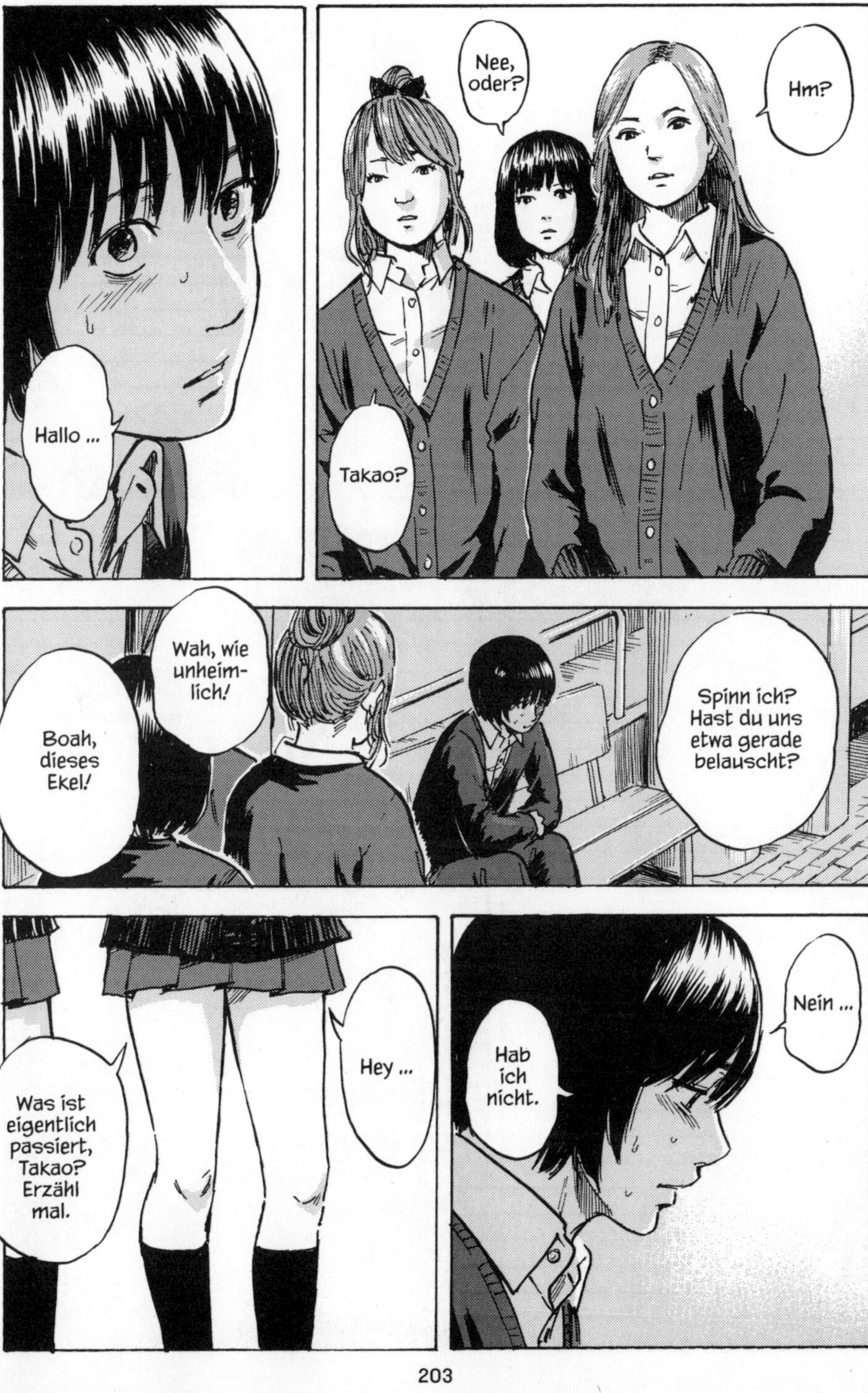
Hm?
Nee, oder?
Takao?
Hallo ...
Spinn ich? Hast du uns etwa gerade belauscht?
Wah, wie unheim-lich!
Boah, dieses Ekel!
Nein ...
Hab ich nicht.
Hey ...
Was ist eigentlich passiert, Takao? Erzähl mal.

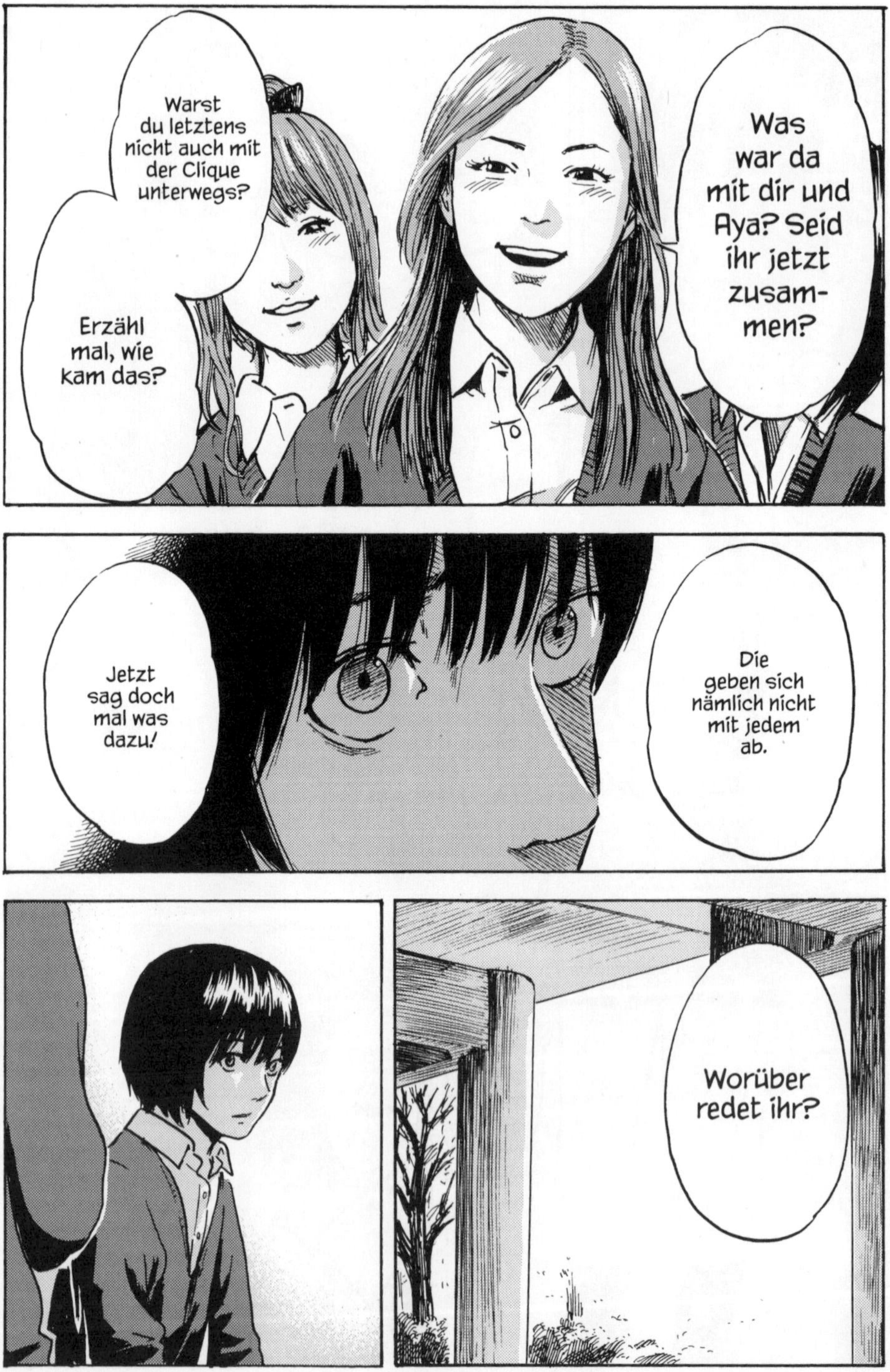
Was war da mit dir und Aya? Seid ihr jetzt zusammen?
Warst du letztens nicht auch mit der Clique unterwegs?
Erzähl mal, wie kam das?
Die geben sich nämlich nicht mit jedem ab.
Jetzt sag doch mal was dazu!
Worüber redet ihr?

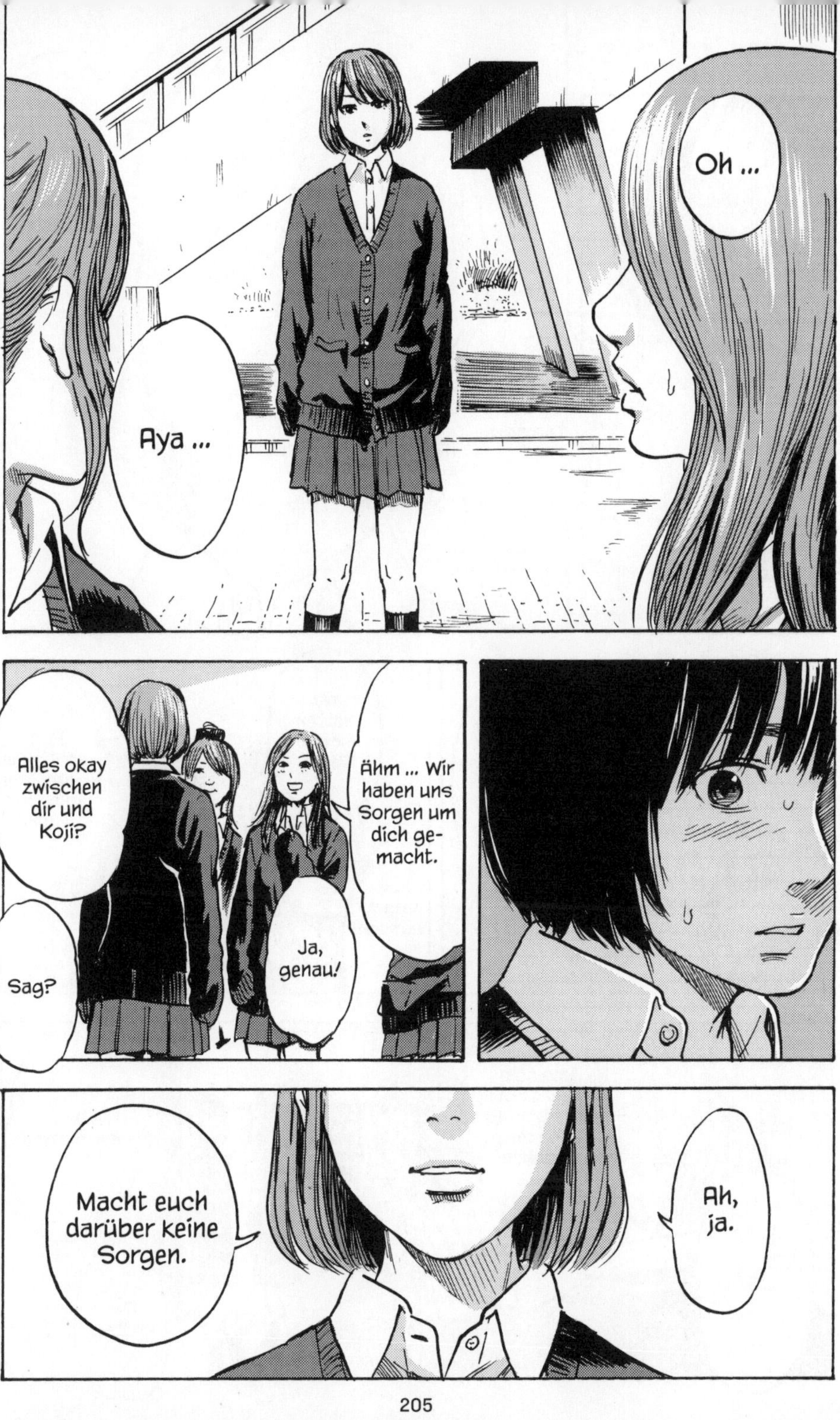
Oh ...
Aya ...
Ähm ... Wir haben uns Sorgen um dich gemacht.
Ja, genau!
Alles okay zwischen dir und Koji?
Sag?
Ah, ja.
Macht euch darüber keine Sorgen.

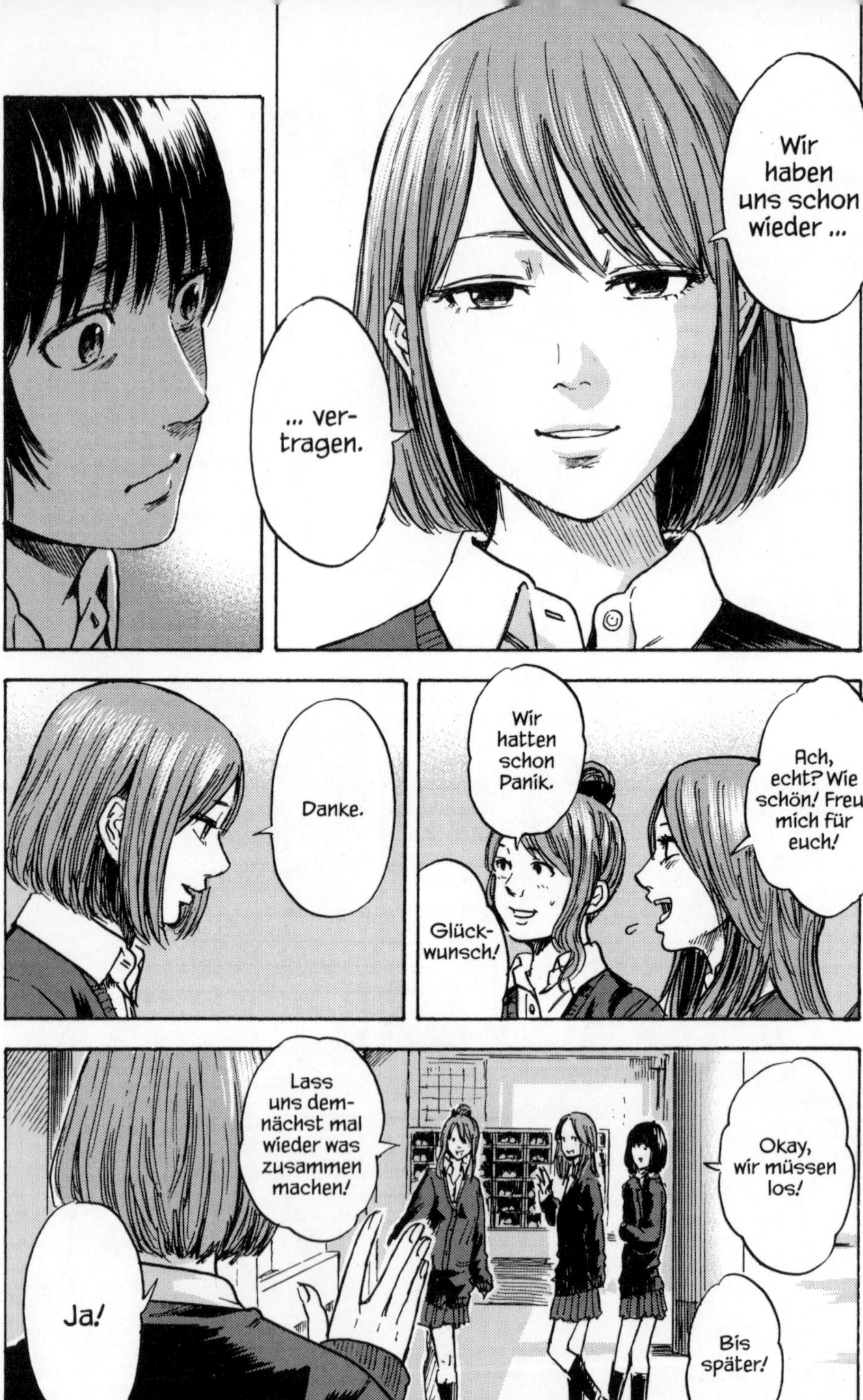
Wir haben uns schon wieder ...
... vertragen.
Ach, echt? Wie schön! Freut mich für euch!
Wir hatten schon Panik.
Glückwunsch!
Danke.
Okay, wir müssen los!
Bis später!
Lass uns demnächst mal wieder was zusammen machen!
Ja!

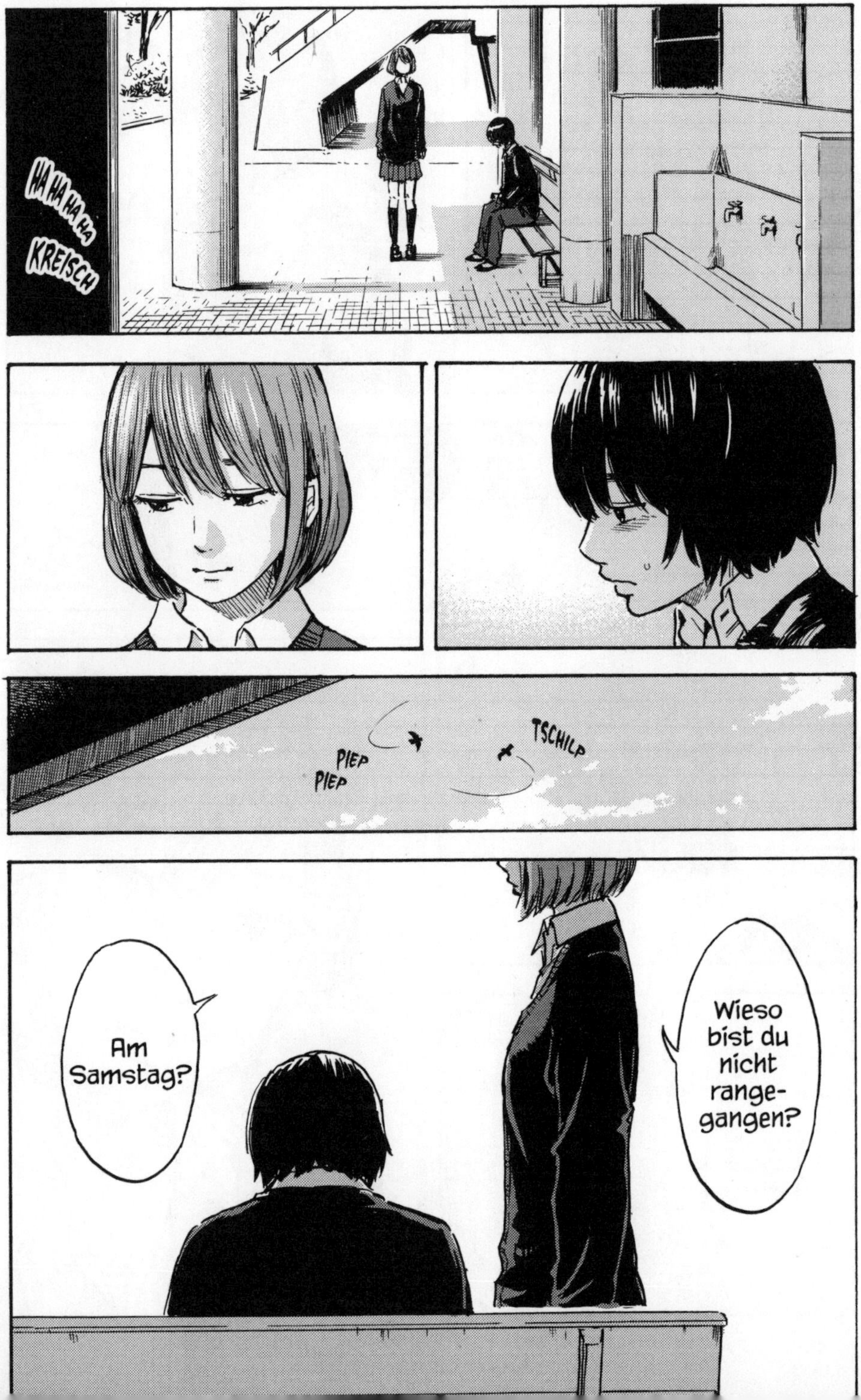
HA HA HA HA
KREISCH
TSCHILP
PIEP
PIEP
Wieso bist du nicht range-gangen?
Am Samstag?

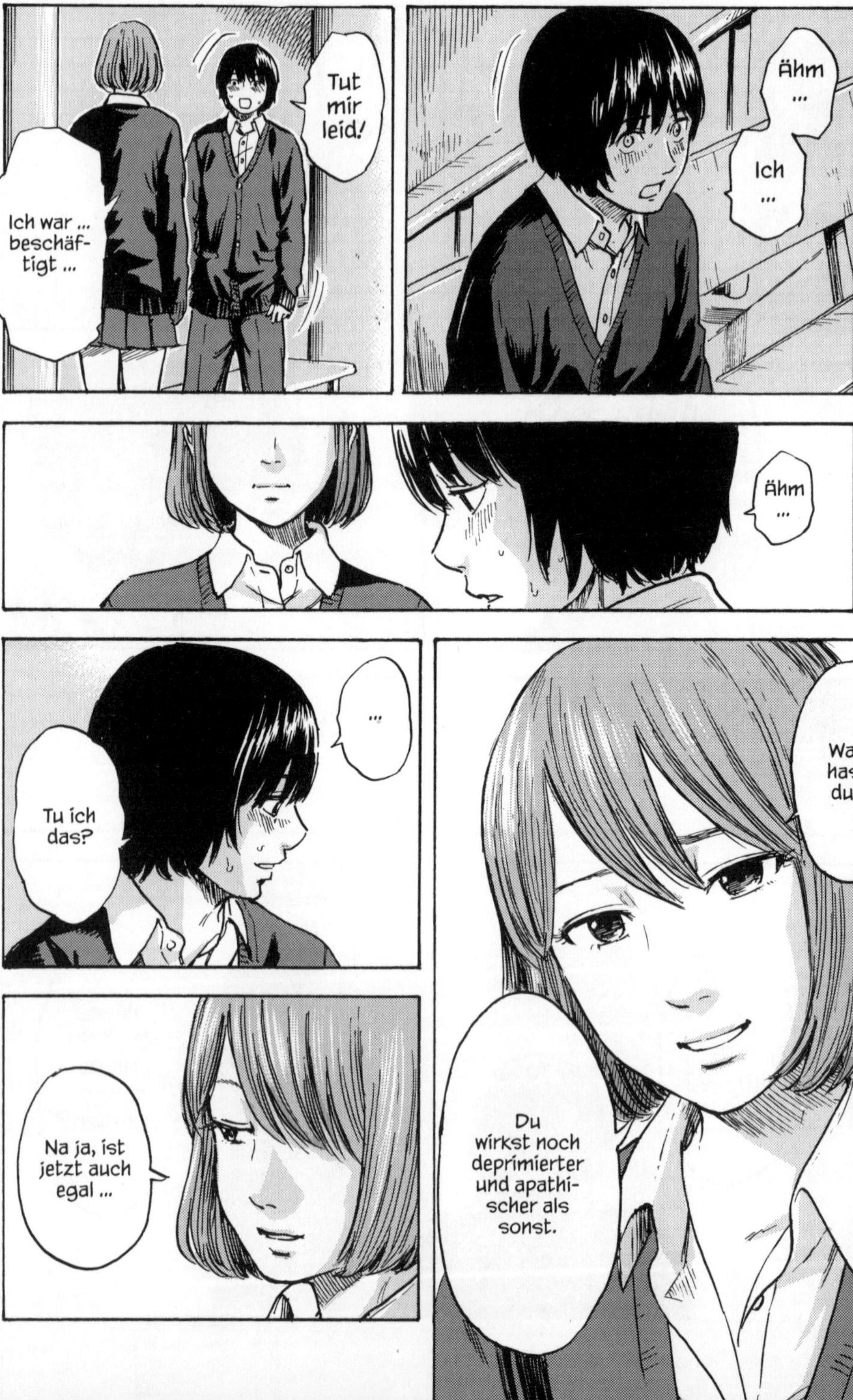
Ähm ...
Ich ...
Tut mir leid!
Ich war ... beschäftigt ...
Ähm ...
Was hast du?
Du wirkst noch deprimierter und apathischer als sonst.
...
Tu ich das?
Na ja, ist jetzt auch egal ...

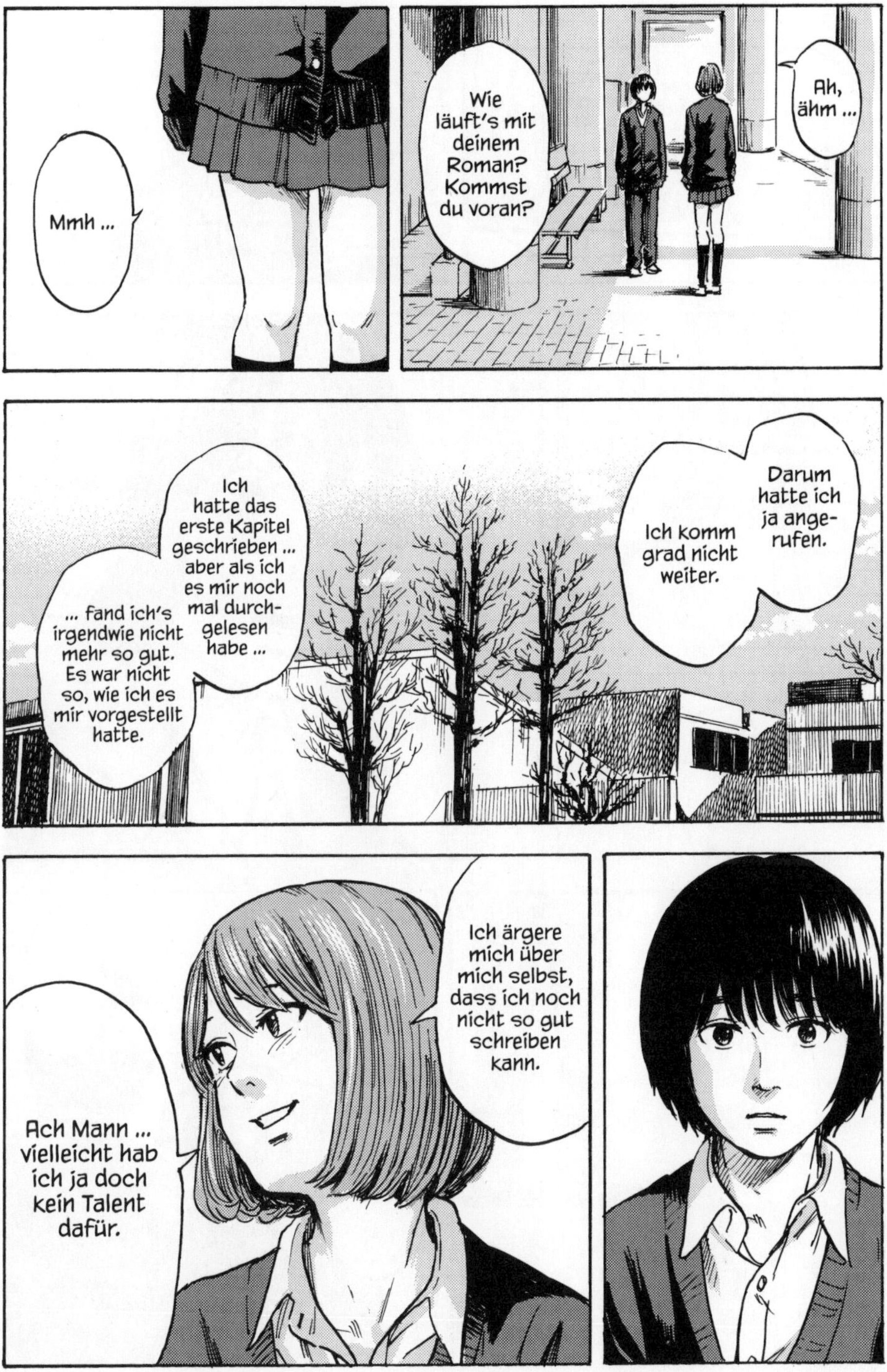
Ah, ähm ...
Wie läuft's mit deinem Roman? Kommst du voran?
Mmh ...
Darum hatte ich ja angerufen.
Ich komm grad nicht weiter.
Ich hatte das erste Kapitel geschrieben ... aber als ich es mir noch mal durchgelesen habe ...
... fand ich's irgendwie nicht mehr so gut. Es war nicht so, wie ich es mir vorgestellt hatte.
Ich ärgere mich über mich selbst, dass ich noch nicht so gut schreiben kann.
Ach Mann ... vielleicht hab ich ja doch kein Talent dafür.

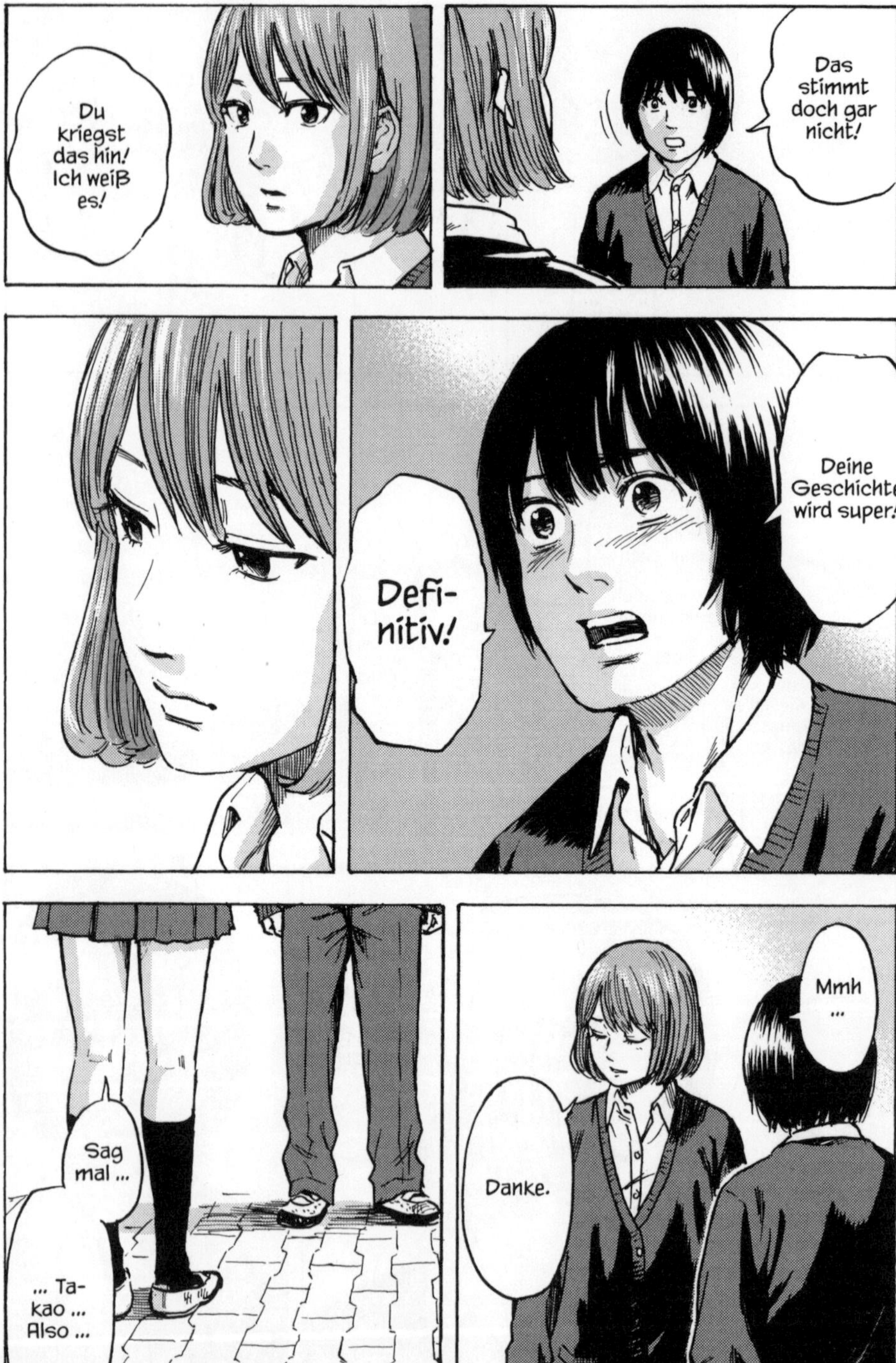
Das stimmt doch gar nicht!
Du kriegst das hin! Ich weiß es!
Deine Geschichte wird super!
Defi-nitiv!
Mmh ...
Danke.
Sag mal ...
... Ta-kao ... Also ...

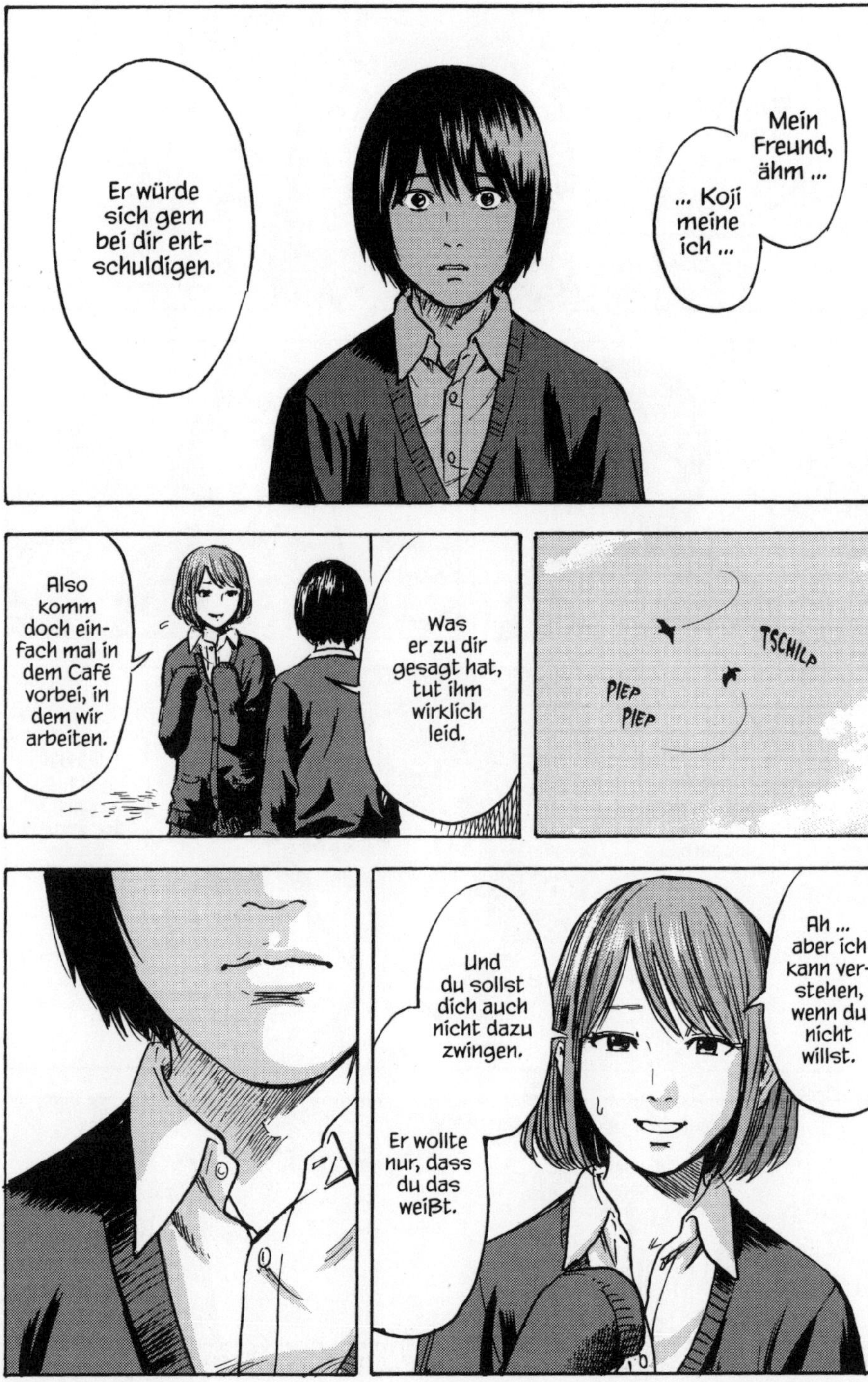
Mein Freund, ähm ...
... Koji meine ich ...
Er würde sich gern bei dir entschuldigen.
TSCHILP
PIEP PIEP
Was er zu dir gesagt hat, tut ihm wirklich leid.
Also komm doch einfach mal in dem Café vorbei, in dem wir arbeiten.
Ah ... aber ich kann verstehen, wenn du nicht willst.
Und du sollst dich auch nicht dazu zwingen.
Er wollte nur, dass du das weißt.

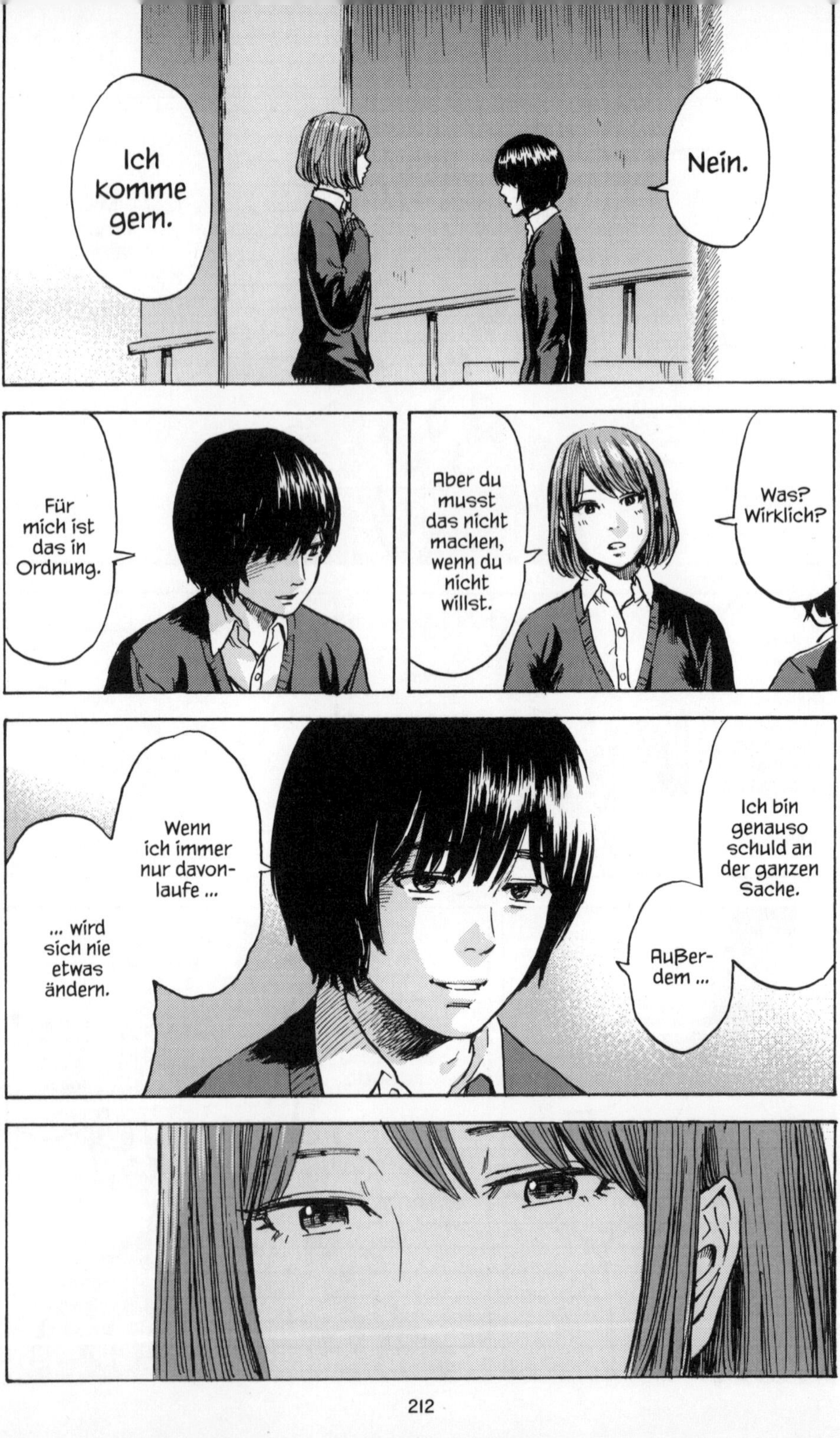
Nein.
Ich komme gern.
Was? Wirklich?
Aber du musst das nicht machen, wenn du nicht willst.
Für mich ist das in Ordnung.
Ich bin genauso schuld an der ganzen Sache.
Außerdem ...
Wenn ich immer nur davonlaufe ...
... wird sich nie etwas ändern.

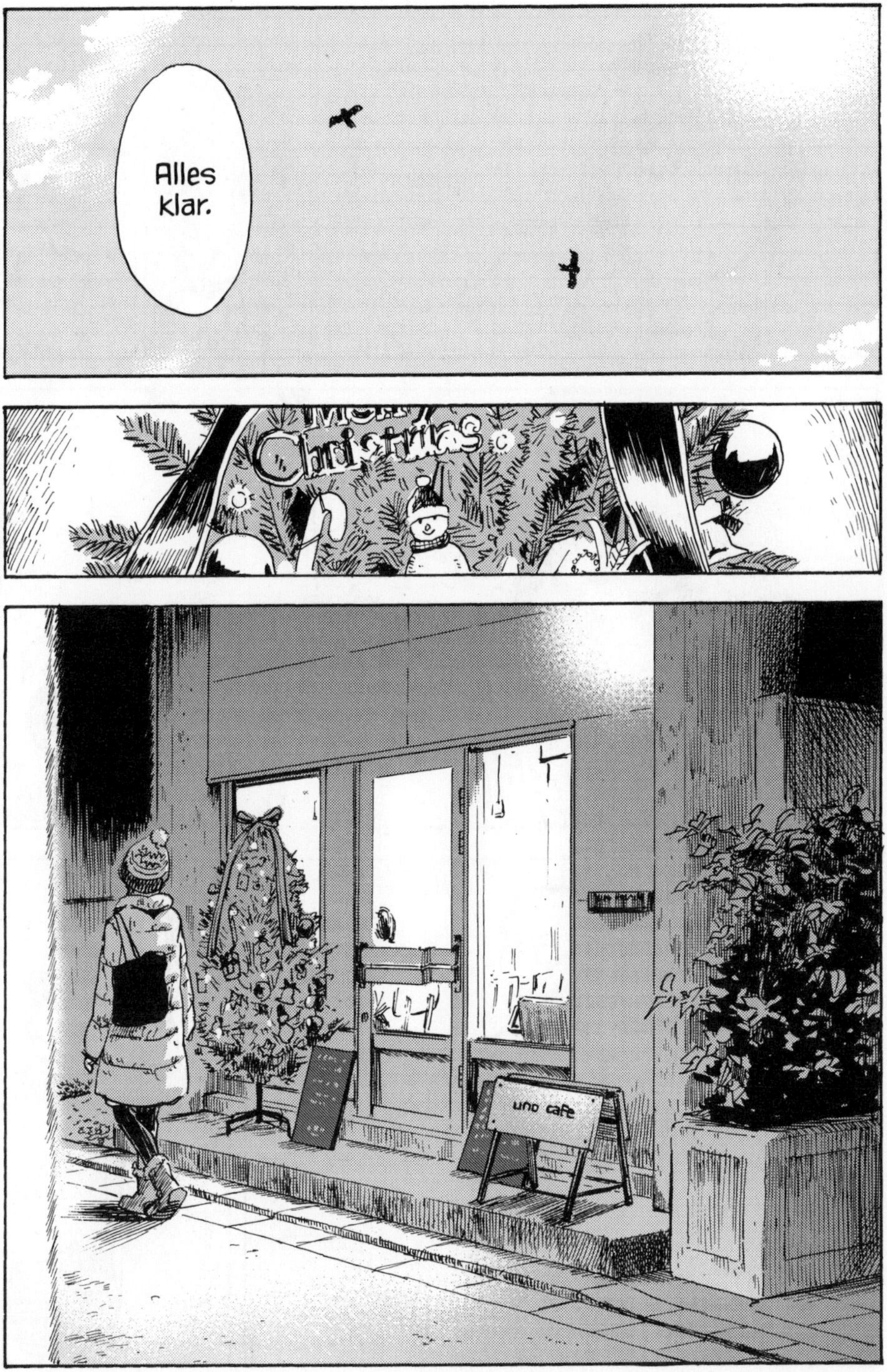
Alles klar.
Christmas
uno cafe

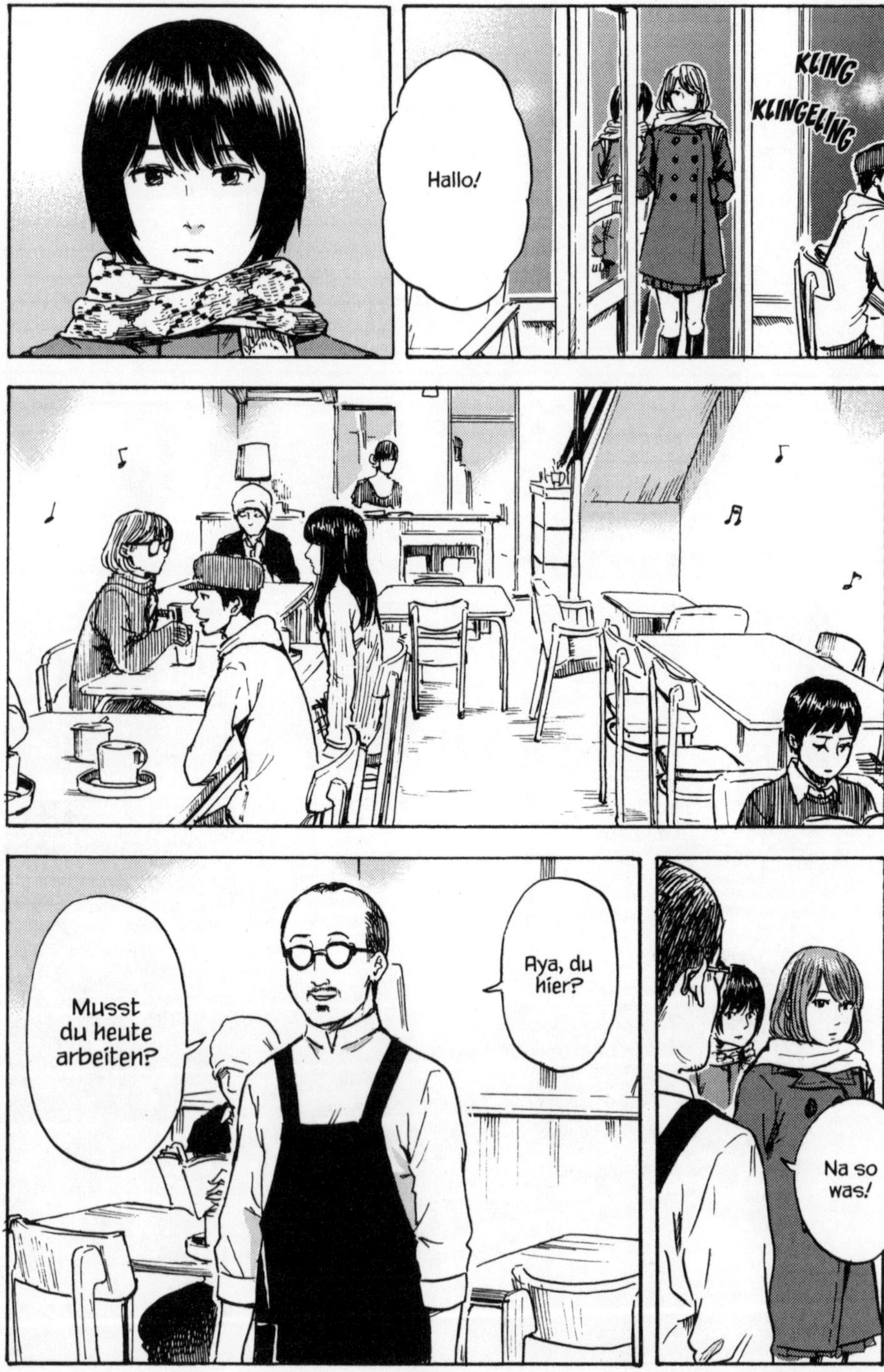
KLING
KLINGELING
Hallo!
Aya, du hier?
Musst du heute arbeiten?
Na so was!

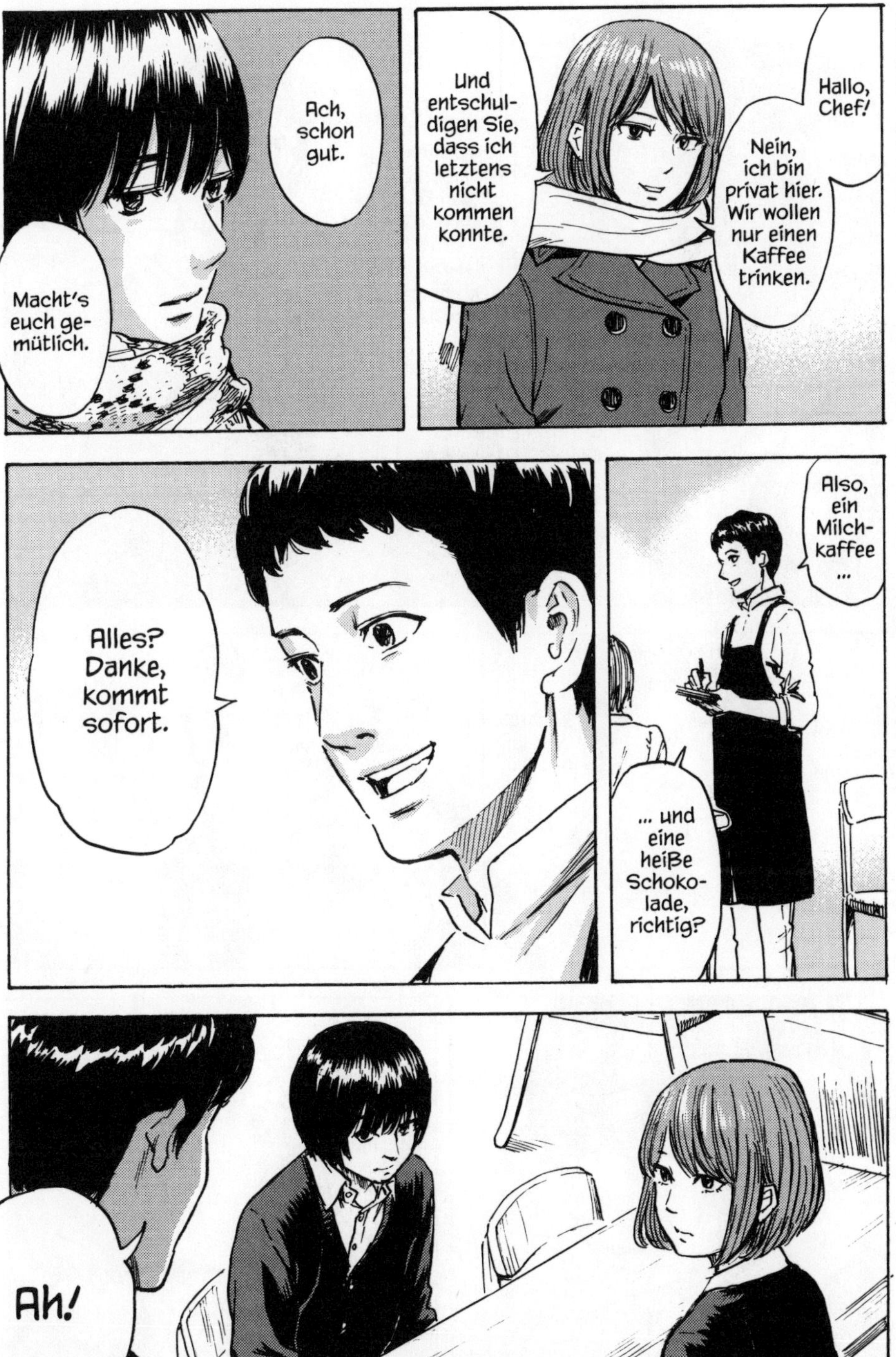
Hallo, Chef!
Nein, ich bin privat hier. Wir wollen nur einen Kaffee trinken.
Und entschuldigen Sie, dass ich letztens nicht kommen konnte.
Ach, schon gut.
Macht's euch gemütlich.
Also, ein Milchkaffee ...
... und eine heiße Schokolade, richtig?
Alles? Danke, kommt sofort.
Ah!

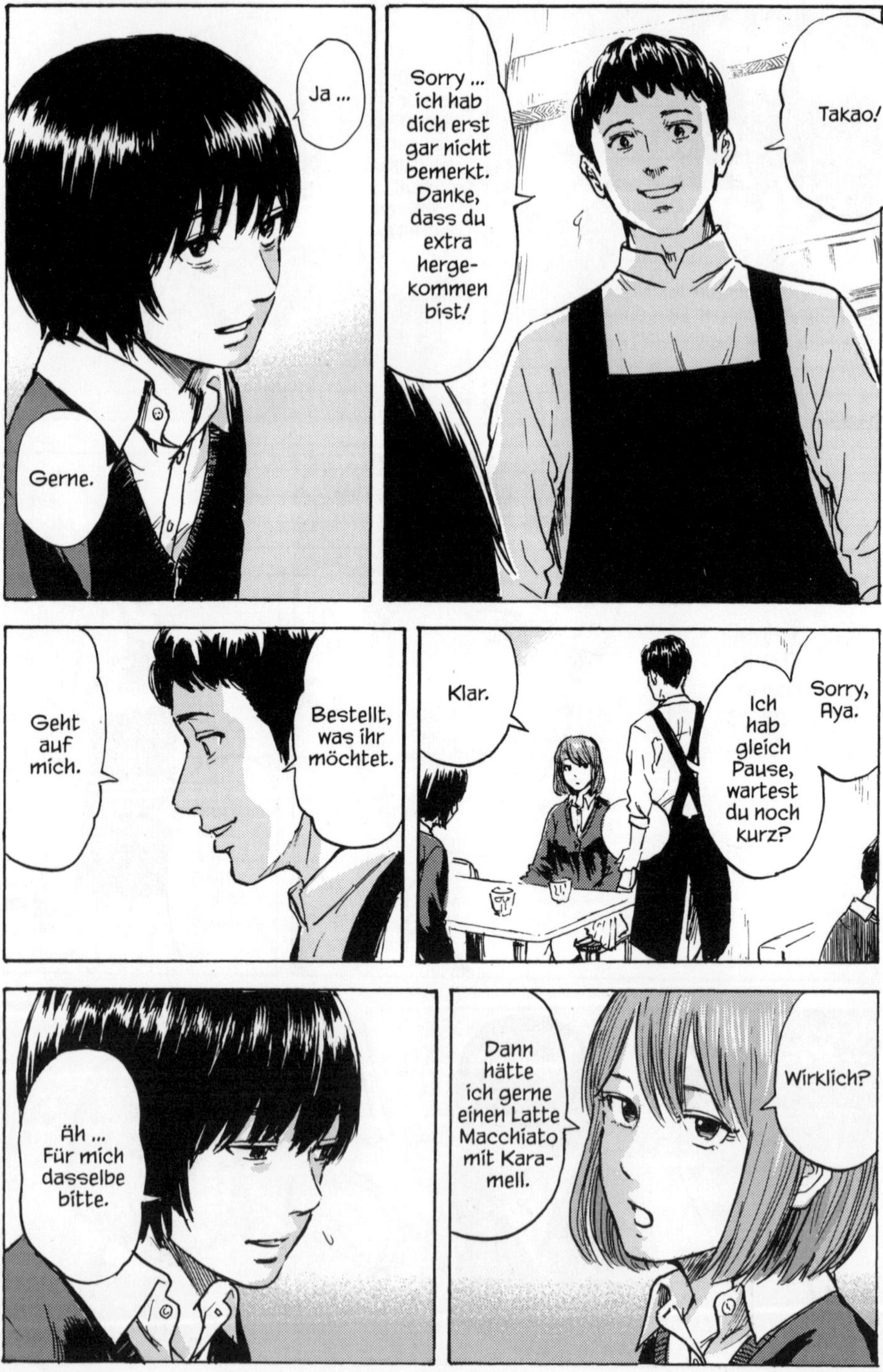
Takao!
Sorry ... ich hab dich erst gar nicht bemerkt. Danke, dass du extra hergekommen bist!
Ja ...
Gerne.
Sorry, Aya.
Ich hab gleich Pause, wartest du noch kurz?
Klar.
Bestellt, was ihr möchtet.
Geht auf mich.
Wirklich?
Dann hätte ich gerne einen Latte Macchiato mit Karamell.
Äh ... Für mich dasselbe bitte.

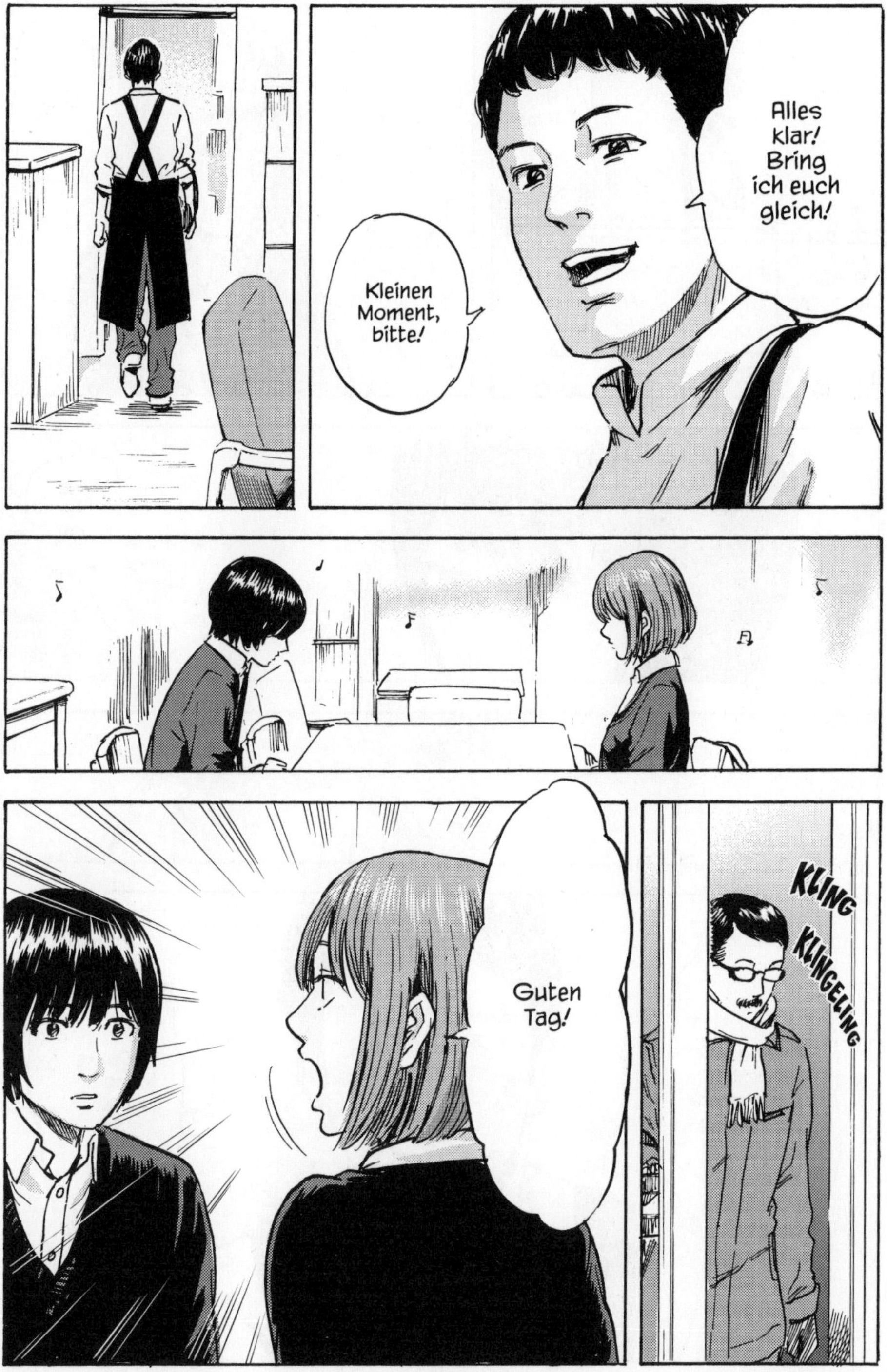
Alles klar! Bring ich euch gleich!
Kleinen Moment, bitte!
KLING
KLINGELING
Guten Tag!

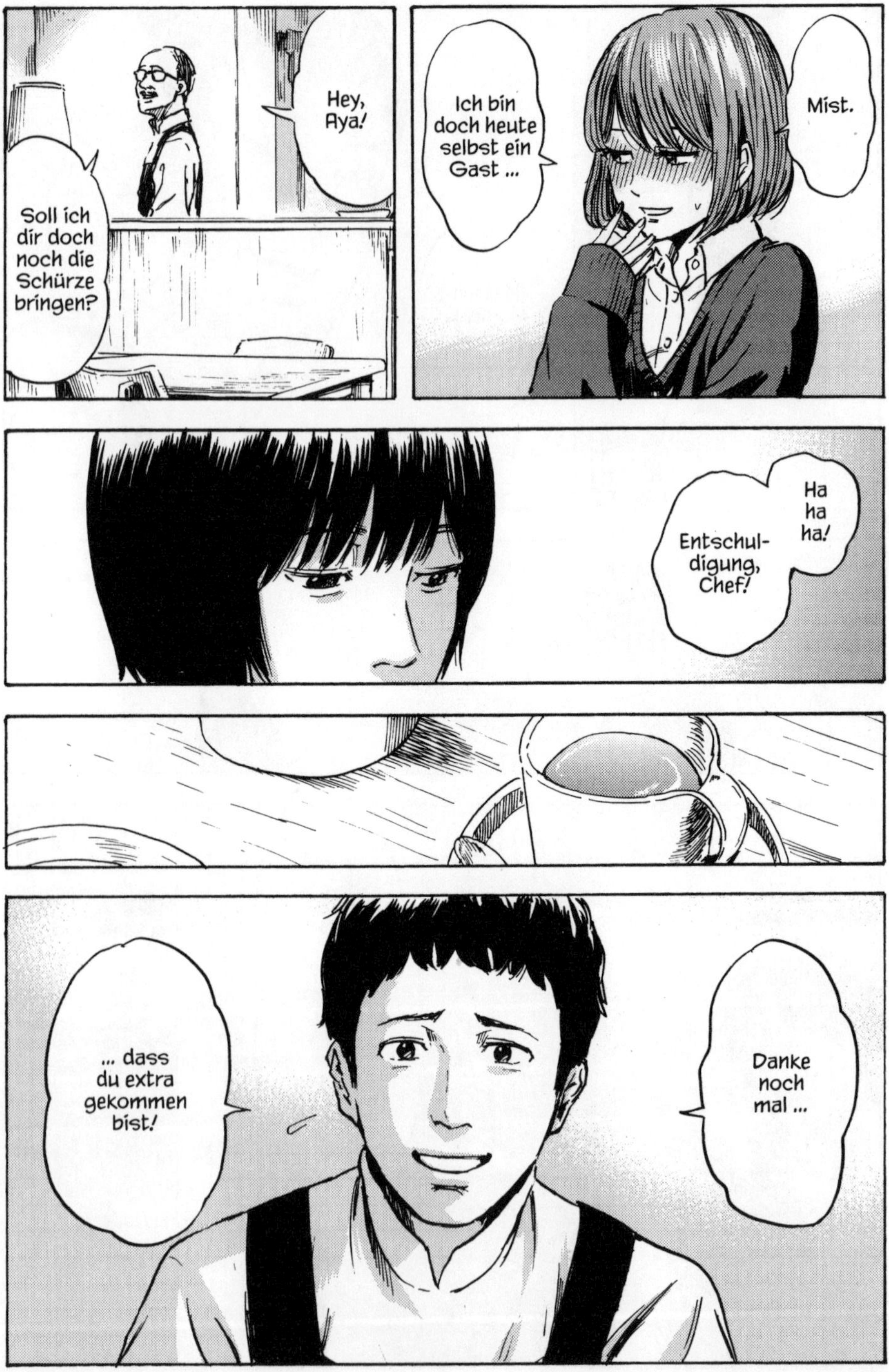
Mist.
Ich bin doch heute selbst ein Gast ...
Hey, Aya!
Soll ich dir doch noch die Schürze bringen?
Ha ha ha!
Entschul-digung, Chef!
Danke noch mal ...
... dass du extra gekommen bist!

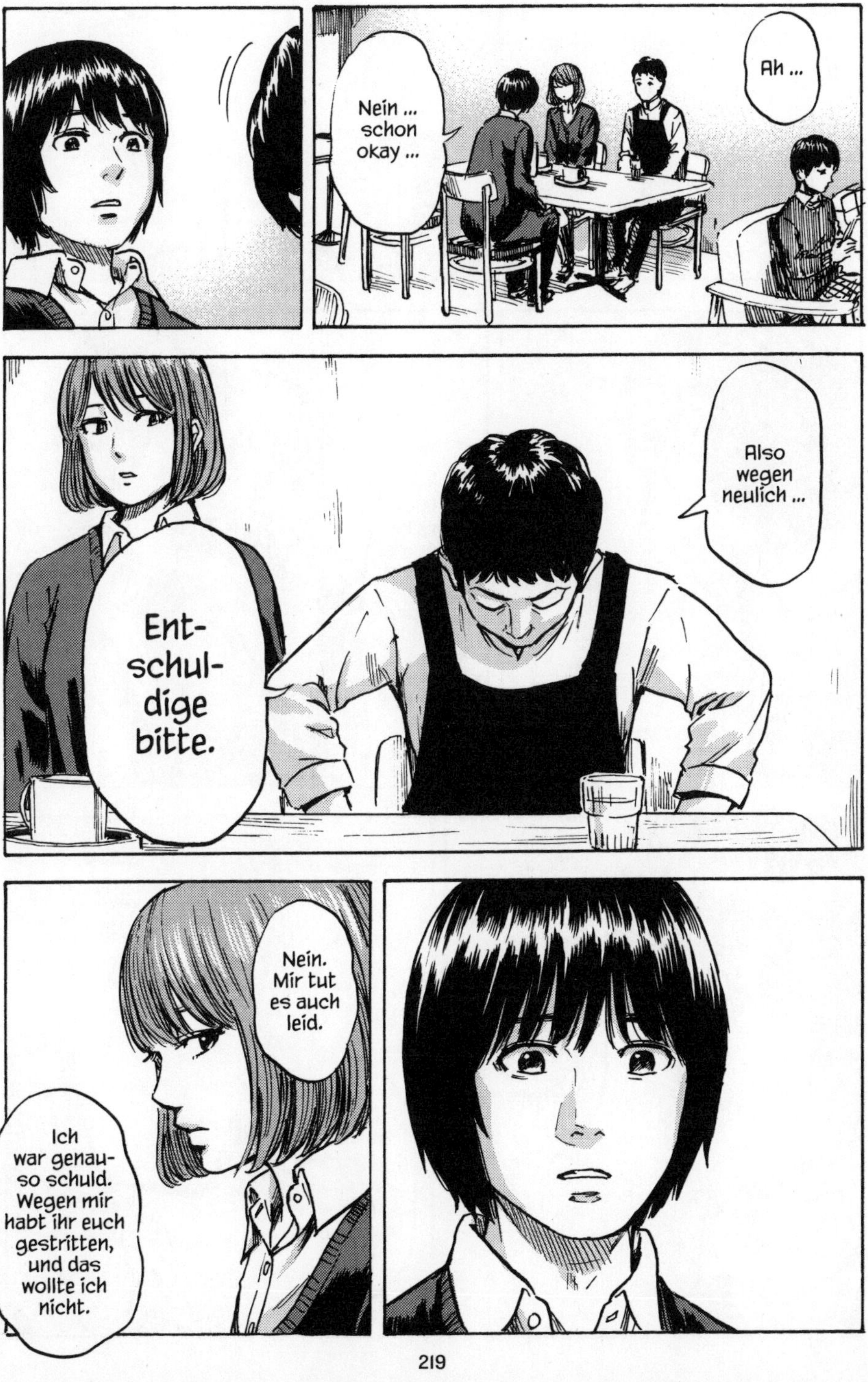
Ah ...
Nein ... schon okay ...
Also wegen neulich ...
Ent-schul-dige bitte.
Nein. Mir tut es auch leid.
Ich war genau-so schuld. Wegen mir habt ihr euch gestritten, und das wollte ich nicht.

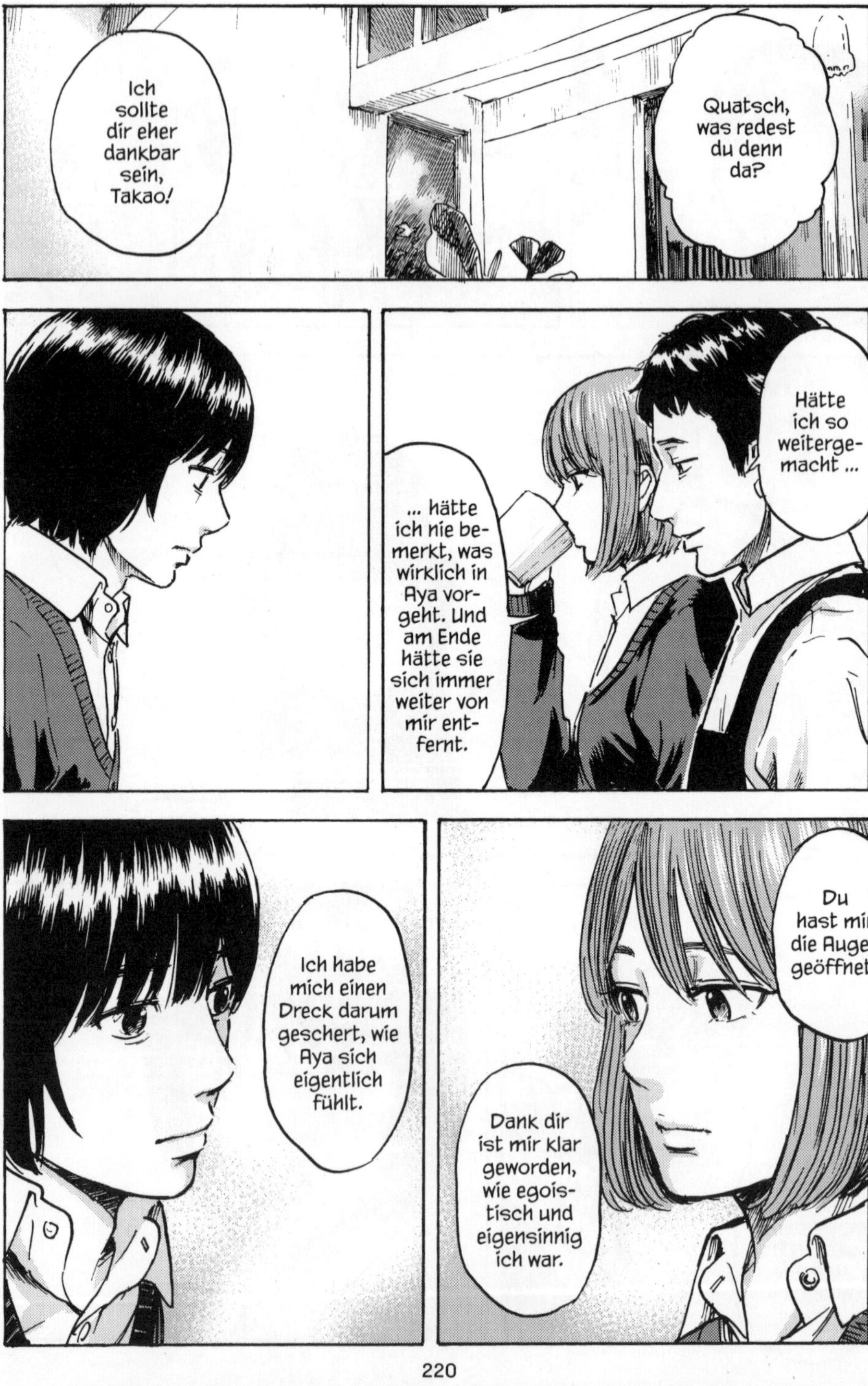
Quatsch, was redest du denn da?
Ich sollte dir eher dankbar sein, Takao!
Hätte ich so weiterge-macht ...
... hätte ich nie be-merkt, was wirklich in Aya vor-geht. Und am Ende hätte sie sich immer weiter von mir ent-fernt.
Du hast mir die Augen geöffnet!
Dank dir ist mir klar geworden, wie egois-tisch und eigensinnig ich war.
Ich habe mich einen Dreck darum geschert, wie Aya sich eigentlich fühlt.

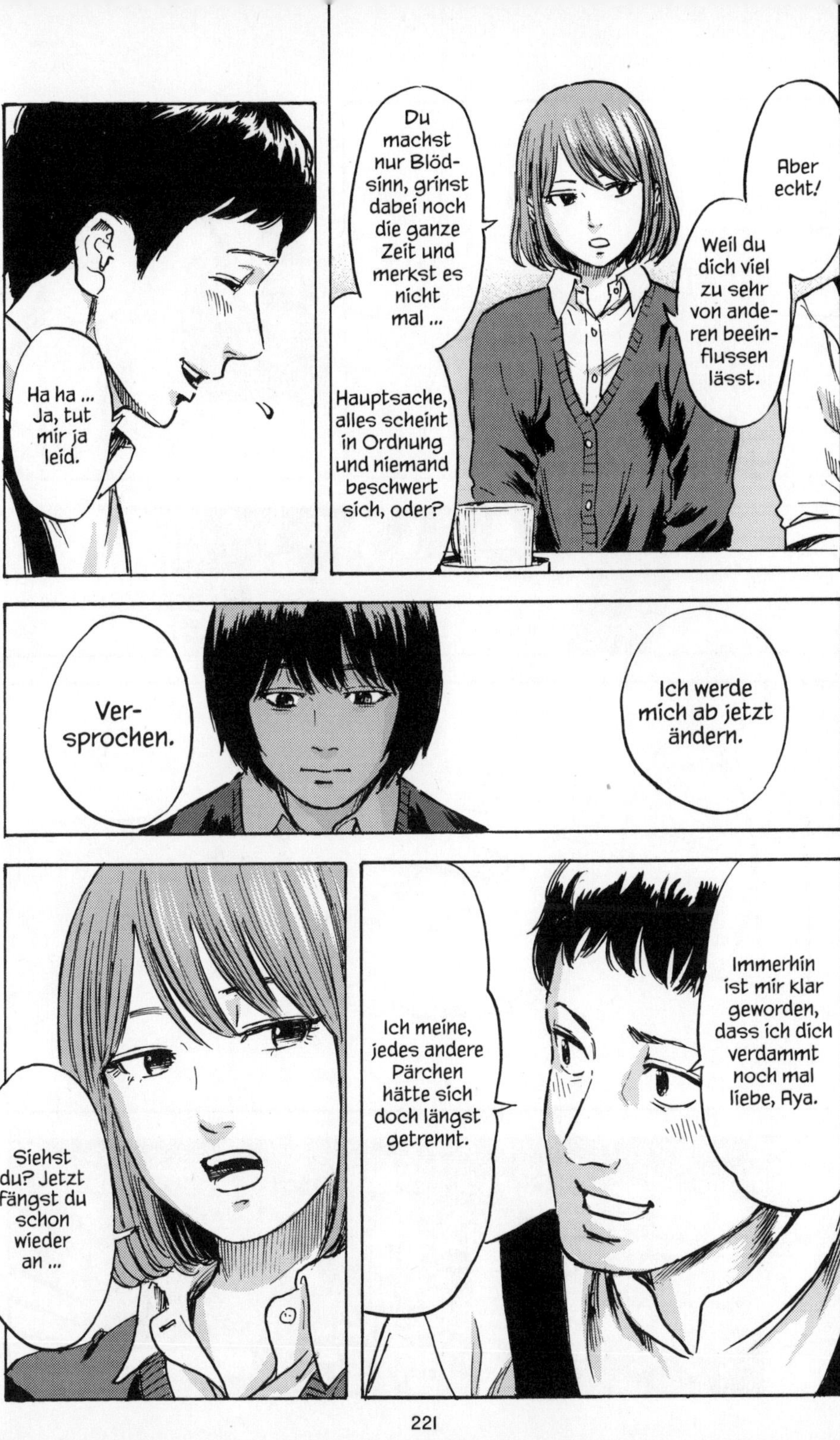
Aber echt!
Weil du dich viel zu sehr von anderen beeinflussen lässt.
Du machst nur Blödsinn, grinst dabei noch die ganze Zeit und merkst es nicht mal ...
Hauptsache, alles scheint in Ordnung und niemand beschwert sich, oder?
Ha ha ... Ja, tut mir ja leid.
Ich werde mich ab jetzt ändern.
Ver-sprochen.
Immerhin ist mir klar geworden, dass ich dich verdammt noch mal liebe, Aya.
Ich meine, jedes andere Pärchen hätte sich doch längst getrennt.
Siehst du? Jetzt fängst du schon wieder an ...

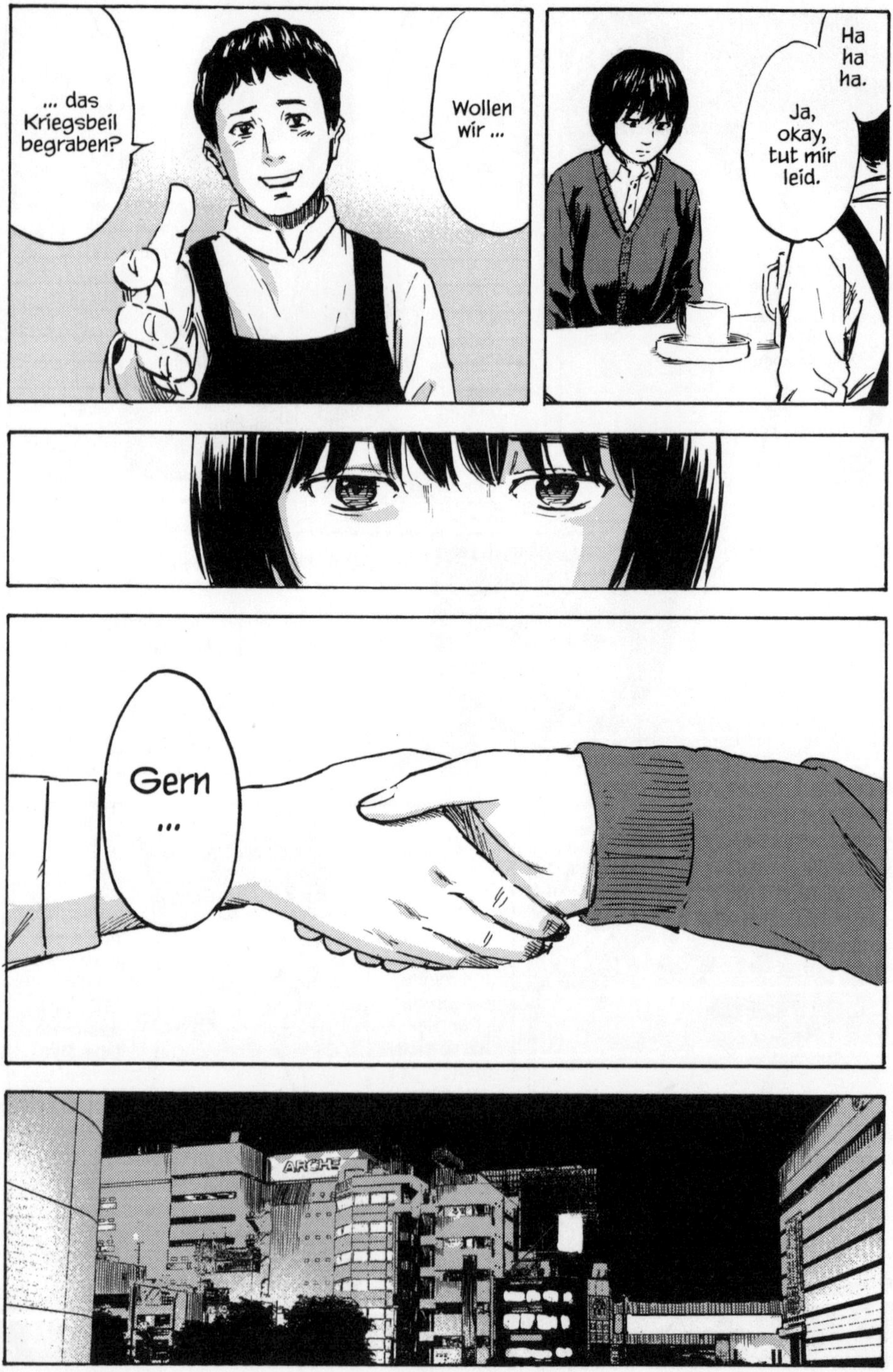
Ha ha ha.
Ja, okay, tut mir leid.
Wollen wir ...
... das Kriegsbeil begraben?
Gern ...

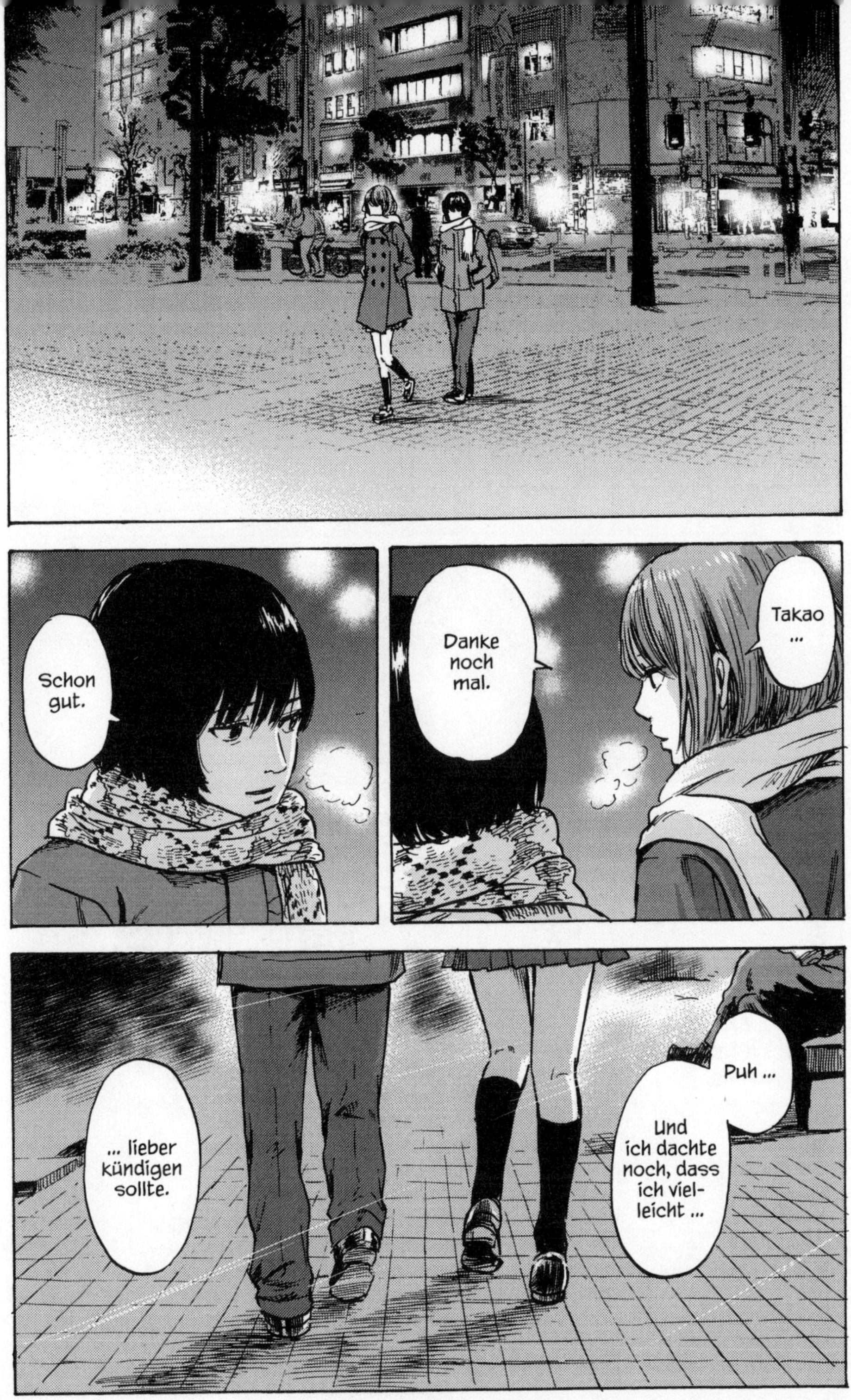
Takao ...
Danke noch mal.
Schon gut.
Puh ...
Und ich dachte noch, dass ich viel-leicht ...
... lieber kündigen sollte.

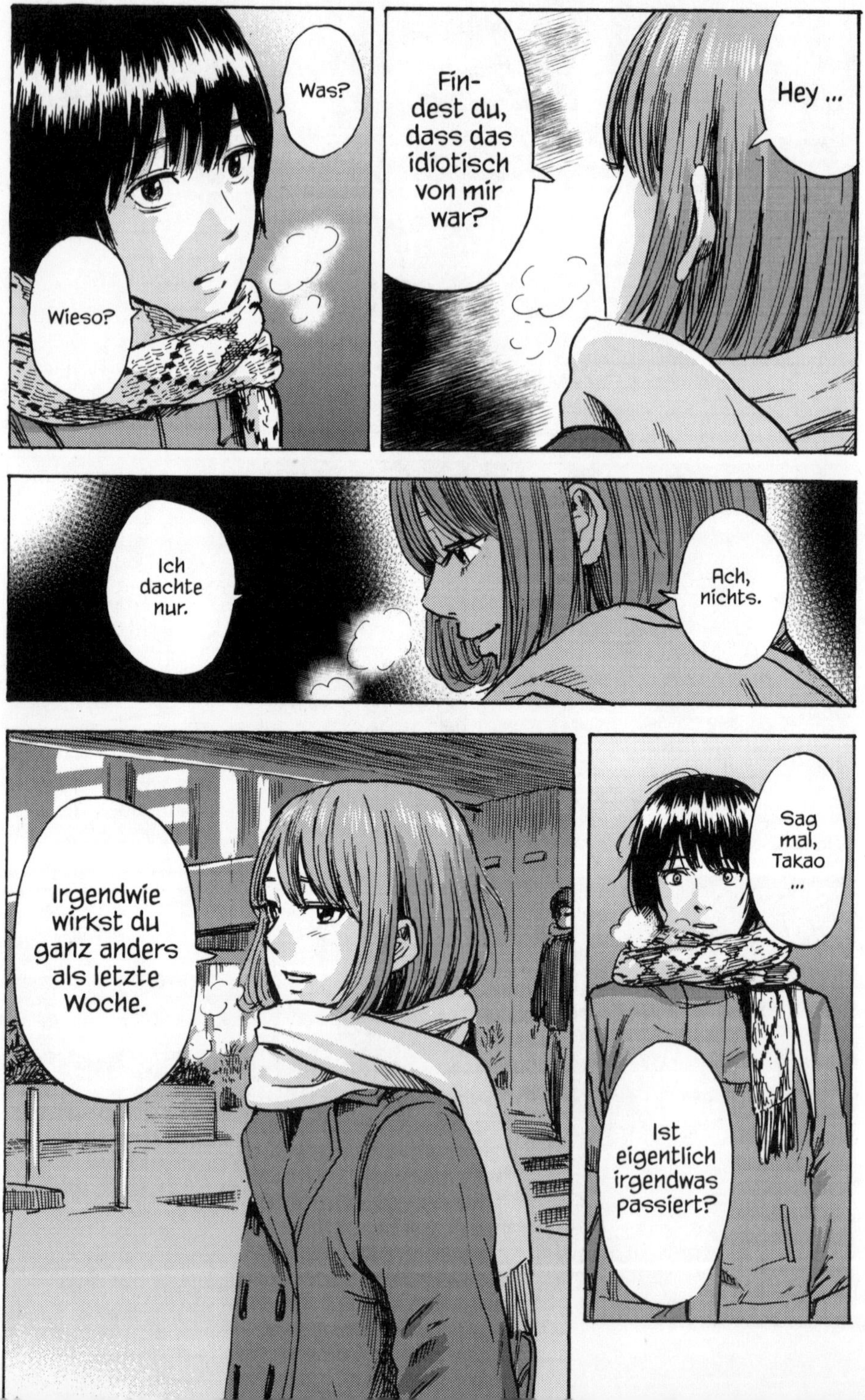
Hey ...
Findest du, dass das idiotisch von mir war?
Was?
Wieso?
Ach, nichts.
Ich dachte nur.
Sag mal, Takao ...
Ist eigentlich irgendwas passiert?
Irgendwie wirkst du ganz anders als letzte Woche.

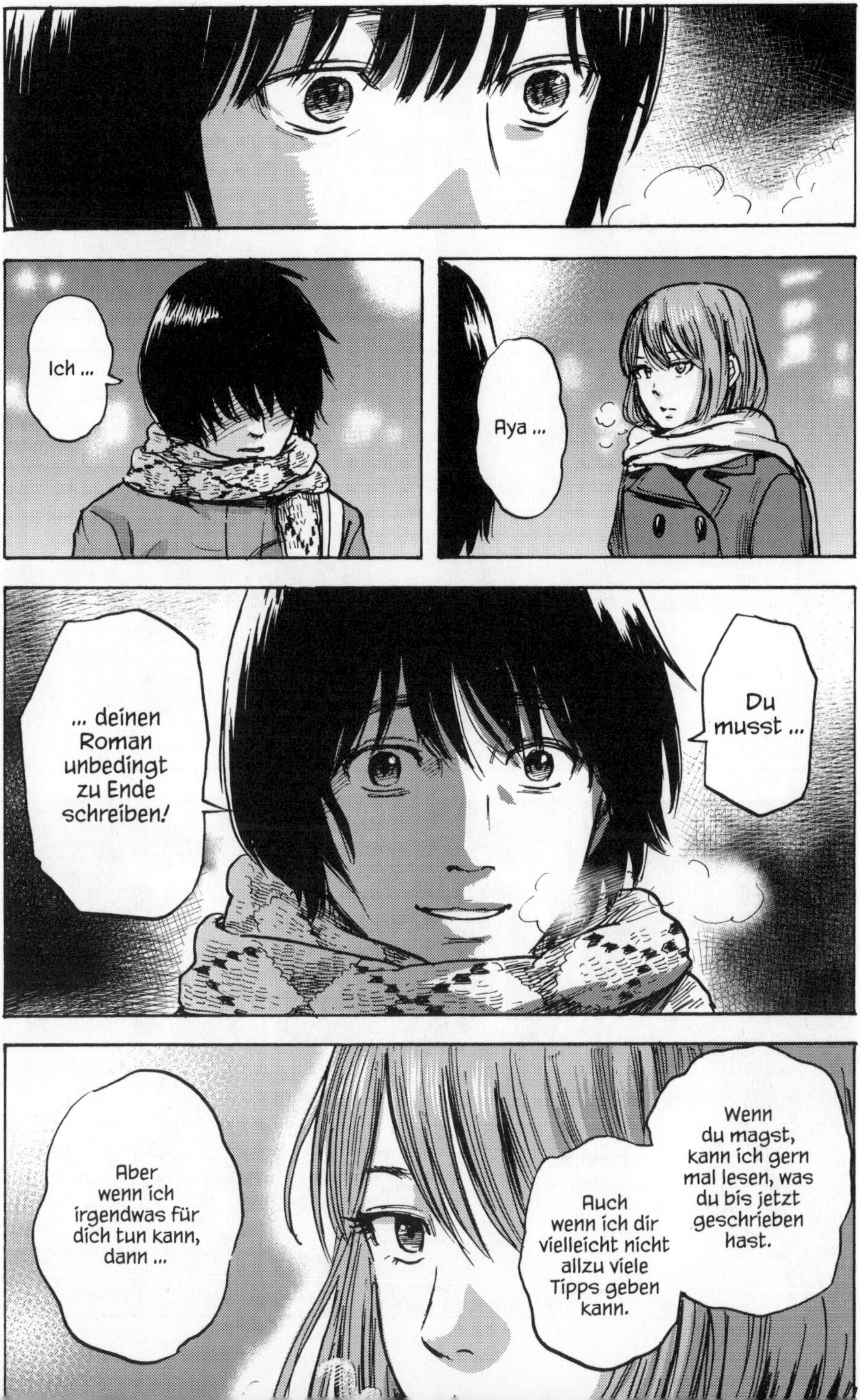

Aya ...
Ich ...
Du musst ...
... deinen Roman unbedingt zu Ende schreiben!
Wenn du magst, kann ich gern mal lesen, was du bis jetzt geschrieben hast.
Auch wenn ich dir vielleicht nicht allzu viele Tipps geben kann.
Aber wenn ich irgendwas für dich tun kann, dann ...

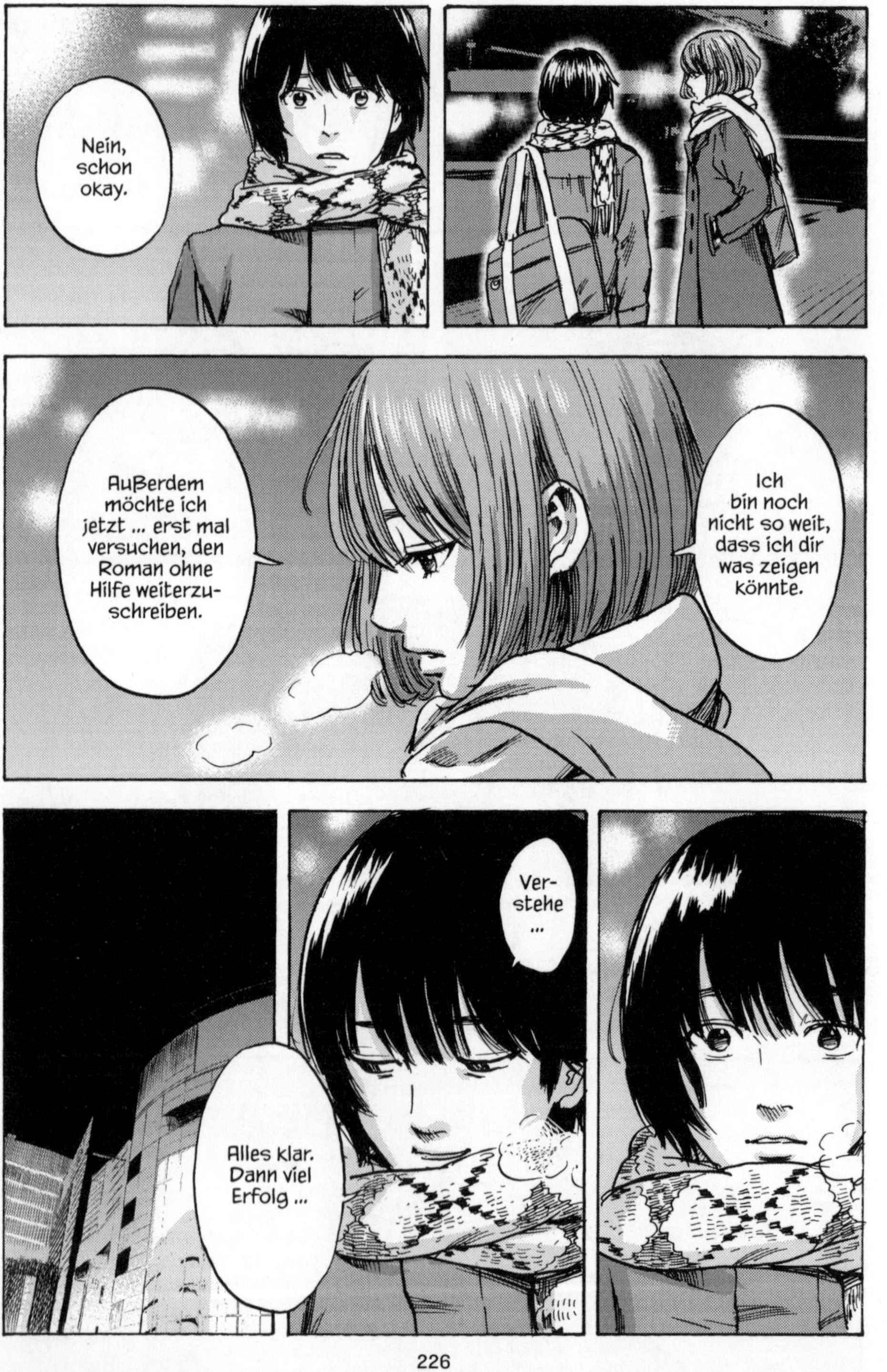
Nein, schon okay.
Ich bin noch nicht so weit, dass ich dir was zeigen könnte.
Außerdem möchte ich jetzt ... erst mal versuchen, den Roman ohne Hilfe weiterzuschreiben.
Ver-stehe ...
Alles klar. Dann viel Erfolg ...

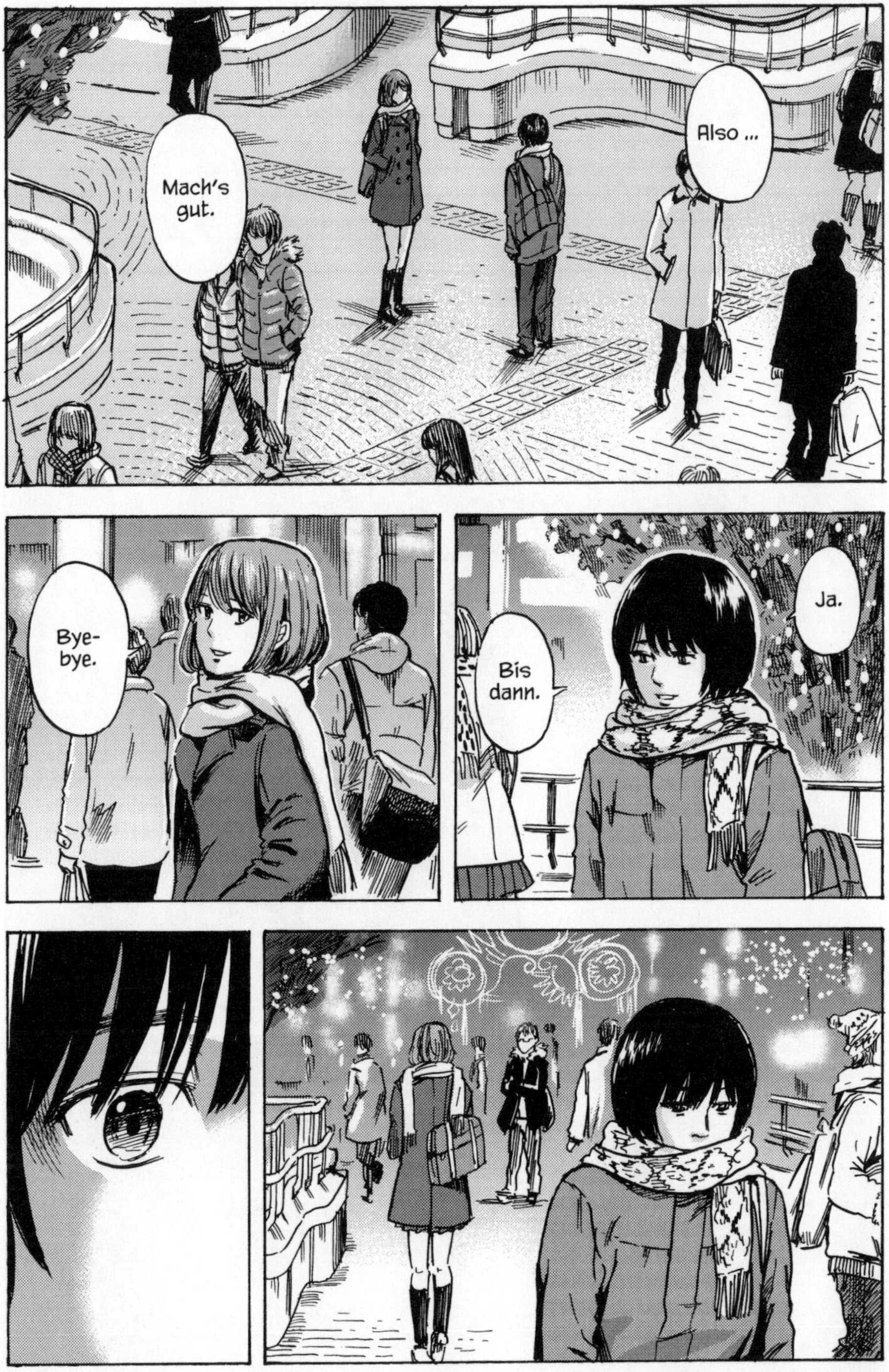
Also ...
Mach's gut.
Ja.
Bis dann.
Bye-bye.

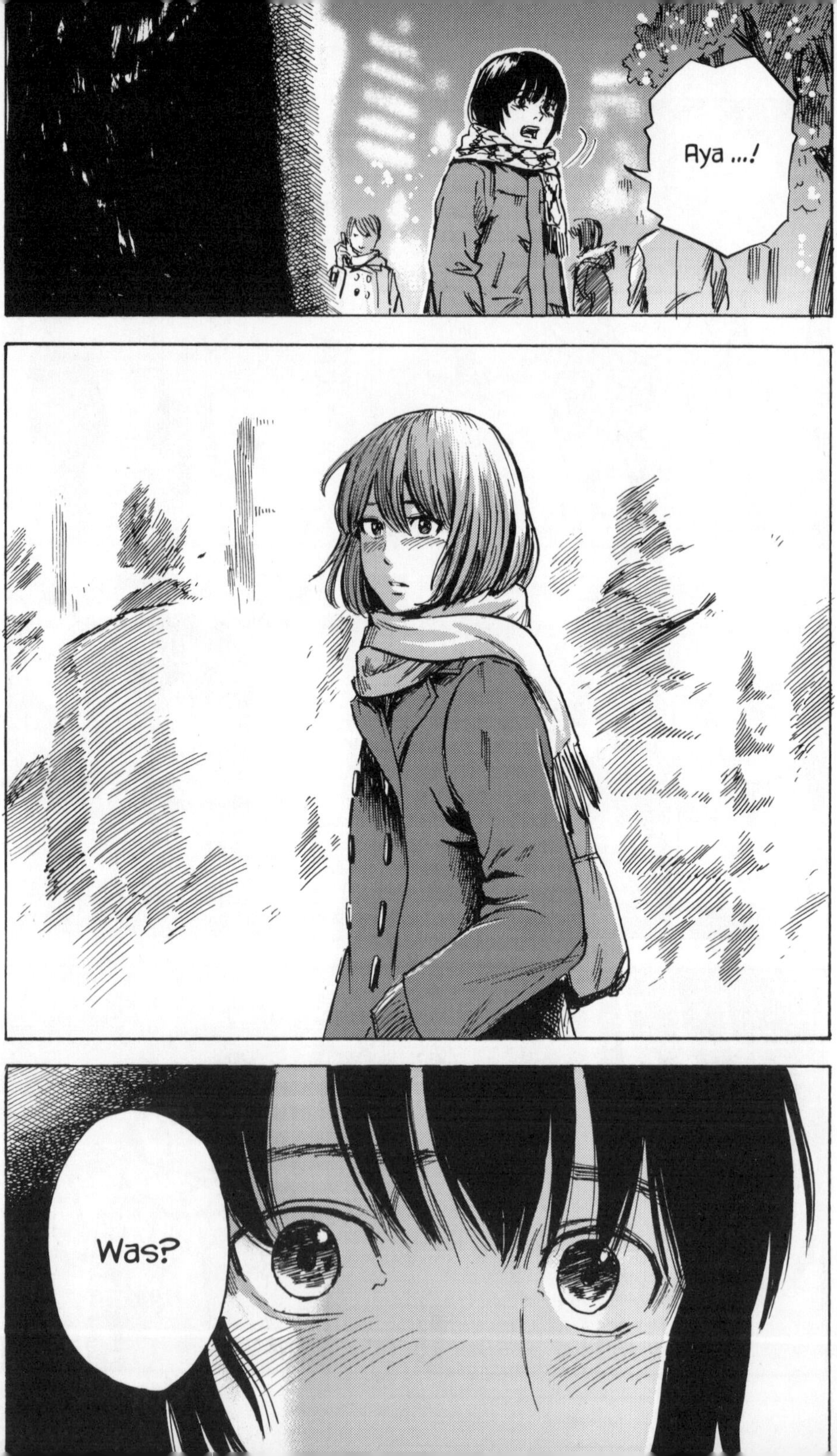
Aya ...!
Was?

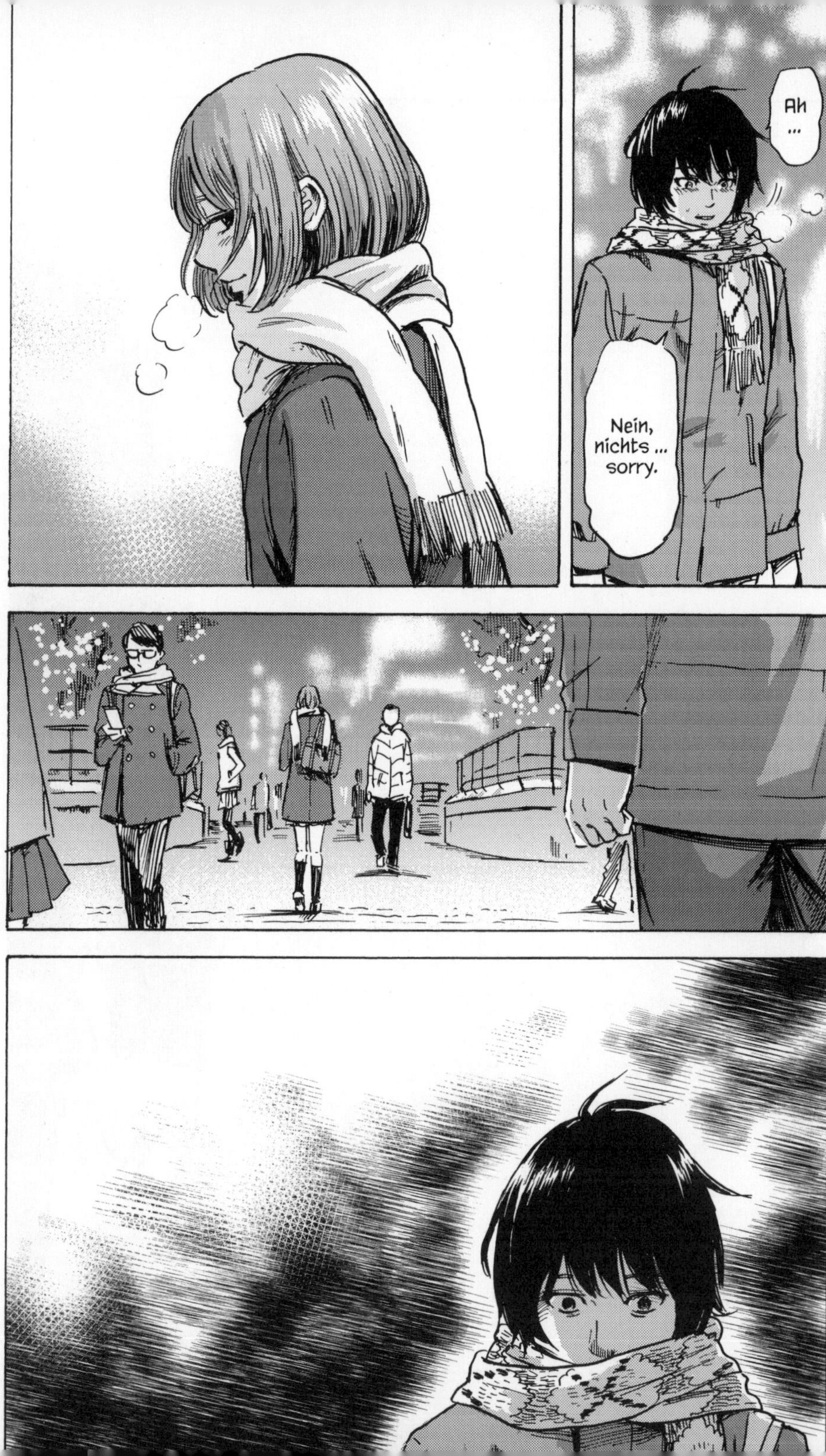
Ah ...
Nein, nichts ... sorry.

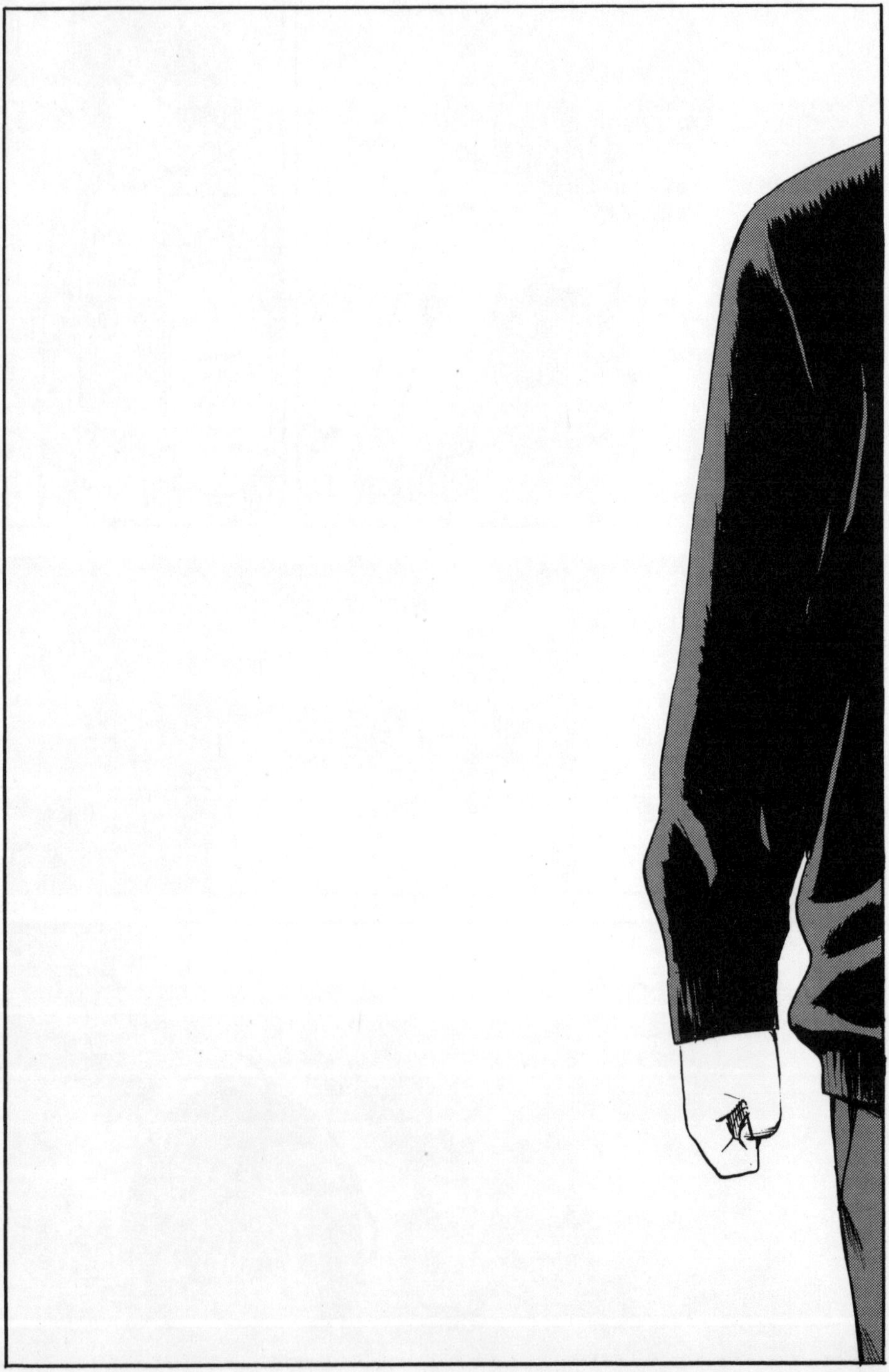

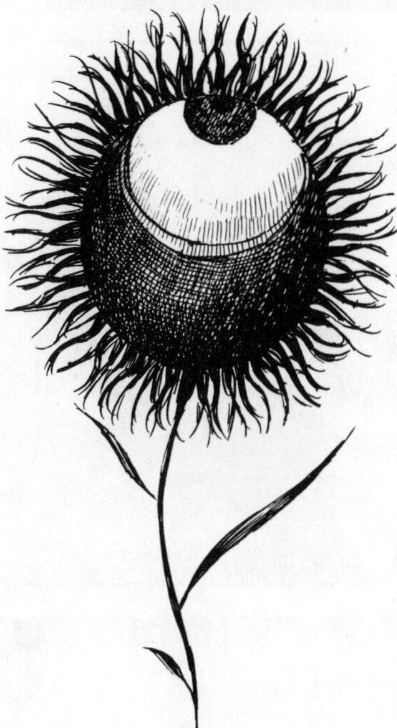

Kapitel 44 was dieses Herz will, das abgründig schlechte

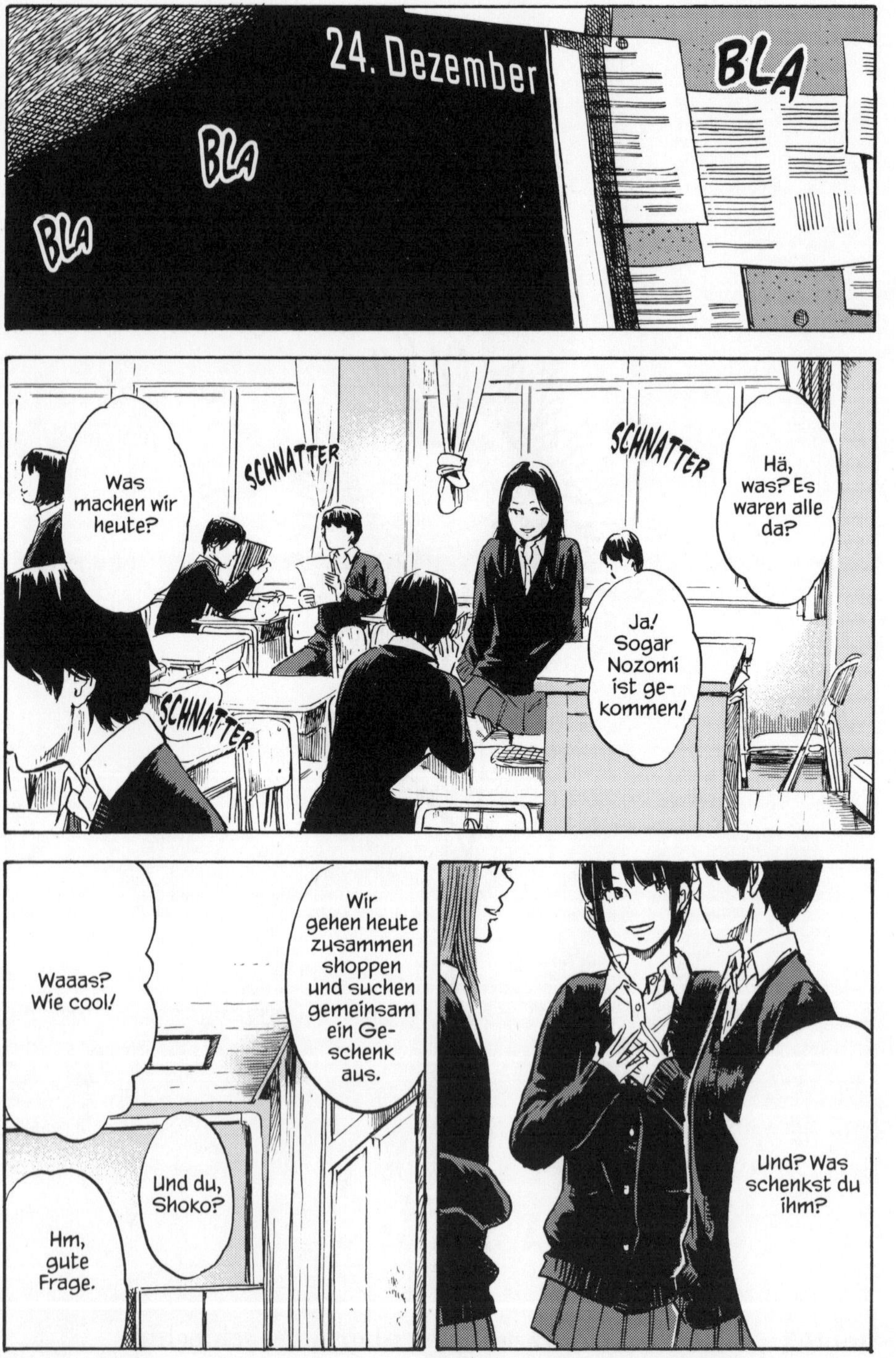
24. Dezember
BLA
BLA
BLA
Hä, was? Es waren alle da?
Ja! Sogar Nozomi ist gekommen!
SCHNATTER
SCHNATTER
Was machen wir heute?
SCHNATTER
Und? Was schenkst du ihm?
Wir gehen heute zusammen shoppen und suchen gemeinsam ein Geschenk aus.
Waaas? Wie cool!
Und du, Shoko?
Hm, gute Frage.

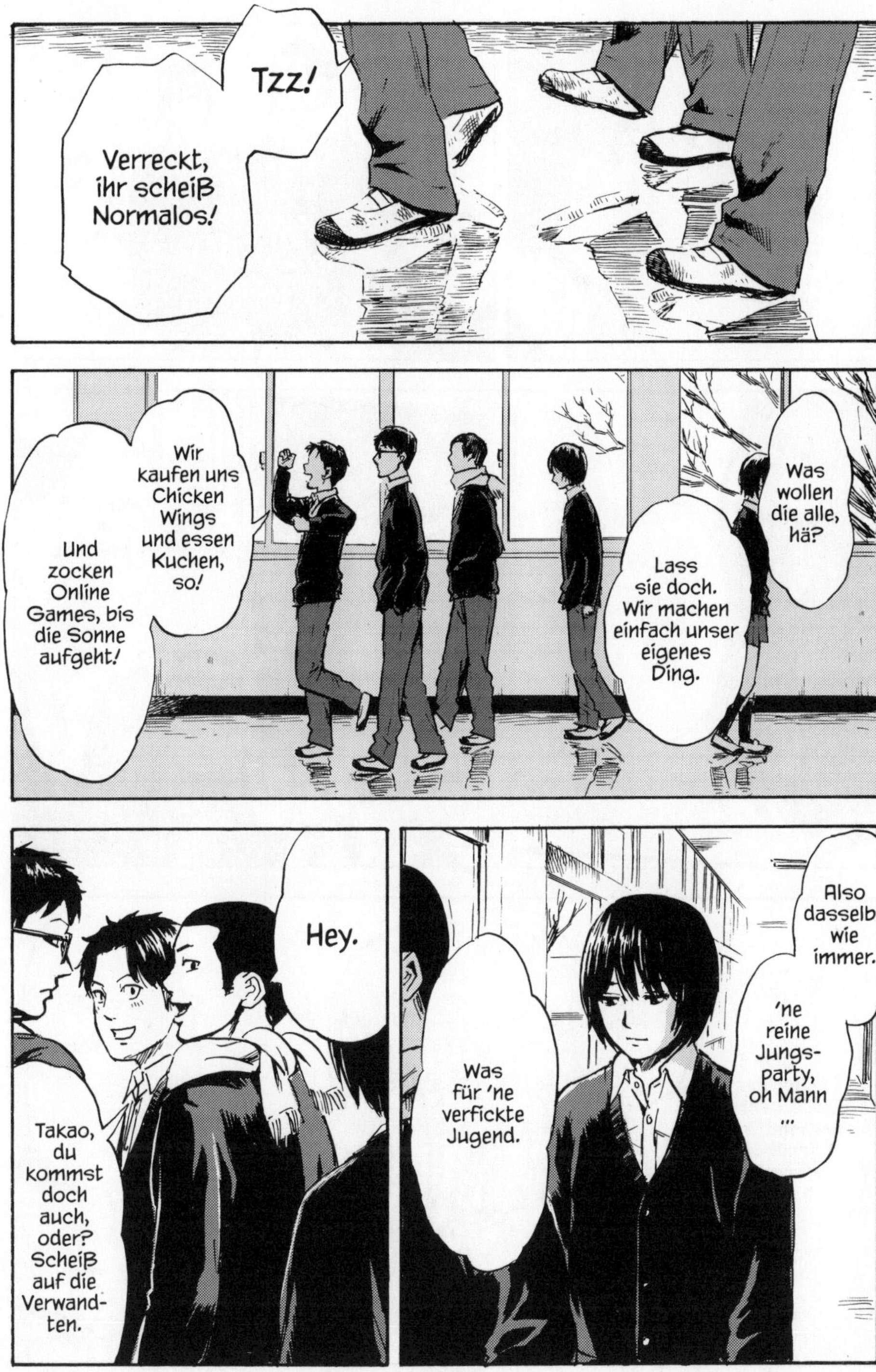
Tzz!
Verreckt, ihr scheiß Normalos!
Was wollen die alle, hä?
Lass sie doch. Wir machen einfach unser eigenes Ding.
Wir kaufen uns Chicken Wings und essen Kuchen, so!
Und zocken Online Games, bis die Sonne aufgeht!
Also dasselbe wie immer.
'ne reine Jungs-party, oh Mann ...
Was für 'ne verfickte Jugend.
Hey.
Takao, du kommst doch auch, oder? Scheiß auf die Verwandten.

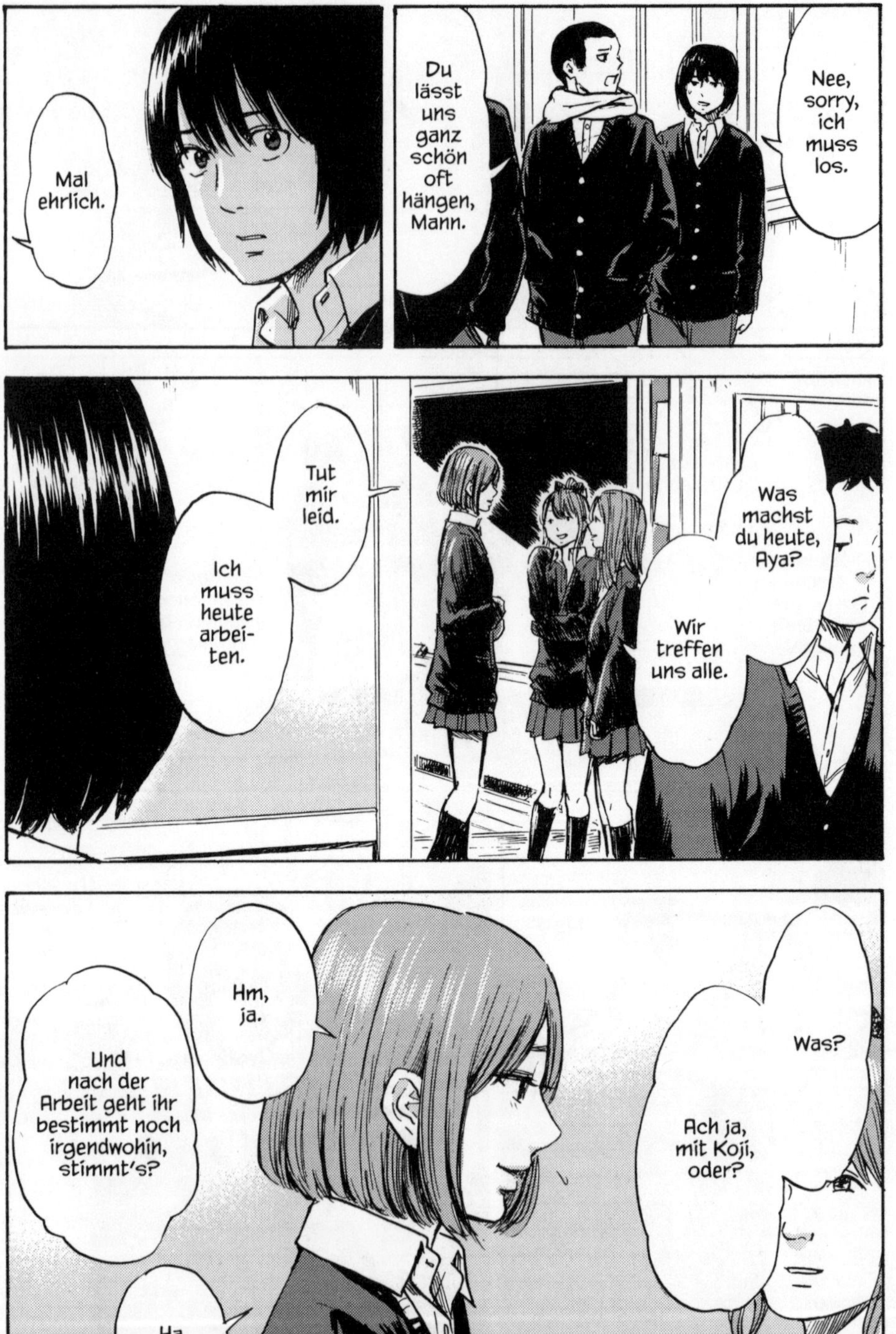
Nee, sorry, ich muss los.
Du lässt uns ganz schön oft hängen, Mann.
Mal ehrlich.
Was machst du heute, Aya?
Wir treffen uns alle.
Tut mir leid.
Ich muss heute arbei-ten.
Was?
Ach ja, mit Koji, oder?
Hm, ja.
Und nach der Arbeit geht ihr bestimmt noch irgendwohin, stimmt's?
Ha ha ...

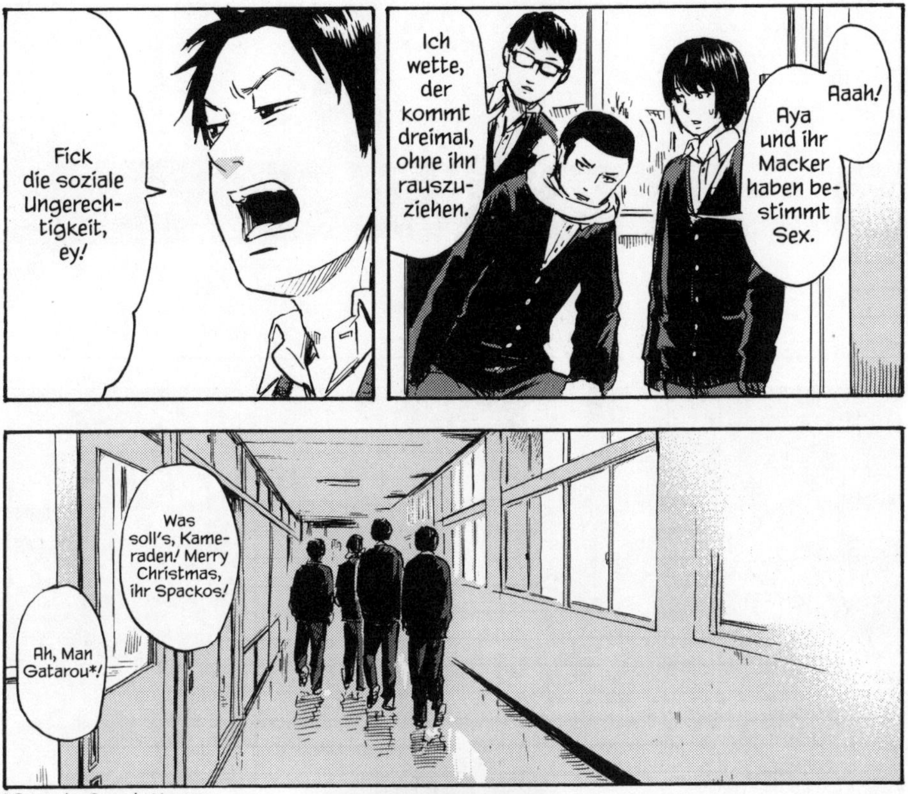

* Bekannter Comedy-Mangaka

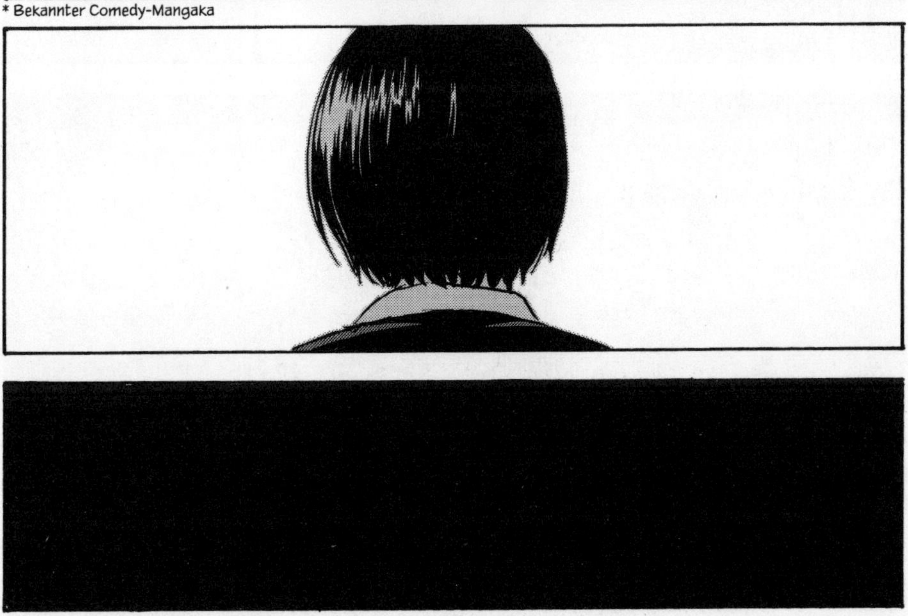

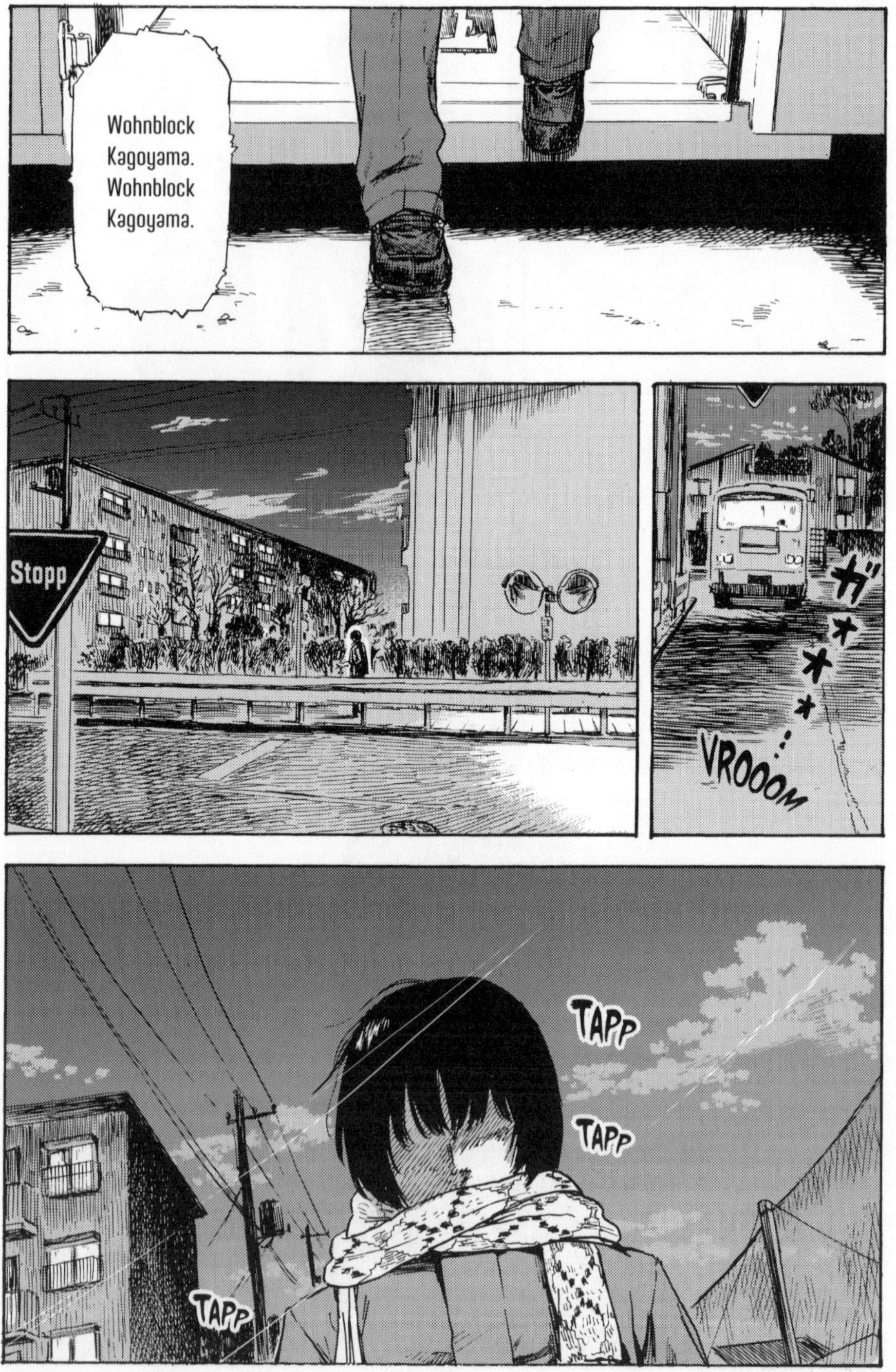
Wohnblock
Kagoyama.
Wohnblock
Kagoyama.
VROOOM
Stopp
TAPP
TAPP
TAPP

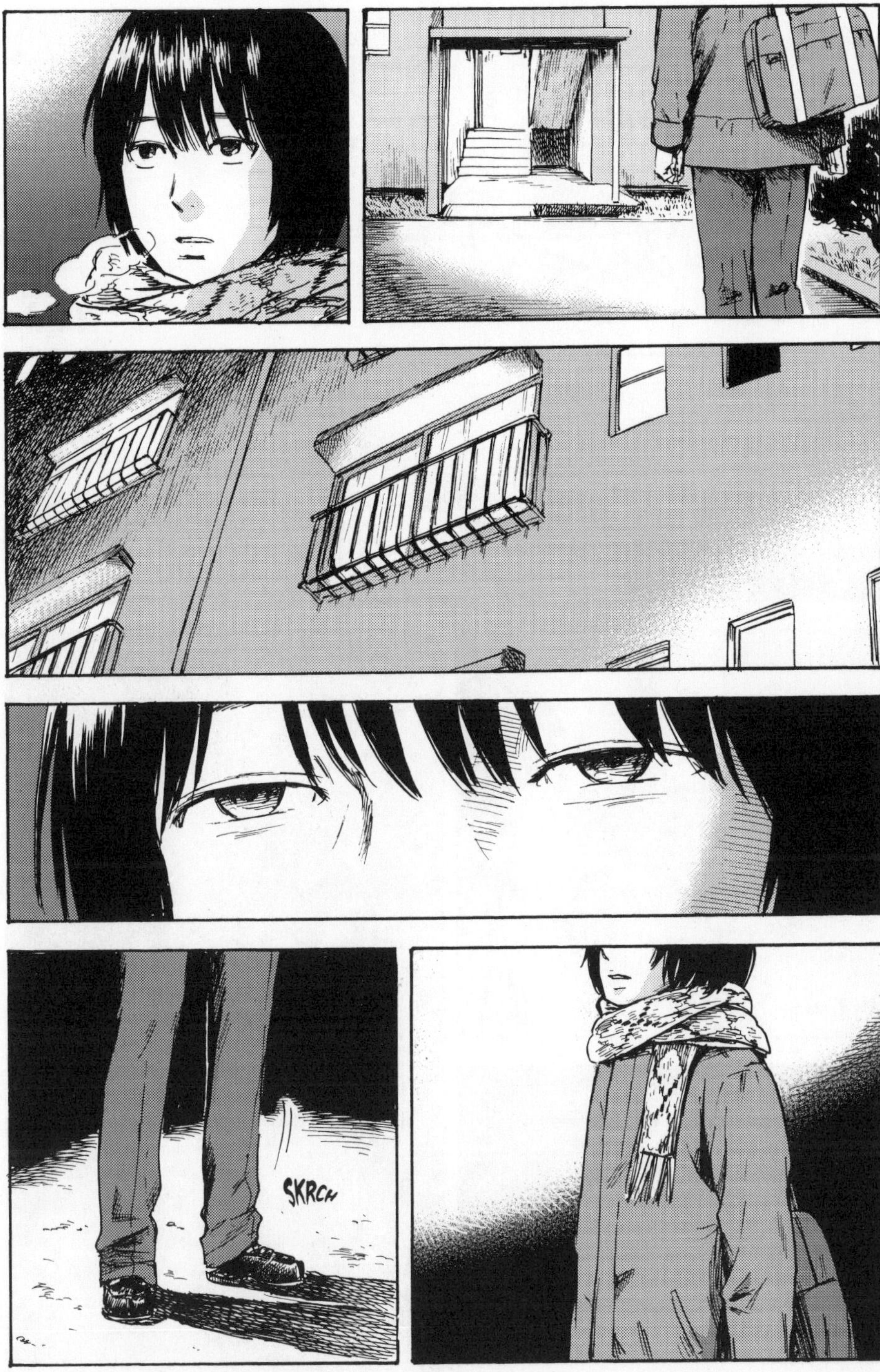
SKRCH

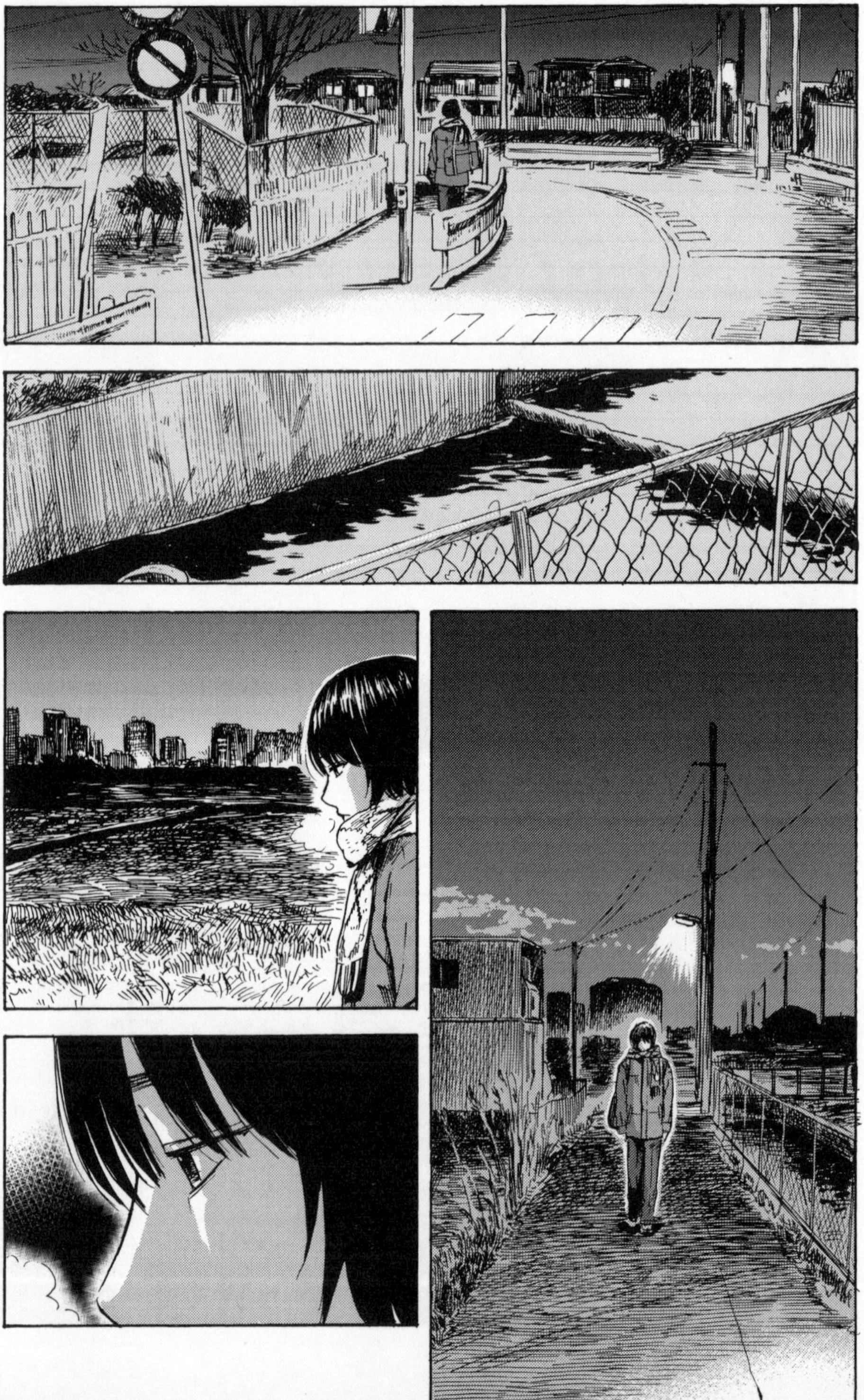

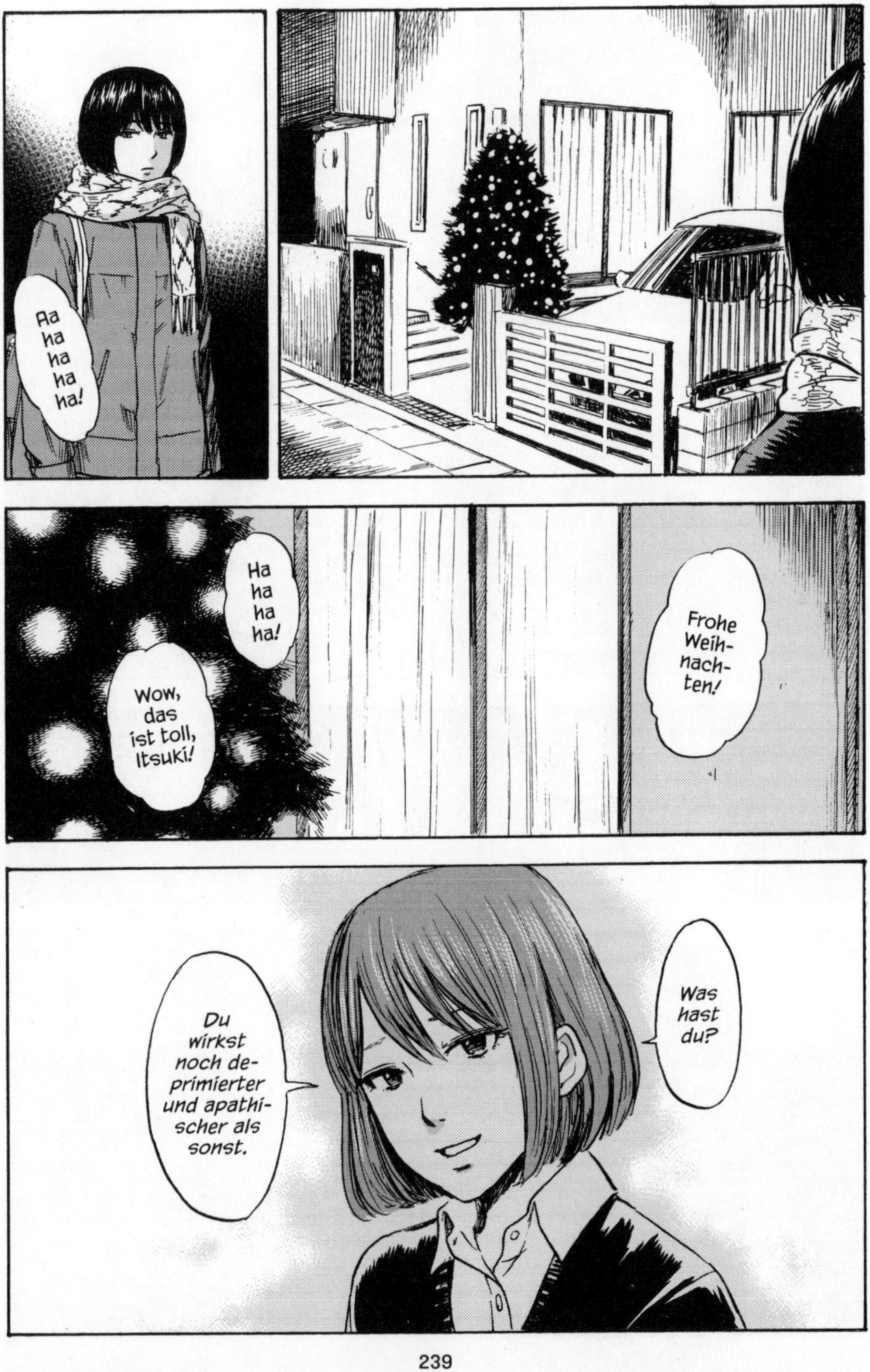
Aa ha ha ha ha!
Ha ha ha ha!
Wow, das ist toll, Itsuki!
Frohe Weihnachten!
Was hast du?
Du wirkst noch deprimierter und apathischer als sonst.

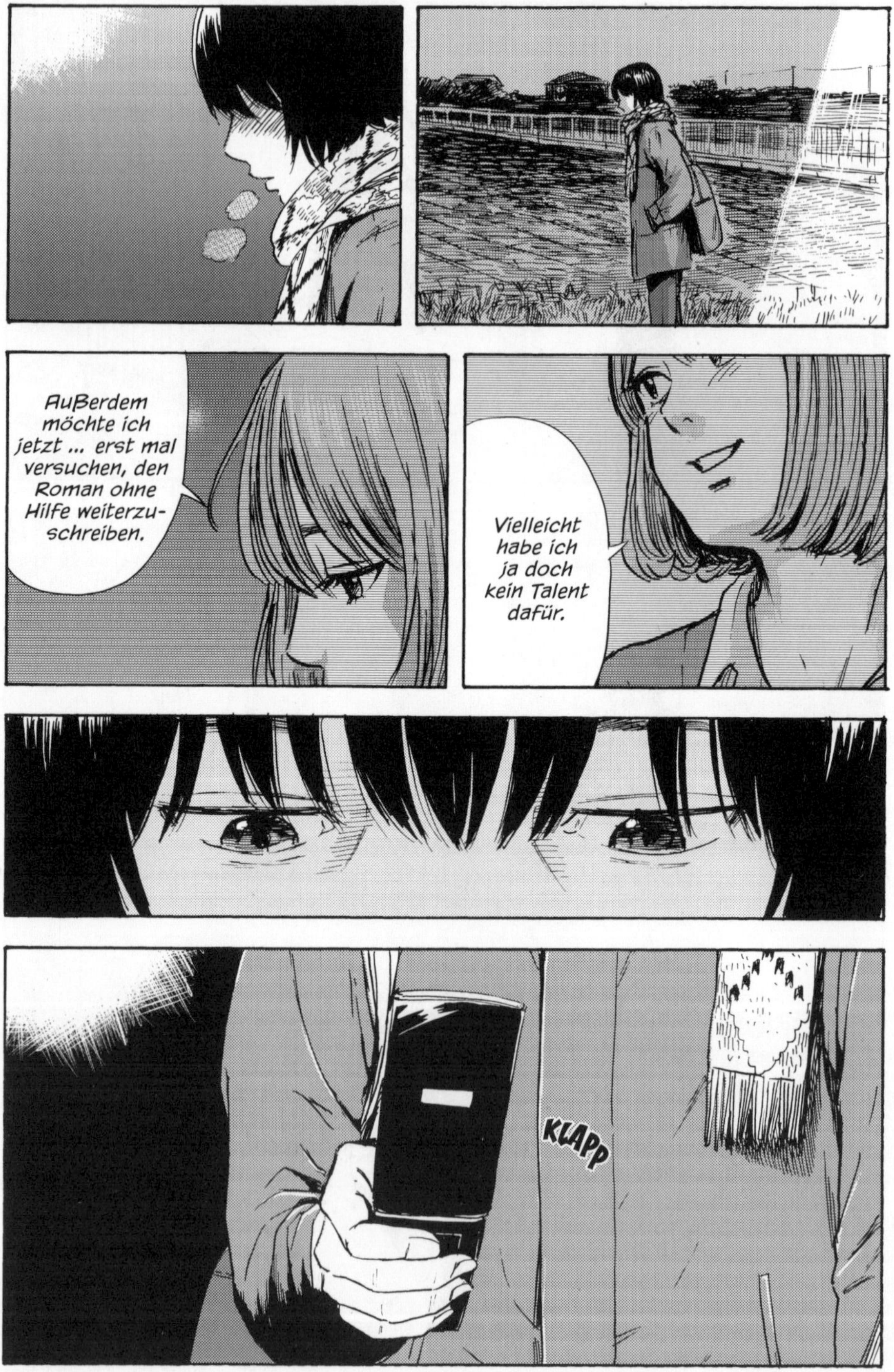
Vielleicht habe ich ja doch kein Talent dafür.
Außerdem möchte ich jetzt ... erst mal versuchen, den Roman ohne Hilfe weiterzuschreiben.
KLAPP

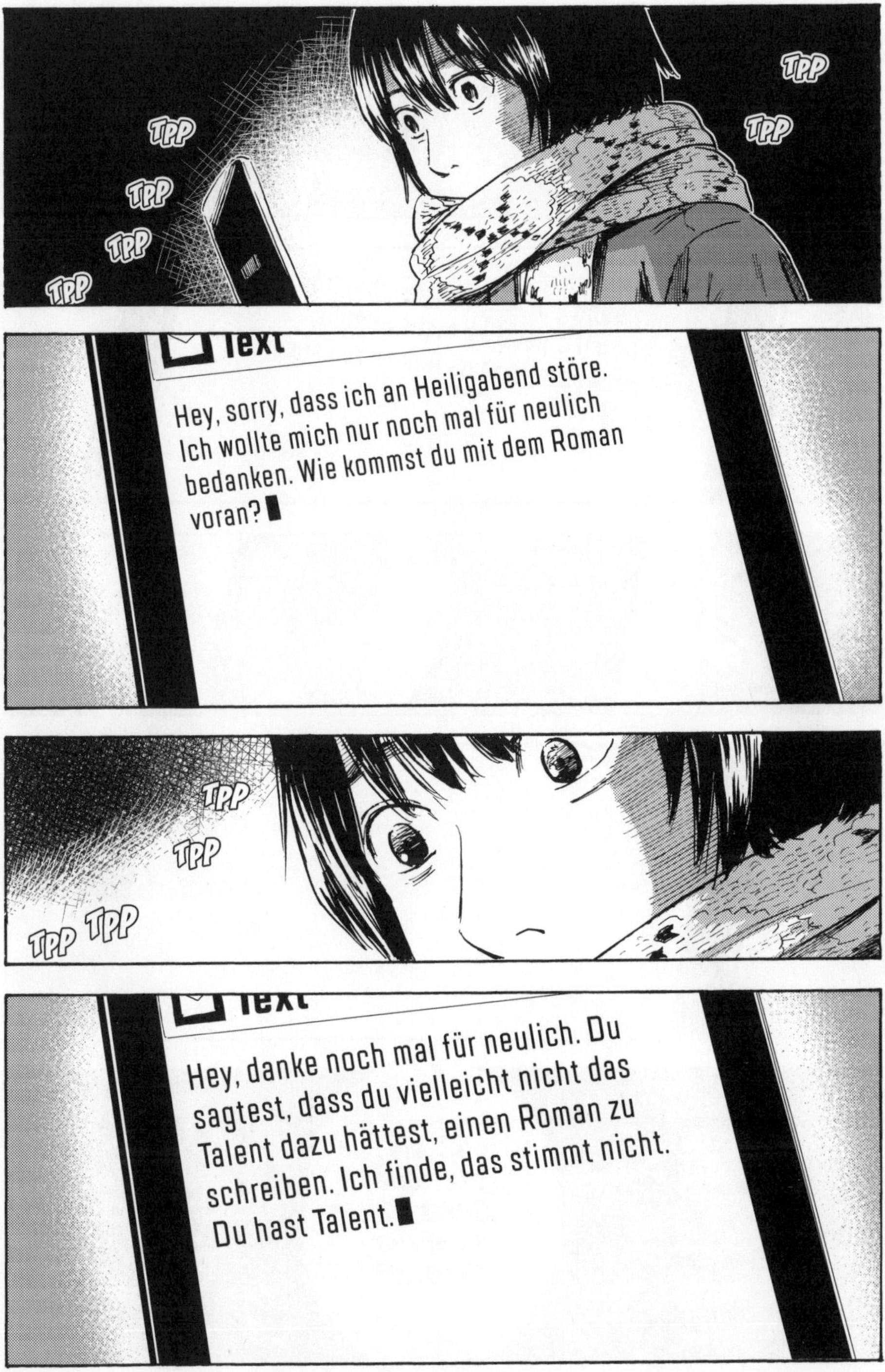
TPP
TPP
TPP
TPP
TPP
TPP
Text
Hey, sorry, dass ich an Heiligabend störe. Ich wollte mich nur noch mal für neulich bedanken. Wie kommst du mit dem Roman voran?
TPP
TPP
TPP TPP
Text
Hey, danke noch mal für neulich. Du sagtest, dass du vielleicht nicht das Talent dazu hättest, einen Roman zu schreiben. Ich finde, das stimmt nicht. Du hast Talent.

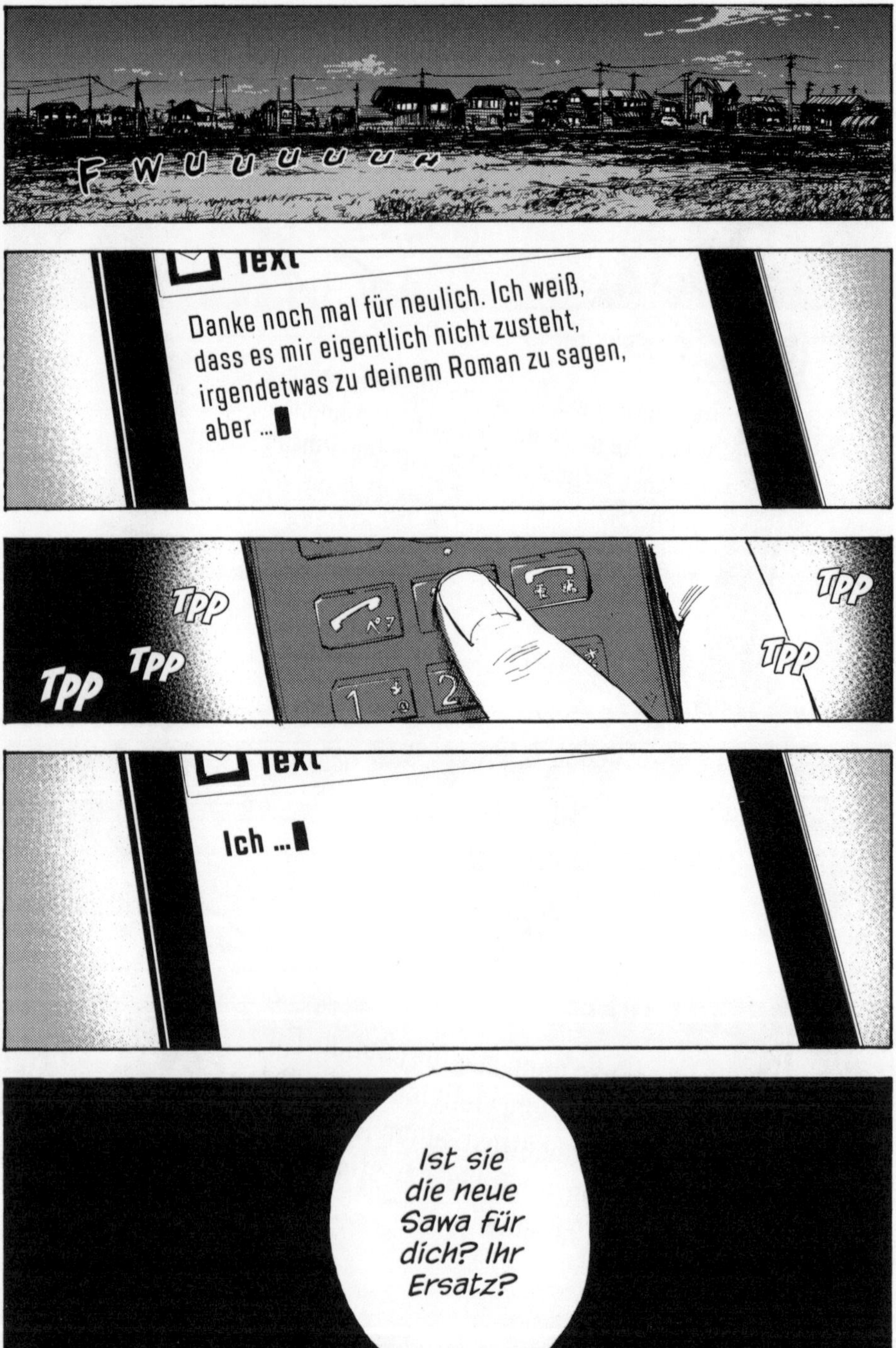
FWUUUUUUUH
Text
Danke noch mal für neulich. Ich weiß, dass es mir eigentlich nicht zusteht, irgendetwas zu deinem Roman zu sagen, aber ...
TPP
TPP
TPP
TPP
TPP
Text
Ich ...
Ist sie die neue Sawa für dich? Ihr Ersatz?

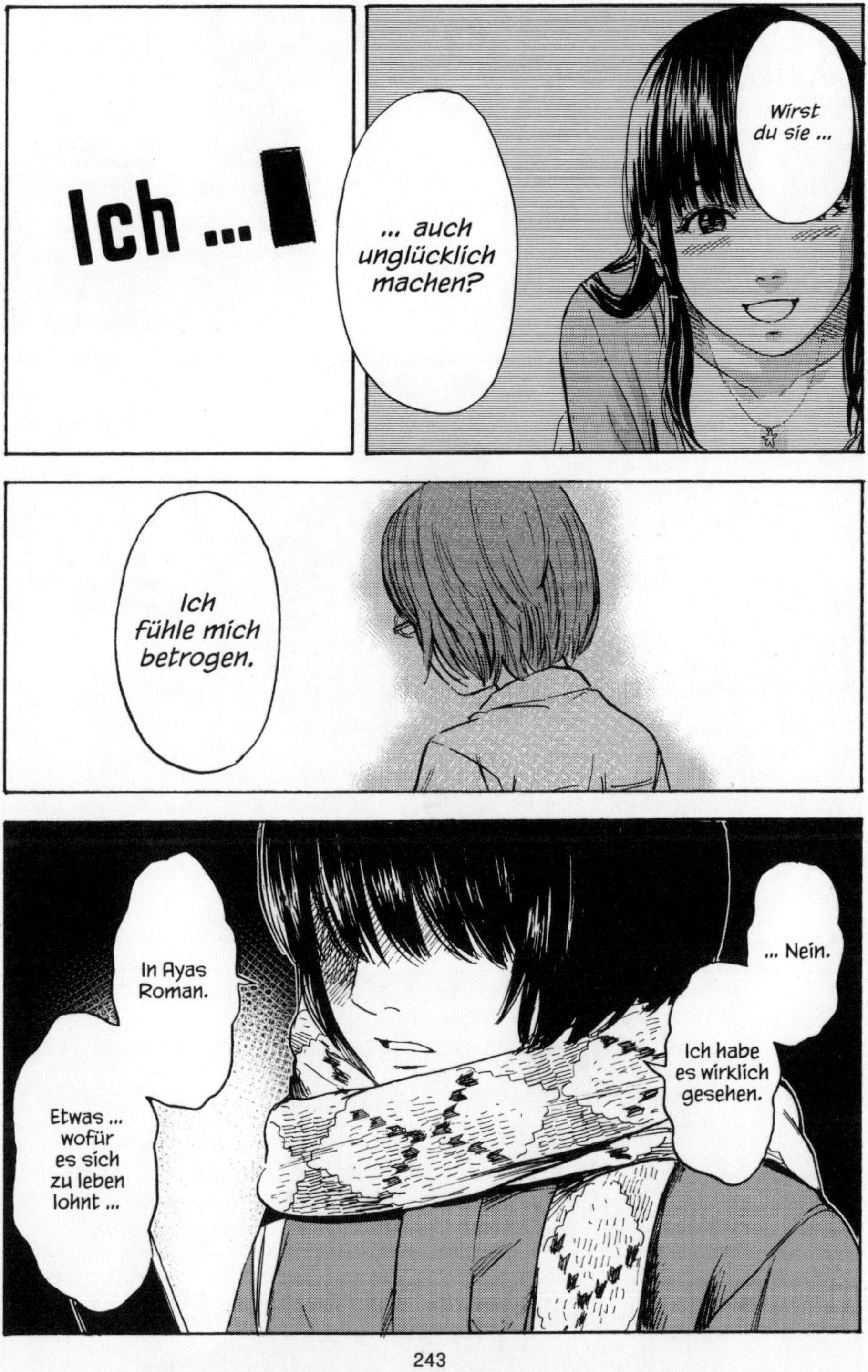
Wirst du sie ...
... auch unglücklich machen?
Ich ...
Ich fühle mich betrogen.
... Nein.
Ich habe es wirklich gesehen.
In Ayas Roman.
Etwas ... wofür es sich zu leben lohnt ...

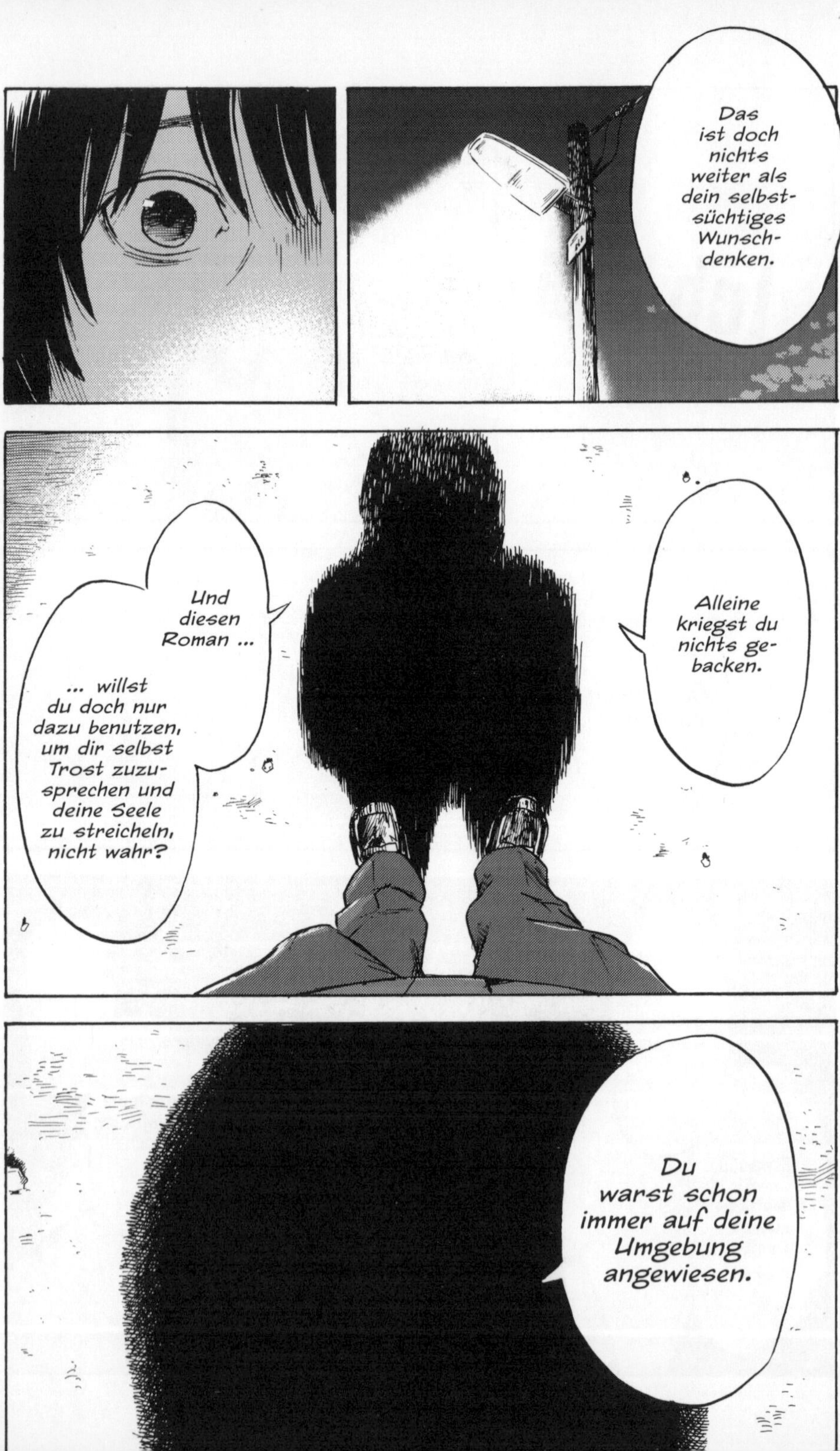
Das ist doch nichts weiter als dein selbstsüchtiges Wunschdenken.
Alleine kriegst du nichts gebacken.
Und diesen Roman ...
... willst du doch nur dazu benutzen, um dir selbst Trost zuzusprechen und deine Seele zu streicheln, nicht wahr?
Du warst schon immer auf deine Umgebung angewiesen.

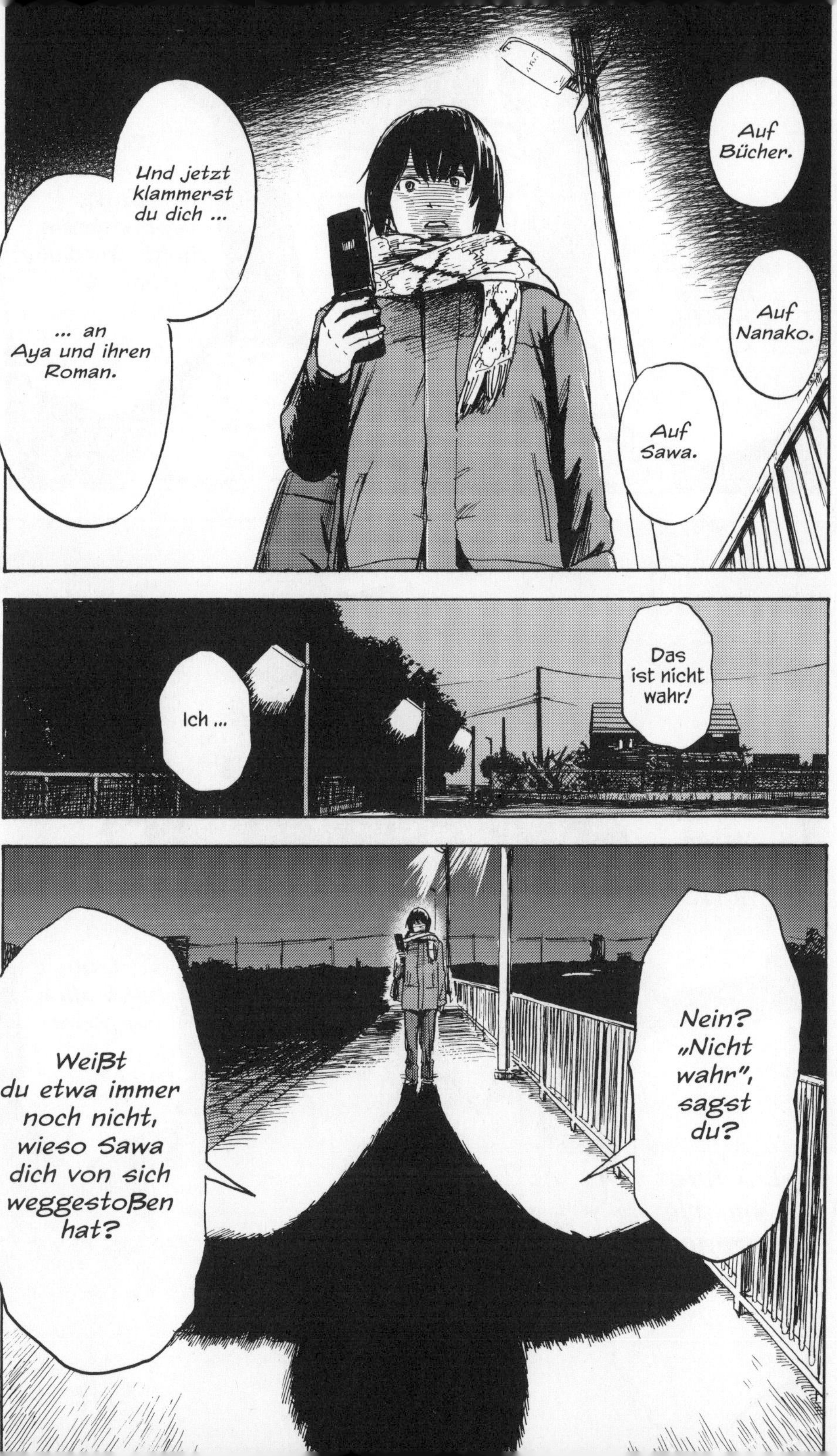
Auf Bücher.
Auf Nanako.
Auf Sawa.
Und jetzt klammerst du dich ...
... an Aya und ihren Roman.
Das ist nicht wahr!
Ich ...
Nein? „Nicht wahr", sagst du?
Weißt du etwa immer noch nicht, wieso Sawa dich von sich weggestoßen hat?

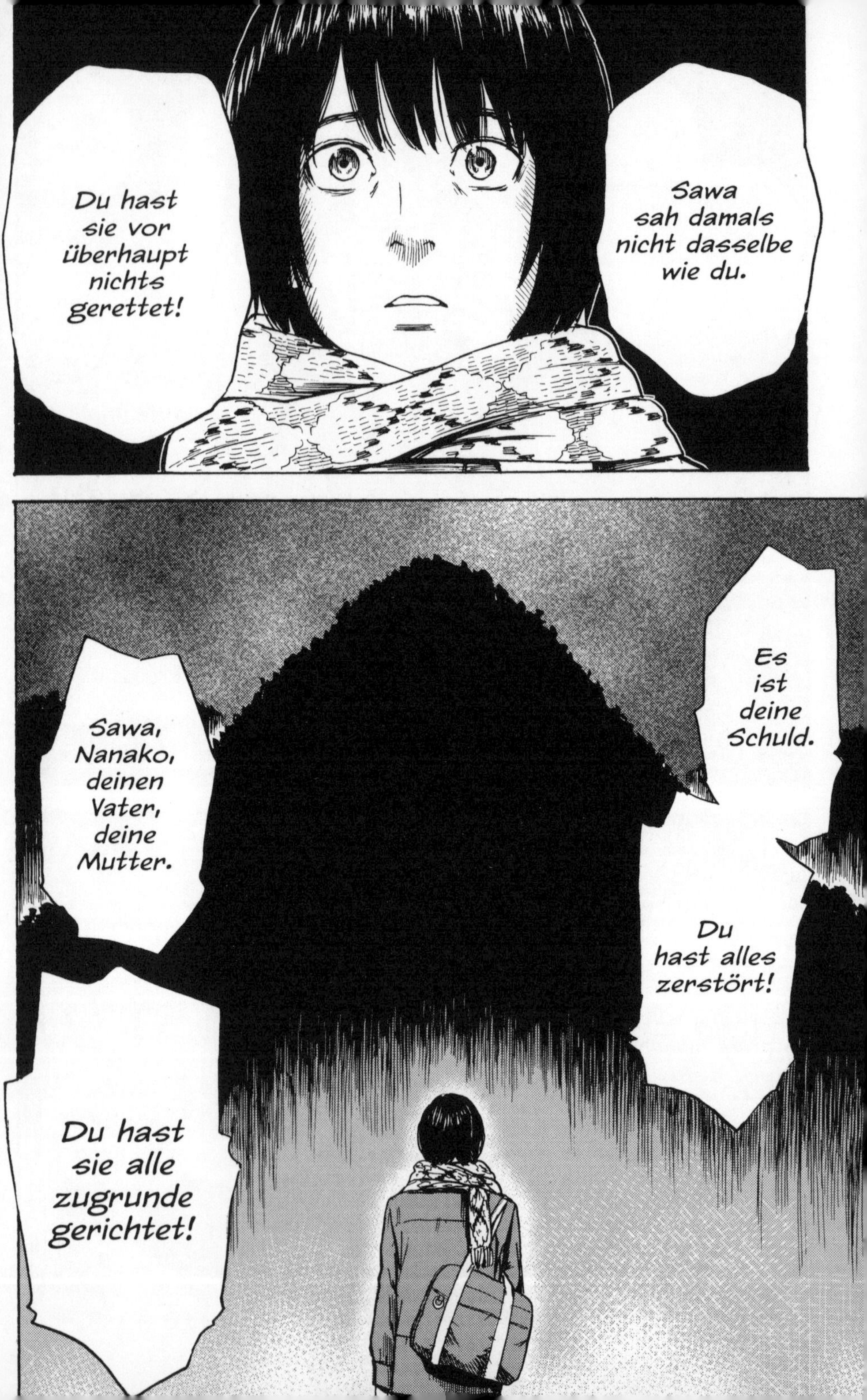

Sawa sah damals nicht dasselbe wie du.
Du hast sie vor überhaupt nichts gerettet!
Es ist deine Schuld.
Sawa, Nanako, deinen Vater, deine Mutter.
Du hast alles zerstört!
Du hast sie alle zugrunde gerichtet!

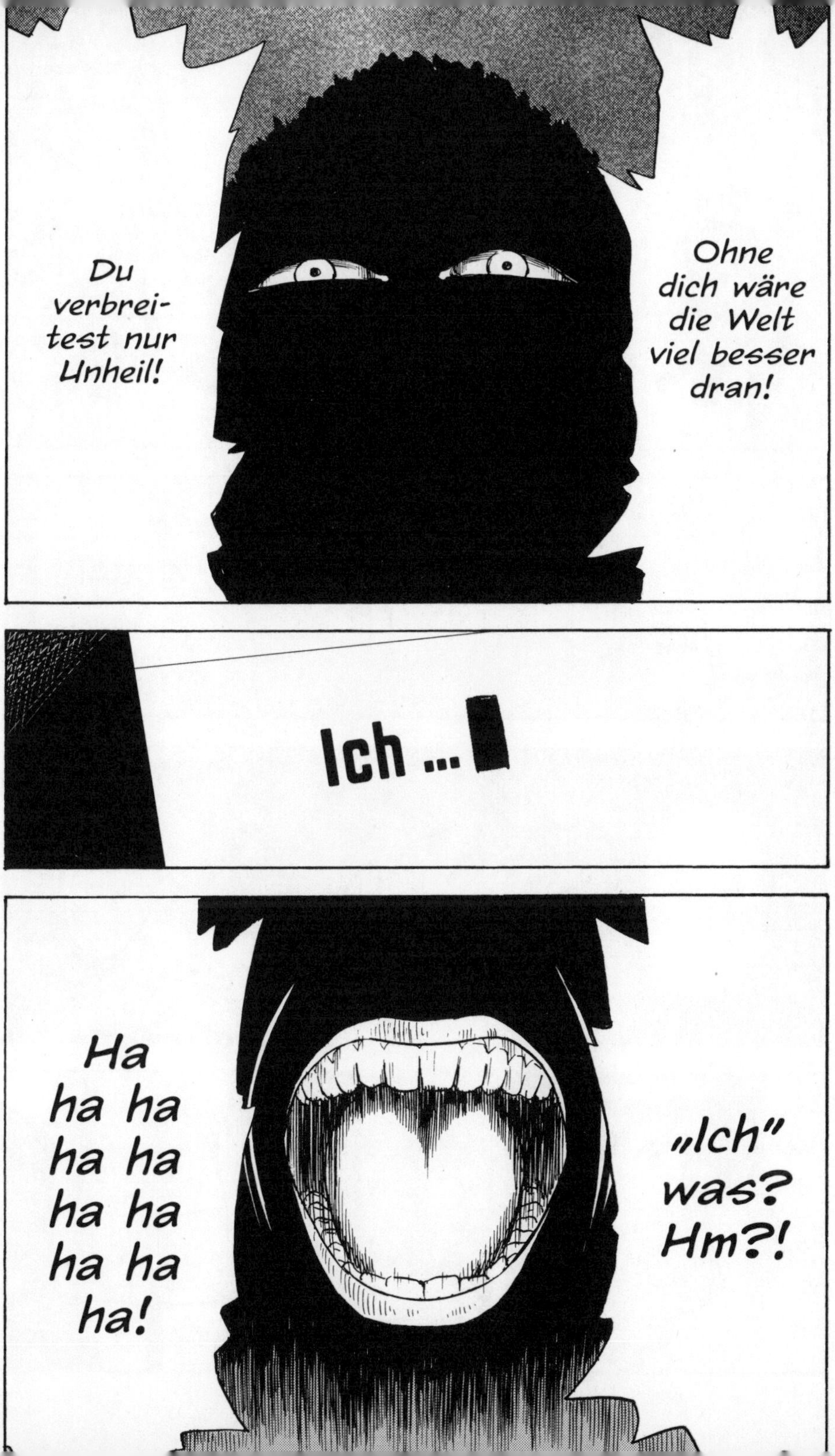

Ohne dich wäre die Welt viel besser dran!
Du verbrei-test nur Unheil!
Ich …!
„Ich" was? Hm?!
Ha ha ha ha ha ha ha ha ha ha ha!

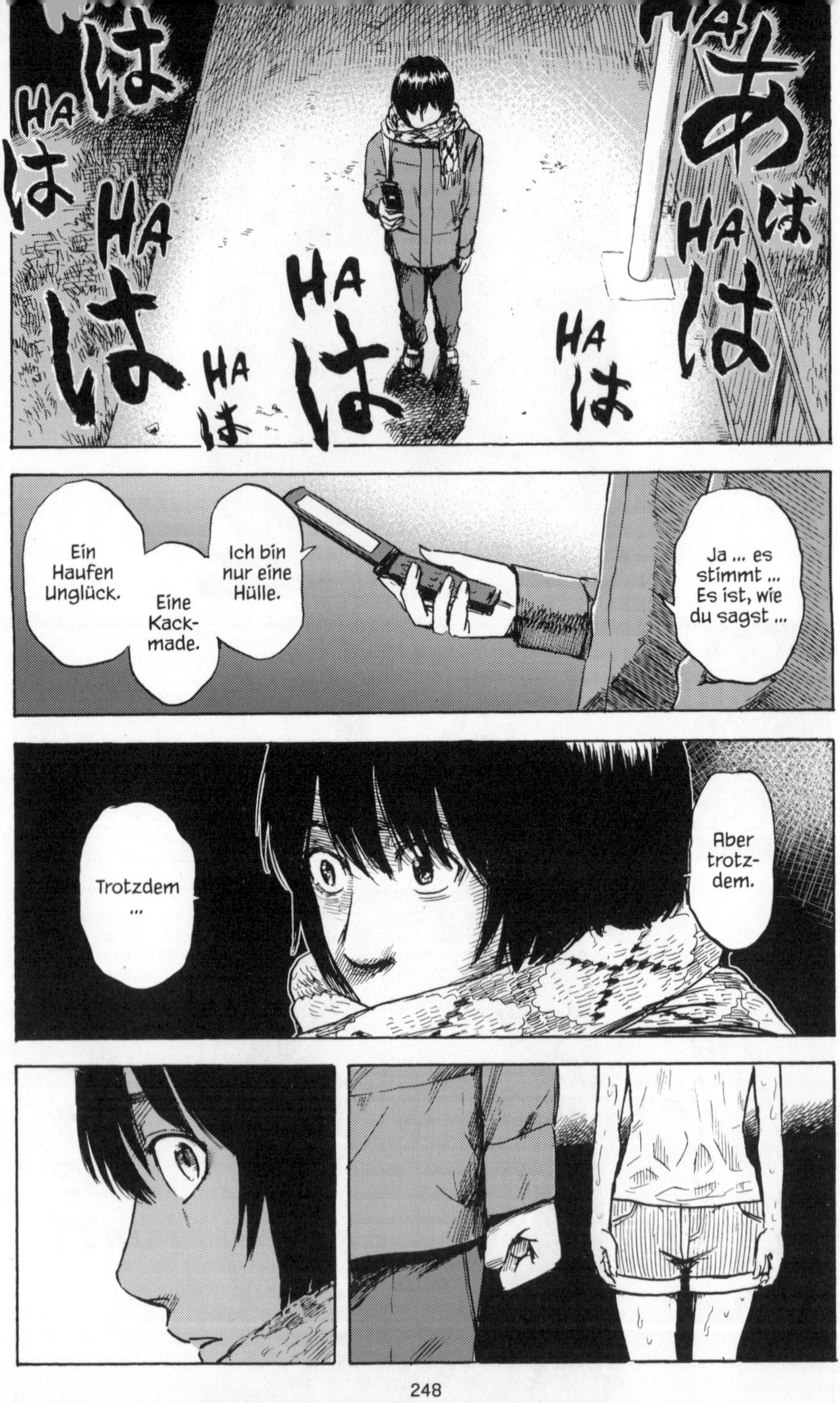

あは
HA
は
HA
は
HA
は
HA
は
HA
は
HA
は
HA
は
Ja ... es stimmt ... Es ist, wie du sagst ...
Ich bin nur eine Hülle.
Eine Kack-made.
Ein Haufen Unglück.
Aber trotz-dem.
Trotzdem ...

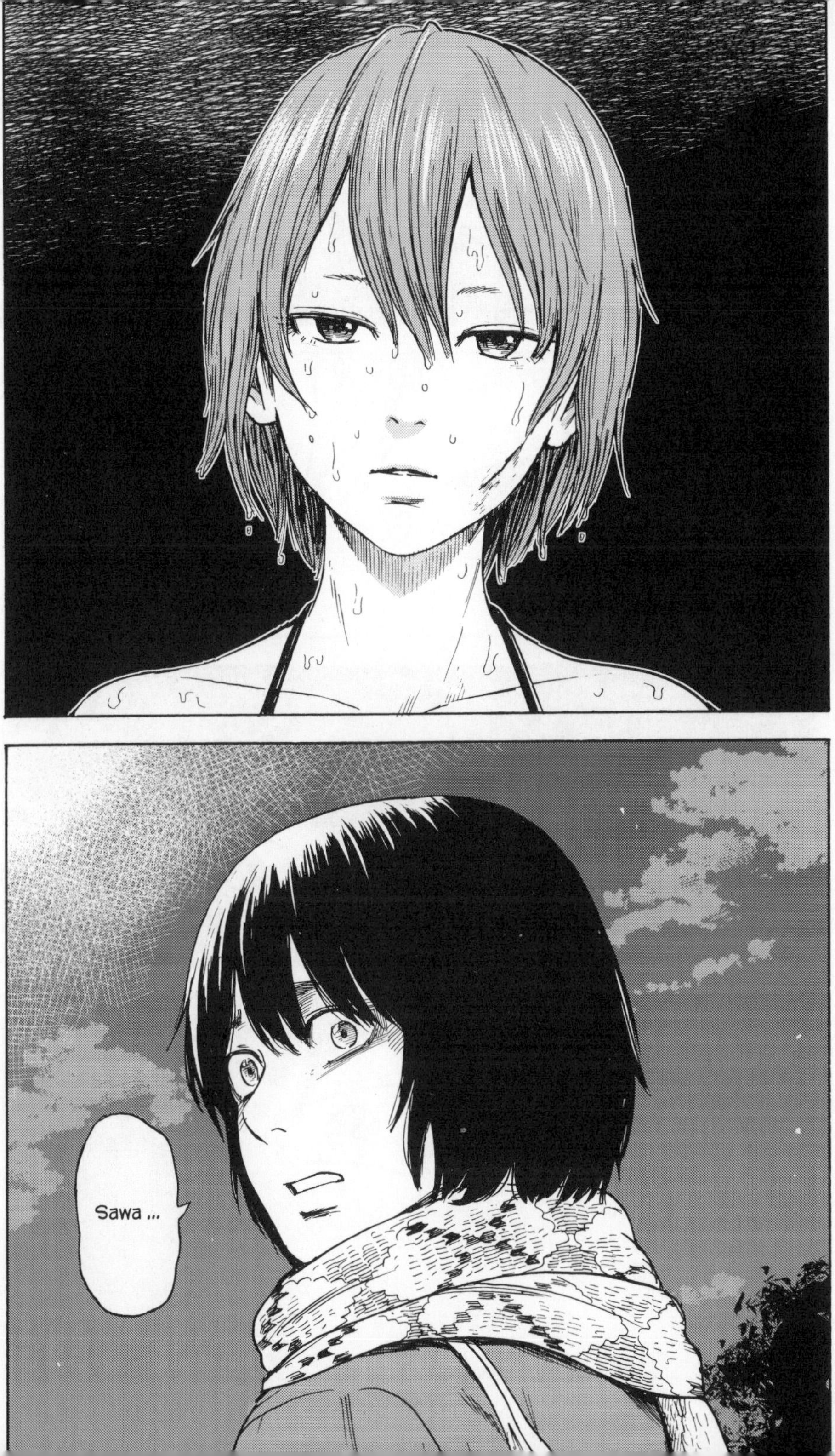
Sawa ...

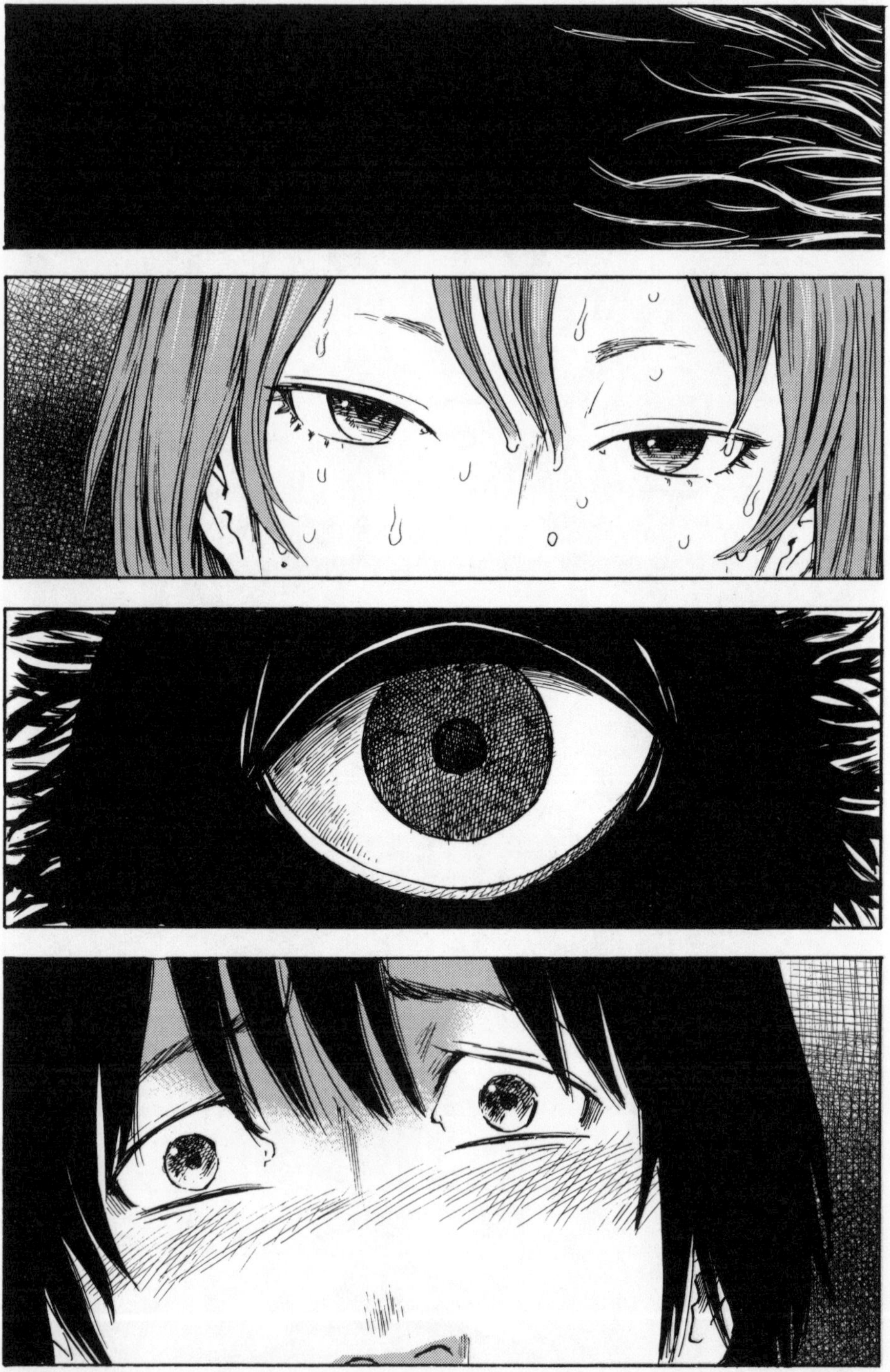

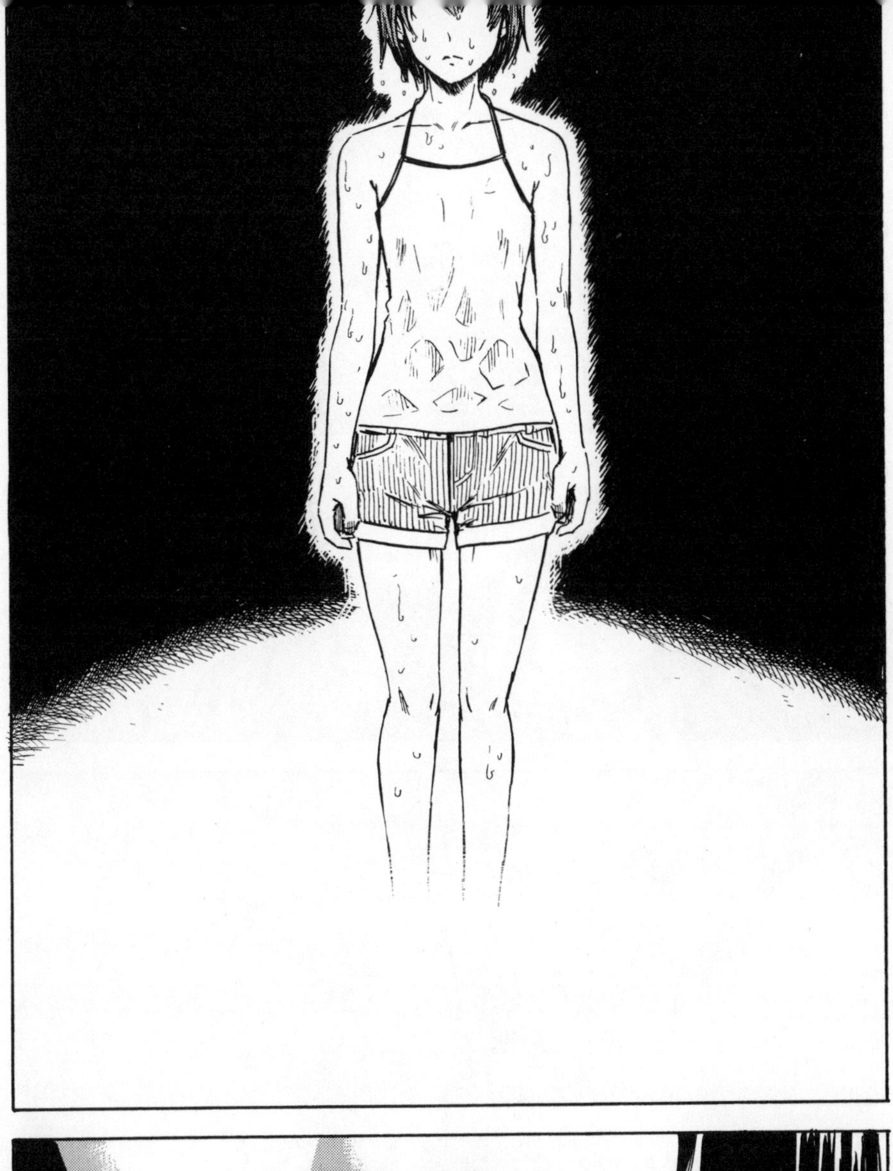

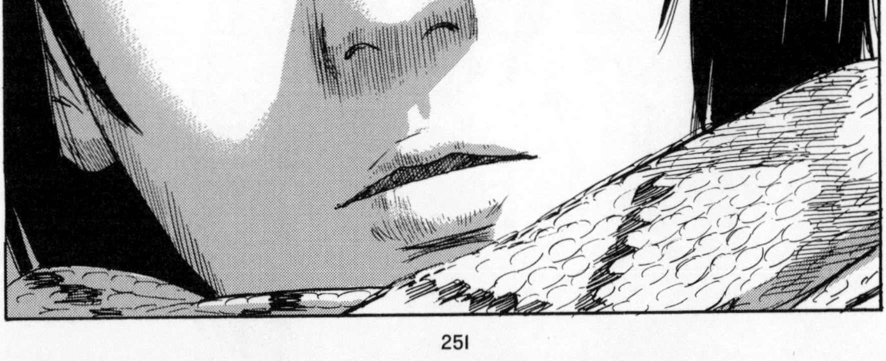

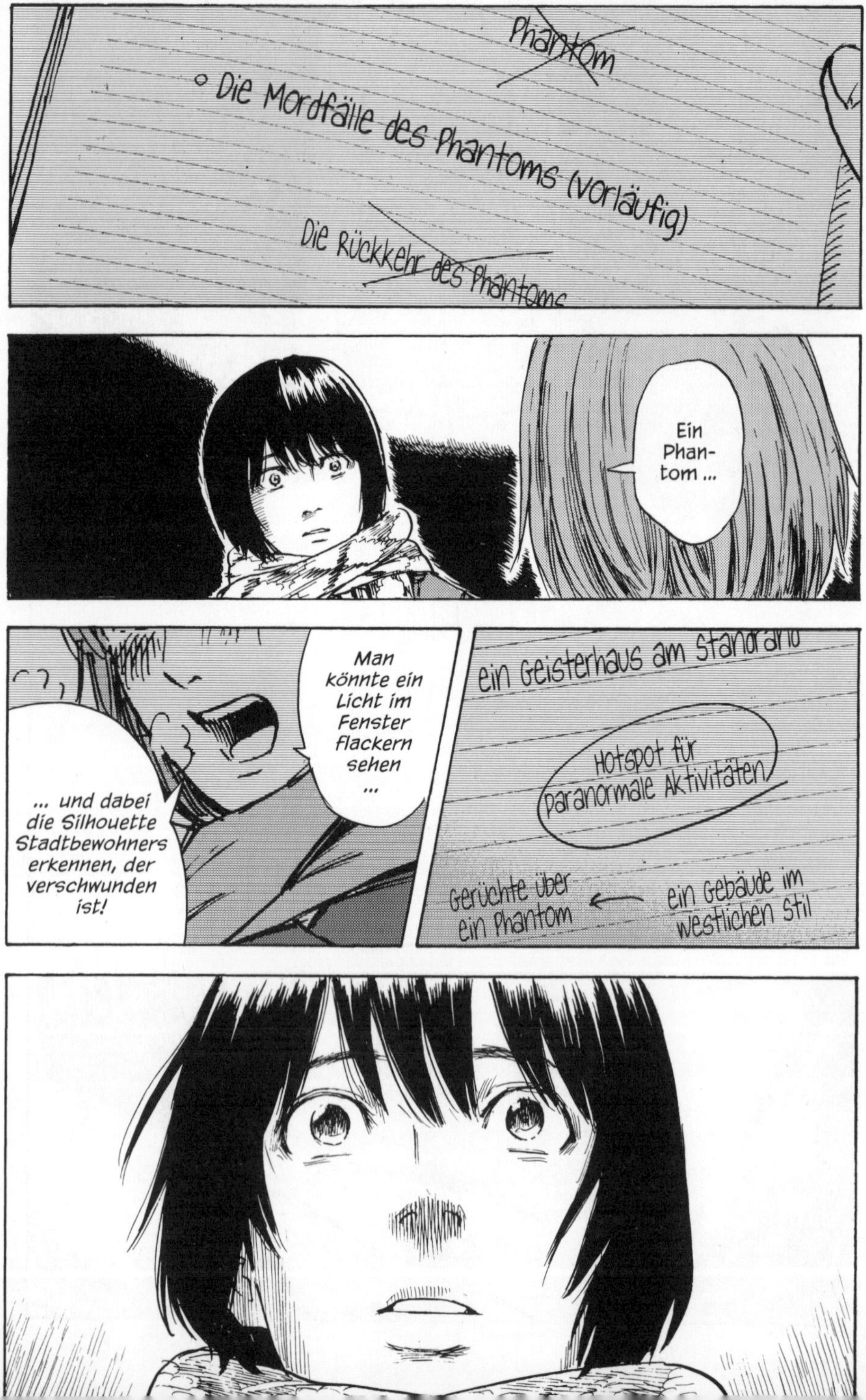
Phantom
Die Mordfälle des Phantoms (vorläufig)
Die Rückkehr des Phantoms
Ein Phantom ...
ein Geisterhaus am Stadtrand
Hotspot für paranormale Aktivitäten
ein Gebäude im westlichen Stil
Gerüchte über ein Phantom
Man könnte ein Licht im Fenster flackern sehen ...
... und dabei die Silhouette Stadtbewohners erkennen, der verschwunden ist!

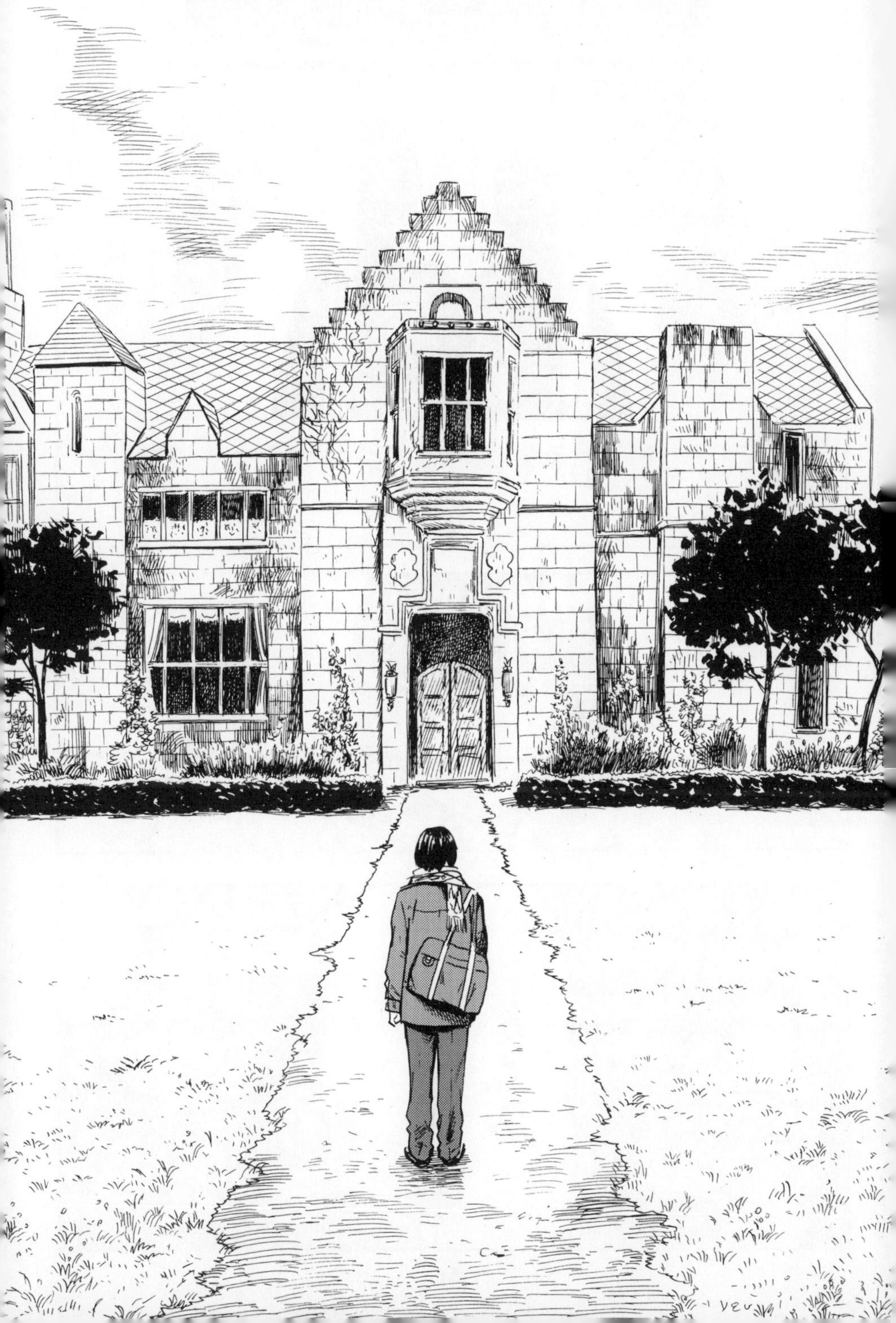

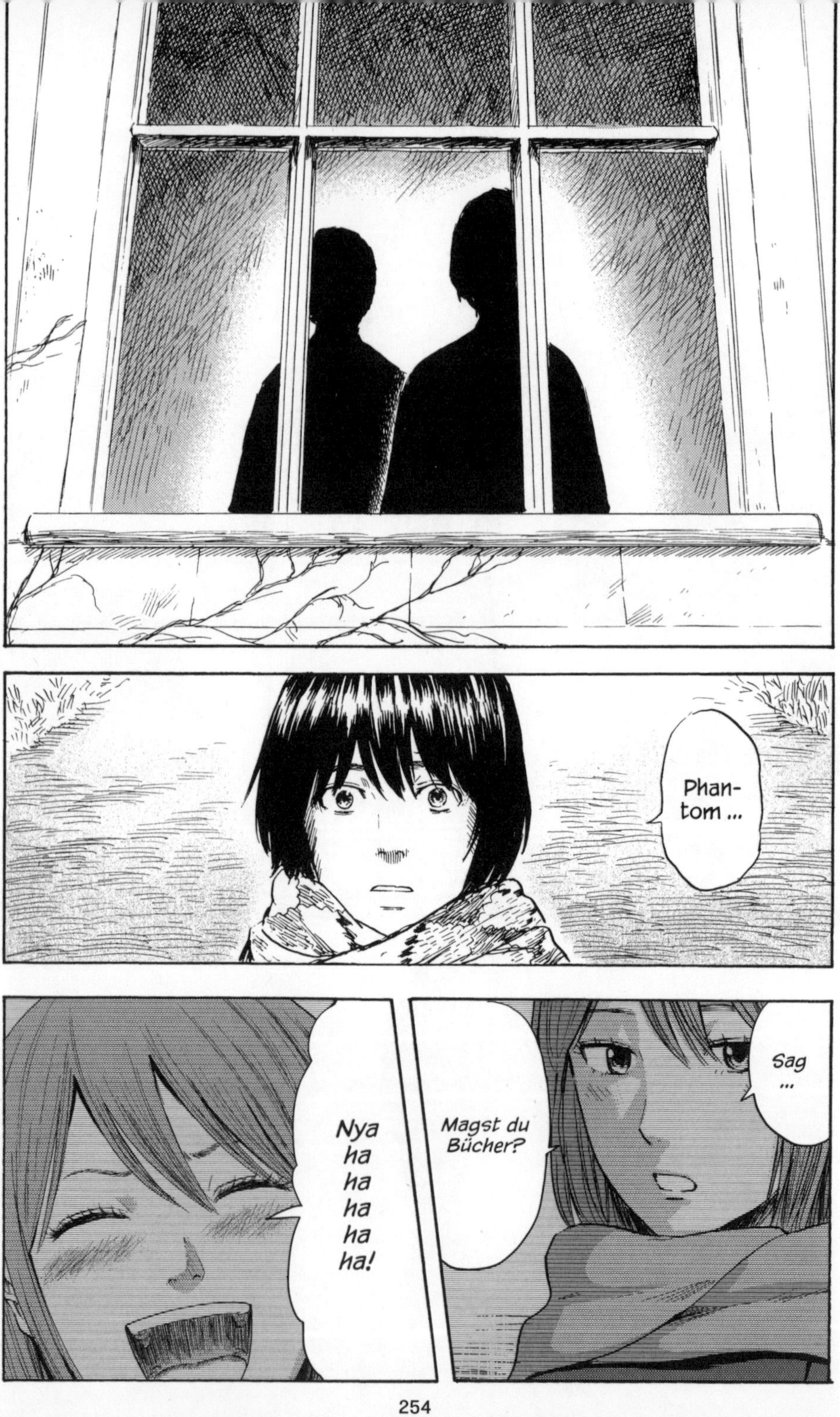
Phan-
tom ...
Sag ...
Magst du Bücher?
Nya ha ha ha ha ha!

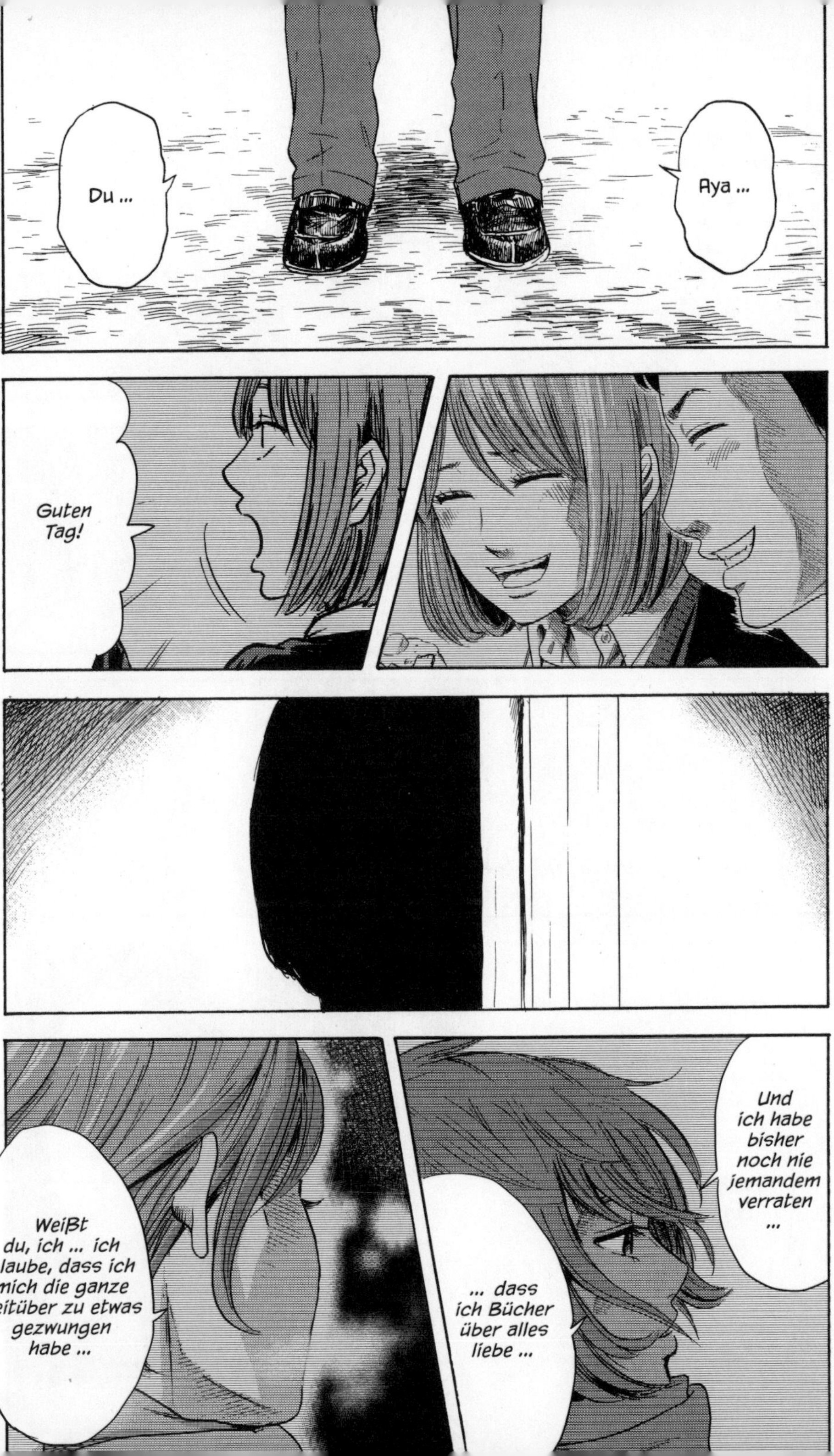
Aya ...
Du ...
Guten Tag!
Und ich habe bisher noch nie jemandem verraten ...
... dass ich Bücher über alles liebe ...
Weißt du, ich ... ich glaube, dass ich mich die ganze Zeitüber zu etwas gezwungen habe ...

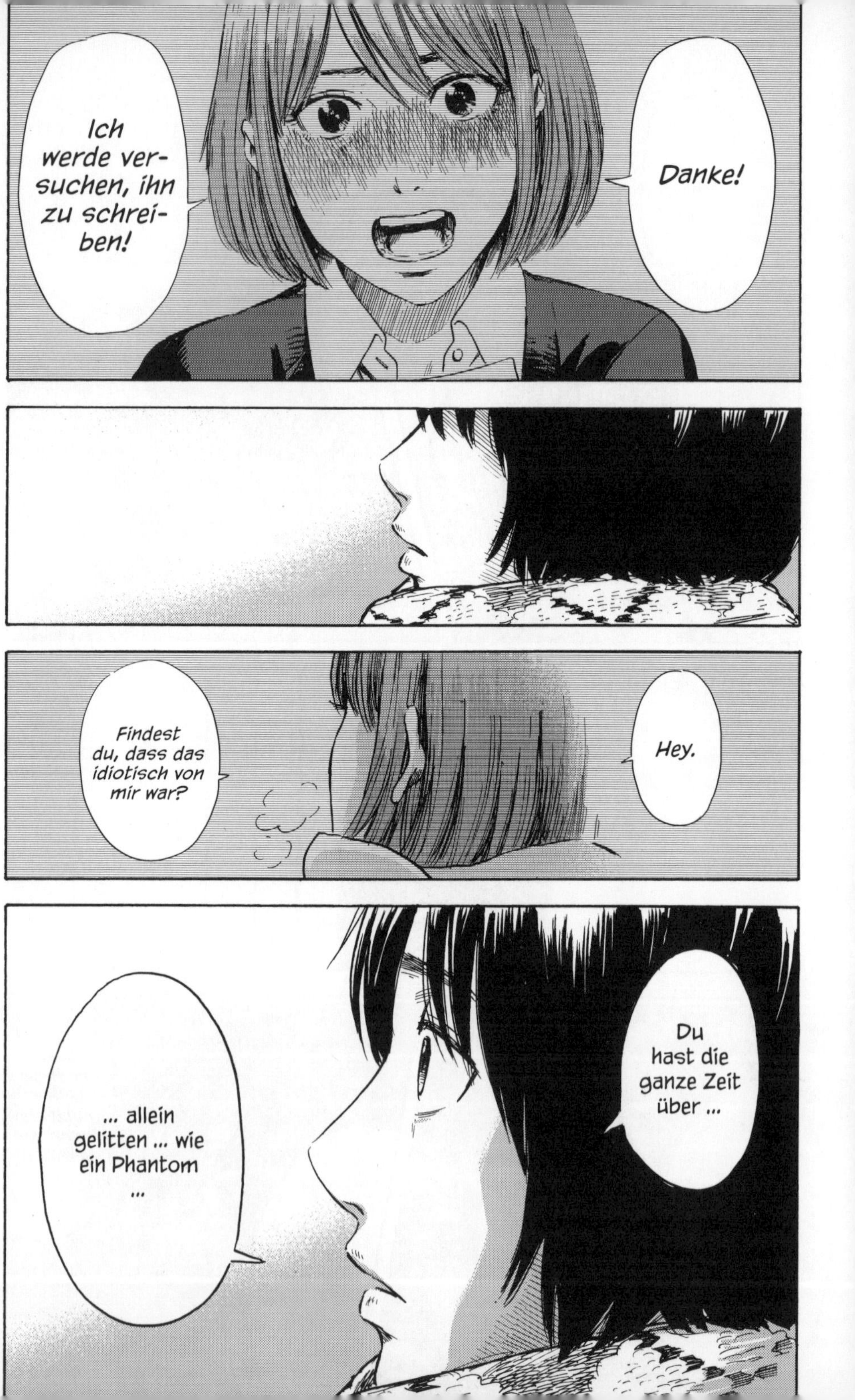
Danke!
Ich werde versuchen, ihn zu schreiben!
Hey.
Findest du, dass das idiotisch von mir war?
Du hast die ganze Zeit über ...
... allein gelitten ... wie ein Phantom ...

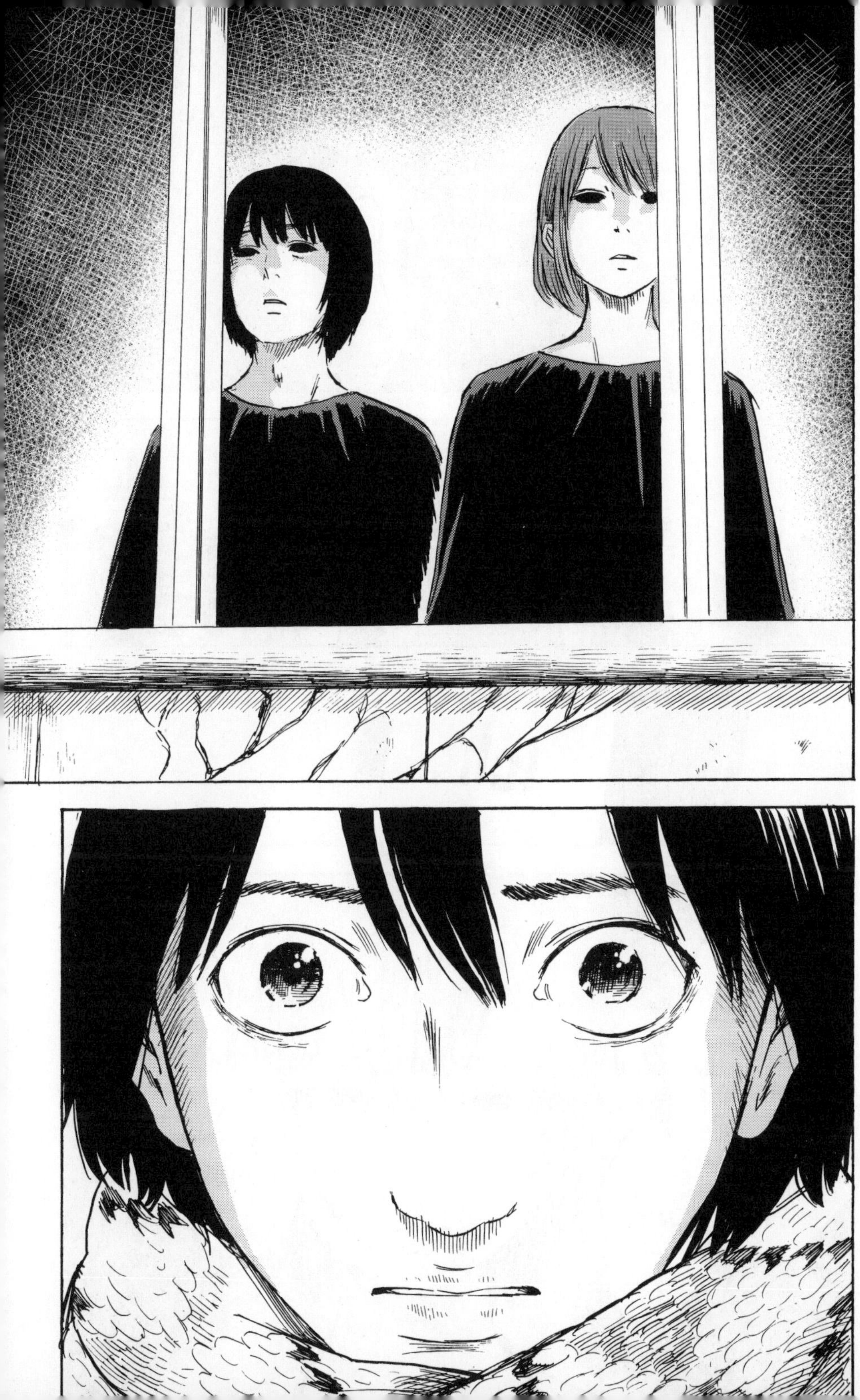

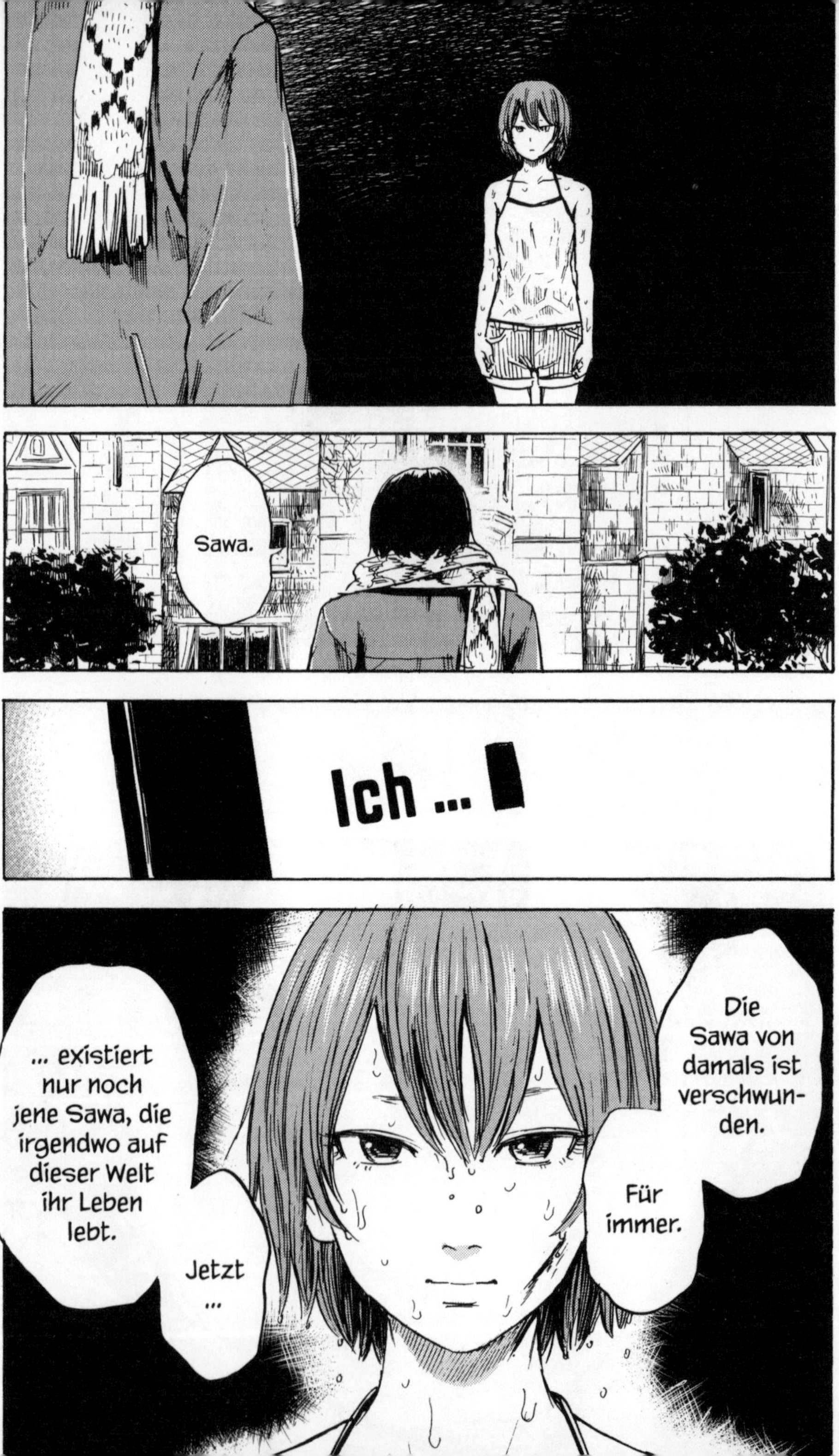
Sawa.
Ich ...
Die Sawa von damals ist verschwunden.
Für immer.
Jetzt ...
... existiert nur noch jene Sawa, die irgendwo auf dieser Welt ihr Leben lebt.

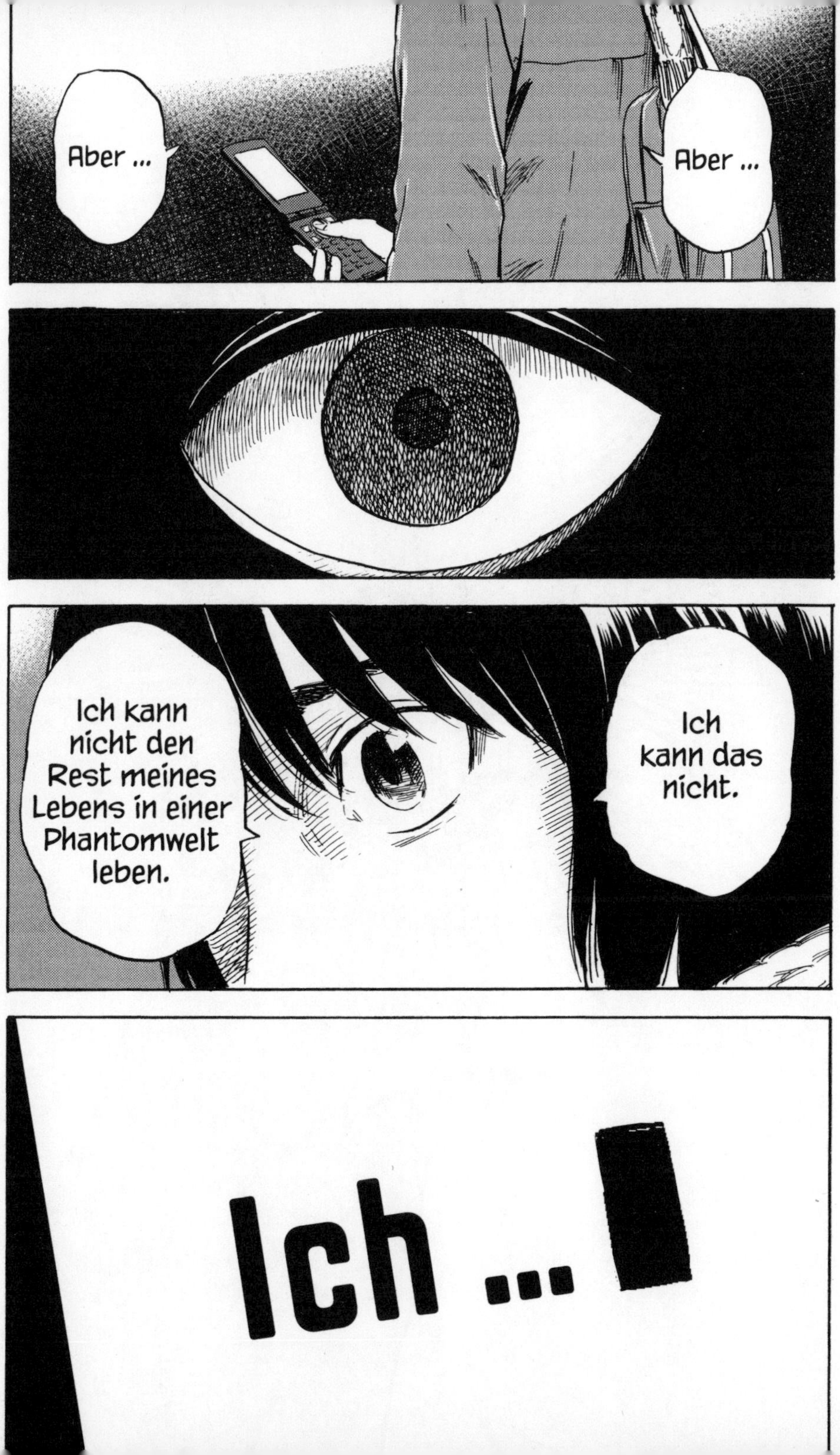
Aber ...
Aber ...
Ich kann das nicht.
Ich kann nicht den Rest meines Lebens in einer Phantomwelt leben.
Ich ... !

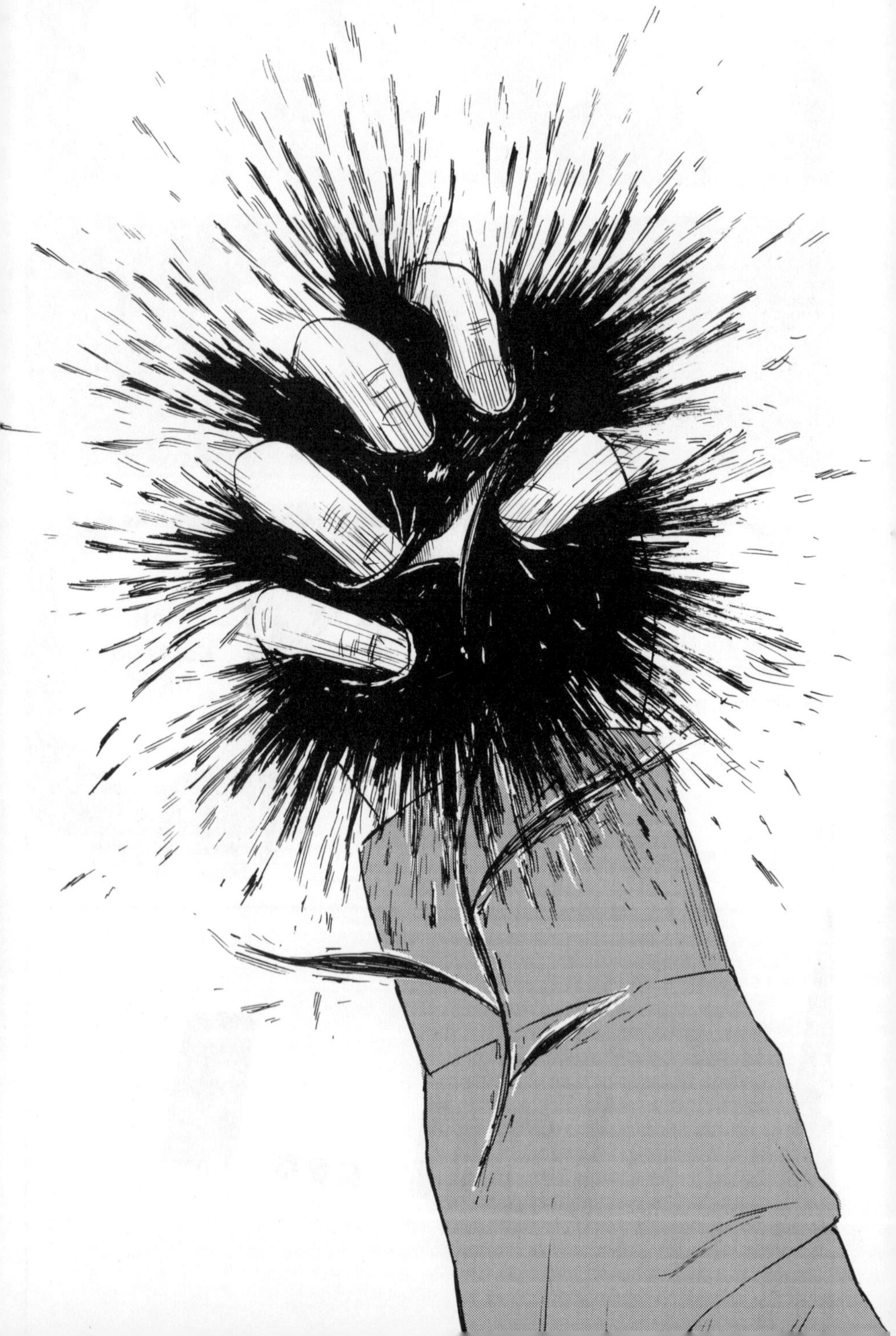

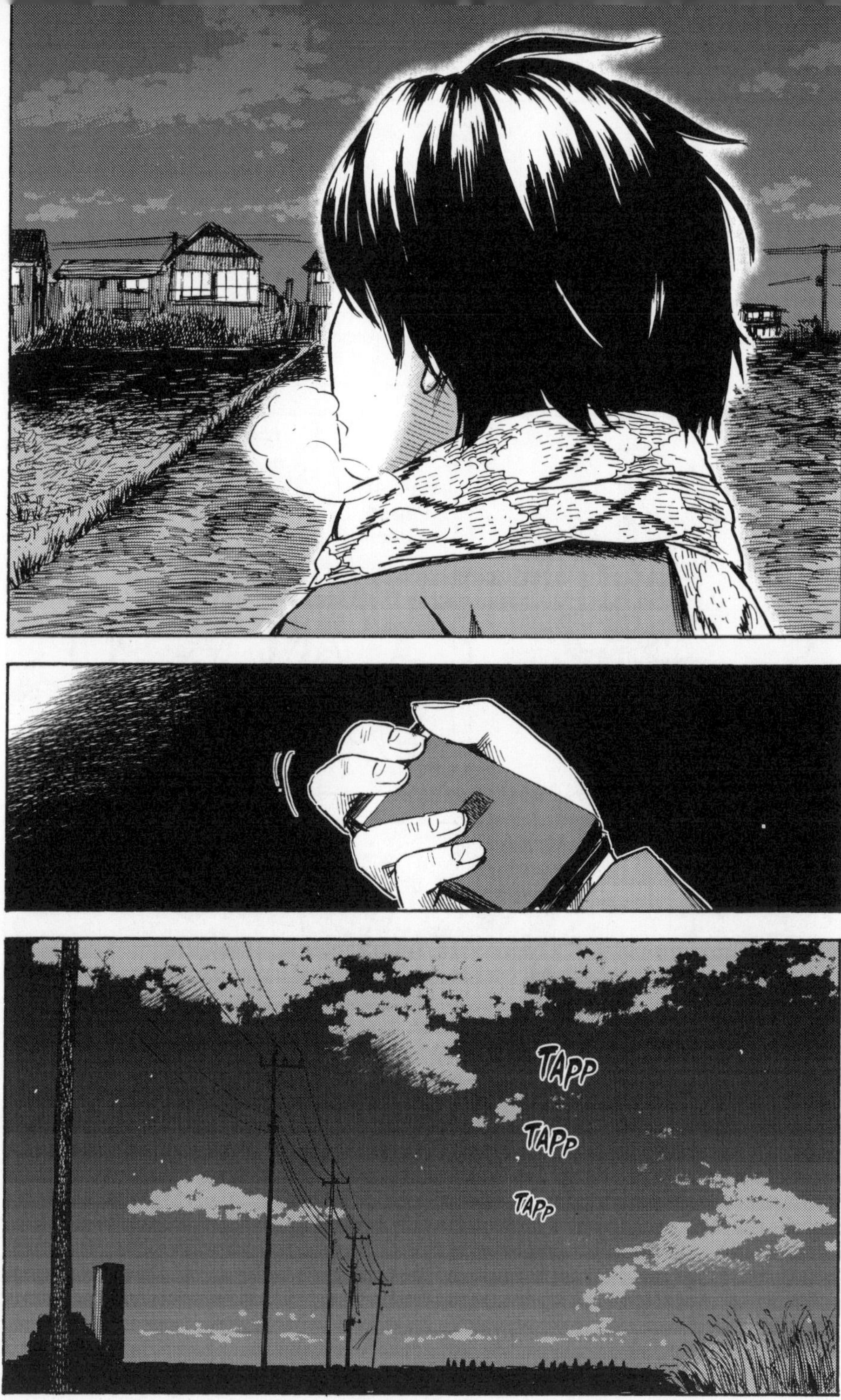
TAPP
TAPP
TAPP

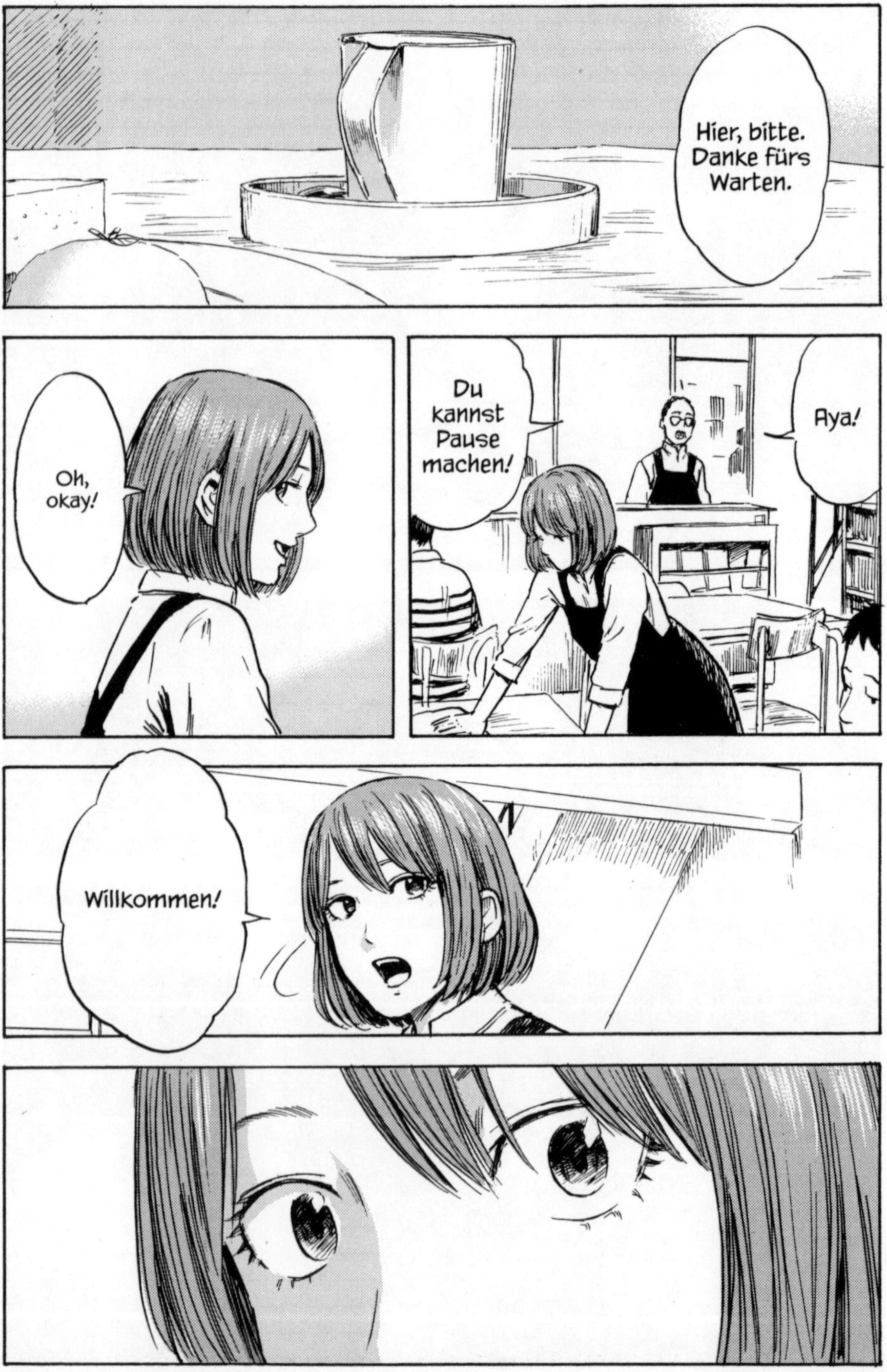
Hier, bitte. Danke fürs Warten.
Aya!
Du kannst Pause machen!
Oh, okay!
Willkommen!

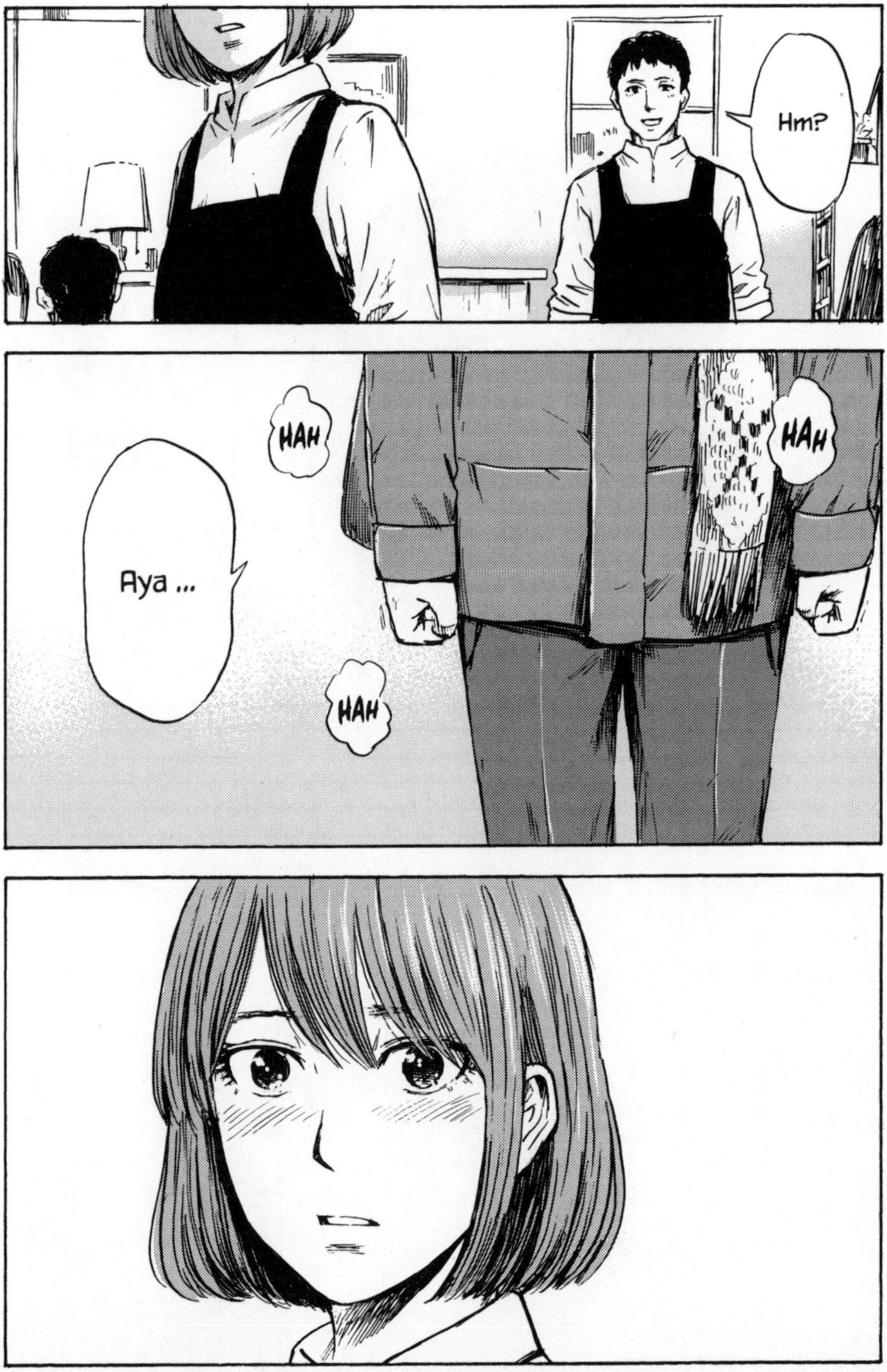
Hm?
HAH
HAH
Aya ...
HAH

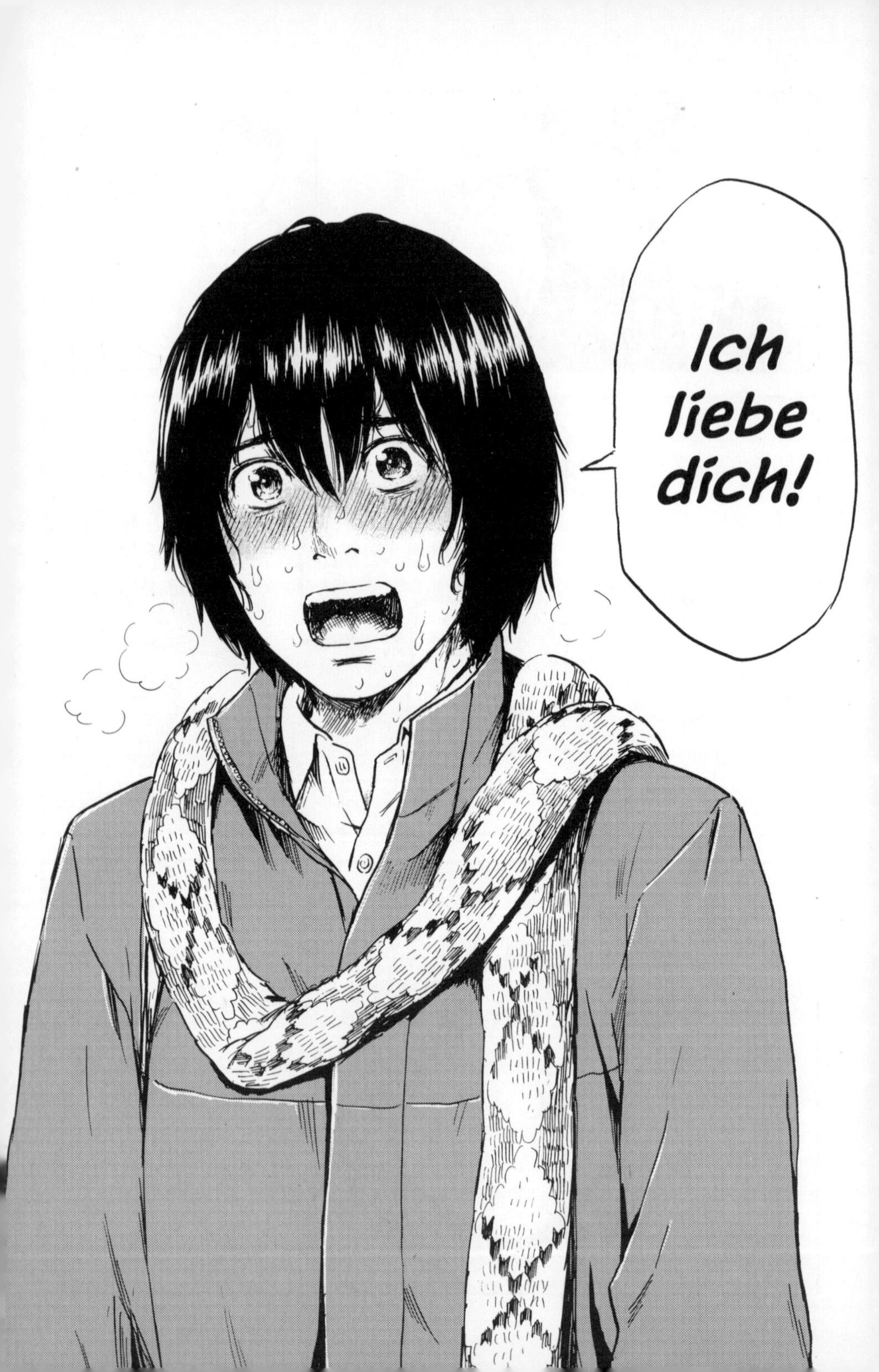
Ich liebe dich!

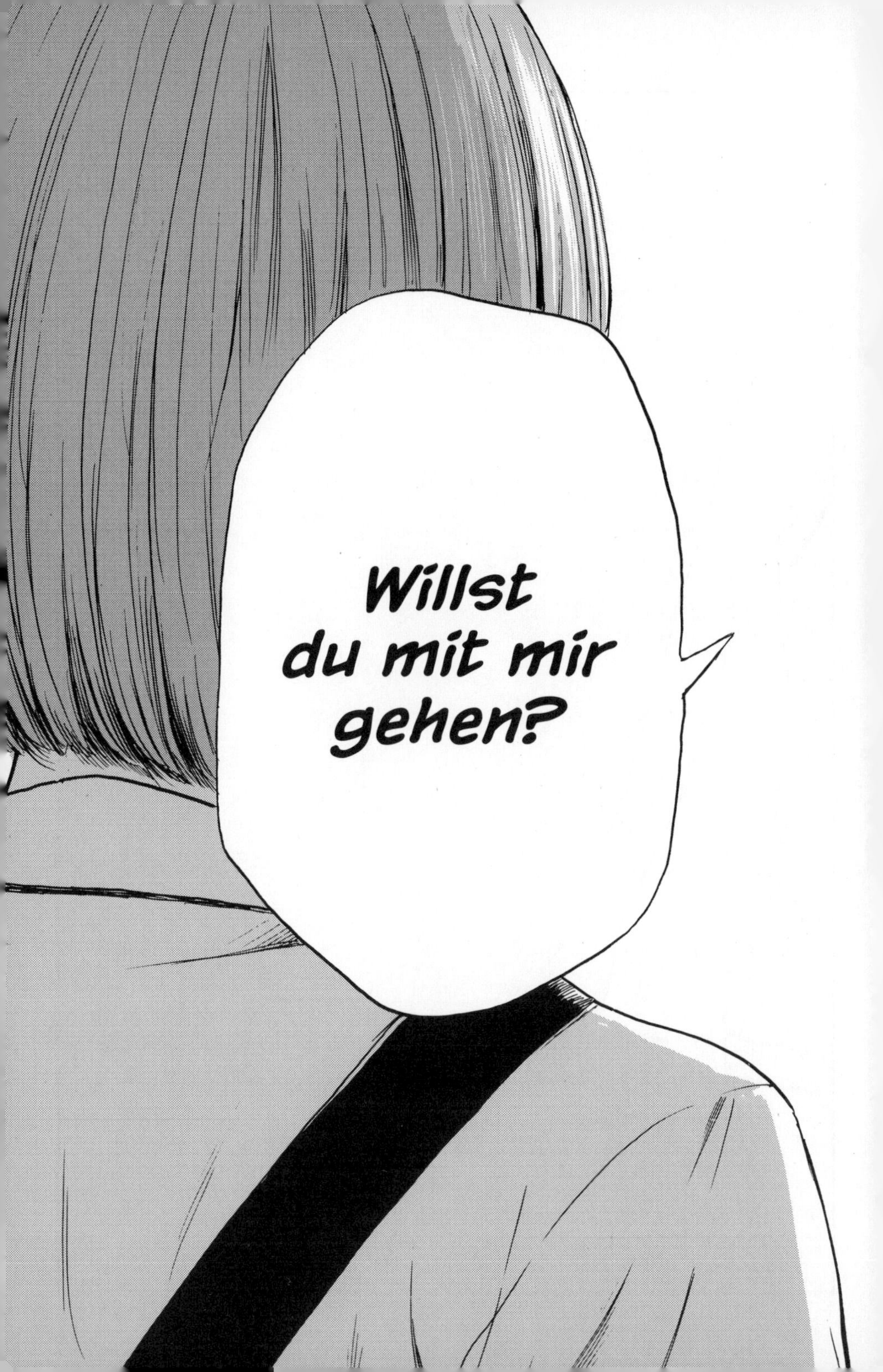
Willst du mit mir gehen?

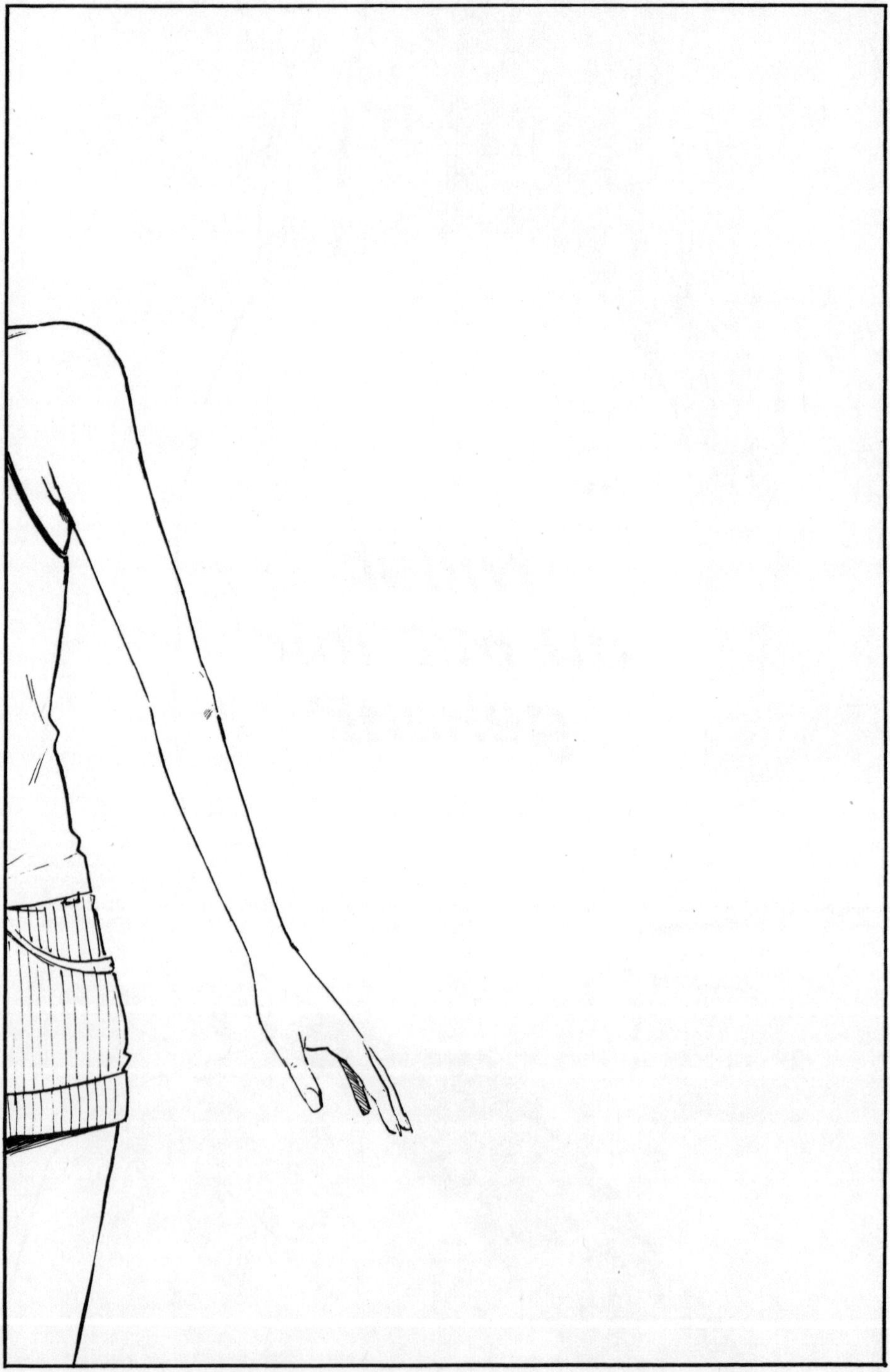

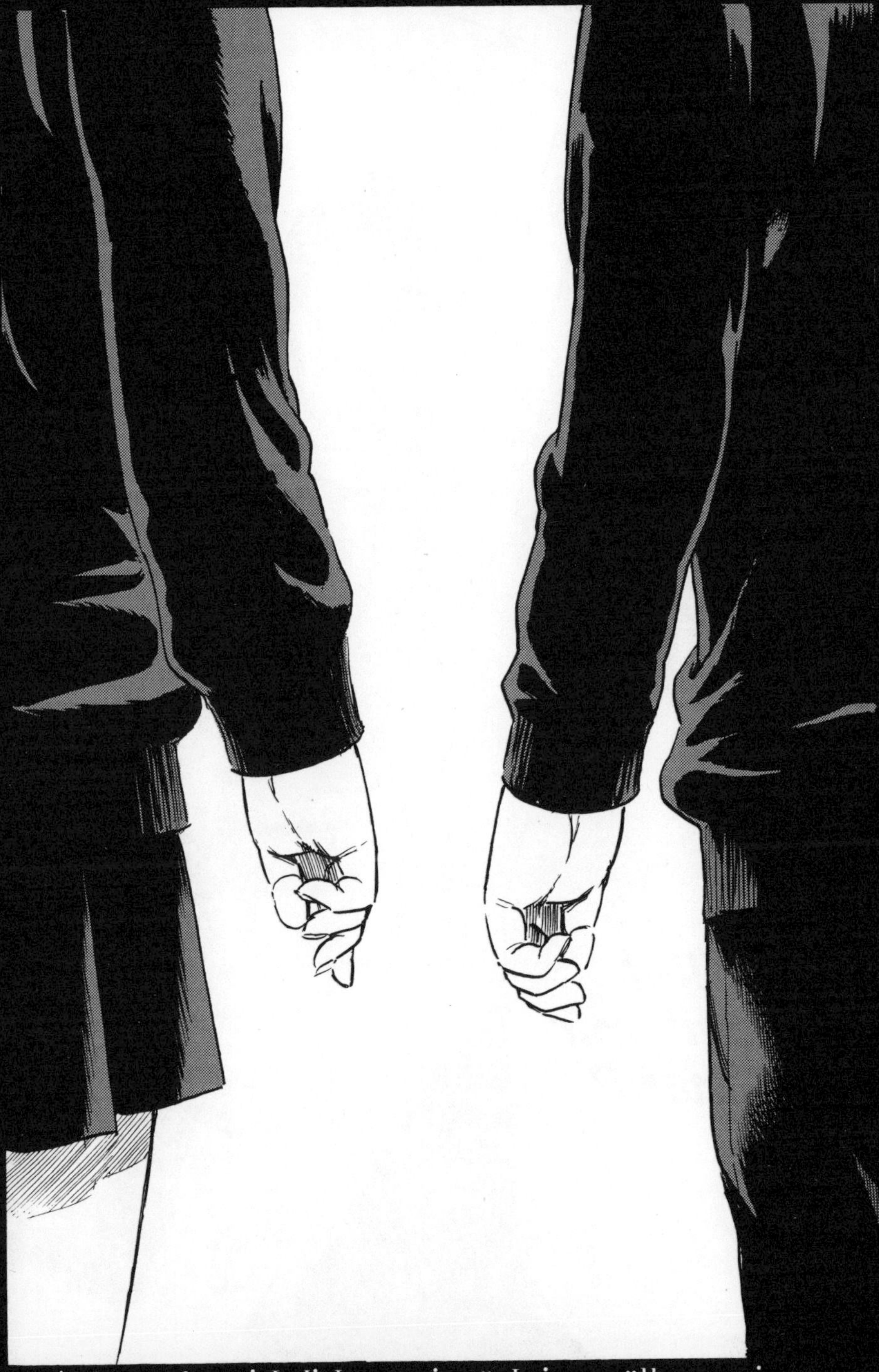

kapitel 45 so bete ich dich an, wie nächtiger wölbung neigen

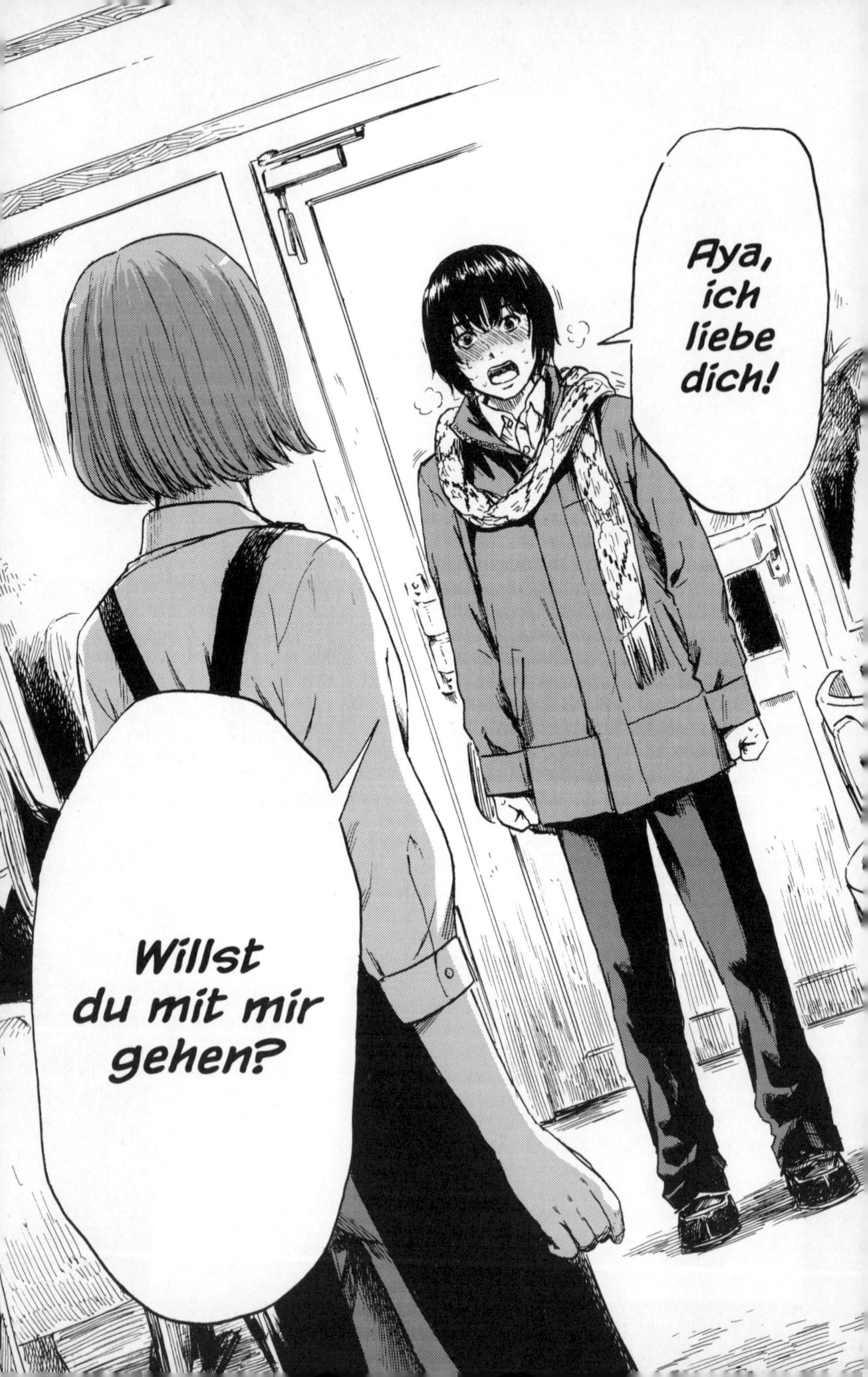
Aya, ich liebe dich!
Willst du mit mir gehen?

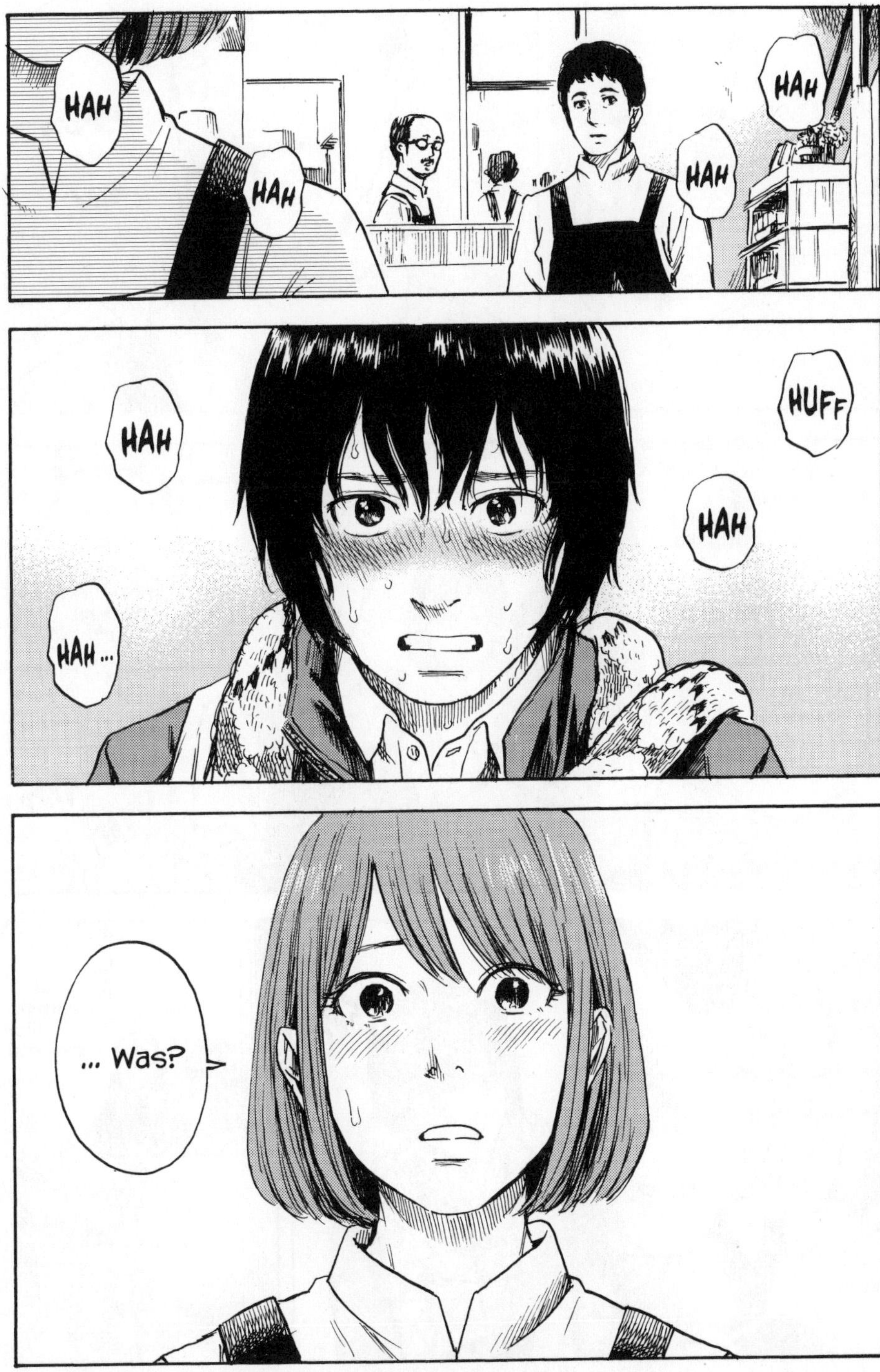
HAH
HAH
HAH
HAH
HUFF
HAH
HAH
HAH ...
... Was?

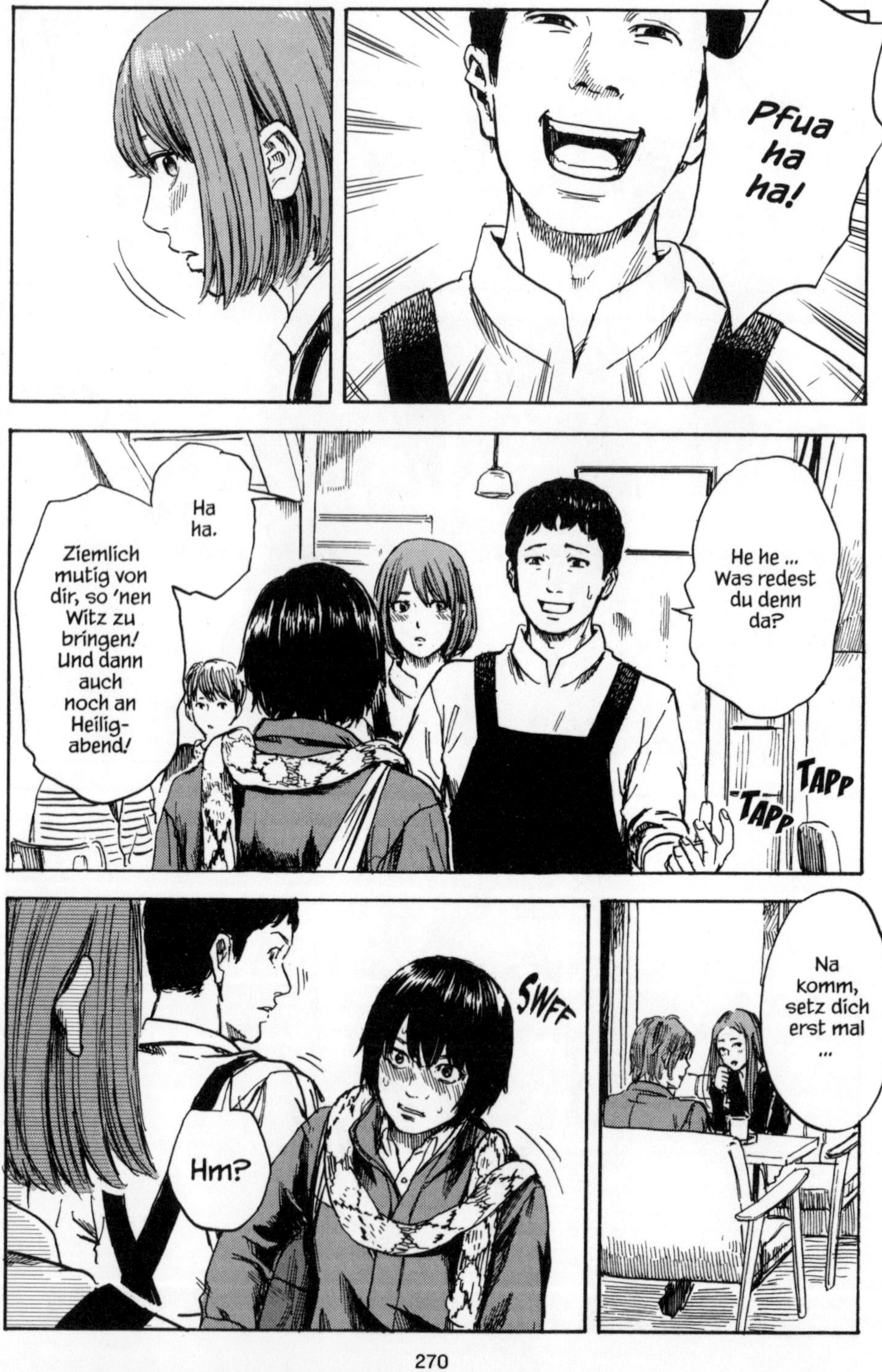
Pfua ha ha!
He he ... Was redest du denn da?
Ha ha.
Ziemlich mutig von dir, so 'nen Witz zu bringen! Und dann auch noch an Heiligabend!
TAPP TAPP
Na komm, setz dich erst mal ...
SWFF
Hm?

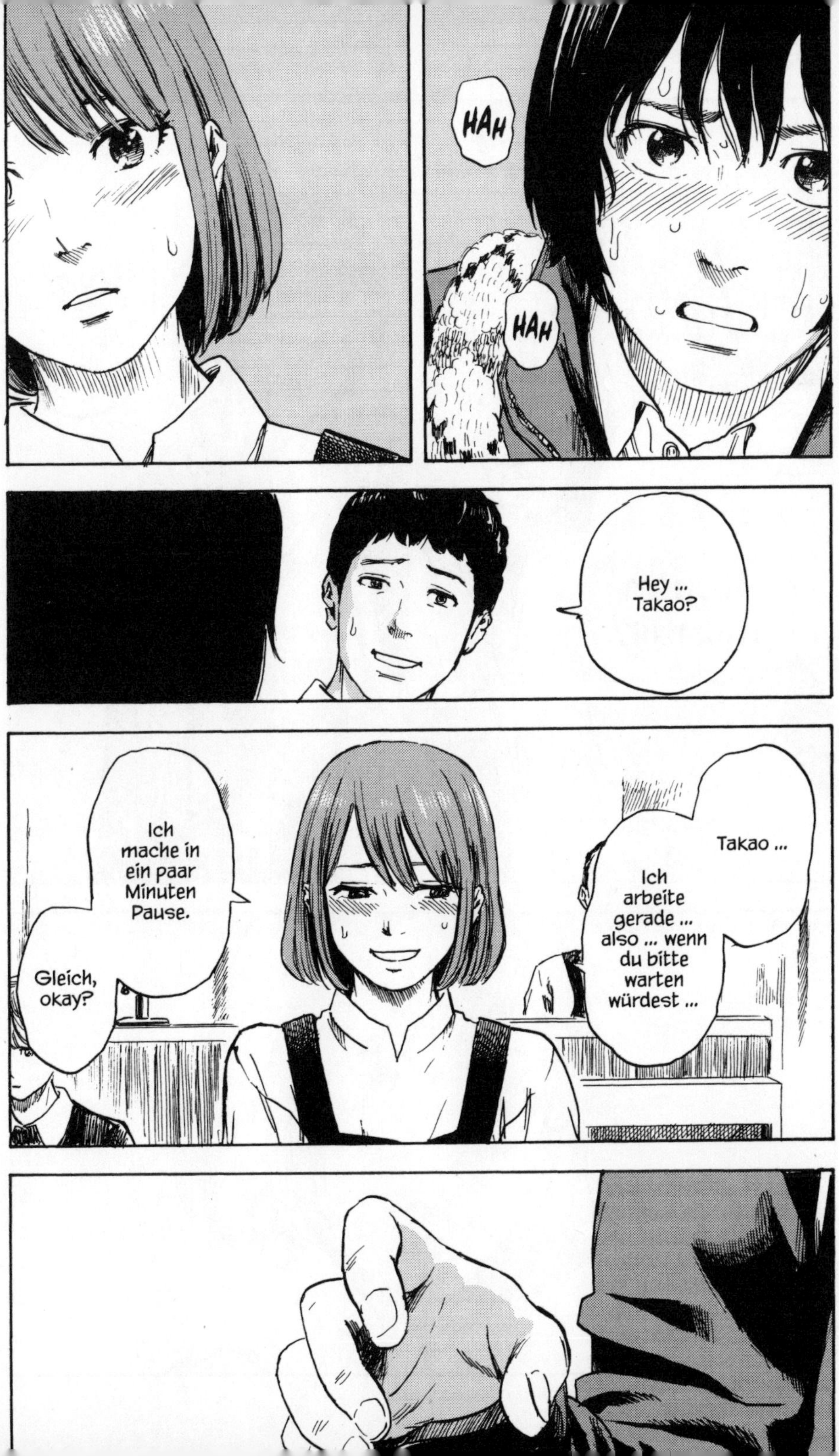
HAH
HAH
Hey ... Takao?
Takao ...
Ich arbeite gerade ... also ... wenn du bitte warten würdest ...
Ich mache in ein paar Minuten Pause.
Gleich, okay?

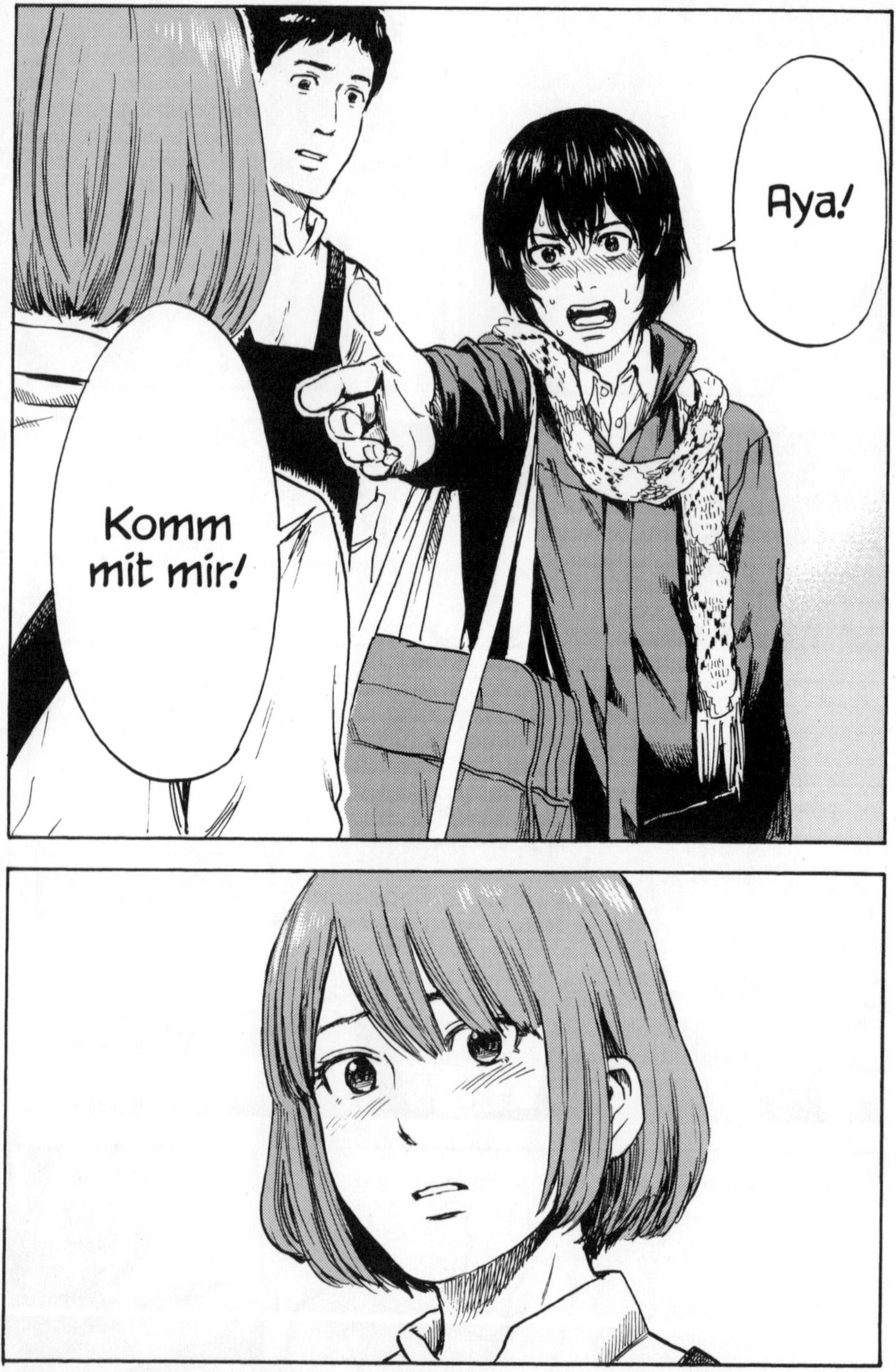
Aya!
Komm mit mir!

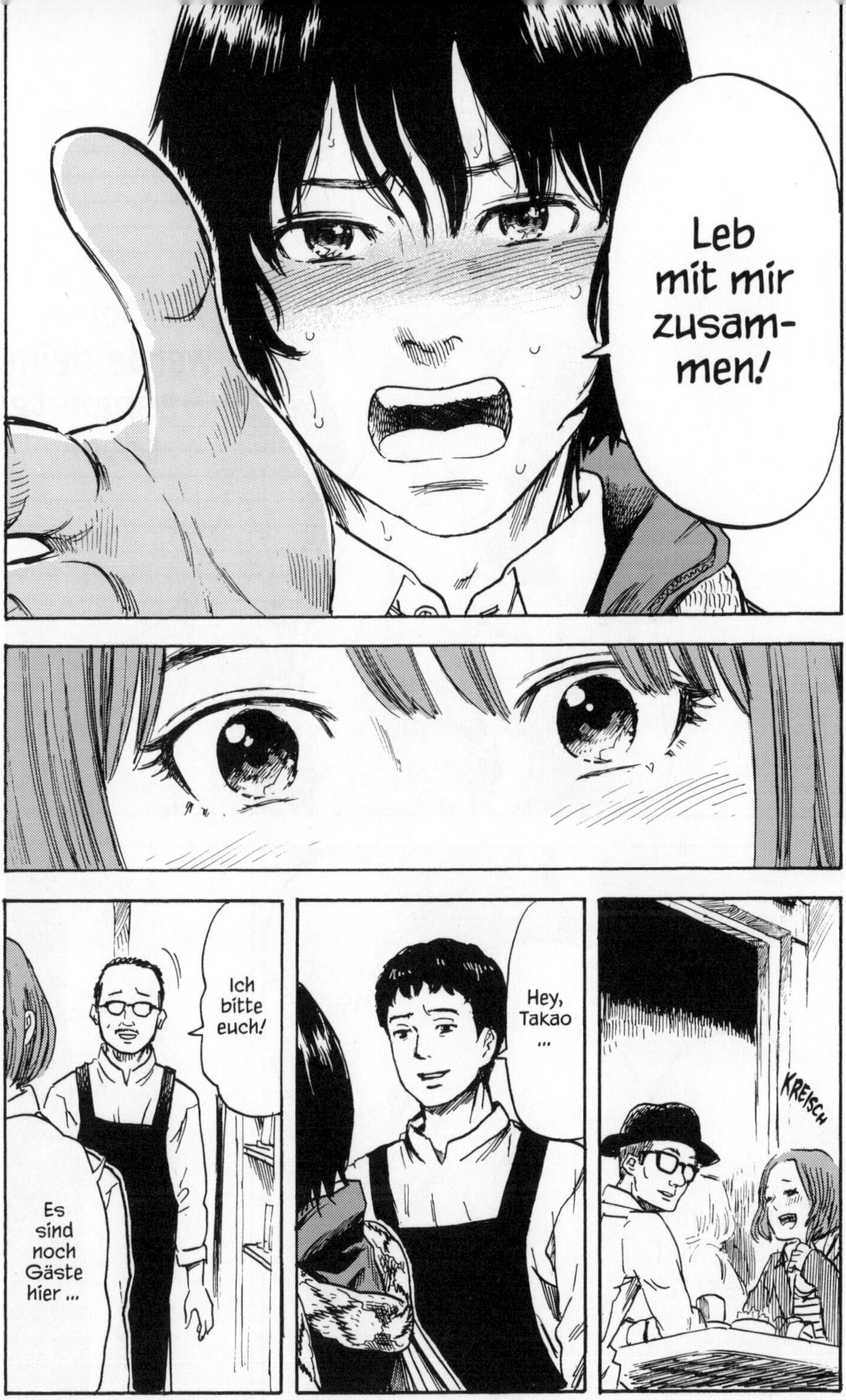
Leb mit mir zusam-men!
KREISCH
Hey, Takao ...
Ich bitte euch!
Es sind noch Gäste hier ...

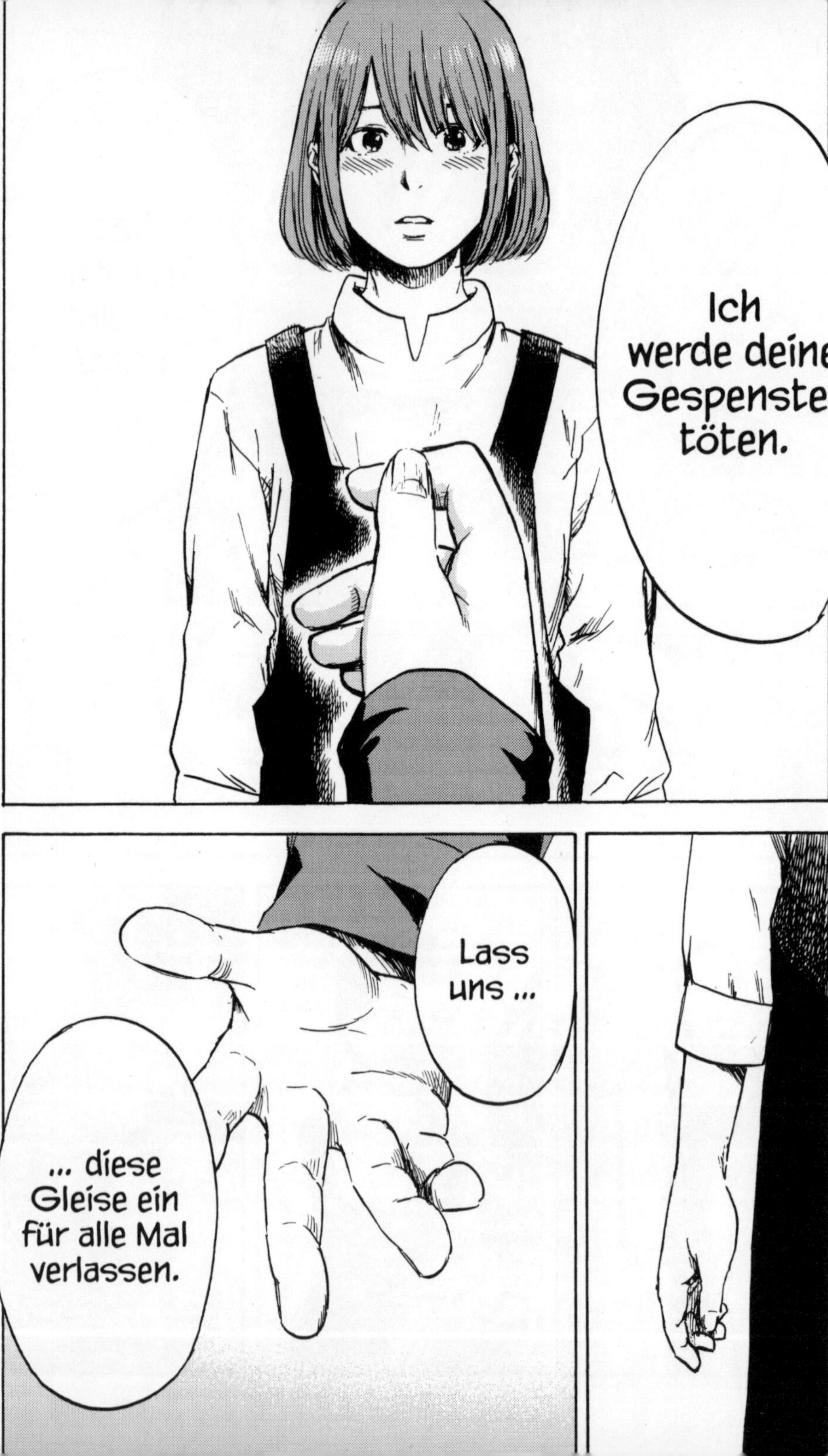
Ich werde deine Gespenster töten.
Lass uns ...
... diese Gleise ein für alle Mal verlassen.

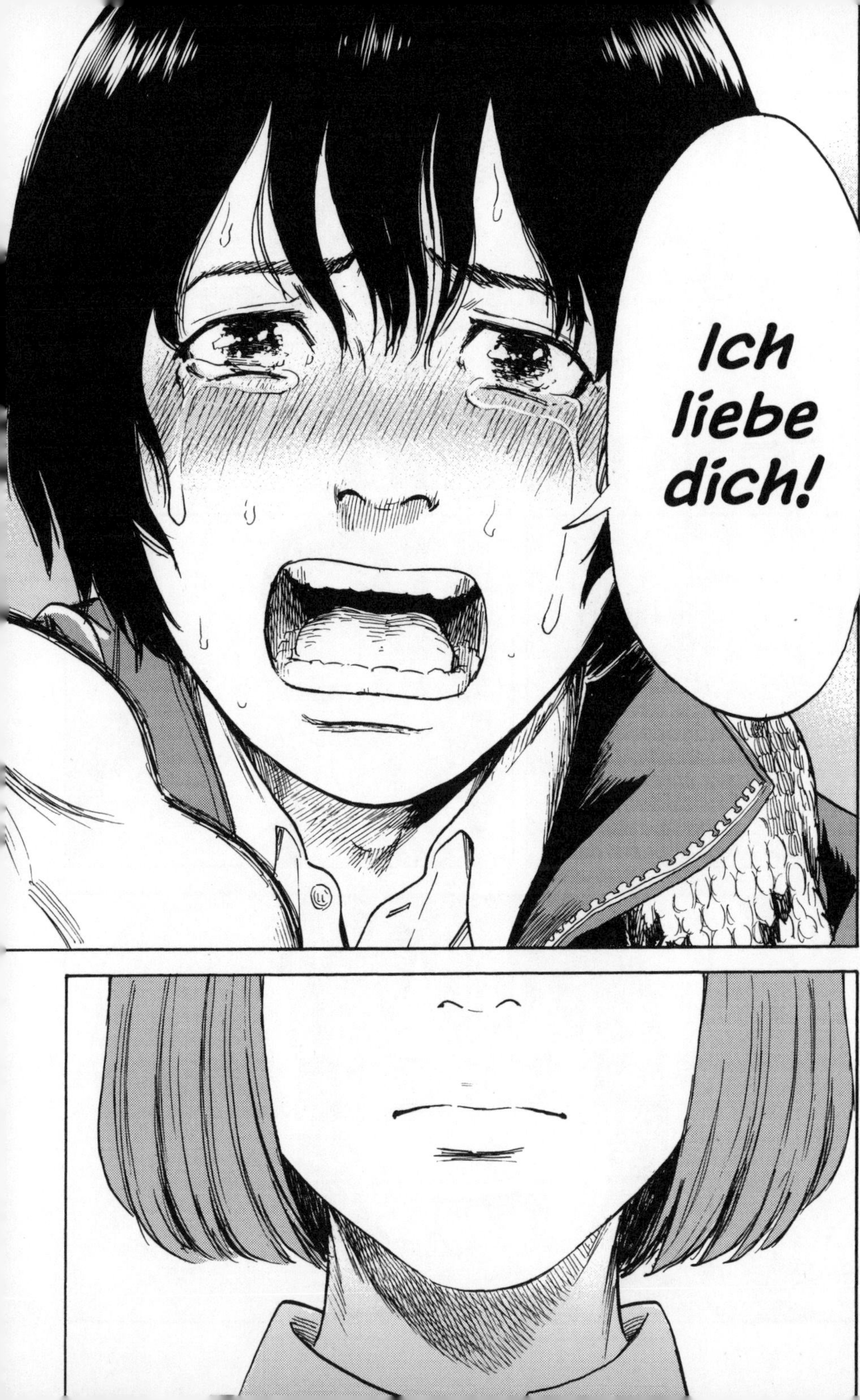
Ich liebe dich!

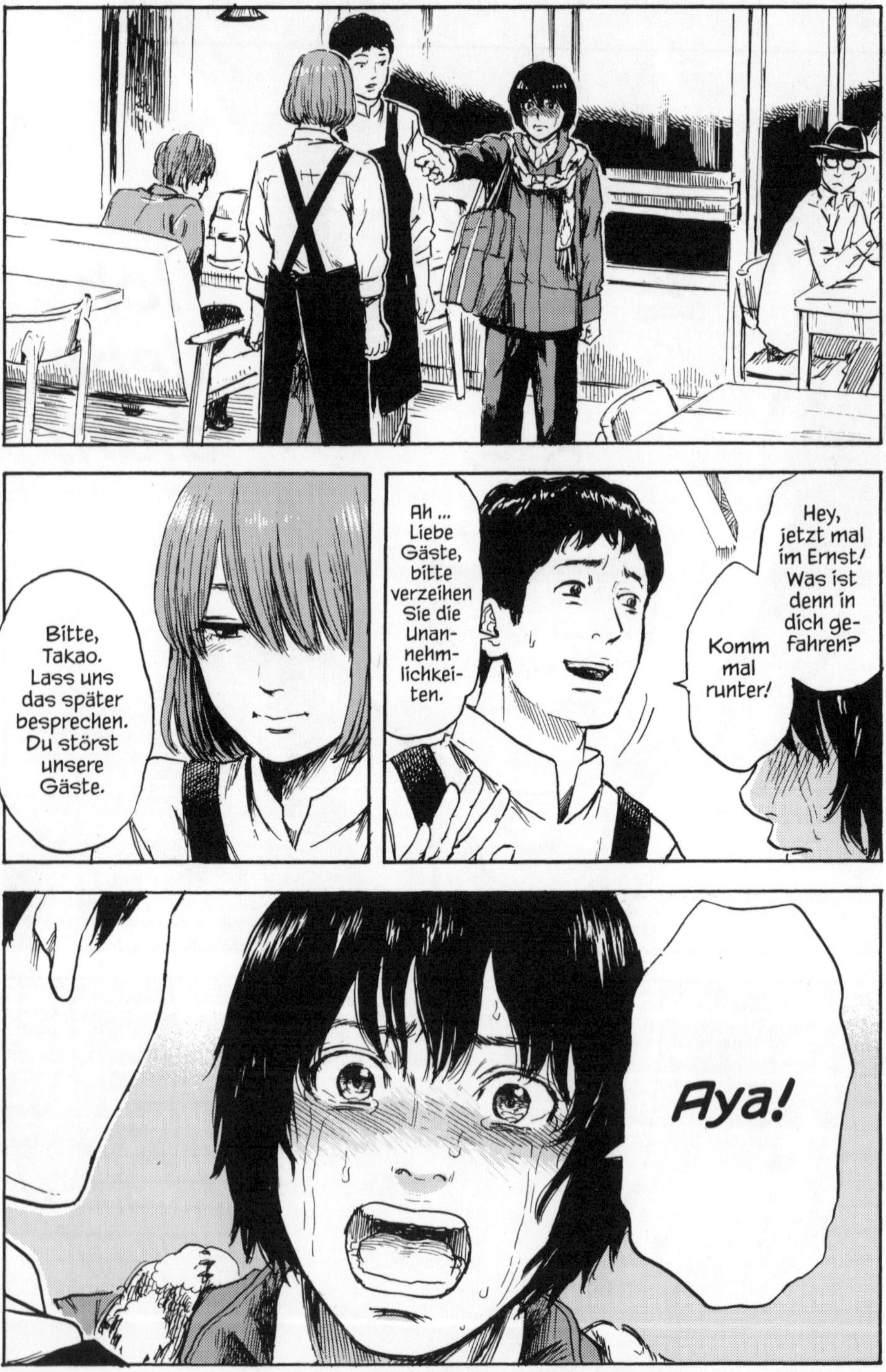
Hey, jetzt mal im Ernst! Was ist denn in dich gefahren?
Komm mal runter!
Ah ... Liebe Gäste, bitte verzeihen Sie die Unannehmlichkeiten.
Bitte, Takao. Lass uns das später besprechen. Du störst unsere Gäste.
Aya!

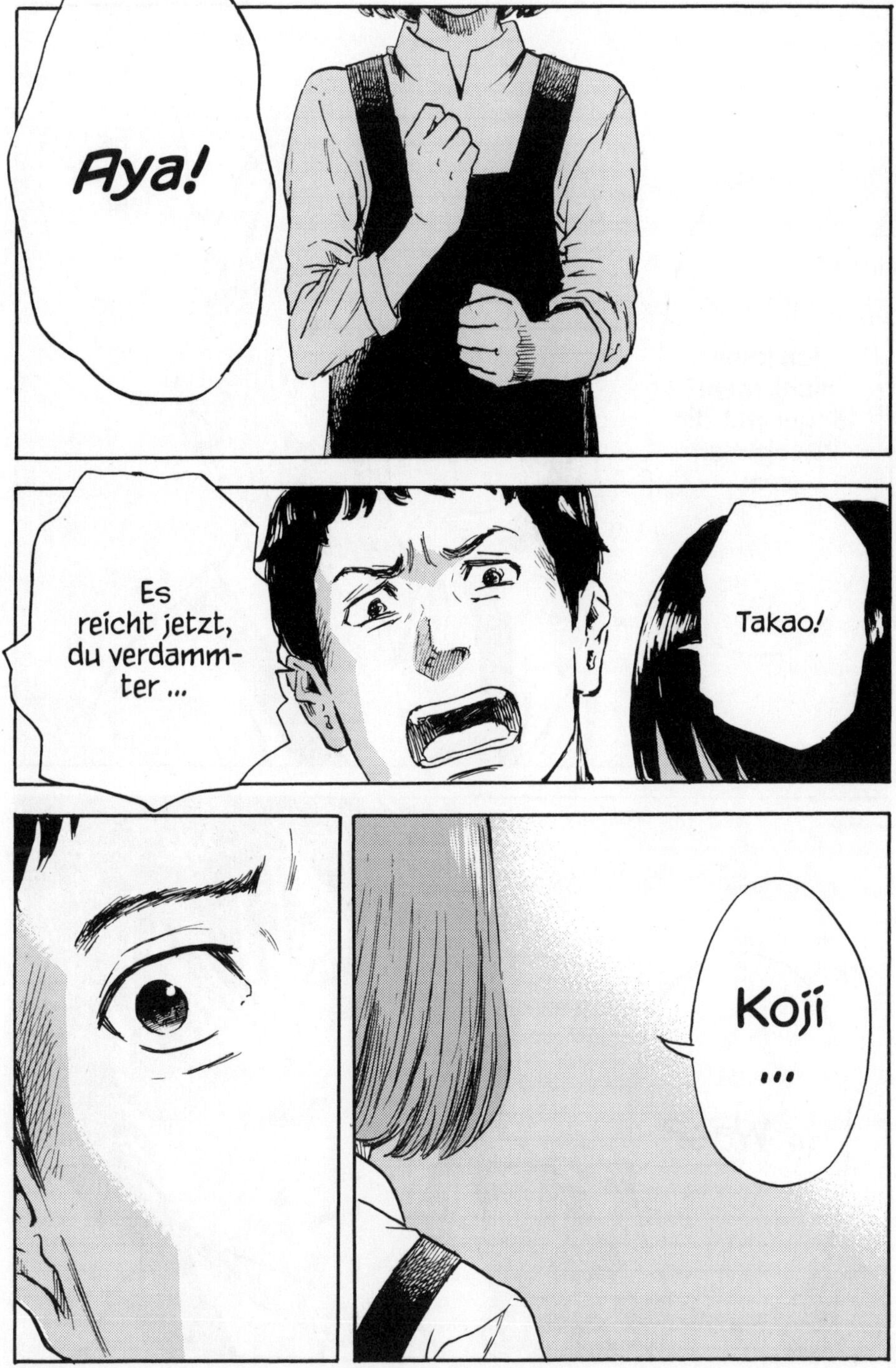
Aya!
Takao!
Es reicht jetzt, du verdammter ...
Koji ...

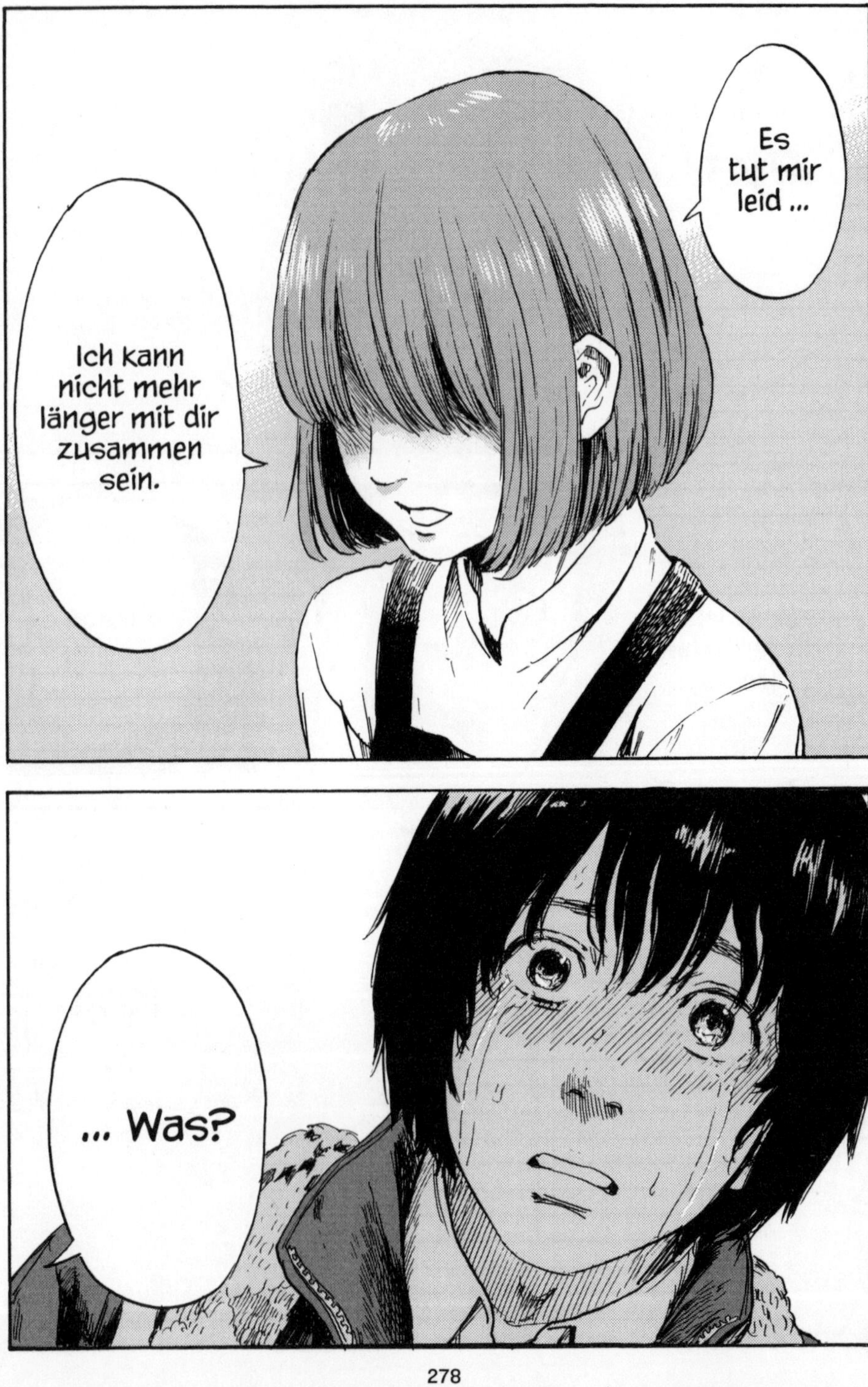
Es tut mir leid ...
Ich kann nicht mehr länger mit dir zusammen sein.
... Was?

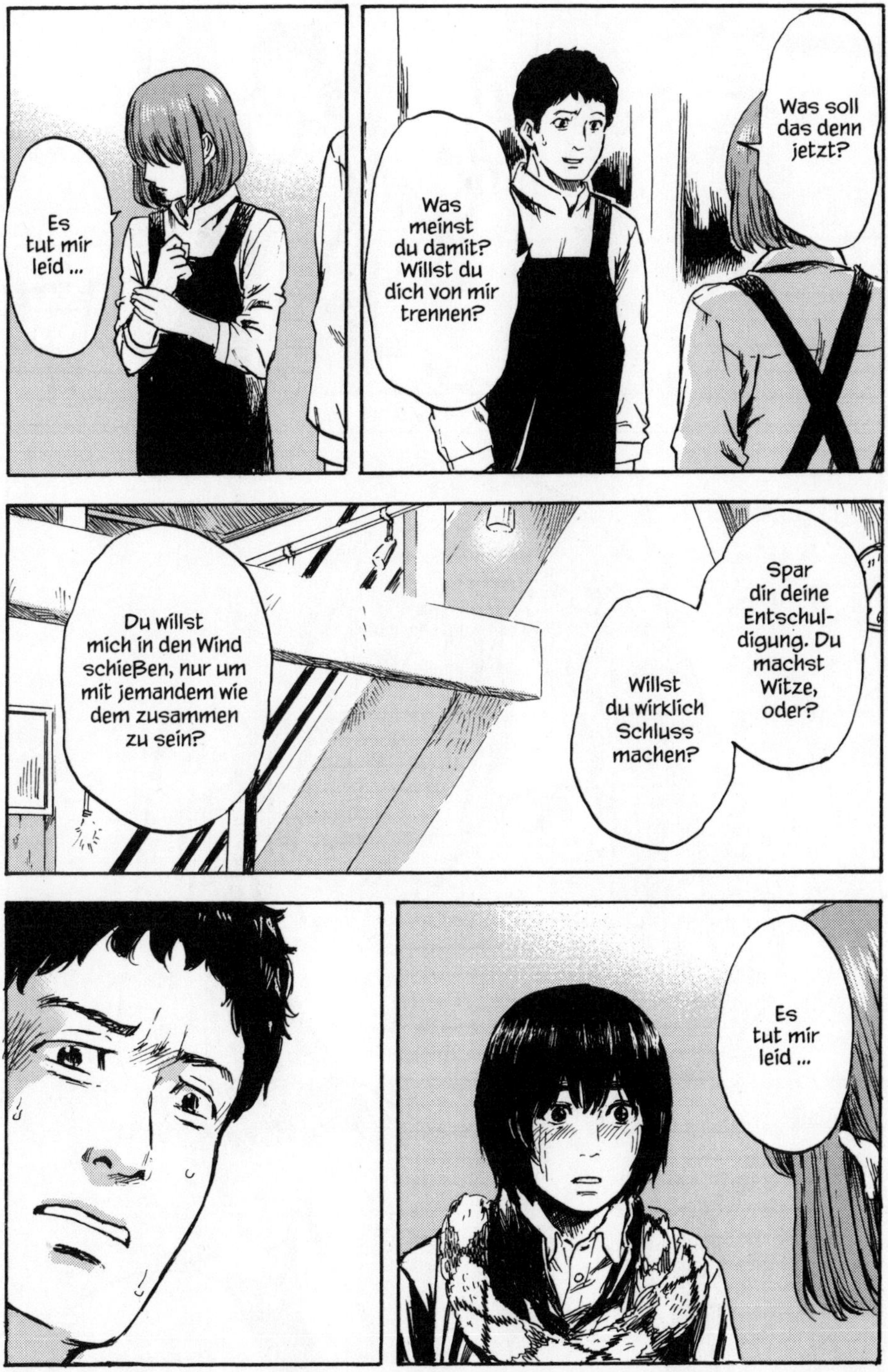

Was soll das denn jetzt?
Was meinst du damit? Willst du dich von mir trennen?
Es tut mir leid ...
Spar dir deine Entschuldigung. Du machst Witze, oder?
Willst du wirklich Schluss machen?
Du willst mich in den Wind schießen, nur um mit jemandem wie dem zusammen zu sein?
Es tut mir leid ...

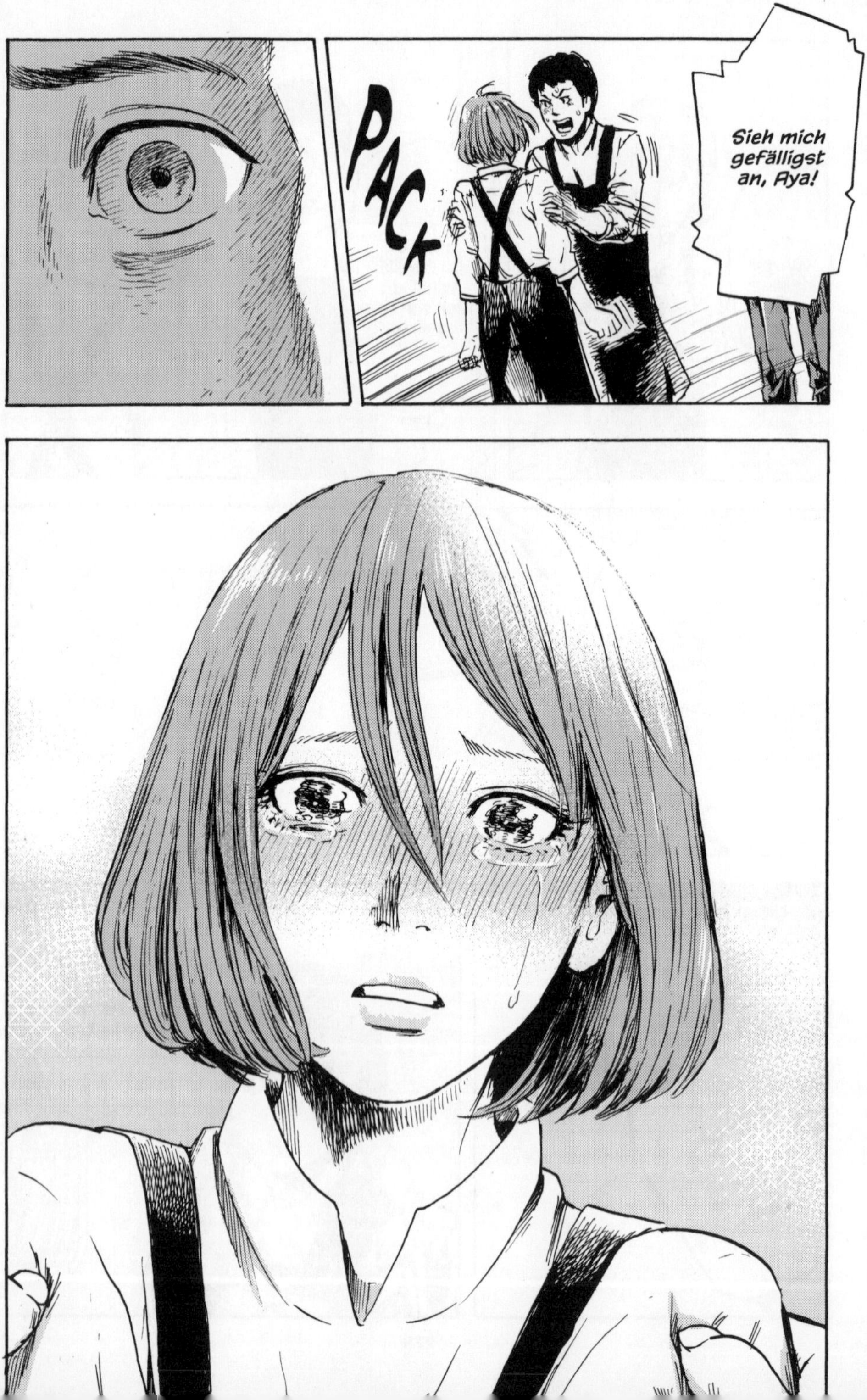
Sieh mich gefälligst an, Aya!
PACK

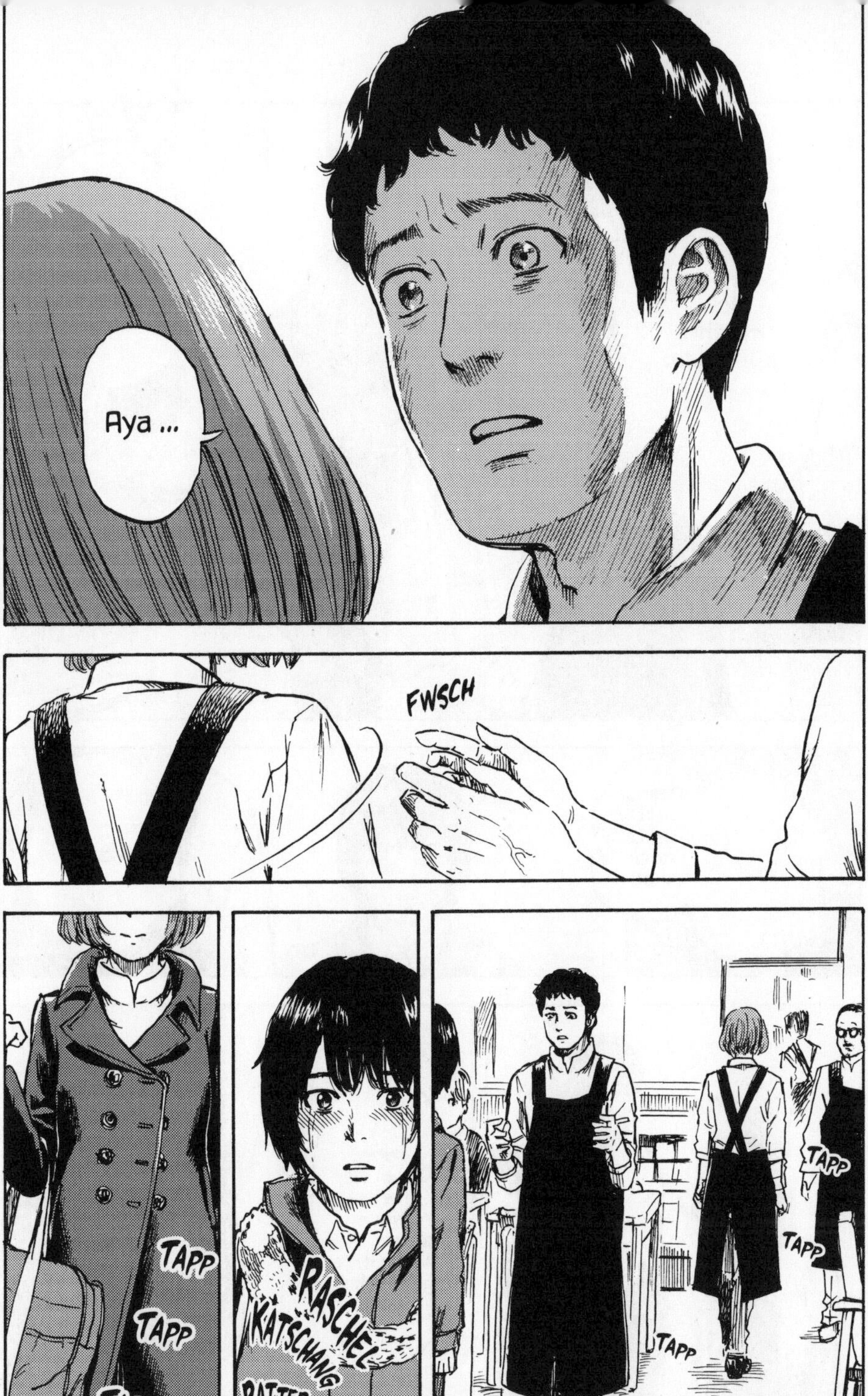
Aya ...
FWSCH
TAPP
TAPP
TAPP
RASCHEL
KATSCHANG
RATTER
TAPP
TAPP
TAPP

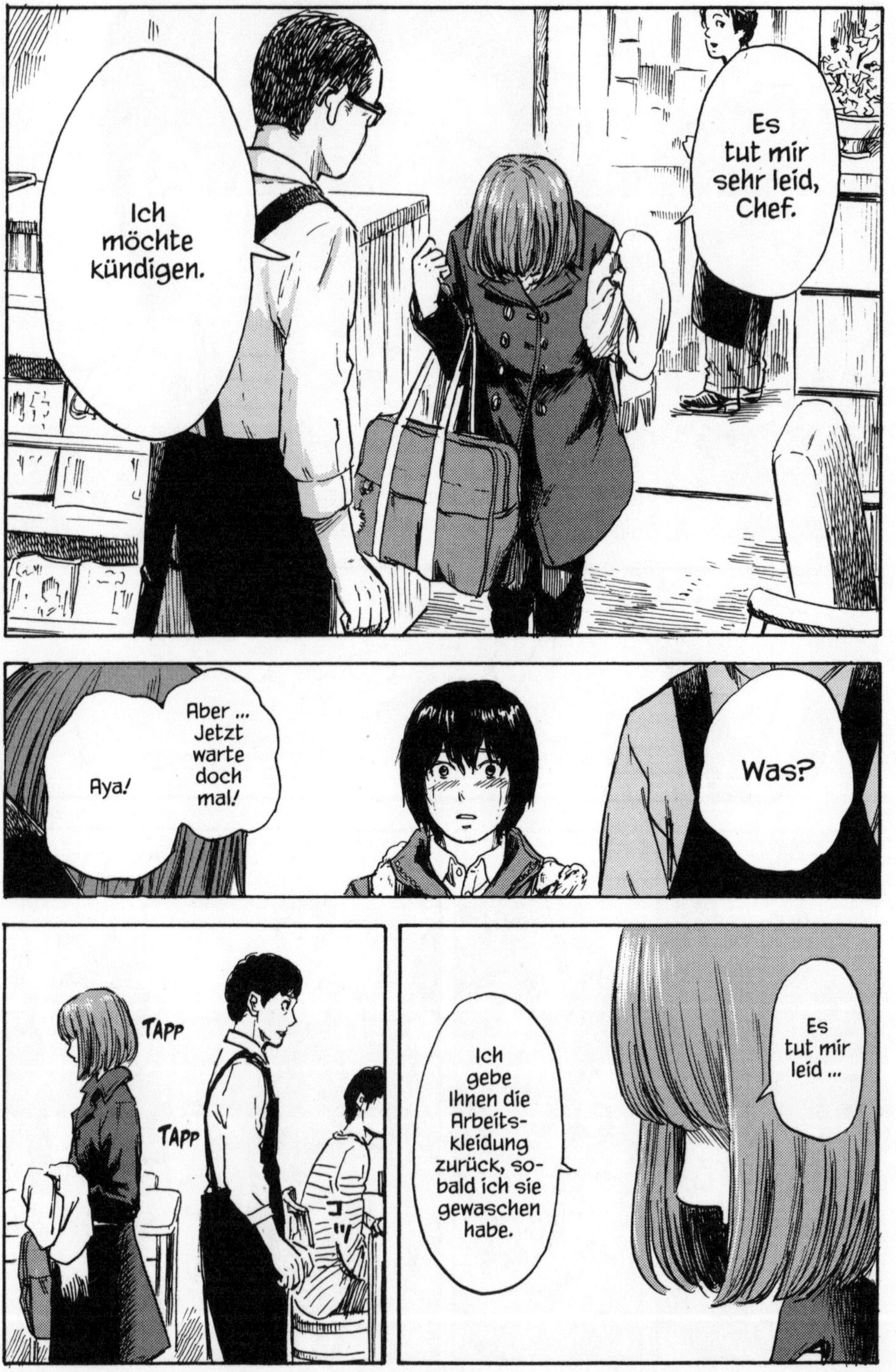

Es tut mir sehr leid, Chef.
Ich möchte kündigen.
Was?
Aber ... Jetzt warte doch mal!
Aya!
Es tut mir leid ...
Ich gebe Ihnen die Arbeits-kleidung zurück, so-bald ich sie gewaschen habe.
TAPP
TAPP

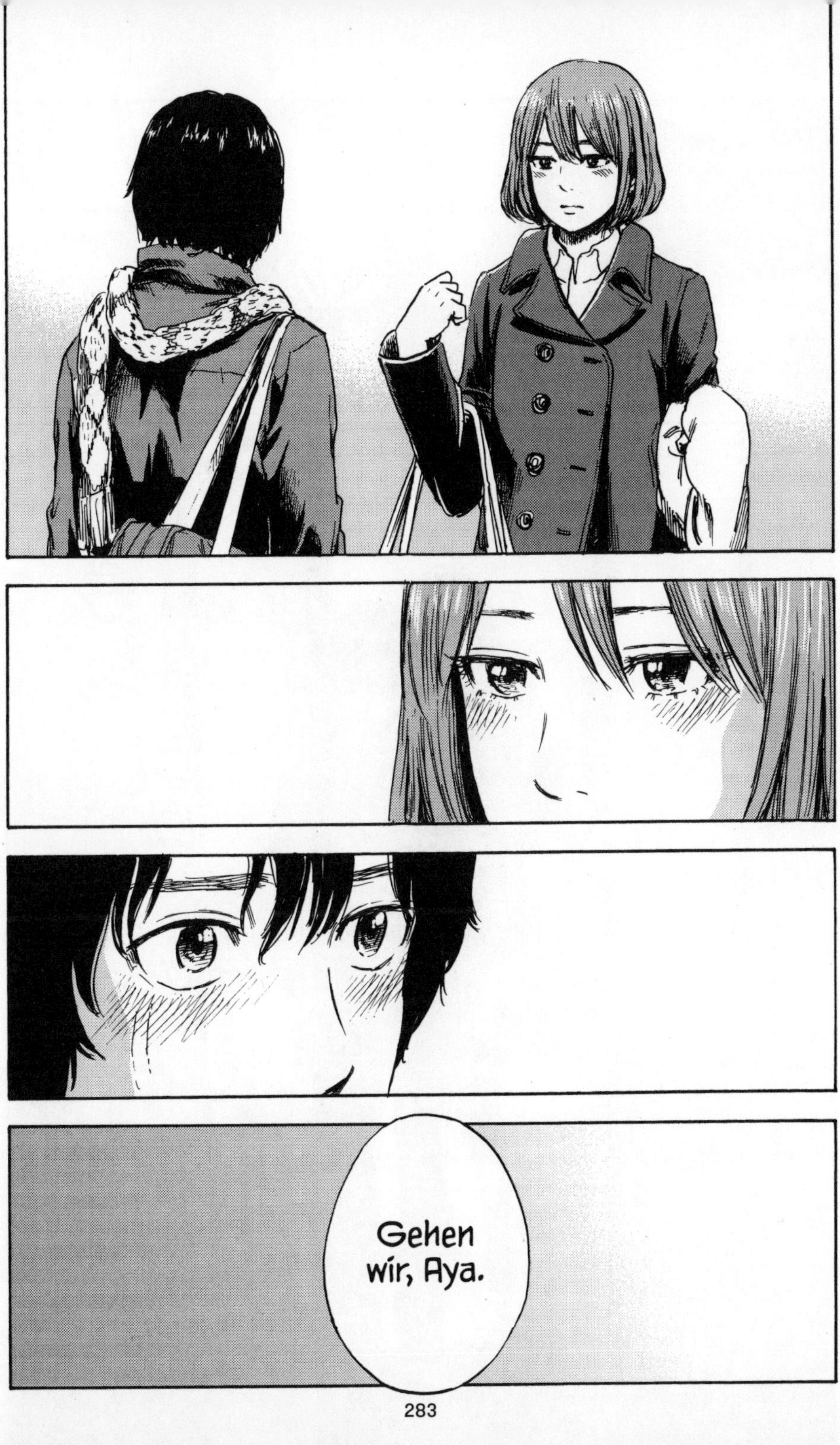
Gehen wir, Aya.

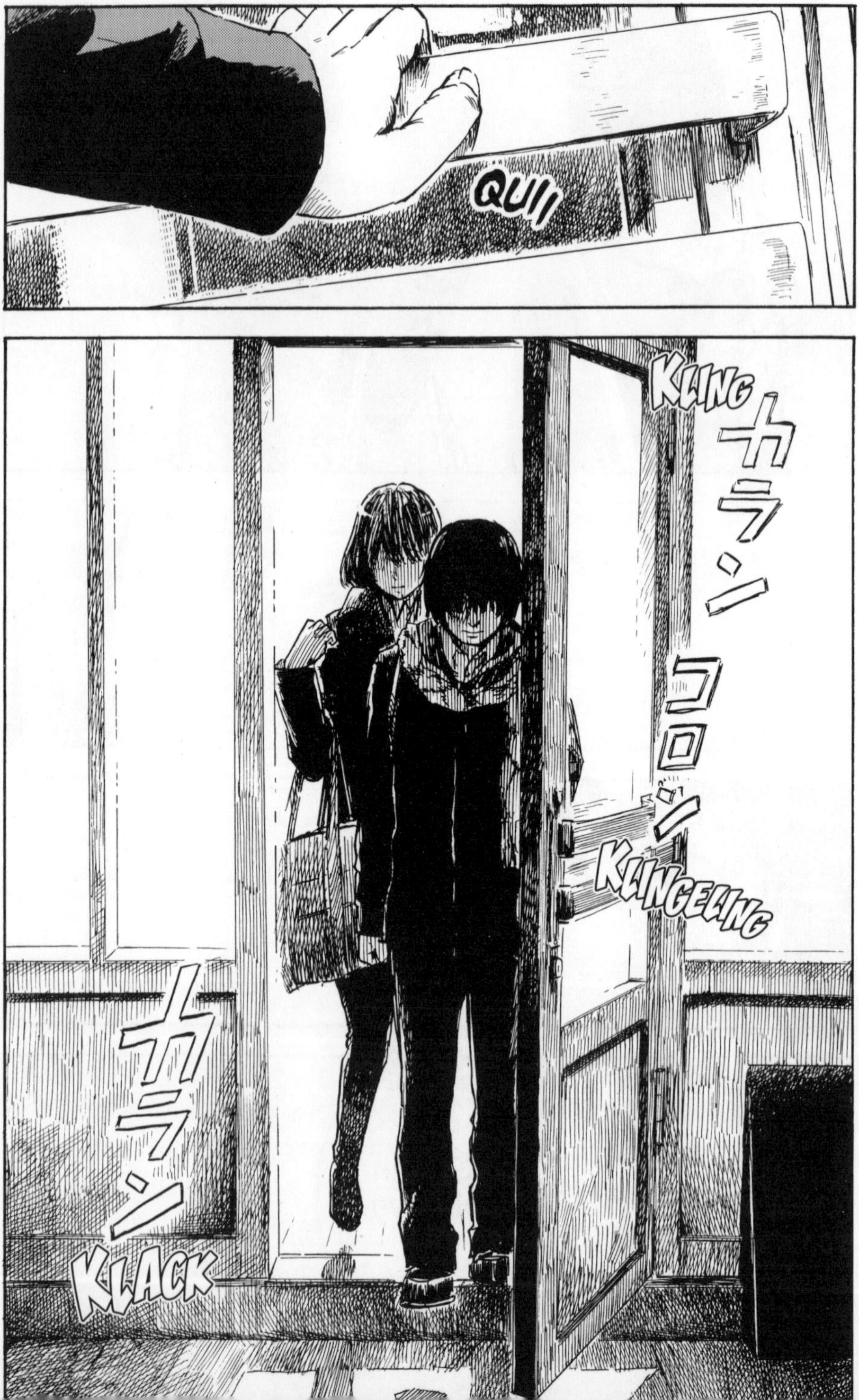
QUII
KLING
カラン
コロン
KLINGELING
カラン
KLACK

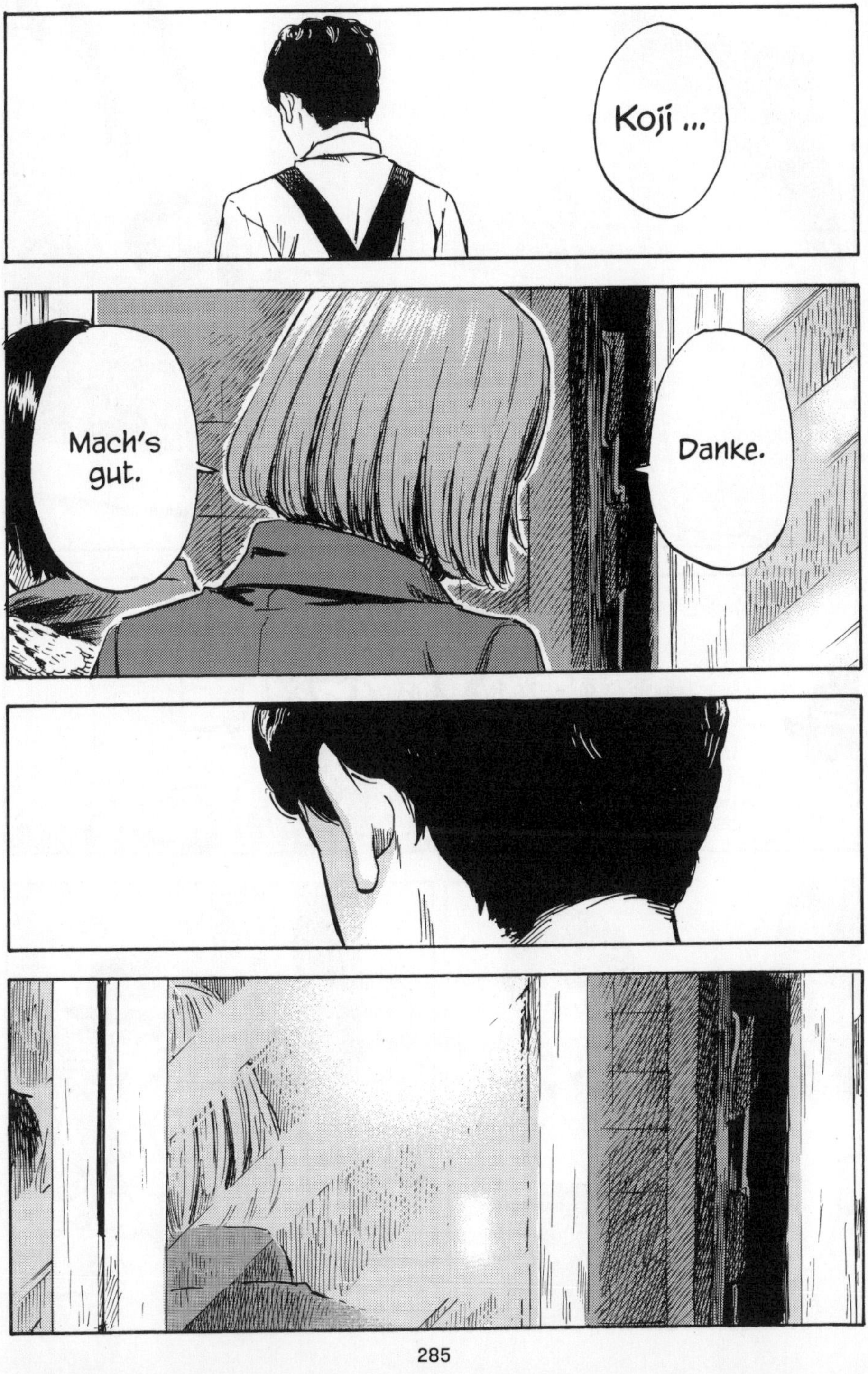
Koji ...
Danke.
Mach's gut.

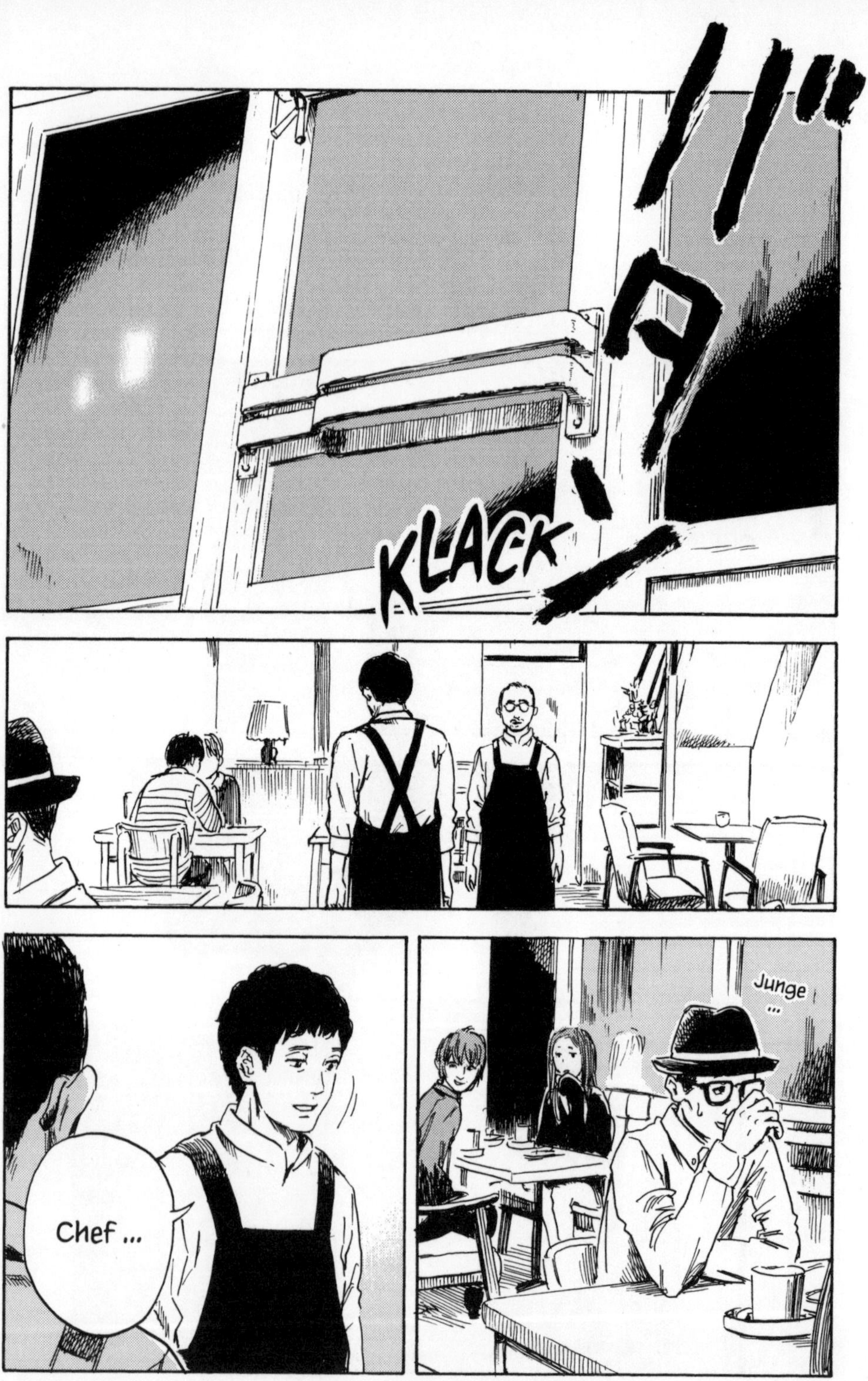
バタン
KLACK
Junge ...
Chef ...

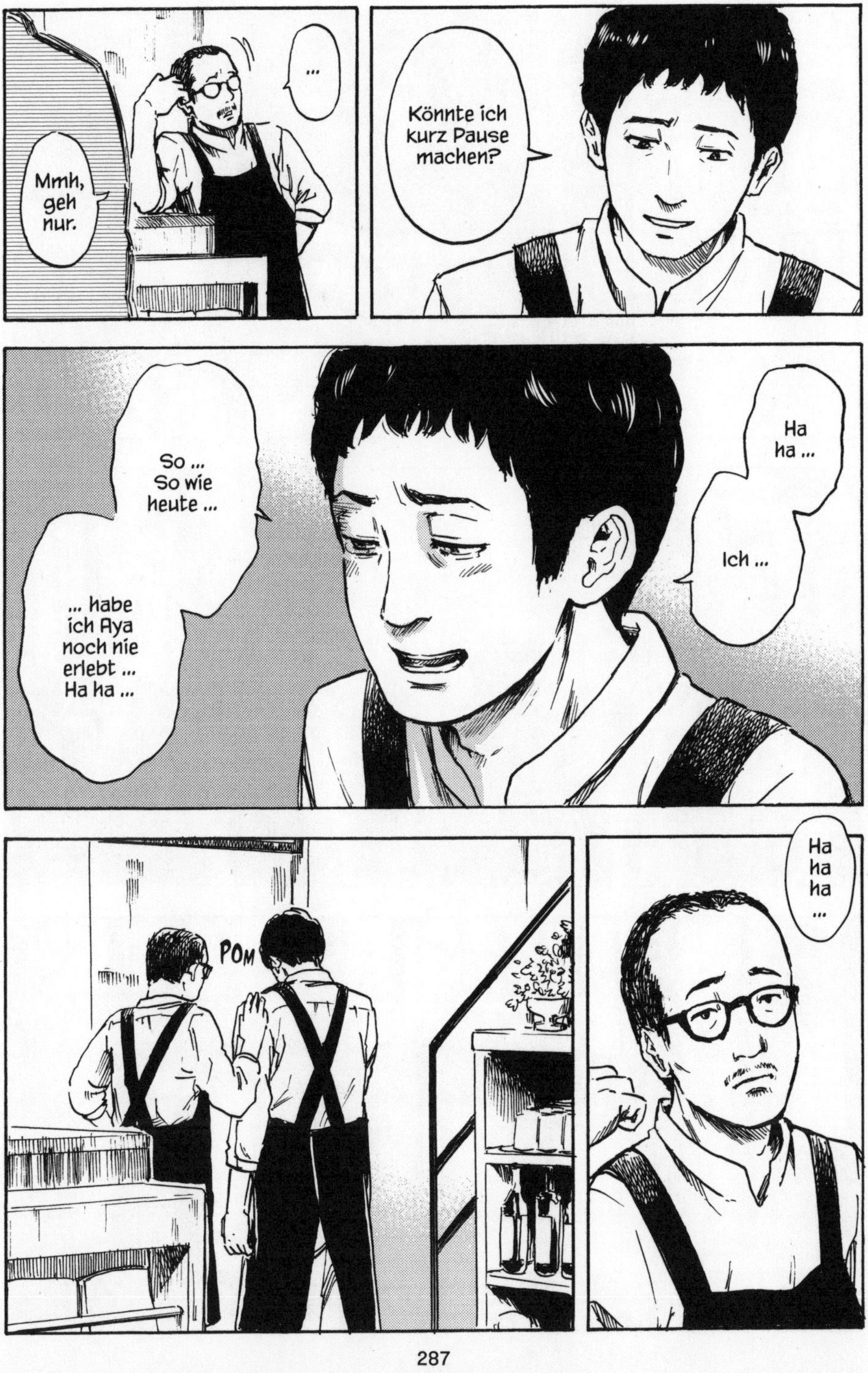
Könnte ich kurz Pause machen?
...
Mmh, geh nur.
Ha ha ...
Ich ...
So ... So wie heute ...
... habe ich Aya noch nie erlebt ... Ha ha ...
Ha ha ha ...
POM

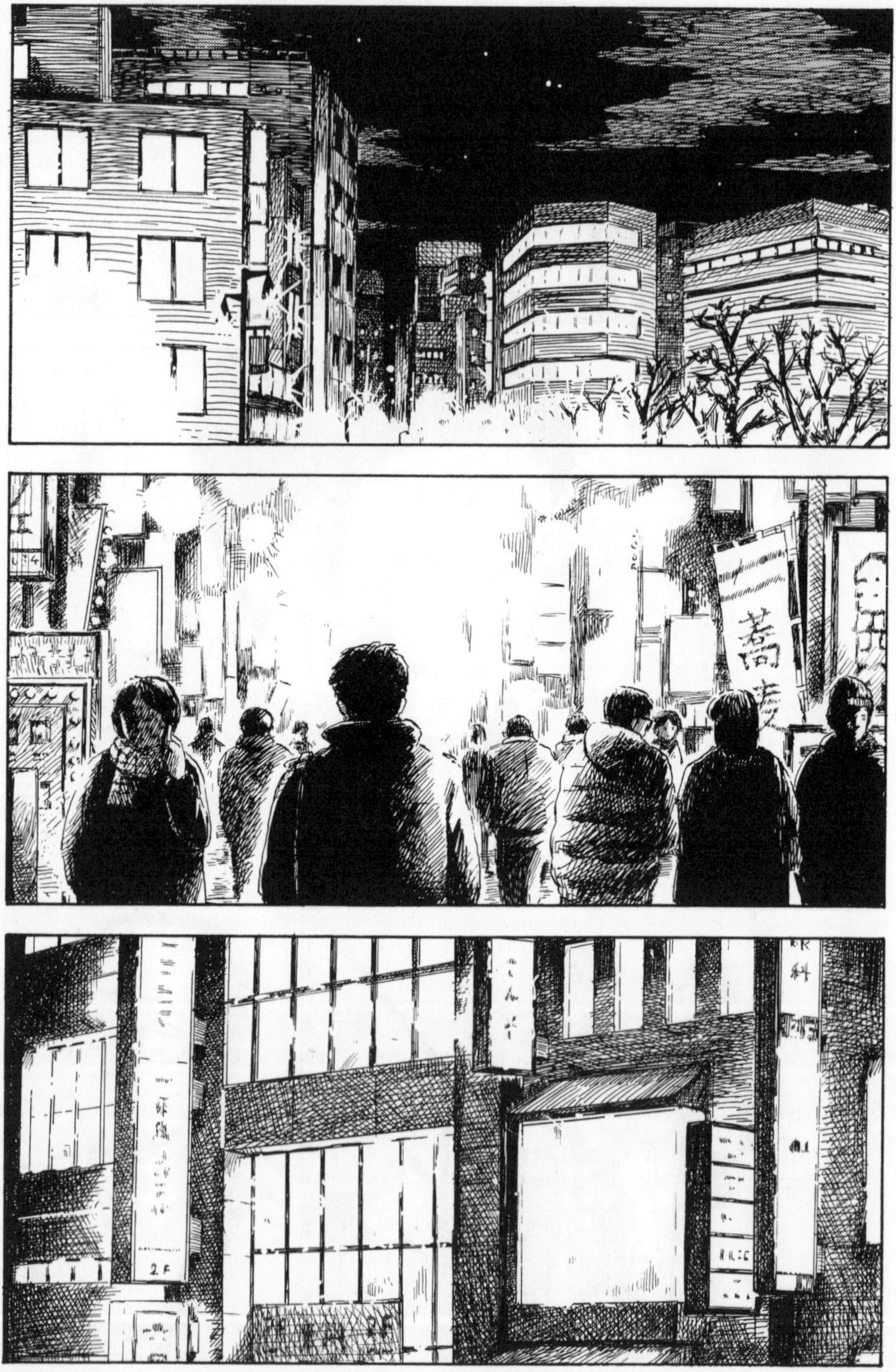
蕎麦
2F

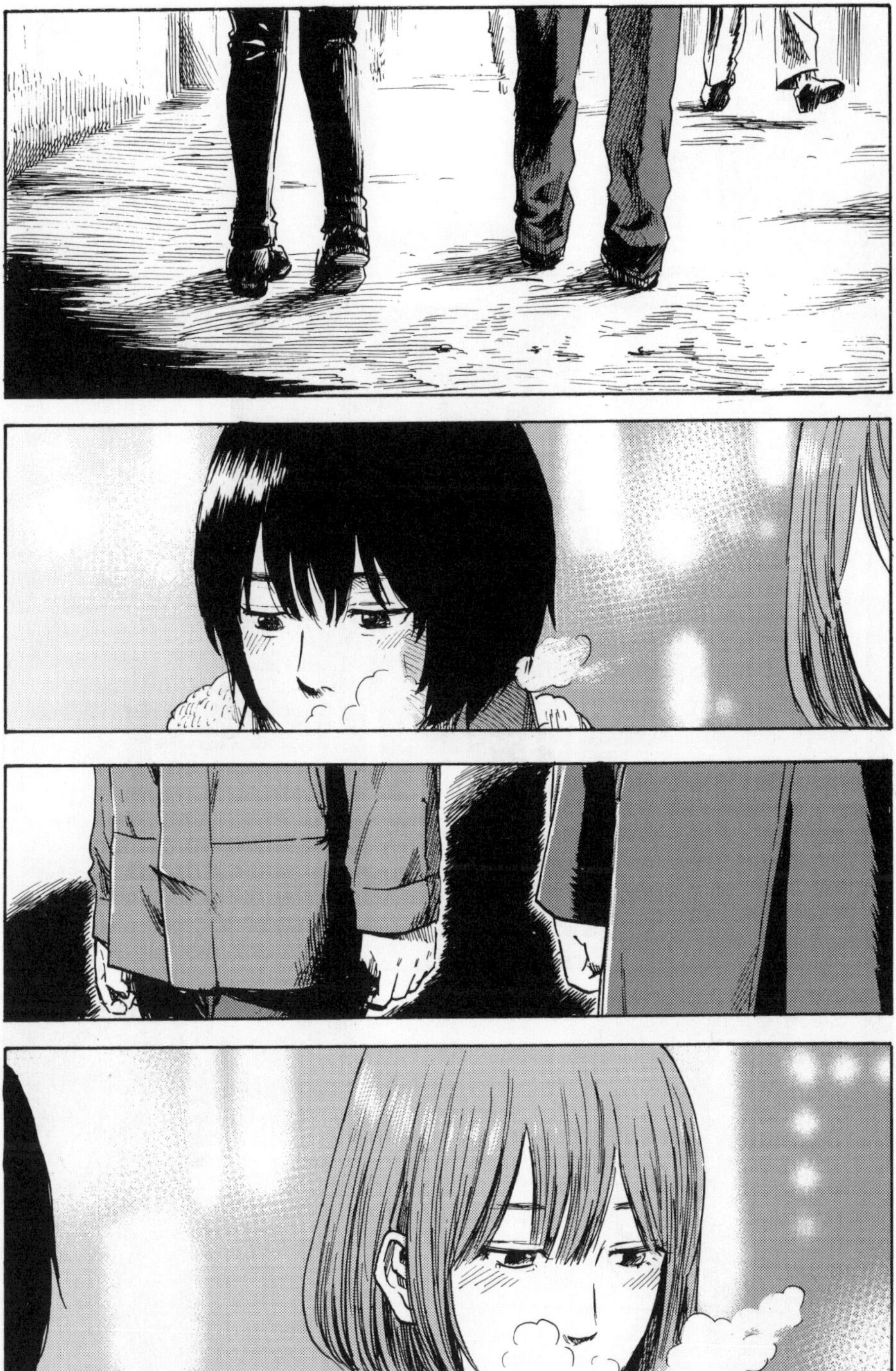

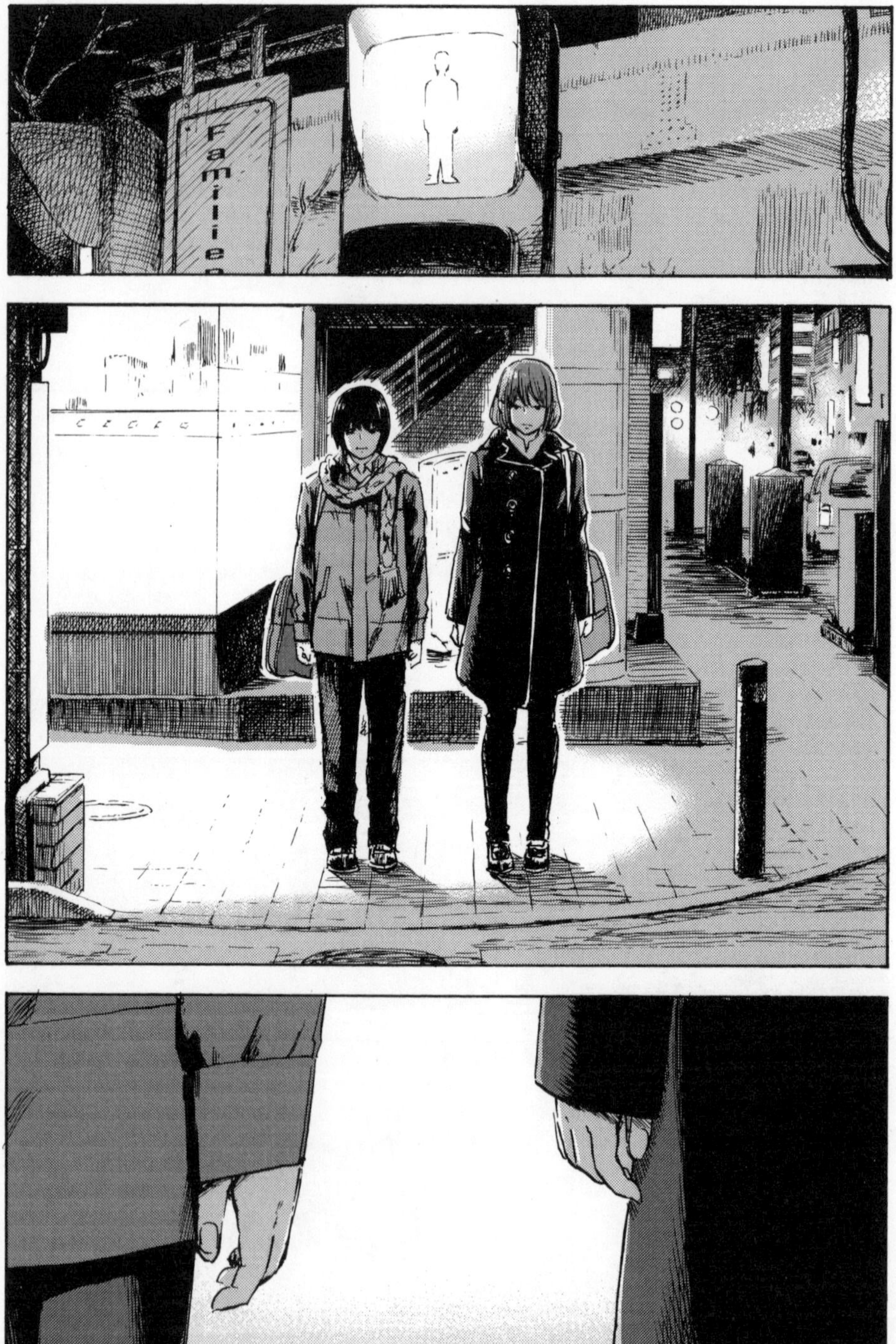
Familien

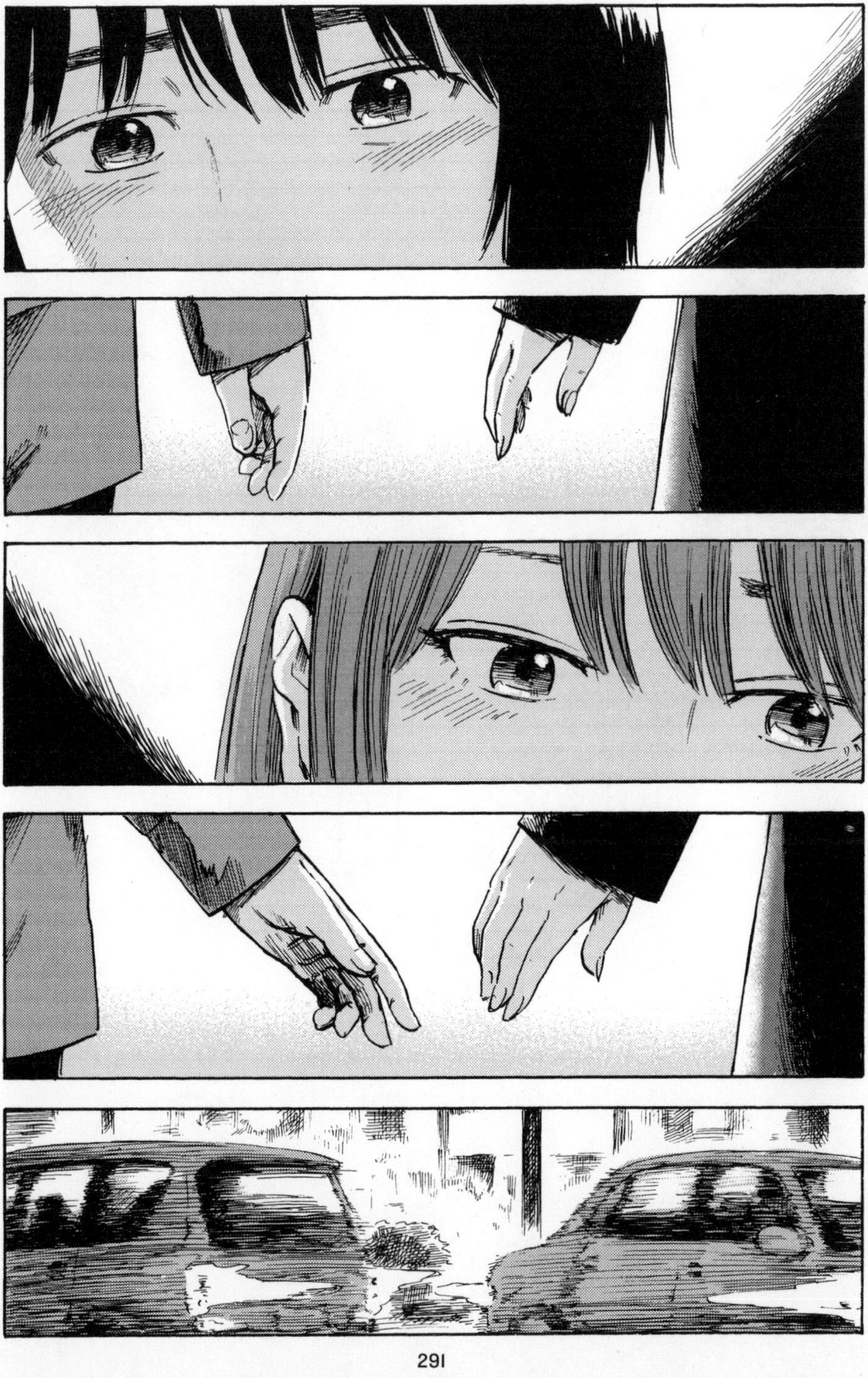

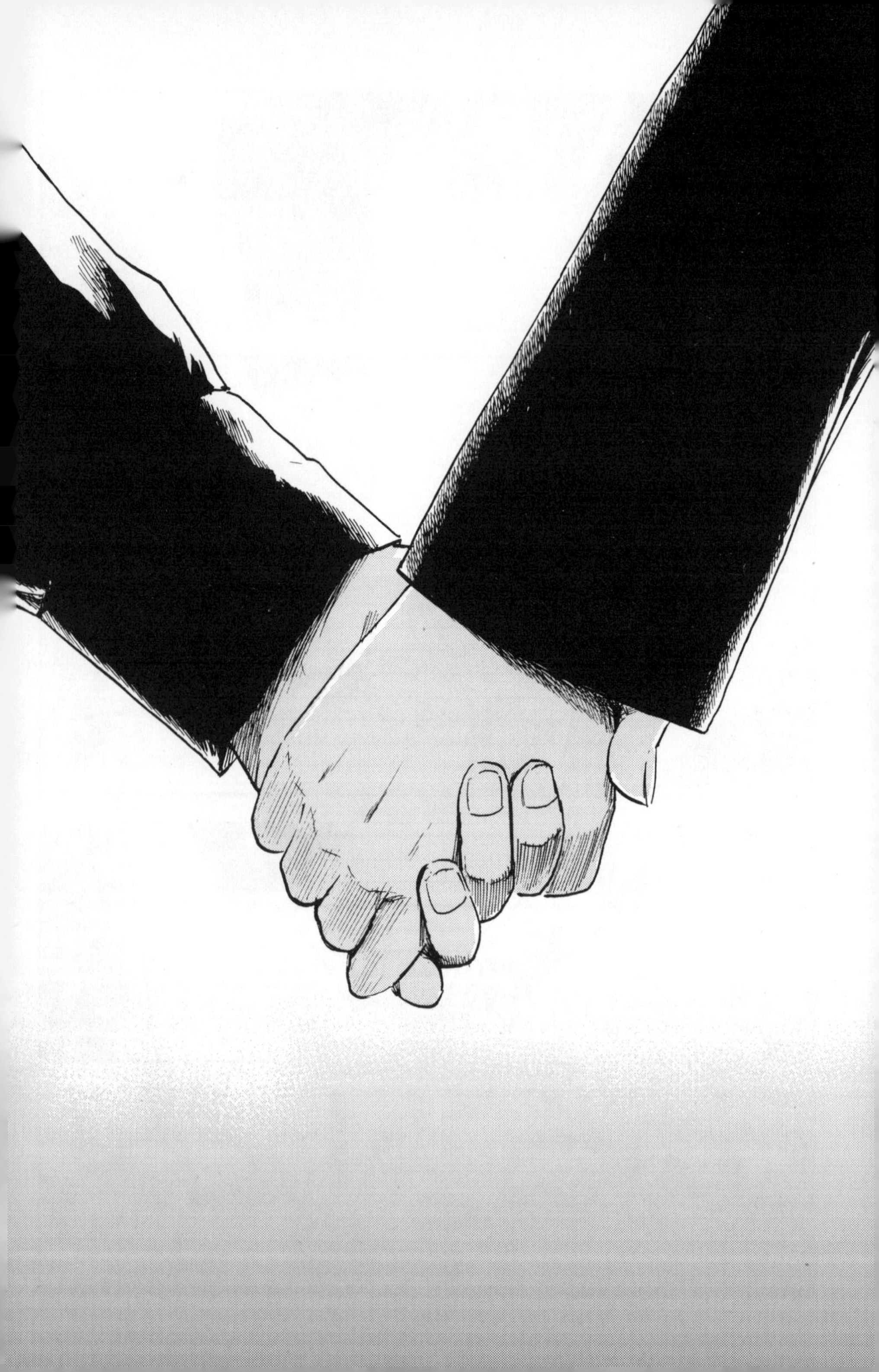

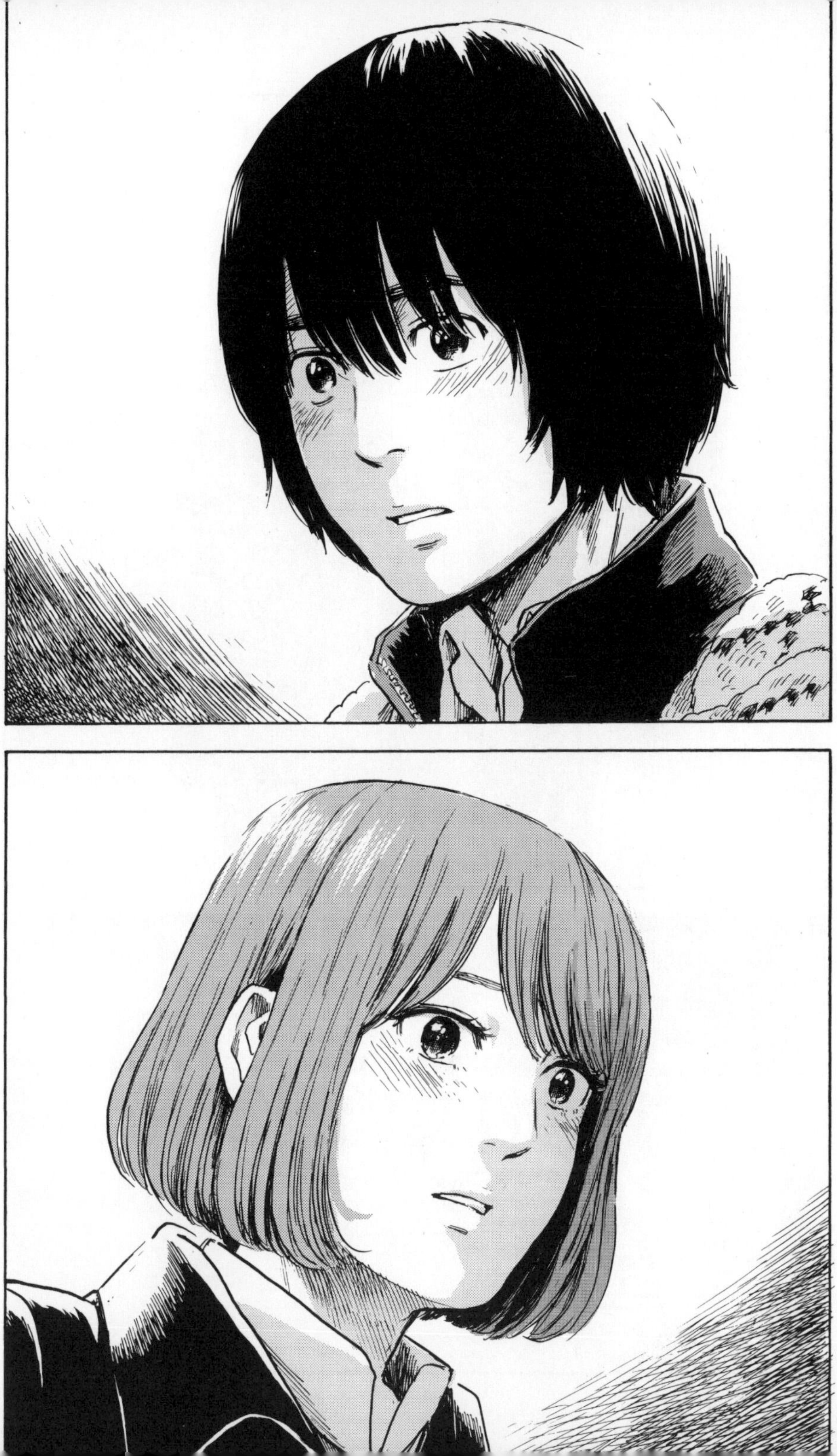

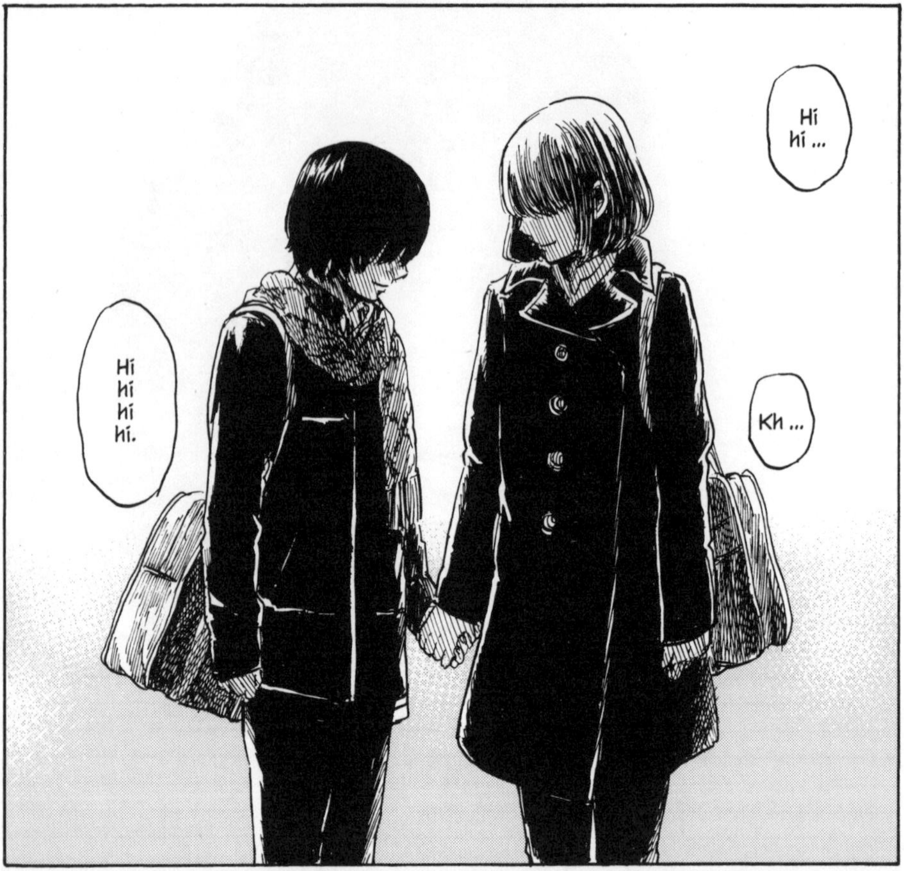
Hi hi ...
Kh ...
Hi hi hi hi.

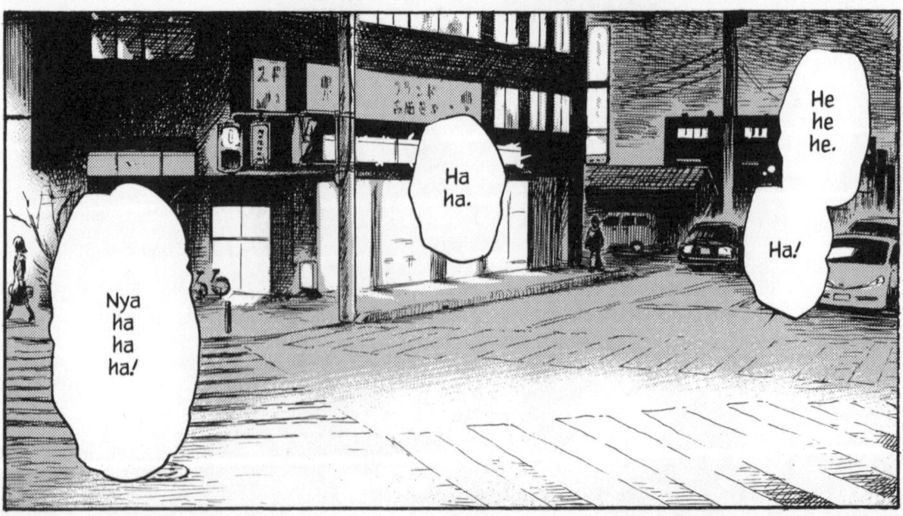
He he he.
Ha!
Ha ha.
Nya ha ha ha!

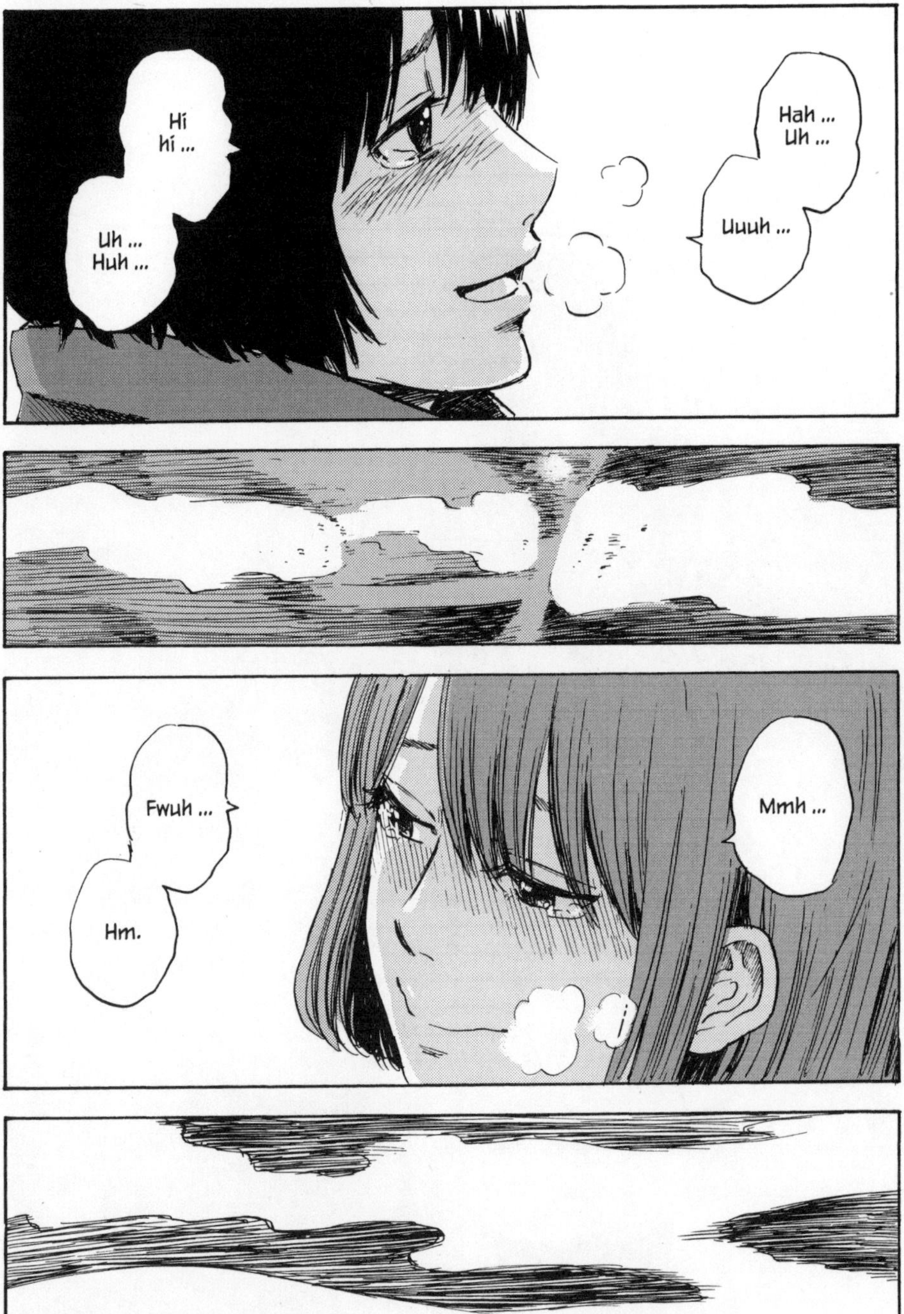
Hah ... Uh ...
Uuuh ...
Hi hi ...
Uh ... Huh ...
Mmh ...
Fwuh ...
Hm.

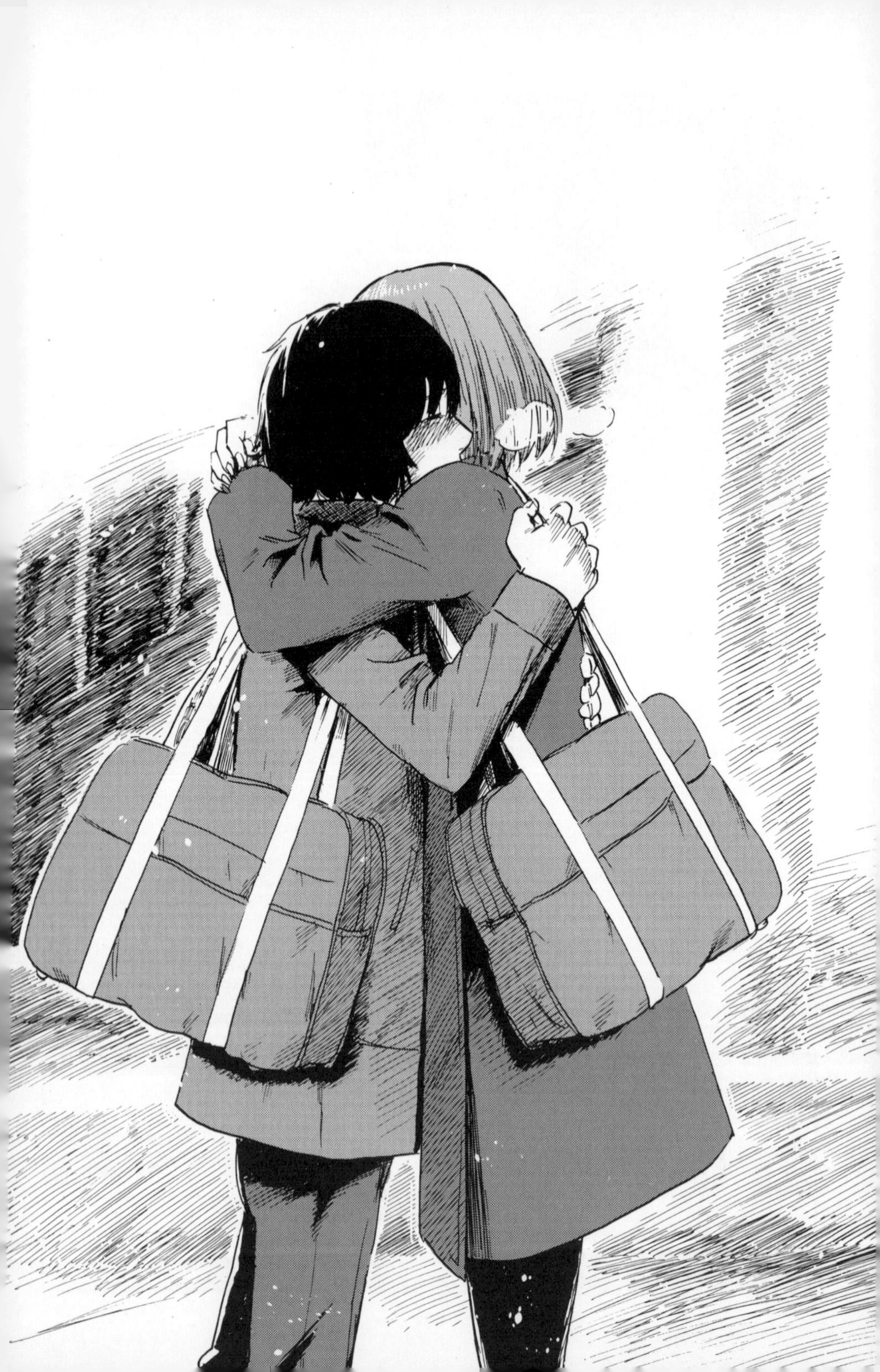

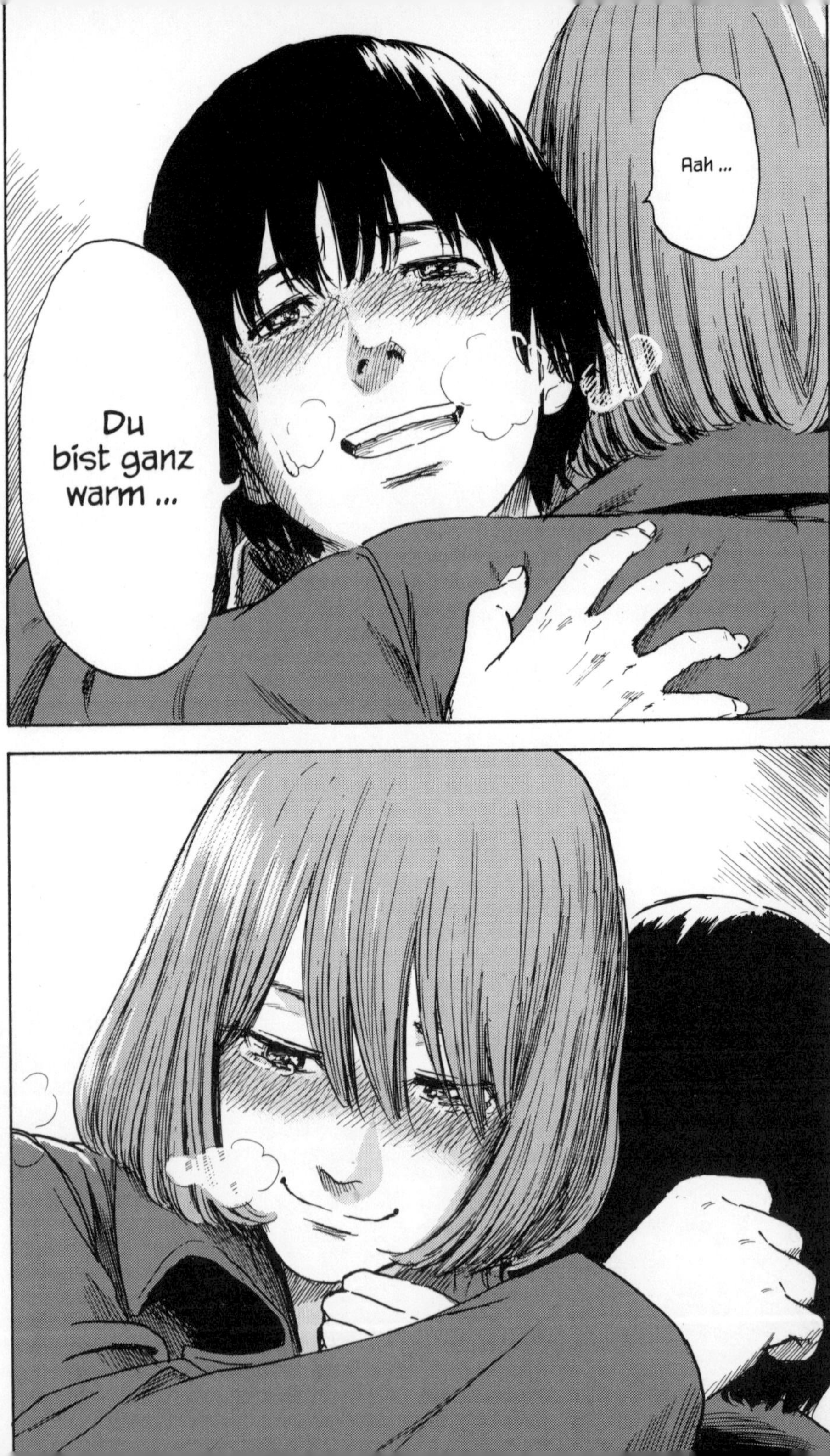
Aah ...
Du bist ganz warm ...

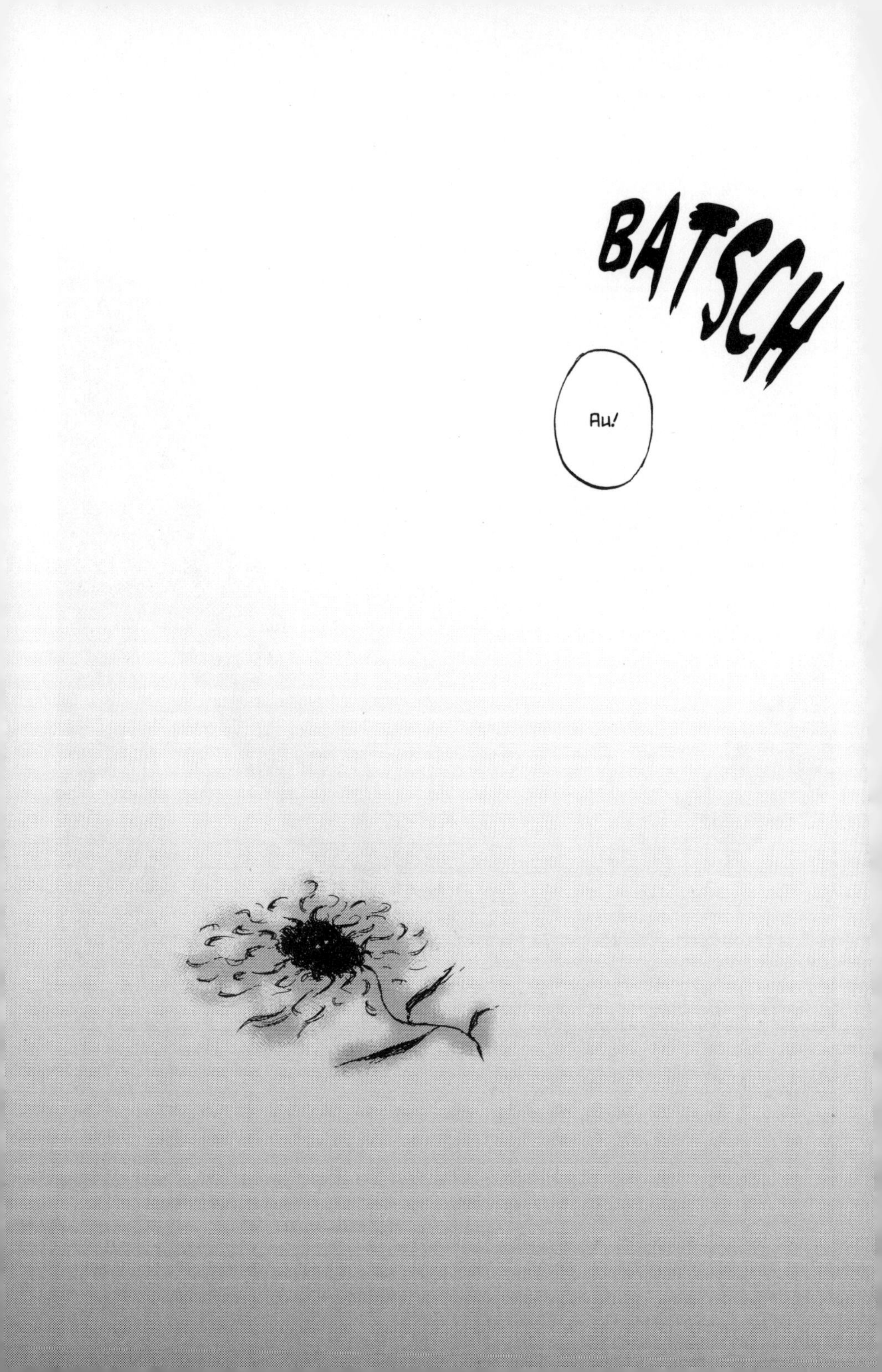
BATSCH
Au!

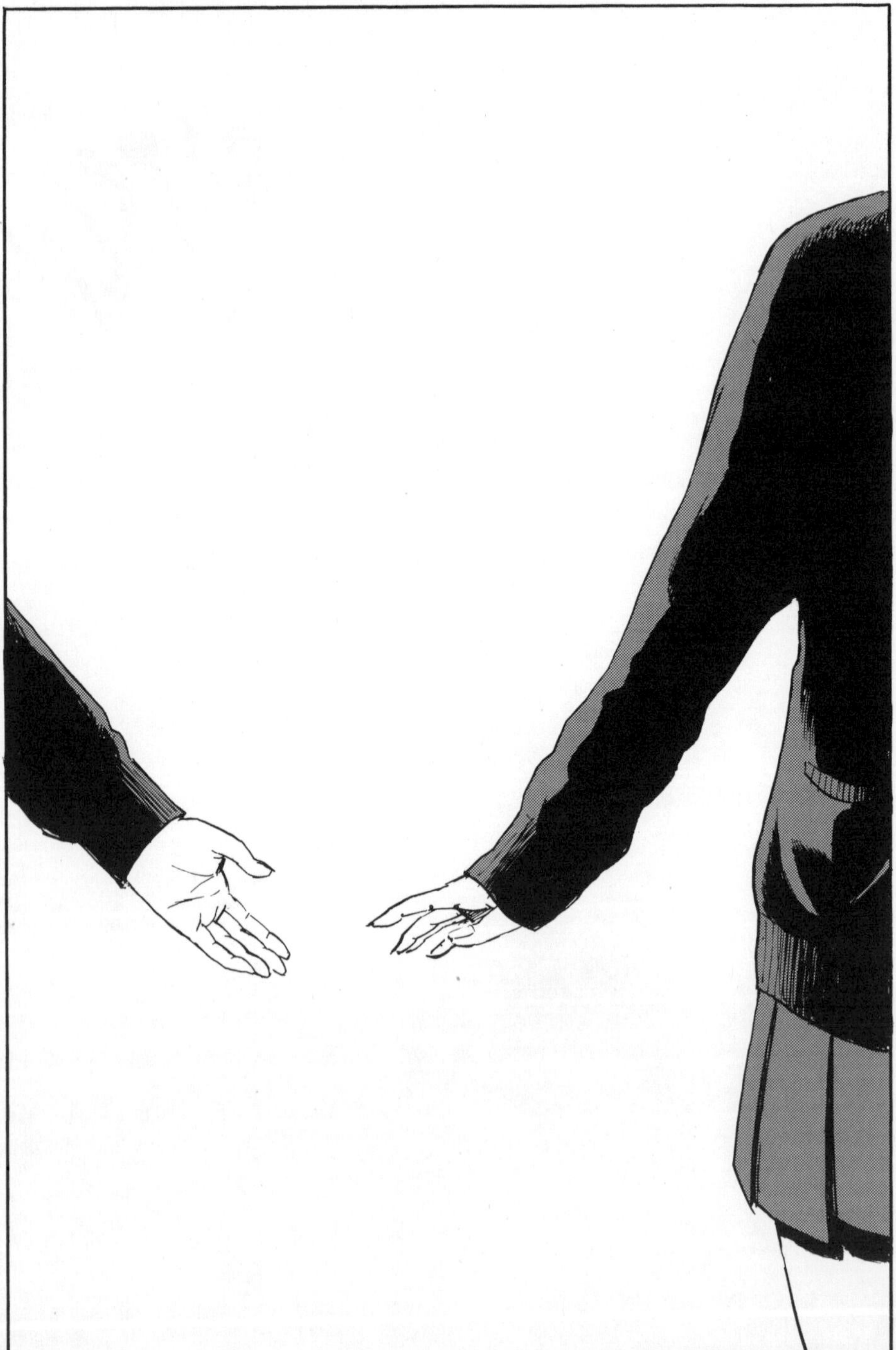

Kapitel 46 O Quell der ewigen Jugend

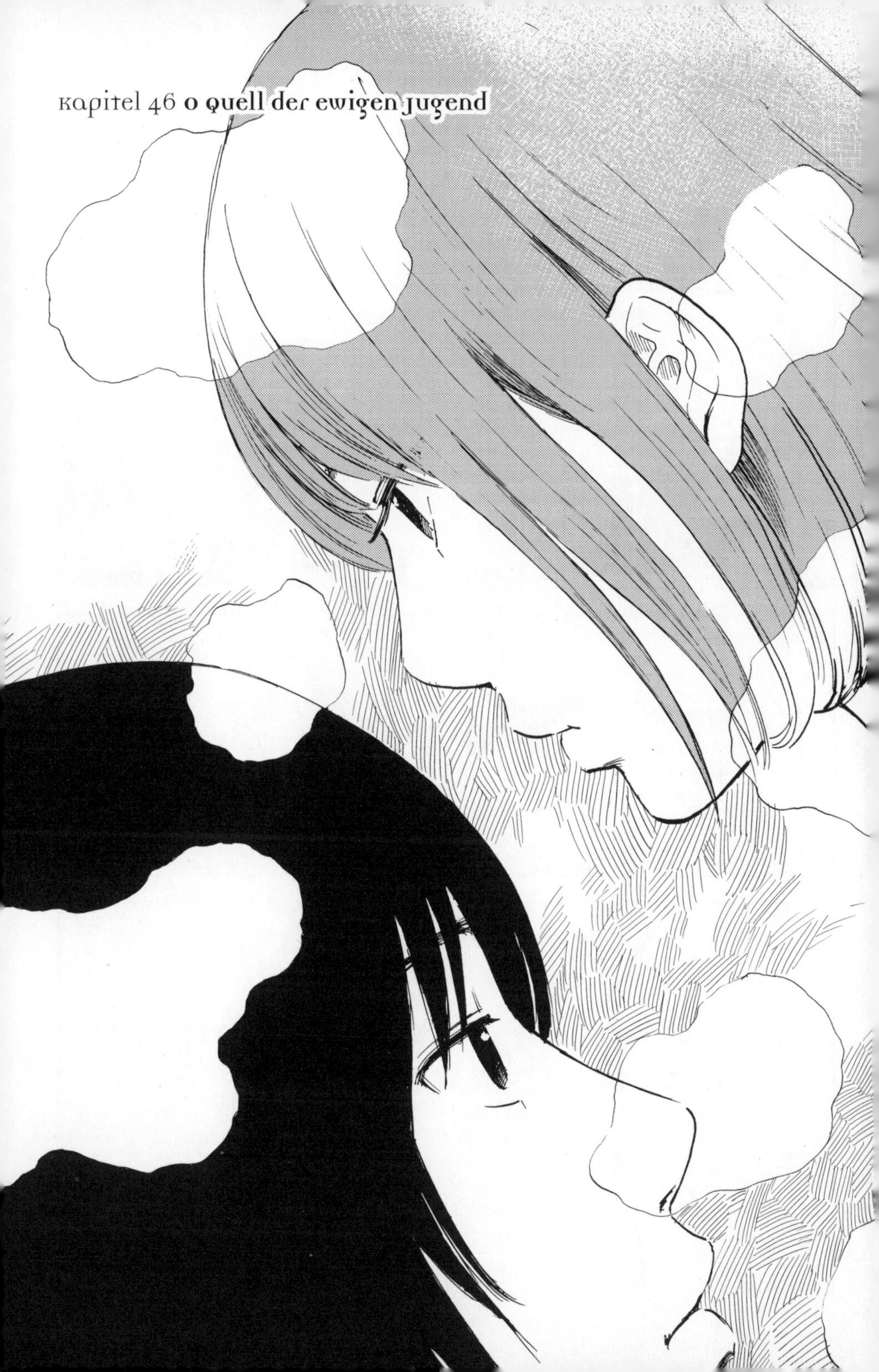

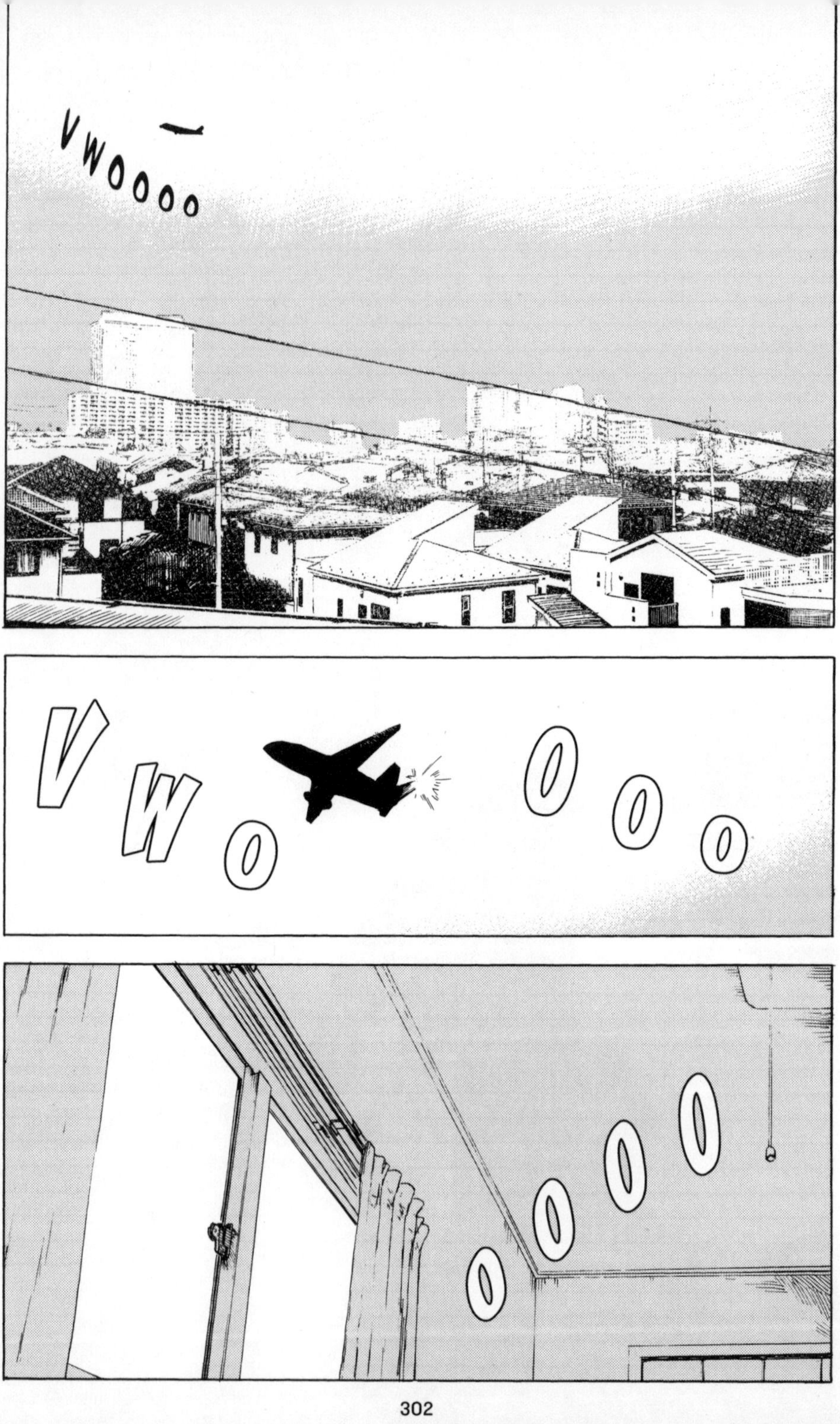
VWOOOO
VWOOOO
OOOOO

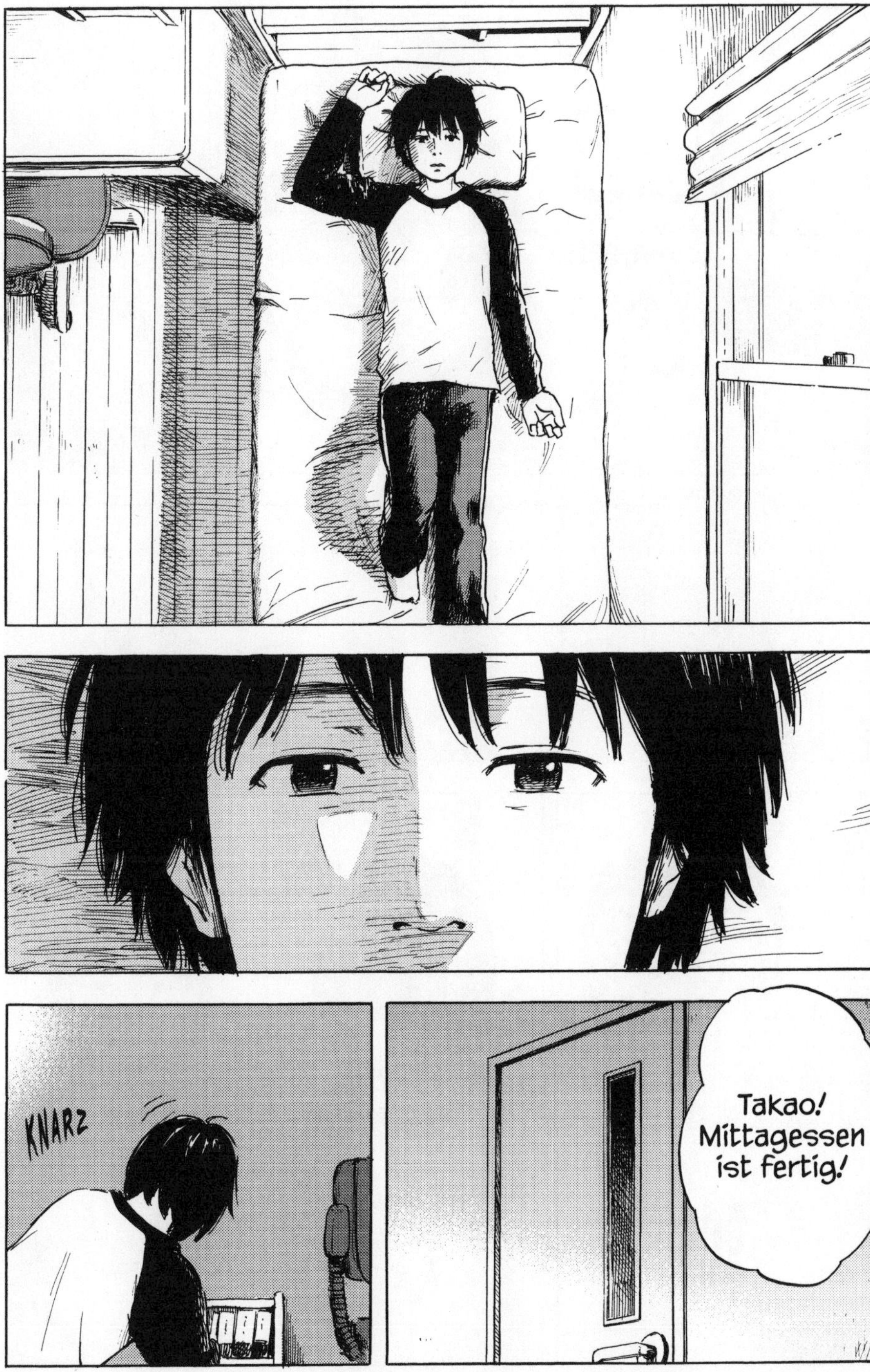
Takao! Mittagessen ist fertig!
KNARZ

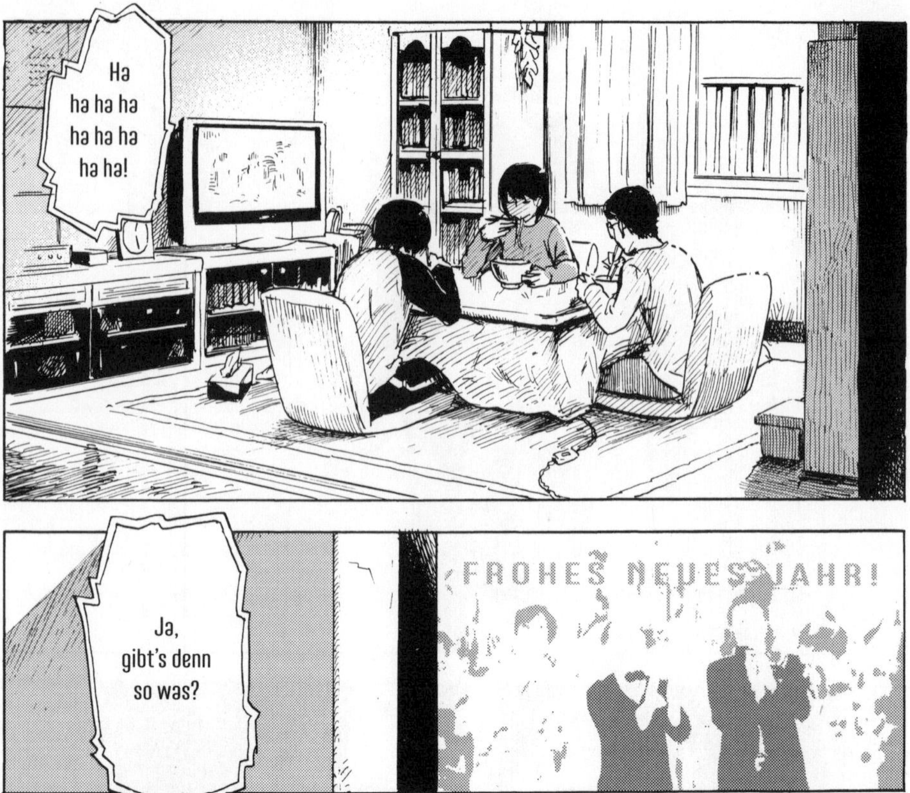

* jap. Reiskuchen aus Klebereis

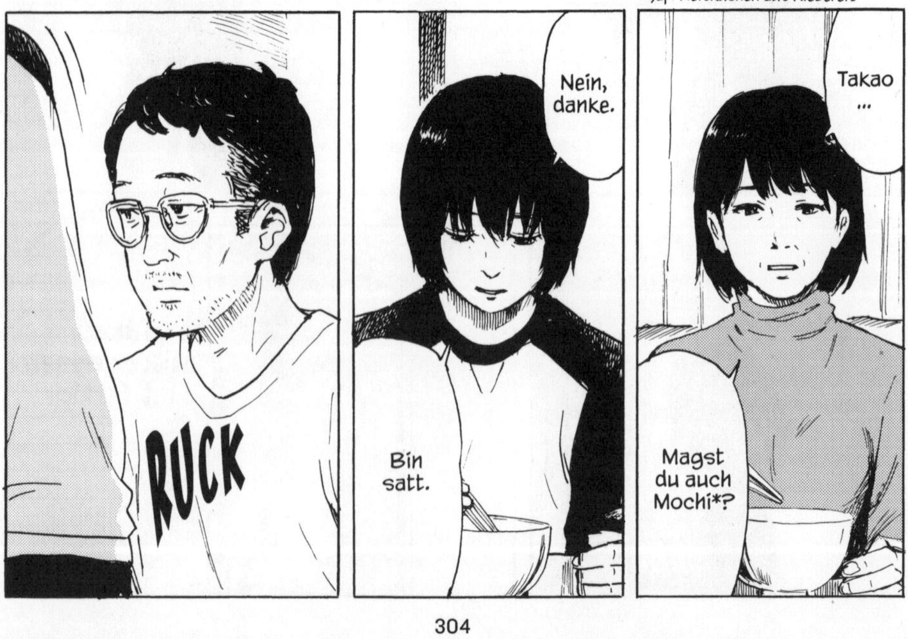

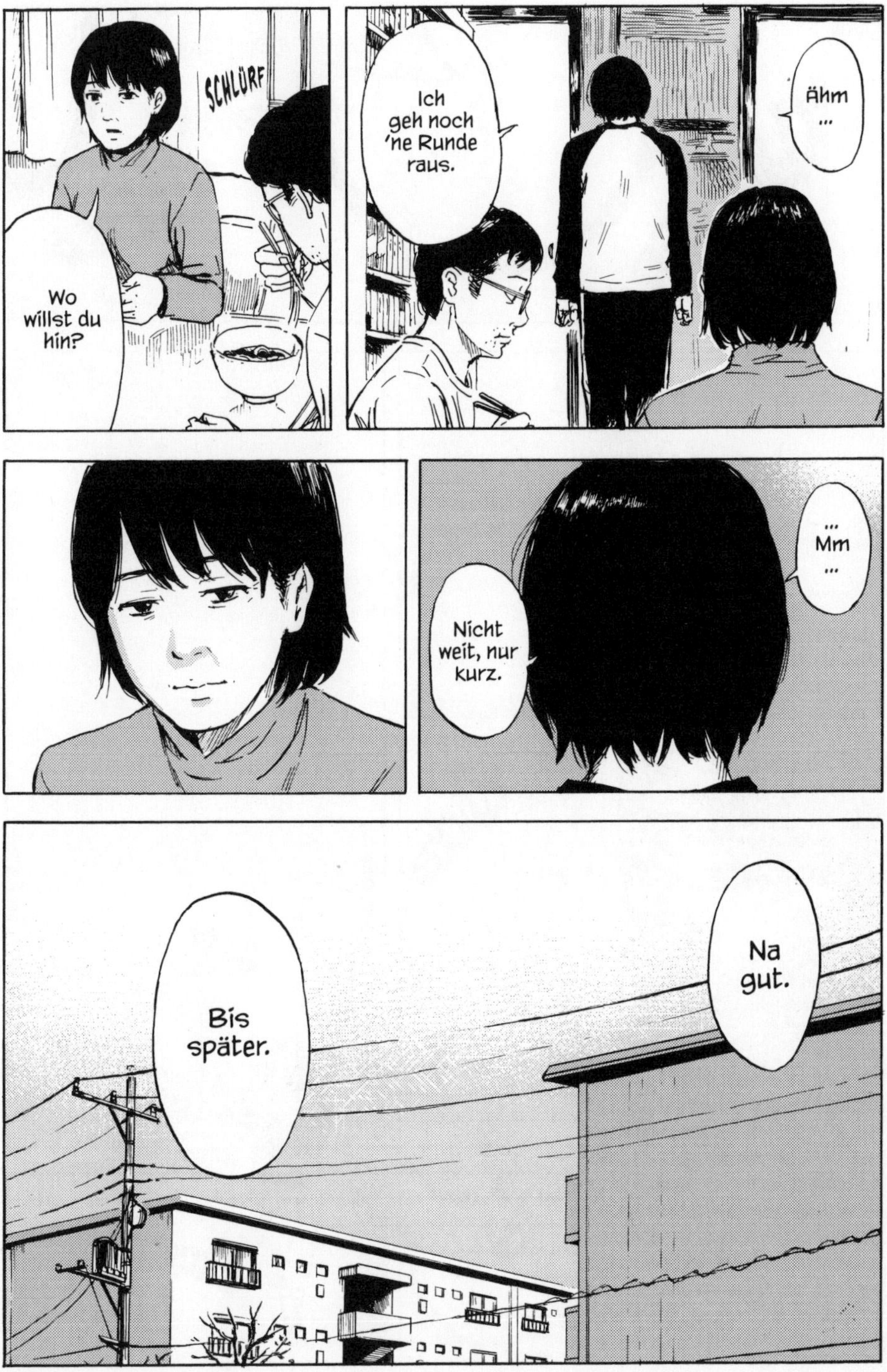
Ähm ...
Ich geh noch 'ne Runde raus.
SCHLÜRF
Wo willst du hin?
... Mm ...
Nicht weit, nur kurz.
Na gut.
Bis später.

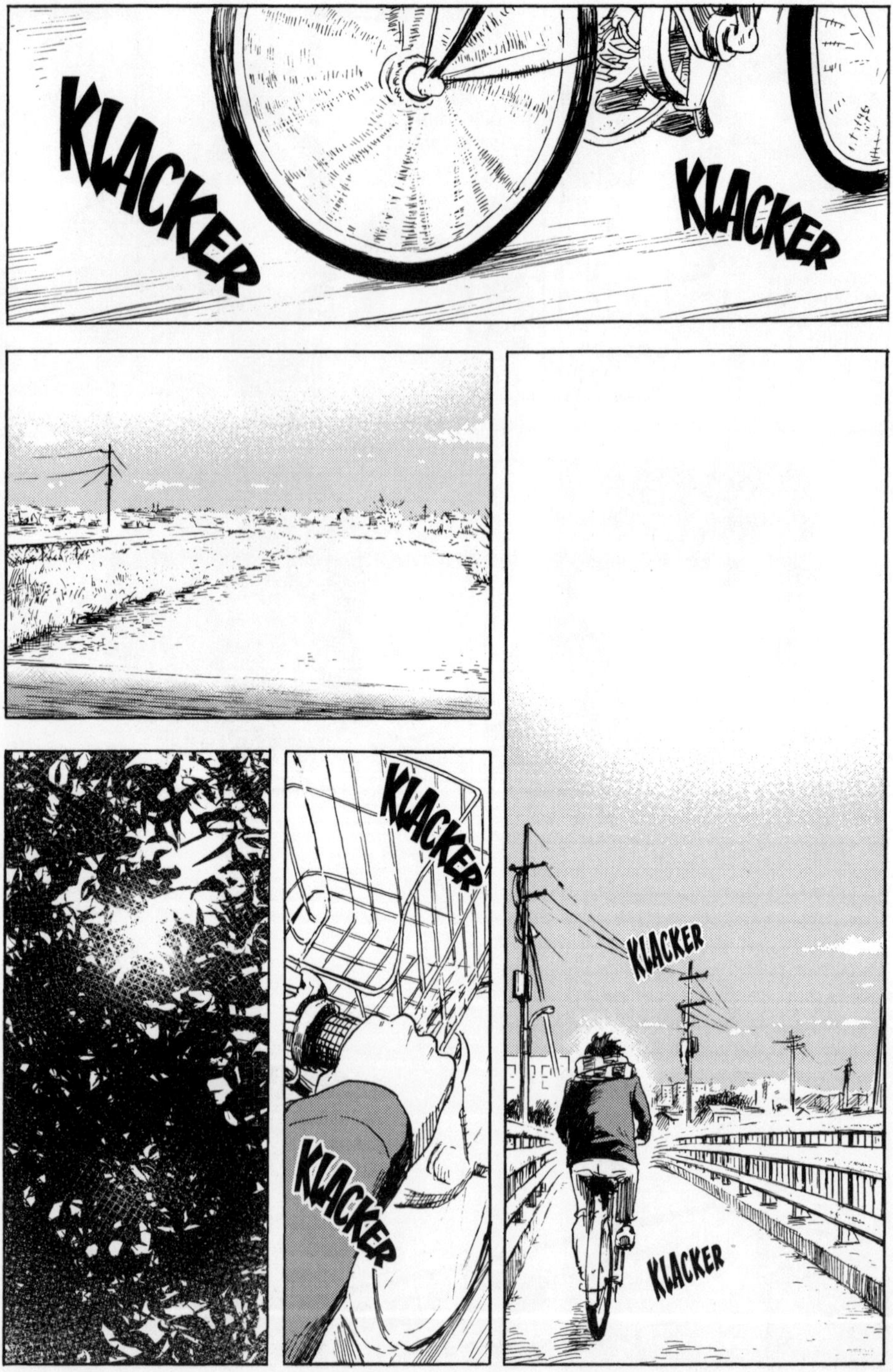
KLACKER
KLACKER
KLACKER
KLACKER
KLACKER
KLACKER

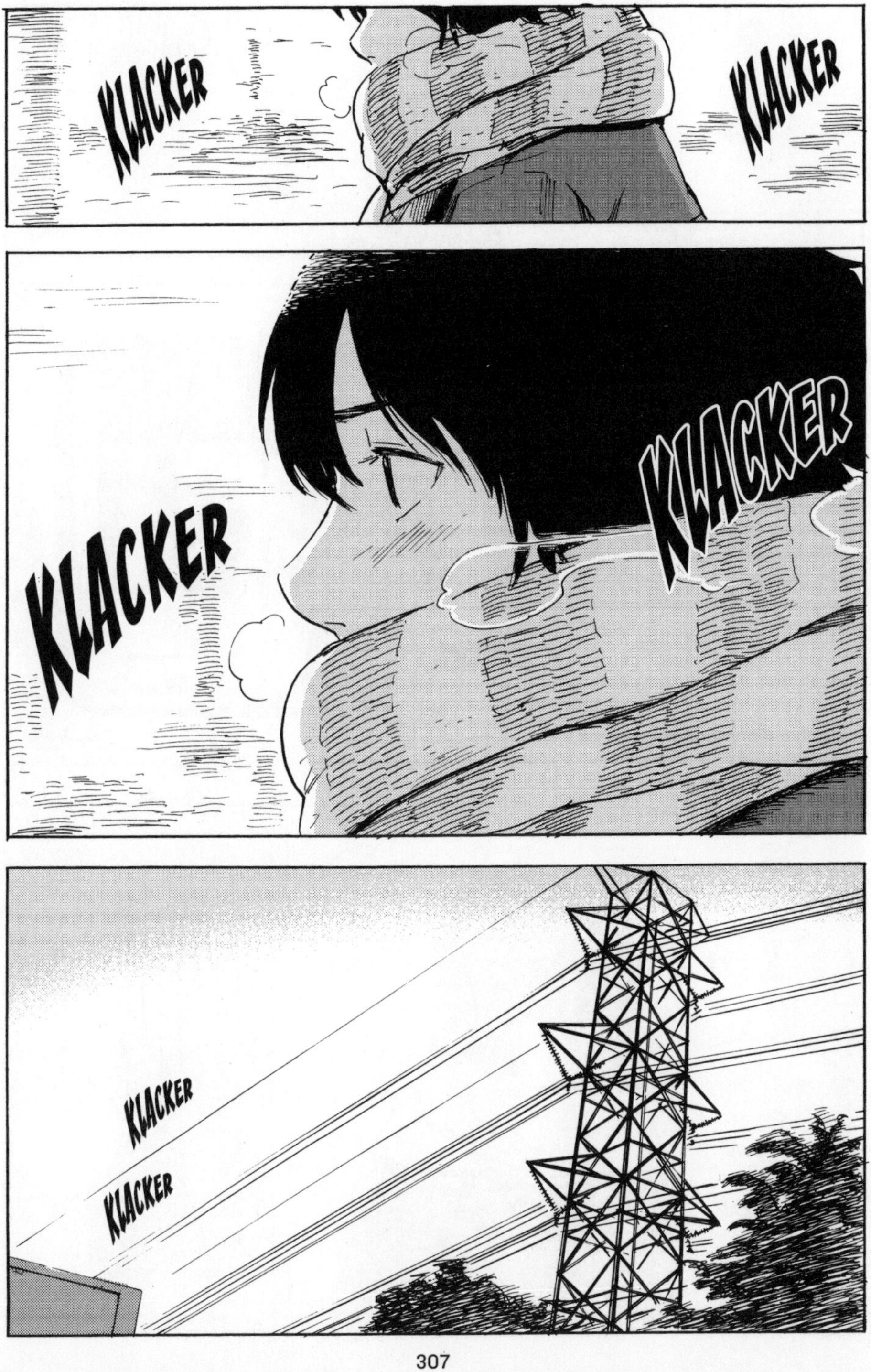
KLACKER
KLACKER
KLACKER
KLACKER
KLACKER
KLACKER

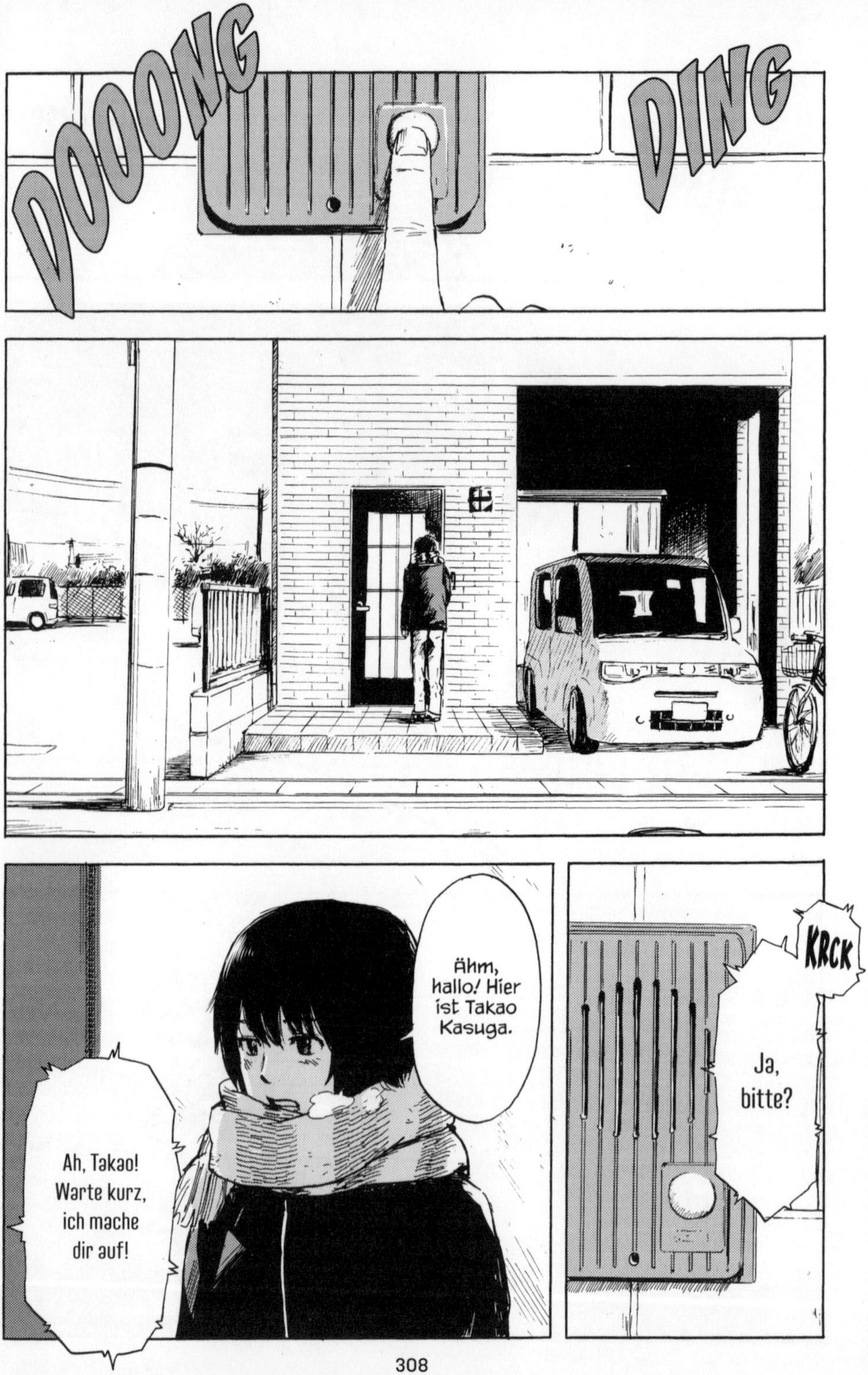
DING
DOOONG
KRCK
Ja, bitte?
Ähm, hallo! Hier ist Takao Kasuga.
Ah, Takao! Warte kurz, ich mache dir auf!

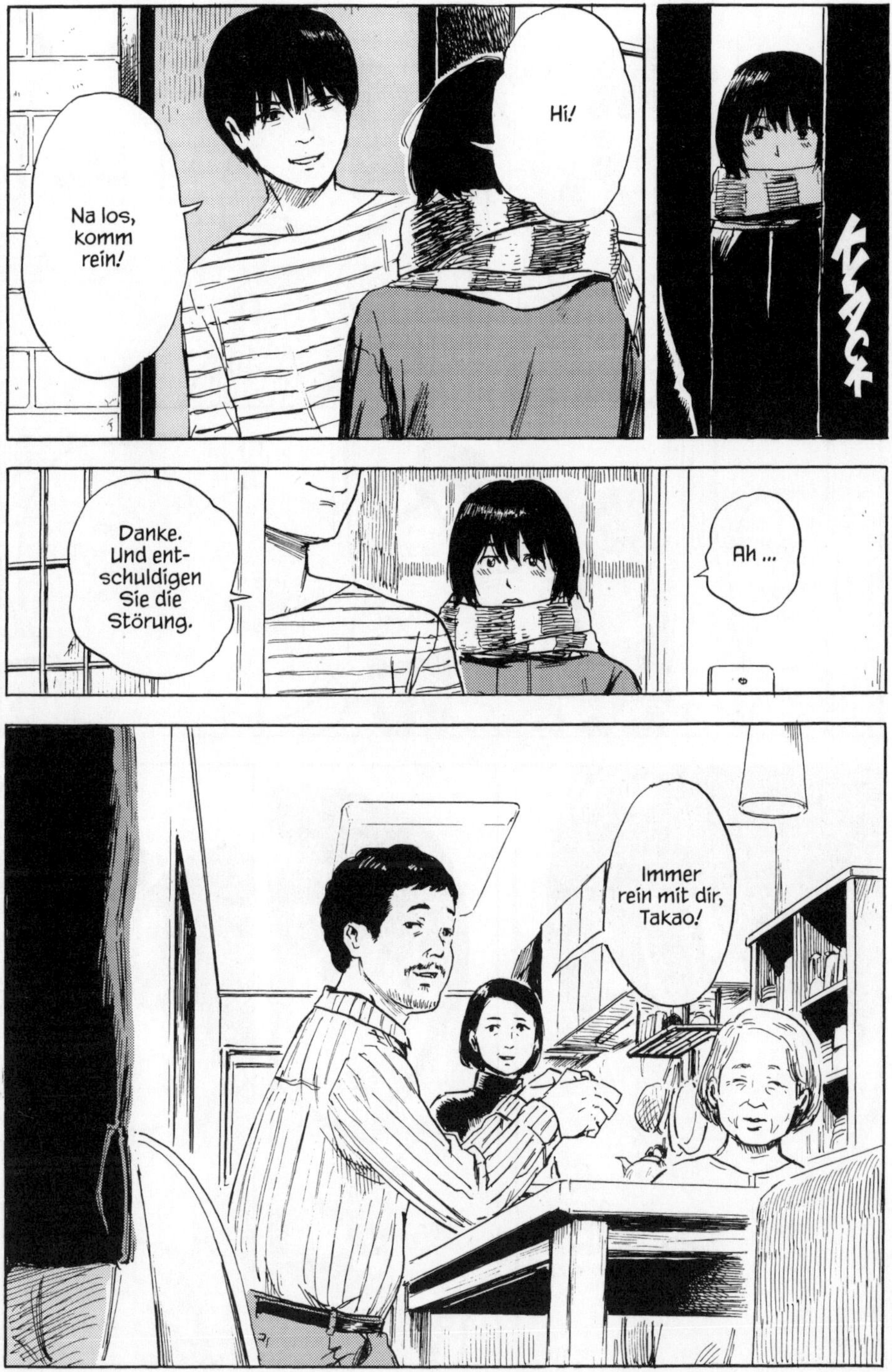
KLACK
Hi!
Na los, komm rein!
Ah ...
Danke. Und entschuldigen Sie die Störung.
Immer rein mit dir, Takao!

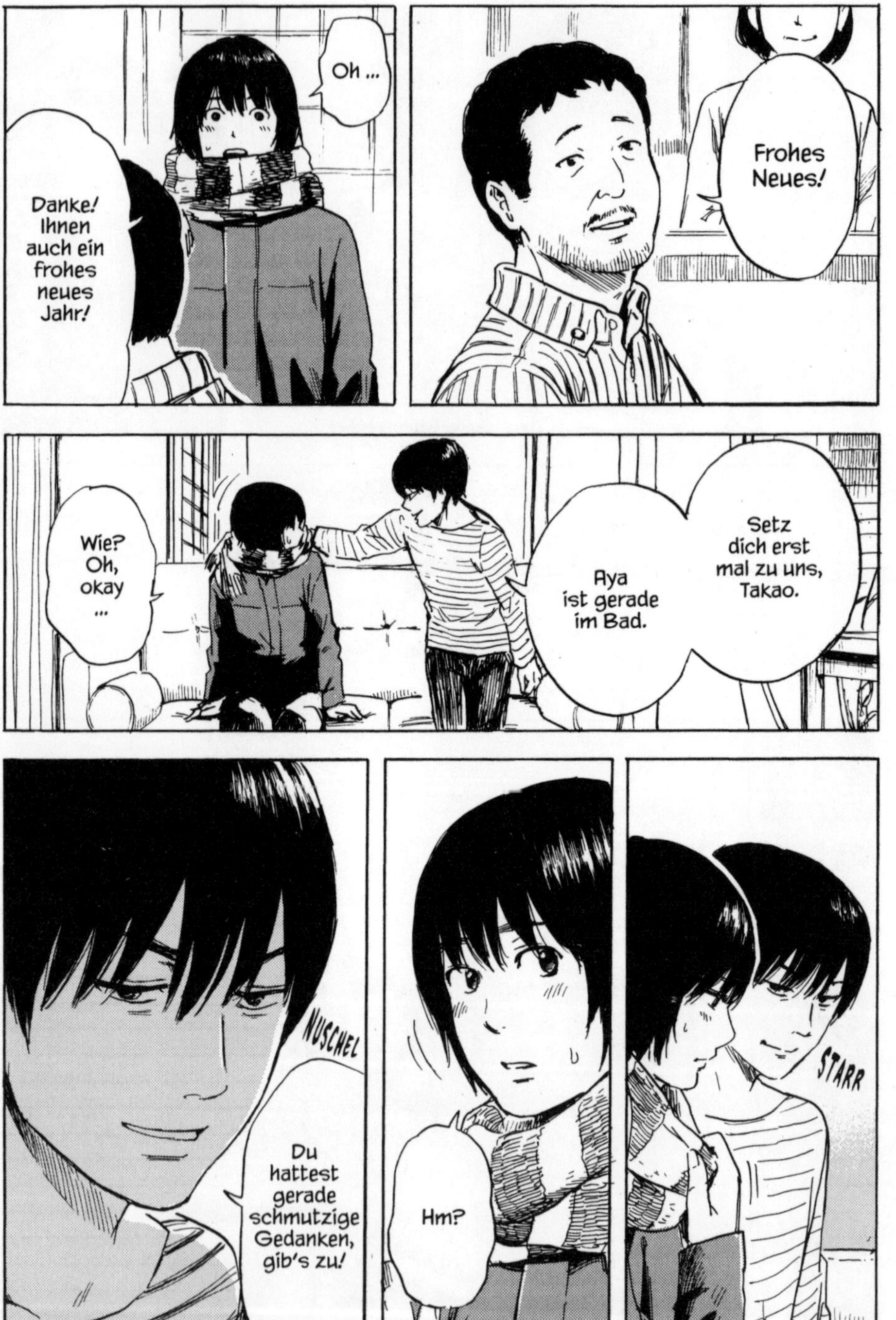
Frohes Neues!
Oh ...
Danke! Ihnen auch ein frohes neues Jahr!
Setz dich erst mal zu uns, Takao.
Aya ist gerade im Bad.
Wie? Oh, okay ...
STARR
Hm?
NUSCHEL
Du hattest gerade schmutzige Gedanken, gib's zu!

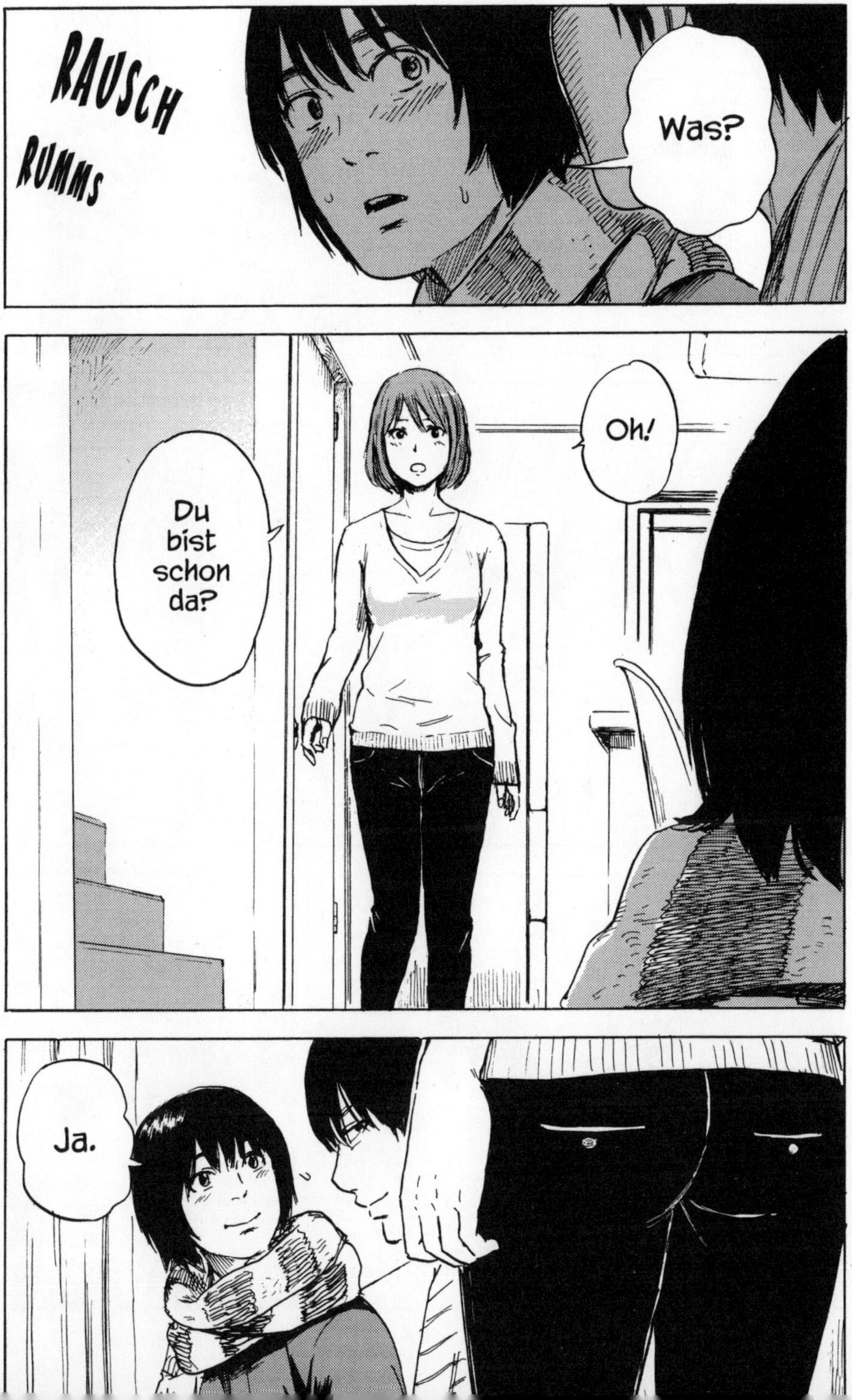
Was?
RAUSCH
RUMMS
Oh!
Du bist schon da?
Ja.

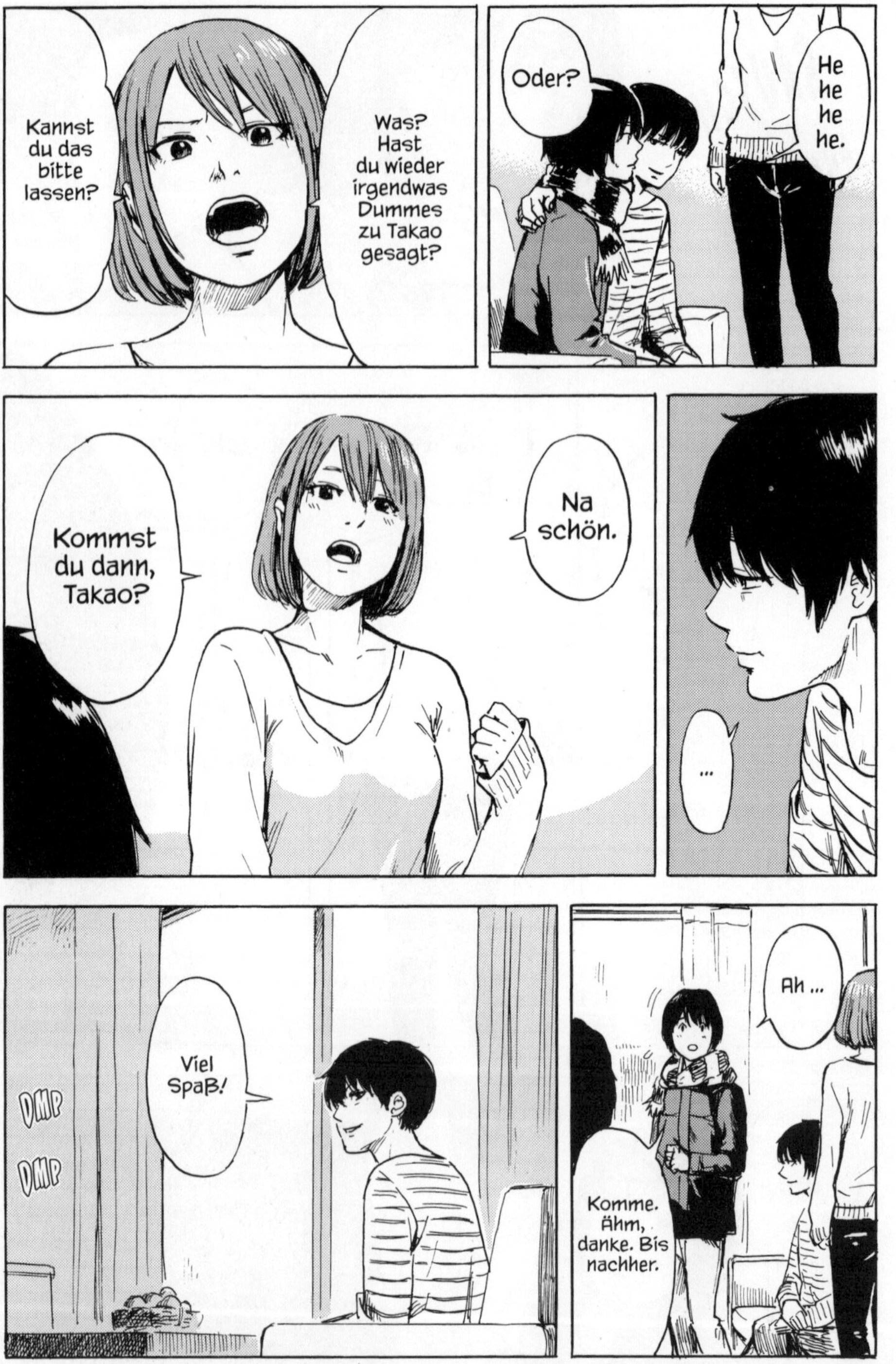
He he he he.
Oder?
Was? Hast du wieder irgendwas Dummes zu Takao gesagt?
Kannst du das bitte lassen?
...
Na schön.
Kommst du dann, Takao?
Ah ...
Komme. Ähm, danke. Bis nachher.
Viel Spaß!
DMP
DMP

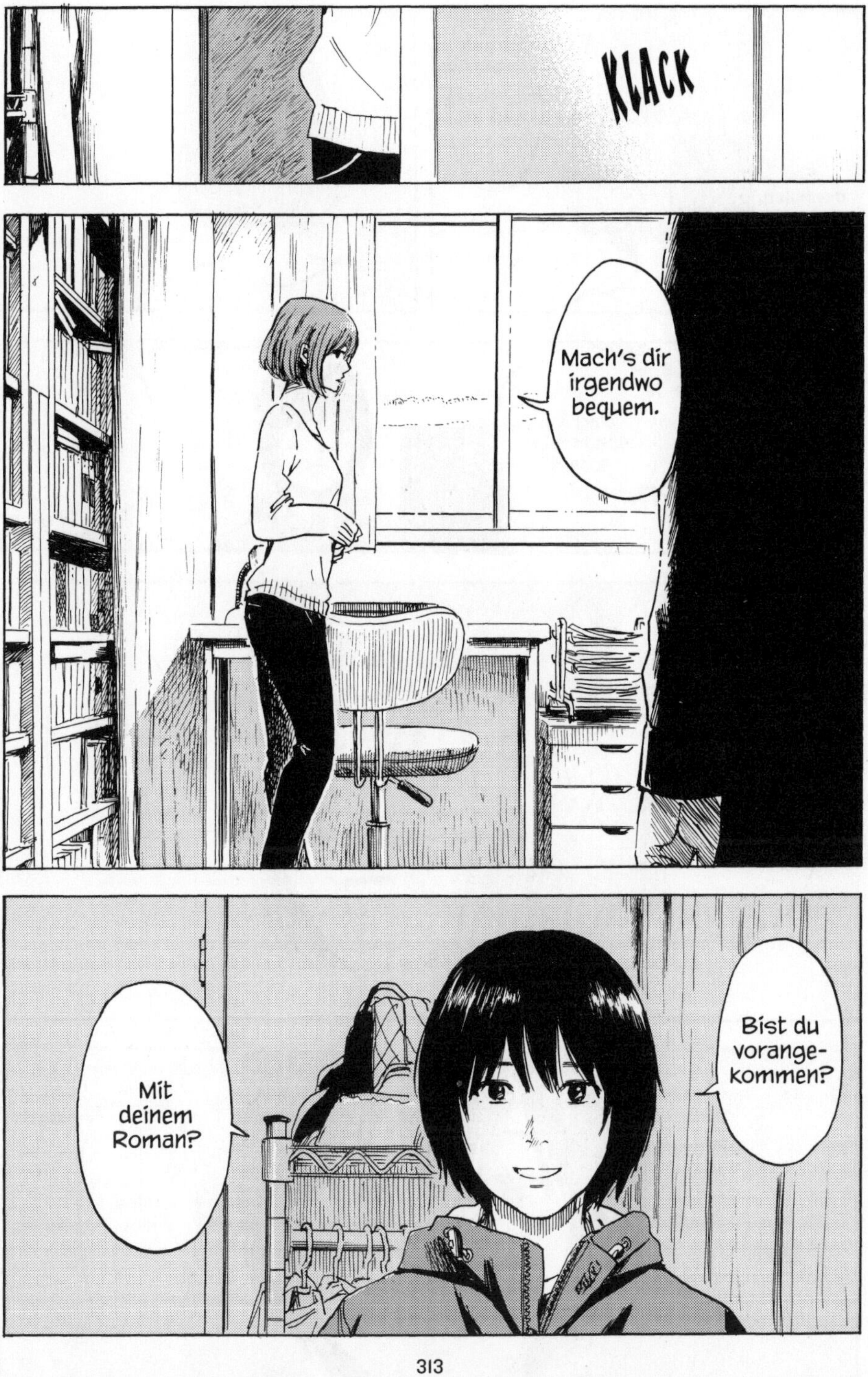
KLACK
Mach's dir irgendwo bequem.
Bist du vorange-kommen?
Mit deinem Roman?

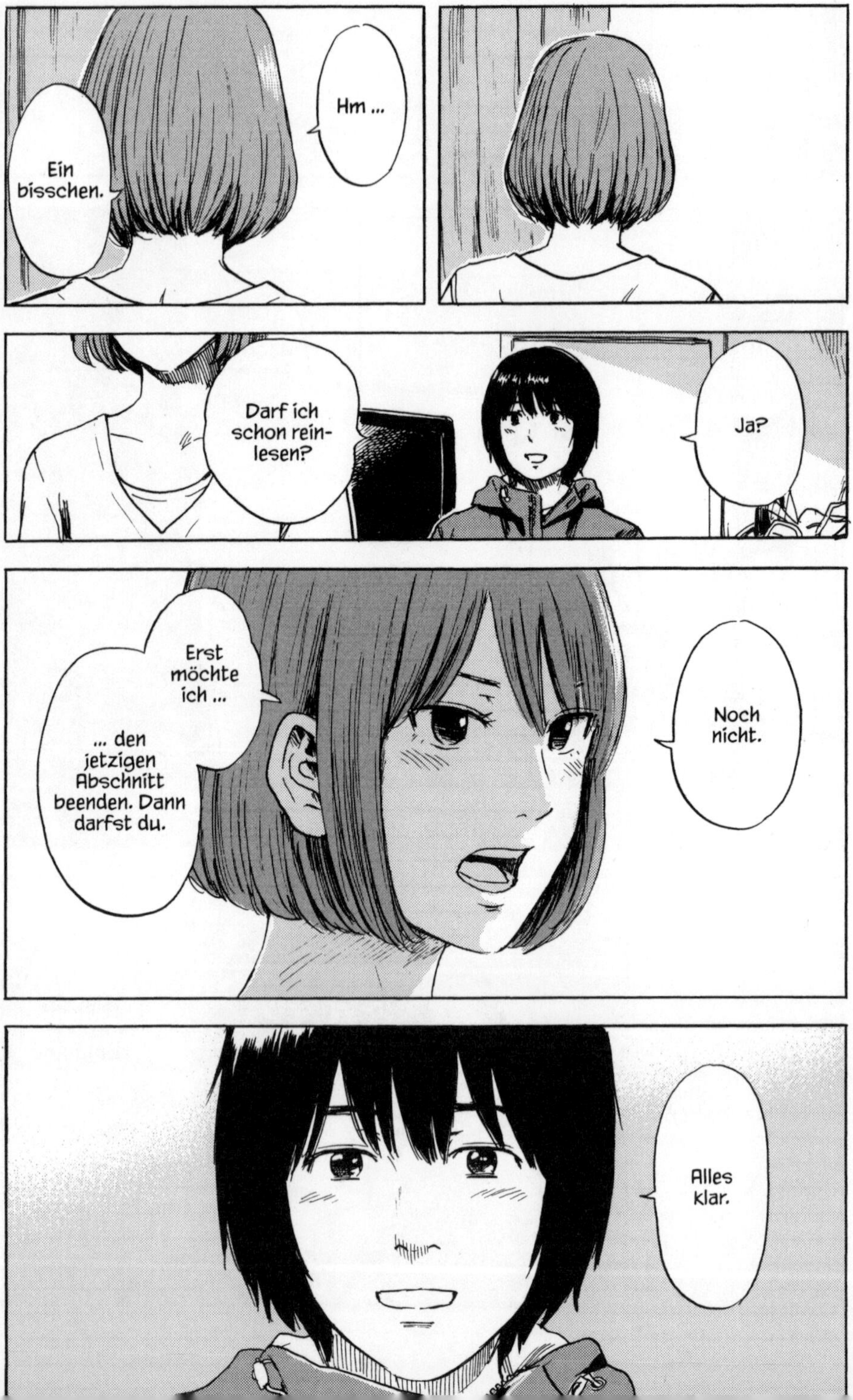
Hm ...
Ein bisschen.
Ja?
Darf ich schon reinlesen?
Noch nicht.
Erst möchte ich ...
... den jetzigen Abschnitt beenden. Dann darfst du.
Alles klar.

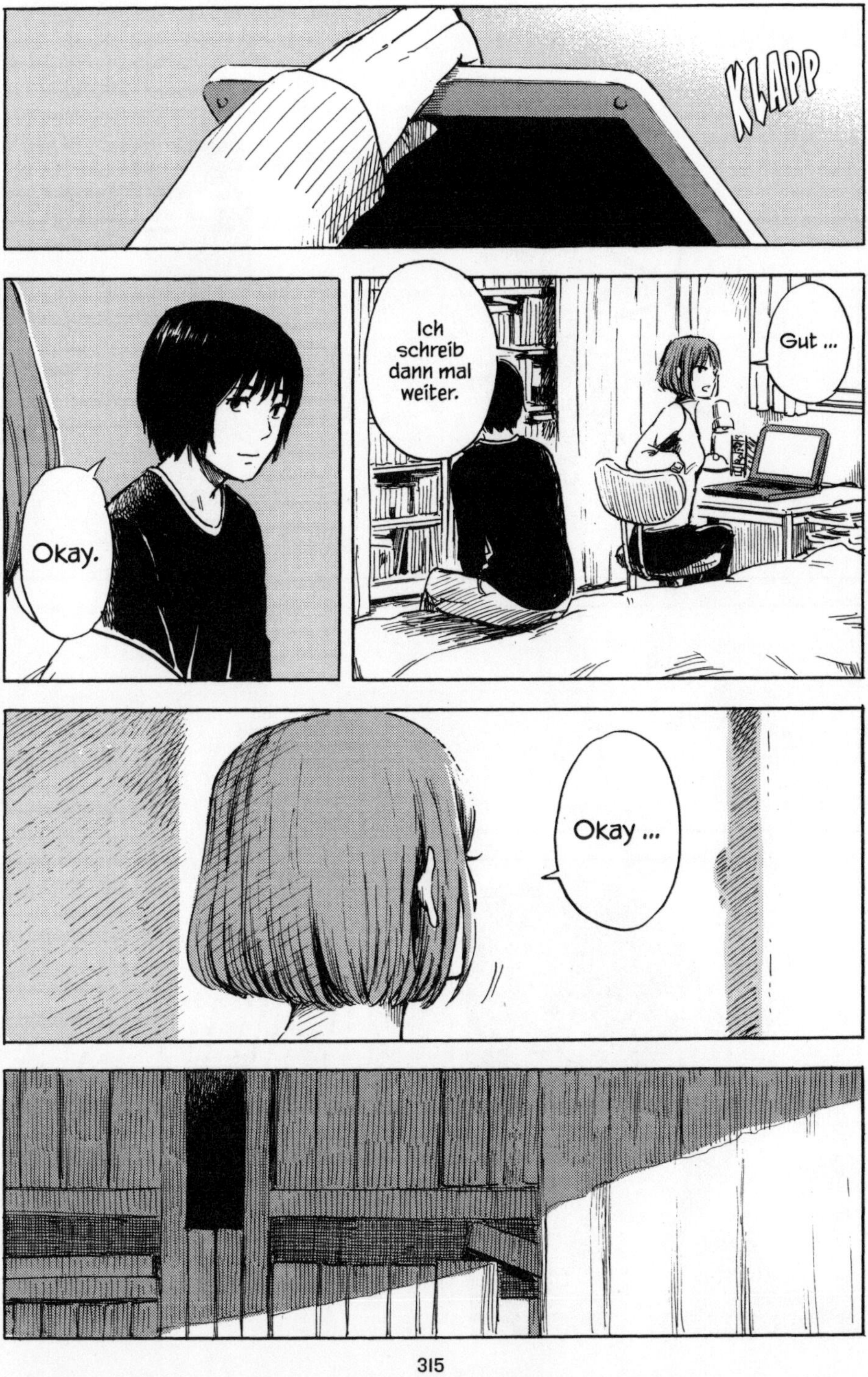
KLAPP
Gut ...
Ich schreib dann mal weiter.
Okay.
Okay ...

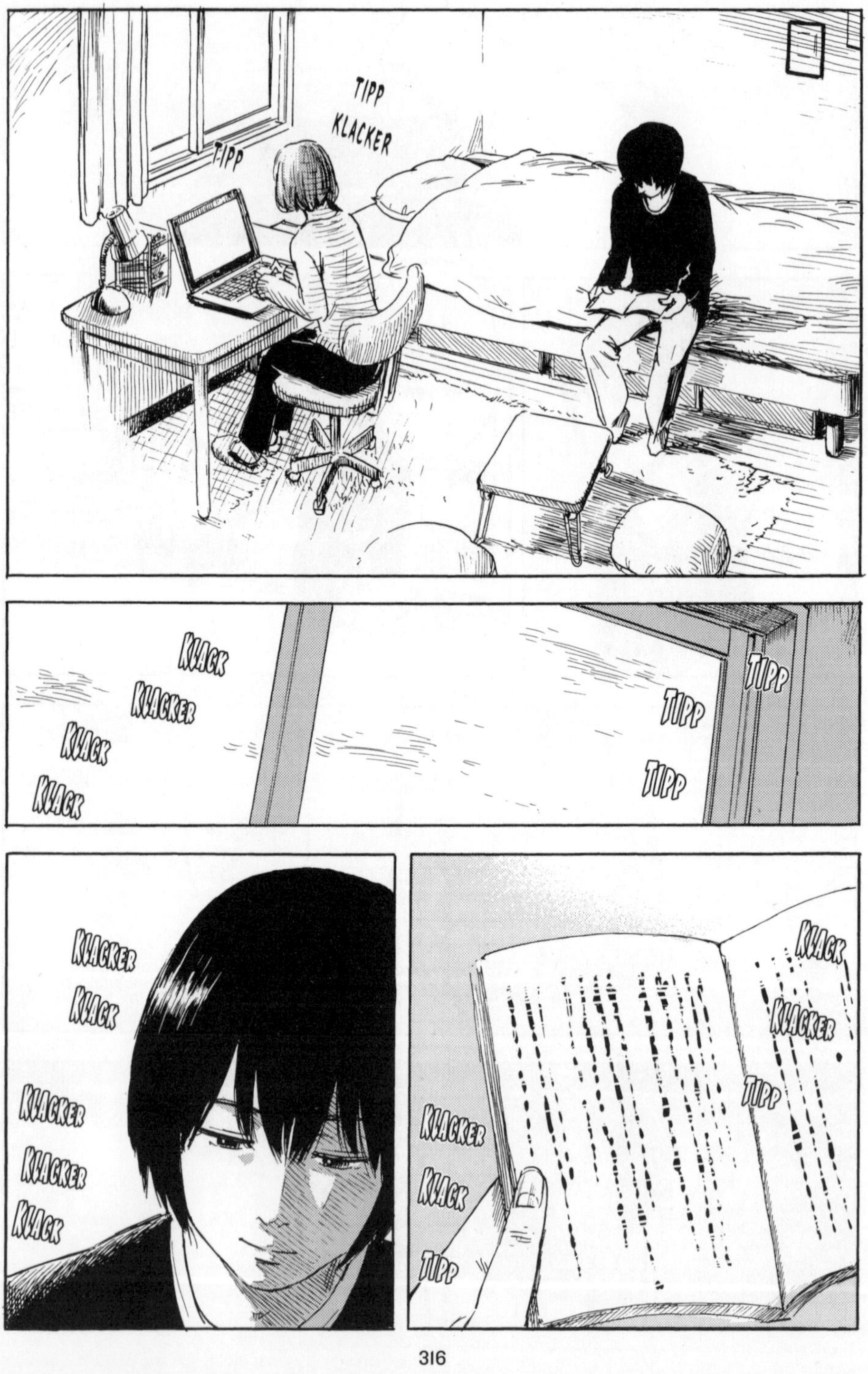
TIPP
KLACKER
TIPP
TIPP
TIPP
TIPP
KLACK
KLACKER
KLACK
KLACK
KLACK
KLACKER
TIPP
KLACKER
KLACK
TIPP
KLACKER
KLACK
KLACKER
KLACKER
KLACK

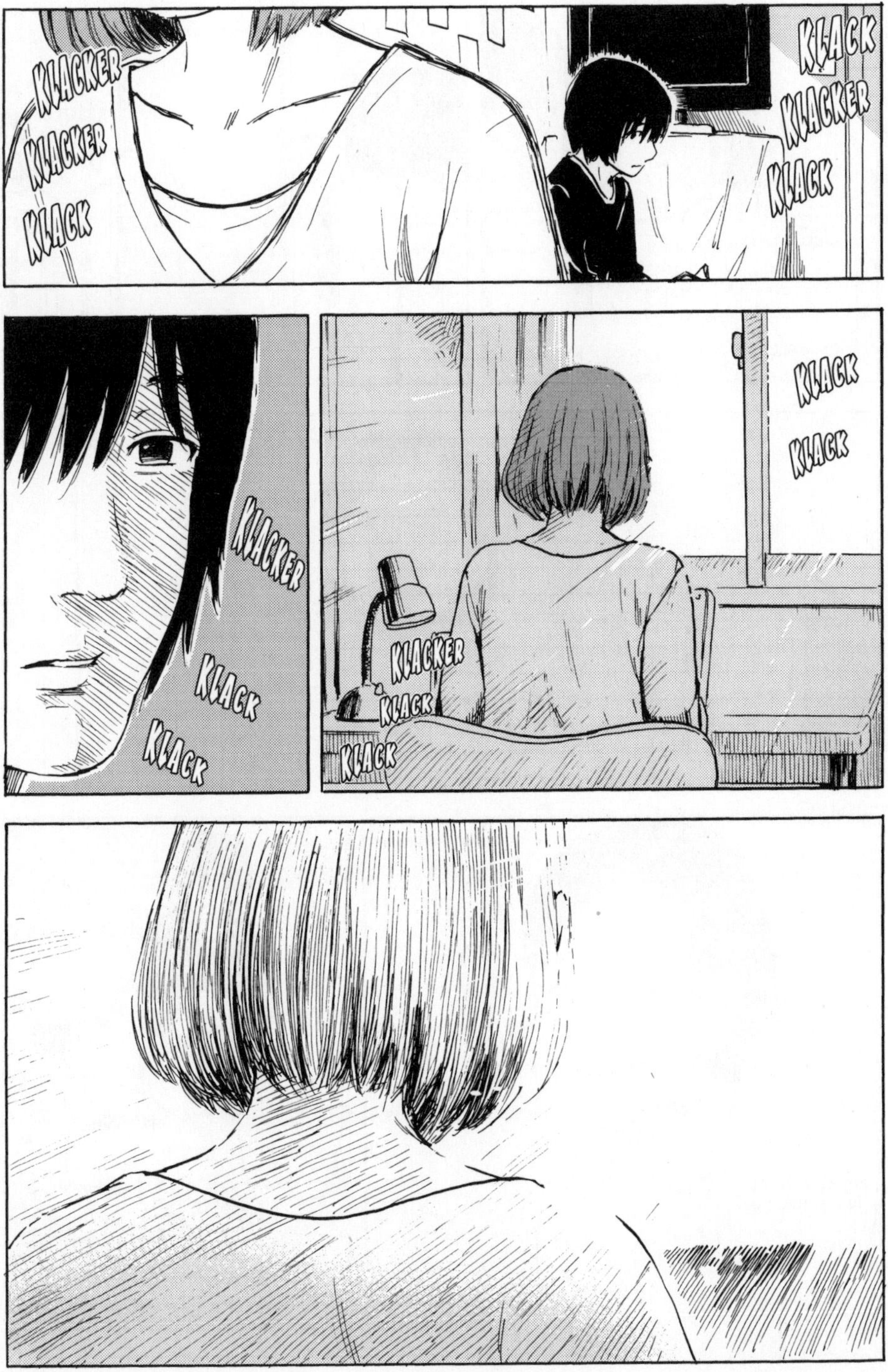
KLACK
KLACKER
KLACK
KLACKER
KLACKER
KLACK
KLACK
KLACK
KLACKER
KLACK
KLACK
KLACKER
KLACK
KLACK

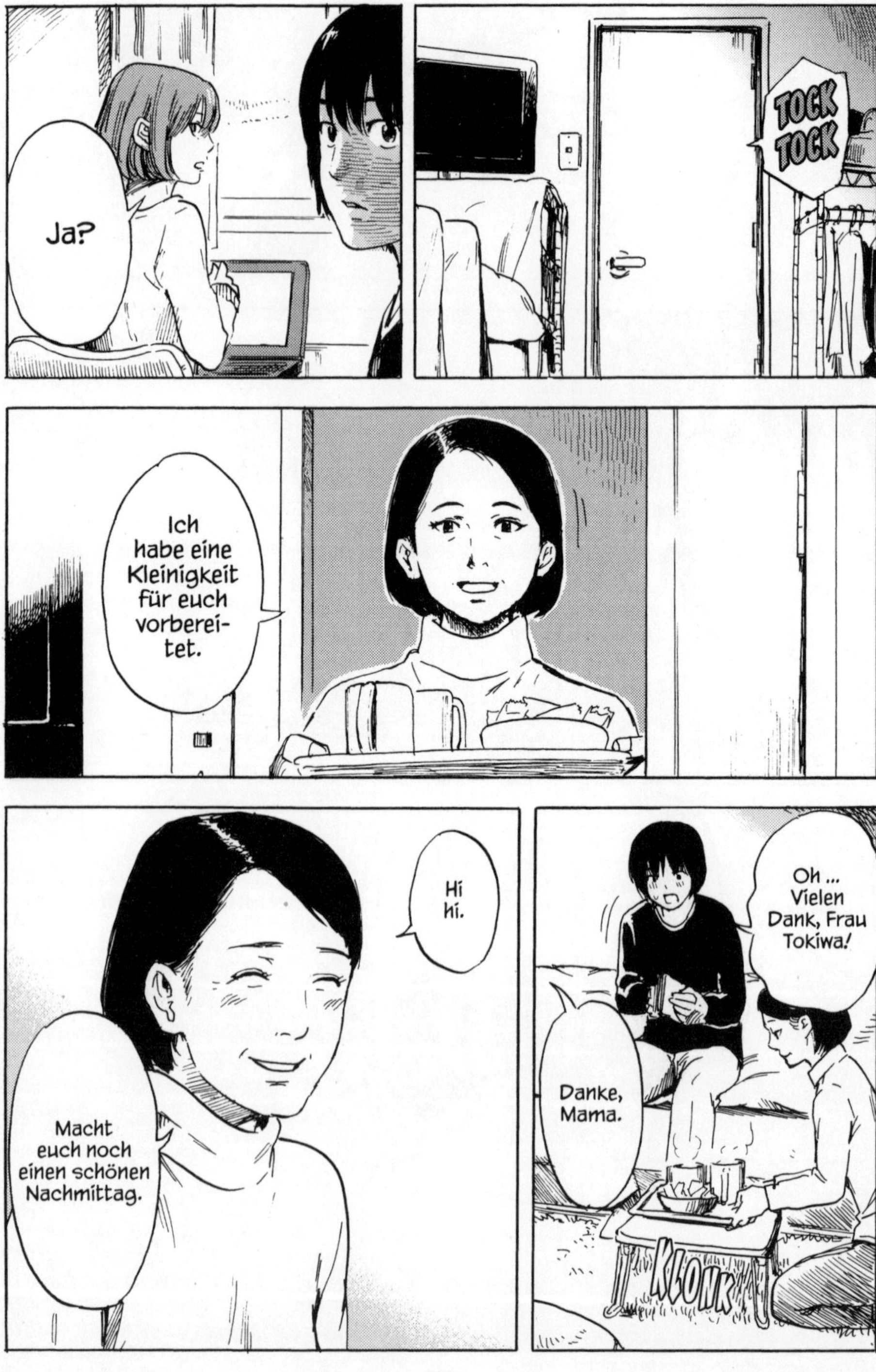
TOCK TOCK
Ja?
Ich habe eine Kleinigkeit für euch vorberei-tet.
Oh ... Vielen Dank, Frau Tokiwa!
Danke, Mama.
KLONK
Hi hi.
Macht euch noch einen schönen Nachmittag.

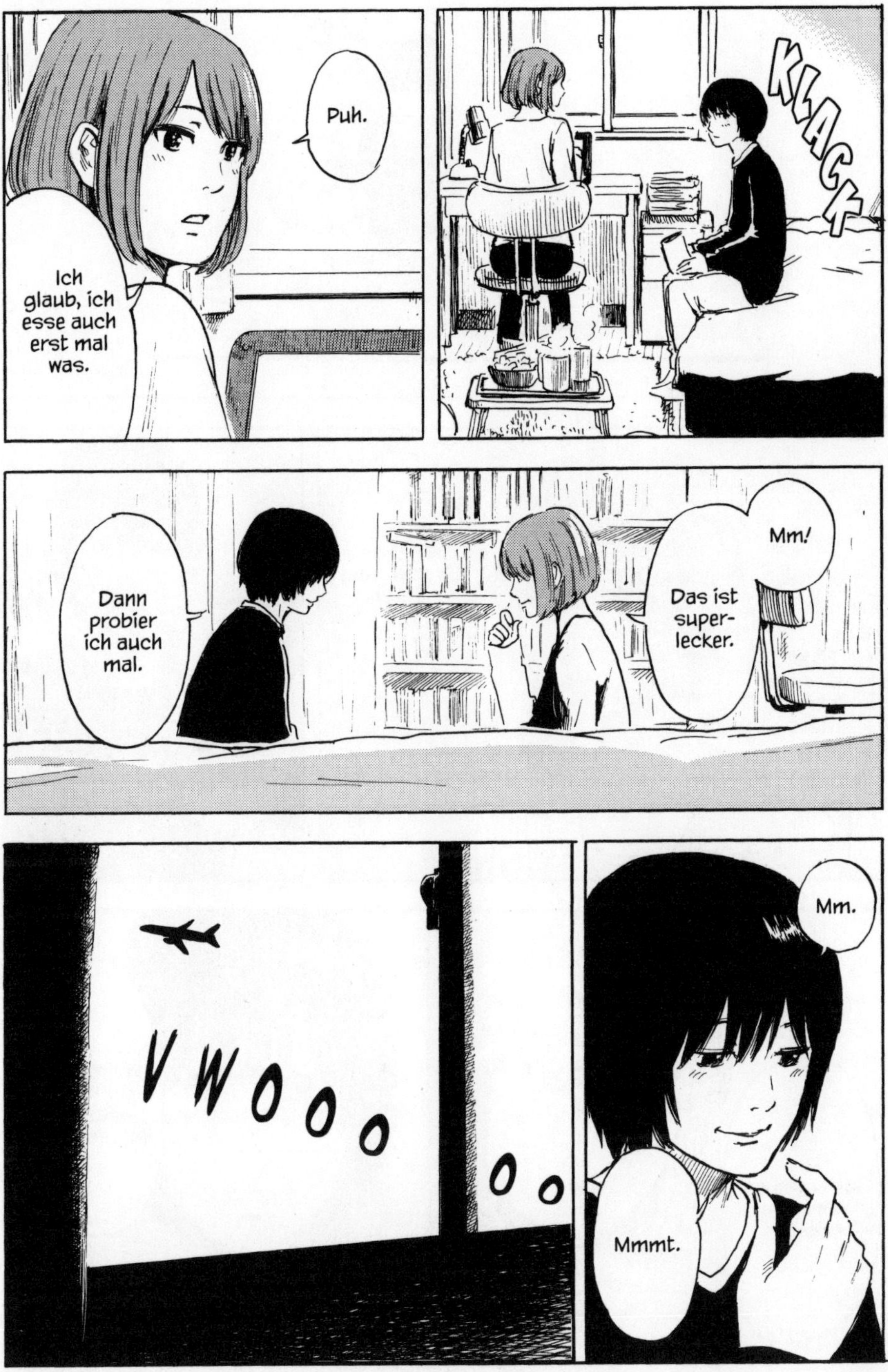
KLACK
Puh.
Ich glaub, ich esse auch erst mal was.
Mm!
Das ist superlecker.
Dann probier ich auch mal.
Mm.
Mmmt.
VWOOOOO

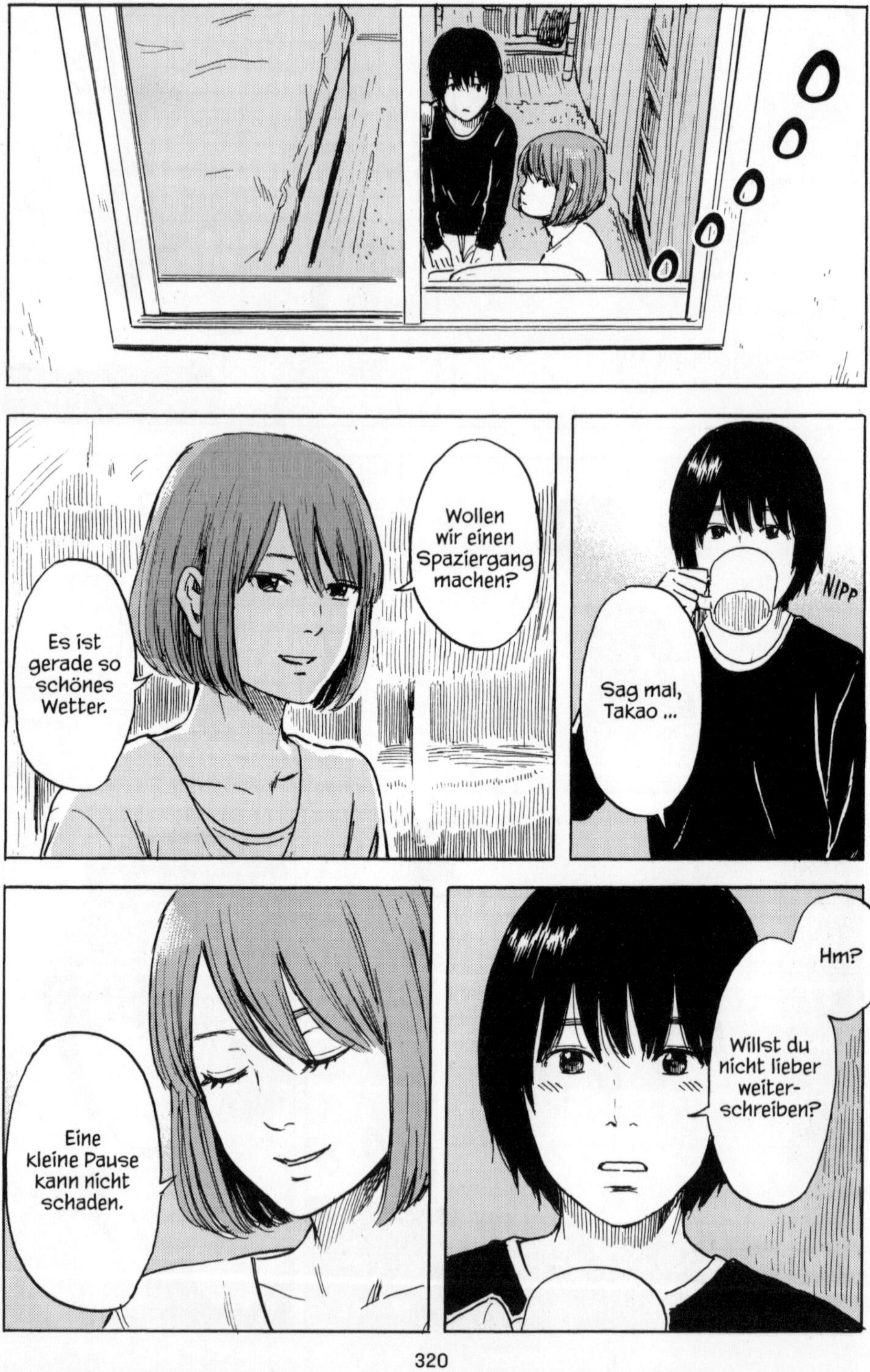
NIPP
Sag mal, Takao ...
Wollen wir einen Spaziergang machen?
Es ist gerade so schönes Wetter.
Hm?
Willst du nicht lieber weiter-schreiben?
Eine kleine Pause kann nicht schaden.

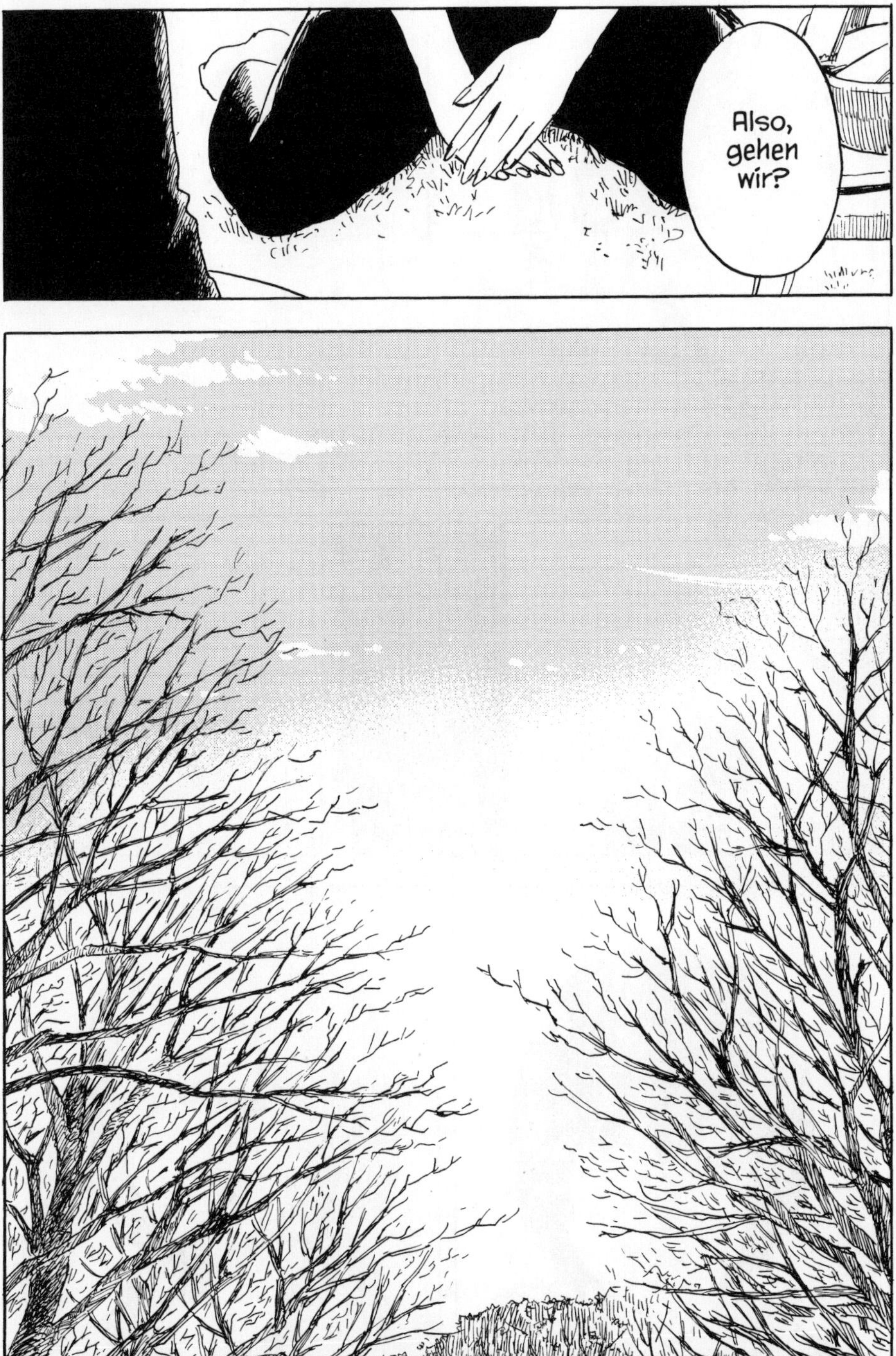
Also, gehen wir?

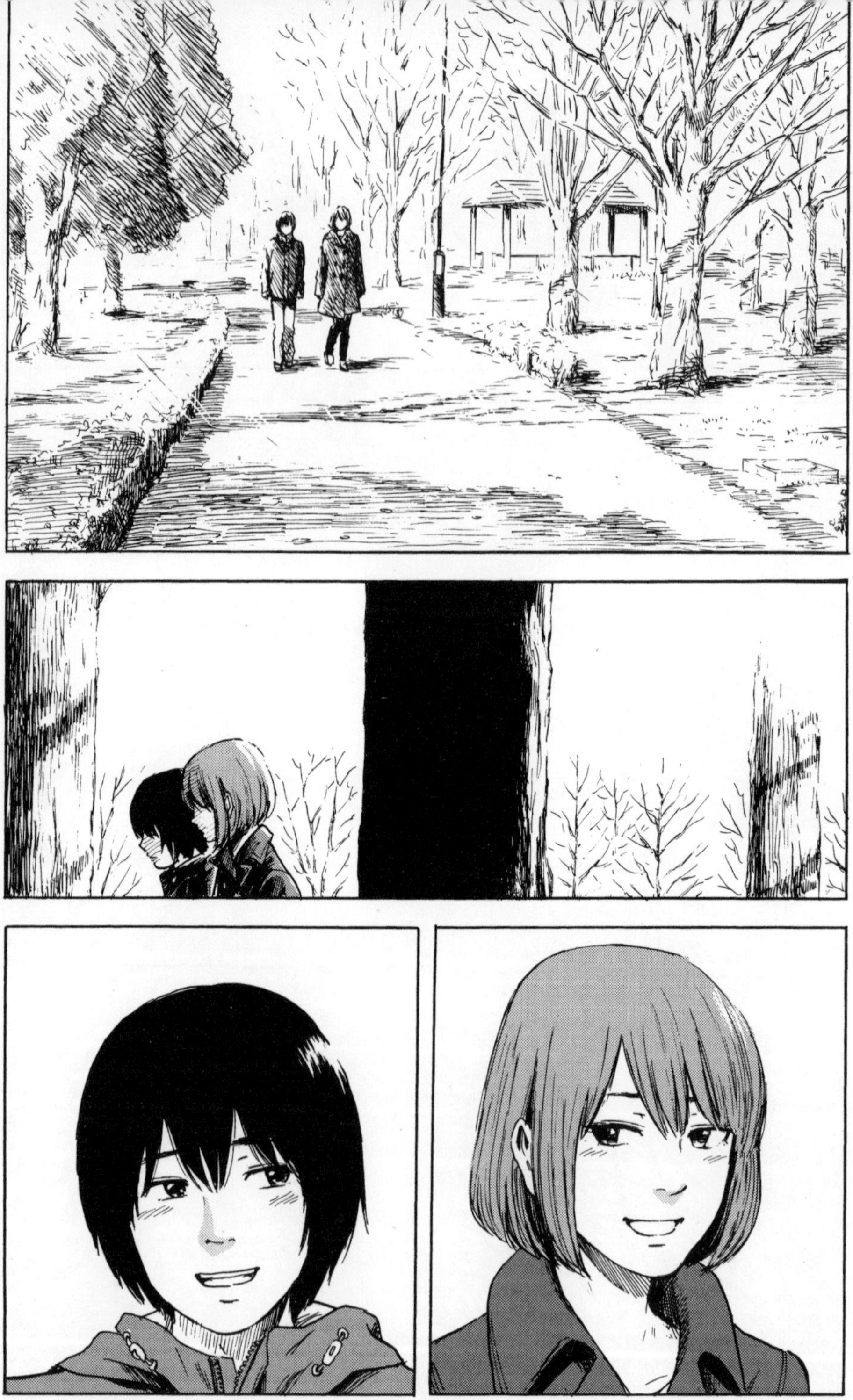

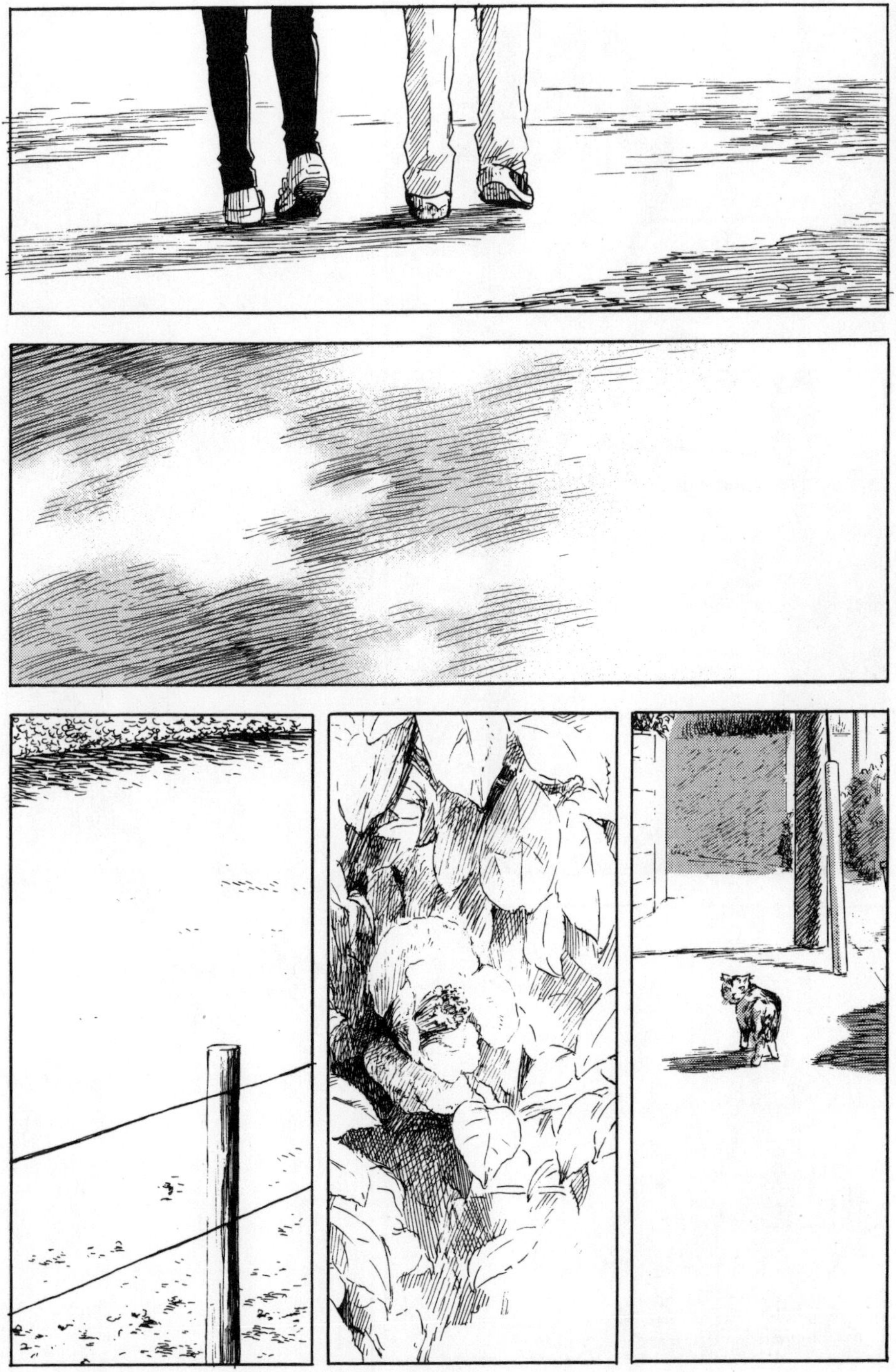

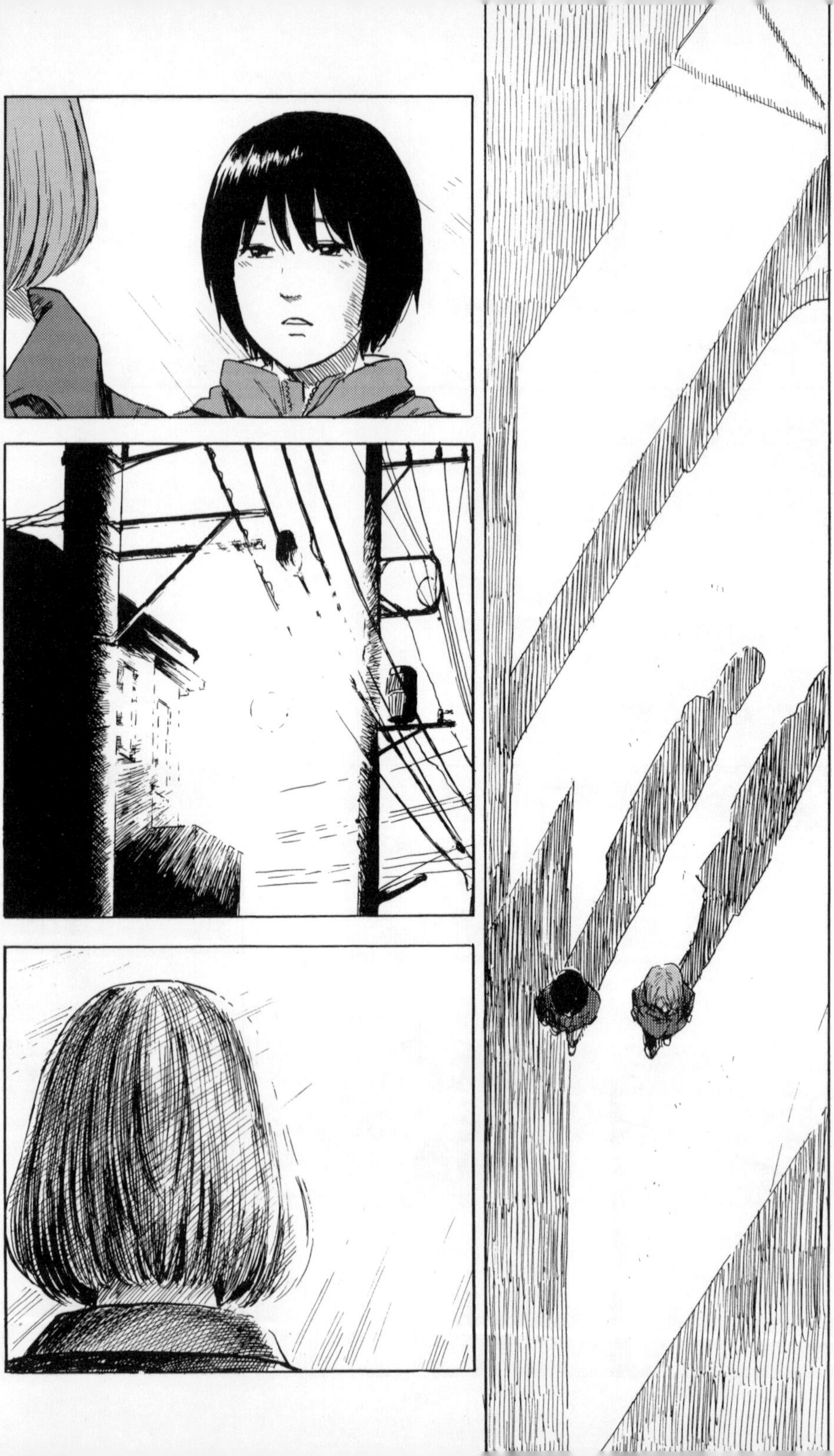

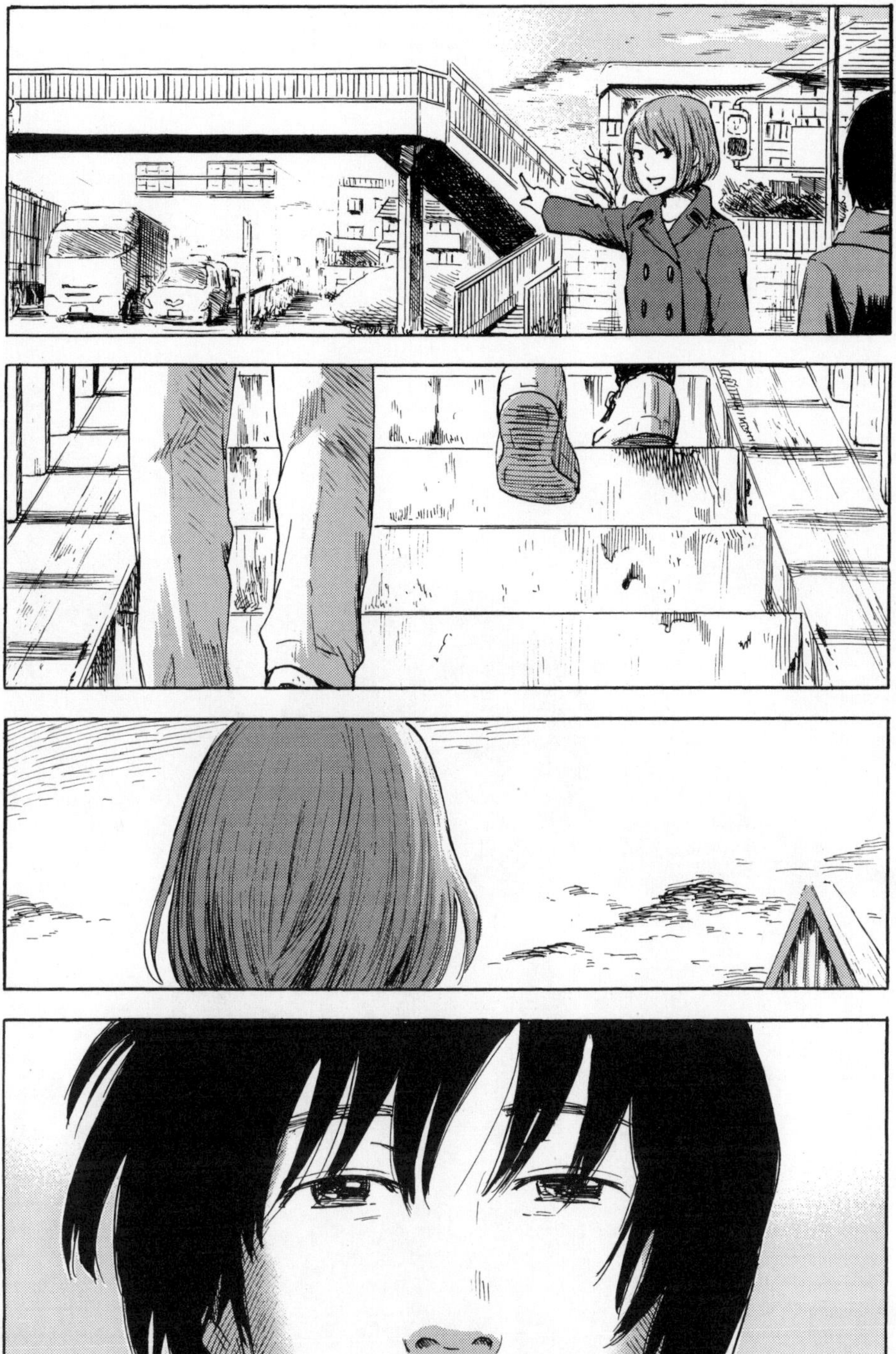

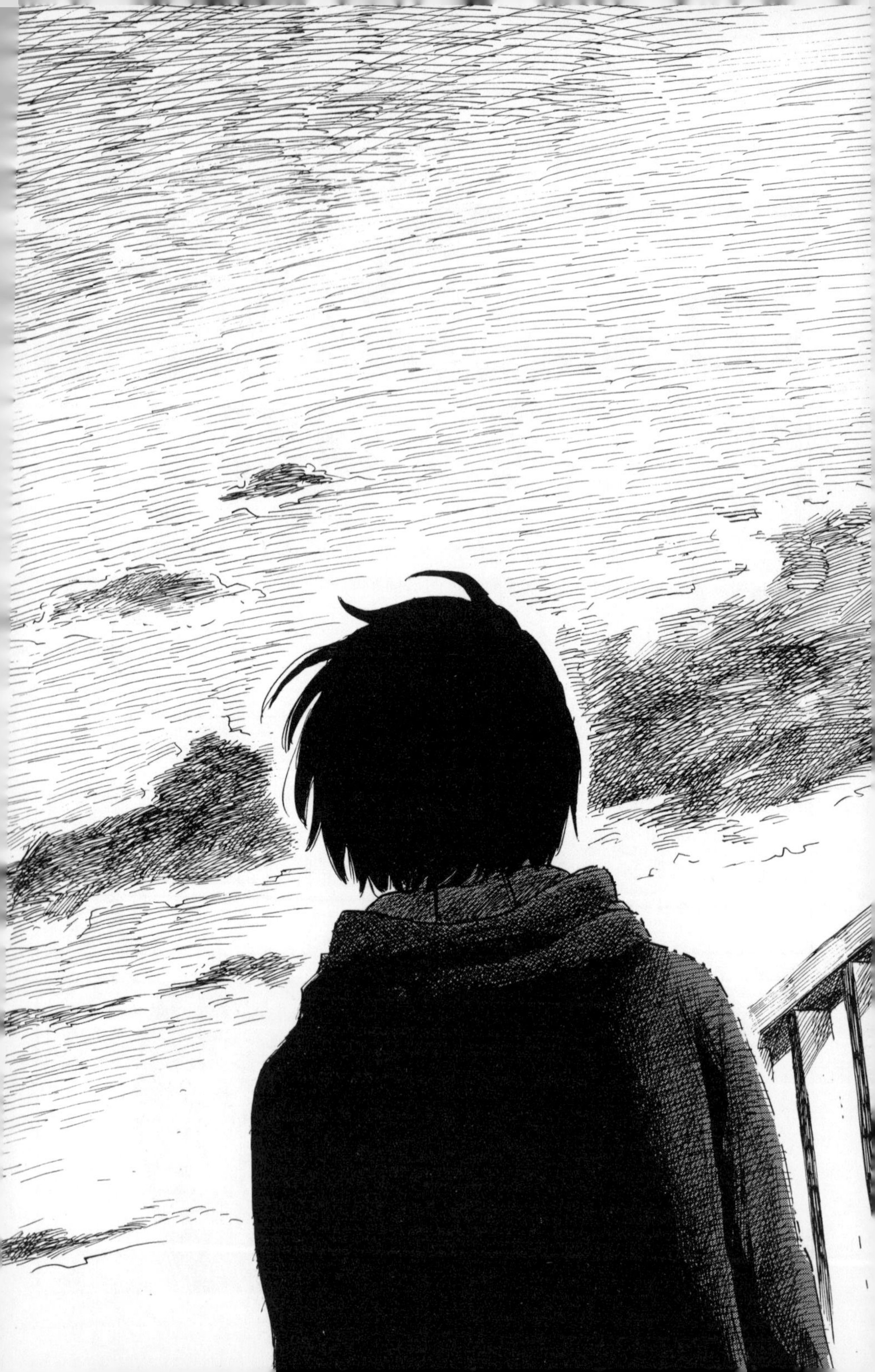

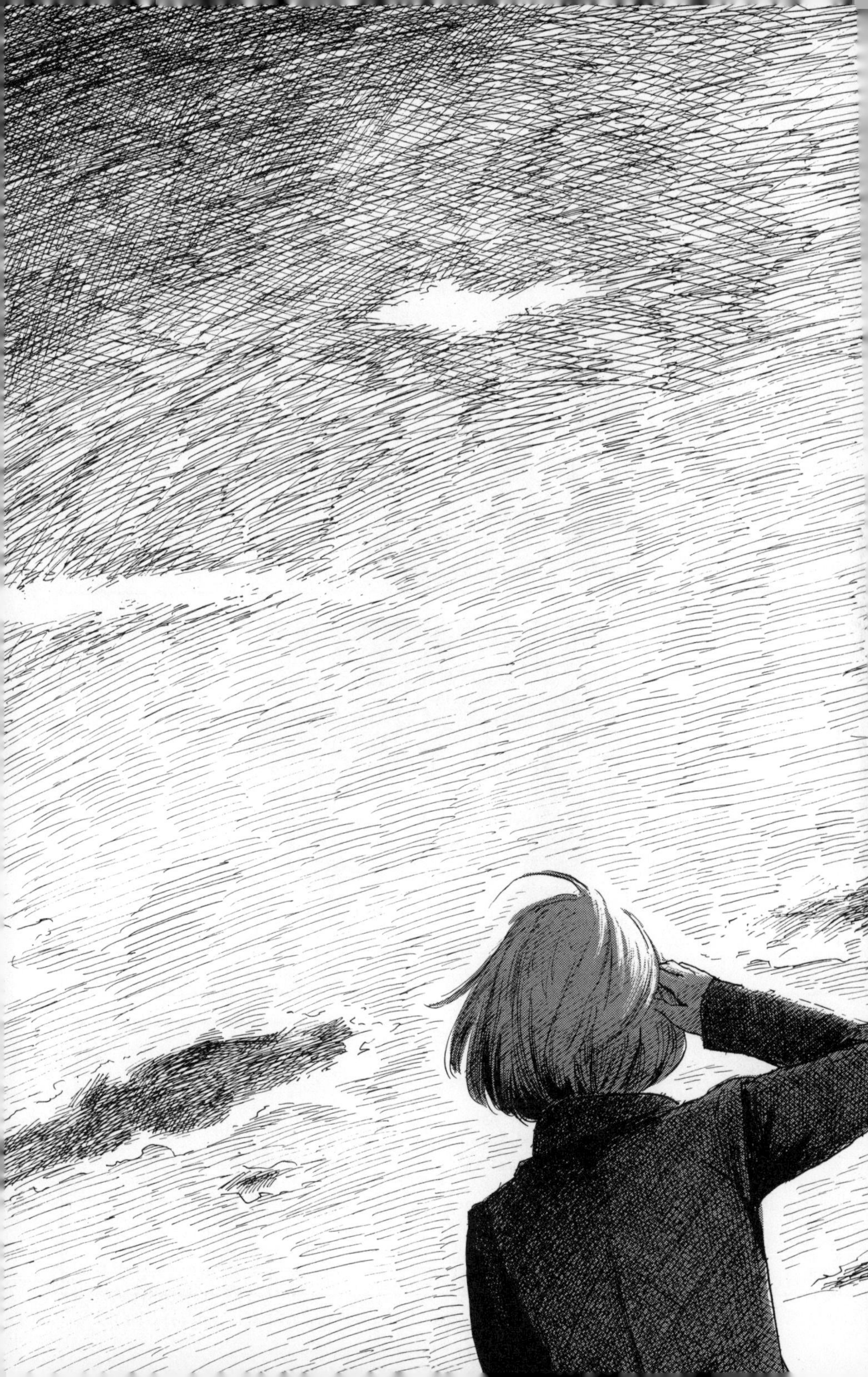

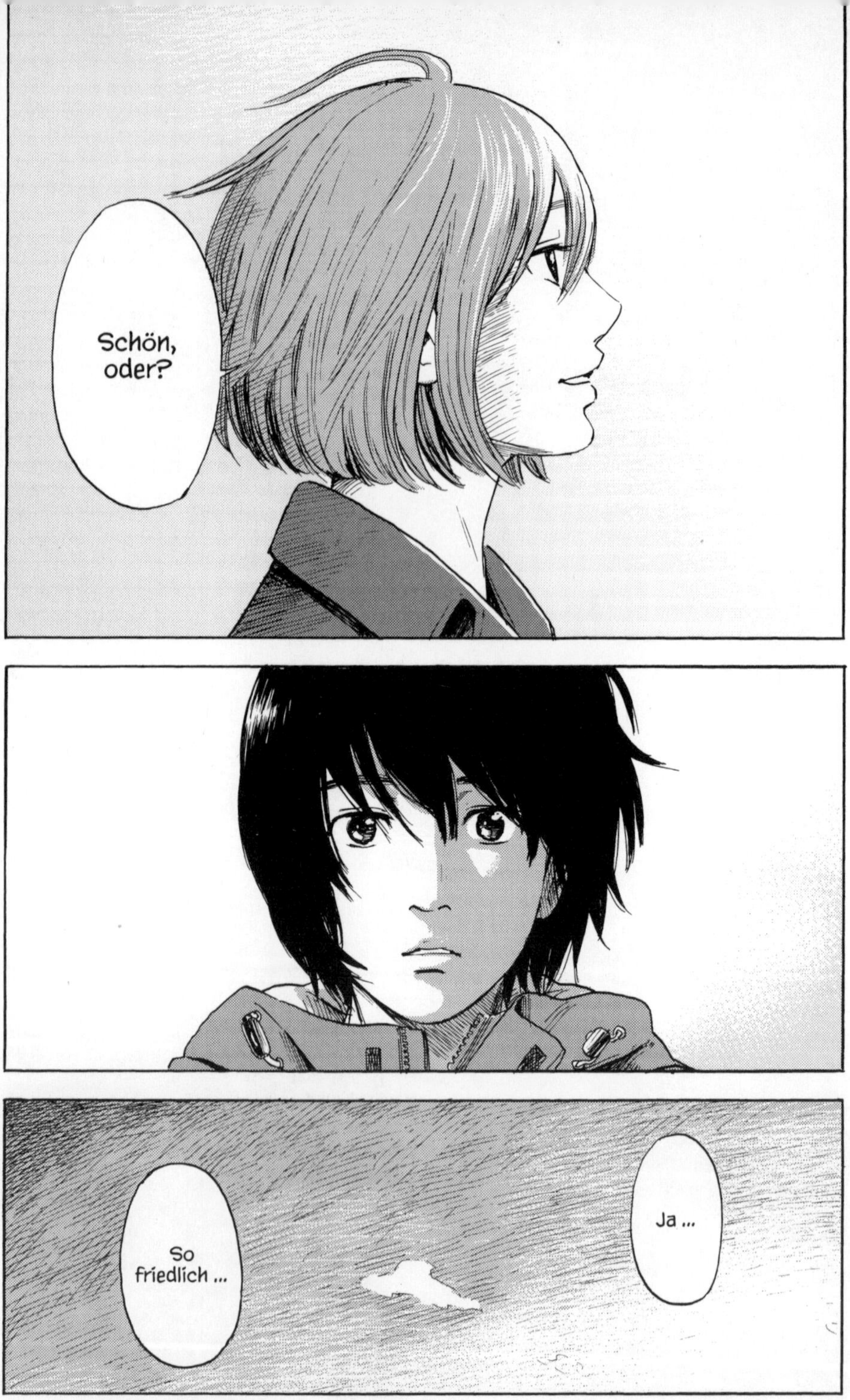
Schön, oder?
Ja ...
So friedlich ...

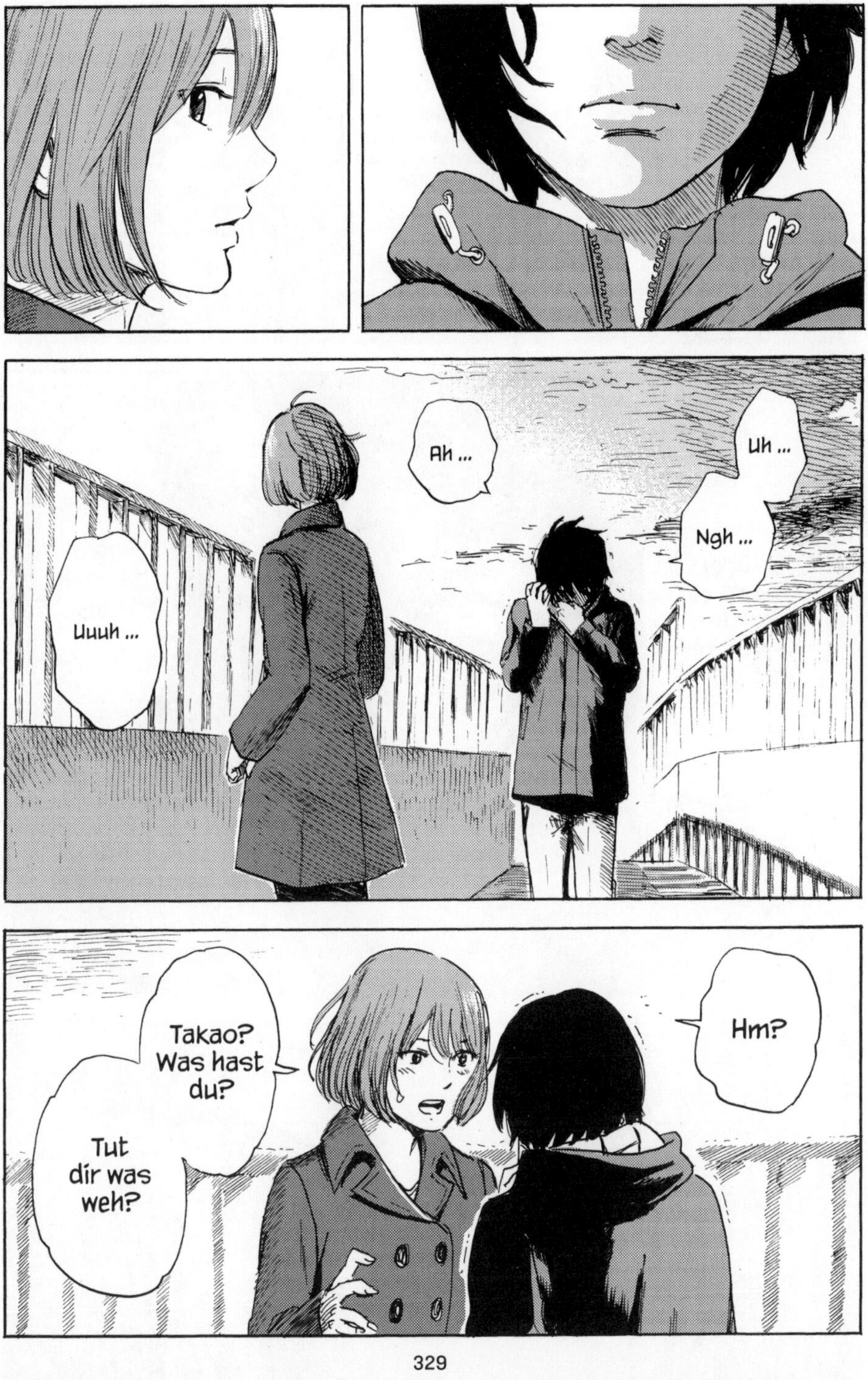
Uh ...
Ngh ...
Ah ...
Uuuh ...
Hm?
Takao? Was hast du?
Tut dir was weh?

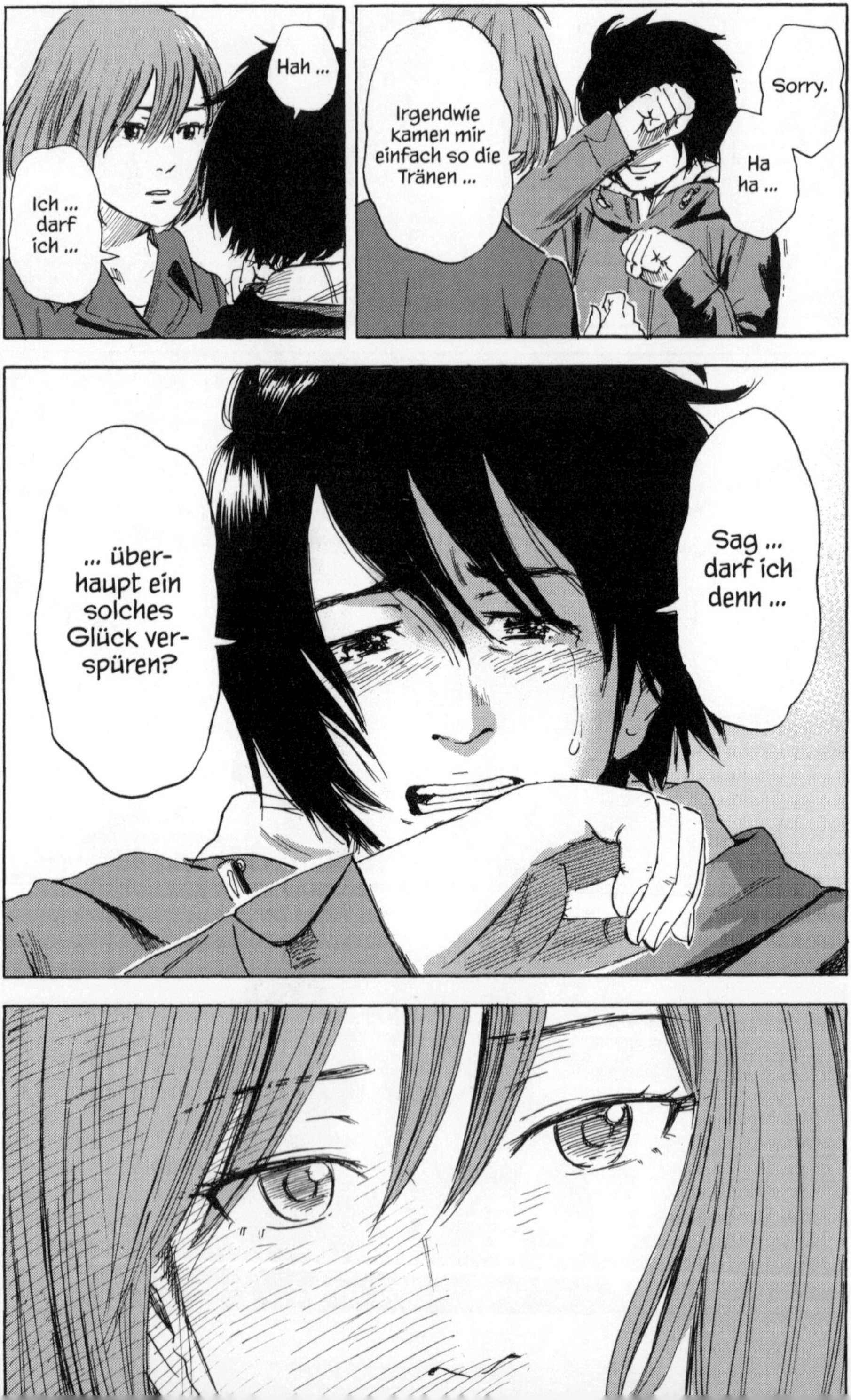
Sorry.
Ha ha ...
Irgendwie kamen mir einfach so die Tränen ...
Hah ...
Ich ... darf ich ...
Sag ... darf ich denn ...
... überhaupt ein solches Glück verspüren?

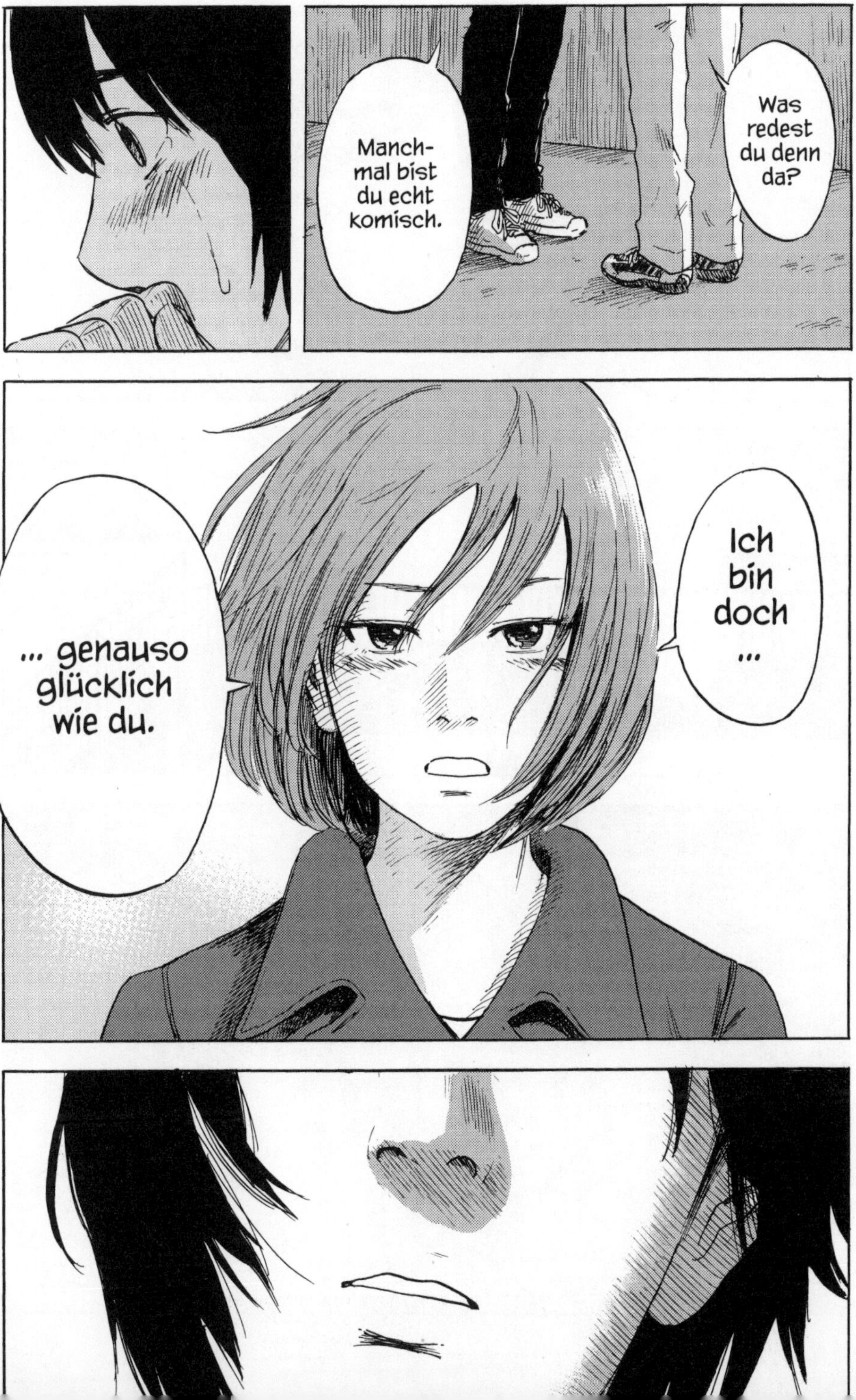
Was redest du denn da?
Manch-mal bist du echt komisch.
Ich bin doch ...
... genauso glücklich wie du.

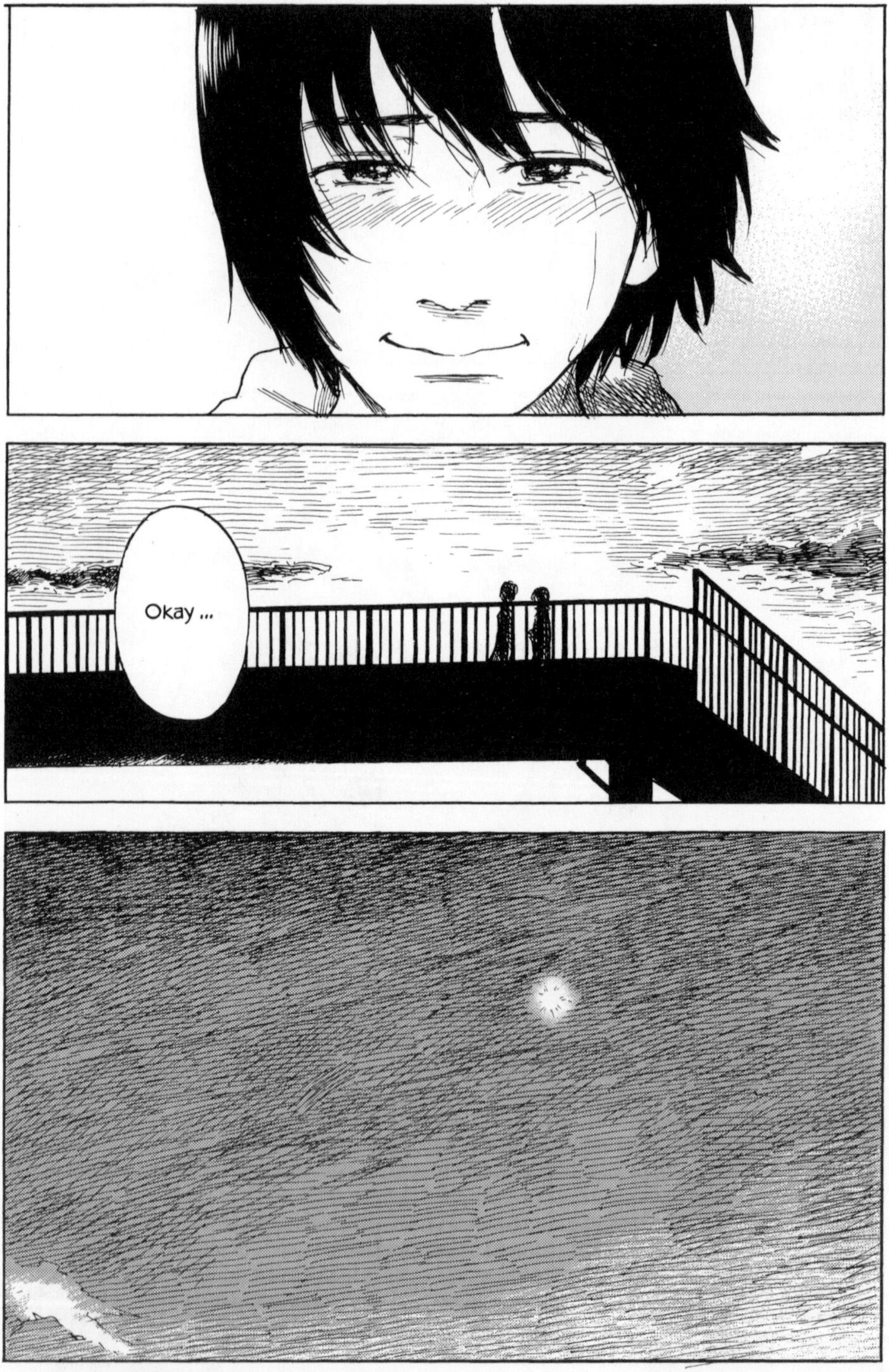
Okay ...

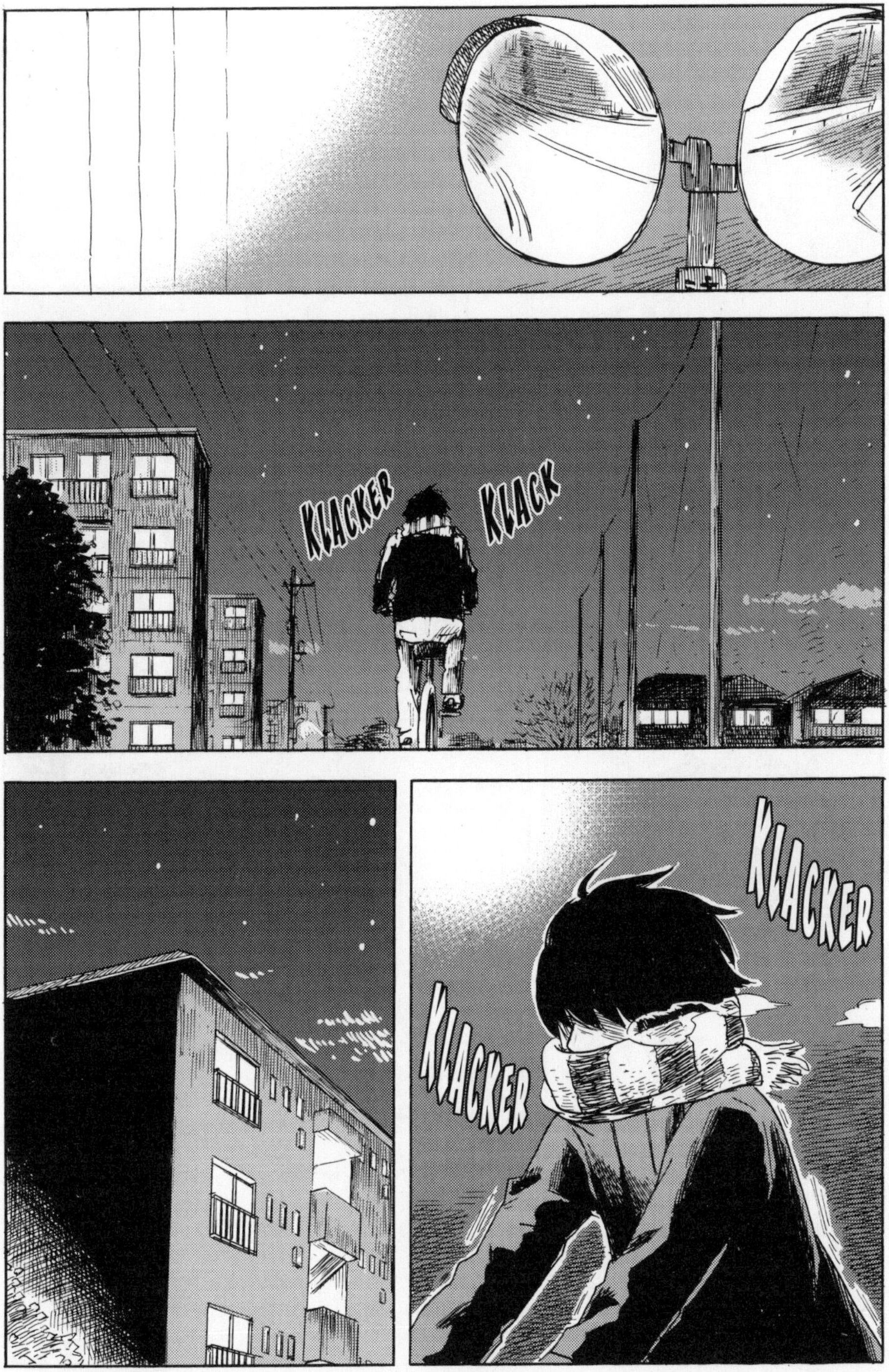
KLACKER
KLACK
KLACKER
KLACKER

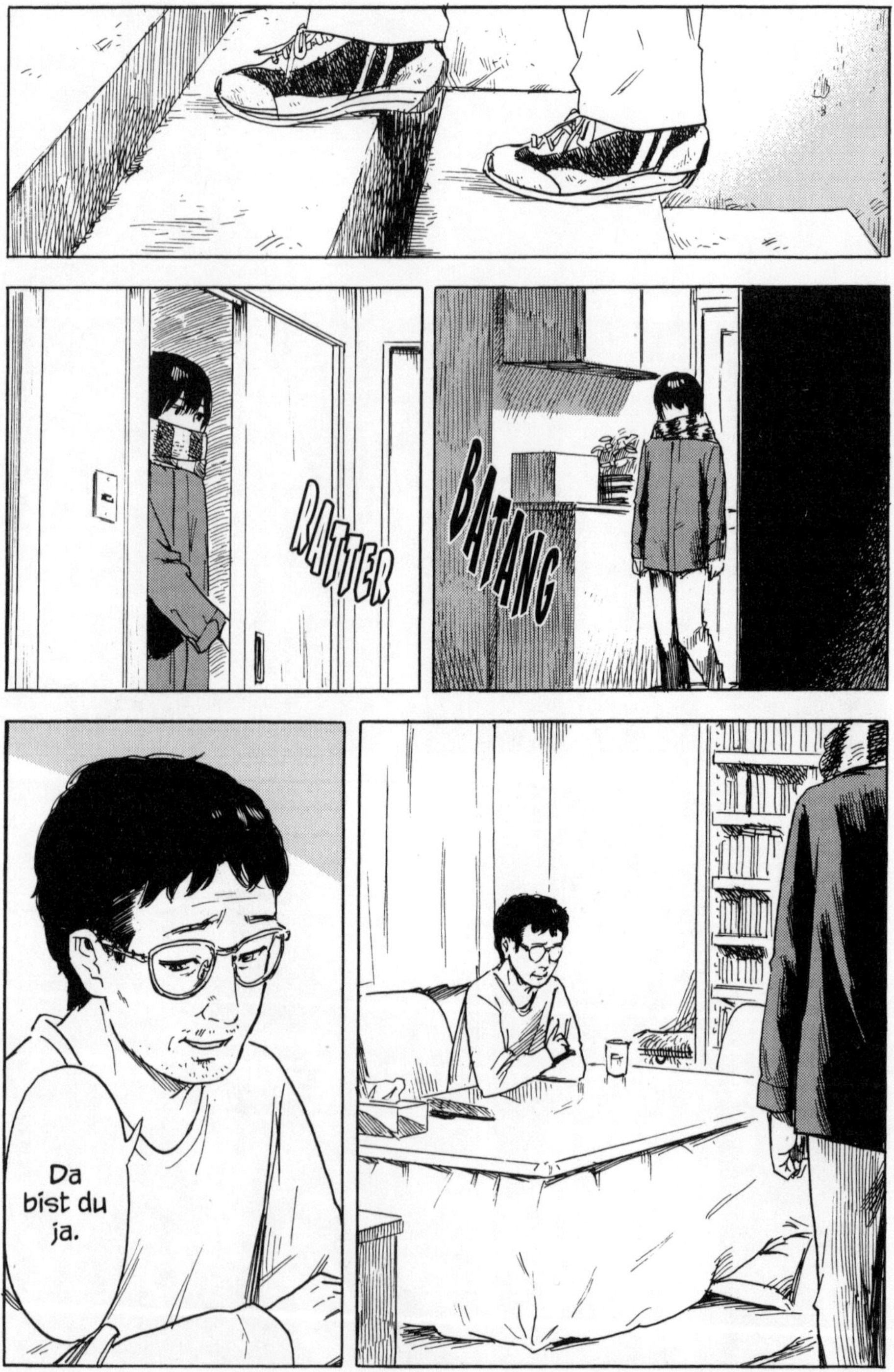
RATTER
BATANG
Da bist du ja.

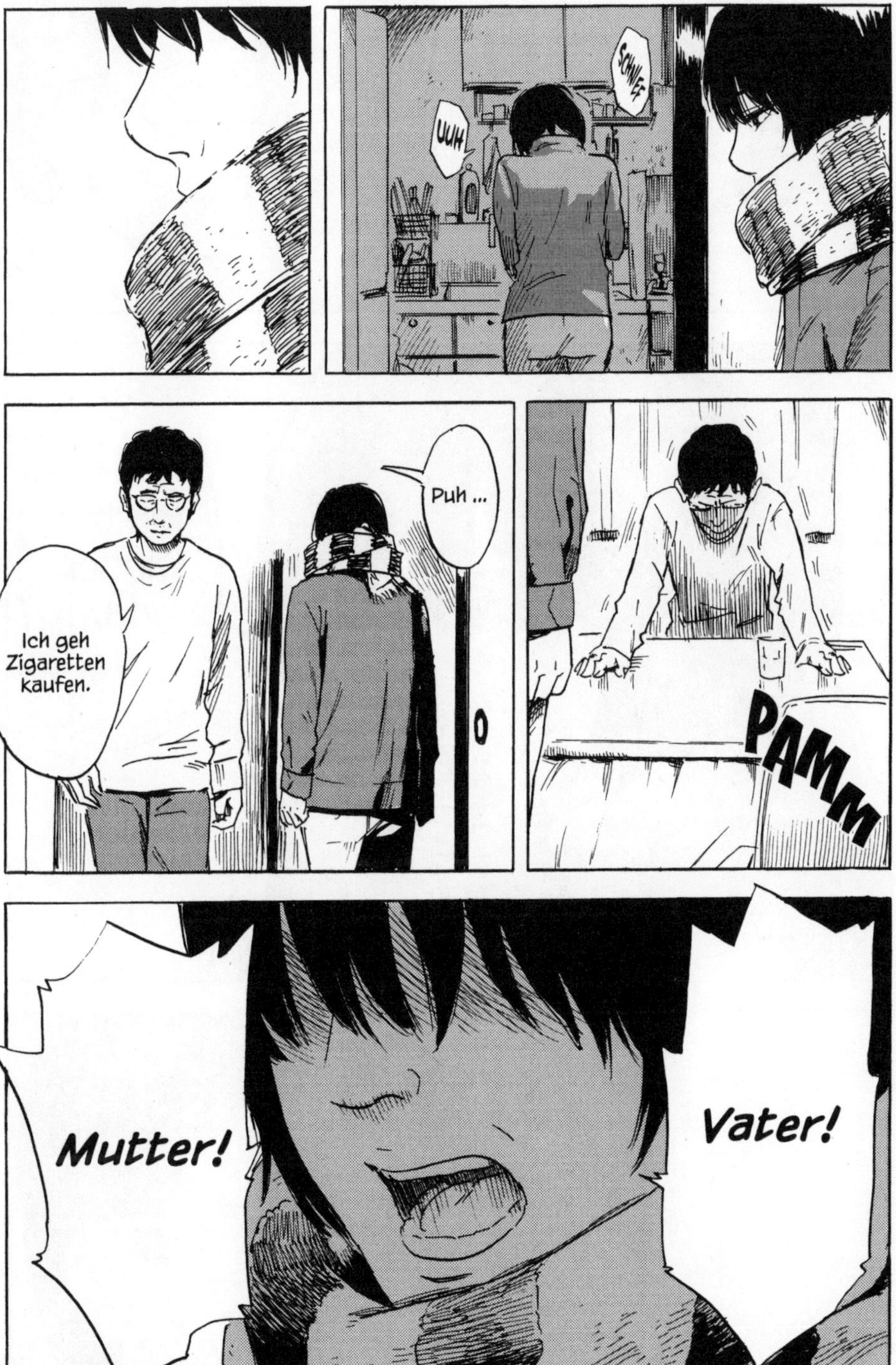
SCHNIEF
UUH
Puh ...
Ich geh Zigaretten kaufen.
PAMM
Vater!
Mutter!

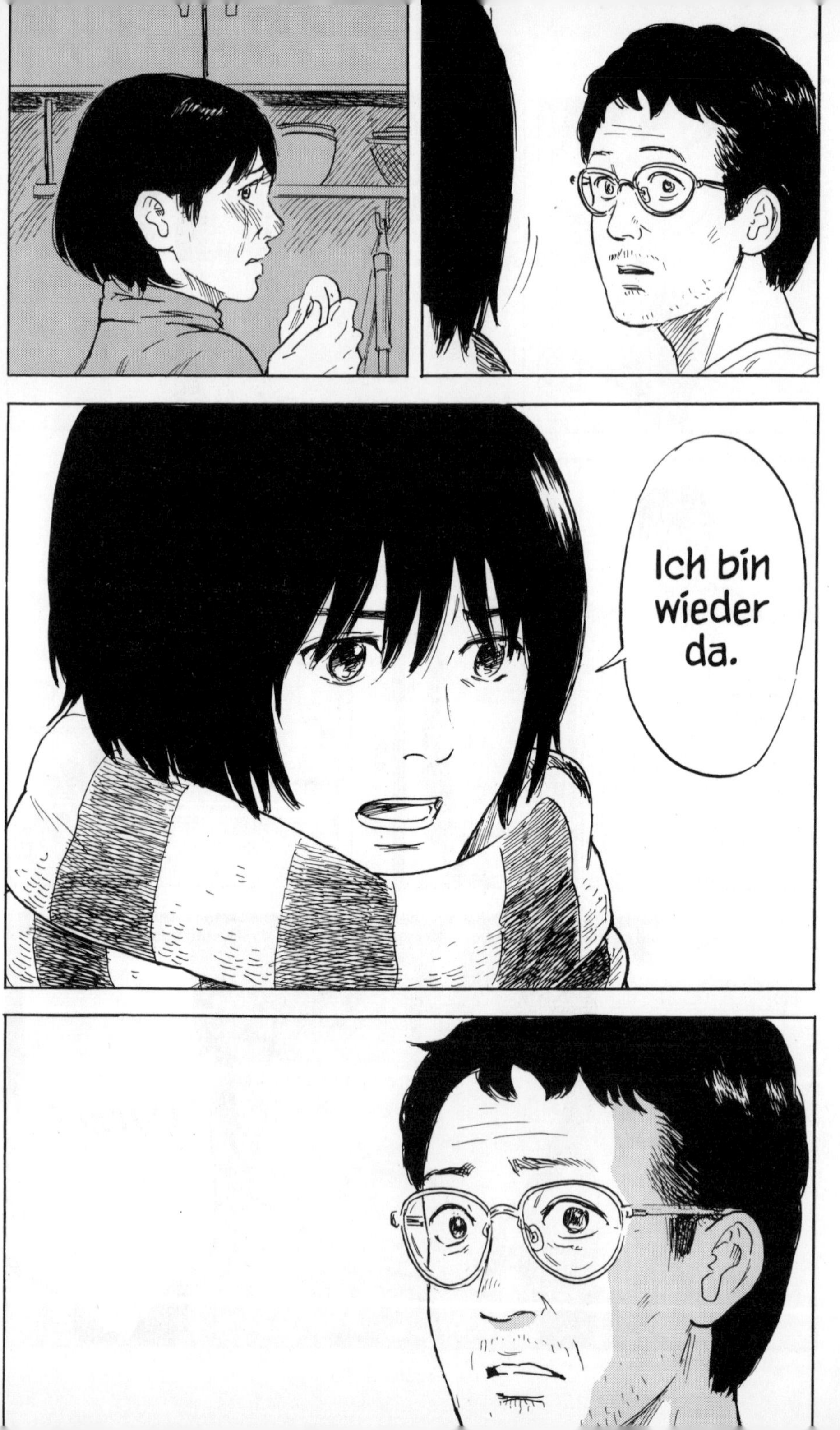
Ich bin wieder da.

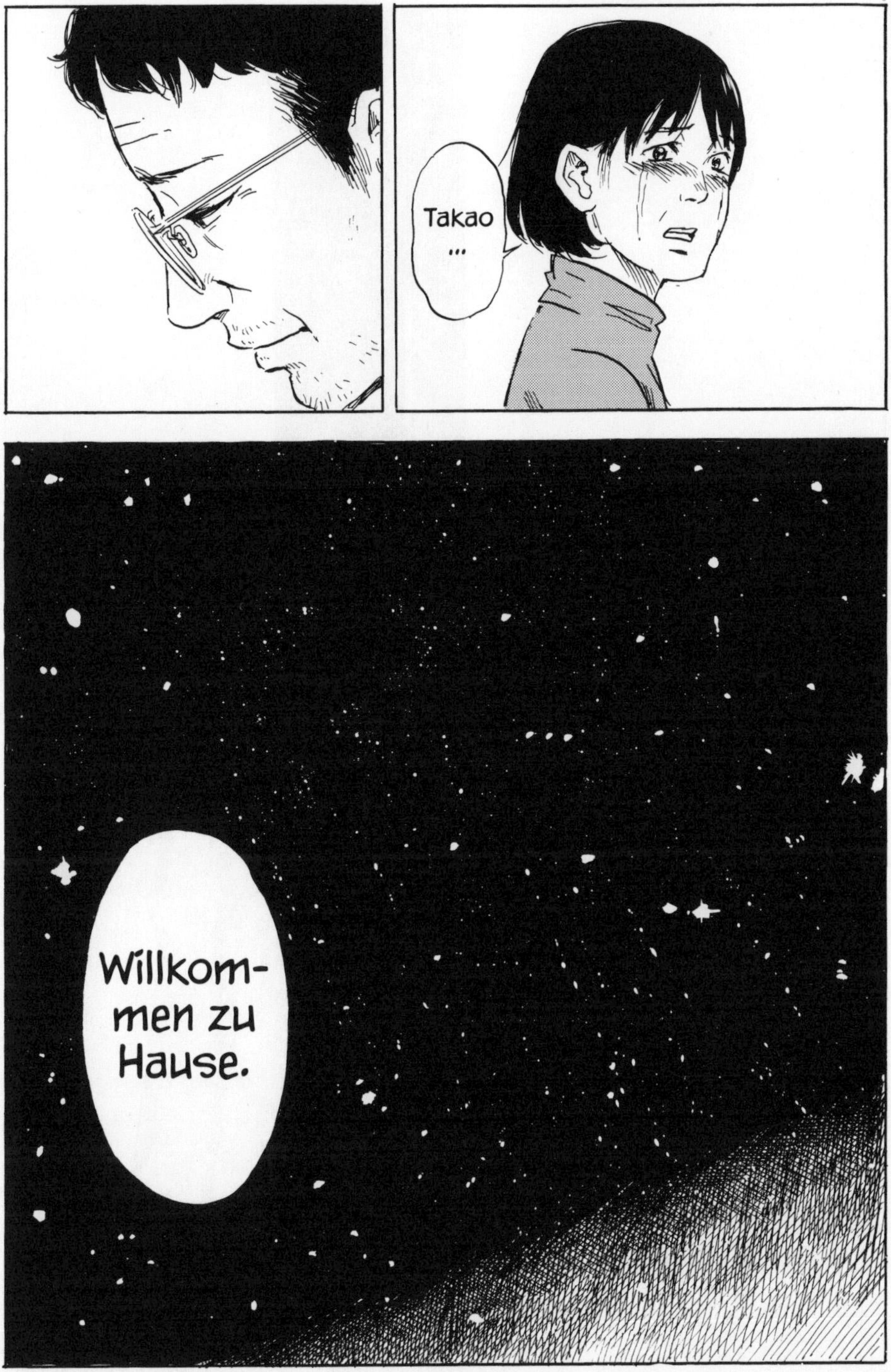
Takao
...
Willkommen zu Hause.

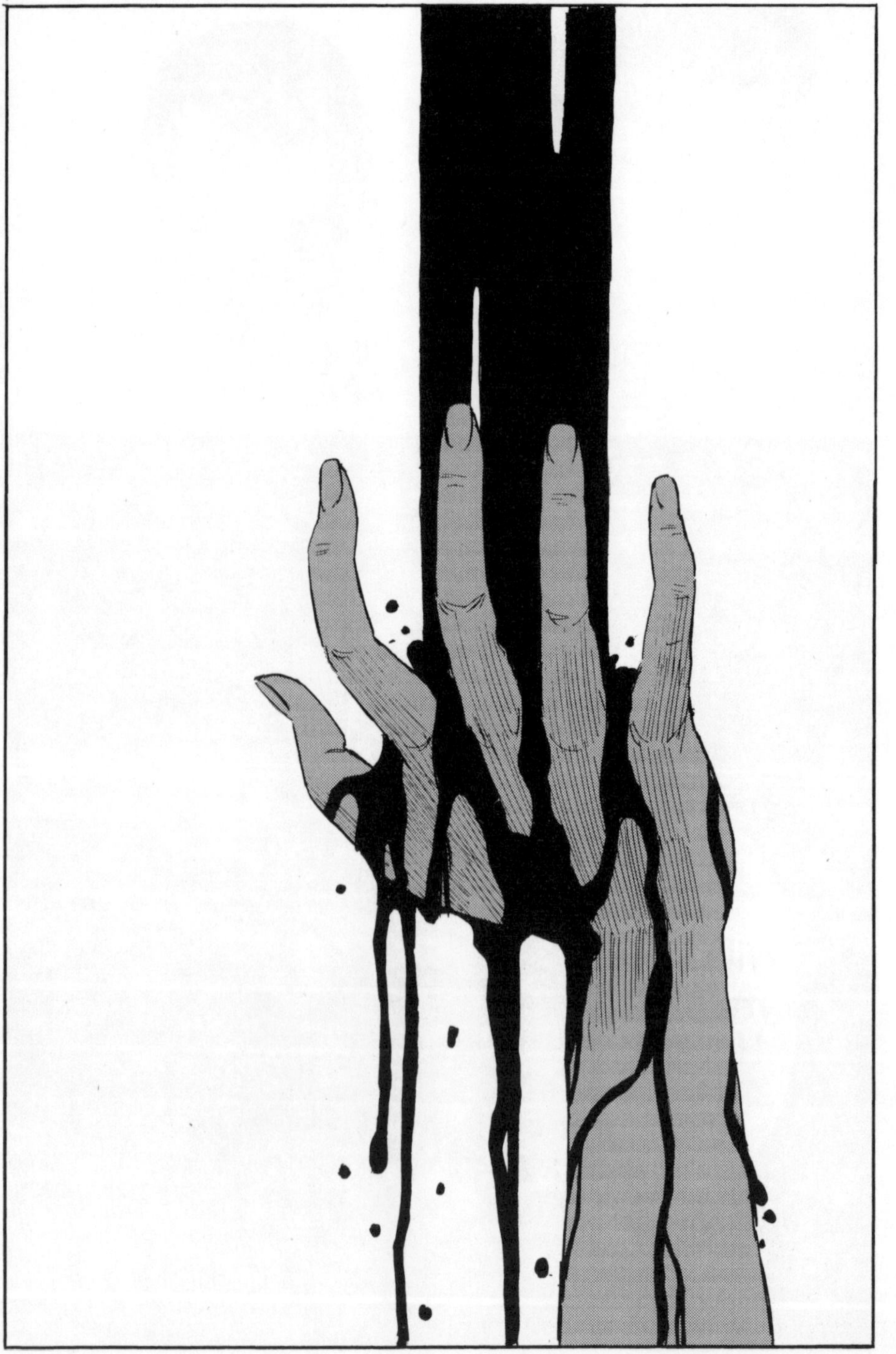

Kapitel 47 Nun ist es an der Zeit, den Heimweg anzutreten

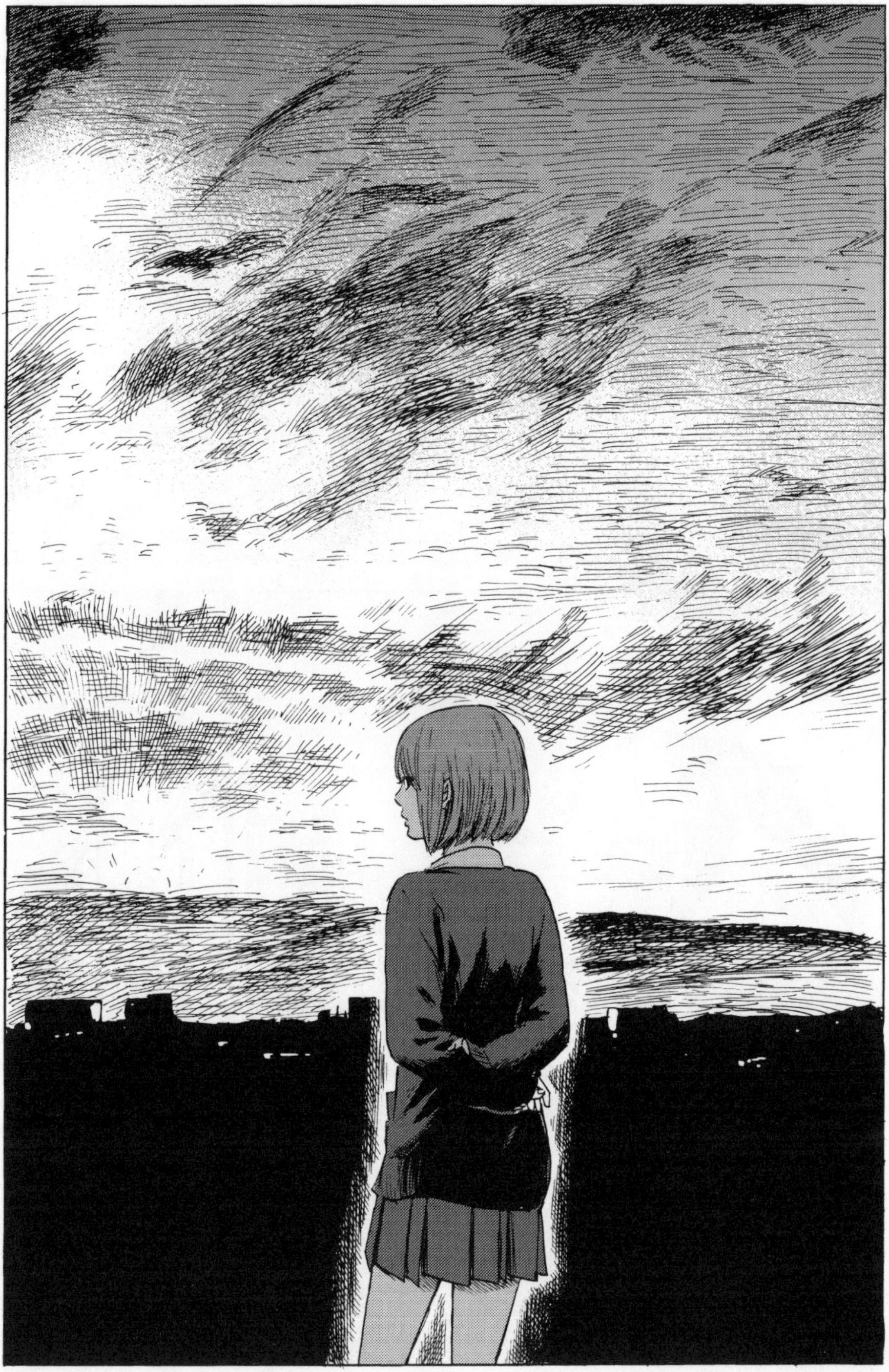

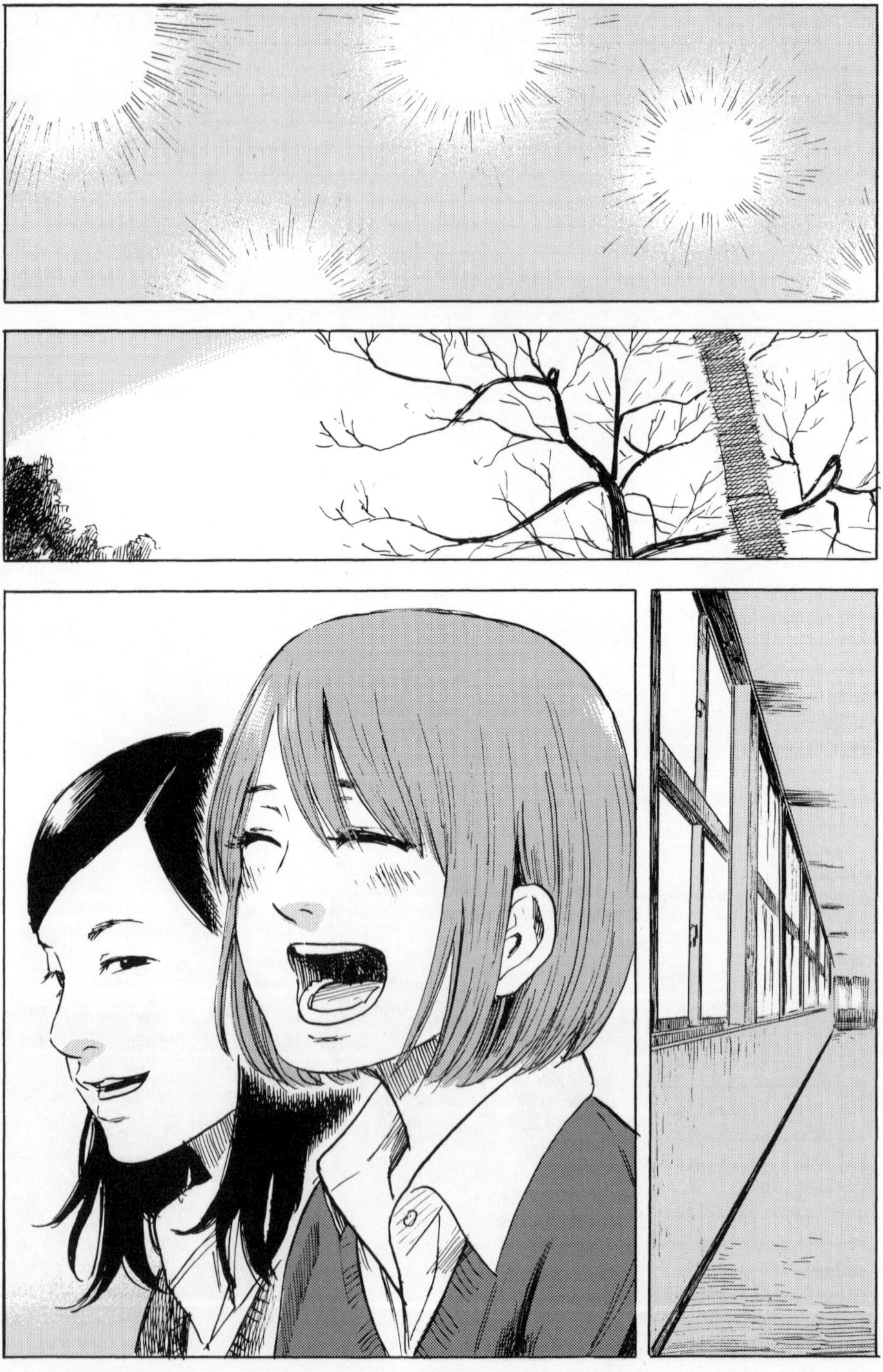

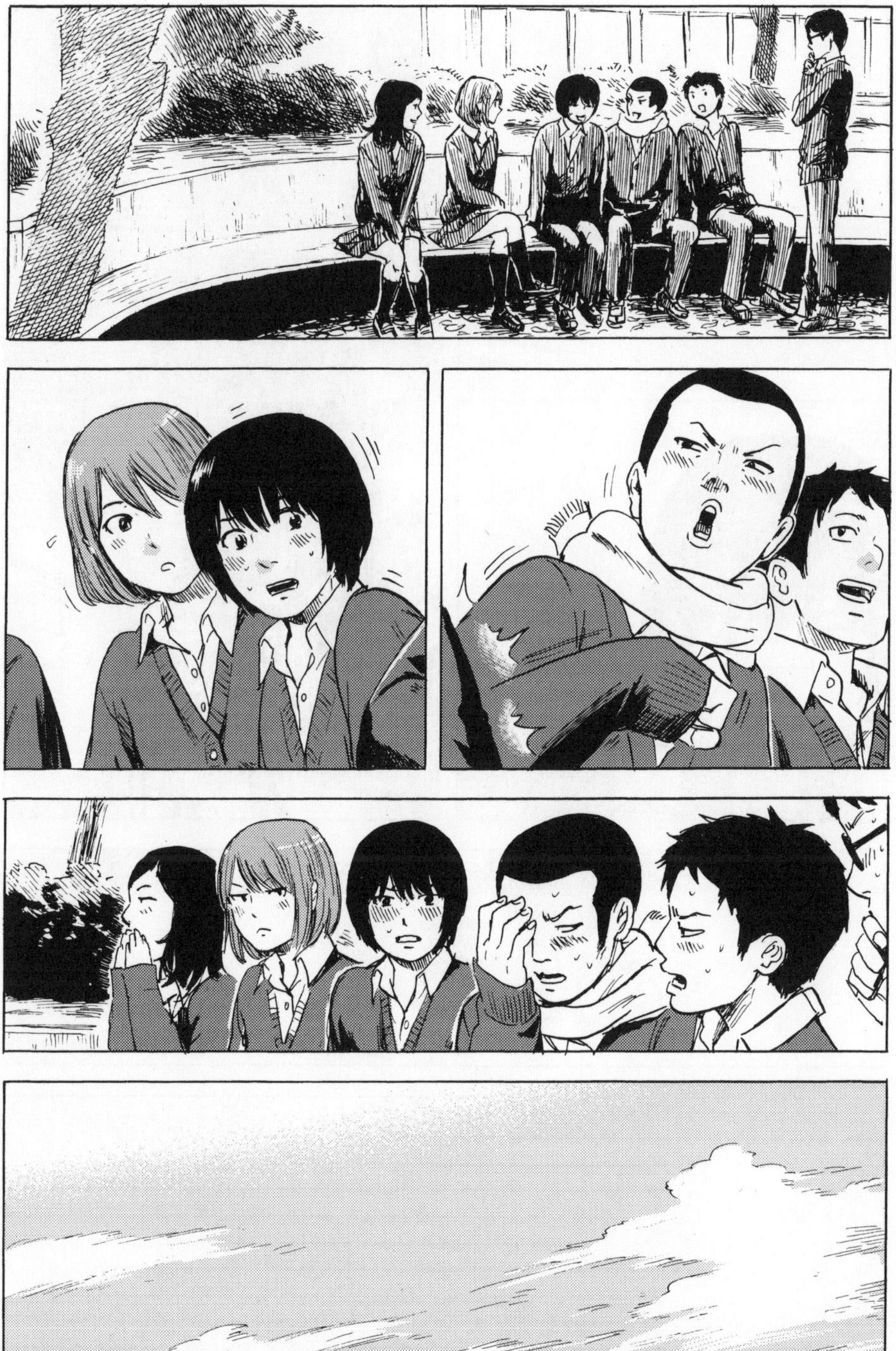

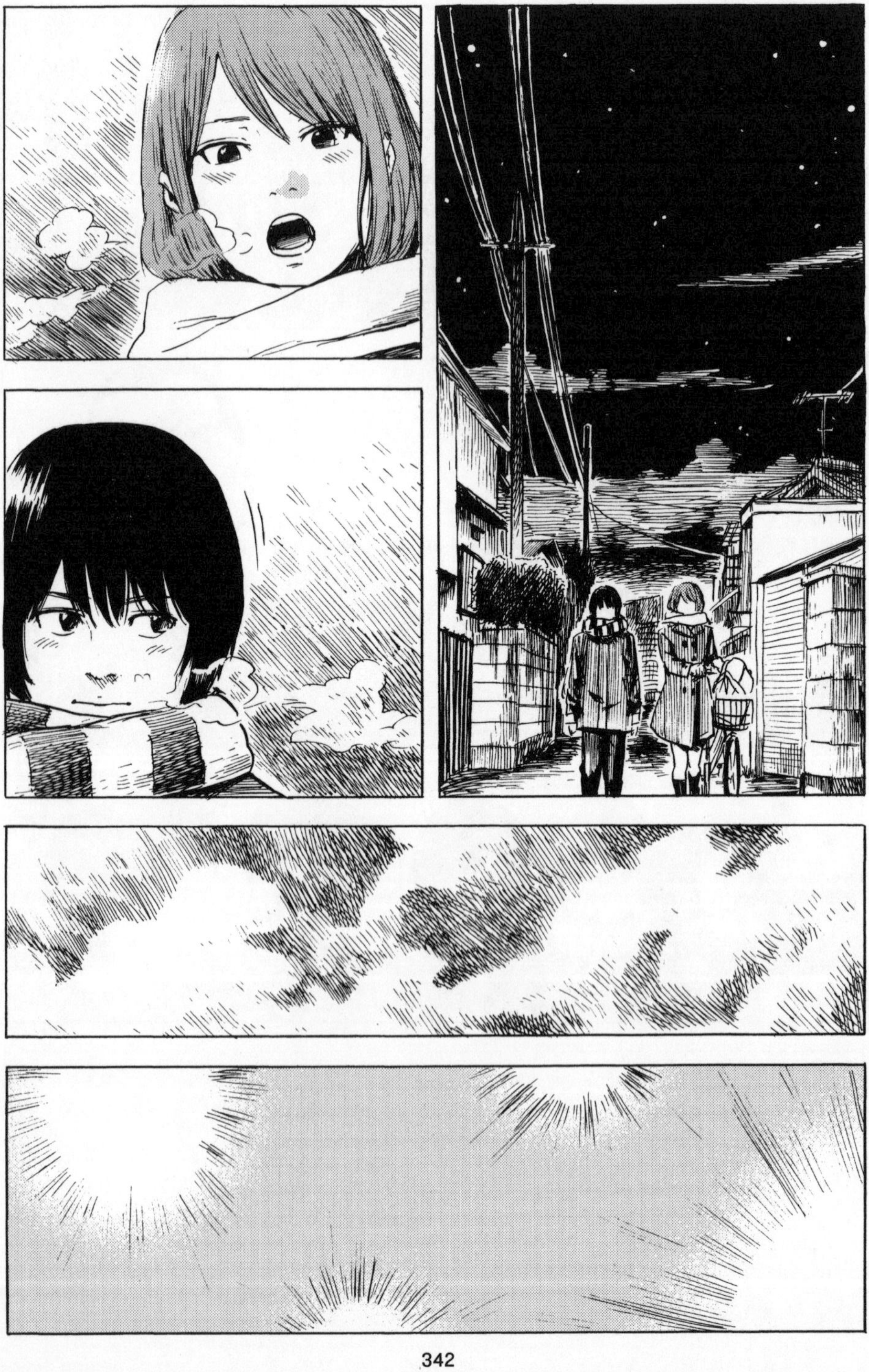

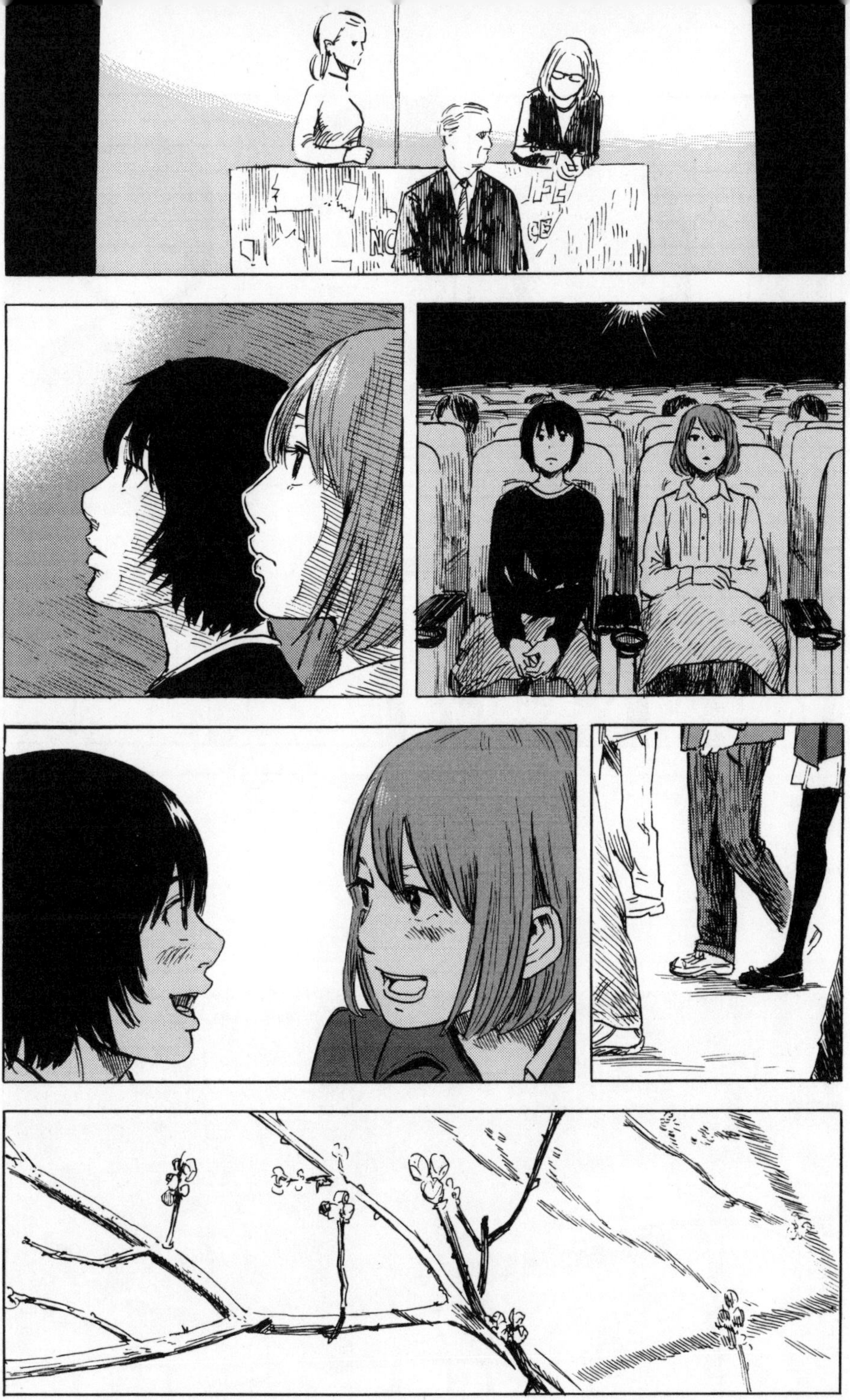

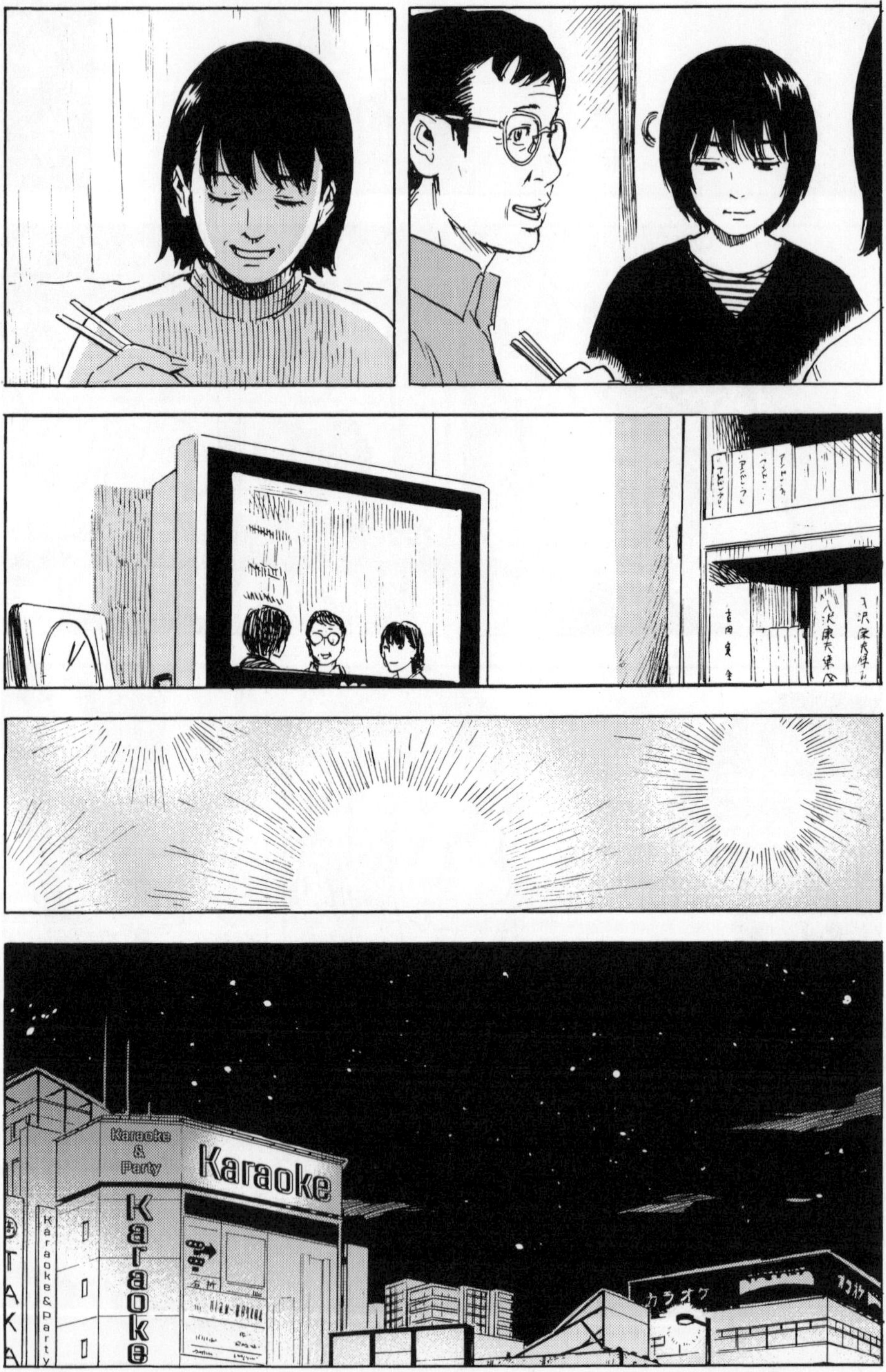
Karaoke & Party
Karaoke
Karaoke
Karaoke & party
TAKA
カラオケ

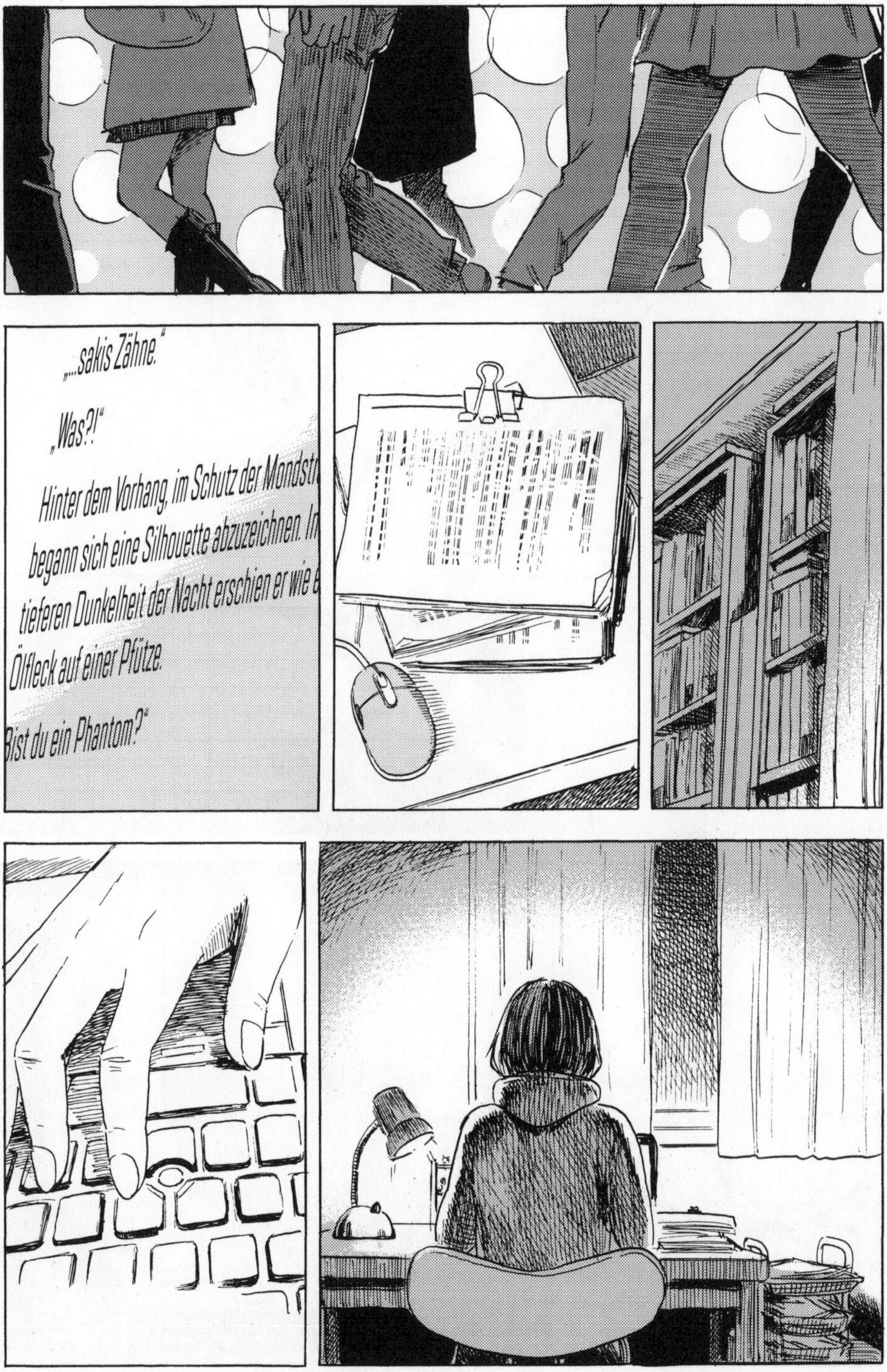
„...sakis Zähne.“
„Was?!“
Hinter dem Vorhang, im Schutz der Mondstr
begann sich eine Silhouette abzuzeichnen. In
tieferen Dunkelheit der Nacht erschien er wie e
Ölfleck auf einer Pfütze.
Bist du ein Phantom?“

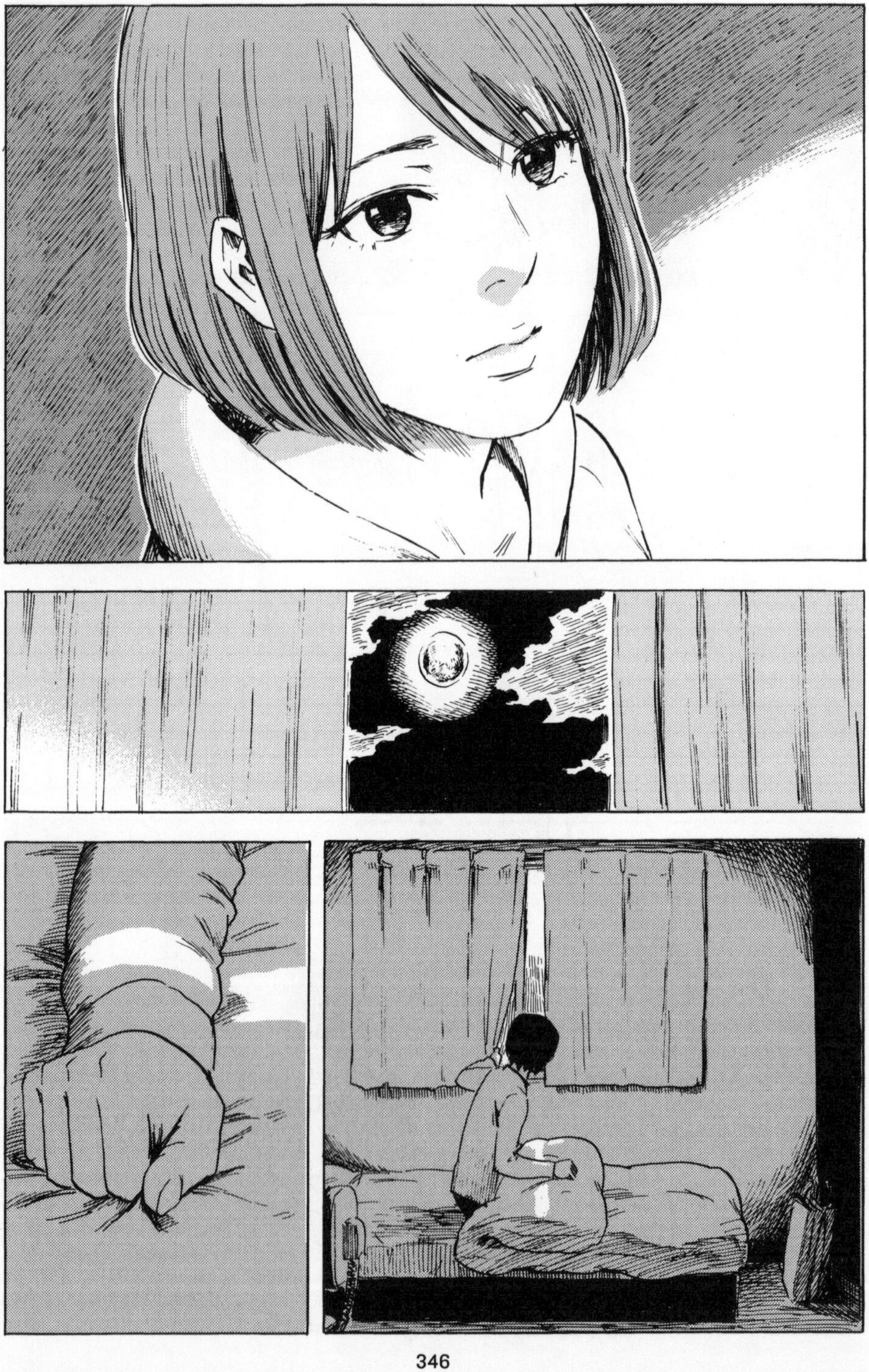

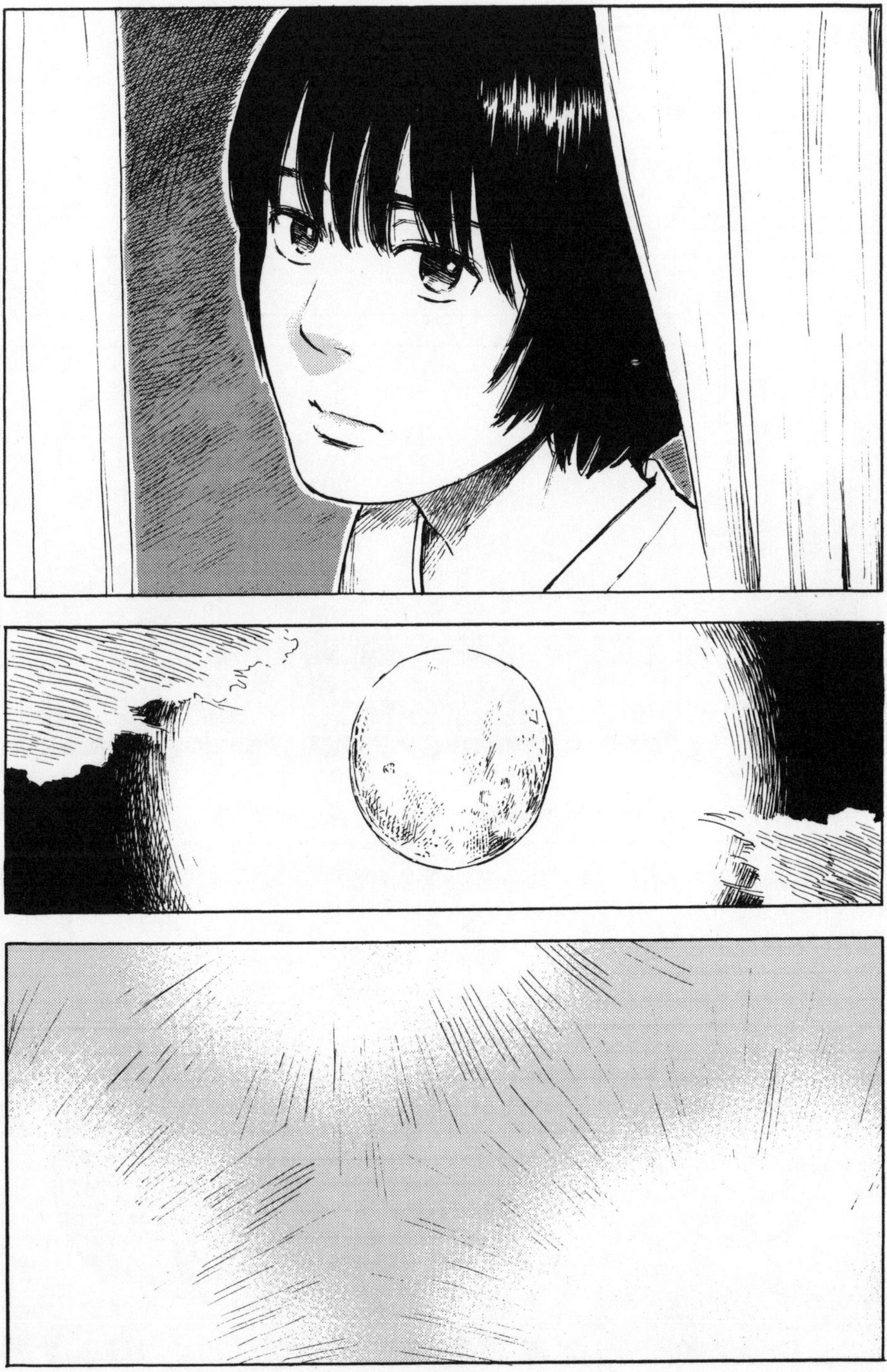

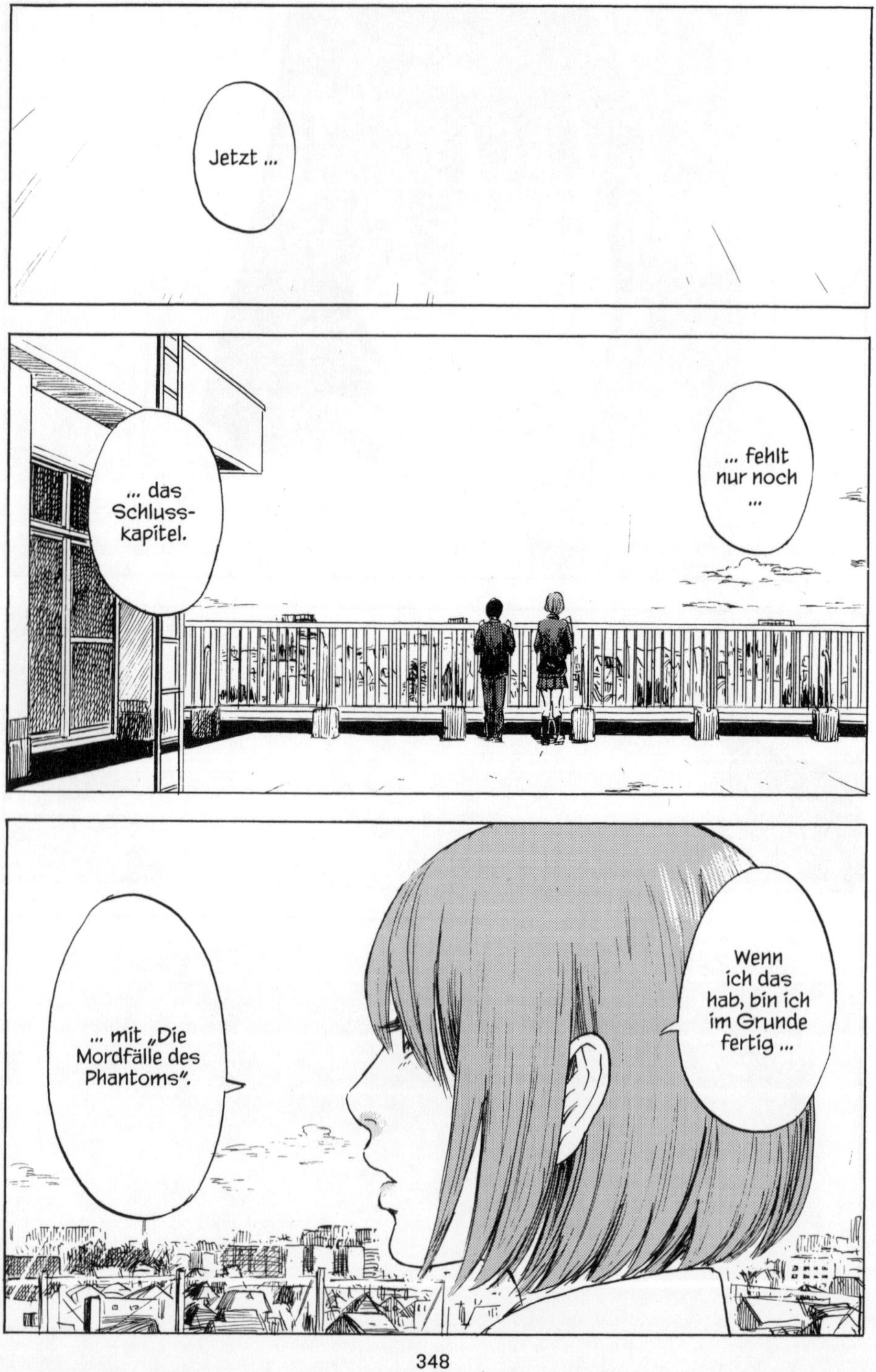
Jetzt ...
... fehlt nur noch ...
... das Schluss-kapitel.
Wenn ich das hab, bin ich im Grunde fertig ...
... mit „Die Mordfälle des Phantoms".

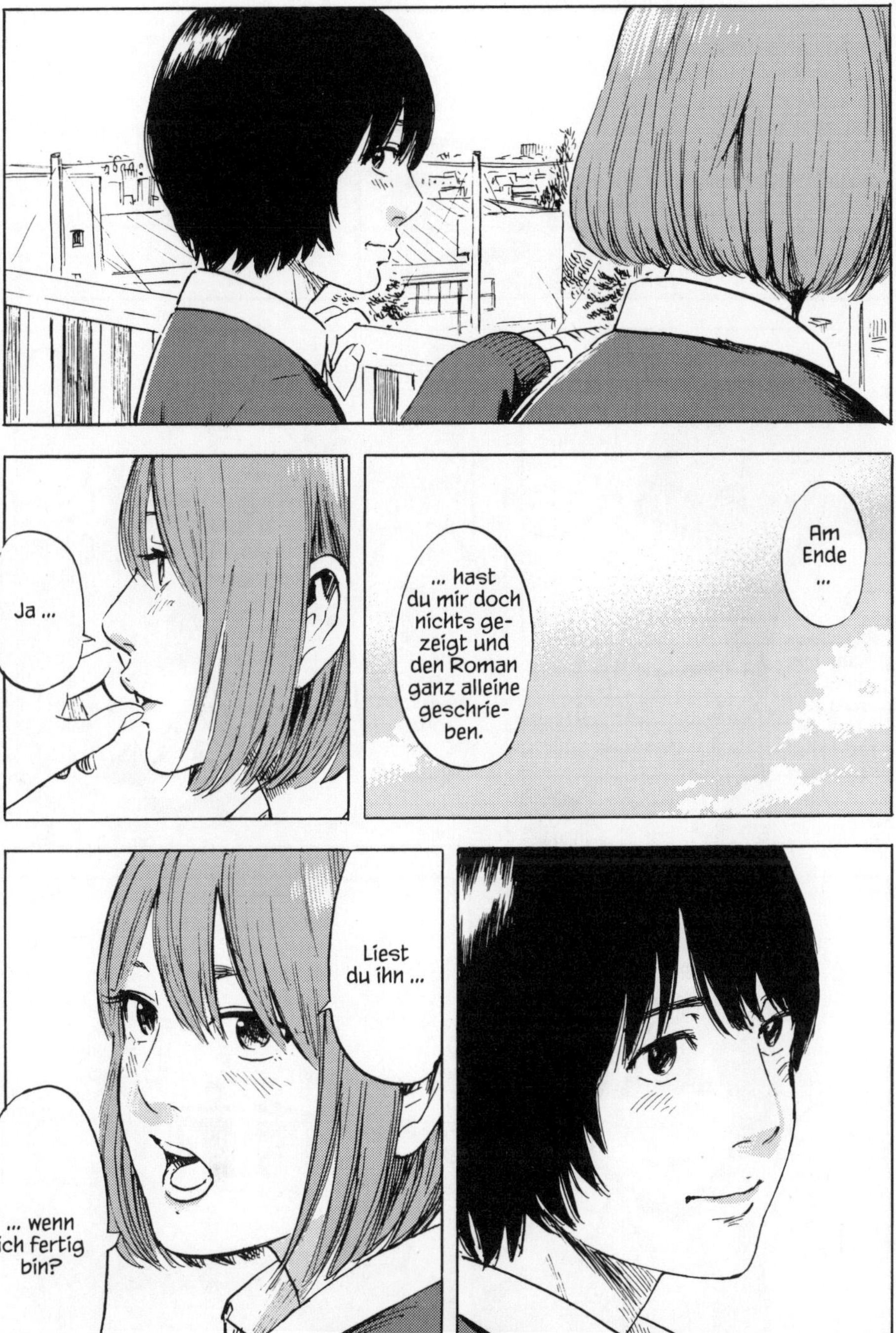
Am Ende ...
... hast du mir doch nichts gezeigt und den Roman ganz alleine geschrieben.
Ja ...
Liest du ihn ...
... wenn ich fertig bin?

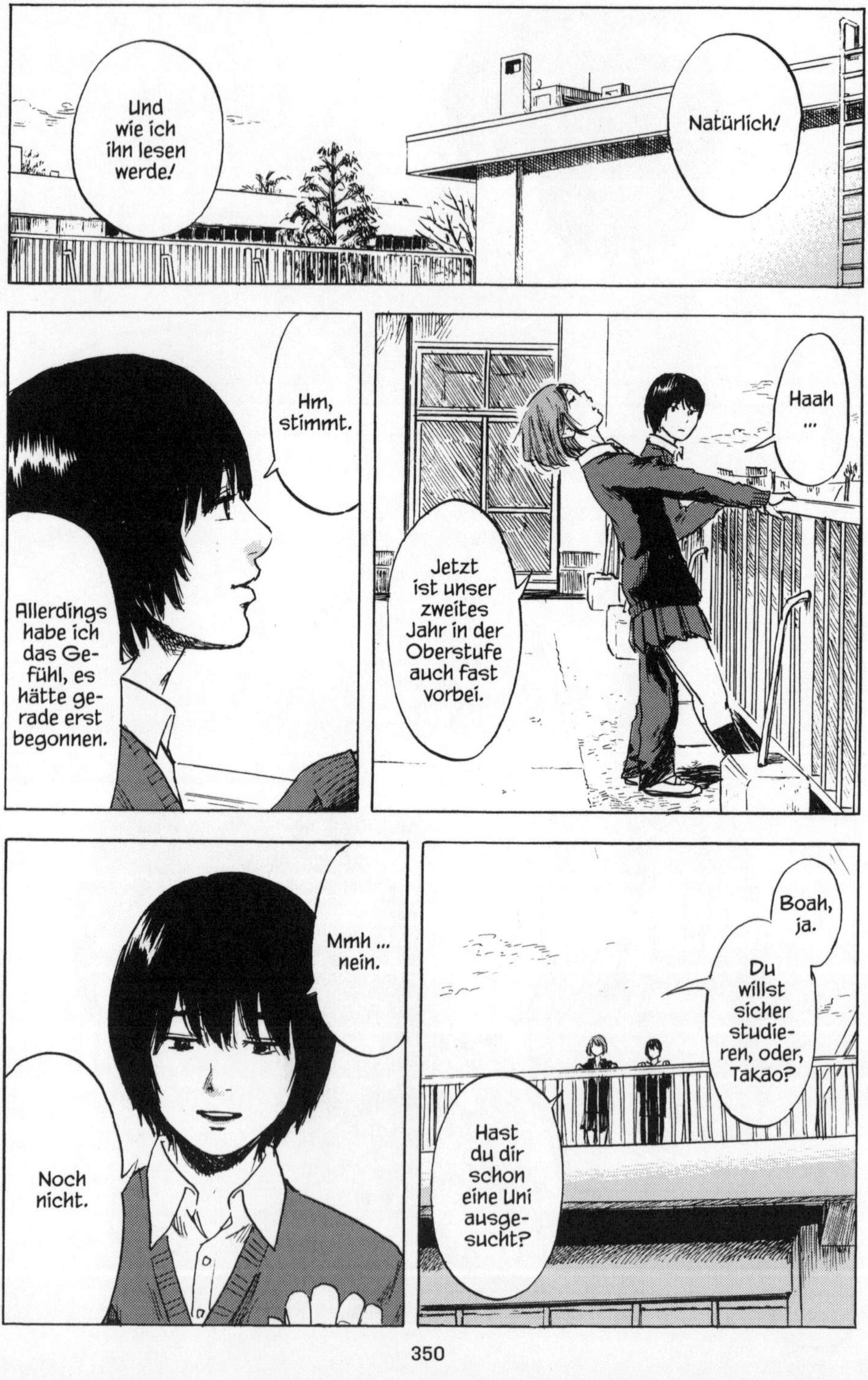
Natürlich!
Und wie ich ihn lesen werde!
Haah ...
Jetzt ist unser zweites Jahr in der Oberstufe auch fast vorbei.
Hm, stimmt.
Allerdings habe ich das Gefühl, es hätte gerade erst begonnen.
Boah, ja.
Du willst sicher studieren, oder, Takao?
Hast du dir schon eine Uni ausgesucht?
Mmh ... nein.
Noch nicht.

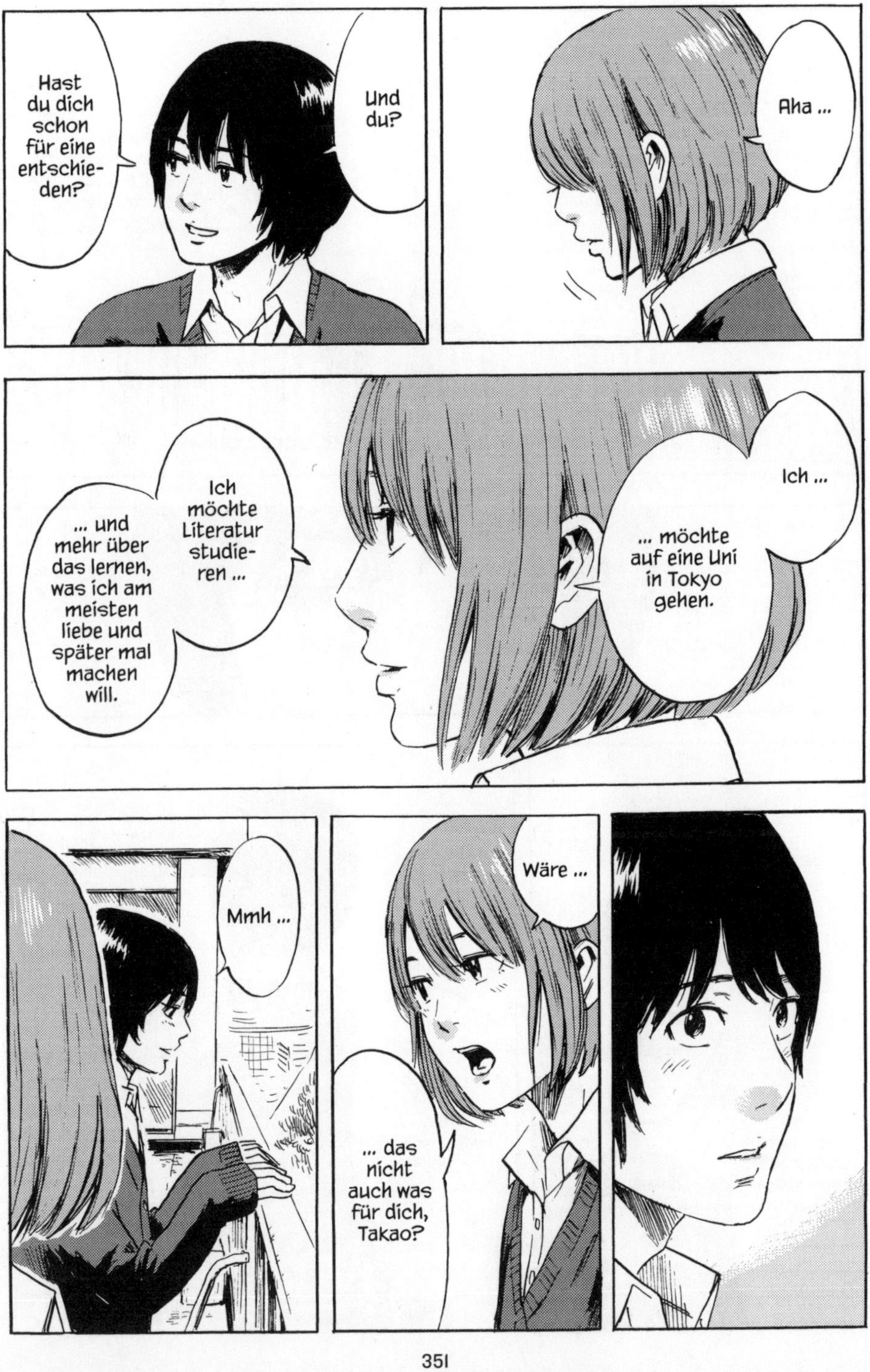
Aha ...
Und du?
Hast du dich schon für eine entschieden?
Ich ...
... möchte auf eine Uni in Tokyo gehen.
Ich möchte Literatur studieren ...
... und mehr über das lernen, was ich am meisten liebe und später mal machen will.
Wäre ...
... das nicht auch was für dich, Takao?
Mmh ...

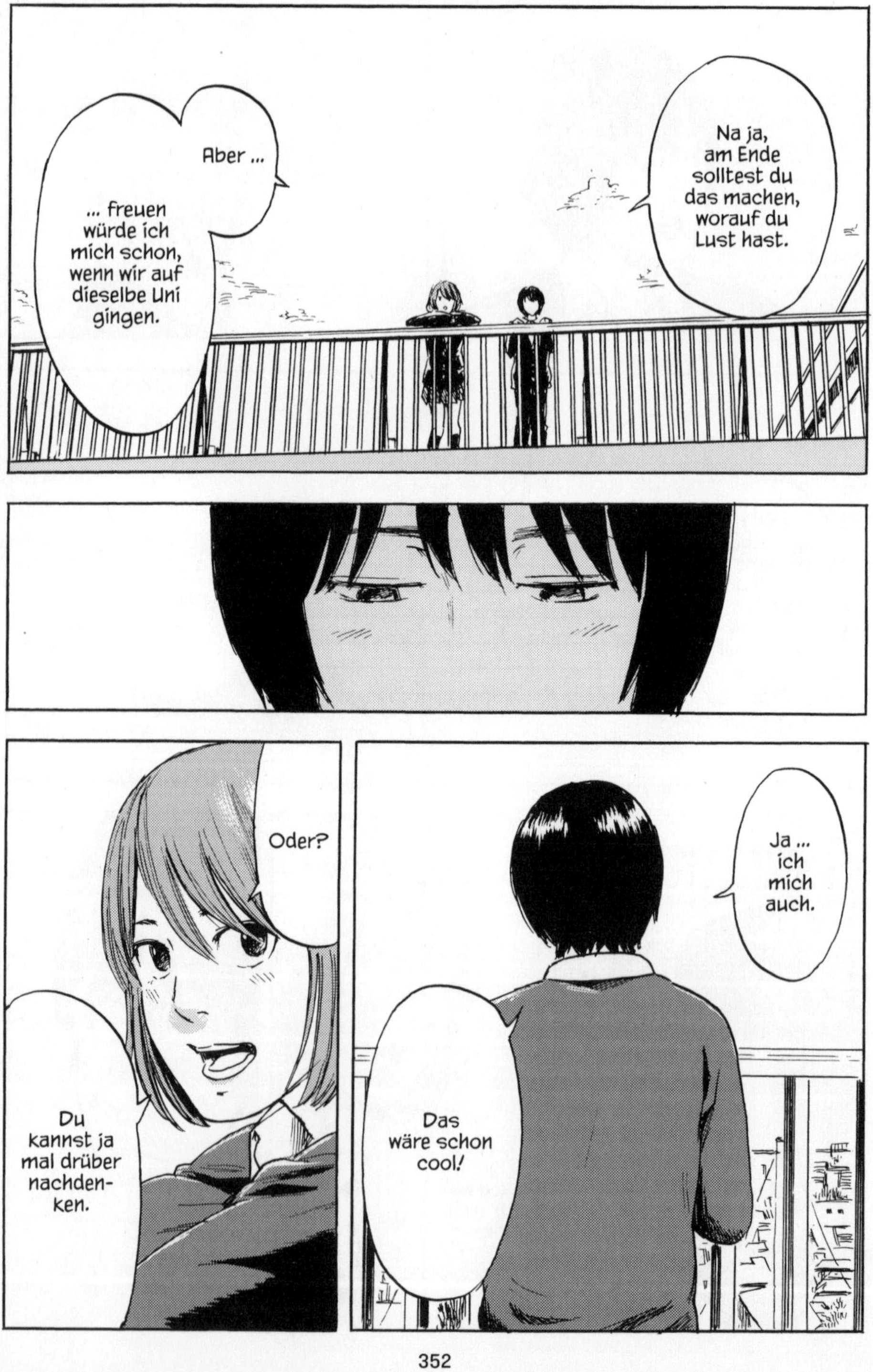
Na ja, am Ende solltest du das machen, worauf du Lust hast.
Aber ...
... freuen würde ich mich schon, wenn wir auf dieselbe Uni gingen.
Ja ... ich mich auch.
Das wäre schon cool!
Oder?
Du kannst ja mal drüber nachdenken.

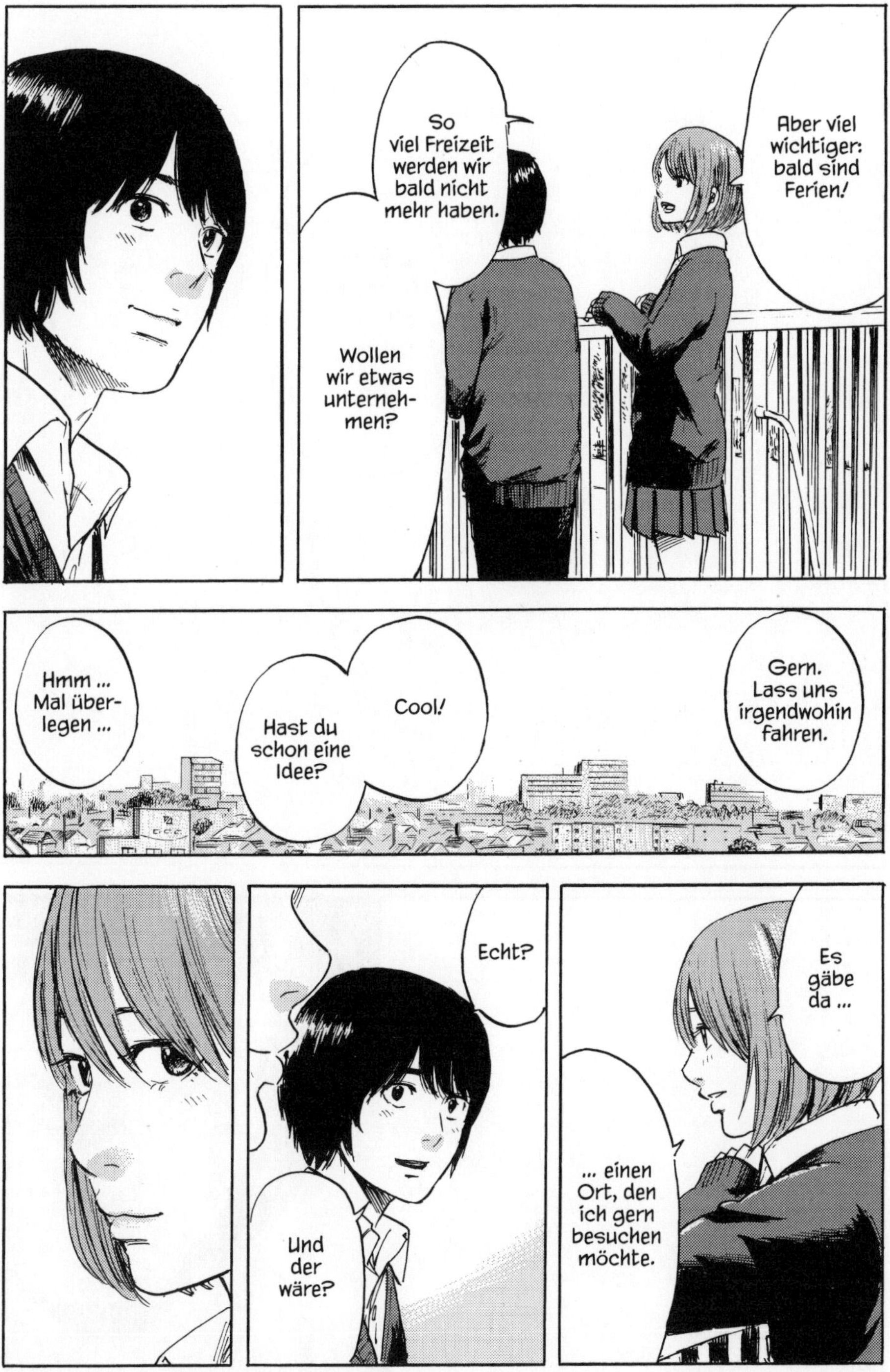
Aber viel wichtiger: bald sind Ferien!
So viel Freizeit werden wir bald nicht mehr haben.
Wollen wir etwas unternehmen?
Gern. Lass uns irgendwohin fahren.
Cool!
Hast du schon eine Idee?
Hmm ... Mal überlegen ...
Es gäbe da ...
... einen Ort, den ich gern besuchen möchte.
Echt?
Und der wäre?

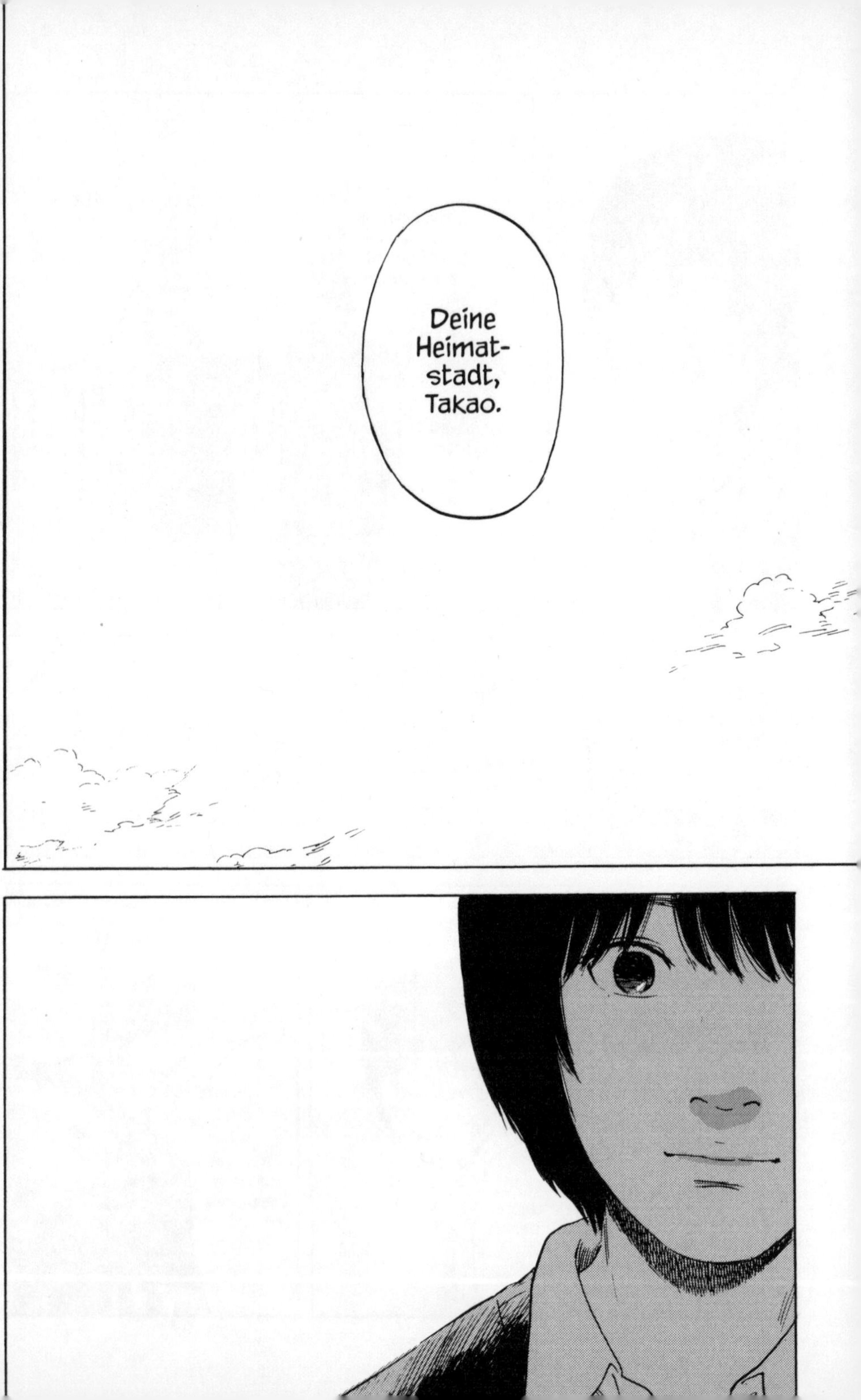
Deine Heimatstadt, Takao.

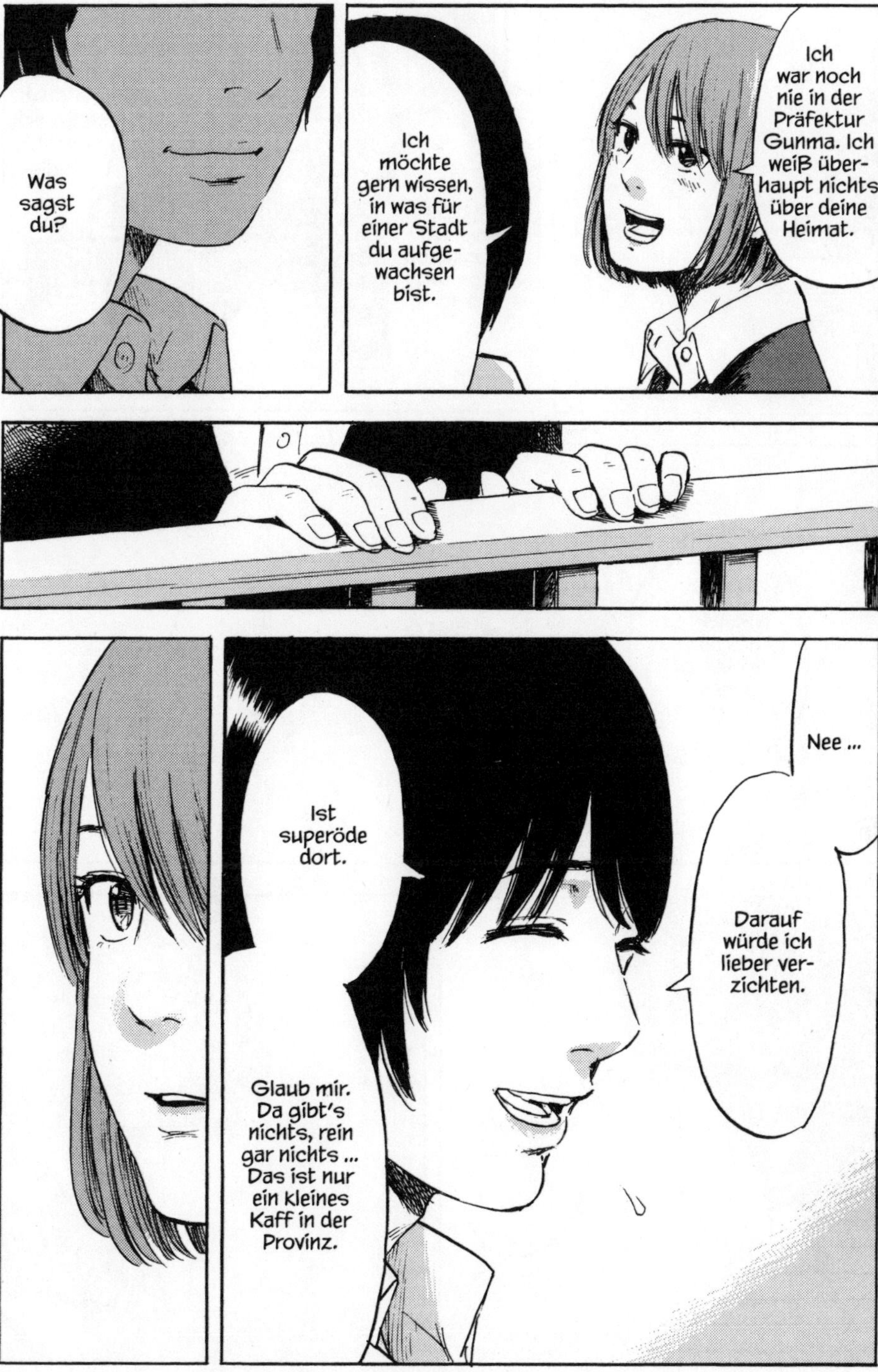
Ich war noch nie in der Präfektur Gunma. Ich weiß überhaupt nichts über deine Heimat.
Ich möchte gern wissen, in was für einer Stadt du aufgewachsen bist.
Was sagst du?
Nee ...
Darauf würde ich lieber verzichten.
Ist superöde dort.
Glaub mir. Da gibt's nichts, rein gar nichts ... Das ist nur ein kleines Kaff in der Provinz.

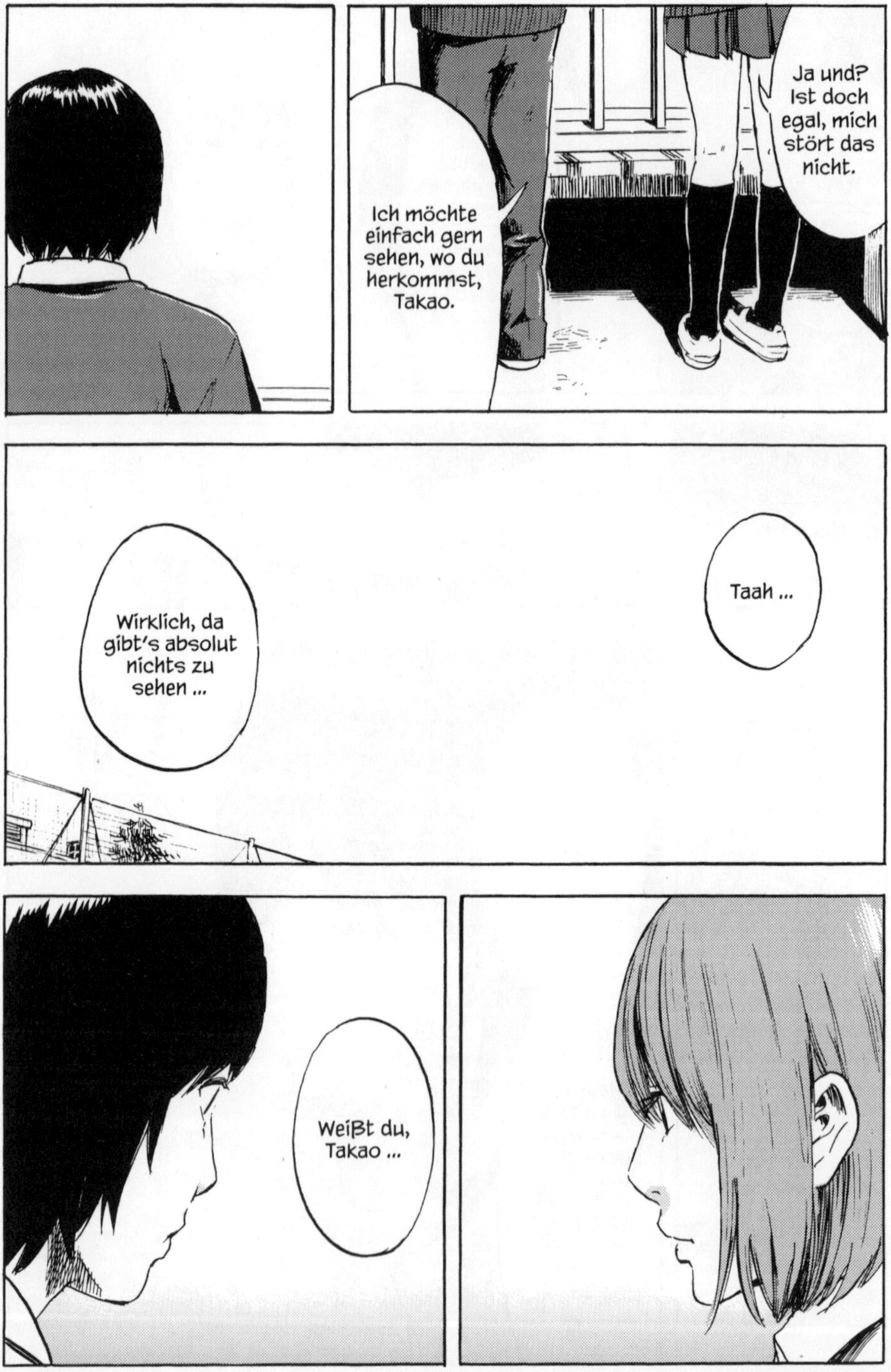
Ja und? Ist doch egal, mich stört das nicht.
Ich möchte einfach gern sehen, wo du herkommst, Takao.
Taah ...
Wirklich, da gibt's absolut nichts zu sehen ...
Weißt du, Takao ...

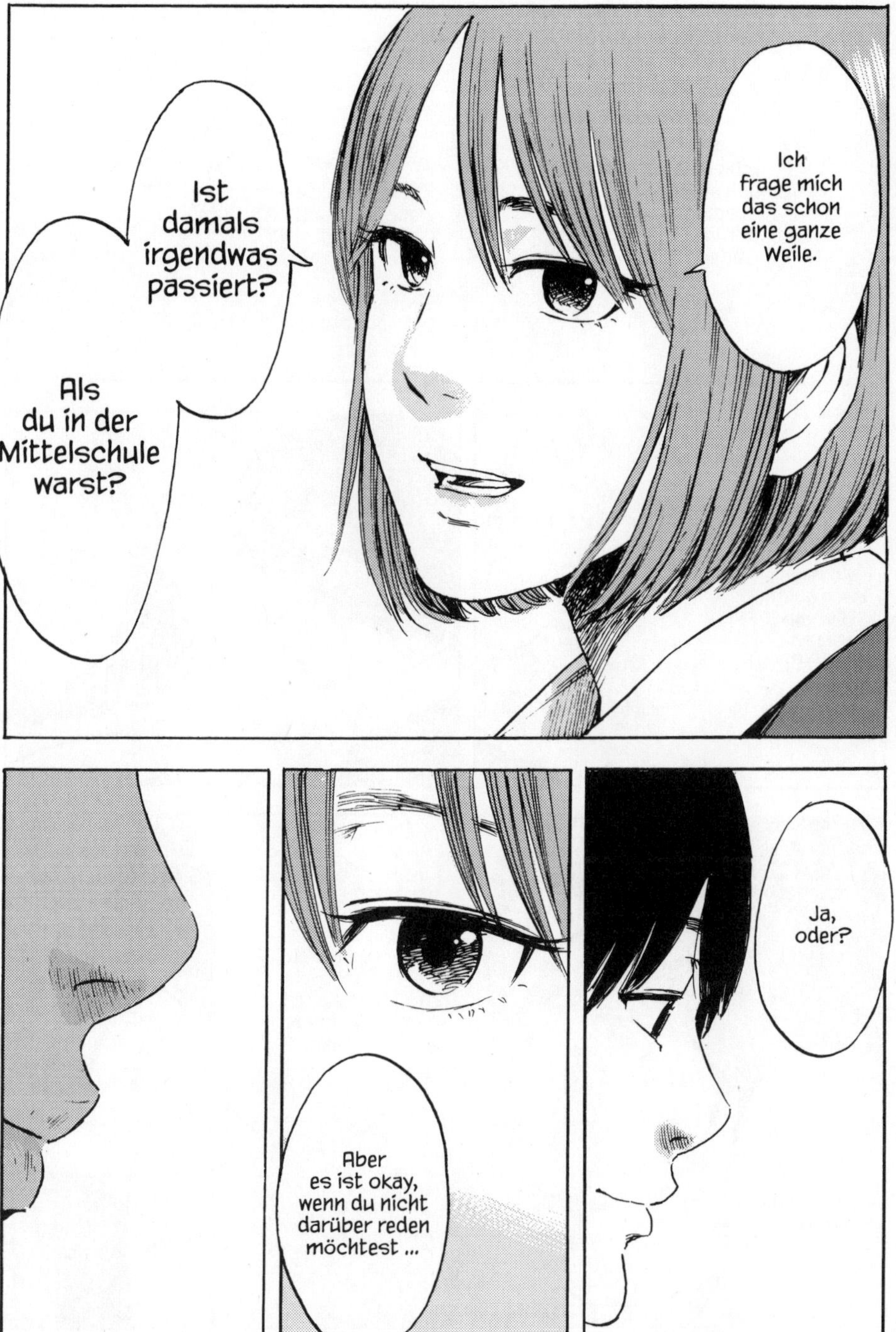
Ich frage mich das schon eine ganze Weile.
Ist damals irgendwas passiert?
Als du in der Mittelschule warst?
Ja, oder?
Aber es ist okay, wenn du nicht darüber reden möchtest ...

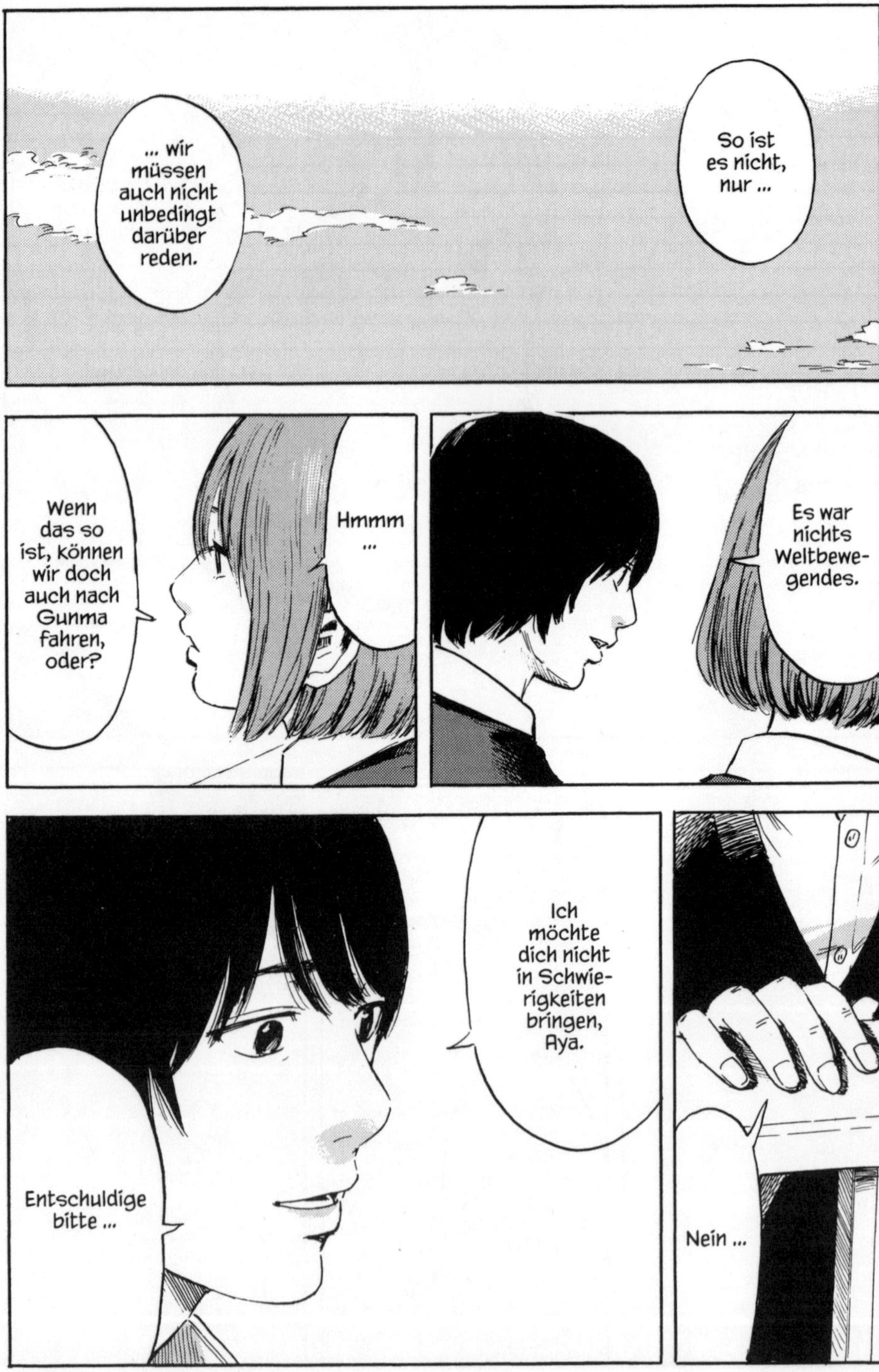
So ist es nicht, nur ...
... wir müssen auch nicht unbedingt darüber reden.
Es war nichts Weltbewegendes.
Hmmm ...
Wenn das so ist, können wir doch auch nach Gunma fahren, oder?
Nein ...
Ich möchte dich nicht in Schwierigkeiten bringen, Aya.
Entschuldige bitte ...

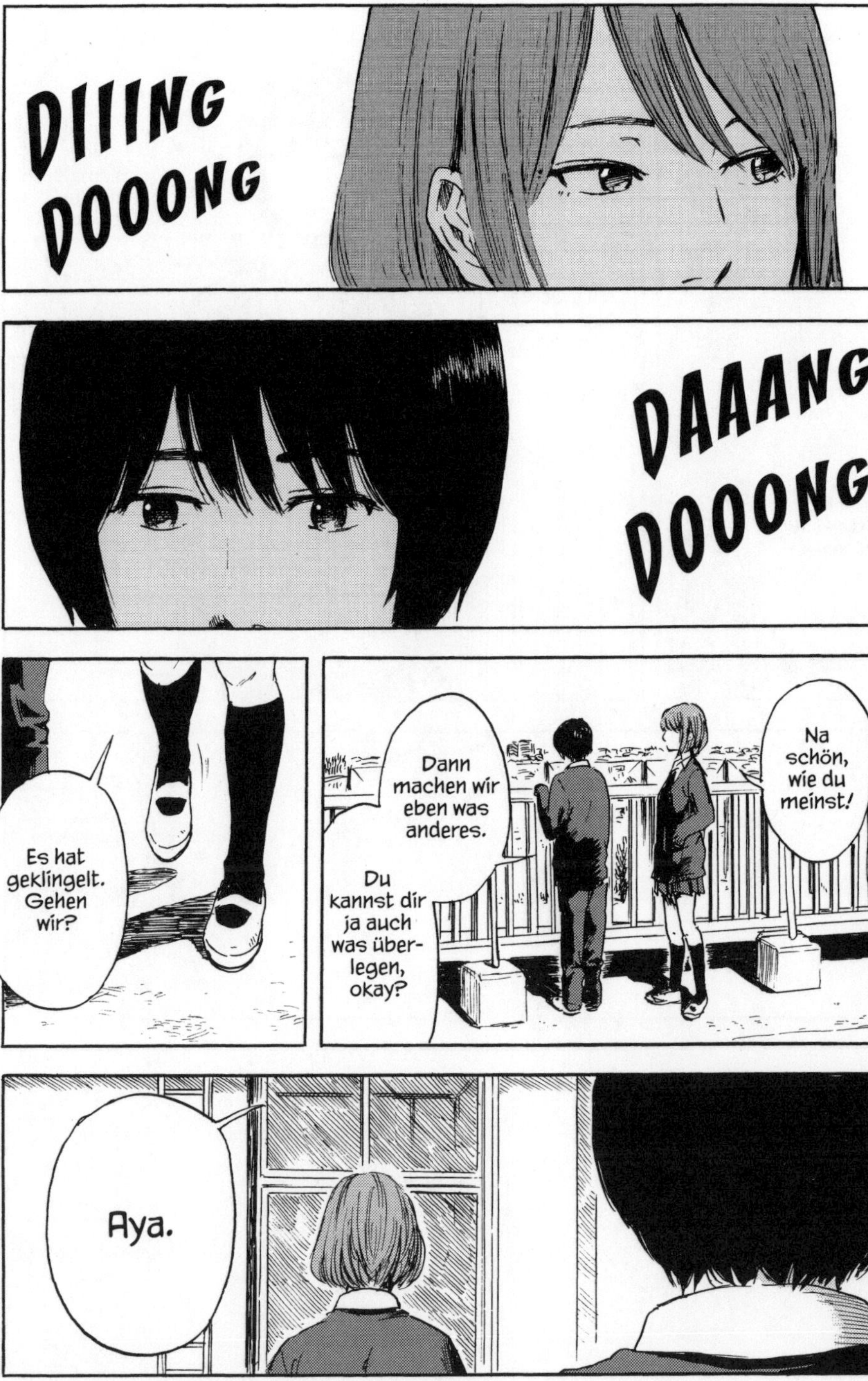
DIIING DOOONG
DAAANG DOOONG
Na schön, wie du meinst!
Dann machen wir eben was anderes.
Du kannst dir ja auch was überlegen, okay?
Es hat geklingelt. Gehen wir?
Aya.

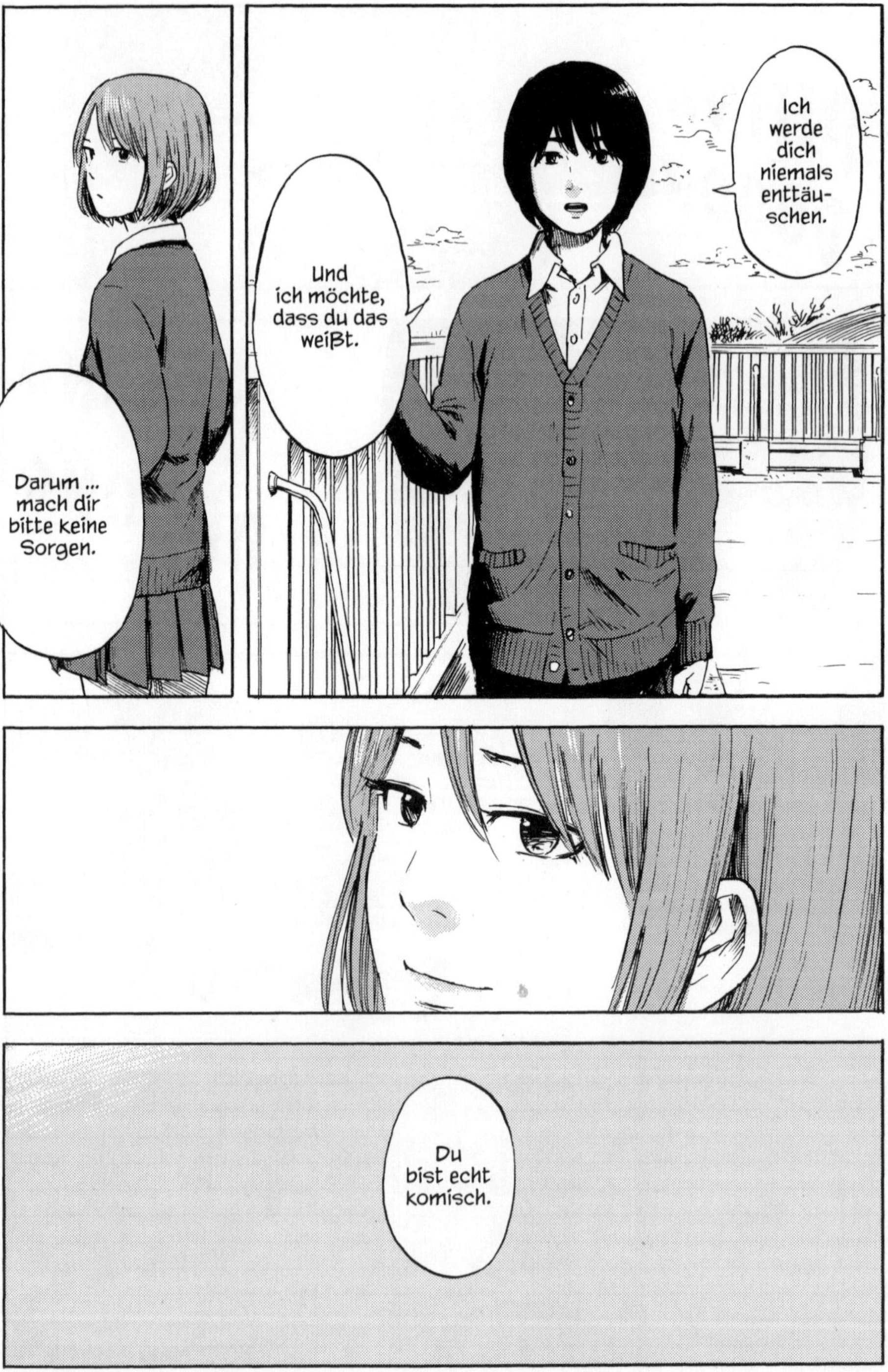
Ich werde dich niemals enttäuschen.
Und ich möchte, dass du das weißt.
Darum ... mach dir bitte keine Sorgen.
Du bist echt komisch.

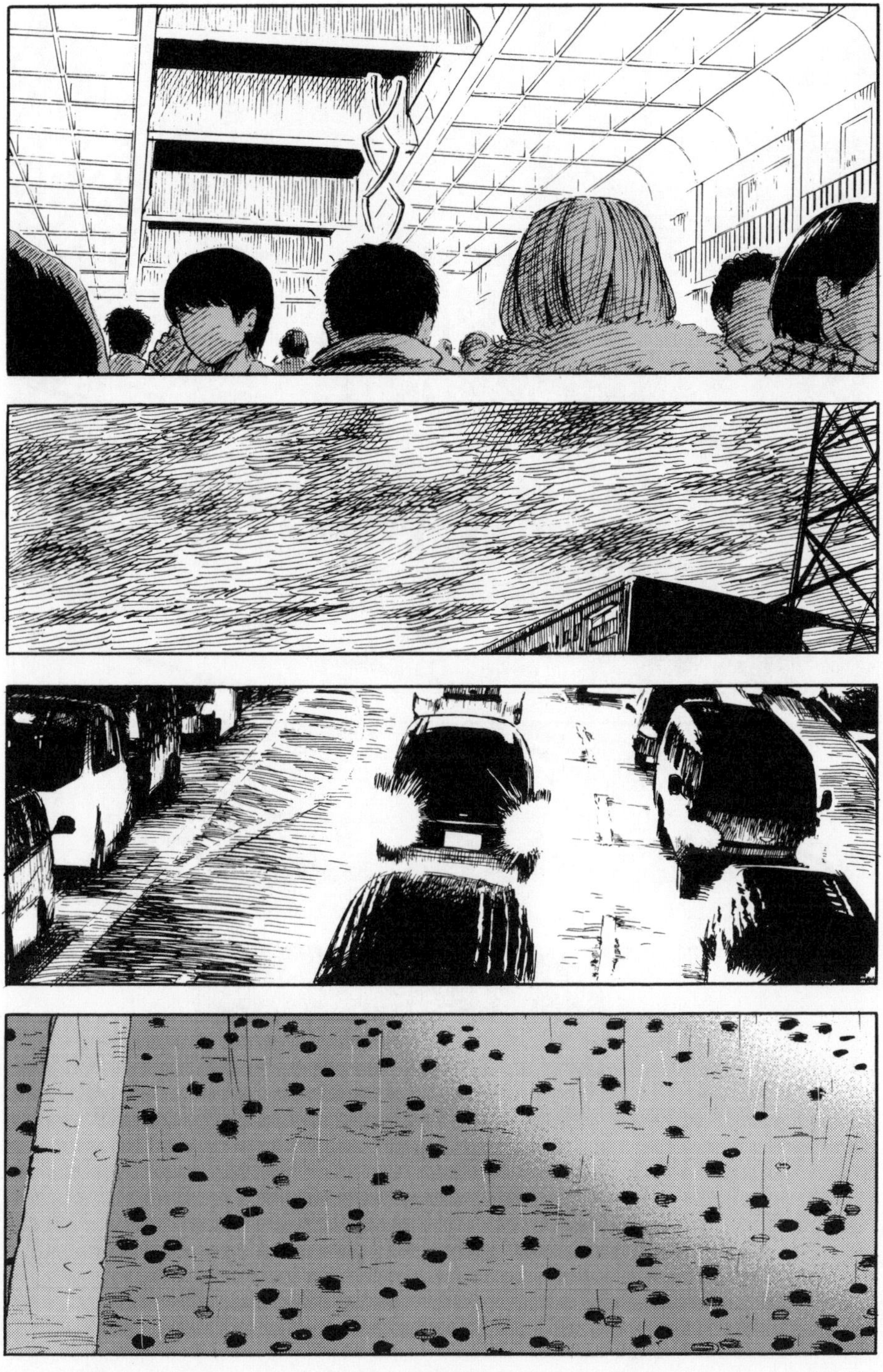

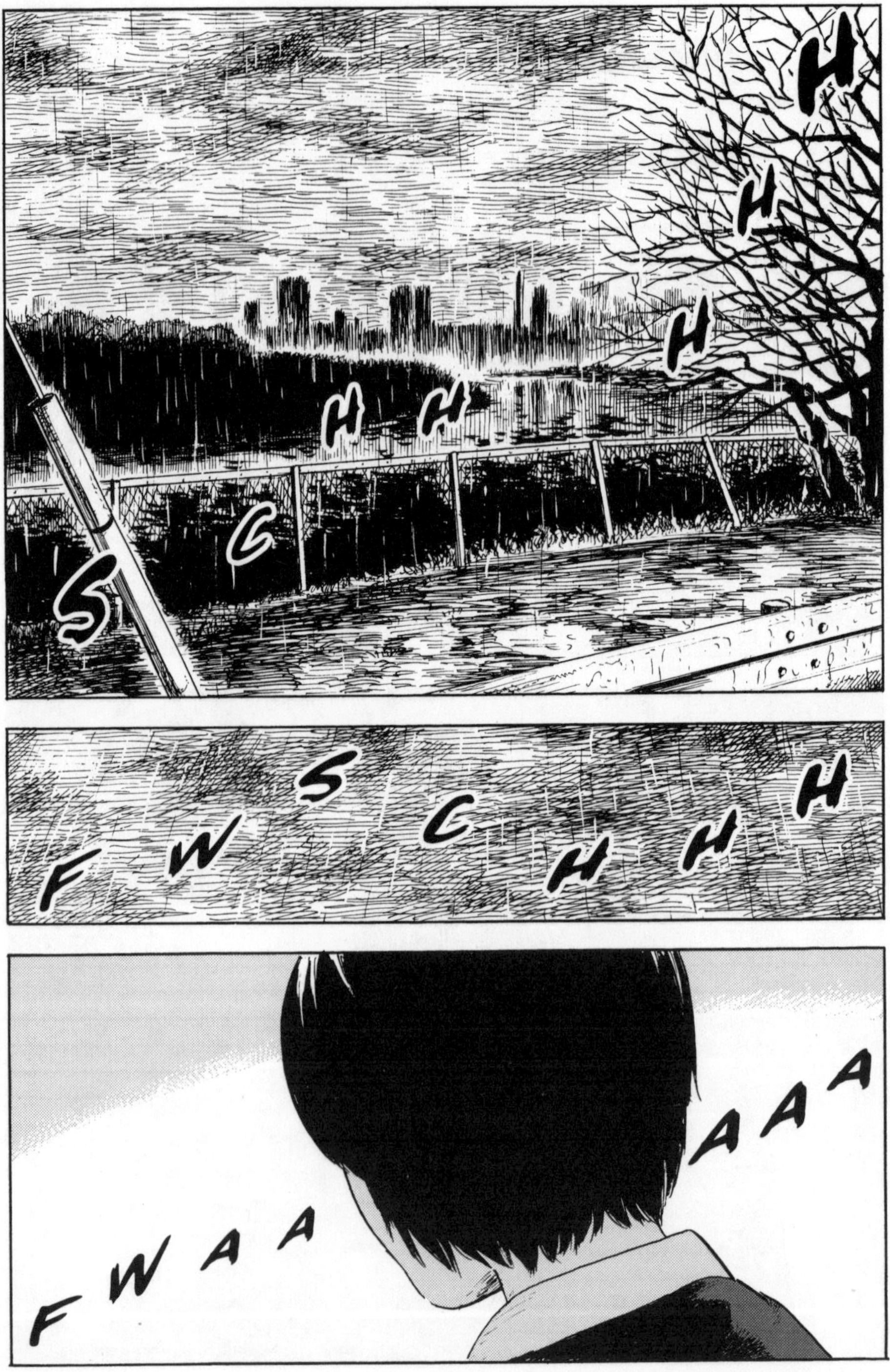
SCHHHHH
FWSCHHH
FWAAAAA

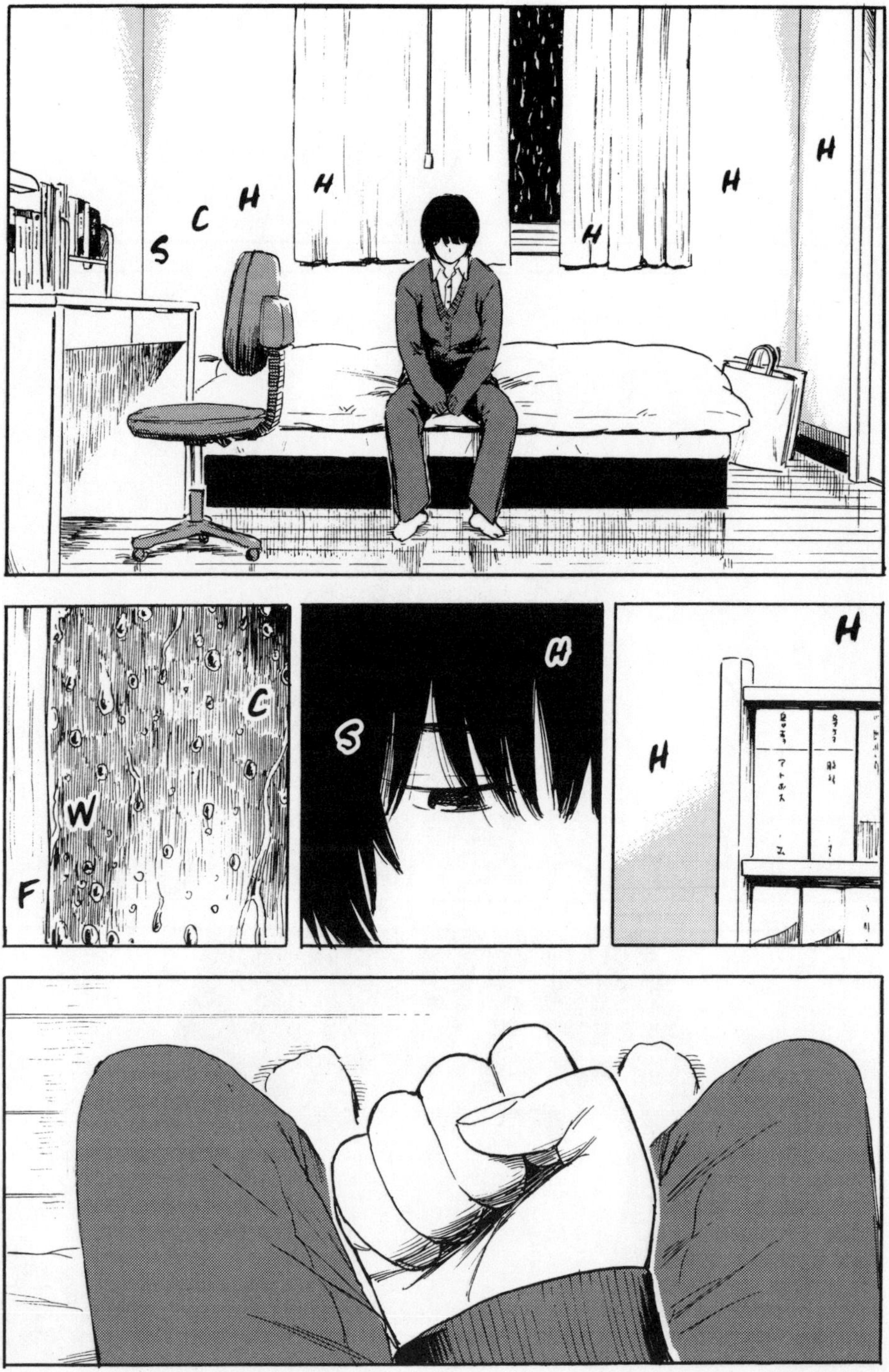
S C H H H H H
F W C
S H
H H

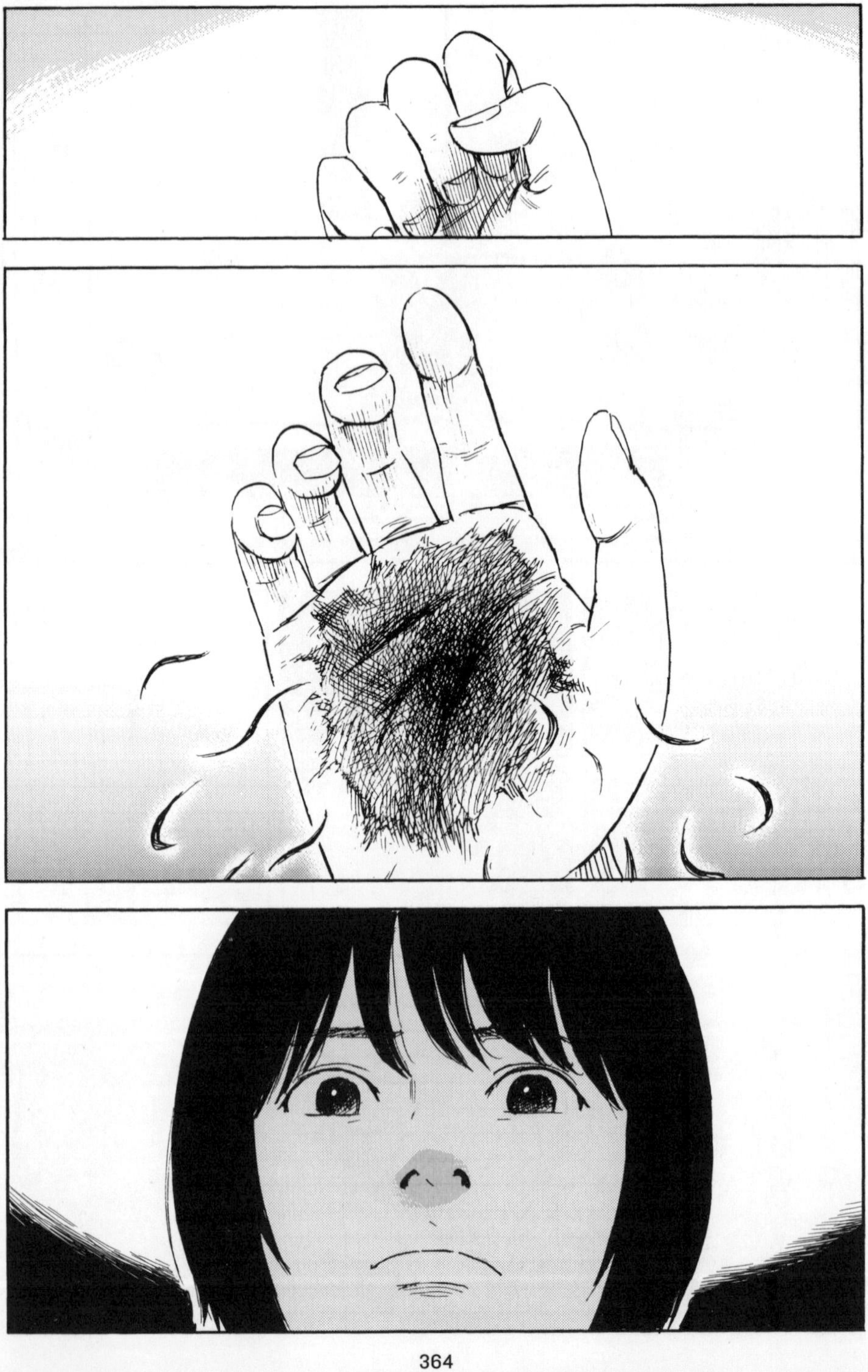

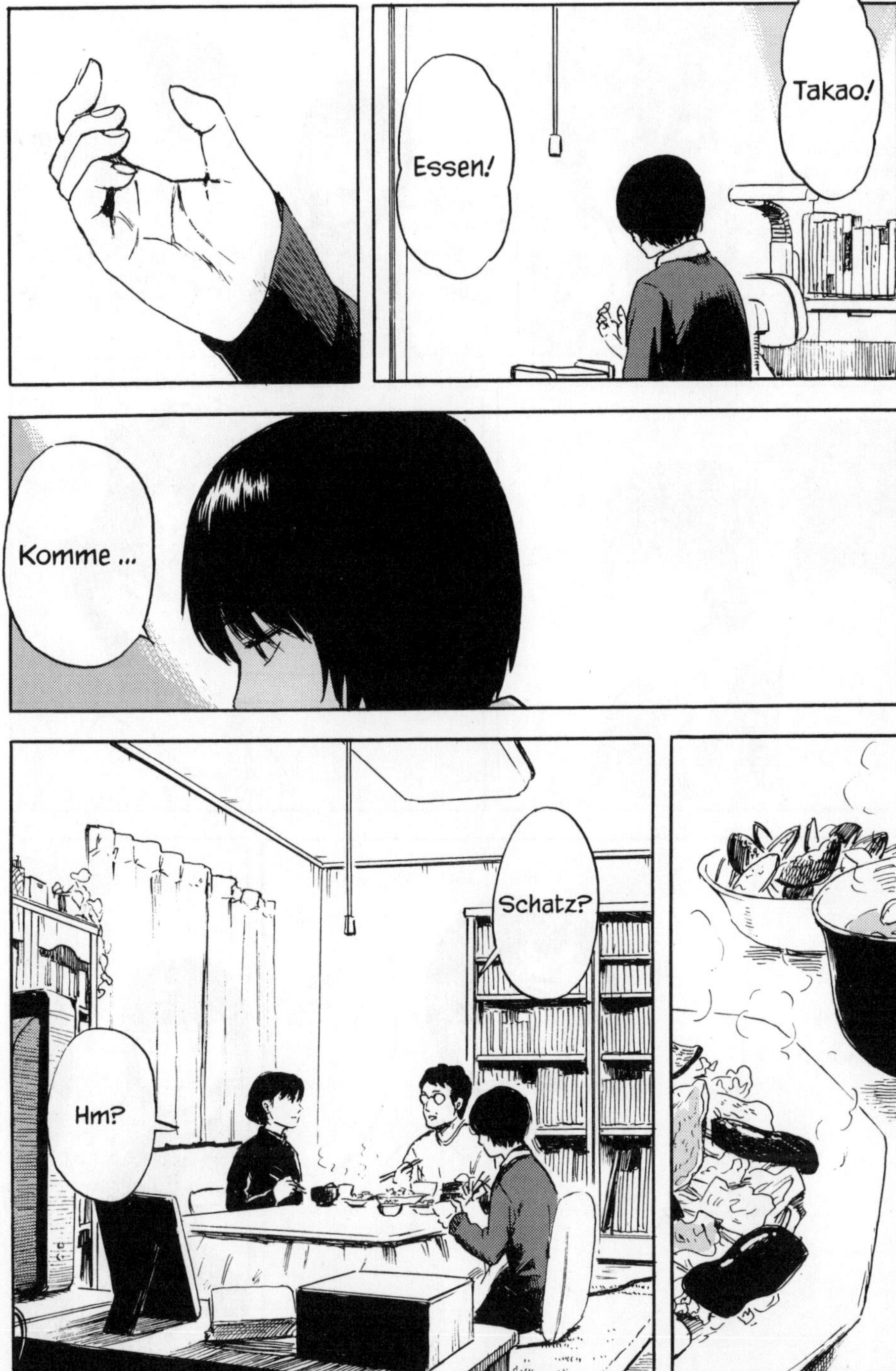
Takao!
Essen!
Komme ...
Schatz?
Hm?

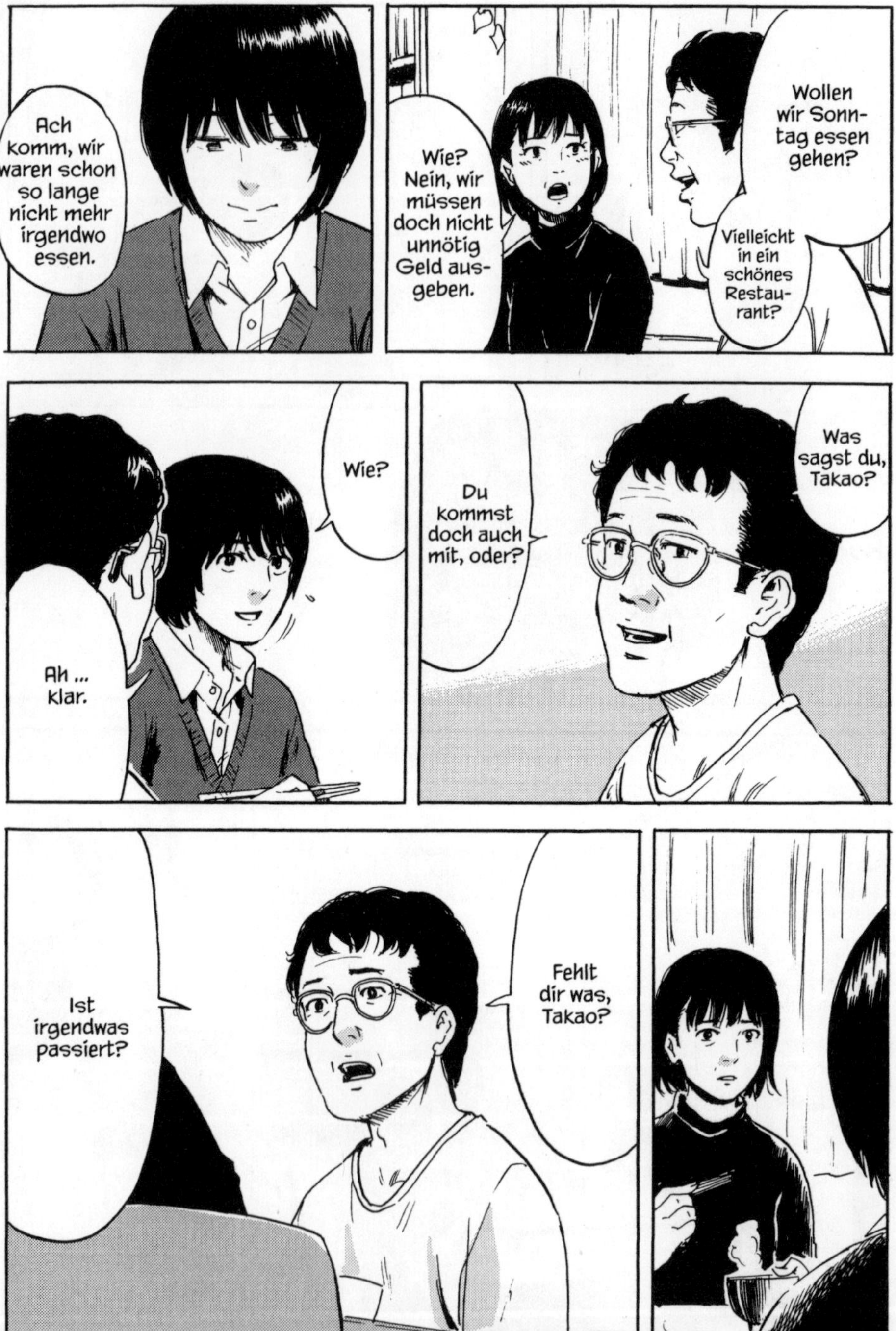
Wollen wir Sonntag essen gehen?
Vielleicht in ein schönes Restaurant?
Wie? Nein, wir müssen doch nicht unnötig Geld ausgeben.
Ach komm, wir waren schon so lange nicht mehr irgendwo essen.
Was sagst du, Takao?
Du kommst doch auch mit, oder?
Wie?
Ah ... klar.
Fehlt dir was, Takao?
Ist irgendwas passiert?

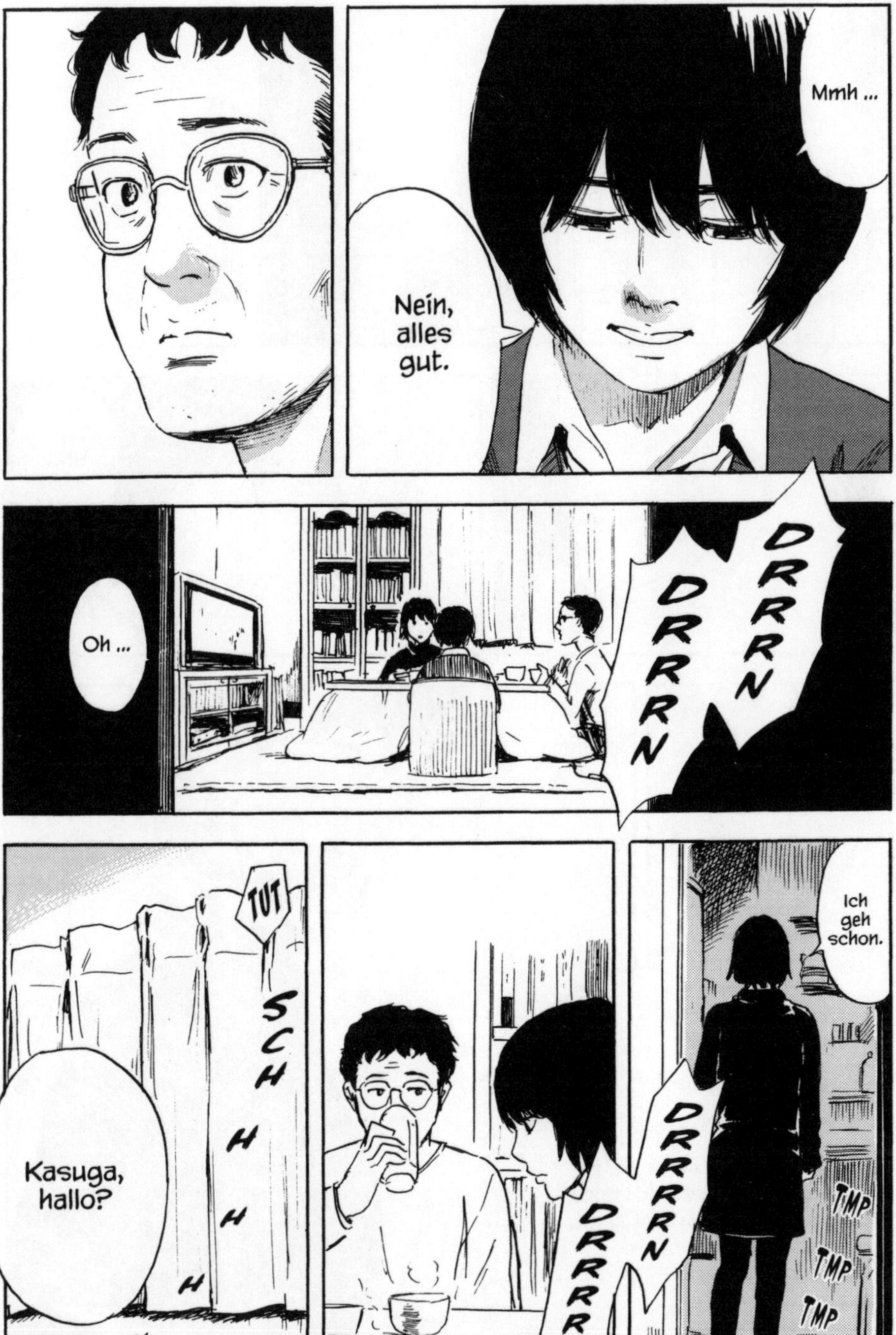
Mmh ...
Nein, alles gut.
DRRRN
DRRRN
Oh ...
Ich geh schon.
TMP
TMP
TMP
DRRRRN
DRRRRN
TUT
SCHHHHHH
Kasuga, hallo?

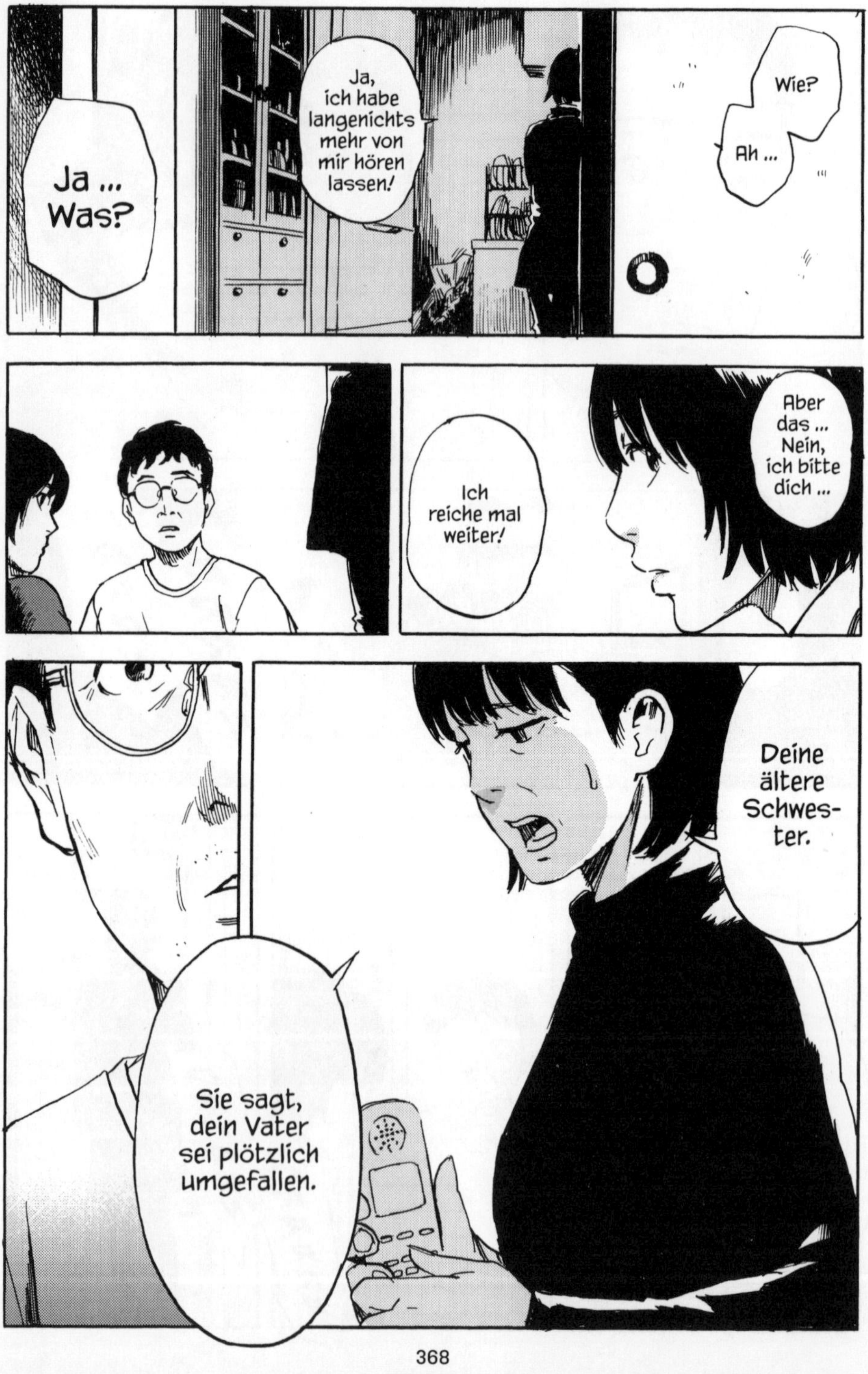

Wie?
Ah ...
Ja, ich habe langenichts mehr von mir hören lassen!
Ja ... Was?
Aber das ... Nein, ich bitte dich ...
Ich reiche mal weiter!
Deine ältere Schwester.
Sie sagt, dein Vater sei plötzlich umgefallen.

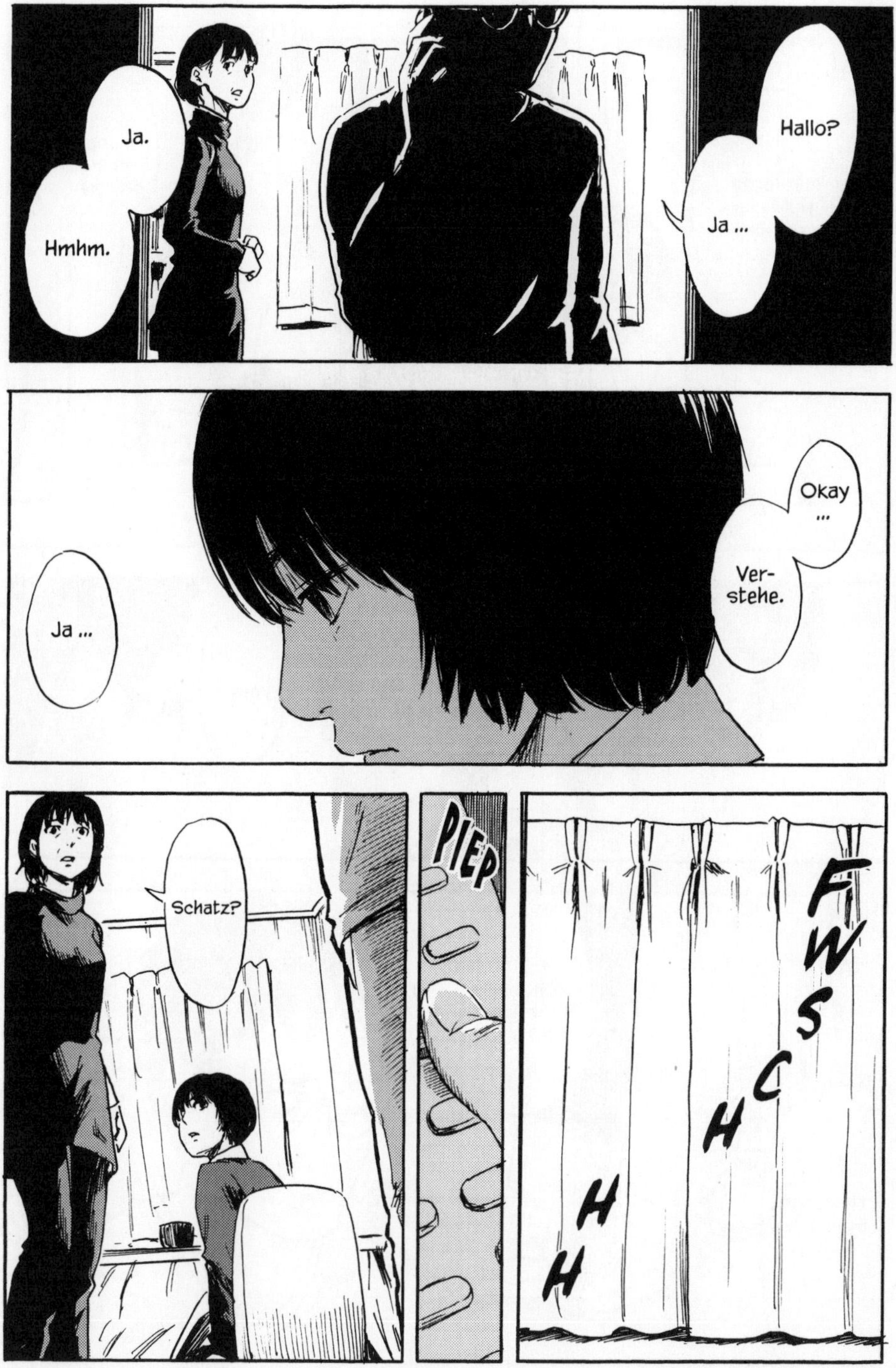
Hallo?
Ja ...
Ja.
Hmhm.
Okay ...
Ver-
stehe.
Ja ...
FWSCHHH
PIEP
Schatz?

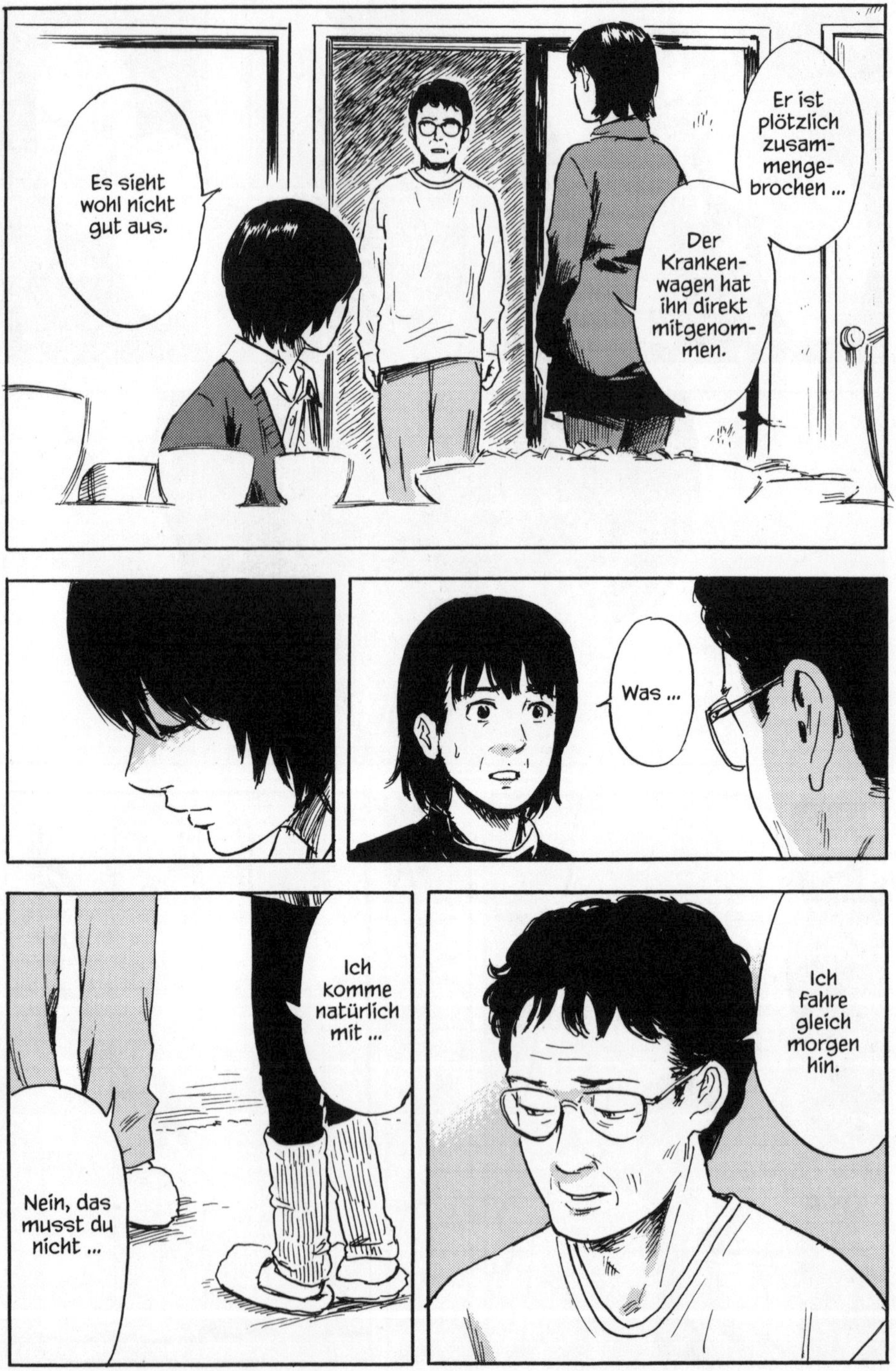
Er ist plötzlich zusammengebrochen ...
Der Krankenwagen hat ihn direkt mitgenommen.
Es sieht wohl nicht gut aus.
Was ...
Ich fahre gleich morgen hin.
Ich komme natürlich mit ...
Nein, das musst du nicht ...

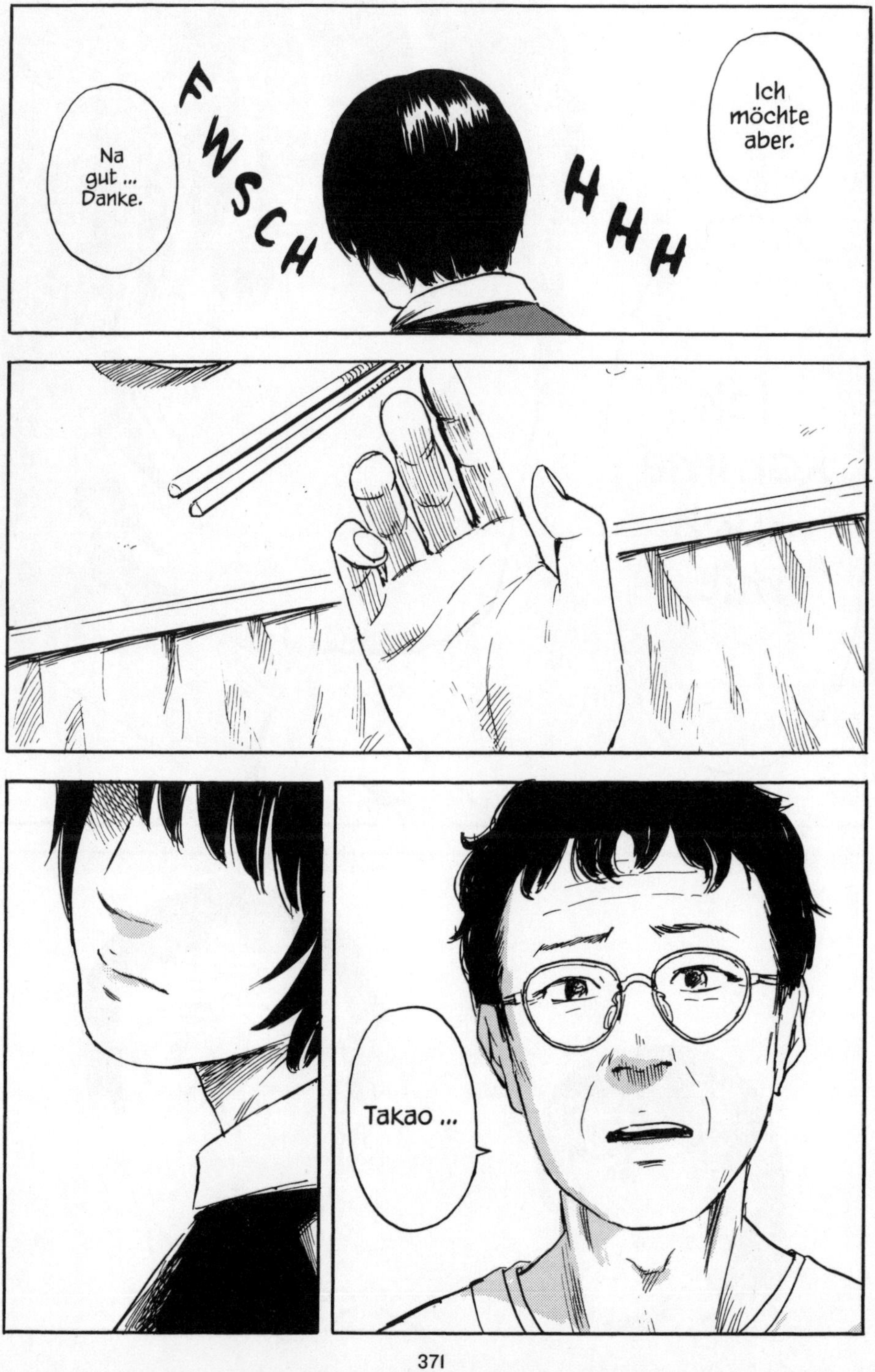
Ich möchte aber.
FWSCHHHH
Na gut ... Danke.
Takao ...

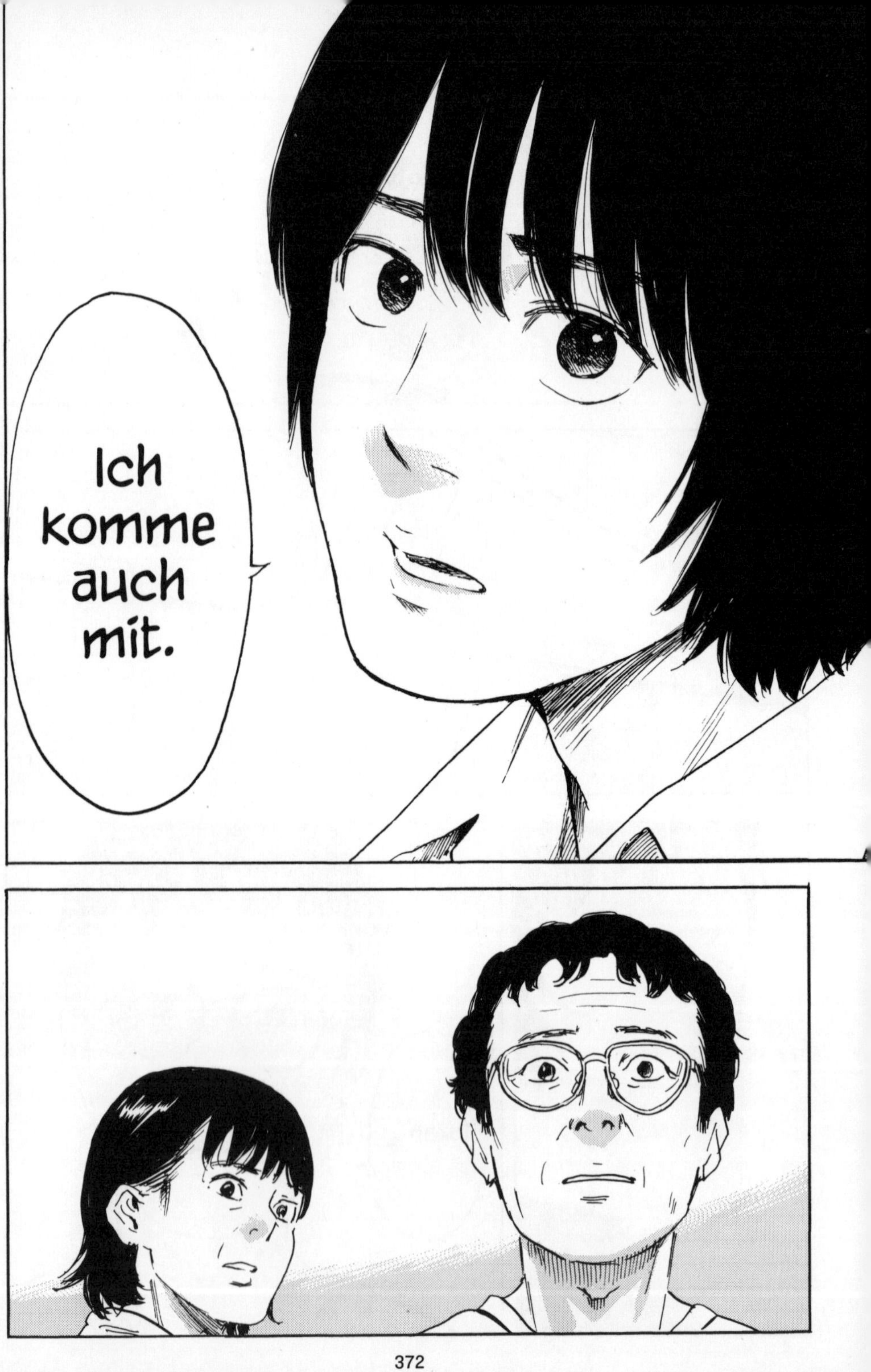
Ich komme auch mit.

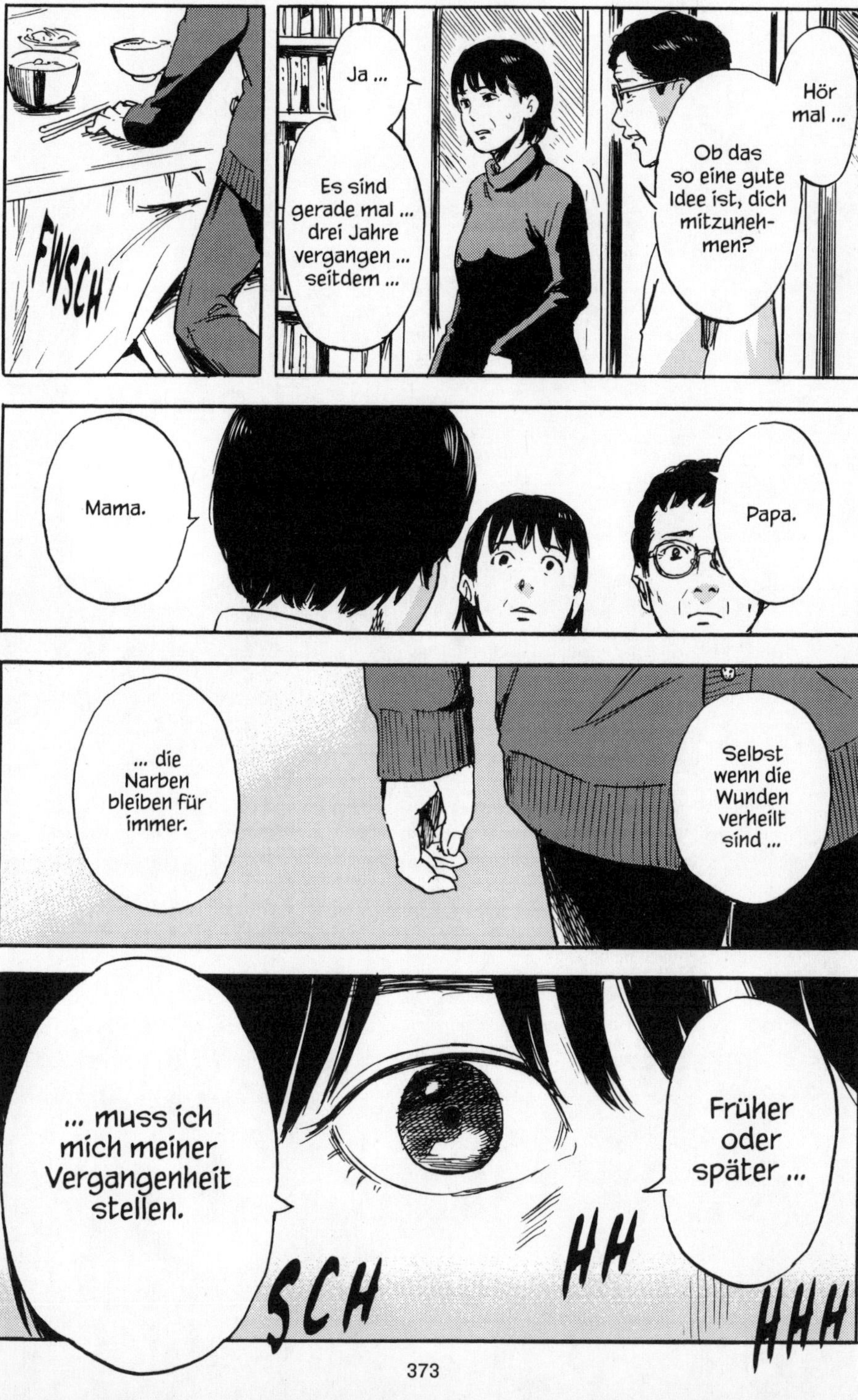
Hör mal ...
Ob das so eine gute Idee ist, dich mitzuneh-men?
Ja ...
Es sind gerade mal ... drei Jahre vergangen ... seitdem ...
FWSCH
Papa.
Mama.
Selbst wenn die Wunden verheilt sind ...
... die Narben bleiben für immer.
Früher oder später ...
... muss ich mich meiner Vergangenheit stellen.
HHH
HH
SCH

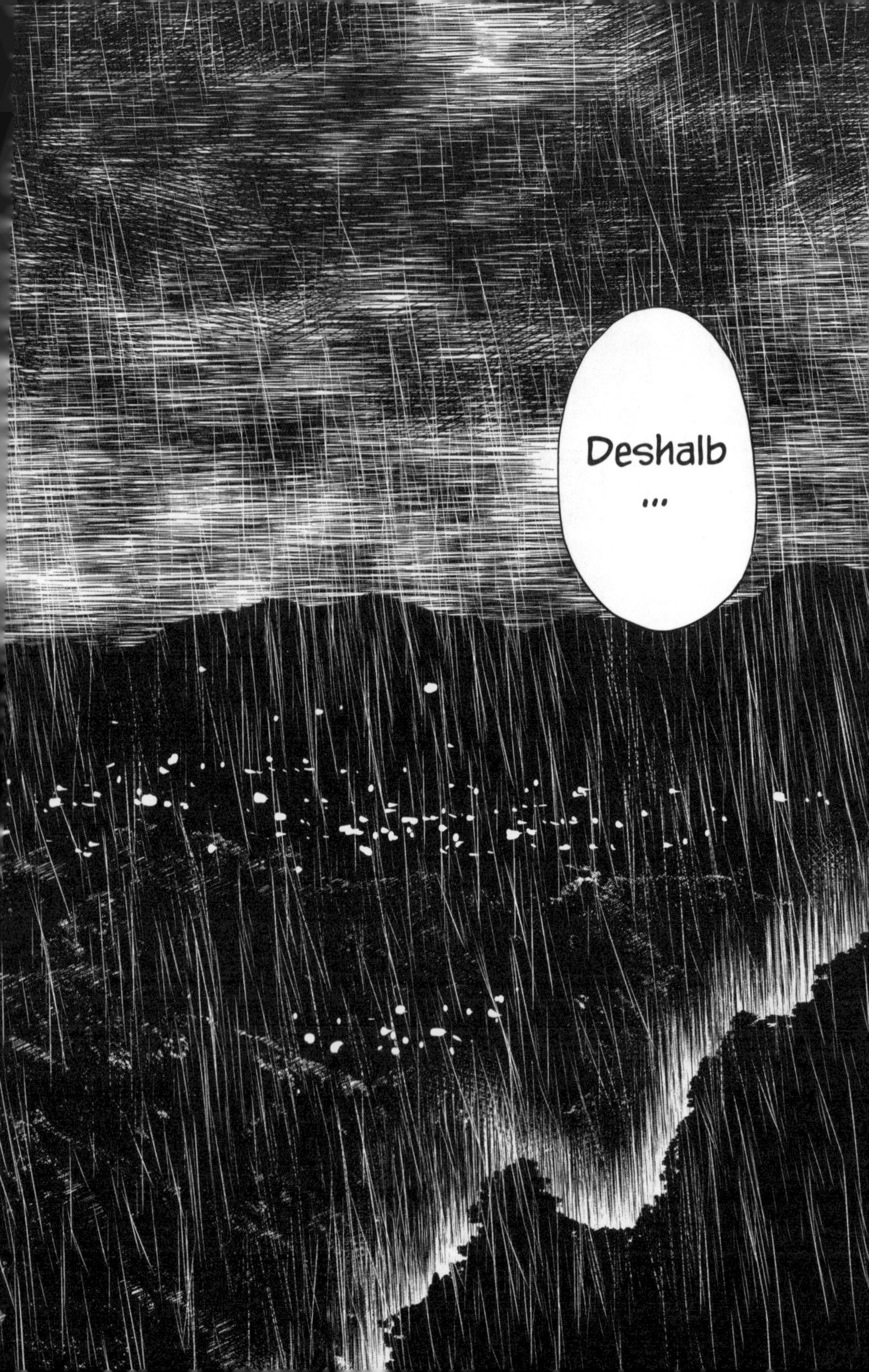
Deshalb …

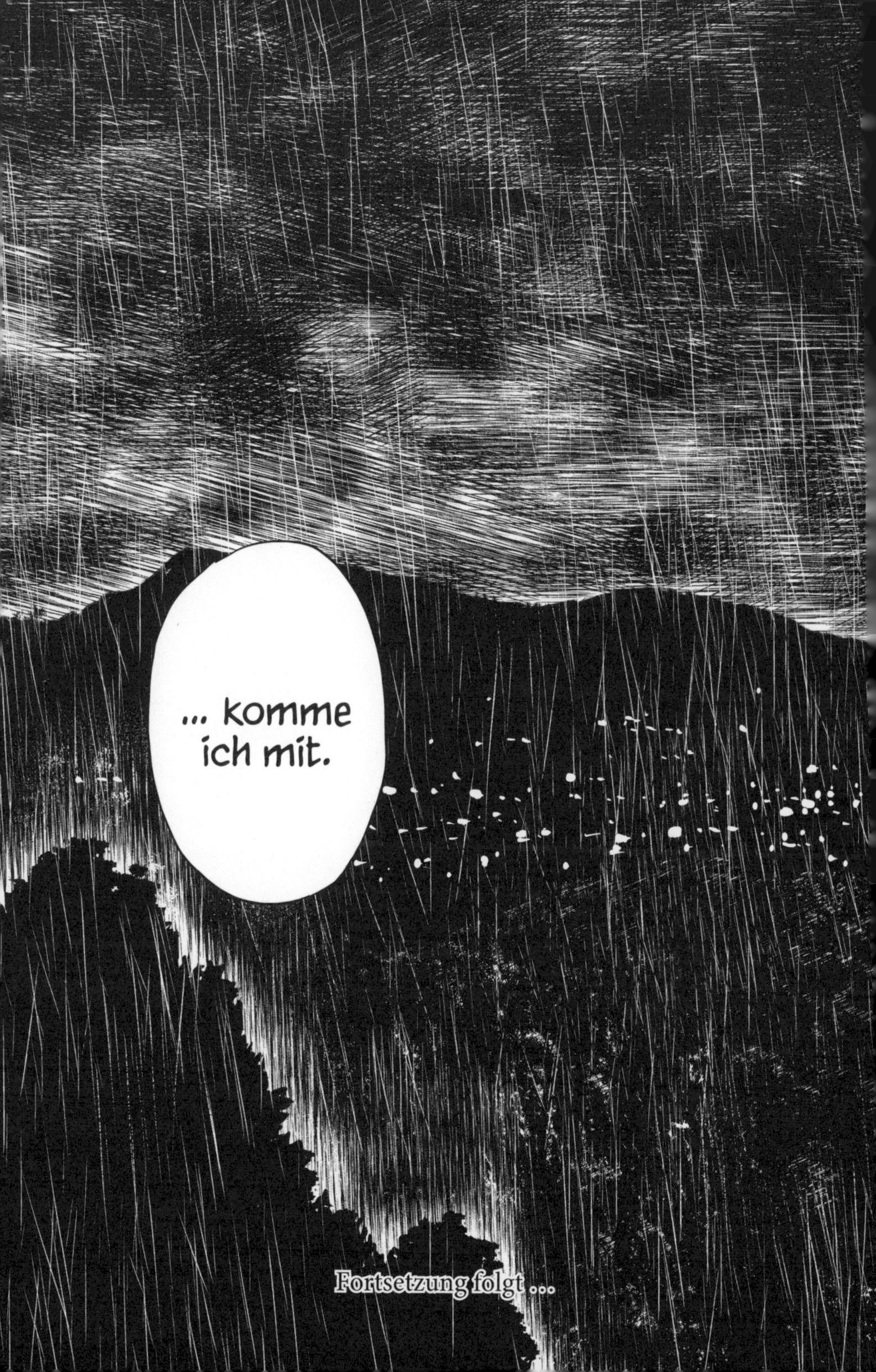
… komme ich mit.
Fortsetzung folgt …

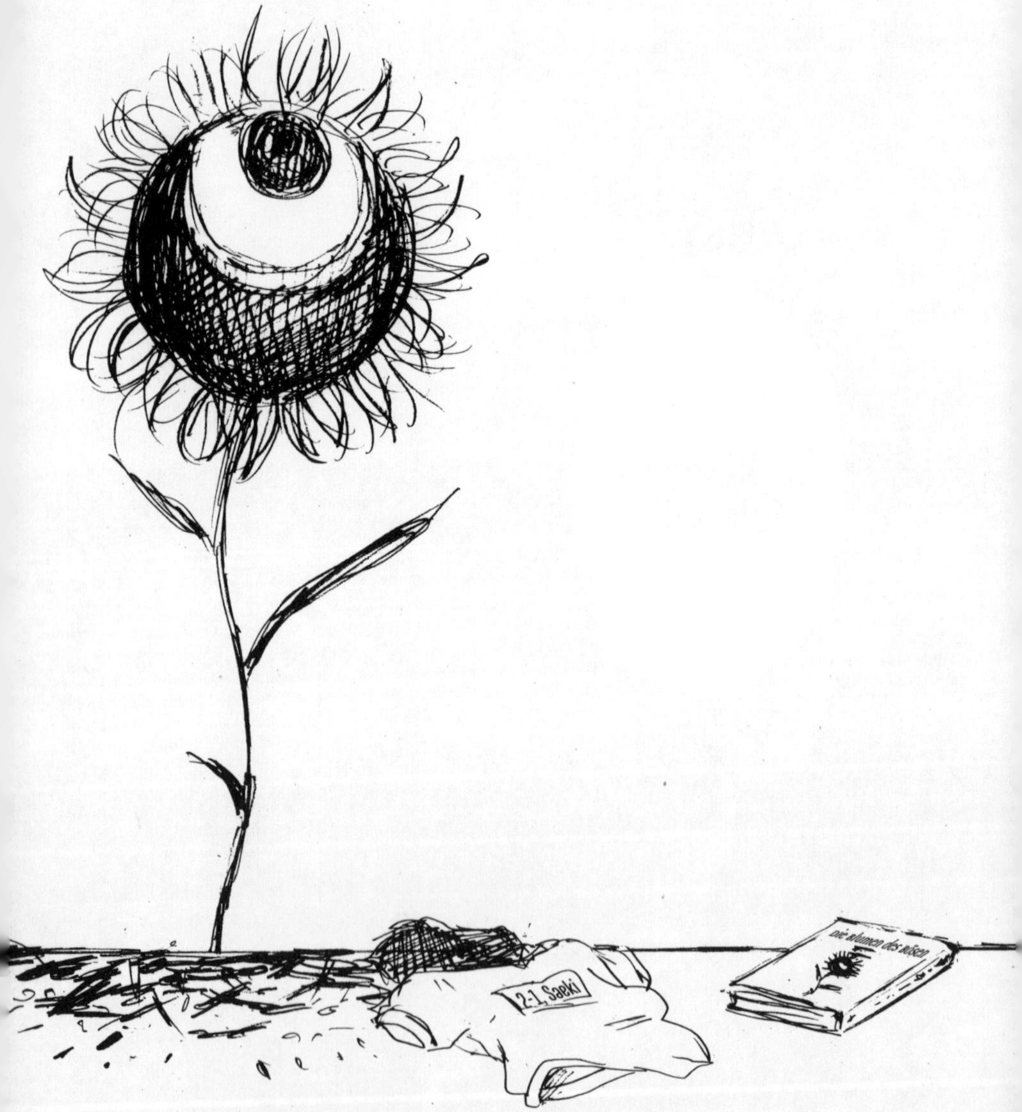
2-1, Saeki
die blumen des bösen

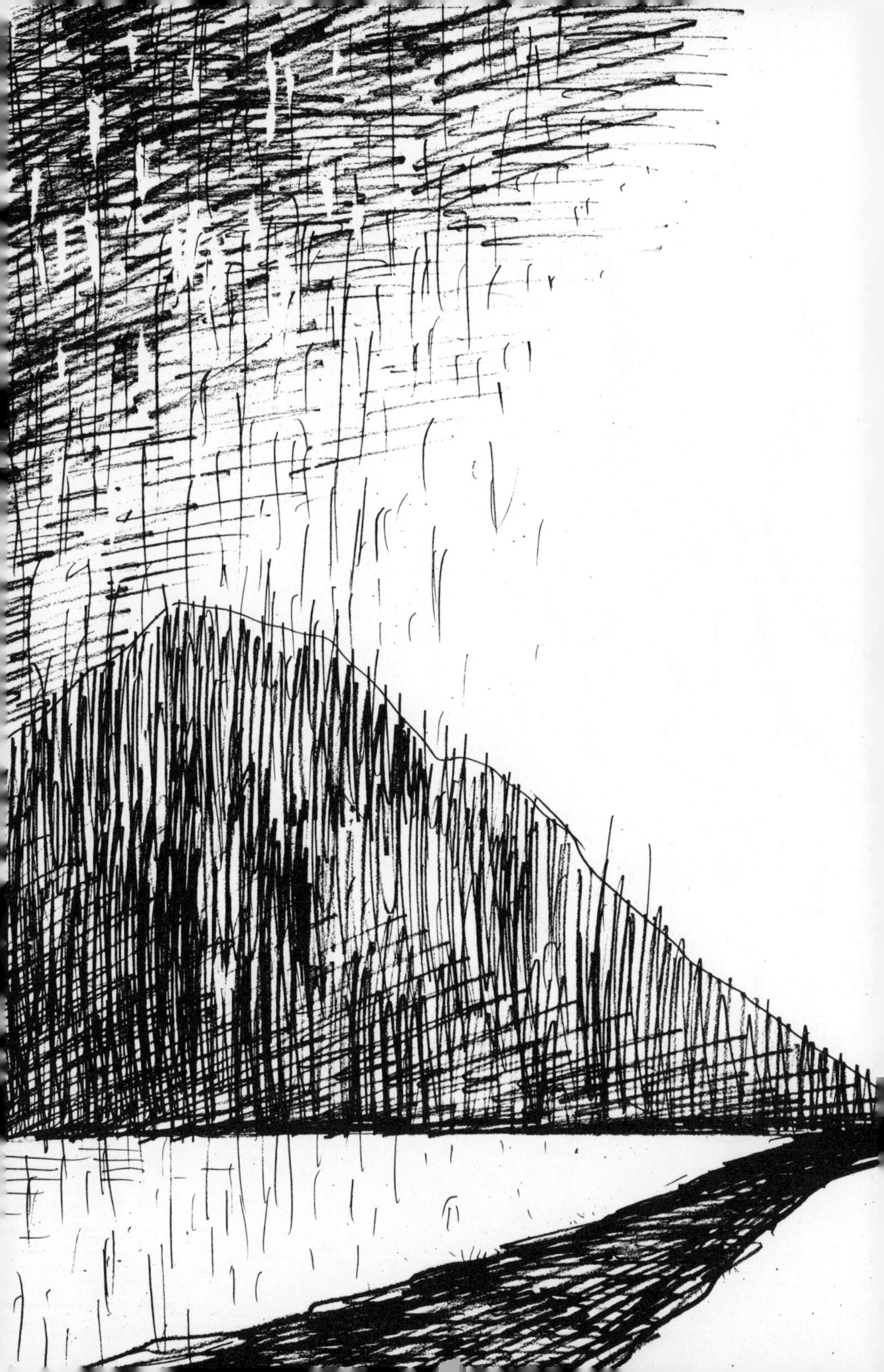

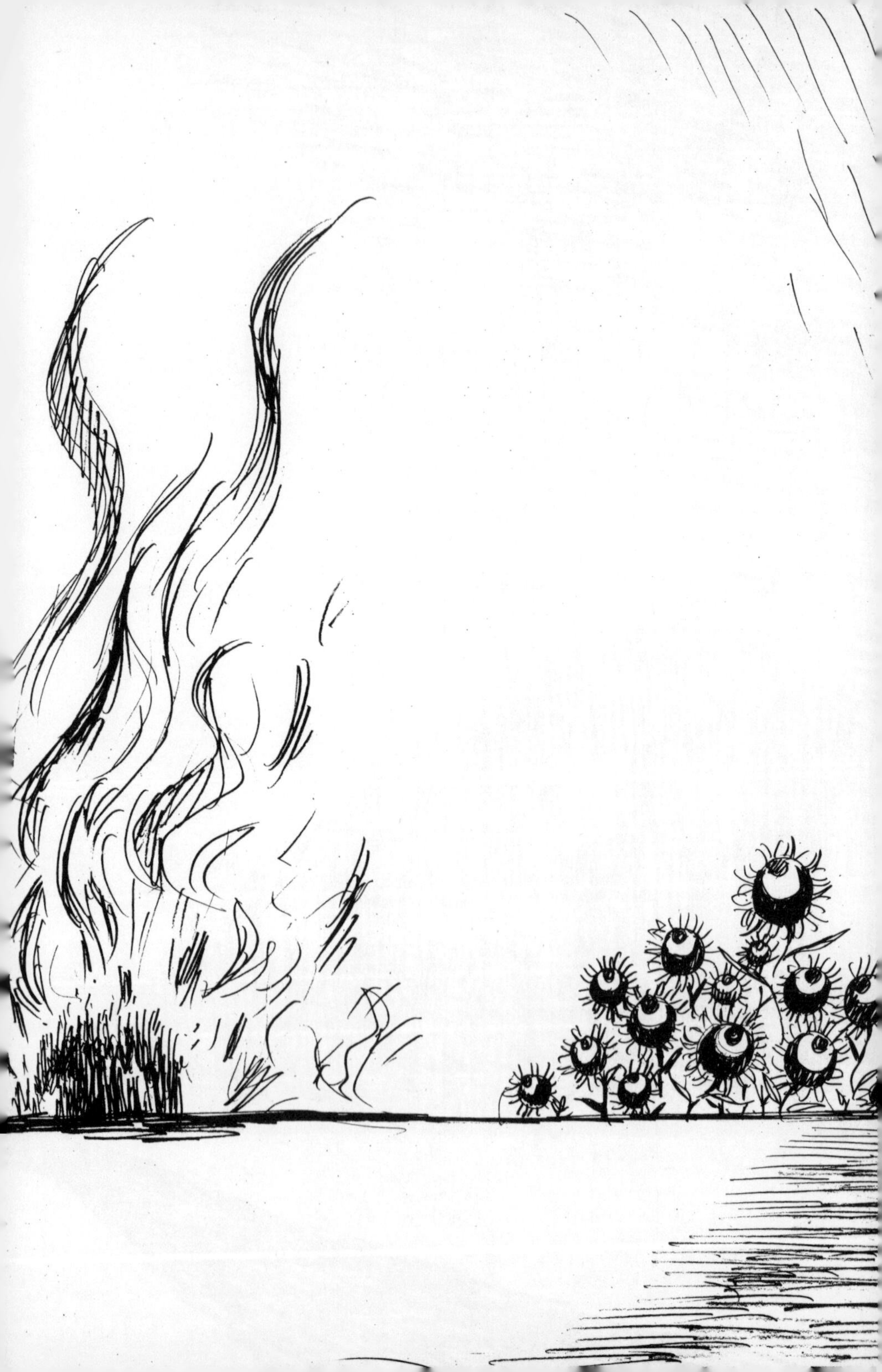

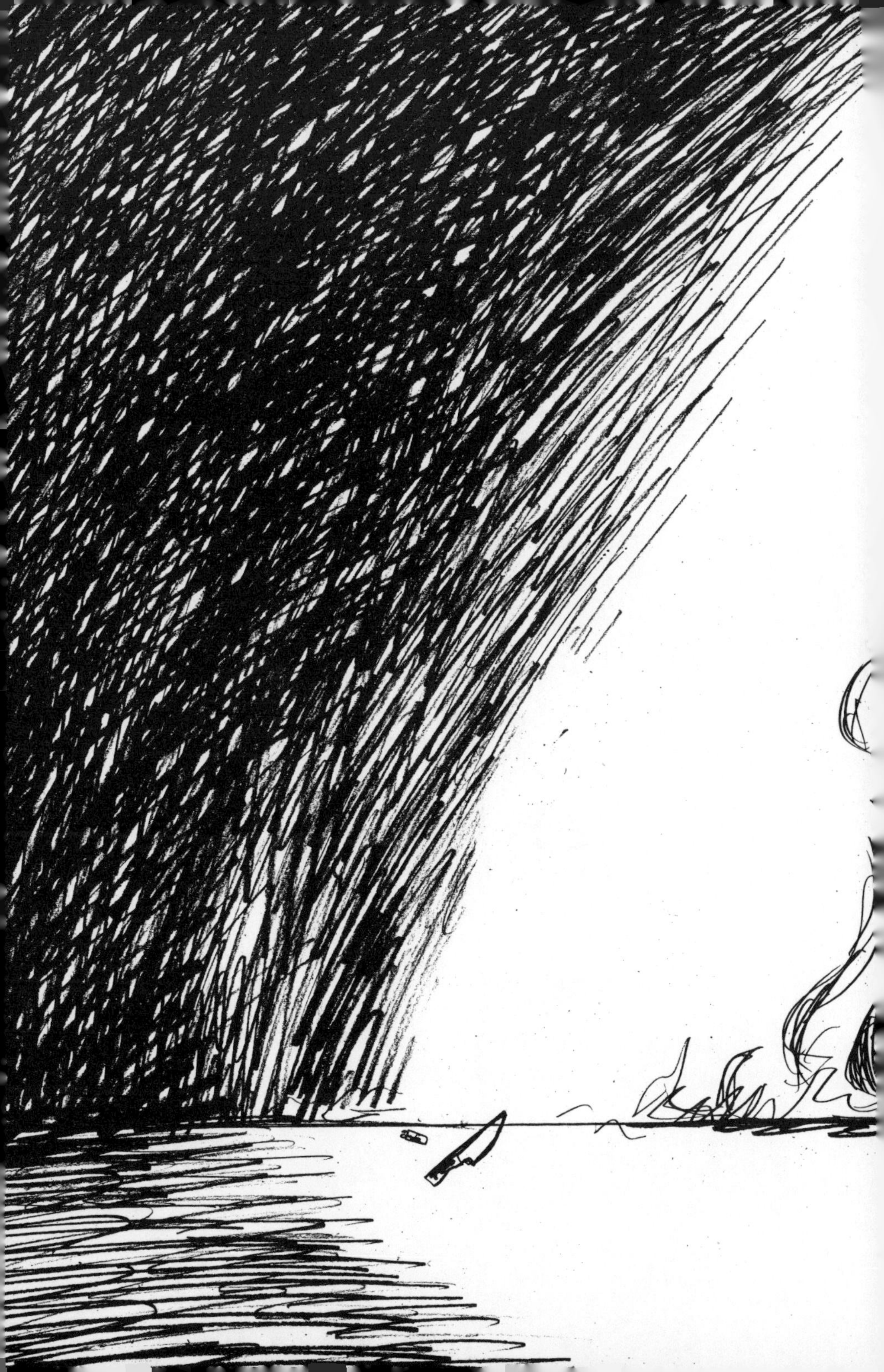

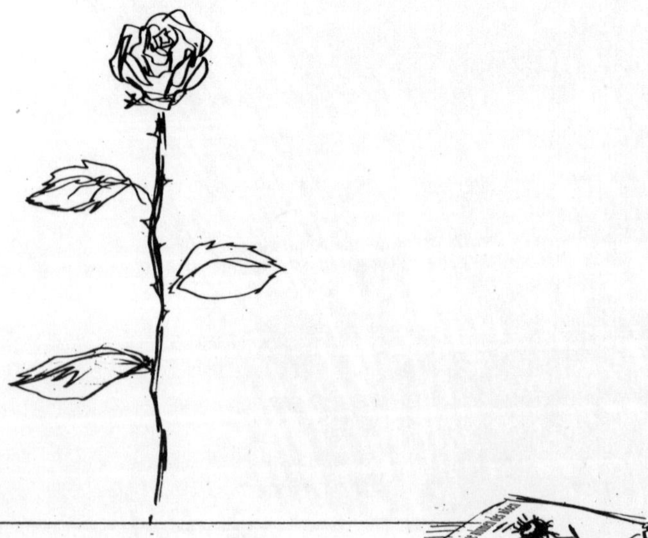

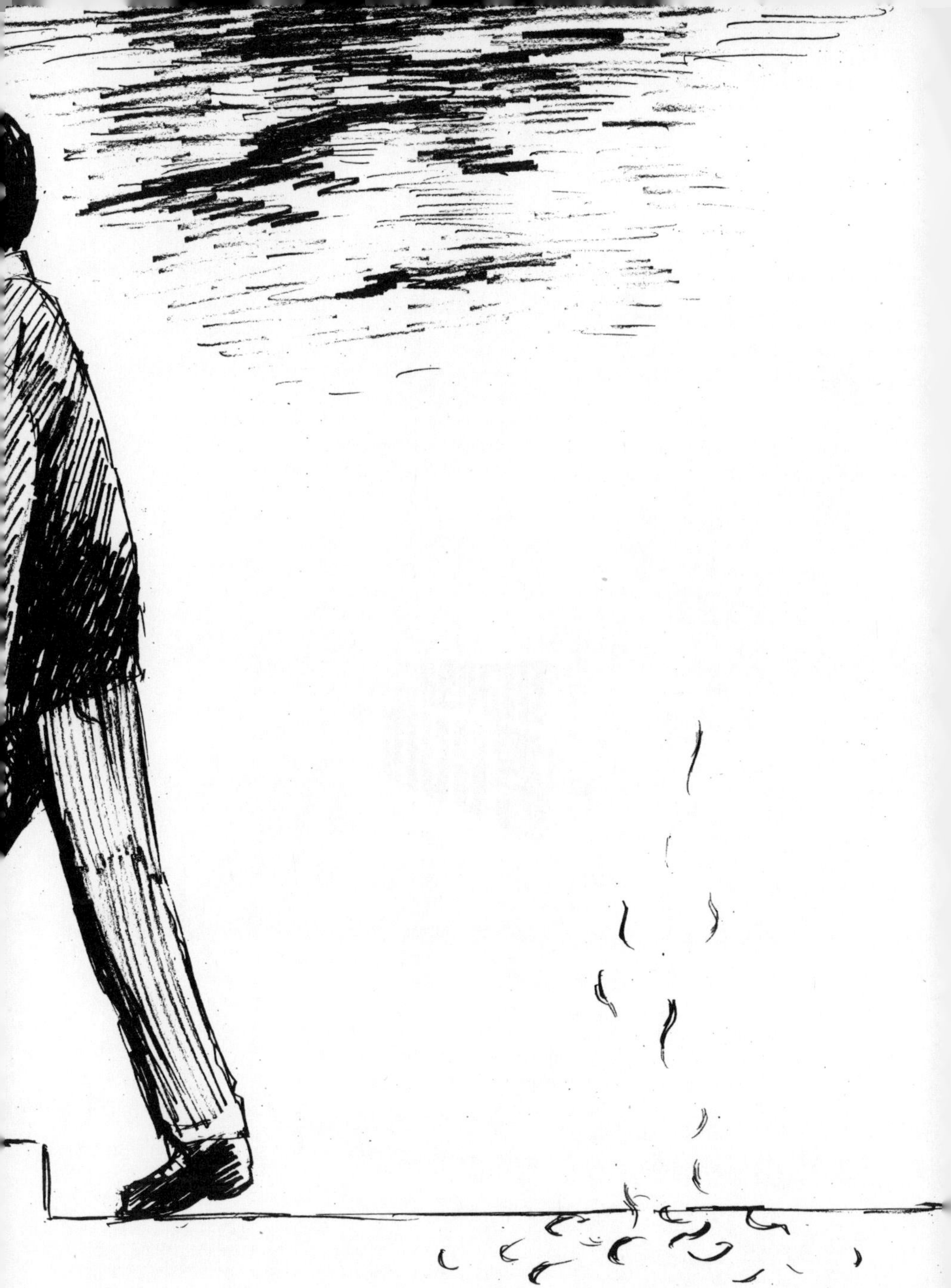

manga 漫画 cult

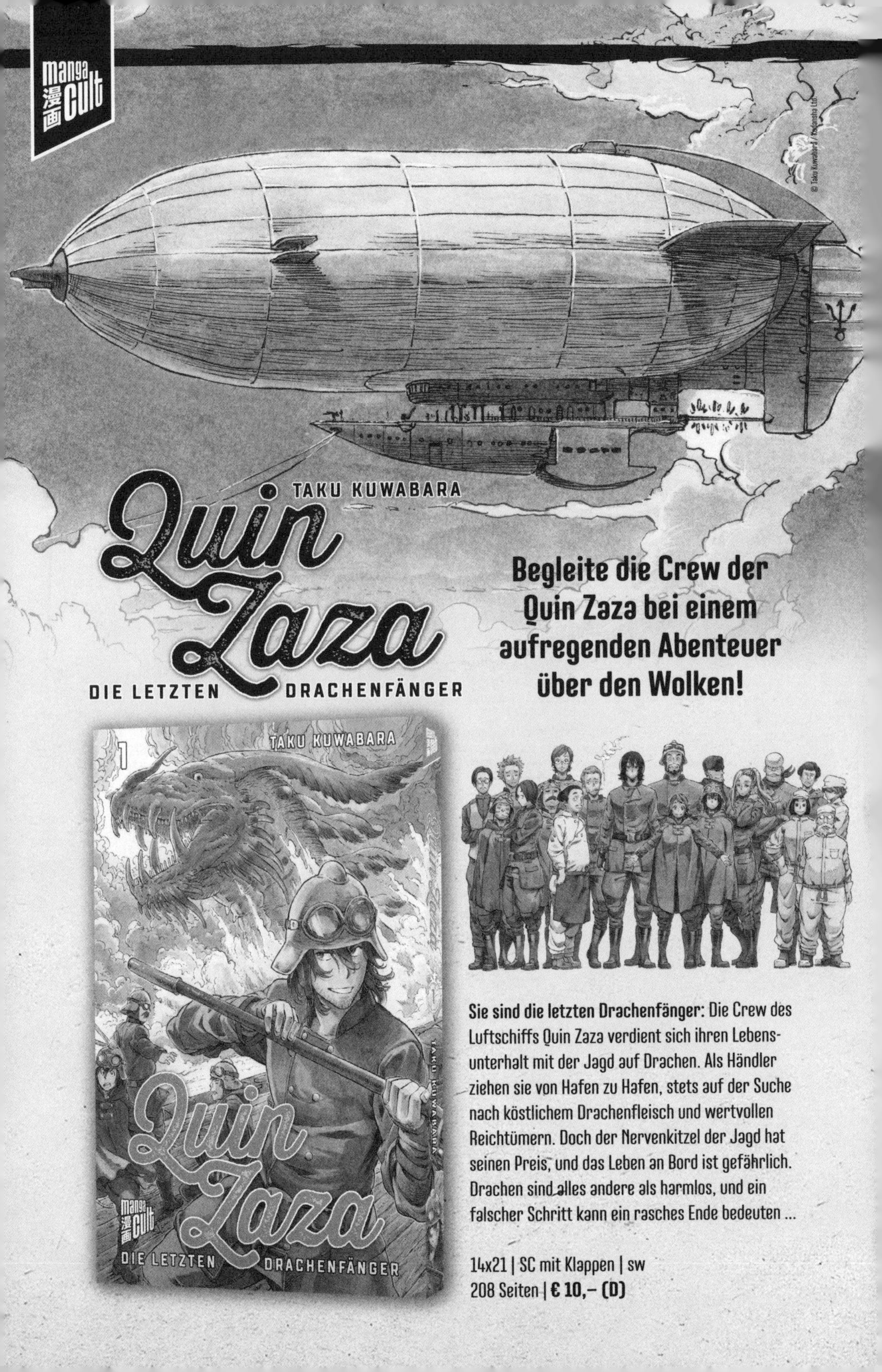
manga 漫画 Cult
© Taku Kuwabara / Kodansha Ltd.
TAKU KUWABARA
Quin Zaza
DIE LETZTEN DRACHENFÄNGER
Begleite die Crew der Quin Zaza bei einem aufregenden Abenteuer über den Wolken!
1
TAKU KUWABARA
Quin Zaza
DIE LETZTEN DRACHENFÄNGER
Sie sind die letzten Drachenfänger: Die Crew des Luftschiffs Quin Zaza verdient sich ihren Lebensunterhalt mit der Jagd auf Drachen. Als Händler ziehen sie von Hafen zu Hafen, stets auf der Suche nach köstlichem Drachenfleisch und wertvollen Reichtümern. Doch der Nervenkitzel der Jagd hat seinen Preis, und das Leben an Bord ist gefährlich. Drachen sind alles andere als harmlos, und ein falscher Schritt kann ein rasches Ende bedeuten …
14x21 | SC mit Klappen | sw
208 Seiten | € 10,– (D)

STOPP!

STOPP!
DIES IST DIE LETZTE SEITE!

Dies ist ein Manga, und einen japanischen Comic liest man von hinten nach vorne. Auch die Lesereihenfolge der Bilder und Sprechblasen auf den Seiten ist anders als gewohnt: von rechts oben nach links unten.

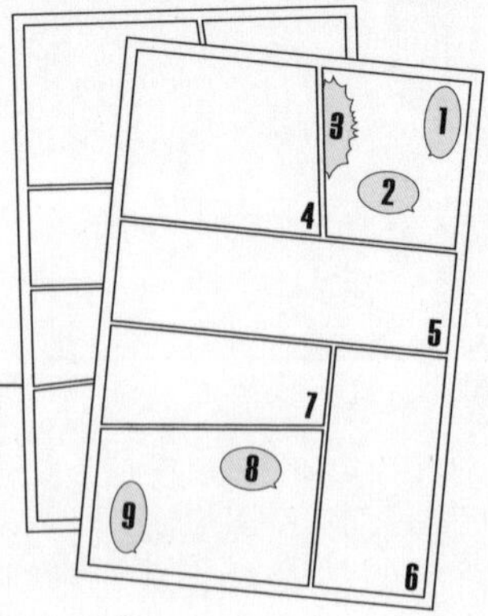

manga Cult 漫画

DIE BLUMEN DES BÖSEN 04
Aku no Hana
von Shuzo Oshimi

2. Auflage, März 2026
Deutsche Ausgabe/German Edition
Deutsche Sammelausgabe, beinhaltet die Bände 8 und 9 der japanischen Originalausgabe.
Cross Cult Entertainment GmbH | Manga Cult, Teinacher Straße 72, 71634 Ludwigsburg („CCE")
CCE ist ein Unternehmen der Penguin Random House Verlagsgruppe
CCE-Verlagsleitung: Andreas Mergenthaler

Aus dem Japanischen von Martin Gericke

KODANSHA

Redaktion & Lektorat: Denise Hedrich
Korrektorat: Alexandra Grimsehl
Grafik/Produktionsleitung: Elke Epple
Layout und Lettering: Manga Cult, Datagrafix GSP GmbH, Berlin
Herstellung: Gerald Schmitt
Druck und Bindung: Druckhaus Sportflieger, Berlin

produktsicherheit@cross-cult.de
(Vorstehende Angaben sind zugleich Pflichtinformationen nach GPSR)

Print-ISBN: 978-3-96433-531-9

www.manga-cult.de